最高人民法院
第一巡回法庭案例指导丛书

# 最高人民法院
# 第一巡回法庭
## 典型民商事案件裁判观点与文书指导
（第1卷）

最高人民法院第一巡回法庭◎编著

中国法制出版社
CHINA LEGAL PUBLISHING HOUSE

# 序 言

2014年10月，党的十八届四中全会通过《中共中央关于全面推进依法治国若干重大问题的决定》，决定明确要求，最高人民法院设立巡回法庭，审理跨行政区域重大行政和民商事案件。2015年1月28日，最高人民法院第一巡回法庭（以下简称第一巡回法庭）在广东省深圳市挂牌成立，2月2日开始受理案件。为了深入总结审判经验，2016年年初，最高人民法院副部级审判委员会专职委员、时任第一巡回法庭庭长刘贵祥同志主编了《最高人民法院第一巡回法庭精选案例裁判思路解析（一）》（法律出版社2016年7月版），从850余件案件中精心挑选出11件具有代表性的经典案例，由承办案件的主审法官真实叙述案件裁判时的思维历程和心证过程，取得了很好的指导效果，引起了积极的社会反响。

2017年以来，第一巡回法庭审理的案件数量成倍上升，案件类型更加多元化，许多案件更加新型，事实关系更加复杂，法律关系错综交织。我们认为，有必要继续总结第一巡回法庭审判工作面临的新情况，研究案件审理中发现的新问题，向社会介绍和分享主审法官在审判案件中的新经验，以便为法学理论界和司法实务部门提供更加鲜活的素材。

据统计，2017年，第一巡回法庭共收案1874件，其中民事557件，行政1265件，刑事52件；结案1850件，其中民事558件，行政1244件，刑事48件。2018年，第一巡回法庭共收案2528件，其中民事603件，行政1867件，刑事58件；结案2528件，其中民事611件，行政1858件，刑事59件。2019年，第一巡回法庭共收案3441件，其中民事859件，行政2523件，刑事59件；结案3190件，其中民事792件，行政2343件，刑事55件。

与此同时，为了认真研究重大复杂疑难案件的法律适用问题，2017年第一巡回法庭共召开19次主审法官会议，讨论了21件民事案件，17件行政案件，3件刑事案件；2018年共召开21次民事主审法官会议，讨论了114件民事案件，召开11次行政主审法官会议，讨论了54件行政案件，召开11次全体主审法官会议，讨论了11件案件（其中有4件行政案件，2件民事案件，5件刑事案件）；2019年共召开29次民事主审法官会议，讨论了137件民事案件，召开23次行政主审法官会议，讨论了85件行政案件，召开11次全体主审法官会议，讨论了8件案件（其中有3件民事案件，2件刑事案件，3件行政案件）。

统计结果显示，2017年至2019年，第一巡回法庭共审理7568件民商事和行政、刑事案件；主审法官会议共讨论450件民商事和行政、刑事案件。在这些案件中，有许多案件是事实关系复杂，法律适用争议较大，具有重大社会影响的案件。这些案件的审理和裁判，凝结着第一巡回法庭主审法官的知识、经验和智慧，对审理同类案件具有较高的借鉴意义和参考价值。在第一巡回法庭成立五周年之际，为了全面总结2017年以来第一巡回法庭在案件审理方面的经验和成果，进一步加强对巡回区法院审判工作的指导，不断提升巡回区民商事和行政审判水平，根据法学理论界和司法实务部门、特别是巡回区各级法院的建议和中国法制出版社的邀请，我们从已经审理的案件中，精心挑选出部分具有代表性的典型案件，按照一定的逻辑体例进行编辑整理，形成《最高人民法院第一巡回法庭案例指导丛书》。

该丛书共分5册，其中民商事审判类2册，分别是：《最高人民法院第一巡回法庭典型民商事案件裁判观点与文书指导（第1卷）》《最高人民法院第一巡回法庭民商事主审法官会议纪要（第1卷）》；行政审判类3册，分别是：《最高人民法院第一巡回法庭典型行政案件裁判观点与文书指导（第1卷）》《最高人民法院第一巡回法庭行政主审法官会议纪要（第1卷）》《最高人民法院第一巡回法庭行政案件裁判精要》。丛书中的“裁判观点与文书指导”重在归纳案件的裁判要旨，为同类案件审理提供裁判规则；“主审法官会议纪要”则重在对案件审理中不同法律适用观点进行评析和对案件审理结果进行阐释。

我们编辑这套指导丛书的初衷，就是希望通过该丛书的编写和出版，向社会公开展示第一巡回法庭审理案件的基本思路，揭示案件裁判背后的法理，进一步统一巡回区民商事案件和行政案件法律适用标准和裁判尺度，不断提升辖区四级法院民商事案件和行政案件裁判质量和审判工作水平。

应当看到，近年来，随着人民法院司法改革的逐渐深化，“裁判尺度统一”日益成为审判实践的重点问题、热点问题以及难点问题。实现“同案同判”，既是对法官职业素养的考验，也是维护司法权威的迫切需要。当然，每一个案件的具体情况不同，真正意义的“同案”司法实践中并不多见。但是，类似案件应当在适用法律上保持一致，这是维护国家法治统一，树立法律尊严和权威，建设中国特色社会主义法治国家的基本要求。

最高人民法院在解决全国法院“裁判尺度统一”的问题上下了许多功夫，出台了一系列措施，包括开通中国裁判文书网、生效裁判文书原则上要求全部上网公开、发布指导性案例、强制对类案进行检索、制定审判监督管理工作意见等，力求裁判结果与同类生效案件裁判规则保持一致。各地法院也越来越重视“裁判尺度统一”的重要性，纷纷出台相应措施，强调类案的指导意义。

第一巡回法庭自成立以来，就肩负着对巡回区法院进行业务指导的职能，其中一个重要方面就是统一法律适用标准。为此，我们在2018年、2019年连续两年召开巡回区民商事、行政审判工作会议，主要目的就是结合巡回区法院的具体情况，对一些司法实践中经常遇到的具体法律适用问题达成较为统一的认识。

需要说明的是，这套指导丛书是第一巡回法庭全体主审法官集体智慧的结晶。当然，其中的观点更多地代表了编写者对有关案件裁判思路的理解和阐释。如果指导丛书中的内容与最高人民法院的司法解释或审判委员会的意见不一致，请以最高人民法院的司法解释或审判委员会的意见为准。我们希望，这套指导丛书的出版对于全国各级法院法官审理类似案件能够发挥一定的指导作用，对其他各界法律人士亦能起到较好的参考作用。

最后，感谢第一巡回法庭历任领导、主审法官和参与本书编写工作同志的辛勤付出，感谢巡回区法院同仁及社会各界人士对第一巡回法庭工作的理解与支持，感谢中国法制出版社刘时山总编辑和陈兴、谢雯等其他编辑同志的关心和帮助！让我们共同努力，不断推动第一巡回法庭及巡回区法院审判工作水平迈向新台阶！

最高人民法院审判委员会副部级专职委员
第一巡回法庭分党组书记、庭长

裴显鼎
2020年6月

# 目　录

Contents

## 最高人民法院第一巡回法庭典型民商事案件裁判观点与文书指导（第一部分）

### （一）合同、无因管理、不当得利纠纷


001 双方当事人对合同迟延履行均无过错且合同迟延履行所致实际损失无法确定时违约金的认定
——唐某与赛伯乐公司、A学院股权转让纠纷案 …………………… 3

002 民事案件构成恶意串通事实证明标准的认定
——博海公司与王某萍、郭某民间借贷纠纷案 …………………… 14

003 认定合同是否解除不应拘泥于当事人明确提出该诉讼请求、预见合同履行不能无权主张可得利益损失
——利成公司、宝源公司与晶隆公司、晶和公司、李某项目转让合同纠纷案 …………………… 21

004 股权转让合同的法定解除
——绿洲公司与锐鸿公司、海港城公司、绿创公司股权转让纠纷案 …………………… 32

005 违约金利息的处理及抵押合同对抵押财产约定不明的认定
——桂建公司与联壮公司、尔海公司、覃某权、覃某军、覃某超、泛宇公司抵押担保合同纠纷案 …………………… 44

006《中华人民共和国合同法》第一百二十五条解释方法的适用规则
——乐新恩玛公司与日隆公司、乐新精密公司中外合资经营企业合同纠纷案 …… 58
007承诺函的内容符合法律关于保证规定的，应认定成立保证合同关系
——Z银行深圳分行与H省高速公路管理局、H省高速公路总公司合同纠纷案 …… 67
008先履行抗辩权的成立，须合同当事人互负债务且互负的债务有先后履行的顺序
——华唐甲公司与城投公司等项目转让合同纠纷案 …… 77
009最高额抵押担保的债权包括主债权及其利息、违约金、损害赔偿金但总计不得超过已登记的最高限额
——海口N银行与明光酒店公司、明光管理公司、吕甲等金融借款合同纠纷案 …… 84
010建设工程价款优先受偿权的行使期限，自发包人应当给付建设工程价款之日起算
——协和公司与汉华公司建设工程施工合同纠纷案 …… 96
011双方已就合同约定的履行顺序进行调整并达成新的合意，应按照调整后的情况履行合同
——美好公司与中和公司、美好中和公司项目转让合同纠纷案 …… 104
012开发区管理委员会作为出让方与受让方订立的合同是否有效的认定
——云龙示范区管理委员会与金轮公司合同纠纷案 …… 114
013合同是否已经事实上解除，以及应否判决解除的判断
——大唐公司、王某孝与擎田公司、勤田公司、波涛公司、凌锋公司、王某锋股权转让合同纠纷案 …… 123

014 建设工程施工合同当事人的认定及工程款结算问题
——兆通公司与金盛公司建设工程施工合同纠纷案 …… 130
015 守约方通过关联诉讼得到支持的部分损失，为合同违约金所涵盖的，应从判付的违约金中扣除
——天马河公司与冠华公司、冠城公司、潘某华合同纠纷案 …… 137
016 被执行人的债务人根据法院执行通知书的要求未向该被执行人履行债务的，不构成违约
——铜锣湾广场公司、平和公司与铜锣湾酒店公司房屋租赁合同纠纷案 …… 147
017 当事人约定股权转让款直接支付给目标公司并作为其对转让人的借款，在目标公司明确知悉的情形下，其与转让人之间成立借贷关系
——绿洲公司与锐鸿公司、海港城公司、绿创公司企业借贷纠纷案 …… 155

## （二）公司、证券、保险、票据

018 公司经营管理发生严重困难的认定
——华城公司与刘某、韦某书、温某生、李某东、黄某良公司解散纠纷案 …… 163

## （三）管辖等程序问题

019 法院管辖条款的解释应符合公正与效率的价值取向，并便于当事人参与诉讼
——桂建公司与甲银行、联壮公司、恒泰公司、覃某权、朗某梅借款担保合同纠纷管辖权异议纠纷案 …… 170

## （四）执行异议之诉

020 买受人出租不动产构成对不动产的合法占有
——朱某阳与某建筑装饰工程公司第七分公司、世知公司第三人执行异议之诉案 …… 175
021 当事人对已经执行程序处理过的房产再次主张权利并提起执行异议之诉的，参照“一事不再理”之规定，应不予受理或驳回起诉
——保发公司与富新记公司、华贸公司、金岗乙公司等申请执行人执行异议之诉纠纷案 …… 184

## （五）第三人撤销之诉

022 股东无权就公司为当事人的生效裁判提起第三人撤销之诉
——高某与三亚天通公司等第三人撤销之诉案 …… 191
023 可排除一事不再理原则适用的“新的事实”之认定
——中惠A公司、中惠B公司与安能信达公司、李某国、博泰隆公司、中惠C公司股权转让纠纷案 …… 198

# 最高人民法院第一巡回法庭典型民商事案件裁判观点与文书指导（第二部分）

## （一）物权纠纷

001 基于拆迁补偿协议享有的安置房请求权可以对抗安置房上的抵押权

——中国邮政A公司与中南公司、红岭公司、潘某、彭某、嘉能公司、X农商银行、某晚报集团借款合同纠纷案 ………… 211

002 让与担保的权利实现条件及清算方式

——奕之帆公司、侯某宾与兆邦基公司、康诺富公司、鲤鱼门公司、立兆公司合同纠纷案 ……………………………… 223

## （二）合同、无因管理、不当得利纠纷

003 各方当事人均非因自身原因导致对标的物实际价值产生错误认知但合同尚有继续履行可能时合同应否解除的认定

——天宏公司、正浩公司与A市非税局、金锤公司合同纠纷案 … 231

004 借款的债权人及债权人债权比例的确定

——德瑞特公司、曹某军与华天酒店集团合同纠纷案 …………… 242

005 补充协议约定另行协商无果不影响基础合同权利义务认定

——擎田公司与大唐公司、勤田公司股权转让合同纠纷案 ……… 254

006 合作开发房地产合同当事人之间对内部责任的划分对承包人不具有约束力

——金诚贸易公司与何某华、景铭开发公司、景铭建筑公司拖欠工程款及商铺确权纠纷案 …………………………………… 263

007 “商品房买卖合同”性质的认定

——长通公司、汇通公司、汇通西安分公司与鹏跃公司项目转让合同纠纷案 ……………………………………………… 273

008 主合同无效而导致担保合同无效时，担保人过错的认定

——中关村证券与恒业公司、华宇公司等借款合同纠纷案 ……… 283

009 享有合同解除权的当事人在行使解除权解除合同后有权向违约方主张可得利益损失赔偿

——刘某新、刘某青与学海公司合同纠纷案 …………………… 290

**010** 当时法律规定必须进行招标的工程项目未进行招标签订的建设工程施工合同，可依新的法规认定为有效

——中建三局与金胤公司等建设工程施工合同纠纷案 …………… 299

**011** 效力性强制性规定的认定

——雅诚公司与上海康大公司、中山康大公司、柯某翔合同纠纷案 ………………………………………………………… 307

**012** 主动债权在超过诉讼时效之前已经符合法定抵销要件的，当事人可主张抵销

——源昌公司与悦信集团委托合同纠纷案 …………………… 316

**013** 委托贷款既非金融借款亦非民间借贷，在现行法律对其法律适用未作明确规定的情况下，可通过分析相关问题是更具有金融借款还是民间借贷的特点，进而确定可参照的规则

——D酒店与甲银行、紫瑞公司、太阳世纪公司、利贞公司借款合同纠纷案 ………………………………………………… 324

**014** 因发包人原因导致居民阻工影响工程进度，延误的工期应当扣除

——顺天公司与资阳商贸公司建设工程施工合同纠纷案 ………… 332

## （三）公司、证券、保险、票据

**015** “对赌协议”一般应认定有效且“一个自然人只能投资设立一个有限责任公司”应是对初始设立行为的限定

——温某琳、联创投资公司等与平安投资公司股权转让合同纠纷案 ………………………………………………………… 340

## （四）侵权责任纠纷

016 申请保全错误赔偿责任应综合申请人主观过错、行为客观不法性等方面认定
——顾地公司与X国际银行诉中财产保全损害责任纠纷案 ········ 348

017 银行工作人员私刻公章签订合同进行犯罪，受害人主张银行承担赔偿责任的，人民法院应予受理
——招行A分行与工行B支行财产损害赔偿纠纷管辖权异议案 ··· 358

## （五）执行异议之诉

018 消费者购房人主张执行异议之诉的法律适用
——恒冠公司与王某、尚源居公司案外人执行异议之诉纠纷案 ······ 365

## （六）第三人撤销之诉

019 《中华人民共和国民事诉讼法》第五十六条有关第三人撤销之诉的原告主体资格的理解
——谢某荣与刘某武、刘甲第三人撤销之诉纠纷案 ················ 372

## （七）管辖等程序问题

020 刑民交叉案件的处理方式
——宁波银行A分行与民生银行B分行、河北银行合同纠纷案 ··· 378

# 最高人民法院第一巡回法庭典型民商事案件裁判观点与文书指导（第三部分）

## （一）合同、无因管理、不当得利纠纷

001 不当得利纠纷的举证责任

——樊某甲与史某八不当得利纠纷案 …… 389

002 建设工程劳保统筹基金的缴纳与支付

——桔洲公司与正泰公司建设施工合同纠纷案 …… 396

003 合同解除情形下违约金条款的适用及可得利益损失的认定

——贵亨公司与临川公司建设工程施工合同纠纷案 …… 402

004 发包人与承包人约定借用承包人银行账户走账情形下建设工程价款优先受偿权的认定

——美雅公司与长利兴公司、清远农商行建设工程施工合同纠纷案 …… 412

005 人民法院基于违约方预先交付的履约保证金等款项足以弥补因违约方违约给守约方造成的损失而明确违约方无须向守约方支付违约金情形下履约保证金应否返还的判断

——华视公司与广铁公司广告合同纠纷案 …… 421

006 金钱债务关系中，金钱性质应首先以付款方的意思表示为判断标准

——中恒汇志公司与万和证券公司质押式证券回购纠纷案 …… 431

007 代理人以被代理人的名义变更被代理人与合同相对人签订的原合同内容的，应当取得被代理人的授权或追认

——叶某寨与联华公司等民间借贷纠纷案 …… 439

**008** 容忍代理在股权转让代签行为中的认定

——宝玉公司、李某龙、千某花与志成公司、徐某、王某、李某宇股权转让纠纷案 …………………………………… 447

**009** 仲裁条款对债权担保人或债务加入人的效力

——由山公司与深圳泓睿企业、广州泓睿公司、陈某与公司有关的纠纷案 …………………………………… 457

**010** 最高额担保合同担保范围的确定

——永和公司、冠四海公司、斯壮公司、梁某、潘某洁与铁投公司、罗某、宋某仙买卖合同纠纷案 …………………… 464

**011** 涉案土地存在历史遗留问题的情况下是否按约交付的认定

——金政公司与增城区国规局、朱村街道办建设用地使用权出让合同纠纷案 …………………………………… 474

**012** 当事人一方通知对方要求解除合同，判断合同是否解除须具备合同解除的实质要件和程序要件

——绿地公司与锐鸿公司、国升公司和海港城公司股权转让纠纷案 …………………………………… 484

## （二）公司、证券、保险、票据

**013** 股东代表诉讼的诉因范围

——陈某勇与万达公司、宏宇公司损害公司利益责任纠纷案……… 493

**014** 实际控制人的行为效力及于公司目标、利益与实际控制人具有完全同一性的平台公司

——京安公司与宝恒公司、谢某、承彩公司合同纠纷案 ………… 499

015 确定公司有关机关不存在提起诉讼的可能时股东可直接提起股东代表诉讼
——周某春与庄士公司、李某慰、彭某傑、汉业公司损害公司利益责任纠纷案 …… 506

## （三）侵权责任纠纷

016 第三人侵害债权赔偿责任的承担
——陈某华与中创公司、黄某强、顺誉公司、恒顺公司、林某明财产损害赔偿纠纷案 …… 512

017 员工违规操作客户账户造成损失的，应认定期货公司疏于监管，须承担相应的过错赔偿责任
——李某华与德盛公司期货经纪合同纠纷案 …… 521

018 房地产项目建设工地被侵占导致的将来房屋租金利益损失的认定
——名夏公司与中城公司、亚洲公司、峤华公司、闽泰公司、物资公司、国融公司财产损害赔偿纠纷案 …… 527

019 财产保全损害赔偿的归责原则
——润德公司与诚基公司因申请诉前财产保全损害责任纠纷案 …… 534

## （四）执行异议之诉

020 公司实际控制人伪造股东会决议与设定抵押的效力问题
——陈某忠与梁某、辉弘公司案外人执行异议之诉案 …… 543

## （五）第三人撤销之诉

021 第三人撤销之诉的起诉条件
——陈某第三人撤销之诉案 …… 550

## （六）管辖等程序问题

022 民办非企业单位举办者的股东能否以该单位利益受损为由提起股东代表诉讼
——南博公司与 LEI Lie Ying Limited、劳瑞德公司损害公司利益责任纠纷案 …… 556

023 新旧管辖标准规定如何适用
——侯某芳与中投证券、李某英质押式证券回购纠纷管辖权异议案 …… 560

024 当事人为完成相关交易而订立的若干合同中已有合同效力被生效判决认定，再次提起诉讼旨在推翻生效判决已予认定的交易，有违一事不再理之诉讼规则
——中色公司与东泰嘉华公司确认合同无效纠纷案 …… 565

025 举证责任分配及再审新证据的认定
——恒昊公司与东风联社、东风一社租赁合同纠纷案 …… 568

026 具有一定牵连关系的民刑交叉案件民事、刑事应分别受理
——纳斯特公司与永恒诚公司、进出口银行 A 分行、李某荣等借款合同纠纷案 …… 576

027 不合格账户解除集中中止交易或卖出限制手续办理过程中证券公司负有前置审核义务

——张某良与中信证券A营业部、赛格公司管理人及赖某琼一般取回权纠纷案 …… 579

## （七）重复起诉问题

028 重复起诉的认定
——周某与工艺品厂破产债权确认纠纷案 …… 585

后　记 …… 590

# 最高人民法院第一巡回法庭典型民商事案件裁判观点与文书指导（第一部分）

# （一）合同、无因管理、不当得利纠纷

**001**

## 双方当事人对合同迟延履行均无过错且合同迟延履行所致实际损失无法确定时违约金的认定

——唐某与赛伯乐公司、A 学院股权转让纠纷案

### 一、主要案情

2011 年 12 月 1 日，海南赛伯乐公司、海口 A 学院与唐某签订《股权转让框架协议》，约定赛伯乐公司、A 学院将其共同设立的海睿公司股权转让给唐某，并明确了股权价值的范围、转让价格，双方权利义务等内容。

2012 年 5 月 3 日，A 学院提供了资产账目明细清单，该明细清单中载明所移交资产的名称、类别、入账日期以及资产原值。

2012 年 5 月 9 日，赛伯乐公司、A 学院与唐某签订《股权转让合同》，约定赛伯乐公司、A 学院将海睿公司 100% 股权及其投资开办的 B 学院及附属中专所有权转让给唐某，并明确了股权价值的范围、转让价格，双方权利义务等内容。

2012 年 5 月 11 日，唐某向赛伯乐公司支付 2000 万元；2012 年 5 月 14 日，唐某向赛伯乐公司支付 500 万元；2012 年 5 月 15 日，唐某通过银拓公司向赛伯乐公司支付 2500 万元；同日，赛伯乐公司与唐某签订《借款

转为定金协议》约定，唐某同意将借给赛伯乐公司的5000万元借款本金转为支付赛伯乐公司转让海睿公司股权的定金。赛伯乐公司于2012年5月16日向唐某开具收到该1亿元股权转让定金的收据。

2012年6月7日，海睿公司的法定代表人变更为唐某。

2012年7月14日，A学院再次向唐某出具《A学院移交资产原值分类表》《海口A学院移交无形资产——土地明细表》等资料。

2012年7月26日，赛伯乐公司、A学院、唐某、杭州赛伯乐公司签订《股权转让补充合同》约定，杭州赛伯乐公司有意受让附属中专股权（股权所含资产原A学院国兴校区的部分土地及其地上建筑物）等内容。

2012年7月27日，唐某分别通过海南银拓公司、海南海商院公司分三笔向赛伯乐公司支付1亿元。同日，赛伯乐公司向唐某开具收到唐某1亿元股权转让款的收据。

2012年8月20日，赛伯乐公司、A学院与唐某签订《备忘录》，对股权转让价款及其支付方式、股权变更等内容作出约定。

2012年8月20日，唐某通过银拓公司分两笔向赛伯乐公司支付2000万元。同日，赛伯乐公司开具两张共收到唐某受让海睿公司股权转让款2000万元的收据。

2012年8月21日，唐某向赛伯乐公司支付580万元股权转让款；通过银拓公司向赛伯乐公司支付420万元。同日，赛伯乐公司开具两张共收到唐某1000万元股权转让款的收据。

2012年8月，海南申正公司与唐某签订《股权转让协议书》，约定唐某将其在铧联公司拥有的32%的股权全部转让给申正公司等。

2012年8月24日，赛伯乐公司开具收到唐某4000万元股权转让款的收据。

2012年8月25日，赛伯乐公司、A学院向唐某移交海睿公司、B学院的管理权。

2012年12月29日，经海南省民政厅批准，B学院的法定代表人由曹某杰变更为唐某。

2013年2月1日，赛伯乐公司、A学院与唐某签订《备忘录（二）》，对股权转让价款等内容作出约定。

2013年3月30日，瑞衡公司出具《资产评估报告书》，载明赛伯乐公司移交给B学院相关资产在2012年8月25日所表现出来的市场价值的评估结果为513608066元，并列明相关土地等情况。

2013年4月22日，赛伯乐公司开具收到唐某4000万元股权转让款的收据。

2013年6月9日，中联资产评估公司接受赛伯乐公司的委托，对海睿公司所属资产及相关负债出具资产评估报告。

唐某接管B学院后，在B学院校园内修建了实训楼、教工宿舍楼等建筑物。

2013年6月16日，赛伯乐公司、A学院与唐某签订《补充合同》，对B学院现有范围内教学用地（租用地及农科院合作用地除外）土地证办理等事项作出约定。

2013年12月27日，B学院向赛伯乐公司转账支付3000万元；2013年12月28日，赛伯乐公司开具收到B学院代唐某支付的3000万元股权转让款的收据。

2013年12月28日，海商院公司向赛伯乐公司分两笔支付2000万元；同日，赛伯乐公司开具两张共收到海商院公司代唐某支付的2000万元股权转让款的收据。

2014年1月6日，海睿公司持股的申正公司经海南省工商行政管理局核准注销；2014年1月8日，海睿公司持股的海睿文化公司经海南省海口市工商行政管理局核准注销。

2014年3月4日，海睿公司的股东由赛伯乐公司、A学院变更为唐某。

2014年3月11日，赛伯乐公司将海睿公司变更后的企业法人营业执照正副本、核准变更登记通知书及税务登记证正副本的原件移交给海睿公司。

2014年4月24日，赛伯乐公司的财务人员与B学院的财务人员对账确认，B学院应收赛伯乐公司款项为8403216.25元，应付赛伯乐公司款项为238235.7元，差额（应收－应付）8164980.55元。

2014年5月20日，B学院给赛伯乐公司发催款函，赛伯乐公司财务人员于2014年5月28日签收该催款函。

2015年12月18日，A学院向B学院移交了房屋建筑工程竣工资料。

唐某向海南省高级人民法院提起诉讼，请求：1. 判令赛伯乐公司、A学院共同向唐某支付违约金、罚金等共计135798993.37元（其中迟延搬离校区及教工住宅周转房的违约金700万元，海睿公司管理权移交前的债务18798993.37元，延期办理股权变更登记的罚金1.1亿元）；2. 判令赛伯乐公司、A学院向唐某提供B学院尚未办证物业（行政大楼、艺术大楼、交流中心、大礼堂、第二及第三教学楼、教工周转楼第10、12栋、学生宿舍第6－7、8－9、10－11、12－13、15－16、17－18栋及第三、第四学生食堂）的补报建资料；3. 判令赛伯乐公司、A学院将A学院国兴校区坐标内编号为201551239的《A学院土地权属示意图》标明范围内的面积为239662.25平方米的土地使用权（201551239示意图上面积260251.19平方米－海南省农业科学研究院合作用地20588.94平方米＝239662.25平方米）过户到B学院名下；4. 判令赛伯乐公司、A学院向唐某支付自2014年7月1日起至土地证办理到B学院名下之日止的逾期办证违约金，暂计至2014年7月15日为195万元；5. 由赛伯乐公司、A学院承担本案全部诉讼费。2017年3月23日，海南省高级人民法院作出（2014）琼民二初字第5号民事判决。唐某、赛伯乐公司、A学院均不服该判决，向最高人民法院提起上诉。最高人民法院于2017年8月14日立案后，依法组成合议庭，开庭进行了审理。

## 二、裁判理由

本案的争议焦点为：1. 一审法院对案涉系列股权转让合同的效力认定是否正确；2. 一审法院对违约金、罚金的认定是否正确；3. 一审法院对赛伯乐公司、A学院应承担债务的认定是否正确；4. 一审法院关于赛伯乐公司、A学院应否向唐某提供B学院尚未办证物业补报建资料的认定是否正确。

（一）一审法院对案涉系列股权转让合同的效力认定是否正确

在案涉系列股权转让合同签订时，唐某具有内地居民身份，且其系以该身份与赛伯乐公司、A学院签订合同。虽然唐某的内地居民身份曾于2014年10月21日被注销，但该身份已于2015年8月12日恢复，目前，唐某具有合法的内地居民身份。案涉系列股权转让合同系双方当事人的真实意思表示，不违反法律、行政法规的效力性强制性规定，一审法院认定其为合法有效合同，适用法律正确，双方当事人均应依法履行合同义务。并且，在合同签订后，赛伯乐公司、A学院也已依约履行部分合同义务，此后其又以唐某身份问题影响合同效力，进而影响合同履行为由，主张不应承担违约责任，显然不能成立。

（二）一审法院对违约金、罚金的认定是否正确

第一，关于A学院是否迟延搬离校区及教工住宅周转房的问题。对于A学院搬离校区及教工住宅周转房的条件和时间，《股权转让合同》第2条第2.6款作了明确约定。根据该条约定，A学院搬离校区应在海睿公司“变更后”及其“接管”B学院等机构后6个月内进行，而搬离教工住宅周转房应在满足上述条件后1年半内进行。鉴于《股权转让合同》签订后，海睿公司的法定代表人已于2012年6月7日变更为唐某，赛伯乐公司、A学院亦于2012年8月25日将海睿公司、B学院的管理权移交给唐某，故A学院搬离校区及教工住宅周转房的时间应从2012年8月25日起算。对此时间点的认定，唐某也予认可。唐某主张A学院逾期搬离校区，

并提供曹某科院长办公室移交清单加以证实，但该证据材料系唐某单方制作，仅能表明曹某科办公室于2013年8月19日发生交接，在无其他证据相佐证的情况下，不足以证明A学院迟延搬离校区。并且，即使存在曹某科办公室逾期搬离的情况，但相对于整个原A学院校区而言，该办公室仅占需搬离校区面积非常小的一部分，其未搬离并不影响唐某合同目的的实现，不应因此认定A学院迟延搬离校区。在唐某已实际占有并控制B学院的情况下，如因此认定赛伯乐公司、A学院违约，亦有违公平公正原则。另外，唐某还主张A学院迟延搬离教工住宅周转房，并提交教工住宅使用情况登记表予以证实，但根据本案已查明的事实，该登记表中雷某军一栏并非雷某军本人签字确认，是由“漆某斌”代签，而唐某并未提交证据证明“漆某斌”身份及其是否有权代雷某军在该表上签字，故该证据不能证明A学院迟延搬离教工住宅周转房。根据《股权转让合同》第2条第2.6款和第5.5款的约定，A学院教工住宅周转房可有偿使用1年半；每迟延一个月应向唐某支付违约金100万元。因此，即使雷某军确于2014年3月3日才搬离教工住宅周转房，自2012年8月25日开始计算，至雷某军搬离教工住宅周转房也仅迟延数天，尚不足一个月，同样不符合合同约定的违约金支付条件。唐某主张赛伯乐公司、A学院迟延搬离校区及教工住宅周转房并要求支付违约金，无事实依据。

第二，关于赛伯乐公司、A学院是否逾期办理海睿公司股权变更登记的问题。根据2012年8月20日《备忘录》第1条第4款的约定，唐某在赛伯乐公司、A学院办理完B学院法定代表人变更后3日内向赛伯乐公司、A学院支付4000万元，如果此后1个月内赛伯乐公司、A学院有意不将海睿公司的全部股权过户给唐某，则应向唐某支付1.1亿元罚金。从本案事实看，在《备忘录》签订后，B学院的法定代表人已于2012年12月29日变更为唐某。按照《备忘录》的约定，唐某应于2013年1月2日前向赛伯乐公司、A学院支付4000万元股权转让款，但其直至2013年2月1日前仍未付清该笔款项，已违约在先。此后，赛伯乐公司、A学院又与唐某签订《备忘录（二）》，调整了该笔4000万元款项的付款方式及时间。在《备忘录（二）》签订后，唐某依然未能在约定期限内支付该笔4000万元款项，再次违约迟延支付，并直至2013年4月22日方才收到赛伯乐公司出具的4000万元收据。对于唐某在支付上述4000万元后1个月内赛伯乐公司、A学院是否有意不将海睿公司股权予以变更，唐某并未提交证据加以证实。从赛伯乐公司、A学院于唐某违约支付上述4000万元款项前即已委托中联资产评估公司对海睿公司的全部资产及负债情况进行评估等事实看，赛伯乐公司、A学院已在依约履行海睿公司股权变更事宜，不存在有意不办理该公司股权变更登记的情形。而且，唐某已于2012年担任海睿公司法定代表人并接管该公司，该公司股权于2014年完成变更登记。上述事实表明，公司股权未按照最先约定的时间完成变更登记，双方均有原因，《备忘录》约定的1.1亿元罚金支付条件并未成就，唐某主张赛伯乐公司、A学院逾期办理股权变更登记并要求支付1.1亿元罚金，无事实依据。

第三，关于逾期办理土地使用权证违约金的问题。《股权转让合同》第2条第2.7款、第5条第5.7款对原A学院国兴校区土地确权、过户及违约金问题作了明确规定，在该合同履行过程中，赛伯乐公司、A学院又与唐某于2013年6月16日签订《补充合同》，对上述事项变更约定为赛伯乐公司、A学院负责办理B学院现有范围内教学用地（租用地及农科院合作用地除外）的土地证并办至B学院名下，整个办证时间顺延到2014年6月底。从本案事实看，A学院于2013年8月19日即已取得海口市国用（2013）00××97号国有土地使用权证，2016年11月取得琼（2016）海口市不动产权第000××75号、000××77号、000××90号、000××92号不动产权证，但其至一审判决前仍未将上述土地依约过户登记至B学院名下，显然已构成违约，应承担相应的违约责任。一审法院根据法律规定和合同约定认定赛伯乐公司、A学院应自2014年10月1日起计付违约金正确。赛伯乐公司、A学院主张其不承担逾期办证违约责任，缺乏事实依据。根据《中华人民共和国合同法》第一百一十四条第二款“约定的违约金过分高于造成的损失的，当事人可以请求人民法院或者仲裁机构予以适当减少”之规定和《最高人民法院关于适用〈中华人民共和国合同法〉若干问题的解释（二）》第二十九条第一款“人民法院应当以实际损失为基础，兼顾合同的履行情况、当事人的过错程度以及预期利益等综合因素，根据公平原则和诚实信用原则予以衡量，并作出裁决”之规定可知，法律规定违约金的主要功能在于填补损害，如果约定的违约金过分高于实际损失的，当事人有权请求予以调整。本案中，案涉系列股权转让合同已实际履行，唐某已实际支付3.9亿元转让款。虽然《股权转让合同》第5条第5.7款约定应以唐某已支付的转让款并按照中国人民银行同期贷款2倍利率计算违约金，但赛伯乐公司、A学院转让的资产不仅包括案涉土地权益，还包括地上建筑物、教育教学设施、图书等相关各类资产，而对于除土地外的其他案涉转让资产，唐某已实际占用并控制，海睿公司的股权也已办至其名下。虽然赛伯乐公司、A学院确实存在逾期办证违约行为，亦给唐某经办B学院造成一定程度上的影响，但对因此而遭受的实际损失数额，唐某并未提交证据证明。并且，从本案已查明的事实看，唐某在全面接管B学院后，存在违反规划在学院范围内进行项目建设的行为，给赛伯乐公司、A学院办证造成困难。对于A经济社一队、三队、五队的16.19亩土地，A学院之所以未能按时完成土地置换工作，并将该土地证顺利办至B学院名下，亦有唐某违约与案外人合作建房的原因。从以上情况看，案涉土地证的迟延办理并不能完全归责于赛伯乐公司和A学院，唐某自身也存在一定过错。在案涉系列股权转让合同已实际履行，双方当事人对逾期办证均存在过错，因违约办证所致实际损失无法确定的情形下，本案若以唐某已实际支付的3.9亿元转让款为基数并按照中国人民银行同期贷款利率的2倍计算违约金，显然既有违违约金设立的初衷，也有违公平原则。因此，在赛伯乐公司、A学院抗辩违约金过高的情况下，一审法院综合考虑案涉土地权属证书办理逾期的主观、客观因素，兼顾合同实际履行情况、当事人的过错程度以及实际损失等，根据公平原则和诚实信用原则予以衡量，对违约金计算基数、标准等进行适当调整，并无不当。

（三）一审法院对赛伯乐公司、A学院应承担债务的认定是否正确

根据《股权转让合同》第4条第4.6款的约定，海睿公司于管理权移交前所有发生的债权债务由赛伯乐公司、A学院享有和承担；管理权移交后发生的所有债权债务，由唐某享有和承担。因海睿公司管理权移交给唐某的时间为2012年8月25日，故应从该日起划分双方的债权债务。对于2014年4月24日赛伯乐公司财务人员肖某与B学院财务人员冯某红对账确认的移交前债务8164980.55元，因双方当事人对对账事实予以确认，且有唐某提交的催款函、询证函等证据相佐证，一审法院对该笔款项予以确认符合法律规定。对于A学院学生住宿费及住宿期间的公摊费用，除A学院自认的应付款项567900元外，唐某提交的证据不足以证明该项费用其余部分应由赛伯乐公司、A学院负担，一审法院对此未予支持，符合法律规定。对于接待补贴、计提及收取的工会会费、职工教育经费，因唐某主张该项费用所依据的证据材料均为其单方出具，在无其他证据相佐证的情况下，不足以证明该项费用已实际发生并应由赛伯乐公司、A学院负担。对于购买摩托车的费用，因摩托车由移交后的B学院使用，属移交后B学院的财产，且系唐某自行签字购买，故该项费用不属于B学院移交前的债务，不应由赛伯乐公司、A学院负担。对于2012年奖金及第13个月工资，虽然唐某主张其与曹某杰口头协商由赛伯乐公司、A学院负担，但并未提交相应证据证实，赛伯乐公司、A学院亦对此予以否认，且该项费用产生于B学院管理权移交后，故一审法院认定其不应由赛伯乐公司、A学院负担，亦无不妥。

（四）一审法院关于赛伯乐公司、A学院应否向唐某提供B学院尚未办证物业补报建资料的认定是否正确

唐某主张赛伯乐公司、A学院应向其提供B学院尚未办证的行政大楼、艺术大楼、交流中心、大礼堂、第二及第三教学楼、教工周转楼第10

栋、第12栋、学生宿舍第6－13栋、第15－16栋、第17－18栋及第三、第四学生食堂的补报建资料，但根据本案已查明的事实，A学院已于2015年12月18日向唐某移交了行政大楼、艺术大楼、交流中心、大礼堂、第二及第三教学楼、教工周转楼第10栋、第12栋、学生宿舍第6－13栋及第三、第四学生食堂的工程竣工资料及施工图，唐某也认可赛伯乐公司、A学院所移交的上述资料为其诉讼请求中所主张的补报建资料。对于学生宿舍第15－16栋和第17－18栋，根据《B学院房屋建筑工程竣工资料查实移交表》的记载，该部分建筑属唐某自己承建，竣工时竣工资料并未移交学校，而唐某对此也予认可。从以上事实可以看出，除唐某自己承建并持有的资料外，赛伯乐公司、A学院已依约将其余未办证物业补报建资料移交给唐某。虽然唐某提供竣工图，欲证明赛伯乐公司、A学院移交的资料存在不齐全、不符合政府相关部门要求的情形，但其并未明确赛伯乐公司、A学院未移交资料的具体名称及政府相关部门的具体要求，因此，其该项主张难以得到支持。在本案二审庭审期间，赛伯乐公司、A学院表示在政府相关部门明确B学院尚未办证物业需要何种补报建资料等情况时，其愿意配合唐某完成该项工作，故在出现上述情况且唐某需要的情形下，赛伯乐公司、A学院应积极配合唐某完成此项工作。

此外，关于唐某提出某塑料工业公司及A经济社一队、三队、五队土地的办证时间问题。根据本案已查明的事实，该两块土地位于B学院教学用地范围内，属于合同约定的赛伯乐公司、A学院应办证至B学院名下的土地范围内。经一审法院向双方当事人核实，该两块土地目前还可以办至A学院名下。因赛伯乐公司、A学院存在逾期办证违约行为，一审法院已判决其对此承担向唐某支付违约金的责任，在此情形下，一审法院又综合考量合同履行情况等案件本身因素及土地权属证书办理涉及案外人的配合等赛伯乐公司、A学院不能控制的因素，酌定该两块土地的办证启动时间及办至B学院名下的时间，既符合本案实际情况，也有利于本案矛盾纠纷的化解，并无不当。唐某对此所提上诉请求，不能得到支持。

## 三、裁判结论

依照《中华人民共和国民事诉讼法》第一百七十条第一款第一项之规定，判决如下：

驳回上诉，维持原判。

二审案件受理费1170305.4元，由唐某负担1119158.56元，由赛伯乐公司、A学院共同负担51146.84元。

## 四、裁判要旨

违约金的主要功能在于填补损害，如双方当事人对合同迟延履行均存在过错，且合同迟延履行所致实际损失无法确定，在当事人请求对违约金予以调整的情形下，人民法院可综合考虑合同实际履行情况、当事人过错程度以及实际损失等因素，根据公平原则和诚实信用原则予以衡量，对违约金计算基数、标准等进行适当调整。

（合议庭成员：张勇健、钱小红、王毓莹；案号：（2017）最高法民终641号；裁判日期：2017年11月14日；案例编写人：盛强；案例审核人：张勇健）

002

## 民事案件构成恶意串通事实证明标准的认定

——博海公司与王某萍、郭某民间借贷纠纷案

### 一、主要案情

2013年10月16日，王某萍与郭某签订一份《借款合同》，主要内容为：1. 郭某向王某萍借款4000万元；2. 借款期限：从2013年10月16日起至2015年10月15日止，约定具体还款分两期：第一期到2014年10月15日止，郭某先归还王某萍2000万元；第二期至2015年10月15日将剩余的2000万元全部归还；3. 借款利息：在上述约定的借款期限内，郭某按月息向王某萍支付利息，每月支付一次利息；如郭某未支付利息，则一并计入本金计算利息；4. 郭某愿用所持有的山西省A市某商务区的股权作为借款抵押物，承诺上述借款为投资A市某商务区项目的专用借款，如果违约须承担相应违约责任。上述合同中，双方对月息的具体数额未作约定。同日，王某萍向郭某转账支付2000万元，其余2000万元王某萍未支付。之后，双方未办理A市某商务区股权的抵押登记手续。

2014年1月13日，王某萍与郭某又签订一份《借款合同》，主要内容为：1. 郭某向王某萍借款4900万元；2. 借款期限：从2014年1月13日起至2014年5月12日止；3. 借款利息：在上述约定的借款期限内，郭某按月息3%向王某萍支付利息，每月支付一次利息；如果郭某未支付利息，则一并计入本金计算利息；4. 双方在借款当日同时达成购买位于海南省澄迈县甲小区14、15、16、17、23栋共5栋楼盘32263.4平方米的房屋买卖合同，如郭某在借款合同约定的期限内不能归还王某萍所有借款和利息则按当日签署的购房合同执行。同日，王某萍分别向郭某转账支付100万元和4600万元。同年1月15日，王某萍又向郭某转账支付200万元。

针对上述两笔借款，博海公司与王某萍签订多份《商品房买卖合同》，分别约定由王某萍购买甲小区6、7、14、15、16、17、23栋房产，博海公司出具了相应的收款收据，收据上记载的所收购房款数额与郭某收取的上述两笔借款数额一致，但博海公司未收到王某萍支付的相应购房款，上述合同未实际履行。

2014年5月16日，王某萍与博海公司签订一份《协议》，主要内容为：1. 郭某向王某萍借款6900万元并约定了借款利息，现博海公司承诺愿意代郭某向王某萍偿还该借款本金6900万元及约定的利息（首先保证本金）；2. 博海公司承诺用甲小区内未开发建设的10亩土地建设经济适用房后，用房屋销售的全部回款向王某萍代偿郭某借款；3. 博海公司承诺甲小区已开发建设房屋的销售款在保持博海公司正常经营运转的情况下，按销售款的一定比例向王某萍代偿郭某借款本息；4. 不限制王某萍采取其他措施向郭某催要未偿借款本金及利息。

此后，博海公司、郭某一直未偿还王某萍6900万元借款本息。因博海公司于《协议》签订后一直未代郭某偿还借款给王某萍，王某萍遂向海南省高级人民法院申请诉前保全，该院于2014年9月1日作出（2014）琼民保字第1号民事裁定，查封了博海公司名下的甲小区343套房产。2016年8月23日，根据王某萍的申请，海南省高级人民法院续行查封了上述房产。

本案在审理过程中，王某萍还提供了海南省第一中级人民法院作出的（2014）海南一中民一初字第55、56、57号民事调解书，用以证明博海公司与王某萍签订《协议》后，又与案外人恶意串通，以调解的方式将海南省高级人民法院诉前保全查封的房产备案给案外人，逃避履行向王某萍还款的义务。博海公司则提供了公司的《房地产开发企业暂定资质证书》、甲小区项目所占用土地的三本《国有土地使用权证》、甲小区项目的三本《建设用地规划许可证》、一本《建设工程规划许可证副证》、二本《建筑工程施工许可证》、五本《房产预售许可证》、六份同意办理房产预售许可证并售房的函、七份生效裁判文书、博海公司与B建筑工程有限公司签订的《建设工程施工合同》、博海公司与C园林设计工程公司签订的《施工合同书》，用以证明博海公司开发的甲小区项目手续合法，项目所占用的土地已经抵押、房产大部分都已经售出，博海公司负有巨额债务仍未能清偿，若认定博海公司代替郭某还款，则严重损害其他债权人的合法权益。王某萍与博海公司对对方提供的上述证据均质证认为与本案没有关联。海南省高级人民法院认为上述证据的待证事实与本案审查的民间借贷法律关系没有关联，对上述证据的待证事实不予认定。

2014年10月11日，王某萍向海南省高级人民法院提起诉讼，请求：1. 判令博海公司向王某萍偿还借款本金6900万元及利息（其中2000万元本金自2013年10月16日开始计息，4700万元本金自2014年1月13日开始计息，200万元本金自2014年1月15日开始计息，以上款项均按月息3%计算至实际给付之日止）；2. 判令博海公司承担本案的诉讼费用。2016年12月29日，海南省高级人民法院作出（2016）琼民初31号民事判决，限博海公司于判决发生法律效力之日起10日内偿还给王某萍借款本金6900万元及其利息（利息计算方法：2000万元本金自2014年10月16日起按中国人民银行发布的同期一年期一般流动资金贷款基准利率计付至实际偿还之日止；4700万元本金自2014年1月14日起、200万元本金自2014年1月16日起按中国人民银行发布的同期一年期一般流动资金贷款基准利率的四倍计付到实际给付之日止）。博海公司不服该判决，向最高人民法院提起上诉。最高人民法院于2017年10月9日立案后，依法组成合议庭，开庭进行了审理。

## 二、裁判理由

本案的争议焦点为：1.《协议》是否有效、是否附条件；2. 6900万元借款中有利息约定的部分为多少；3. 郭某是否已用其他资产抵偿欠付王某萍的债务。

（一）关于《协议》是否有效、是否附条件的问题

第一，关于《协议》是否有效的问题。首先，《中华人民共和国合同法》第五十二条第二项规定的合同无效的法定情形应同时具备两个要件，即当事人主观上有损害国家、集体或者第三人利益的恶意，客观上实施了相互串通的行为。对此，主张合同因此而无效的当事人有义务提供证据加以证实。对于恶意串通的证明标准，《最高人民法院关于适用〈中华人民共和国民事诉讼法〉的解释》第一百零九条作了特别规定。根据该条规定，人民法院认定民事案件构成恶意串通事实的证明标准为排除合理怀疑，即要求当事人对其提出的存在恶意串通的事实主张，应提供充分的证据以达到足以排除合理怀疑的证明标准，否则，其主张的恶意串通的待证事实便难以认定。本案中，博海公司主张王某萍与郭某恶意串通，以博海公司资产偿还郭某个人债务，损害其他债权人合法权益，但其并未提交证据加以证实。该项主张缺乏事实依据，依法不能得到支持。其次，《协议》约定，博海公司承诺愿意代郭某向王某萍偿还借款本息，该行为系债的加入。根据法律规定和《协议》第5条的约定，郭某并未因此而免除与博海公司共同承担向王某萍偿还借款本息的责任。作为债权人，王某萍有权选择追偿相对方。在无其他证据相佐证的情况下，不能因王某萍仅要求博海公司承担还本付息责任而认定其与郭某存在恶意串通。最后，根据郭某在法院二审庭审时的陈述，博海公司原有两个股东，分别为郭某及雷某，雷某持有的博海公司股份已由郭某回购，郭某也已向雷某支付股份回购款，但由于缴纳税费等原因一直未办理股东登记变更事宜。此陈述可表明，郭某的行为实际上并未损害博海公司股东的利益。博海公司与王某萍签订《协议》，系双方当事人的真实意思表示，内容并不违反法律、行政法规的强制性规定，应为合法有效合同。

第二，关于《协议》是否为附条件合同的问题。根据《协议》的约定，博海公司承诺愿意代郭某向王某萍偿还6900万元借款本息，并以该公司尚未开发土地上拟开发建设房屋的销售回款和已开发建设的甲小区的

房屋销售款向王某萍代偿郭某借款。在该《协议》中，当事人开宗明义约定博海公司承诺愿意代郭某向王某萍偿还债务。从《协议》约定用房屋销售回款偿还债务的内容看，其系博海公司对还本付息款项来源、具体还款方式等作出的承诺，而非设定偿债条件，不能因此约束债权人。博海公司主张《协议》附条件，而付款条件未成就，其无法履行债务的理由不能成立。

（二）关于6900万元借款中有利息约定的部分为多少的问题

根据本案已查明的事实，案涉6900万元借款共涉及两份借款合同，即2013年10月16日约定金额为4000万元的《借款合同》和2014年1月13日约定金额为4900万元的《借款合同》。关于2013年10月16日《借款合同》的履行情况，王某萍主张实际出借2000万元，郭某也认可实际借到2000万元。关于2014年1月13日《借款合同》的履行情况，王某萍提供转账凭证证实其于2014年1月13日和15日分三次向郭某转账汇款共计4900万元，其中一笔为4600万元，一笔为200万元，一笔为100万元。从该款项的支付时间及金额看，可以与2014年1月13日的《借款合同》相吻合。并且，郭某也认可该笔4900万元借款的依据是2014年1月13日的《借款合同》，与2013年10月16日的《借款合同》无关。上述事实表明，王某萍于2014年1月13日和15日分三笔支付的4900万元系履行2014年1月13日《借款合同》约定的付款义务。根据2014年1月13日《借款合同》第3条的约定，借款利息为月息3%，利息每月一付。可见，王某萍与郭某对2014年1月13日《借款合同》约定的4900万元借款有明确的利息约定。博海公司主张王某萍于2014年1月13日和15日分三笔支付的4900万元款项中有2000万元是为履行2013年10月16日的《借款合同》，该2000万元不应计算利息，但并无证据证实。博海公司的该主张缺乏事实和法律依据，最高人民法院不予支持。

（三）关于郭某是否已用其他资产抵偿欠付王某萍债务的问题

博海公司主张，根据2013年10月16日的《借款合同》和《承诺书》，郭某已实际用山西省A市某商务区项目资产抵偿所欠王某萍债务，双方债权债务已抵销。最高人民法院认为，虽然2013年10月16日的《借款合同》和《承诺书》载明郭某愿意以山西省A市某商务区项目资产作为向王某萍借款的担保，但《承诺书》与《借款合同》为同一日出具，而郭某承认《承诺书》并未履行，其欠王某萍6900万元的借款本息分文未还。并且，根据本案已查明的事实，双方当事人并未对约定用于担保的资产办理抵押登记手续，郭某亦未将上述资产所有权变更登记至王某萍名下，无证据证明郭某已实际用山西省A市某商务区项目资产抵偿欠付王某萍的债务。关于债务清偿顺序的问题，如前所述，博海公司承诺愿意代郭某向王某萍偿还借款本息，该行为系债的加入，郭某并未因此而免除与博海公司共同承担向王某萍偿还借款本息的责任。作为债务共同承担人，无证据表明郭某和博海公司与王某萍约定了债务清偿顺序。作为债权人，王某萍有权选择向郭某抑或博海公司主张权利。

## 三、裁判结论

依照《中华人民共和国民事诉讼法》第一百七十条第一款第一项之规定，判决如下：

驳回上诉，维持原判。

二审案件受理费386800元，由博海公司负担。

## 四、裁判要旨

1. 对于恶意串通的证明标准，《最高人民法院关于适用〈中华人民共和国民事诉讼法〉的解释》第一百零九条作出特别规定。根据该条规定，人民法院认定民事案件构成恶意串通事实的证明标准为排除合理怀疑，即要求当事人对其提出的存在恶意串通的事实主张，应提供充分的证据以达到足以排除合理怀疑的证明标准，否则，其主张的恶意串通的待证事实便难以认定。

2. 债务加入，亦称并存的债务承担，即第三人参与原债权债务关系之中，成为债务履行的义务主体，此时，原债务人并未免除履行债务的义务，应与第三人共同承担履行债务的义务。在未有证据证明当事人对清偿顺序作出特别约定的情形下，债权人有权选择向原债务人或第三人主张权利。

（合议庭成员：张勇健、钱小红、王毓莹；案号：（2017）最高法民终769号；裁判日期：2017年12月29日；案例编写人：盛强；案例审核人：张勇健）

**003**

## 认定合同是否解除不应拘泥于当事人明确提出该诉讼请求、预见合同履行不能无权主张可得利益损失

——利成公司、宝源公司与晶隆公司、晶和公司、李某项目转让合同纠纷案

### 一、主要案情

2003年7月10日，A村村委会作为甲方，甲房地产公司作为乙方，与晶隆公司作为丙方，签订《土地使用权转让合同书》，约定甲方将位于莲花山A村水库边山地约499600.02平方米土地在办理国有土地使用许可证后交由丙方作房地产项目开发；开发过程中丙方将挂靠乙方，土地使用证也以乙方名义办理。上述土地转让总价款9242600.37元。2005年至2006年，前述合同项下共297834平方米土地办理了11本土地使用权证，其中9宗土地登记在甲房地产公司名下，2宗登记在晶隆公司名下。

2006年8月6日，晶隆公司时任法定代表人麦某新代表晶隆公司（甲方）与李某（乙方）签订《协议书》约定：甲方至签订协议书时，依据其与甲房地产公司及A村村委会签署的《土地使用权转让合同书》，享有“B山庄”房地产开发项目；甲方将晶隆公司全部股份及名下“B山庄”项目整体转让给乙方，由于特殊原因暂无法办理工商登记手续，该股份及项目转让价款为1.3亿元。麦某新以法定代表人身份签名并加盖晶隆公司公章。同日，麦某新签署《授权委托书》一份，内容为麦某新授权李某代为行使作为晶隆公司法定代表人的一切权限，委托期限为自2006年8月6日起至2011年8月5日止，该委托书为不可撤销的委托。同日，麦某新与李某签署《托管协议》，载明晶隆公司全部资产委托给李某经营管理，期限从协议签署之日起至晶隆公司书面确认解除托管之日止；双方并约定李

某代为行使晶隆公司的经营管理权，履行晶隆公司先前经营行为所产生的义务。同日，麦某新与李某签署《交接书》，确认移交晶隆公司公章、财务章、法人私章各一枚，以及《土地使用权转让合同书》正本一份，另移交9本土地使用权证正本。麦某新还将广东省建设项目选址意见书原件一份、关于B山庄房地产开发立项申请批复原件一份、建设用地规划许可证原件一份、用地红线图原件一份移交给李某。

2007年3月29日，麦某新在《东莞日报》声明遗失晶隆公司营业执照副本及公章、财务专用章一枚，特此声明作废，并申请补发证照，于当日重新备案了公司公章和财务章。

2007年4月24日，麦某新妻子蔡某红（晶隆公司于2002年5月15日设立，麦某新占90%的股份，是该公司法定代表人，蔡某红占10%股份）向广东省东莞市中级人民法院提起诉讼，要求确认麦某新与李某签订的《协议书》无效。该院作出（2007）东第156号民事判决：确认《协议书》中麦某新转让蔡某红股权部分的协议内容无效，蔡某红应对麦某新的90%股权行使优先购买权。该判决于2008年1月18日送达蔡某红和麦某新。李某不服提起上诉，广东省高级人民法院于2008年6月4日作出（2008）第86号民事判决：撤销一审判决，驳回蔡某红的诉讼请求，麦某新与蔡某红应将其名下晶隆公司的股权过户给李某。蔡某红不服，向最高人民法院申请再审，最高人民法院于2009年2月26日作出（2008）第677号民事裁定：驳回蔡某红的再审申请。2008年1月25日，麦某新与蔡某红签订《股权转让协议书》，约定麦某新转让90%股权给蔡某红。

2008年3月26日，麦某新代表晶隆公司（甲方）与利成公司（乙方）、宝源公司（丙方）签订《项目转让合同》，主要内容如下：1. 甲方同意将B山庄房地产开发项目及其项下的11块土地使用权整体转让给乙方和丙方。2. 乙方、丙方购买该项目的价款为1.5亿元。本合同签订后30日内，乙方和丙方向甲方支付1000万元第一期项目转让款；本合同签订后60日内，乙方和丙方向甲方支付2000万元第二期项目转让款；在甲方将该项目全部过户到乙方和丙方名下后30日内，乙方和丙方将剩余1.2亿元转让款付清给甲方。3. 甲方收到乙方和丙方的第一期项目转让款后，即应向政府有关部门申请办理该项目的转让过户手续，并在合同签订后的60日内将该项目过户到乙方和丙方名下。4. 本合同经三方法定代表人签字并加盖公章之日起生效。

2008年4月21日，利成公司转账支付了1000万元至晶隆公司。2008年5月26日，利成公司通过三利公司、吉龙公司分两笔转账共2000万元给晶隆公司。

2008年6月6日，利成公司、宝源公司以晶隆公司为被告诉至广东省河源市源城区人民法院，请求：1. 确认双方签订的《项目转让合同》有效。2. 晶隆公司将“B山庄”房地产项目及其挂靠在甲房地产公司名下的9块土地和晶隆公司名下的2块土地过户到利成公司、宝源公司名下。3. 晶隆公司支付逾期办证违约金30万元。麦某新代表晶隆公司签收了诉讼文书并应诉。双方于2008年6月12日达成《调解协议》，约定：三方同意继续履行《项目转让合同》；确认利成公司、宝源公司已经按合同约定支付了3000万元项目转让款给晶隆公司，同意在《调解协议》生效后由利成公司、宝源公司再支付4000万元转让款给晶隆公司，用于归还晶隆公司欠银行借款本金3000万元及所欠利息，赎回晶隆公司在银行抵押的晶隆公司名下2块土地，并在赎回该证件后，晶隆公司将名下的两块土地过户给利成公司、宝源公司；一致同意将晶隆公司与A村村委会、甲房地产公司签订的《土地使用权转让合同书》《土地转让补充合同》的权利义务全部转让给利成公司、宝源公司；一致同意在晶隆公司将“B山庄”房地产项目及其所属土地转移过户到利成公司、宝源公司名下后的30日内，利成公司、宝源公司将剩余的项目转让款付清给晶隆公司。广东省河源市源城区人民法院作出（2008）第443号民事调解书，确认利成公司、宝源公司与晶隆公司三方自愿达成的《调解协议》。

2008年6月18日，利成公司支付3000万元给晶隆公司。调解书确定的义务在执行过程中，利成公司、宝源公司因接管项目，与李某代表的晶隆公司发生械斗。

广东省河源市源城区人民法院经再审认为，该调解书违反了不动产专属管辖的规定，故裁定撤销，移送有管辖权的广东省东莞市中级人民法院。

利成公司、宝源公司于2008年12月17日向广东省东莞市中级人民法院提起诉讼，请求：1. 确认利成公司、宝源公司与晶隆公司签订的《项目转让合同》《调解协议》有效，维持广东省河源市源城区人民法院作出的（2008）第443号民事调解书的法律效力。2. 判令晶隆公司继续履行将其名下2块土地的国有土地使用权证过户到利成公司、宝源公司名下的义务并承担过户税费。3. 确认晶隆公司挂靠在甲房地产公司名下的9块土地是利成公司、宝源公司财产，解除利成公司、宝源公司和甲房地产公司的挂靠协议，甲房地产公司协助将该9块土地更名过户到利成公司、宝源公司名下。4. 晶隆公司自2008年5月26日起按日支付3万元逾期办证违约金。

该案经过广东省东莞市中级人民法院一审、广东省高级人民法院二审审理，最终经过最高人民法院再审，最高人民法院于2013年10月31日作出再审第122号判决（以下简称122号判决），认定：1. 双方签订《项目转让合同》时，麦某新虽已将晶隆公司的股份转让给李某并移交了公司章、项目材料等，但麦某新和李某直到2008年12月24日才经工商核准登记变更李某为晶隆公司的法定代表人。此前利成公司、宝源公司都有理由相信麦某新仍是晶隆公司的法定代表人，有权签订合同，而甲房地产公司名下9块土地使用权实际权益属于晶隆公司，故《项目转让合同》有效。2. 双方签订的《调解协议》包含案涉项目及相关土地使用权变动内容，而麦某新已经将公司章和项目资料原件移交给李某。如确认《调解协议》有效，就会损害第三人合法权益。故对《调解协议》效力不予确认。3. 转让的标的物涉及晶隆公司与A村村委会、甲房地产公司签订的《土地使用权转让合同书》《土地转让补充合同》中的合同权利义务转让，而《项目转让合同》的签订并未征得A村村委会、甲房地产公司的同意。故利成公司、宝源公司要求办理涉及甲房地产公司名下的9块土地使用权的更名过户的诉讼请求不予支持。麦某新代表晶隆公司分别与李某和利成公司、宝源公司签订合同转让B山庄房地产项目构成“一地二卖”，而李某已经合法先行占有，先行支付价款并开发，因此利成公司、宝源公司要求继续履行转让合同的主张不予支持。为此，最高人民法院判决确认《项目转让合同》有效，驳回利成公司、宝源公司的其他诉讼请求；同时指明“利成公司、宝源公司可就无法继续履行导致的损失另循法律途径主张权利”。

于是，利成公司、宝源公司向广东省高级人民提起诉讼，请求：1. 晶隆公司退还6000万元项目转让款。2. 晶隆公司赔偿项目转让款利息损失（从利成公司、宝源公司交付转让款之日起至晶隆公司退清转让款之日止，按中国人民银行规定的同期贷款利率计算利息，暂计至起诉之日约为2128万元）。3. 晶隆公司赔偿可得利益损失10.039646亿元。4. 晶隆公司承担本案的诉讼费、财产保全费、保全担保费、评估费用。利成公司、宝源公司于2014年4月9日申请追加李某、晶和公司为被告，并请求判决李某、晶和公司对晶隆公司的上述债务承担连带责任。广东省高级人民法院追加李某、晶和公司为被告。

广东省高级人民法院于2016年6月28日作出（2014）第1号民事判决：1. 被告晶隆公司应当在本判决发生法律效力之日起15日内向利成公司、宝源公司赔偿损失11203.2976万元。2. 被告晶隆公司应当在本判决发生法律效力之日起15日内向利成公司、宝源公司返还3000万元，并支付自2008年6月18日至本判决确定的支付日的利息（按照中国人民银行同期同类贷款利率计算）。3. 驳回原告利成公司、宝源公司的其他诉讼请求。

利成公司、宝源公司和晶隆公司不服广东省高级人民法院作出的一审判决，向最高人民法院提起上诉。利成公司、宝源公司上诉请求：1. 变更一审判决第一项为晶隆公司向利成公司、宝源公司赔偿损失44016.488万元；2. 变更一审判决第二项为晶隆公司向利成公司、宝源公司返还6000万元，并支付自晶隆公司收到项目转让款之日起至判决确定的支付日按照中国人民银行同期同类贷款利率计算的利息；3. 李某、晶和公司对晶隆公司的上述债务承担连带责任；4. 本案一、二审的诉讼费、财产保全费、保全担保费、评估鉴定费等全部诉讼费用由晶隆公司、李某和晶和公司负担。

晶隆公司上诉请求：依法撤销广东省高级人民法院（2014）第1号民事判决，驳回利成公司、宝源公司的全部诉讼请求；本案诉讼费由利成公司、宝源公司承担。

最高人民法院于2016年10月27日立案后，依法组成合议庭，开庭对本案进行了审理。

## 二、裁判理由

本案的争议焦点为：1. 利成公司、宝源公司的起诉是否构成重复起诉；2.《项目转让合同》是否已经解除；3. 晶隆公司是否应返还利成公司、宝源公司项目转让款6000万元及其利息，赔偿可得利益损失44016.488万元；4. 晶和公司、李某是否应对晶隆公司的上述债务承担连带责任。

（一）利成公司、宝源公司的起诉是否构成重复起诉

《最高人民法院关于适用〈中华人民共和国民事诉讼法〉的解释》第二百四十七条第一款规定："当事人就已经提起诉讼的事项在诉讼过程中或者裁判生效后再次起诉，同时符合下列条件的，构成重复起诉：（一）后诉与前诉的当事人相同；（二）后诉与前诉的诉讼标的相同；（三）后诉与前诉的诉讼请求相同，或者后诉的诉讼请求实质上否定前诉裁判结果。"就本案而言，本案当事人与最高人民法院122号案的当事人不同。最高人

民法院 122 号案的当事人系利成公司、宝源公司、晶隆公司、甲房地产公司、A 村村委会、麦某新及蔡某红；而本案的当事人系利成公司、宝源公司、晶隆公司、晶和公司及李某，两案的当事人并不相同。同时，本案当事人的诉讼请求与最高人民法院 122 号案当事人的诉讼请求也不相同。最高人民法院 122 号判决认定《项目转让合同》有效，但因《项目转让合同》事实上不能履行，驳回了利成公司、宝源公司要求继续履行合同以及逾期办理过户违约金的诉请。《中华人民共和国合同法》第一百零七条规定："当事人一方不履行合同义务或者履行合同义务不符合约定的，应当承担继续履行、采取补救措施或者赔偿损失等违约责任。"因此，继续履行合同是承担违约责任的形式之一。最高人民法院 122 号判决未判令晶隆公司承担其他形式的违约责任，而是释明"利成公司、宝源公司可就无法继续履行导致的损失另循法律途径主张权利"。故利成公司、宝源公司据此提起本案诉讼，主张除继续履行合同外的违约责任，与最高人民法院 122 号案的诉讼请求不同。因此，利成公司、宝源公司的起诉不构成重复起诉，不存在违反民事诉讼"一事不再理"的原则。

（二）《项目转让合同》是否已经解除

判断《项目转让合同》是否解除，不能仅仅拘泥于利成公司、宝源公司是否明确提出该项诉讼请求，而应结合本案具体情形予以判断。第一，根据查明的事实，2008 年 3 月 26 日，利成公司、宝源公司在与晶隆公司签订《项目转让合同》后，支付了部分项目转让费 6000 万元，但由于李某依据其与晶隆公司在先签订《协议书》的约定，已先行合法占有案涉土地，先行支付部分价款并进行开发建设，利成公司、宝源公司实际并未占有案涉土地。其间，麦某新的妻子蔡某红认为该《协议书》无效提起了诉讼，广东省高级人民法院于 2008 年 6 月 4 日作出（2008）第 86 号民事判决，认定麦某新代表晶隆公司与李某签订的《协议书》有效，判令麦某新与蔡某红将其名下晶隆公司的股权全部过户给李某。此时，在后签订的《项目转让合同》实际已无法继续履行。第二，2008 年 12 月 17 日，利成公司、宝源公司向广东省东莞市中级人民法院提起诉讼，请求确认《项目转让合同》有效并继续履行，该案经广东省高级人民法院二审，最高人民法院再审于2013年10月31日作出最高人民法院122号判决。根据最高人民法院122号判决，尽管利成公司、宝源公司与晶隆公司签订的《项目转让合同》有效，但实际已无法履行。因此，一审法院以合同目的不能实现为由，认定合同解除并无不当。

（三）晶隆公司是否应返还利成公司、宝源公司项目转让款6000万元及其利息，赔偿可得利益损失44016.488万元

关于晶隆公司是否应返还利成公司、宝源公司项目转让款6000万元及其利息。《中华人民共和国合同法》第九十七条规定："合同解除后，尚未履行的，终止履行；已经履行的，根据履行情况和合同性质，当事人可以要求恢复原状、采取其他补救措施，并有权要求赔偿损失。"如前所述，《项目转让合同》已经解除，晶隆公司应返还利成公司、宝源公司支付的项目转让款。根据原审查明的事实，利成公司、宝源公司分别于2008年4月21日、2008年5月26日向晶隆公司支付了项目转让款1000万元、2000万元，共计3000万元。后又依据《调解协议》的约定，于2008年6月12日向晶隆公司支付了项目转让款3000万元。虽然后者系基于《调解协议》的约定支付3000万元，但支付3000万元项目转让款亦系履行《项目转让合同》的约定，无论《调解协议》是否有效，均不影响利成公司、宝源公司为履行《项目转让合同》支付6000万元项目转让款事实的认定。因此，晶隆公司应返还利成公司、宝源公司项目转让款6000万元。考虑到晶隆公司长期占用该资金的事实，本案利息应自项目转让款支付之日起至本判决确定的支付之日止按照中国人民银行五年以上同期贷款基准利率计算。晶隆公司关于利成公司、宝源公司只有在主张解除《项目转让合同》且《调解协议》无效的前提下，才可以要求晶隆公司返还6000万元项目转让款，但利息损失应按过错各自承担50%的上诉请求不成立。

关于晶隆公司是否应赔偿利成公司、宝源公司可得利益损失

44016.488万元。最高人民法院认为，根据本案事实和合同法相关规定，利成公司、宝源公司主张的可得利益损失不应予以支持。利成公司、宝源公司与晶隆公司于2008年3月26日签订《项目转让合同》时，知晓麦某新代表晶隆公司与李某在先签订《协议书》，约定将晶隆公司全部股份及“B山庄”项目整体转让给李某，也知晓麦某新妻子蔡某红向广东省东莞市中级人民法院起诉，要求确认麦某新代表晶隆公司与李某签订的《协议书》无效。虽然上述合同签订之时，广东省东莞市中级人民法院已作出（2007）第156号民事判决，确认《协议书》中麦某新转让蔡某红股权部分的协议内容无效，蔡某红应当在判决生效后两个月内对麦某新的90%股权部分行使优先购买权，但该判决因李某提起上诉尚未生效。因此，利成公司、宝源公司在签订合同时承担着可能不能实现合同目的的巨大商业风险，对合同不能履行的后果应有预见。广东省高级人民法院于2008年6月4日作出（2008）第86号民事判决，认定上述《协议书》有效，判决麦某新与蔡某红将其名下晶隆公司的股权全部过户给李某。此时，利成公司、宝源公司即知道或者应当知道《项目转让合同》实际已经无法履行，在此情况下，应采取措施防止损失的扩大，或者与晶隆公司商谈解除合同、要求返回已付的项目转让款以及赔偿损失，但其并未采取相应措施，而是向法院起诉请求确认《项目转让合同》有效，要求继续履行合同，并与麦某新代表的晶隆公司在不到10日内达成继续履行《项目转让合同》的《调解协议》，加剧各方纷争，有违诚信原则。综上，因利成公司、宝源公司对《项目转让合同》不能履行负有过错，其签订合同时知晓晶隆公司与李某在先签订有《协议书》的事实，对合同不能履行的后果应有预见，故其主张可得利益损失的诉讼请求不应予以支持。

（四）晶和公司、李某是否应对晶隆公司的上述债务承担连带责任

晶隆公司、晶和公司为有限责任公司，虽然该两家公司的法定代表人均系李某，但利成公司、宝源公司并未提交证据证明晶和公司、晶隆公司存在财产混同。《中华人民共和国公司法》第六十三条关于“一人有限责

任公司的股东不能证明公司财产独立于股东自己的财产的，应当对公司债务承担连带责任”的规定，适用于一人有限责任公司。晶隆公司和晶和公司并非一人公司，且亦无证据证明李某个人财产与晶隆公司、晶和公司财产混同。因此，利成公司、宝源公司主张晶和公司、李某对晶隆公司的上述债务承担连带责任的上诉请求不成立，法院不予支持。

另外，关于一审判决是否遗漏当事人的问题。甲房地产公司、A村村委会、麦某新和蔡某红并非本案必要共同诉讼当事人，本案处理结果亦与上述当事人不存在法律上的利害关系。因此，利成公司、宝源公司关于一审判决遗漏当事人，属于程序违法的上诉理由，无事实和法律依据，法院不予支持。

关于保全担保费、评估费用的承担问题。利成公司、宝源公司为申请财产保全提供融资担保支付的费用不属于法定的诉讼费用的范畴，其自行委托评估形成的报告，并未作为证据采信，为此发生的费用，不应由晶隆公司负担。

## 三、裁判结论

依照《中华人民共和国合同法》第九十七条，《中华人民共和国民事诉讼法》第一百七十条第一款第二项和《最高人民法院关于适用〈中华人民共和国民事诉讼法〉的解释》第二百四十七条第一款之规定，判决如下：

一、撤销广东省高级人民法院（2014）第1号民事判决；

二、晶隆公司于本判决生效之日起十五日内向利成公司和宝源公司返还项目转让款6000万元及其利息（利息自各笔付款之日起至本判决确定的支付日按照中国人民银行五年以上同期贷款基准利率计算）；

三、驳回利成公司和宝源公司的其他诉讼请求。

一审案件受理费5468011.89元，财产保全费5000元，评估费203917元，合计5676928.89元，由利成公司和宝源公司共同负担5278930.46元，晶隆公司负担415998.43元。二审案件受理费2584424.4元，由利成公司和宝源公司共同负担2113265.03元，晶隆公司负担471159.37元。

## 四、裁判要旨

1. 判断合同是否解除不能拘泥于当事人是否明确提出该项诉讼请求，而应结合案件具体情形予以判断。合同解除权是指合同当事人依照合同约定或法律规定享有的解除合同的权利，它是依据合同当事人单方意思表示就可以行使的形成权。在通常情况下，如果合同当事人在诉讼中未提出解除合同的诉讼请求，依据“不诉不理”的民事诉讼原则，人民法院不应依职权解除合同。但是，当合同已经事实上履行不能，尽管当事人未明确提出解除合同的诉讼请求，但其提出的诉讼请求系建立在合同解除的基础上，隐含了解除合同的意思表示，人民法院为了一次性化解纠纷，可以依职权依据《中华人民共和国合同法》第九十四条的规定认定合同是否符合法定解除的条件。

2. 当事人一方不履行合同义务或者履行合同义务不符合约定的，应当承担赔偿损失等违约责任。违约方赔偿非违约方因其违约行为而遭受的全部损失，包括实际损失和可得利益损失。可得利益是指合同有效成立后，当事人基于合同的完全履行能够获得的财产收益。但是，如果当事人一方在订立合同时，已经预见到合同存在很大的履行障碍，其无权向对方当事人主张可得利益损失。同时，《中华人民共和国合同法》第一百一十九条第一款规定了减损规则，即“当事人一方违约后，对方应当采取适当措施防止损失的扩大；没有采取适当措施致使损失扩大的，不得就扩大的损失要求赔偿”。这里所说的“扩大的损失”，是指守约方的全部损失，既包括其直接损失，也包括其可得利益这一间接损失。

（合议庭成员：钱小红、奚向阳、曹刚；案号：（2016）最高法民终711号；判决日期：2017年8月16日；案例编写人：胡夏冰；案例审核人：张勇健）

**004**

## 股权转让合同的法定解除

——绿洲公司与锐鸿公司、海港城公司、绿创公司股权转让纠纷案

### 一、主要案情

2015年2月9日，绿洲公司作为甲方，锐鸿公司作为乙方，海港城公司作为丙方签订《股权转让协议》。该协议第1.1条约定，甲方将持有的海港城公司80%的股权全部转让给乙方。第1.2条约定，乙方收购标的股权，为承债式收购，即乙方在受让甲方所持有的海港城公司80%股权的同时，该等股权所附属的全部债权债务，一并由乙方承继。第2.1条约定，甲乙双方经协商一致同意，标的股权转让价格以经公允合理评估及调整后的净资产为计价基础，同时考虑海港城公司开发的A中心项目一期住宅亏损原因、股东资本金实际出资到位情况等相关因素。故甲乙双方确认，乙方收购标的股权的对价款为1.76亿元，另有甲方及其关联方截至2014年12月31日向海港城公司提供的股东借款1.99亿元，由乙方一并负责通过海港城公司向甲方支付。此次股权转让的总价款合计为3.75亿元。第2.2条约定，乙方应按照本协议的约定支付股权转让总价款。第3.1条约定，本协议签署之日，乙方向甲方支付1000万元，作为本次股权转让的定金。截至本协议签署之日，恒道公司转让外滩城公司股权的应付未付的股权转让款（咨询服务费）6900万元。在本协议签署后2个工作日内，由乙方负责将其中的900万元支付予甲方；在本协议第5.1.5条约定事项达成之日，由乙方负责将剩余的6000万元全部支付予甲方。第3.2条约定，在2015年2月18日前，海港城公司必须支付的工程款由乙方负责筹集，并通过海港城公司支付。该等由乙方负责筹集，并通过海港城公司支付的工程

款，作为海港城公司向乙方的借款，并与海港城公司的现有债务相抵冲（相应减少海港城公司的现有债务）。第3.3条约定，在本协议第5.1.5条约定事项达成之后的3个工作日内，以甲方名义开设、由甲乙双方共管的银行资金账户，乙方应当在共管账户开通后7个工作日内打入股权转让总价款的60%（2.25亿元，含之前支付的1000万元）作为股权过户资金保障，并出具付款指令。第3.4条约定，甲方应于本协议生效后的30个工作日内，积极配合乙方办理完毕股权过户手续。在办理完转让股权工商变更及法定代表人、董事、监事变更登记之日（即股权交割日），共管账户的资金由监管银行根据先前乙方出具的付款指令，无条件解冻并支付予甲方。第3.5条约定，乙方应付甲方股权转让总价款的40%（1.5亿元），由乙方在股权交割后，在威斯汀酒店在建工程造价审核完成后的60个工作日内，但最迟不晚于本协议签署后9个月内，向甲方付清。如乙方发现并经甲方确认海港城公司有甲方未披露的其他外债欠款、欠缴税款、外滩中心项目权利限制等重大瑕疵和风险以及根据本协议第5.1.7条，乙方有权在股权转让总价款的尾款中予以扣除。第4.1条约定，甲乙双方同意，以本协议第5.1.5条约定事项达成之日为时间界限，在此时间界限以前，海港城公司的损益由甲方承担和享有；在此时间界限以后，海港城公司的损益由乙方承担和享有，海港城公司发生的债务由乙方承担。第4.2条约定，乙方将60%的股权转让总价款汇入甲乙双方共管账户后、股权交割日之前，为过渡期。第4.3条约定，在股权交割日后的次日，乙方全权接管海港城公司。第5.1.5条约定，在本协议签订后的60日内，甲方负责、乙方和海港城公司配合取得海港城公司借款银行和海港城公司威斯汀酒店C酒店管理集团对本次股权转让书面同意。第5.1.7条约定，在本协议正式生效之日，即视作乙方按现状接收海港城公司威斯汀酒店在建工程。在乙方按现状接收海港城公司威斯汀酒店在建工程后，由乙方为主、甲乙双方共同配合对海港城公司威斯汀酒店截至本协议生效之日之前的现状工程造价进行审核，海港城公司提供一切所需资料和便利，酒店工程结算最终以审计结算为准；同时鉴于威斯汀酒店项目工程尚未完工且需进行整改，双方同意会同威斯汀酒店管理方对该酒店现状工程进度进行三方确认，并提出续建及整改验收标准的报告。在审核过程中，如发现海港城公司威斯汀酒店工程建设过程中存在超合同规定之工程造价或采购定价支付、合同造价或采购定价明显偏高的问题，由甲乙双方共同与工程承包方或供应商沟通核减，无法沟通核减的，甲乙双方促使海港城公司依法向有关责任人追索。第5.2.6条约定，如因违反本协议约定而给甲方造成损失，乙方将对此承担相应的违约责任。第7.1条约定，本协议对转让、受让方均有约束力和可执行性，如任何一方无法履行其根据本协议所负义务或一方根据本协议所作的陈述与保证是不真实的或有重大遗漏，该方应被视为违约，违约方应对另一方因该方违约所造成的损失负赔偿责任。第7.2条约定，若乙方违反本协议第3条约定，迟延支付股权款，则每延迟一日，乙方应向甲方支付相当于迟付金额万分之三的滞纳金。第7.3条约定，若因甲方的原因（除本协议第5.1.5条所列原因及第8条不可抗力外），在乙方按照本协议第3.2条约定共管资金后30个工作日内，甲方未能完成股权过户手续，则每延迟一日，甲方应向乙方支付本协议约定的股权转让款项万分之三的违约金。逾期超过30日的，乙方有权解除本协议，除上述违约金外，甲方自乙方作出解除通知之日起将乙方根据本协议第3.1条、第3.2条向甲方支付的定金及共管资金无条件退还乙方，由此造成的乙方损失由甲方负赔偿责任。

2015年11月18日，绿洲公司、海港城公司、锐鸿公司与上置公司及国升公司签订《备忘录》。备忘录鉴于部分载明：1.2015年2月9日，绿洲公司、锐鸿公司和海港城公司签订了《股权转让协议》，绿洲公司将其持有的海港城公司80%股权转让给锐鸿公司。目前，该《股权转让协议》尚在履行，将进行股权变更登记。2.2015年10月15日，锐鸿公司、国升公司与绿地置业公司以及海港城公司签订了《股权转让合同》，拟在锐鸿公司受让绿洲公司持有的海港城公司80%股权后，对海港城公司进行分立，将海港城公司拥有的外滩中心项目二期土地使用权平移至分立新设公司，再将分立新设公司100%股权转让予绿地置业公司。3. 截至2015年11月18日，海港城公司在甲银行海口海甸支行有41197.87万元贷款尚未归还，上置公司及其附属公司为该等贷款提供了保证担保，海港城公司在某信托有限公司（通过上置物业委托贷款）有1亿元贷款尚未归还，海港城公司在乙银行海口营业部有3000万元，合计贷款余额54197.87万元尚未归还。4. 锐鸿公司及其实际控制人王某升，为筹措受让绿洲公司持有的海港城公司80%股权对价款，将锐鸿公司100%股权质押给了绿地金融公司，并同意将锐鸿公司自绿洲公司受让的海港城公司80%股权以及国升公司持有的海港城公司20%股权质押予绿地金融公司。有鉴于此，各方就有关事项签署本备忘录，以资共同遵守：

1. 由绿洲公司与锐鸿公司、国升公司和绿地置业公司签订《指令付款协议书》，作为本备忘录的附件。2. 绿洲公司与锐鸿公司签署、盖章将绿洲公司持有的海港城公司80%股权转让给锐鸿公司的协议等一系列文件。3. 在签署、盖章80%股权转让文件当日，锐鸿公司向绿洲公司与锐鸿公司共同监管的银行账户汇入2.15亿元，其中1.31亿元用以支付海港城公司到期贷款和利息。4. 绿洲公司持有的海港城公司80%股权转让变更完成当日，绿洲公司与锐鸿公司释放银行共同监管账户内的8400万元，支付给绿洲公司。5. 锐鸿公司与绿洲公司签署、盖章80%股权复原（转让）协议等一系列文件。一旦甲银行海口海甸支行最终未能同意绿洲公司将其持有的海港城公司80%股权转让给锐鸿公司，或虽同意绿洲公司将其持有的海港城公司80%股权转让给锐鸿公司，但未能同意解除上置公司及其附属公司为海港城公司在甲银行海口海甸支行贷款提供的保证担保，锐鸿公司与绿洲公司签署、盖章的80%股权复原（转让）协议等一系列文件即行生效，并即刻递交工商行政管理部门进行变更登记，对此锐鸿公司和国升公司无条件予以配合（包括面签，如需要）。6. 国升公司与绿洲公司签署、盖章国升公司将其持有的海港城公司20%股权转让给绿洲公司

（转让价格为7400万元）的协议等一系列文件。一旦甲银行海口海甸支行最终未能同意绿洲公司将其持有的海港城公司80%股权转让予锐鸿公司，或虽同意绿洲公司将其持有的海港城公司80%股权转让予锐鸿公司，但未能同意解除上置公司及其附属公司为海港城公司在甲银行海口海甸支行贷款提供的保证担保，国升公司与绿洲公司签署、盖章的20%股权转让协议等一系列文件即行生效，并即刻递交工商行政管理部门进行变更登记，对此国升公司和锐鸿公司无条件予以配合（包括面签，如需要）。

2015年11月19日，海港城公司的股东由绿洲公司、国升公司变更为锐鸿公司、国升公司，其中锐鸿公司持股80%。

2015年11月20日，绿洲公司向锐鸿公司出具《委托支付指令函》，内容如下："根据贵公司与我司于2015年2月9日签署的《股权转让协议》，我司持有的海港城公司80%的股权于2015年11月18日与贵公司在海口完成了股权变更手续，我司确认贵司已于2015年11月20日准备完毕部分股权转让价款人民币贰亿壹仟伍佰万元整，并向我司发出支付通知。现因我司经营需要，特委托贵司将其中的壹亿叁仟壹佰零肆万元的股权转让款定向支付给海港城公司以下账户，支付后即视为贵司已按协议履行该部分股权转让金付款义务。剩余股权转让金捌仟叁佰玖拾陆万元，我司将另行通知贵司具体支付方式。特出具此委托支付指令函！"

2016年2月19日，海港城公司（注册资本为2.2亿元）以存续分立的方式，分立为海港城公司（存续公司，注册资本为1.2亿元）和绿创公司（新设公司，注册资本为1亿元）。

绿洲公司、锐鸿公司、海港城公司和绿创公司一致认可《股权转让协议》约定的锐鸿公司应向绿洲公司支付股权转让总价款3.75亿元及6900万元恒道公司转让外滩城公司股权应付未付的股权转让款（咨询服务费），锐鸿公司已向绿洲公司支付股权转让总价款中的60%即2.25亿元，剩余40%即1.5亿元及6900万元（咨询服务费）锐鸿公司尚未支付。

于是，绿洲公司向海南省高级人民法院提起诉讼，请求：1. 判令解除绿洲公司与锐鸿公司、海港城公司于2015年2月9日签订的《股权转让协议》；2. 判令锐鸿公司将其持有的海港城公司80%股权返还绿洲公司；3. 判令锐鸿公司、海港城公司配合绿洲公司前往海口市工商行政管理局办理将锐鸿公司持有的海港城公司80%股权变更至绿洲公司名下的相关变更登记手续；4. 判令海港城公司偿还借款14434.768816万元；5. 判令锐鸿公司将其持有的绿创公司80%股权返还绿洲公司；6. 判令锐鸿公司、绿创公司配合绿洲公司前往海口市工商行政管理局办理将锐鸿公司持有的绿创公司80%股权变更至绿洲公司名下的相关变更登记手续；7. 判令绿洲公司有权将《股权转让协议》解除后应返还给锐鸿公司的股权转让款优先用于清偿锐鸿公司将海港城公司80%股权质押给国民信托公司所担保的主债权，以解除绿创公司80%股权质押；8. 判令绿创公司对海港城公司应当偿还绿洲公司的借款14434.768816万元承担连带还款责任；9. 本案案件受理费、财产保全费等诉讼费用由锐鸿公司、海港城公司和绿创公司共同承担。

海南省高级人民法院于2017年9月21日作出的（2017）琼民初34号民事判决：驳回绿洲公司的全部诉讼请求。

绿洲公司不服海南省高级人民法院作出的一审判决，向最高人民法院提起上诉，请求：1. 撤销海南省高级人民法院（2017）琼民初34号民事判决，将本案发回重审或改判支持绿洲公司的全部诉讼请求；2. 判决锐鸿公司、海港城公司和绿创公司承担本案一、二审全部诉讼费用。

最高人民法院于2017年11月9日立案后，依法组成合议庭，开庭进行了审理。

## 二、裁判理由

本案的争议焦点为：《股权转让协议》是否符合法定解除条件应予解除。

绿洲公司上诉认为，锐鸿公司拒不支付80%的股权转让款已超过两年，逃避废债行为十分明显，《股权转让协议》的合同目的已无法实现，应依据《中华人民共和国合同法》第九十四条的规定解除《股权转让协议》。《中华人民共和国合同法》第九十四条规定："有下列情形之一的，当事人可以解除合同：（一）因不可抗力致使不能实现合同目的；（二）在履行期限届满之前，当事人一方明确表示或者以自己的行为表明不履行主要债务；（三）当事人一方迟延履行主要债务，经催告后在合理期限内仍未履行；（四）当事人一方迟延履行债务或者有其他违约行为致使不能实现合同目的；（五）法律规定的其他情形。"本案中，《股权转让协议》是否应予解除主要涉及以下几个问题：

（一）锐鸿公司是否存在迟延支付股权转让款的违约行为

1. 锐鸿公司是否已向绿洲公司支付2.25亿元股权转让款

绿洲公司确认锐鸿公司已按《股权转让协议》约定支付2.25亿元款项，但上诉认为其中1.31亿元为绿洲公司对海港城公司的借款，故1.31亿元不属于股权转让款。根据查明的事实，绿洲公司于2015年11月20日向锐鸿公司出具《委托支付指令函》，委托锐鸿公司将其中的1.31亿元的股权转让款定向支付给海港城公司，支付后即视为锐鸿公司已按协议履行该部分股权转让款付款义务。后锐鸿公司将该笔款项支付至海港城公司名下账户，故1.31亿元应属于股权转让款。海南省高级人民法院（2016）琼民初30号民事判决虽判决锐鸿公司向绿洲公司支付1.3104亿元股权转让款及利息，但该判决为未生效的一审判决，对本案无拘束力。因此，一审法院认定锐鸿公司已向绿洲公司支付2.25亿元股权转让款正确，绿洲公司该项上诉理由不成立。

2. 锐鸿公司支付1.5亿元股权转让款的条件是否已经成就

绿洲公司上诉认为，锐鸿公司支付1.5亿元股权转让款的条件于2015年11月9日已经成就。《股权转让协议》第3.5条约定，乙方应付甲方股权转让总价款的40%（1.5亿元），由乙方在股权交割后，在威斯汀酒店在建工程造价审核完成后的60个工作日内，但最迟不晚于本协议签署后9

个月内，向甲方付清。《股权转让协议》于2015年2月9日签订，因此，依照《股权转让协议》约定，1.5亿元最迟应于2015年11月9日支付。但是，案涉股权于2015年11月19日才完成变更登记，《备忘录》签订于2015年11月18日。因此，1.5亿元最迟应于2015年11月9日的支付期限已经被《备忘录》所变更。1.5亿元的支付条件仅为“在威斯汀酒店在建工程造价审核完成后的60个工作日内”。绿洲公司上诉主张锐鸿公司支付1.5亿元股权转让款的条件于2015年11月9日已经成就，与事实不符。

《股权转让协议》第5.1.7条约定，在本协议正式生效之日，即视作乙方按现状接收海港城公司威斯汀酒店在建工程。在乙方按现状接收海港城公司威斯汀酒店在建工程后，由乙方为主、甲乙双方共同配合对海港城公司威斯汀酒店截至本协议生效之日前的现状工程造价进行审核，海港城公司提供一切所需资料和便利，酒店工程结算最终以审计结算为准（甲方为绿洲公司、乙方为锐鸿公司）。因此，对威斯汀酒店在建工程造价现状完成审核主要系锐鸿公司的义务，而且该工程造价审核是《股权转让协议》生效之日前的现状工程造价审核。《股权转让协议》于2015年2月9日签订，绿洲公司于2015年11月19日将海港城公司80%的股权变更登记为锐鸿公司，在距今长达两年多的时间里，锐鸿公司仍未完成对威斯汀酒店在建工程造价的审核，且亦无证据证明绿洲公司不配合锐鸿公司进行审核。《中华人民共和国合同法》第四十五条第二款规定：“当事人为自己的利益不正当地阻止条件成就的，视为条件已成就；不正当地促成条件成就的，视为条件不成就。”因此，锐鸿公司怠于对威斯汀酒店在建工程造价进行审核，系为其自己的利益不正当地阻止1.5亿元支付条件的成就，应视为“对威斯汀酒店在建工程造价完成审核”这一条件已成就，锐鸿公司支付1.5亿元股权转让款的条件已经成就。一审法院认定1.5亿元股权转让款的支付条件未成就错误，予以纠正。

3．6900万元是否为《股权转让协议》项下锐鸿公司的付款义务

绿洲公司上诉认为，一审法院认定6900万元与《股权转让协议》履

行无关，属认定事实错误。《股权转让协议》第3.1条约定，本协议签署之日，乙方向甲方支付1000万元，作为本次股权转让的定金。截至本协议签署之日，恒道公司转让外滩城公司股权的应付未付的股权转让款（咨询服务费）6900万元。在本协议签署后2个工作日内，由乙方负责将其中的900万元支付给甲方；在本协议第5.1.5条约定事项达成之日，由乙方负责将剩余的6000万元全部支付给甲方。第5.1.5条约定，在本协议签订后的60日内，甲方负责、乙方和海港城公司配合取得海港城公司借款银行和海港城公司威斯汀酒店C酒店管理集团对本次股权转让书面同意。因此，6900万元系《股权转让协议》项下锐鸿公司的合同义务。依据《股权转让协议》的约定，锐鸿公司在协议签署的2个工作日内应支付900万元，锐鸿公司至今未支付，应承担迟延支付900万元的违约责任。但C酒店管理集团对本次股权转让未出具书面同意，因此，锐鸿公司支付6000万元的条件尚未成就，绿洲公司关于威斯汀酒店即将开业可视为C酒店管理集团对案涉股权转让出具了书面同意、锐鸿公司支付6000万元条件已经成就的上诉主张不能成立。绿洲公司、锐鸿公司、海港城公司和绿创公司一致认可，《股权转让协议》约定的锐鸿公司应向绿洲公司支付股权转让总价款3.75亿元与海南恒道置业有限公司转让海口外滩城房地产有限公司股权应付未付的股权转让款（咨询服务费）6900万元是相互独立的两笔款项，故一审法院认为“6900万元（咨询服务费）的履行情况不应作为评判本案股权转让交易行为是否违约的依据”，并无明显不当。

此外，关于将海港城公司分立为海港城公司和绿创公司是否为锐鸿公司和海港城公司的违约行为的问题。绿洲公司上诉认为，锐鸿公司和海港城公司违反了《备忘录》第2条第4款的约定，对海港城公司进行分立，应承担违约责任。绿洲公司在一审中未主张该违约行为，一审法院亦未以此判断《股权转让协议》是否应予解除。《备忘录》第2条第2款、第3款、第4款约定了海港城公司分立的条件，但涉及国升公司、上置公司及其附属公司的合同义务，而国升公司、上置公司及其附属公司并非《股权转让协议》的当事人，与《股权转让协议》是否符合法定解除条件应予解除并无必然关联性。因此，对锐鸿公司和海港城公司将海港城公司分立为海港城公司和绿创公司的行为是否构成违约行为，不予评述。

（二）《股权转让协议》的合同目的是否不能实现，是否应予解除

绿洲公司依据《中华人民共和国合同法》第九十四条第四项的规定，主张解除《股权转让协议》，即本案是否存在锐鸿公司迟延履行债务或者其他违约行为致使不能实现合同目的。锐鸿公司已支付股权转让款2.25亿元，占全部股权转让款的60%，尚未支付剩余1.5亿元股权转让款虽然构成违约，但并未致使《股权转让协议》的目的不能实现。迟延履行不能实现合同目的是指迟延的时间对于债权的实现至关重要，超过了合同约定的期限履行合同，合同目的就将落空。虽然锐鸿公司存在尚未支付剩余1.5亿元股权转让款的违约行为，但《股权转让协议》并未约定锐鸿公司迟延支付该部分款项，绿洲公司将不接受《股权转让协议》的履行。绿洲公司作为股权的出让方，其转让股权的目的在于收取股权转让款，迟延交付1.5亿元股权转让款虽使其遭受损失，但是通过股权买受人继续履行股权转让款支付义务并承担违约责任等，合同目的仍能实现。现剩余1.5亿元股权转让款的支付条件已经成就，绿洲公司主张迟延履行支付1.5亿元股权转让款致使《股权转让协议》的合同目的不能实现的理由不成立。此外，如前所述，虽然6900万元为《股权转让协议》项下锐鸿公司的支付义务，锐鸿公司尚未支付900万元构成违约行为，但是该款项并不属于锐鸿公司应支付案涉股权的对价，因此，锐鸿公司尚未支付900万元不影响《股权转让协议》目的的实现。关于锐鸿公司和海港城公司将海港城公司分立的违约行为，前已述及，对此不予评述。即使锐鸿公司和海港城公司存在提前将海港城公司分立的违约行为，海港城公司的分立亦非《股权转让协议》项下的主要合同义务，绿洲公司亦不能依据锐鸿公司和海港城公司的该违约行为主张解除《股权转让协议》。

股权是一种综合性的财产权利，不仅包括财产收益权还包括公司经营

决策权等多种权利。股权转让合同的签订与履行不仅直接影响合同当事人的利益，而且还会影响目标公司的员工、债权人及其他相关第三人的利益。因此，解除股权转让合同除应依据法律的明确规定外，还应考虑股权转让合同的特点。尤其在股权已经变更登记，受让方已经支付大部分款项、且已经实际控制目标公司的情况下，解除股权转让合同应结合合同的履行情况、违约方的过错程度以及股权转让合同目的能否实现等因素予以综合判断。本案中，绿洲公司已将海港城公司80%的股权变更登记至锐鸿公司名下，锐鸿公司已经实际接管海港城公司长达两年之久，占海港城公司20%股权的股东国升公司明确反对绿洲公司再次进入海港城公司，威斯汀酒店也开业在即，海港城公司在甲银行海口海甸支行的贷款本息已经还清，海港城公司也于2016年2月19日分立为海港城公司和绿创公司。与2015年11月19日案涉股权过户时相比，锐鸿公司持有的海港城公司股权的价值及股权结构均已发生较大变化，案涉股权客观上已经无法返还。综上，锐鸿公司虽然存在迟延支付股权转让款的违约行为，但是依据本案事实和法律规定，《股权转让协议》并不符合应予以解除的法定解除条件，绿洲公司该项上诉请求不成立，不予支持。

## 三、裁判结论

依照《中华人民共和国民事诉讼法》第一百七十条第一款第一项之规定，判决如下：

驳回上诉，维持原判。

二审案件受理费1916800元，由绿洲公司负担。

## 四、裁判要旨

股权转让合同是否符合应予解除的法定解除条件，除应依据法律的明确规定外，还应考虑股权转让合同的特点，结合股权转让合同的履行情况、违约方的过错程度以及股权转让合同目的能否实现等因素予以综合判断。在股权已经变更登记的情形下，一般不轻易判决解除股权转让合同。

（合议庭成员：钱小红、曹刚、王毓莹；案号：（2017）最高法民终919号；判决日期：2017年12月28日；案例编写人：钱小红、王智锋；案例审核人：张勇健）

**005**

## 违约金利息的处理及抵押合同对抵押财产约定不明的认定

——桂建公司与联壮公司、尔海公司、覃某权、覃某军、覃某超、泛宇公司抵押担保合同纠纷案

### 一、主要案情

2012年8月31日，联壮公司与江信国际签订《信托贷款合同》，约定联壮公司向江信国际贷款15亿元。同日，桂建公司与江信国际签订《房屋抵押合同》，约定桂建公司以其合法所有的位于柳州市某区某路×号某时代广场的建筑面积为44689.83平方米的房屋为联壮公司的贷款提供抵押担保。2012年12月12日，桂建公司用于抵押担保的房产在柳州市房产管理局办理了抵押登记手续。

2012年12月6日，联壮公司（甲方、借款人）与桂建公司（乙方、担保人）、尔海公司（丙方、反抵押担保人）、覃某权、覃某军、覃某超（丁方、出质人、保证人）签订《抵押担保合同》，约定："甲方与江信国际于2012年8月31日签订了《信托贷款合同》，向江信国际借款10亿元，乙方以自有的非住宅房地产为甲方的该笔借款提供抵押担保，甲、乙、丙、丁四方经协商一致，达成如下担保协议：一、贷款金额为10亿元。二、贷款期限与《信托贷款合同》约定的贷款期限一致，抵押担保期限与《房屋抵押合同》约定的担保期限一致。三、贷款用途。甲方只能将贷款用于柳州A项目的收购、项目后续资金及项目相关费用，收购柳州A项目后甲方将拥有该项目，或控股该项目所属的公司。本合同约定柳州A项目所属公司应向乙方履行的义务，甲方应保证其履行，如柳州A项目所属公司不履行或不完全履行，甲方对柳州A项目所属公司的违约行为负连带责任，甲方应保证柳州A项目所属公司所有股东（出资人）知悉并认可本

条款约定的内容。四、抵押物。乙方为甲方的贷款提供的抵押物以《房屋抵押合同》约定的面积为准，乙方应保证其对抵押物拥有完全的处置权，抵押物上无其他抵押和债务纠纷。乙方的抵押物中约有5022.09平方米非住宅房地产已经抵押，乙方应先解除该部分抵押物的抵押，满足江信国际对抵押物的要求，乙方应在甲方支付本合同第5条约定的1.6亿元后七日内会同甲方到深圳东亚银行办理上述约5022.09平方米非住宅房地产的抵押注销手续，如乙方故意拖延，应向甲方支付违约金3200万元，但因为银行或政府不作为或乙方无法控制的其他因素造成的时间延迟不受此限。五、柳州A项目相关费用的支付。1. 甲方支付给乙方柳州A项目相关费用1.6亿元，该费用为乙方净收费用，乙方无须开具发票，但乙方应配合甲方办理相关的合理手续。2. 甲方保证自乙方将上述抵押物（本合同第4条第3款约定的约5022.09平方米非住宅房地产除外）办理抵押登记完毕之日起10个工作日内，将上述1.6亿元中的8000万元支付给乙方，乙方承诺在甲方与港务集团（或柳州A项目现所属的其他公司）达成柳州A项目收购协议或其他类似协议之前不使用该资金；甲方承诺在甲方与港务集团（或柳州A项目现所属的其他公司）达成柳州A项目收购协议或其他类似协议之日起10个工作日内将上述1.6亿元剩余的8000万元支付给乙方。3. 如甲方未按上述约定将1.6亿元汇入乙方指定账户，乙方享有下列权利：(1) 要求甲方支付违约金3200万元；(2) 不同意甲方或柳州A项目所属公司使用贷款资金和柳州A项目销售资金，直至甲方支付该款及违约金；(3) 拒绝用第4条第3款约定的抵押物为甲方贷款进行抵押，由此造成的乙方需向江信国际承担的违约责任和乙方其他损失由甲方承担。六、反抵押和预售登记。1. 甲方、丙方及柳州A项目所属公司按下列约定向乙方反抵押，作为乙方向甲方提供担保的反担保，相关税费及其他费用由甲方、丙方及柳州A项目所属公司承担：(1) 丙方自愿将其拥有的国有土地使用权和车位、商铺等非住宅房地产向乙方提供抵押，丙方有义务在签订本合同之日起10个工作日内，会同乙方按照相关规定到国有土地和房产管理部门办理完抵押登记手续，申领抵押凭证并将其交由乙方保管。(2) 甲方须在以本公司名义或柳州A项目所属公司或其他公司名义取得位于柳州市某道路上的约220亩的国有土地使用权（该土地现为物流用地，使用权现属于晶源公司）后10个工作日内，会同乙方按照相关规定到国有土地管理部门办理完毕抵押登记手续，申领抵押凭证并将其交由乙方保管。(3) 甲方尽力在本合同签订之日起3个月内使柳州A项目具备办理预售许可证的条件，并保证在取得该项目预售许可证后10个工作日内，柳州A项目所属公司将该项目B地块中37710平方米的酒店及其占用范围内的土地使用权、25615平方米的商业裙楼及其占用范围内的土地使用权、15724平方米的商务楼及其占用范围内的土地使用权向乙方提供反抵押，并会同乙方按照相关规定到国有土地和房产管理部门办理完毕抵押登记手续，申领抵押凭证并将其交由乙方保管。2. 本条第1款所列的反抵押人向乙方提供反抵押的房地产在本合同中均被称为“反抵押物”。……反抵押人不履行本条第1款和本款约定的义务，甲方须向乙方支付违约金3200万元，丙方和柳州A项目所属公司负连带责任，且乙方有权不同意甲方或柳州A项目所属公司使用贷款及柳州A项目销售资金，直至违约情形消除且违约金得到支付。3. 本条第1款所列的反抵押担保的担保范围包括：本合同第5条约定的1.6亿元，本合同及相关合同约定的甲方、丙方及柳州A项目所属公司应向乙方支付的违约金和其他应付款项……七、股权质押。1. 甲方、丙方、丁方及柳州A项目所属公司的股东按下列约定向乙方进行股权质押，作为乙方向甲方提供担保的反担保，由此产生的任何税费及其他相关费用均由出质人承担：(1) 丁方中的覃某权须会同乙方在本合同签订之日起10个工作日内到有权登记机关办理完毕其在联壮公司全部股权的股权质押登记手续，并由乙方收执质权证书。(2) 丁方覃某权、覃某军、覃某超须会同乙方在本合同签订之日起10个工作日内到有权登记机关办理完毕丁方在尔海公司的全部股权的股权质押登记手续，并由乙方收执质权证书。(3) 甲方或柳州A项目所属公司的股东须会同乙方在甲方与港务集团（或柳州A项目现所属的其他公司）达成柳州A项目的收购协议或其他类似协议之日起10个工作日内到有权登记机关办理完毕柳州A项目所属公司80%股权的股权质押登记手续，并由乙方收执质权证书。(4) 出质人不履行本款第1项、第2项和第3项约定的义务，甲方须向乙方支付违约金3200万元，丙方和柳州A项目所属公司负连带责任，且乙方有权不同意甲方或柳州风情港目所属公司使用贷款及柳州A项目销售资金，直至违约情形消除且违约金得到支付。……3. 本条第1款所列的质押担保的范围为：本合同第5条约定的1.6亿元，本合同及相关合同约定的甲方、丙方及柳州A项目所属公司应向乙方支付的违约金和其他应付款项……八、反抵押物的处置……九、乙方权利……十、保证。丁方覃某权、覃某军、覃某超终生对本合同及其他相关合同约定的甲方、丙方及柳州A项目所属公司应向乙方承担的义务和责任承担连带保证责任。保证的范围为：本合同第5条约定的1.6亿元，本合同及相关合同约定的甲方、丙方及柳州A项目所属公司应向乙方支付的违约金和其他应付款项，以及乙方为甲方向江信国际借款提供抵押担保所产生的所有经济损失……十一、违约责任的承担。本合同中约定的任意一方应承担的违约金，违约方应于违约行为或情形发生后10日内支付。如不按时支付，则从前述违约金支付期限届满之日起每日按未付违约金金额的千分之三另加收违约金。”

同日，联壮公司、尔海公司、覃某权、覃某军和覃某超向桂建公司出具一份《联壮公司承诺函》，承诺按时履行合同的相关义务，如不按时履行，自愿承担《抵押担保合同》约定的违约责任。

2013年4月1日，联壮公司（甲方）、桂建公司（乙方）、泛宇公司（丙方）签订《抵押担保合同补充协议一》，约定由联壮公司注册成立恒建公司，将泛宇公司享有的对柳州A项目的权利转由建宇公司（或双方认可的其他公司名称）享有。

2014年6月7日，联壮公司向桂建公司出具《承诺函》，承诺内容如下：1. 用柳州A项目的物业置换贵司的抵押物，争取在2014年6月30日之前，为贵司办理完毕抵押物的注销抵押登记手续。否则，我司保证在2014年7月31日之前完成下列事项：第一，按照《抵押担保合同》第6条第7款的约定将柳州A项目B地块37710平方米的酒店、25615平方米的商业裙楼、15724平方米的商务楼为贵司办理完毕商品房买卖合同备案和预售登记过户手续；第二，如果我司或其他有权处置下述土地使用权的公司，需要用《抵押担保合同》第6条第1款第（2）项约定的位于柳州市某路的约220亩的国有土地使用权，与其他公司进行任何合作或交易，必须事先取得贵司的书面同意，否则视为我司违约。未按承诺完成上述两个事项，我司自愿按《抵押担保合同》的约定，对每个违约事项各向贵司支付违约金3200万元。2.《抵押担保合同》第5条约定的柳州A项目相关费用，我司尚有4500万元未按时向贵司支付。我司承诺于2014年6月30日之前，向贵司付清上述款项。否则，我司自愿承担的违约责任为：从2013年1月24日（即《关于〈柳州A项目投资框架协议〉的补充协议二》签订后10个工作日）起算应付未付的6000万元柳州A项目相关费用的利息，利率按每月2%计算，直至我司向贵司付清上述款项的本息。《承诺函》落款处加盖联壮公司公章，法定代表人覃某权签字并按手印。

2014年6月27日，联壮公司（甲方）与桂建公司（乙方）签订《抵押担保合同补充协议二》，约定：联壮公司将其公司公章、财务章、营业执照和企业组织机构代码证等原件存放于专用保险柜（箱），该保险柜（箱）放置于桂建公司指定的场所，由双方指定的代表共同掌管，待联壮公司为桂建公司的抵押物办理完毕抵押注销手续后移交回联壮公司，并再次确认柳州A项目的项目公司是建宇公司。

2015年2月26日，联壮公司（甲方）、桂建公司（乙方）、泛宇公司（丙方）、覃某权（丙方）签订《抵押担保合同补充协议三》，约定：1.担保服务费的继续支付。鉴于甲方不能在原《抵押担保合同》约定的担保期限截止之前，为乙方的抵押房产解除抵押登记，甲方须继续向乙方支付担保服务费。从2015年3月6日起，甲方须继续向乙方支付的担保服务费为每月533万元，直至乙方的抵押房产全部注销抵押登记之日截止，不满一个月的，按一个月计算。担保服务费每6个月支付一次，到期未支付，甲方须按应付未付金额的2%/月向乙方支付违约金。2. 保证。丙方对本协议约定的甲方应向乙方支付担保服务费及违约金的义务和责任承担连带保证责任。

协议签订后，联壮公司自2012年至2014年共向桂建公司支付费用1.15亿元。

柳州A项目原由柳州某公司开发建设，后港务集团及泛宇公司于2013年1月9日签订《关于〈柳州A项目投资框架协议〉的补充协议二》，确认泛宇公司系港务集团就柳州A项目指定的项目公司。桂建公司为一人有限责任公司，注册资本1000万元。联壮公司为有限责任公司，注册资本为6000万元，其中覃某权出资2400万元，出资比例为40%，覃某军出资1800万元，出资比例为30%，覃某超出资1500万元，出资比例为25%，覃某华出资300万元，出资比例为5%。尔海公司为有限责任公司，注册资本1000万元，其中覃某权出资20万元、覃某军出资890万元、覃某超出资90万元。泛宇公司为有限责任公司，注册资本200万元，现公司股东为联壮公司。

联壮公司仅为建宇公司办理了柳州A项目B地块36510平方米（预测绘建筑面积）酒店预售备案登记手续。

于是，桂建公司向广西壮族自治区高级人民法院提起诉讼，请求：1. 判令联壮公司向桂建公司支付项目费用4500万元、逾期付款违约金3200万元以及从违约金支付期限届满之日（2013年2月3日）起至实际支付之日止每日按3200万元违约金金额的千分之一另收的违约金（暂计至2015年8月9日为2937.6万元）；2. 判令尔海公司依约办理相关房产的抵押登记手续、联壮公司向桂建公司支付因尔海公司未依约办理抵押登记手续而应支付的违约金3200万元以及从违约金支付期限届满之日（2012年12月31日）起至实际支付之日止每日按3200万元违约金金额的千分之一另收的违约金（暂计至2015年8月9日为3046.4万元）；3. 判令覃某权、覃某军、覃某超依约办理相关股权的质押登记手续，判令联壮公司向桂建公司支付因覃某权、覃某军、覃某超未依约办理相关股权的质押登记手续而应支付的违约金3200万元以及从违约金支付期限届满之日（2012年12月31日）起至实际支付之日止每日按3200万元违约金金额的千分之一另收的违约金（暂计至2015年8月9日为3046.4万元）；4. 判令联壮公司向桂建公司支付2013年1月24日起至实际支付4500万元项目费用之日止的利息（以6000万元为基数暂计至2015年8月9日的利息金额为3712万元）；5. 判令联壮公司向桂建公司支付自2015年3月6日起按照每月533万元的标准计算的担保费（暂计至2015年8月9日为3198万元）；6. 判令尔海公司对第二项、第三项诉请中涉及联壮公司的债务承担连带清偿责任；7. 判令覃某权对第一项、第二项、第三项、第四项、第五项诉请中涉及联壮公司的债务承担连带清偿责任；8. 判令覃某军、覃某超对第一项、第二项、第三项诉请中涉及联壮公司的债务承担连带清偿责任；9. 判令泛宇公司对第二项、第三项、第五项诉请中涉及联壮公司的债务承担连带清偿责任；10. 本案诉讼费用由联壮公司、尔海公司、覃某权、覃某军、覃某超、泛宇公司共同承担。

广西壮族自治区高级人民法院于2016年7月5日作出（2015）桂民二初字第7号民事判决：1. 联壮公司向桂建公司支付担保费用4500万元、违约金3200万元及加收违约金（从2013年2月3日起计至本案生效判决确定的履行期限最后一日止，以3200万元为基数，按年利率24%计付），覃某权、覃某军和覃某超对该债务承担连带清偿责任；2. 覃某权在判决生效后10日内会同桂建公司到工商行政管理部门将其所持有的联壮公司40%的股权办理股权质押登记手续；3. 覃某权、覃某军和覃某超在判决生效后10日内会同桂建公司到工商行政管理部门将覃某权所持的尔海公司2%的股权、覃某军所持的尔海公司89%的股权和覃某超所持的尔海公司9%的股权办理股权质押登记手续；4. 联壮公司向桂建公司支付后续担保费用 6396 万元，泛宇公司、覃某权对该债务承担连带清偿责任；5. 驳回桂建公司的其他诉讼请求。

桂建公司、联壮公司、尔海公司、覃某权、覃某军、覃某超、泛宇公司不服广西壮族自治区高级人民法院作出的一审判决，向最高人民法院提起上诉。桂建公司上诉请求：1. 撤销一审判决主文第一项，改判加收联壮公司违约金（自 2013 年 2 月 3 日起至 3200 万元违约金实际支付之日止，以 3200 万元为基数，按每日千分之一的标准暂计至 2015 年 8 月 9 日为 2937.6 万元），覃某权、覃某军和覃某超对该债务承担连带清偿责任。2. 撤销一审判决主文第四项，改判联壮公司自 2015 年 3 月 6 日起向桂建公司支付每月 533 万元的担保费用（每 6 个月支付一次），直至桂建公司的抵押房产全部注销抵押登记之日止（暂计至 2016 年 3 月 5 日为 6396 万元），泛宇公司和覃某权对该债务承担连带清偿责任。3. 撤销一审判决主文第五项，改判：（1）尔海公司以其持有的柳州市某路 6 号国有土地使用权、持有的柳州市南环 6 号尔海南山御景相关物业等非住宅房产所有权，为桂建公司办理抵押登记手续；（2）联壮公司向桂建公司支付因尔海公司未在约定期限内办理抵押手续而应支付的违约金 3200 万元及其加收违约金（自 2012 年 12 月 31 日起至 3200 万元违约金实际支付之日止，按每日千分之一暂计至 2015 年 8 月 9 日为 3046.4 万元），尔海公司、覃某权、覃某军、覃某超和泛宇公司对该债务承担连带清偿责任；（3）联壮公司向桂建公司支付自 2013 年 1 月 24 日起至联壮公司实际支付 4500 万元项目费用之日止的利息（以 6000 万元为基数，暂计至 2015 年 8 月 9 日为 3712 万元），覃某权对该债务承担连带清偿责任。4. 判令联壮公司、尔海公司、覃某权、覃某军、覃某超和泛宇公司承担本案全部诉讼费用。联壮公司、尔海公司、泛宇公司、覃某权、覃某军和覃某超共同上诉请求：1. 撤销一审判决；2. 改判联壮公司向桂建公司支付担保费用 4500 万元、违约金 3200 万元；3. 驳回桂建公司的其他诉讼请求。

最高人民法院于 2017 年 2 月 8 日立案后，依法组成合议庭，开庭进行了审理。

## 二、裁判理由

本案的争议焦点为：1. 一审判决联壮公司支付桂建公司4500万元担保费及3200万元违约金并按年利率24%计付加收违约金是否正确；2. 联壮公司是否应按《承诺函》的约定向桂建公司支付4500万元（以6000万元为基数）担保费的利息；3. 联壮公司是否应继续支付每月533万元的担保费用，泛宇公司和覃某权对该项债务是否应承担连带赔偿责任，即一审判决主文第四项是否存在歧义；4.《抵押担保合同》中关于尔海公司以其拥有的国有土地使用权和车位、商铺等非住宅房地产提供抵押的约定是否成立及违约责任的承担。

（一）一审判决联壮公司支付桂建公司4500万元担保费及3200万元违约金并按年利率24%计付加收违约金是否正确

《抵押担保合同》第5条第3款第1项约定，“如甲方未按上述约定将1.6亿元汇入乙方指定账户，乙方享有下列权利：（1）要求甲方支付违约金3200万元……”，联壮公司未如期支付1.6亿元中的4500万元，违反了《抵押担保合同》的约定，应当承担违约责任。3200万元违约金具有弥补因违约造成的损失和惩罚违约行为的双重属性，且是各方当事人真实意思表示，并不明显过高，因此，联壮公司应向桂建公司支付4500万元及违约金3200万元。联壮公司等六上诉人关于不应支付4500万元担保费用以及3200万元违约金的上诉理由不成立，不予支持。

桂建公司依据《抵押担保合同》第11条关于“本合同中约定的任意一方应承担的违约金，违约方应于违约行为或情形发生后10日内支付。如不按时支付，则从前述违约金支付期限届满之日起每日按未付违约金金额的千分之三另加收违约金”的约定，上诉主张以每日千分之一另加收违约金；联壮公司等六上诉人主张一审法院参照《最高人民法院关于审理民间借贷案件适用法律若干问题的规定》中关于民间借贷利率不得超过年利率24%的规定，系适用法律错误。最高人民法院认为，该约定中的“每日按未付违约金金额的3‰另加收违约金”的“违约金”，相当于违约金的利息。对违约金的利息是否应予保护，应结合违约金是否足以弥补守约方的损失以及违约方的过错程度等因素综合考量。本案中，依据《抵押担保合同》的约定，联壮公司应支付桂建公司担保费用1.6亿元，联壮公司已实际支付1.15亿元，尚欠4500万元未支付。如前所述，已由联壮公司承担3200万元的违约金，如对该违约金的利息予以保护，则该违约金的利息与3200万元违约金构成对联壮公司的双重惩罚，有失公平，况且3200万元违约金已足以弥补因联壮公司拖欠4500万元担保费用给桂建公司造成的损失，故对该违约金的利息不应予以支持。《最高人民法院关于审理民间借贷案件适用法律若干问题的规定》适用于民间借贷法律关系，而本案并不涉及一方占用另一方资金的问题，仅涉及一方未支付另一方合同约定的部分担保费用，故一审法院参照该司法解释关于民间借贷利率不得超过年利率24%的规定，对违约金的利息予以保护不当，予以纠正。桂建公司关于以3200万元为基数按每日1‰标准另加收违约金的上诉请求不能成立，不予支持。

（二）联壮公司是否应按《承诺函》的约定向桂建公司支付4500万元（以6000万元为基数）担保费的利息

2014年6月7日，联壮公司向桂建公司出具的《承诺函》第2条承诺：“我司尚有人民币肆仟伍佰万元整（￥45000000.00元）未按时向贵司支付。我司承诺于2014年6月30日之前，向贵司付清上述款项。否则，我司自愿承担的违约责任为：从2013年1月24日（即《关于〈柳州A项目投资框架协议〉的补充协议二》签订后10个工作日）起算应付未付的陆仟万元整（6000万元）柳州A项目相关费用的利息，利率按每月2%计算，直至我司向贵司付清上述款项的本息。”该《承诺函》上述内容实质上仍是对联壮公司迟延支付4500万元需要支付违约金的约定。违约金虽然具备惩罚违约行为及弥补经济损失的双重性质，但以足以弥补经济损失为标准。联壮公司迟延支付4500万元已需承担3200万元的违约金，足以弥补因联壮公司迟延支付4500万元而给桂建公司造成的损失，如再以6000万元为基数按月利率2%向联壮公司加收违约金，则属于重复收取违约金，且明显过高。桂建公司该项上诉请求不能成立，不予支持。

（三）联壮公司是否应继续支付每月533万元的担保费用，泛宇公司和覃某权对该项债务是否应承担连带赔偿责任，即一审判决主文第四项是否存在歧义

《抵押担保合同补充协议三》第1条约定："鉴于甲方不能在原《抵押担保合同》约定的担保期限截止之前，为乙方的抵押房产解除抵押登记，甲方须继续向乙方支付担保服务费。从2015年3月6日起，甲方须继续向乙方支付的担保服务费为每月533万元，直至乙方的抵押房产全部注销抵押登记之日截止，不满一个月的，按一个月计算。担保服务费每6个月支付一次，到期未支付，甲方须每月按应付未付金额的2%/月向乙方支付违约金。"因联壮公司未能在《抵押担保合同》约定的担保期限截止之前为桂建公司的抵押房产解除抵押登记，各方才约定由联壮公司继续支付533万元/月的担保服务费，该费用与《抵押担保合同》约定的1.6亿元的担保费用并不重复。该项费用自2015年3月6日起支付至桂建公司的抵押房产解除抵押登记之日止，虽为各方当事人真实意思表示，但该担保费用的承担需结合本案违约金等其他费用一并考虑，故酌定由联壮公司支付该项担保费用，计算方式为每月533万元自2015年3月6日起支付至本判决生效之日止。

（四）《抵押担保合同》中关于尔海公司以其拥有的国有土地使用权和车位、商铺等非住宅房地产提供抵押的约定是否成立及违约责任的承担

《最高人民法院关于适用〈中华人民共和国担保法〉若干问题的解释》第五十六条第一款规定："抵押合同对被担保的主债权种类、抵押财产没有约定或者约定不明，根据主合同和抵押合同不能补正或者无法推定的，抵押不成立。"本案并不适用该规定。第一，《抵押担保合同》约定，

尔海公司将其拥有的国有土地使用权和车位、商铺等非住宅房地产向桂建公司提供抵押，虽未列明抵押物的具体名称和位置，但抵押物的范围是确定的，即尔海公司拥有的国有土地使用权和车位、商铺等非住宅房地产，而尔海公司名下拥有的国有土地使用权和非住宅房地产是有限且具体的。第二，一审法院根据桂建公司的请求，已经查明尔海公司名下拥有的国有土地使用权以及车位、商铺等非住宅房地产的具体名称、位置和面积等。第三，联壮公司与尔海公司于2012年12月6日即《抵押担保合同》签订的同日出具《联壮公司承诺函》承诺："9. 我司保证在2012年12月11日之前向贵司提供尔海公司拥有的国有土地使用权和房产的详细资料……"可见各方在签订《抵押担保合同》时均认可抵押物的范围是明确的，仅须尽快提供详细资料办理抵押登记而已，且提供抵押物详细资料是联壮公司和尔海公司的义务，其理应依约提供详细资料并及时办理抵押物登记手续，不能因抵押人不提供抵押物的详细清单而使抵押权人的利益得不到保障，从而使违约人因不诚信行为而获利。综上，《抵押担保合同》关于尔海公司以其拥有的国有土地使用权和车位、商铺等非住宅房地产提供抵押的约定，依法成立并合法有效。一审法院依据《最高人民法院关于适用〈中华人民共和国担保法〉若干问题的解释》第五十六条的规定，以抵押物不明确而认定抵押不成立，系适用法律错误，予以纠正。因该约定合法有效，依据《中华人民共和国合同法》第一百零七条的规定，尔海公司应承担办理抵押登记手续的违约责任，即尔海公司应以其持有的柳州市某路6号国有土地使用权、持有的柳州市某路6号尔海南山御景相关物业等非住宅房产所有权，为桂建公司办理抵押登记手续。虽然依据《抵押担保合同》的约定，尔海公司未在约定期限内办妥前述抵押登记手续，联壮公司应支付桂建公司3200万元的违约金及加收违约金，但违约金以补偿实际损失为原则，尔海公司未办理抵押登记手续尚未给桂建公司造成实际损失。因此，桂建公司关于联壮公司支付违约金3200万元及加收违约金并由尔海公司、泛宇公司、覃某权、覃某军和覃某超承担连带清偿责任的上诉主张，不予支持。

## 三、裁判结论

依照《中华人民共和国合同法》第一百零七条、第一百一十四条，《中华人民共和国担保法》第十八条、第三十一条，《最高人民法院关于适用〈中华人民共和国合同法〉若干问题的解释（二）》第二十九条第一款，《中华人民共和国民事诉讼法》第一百七十条第一款第二项之规定，判决如下：

一、维持广西壮族自治区高级人民法院（2015）桂民二初字第7号民事判决第二项、第三项；

二、撤销广西壮族自治区高级人民法院（2015）桂民二初字第7号民事判决第五项；

三、变更广西壮族自治区高级人民法院（2015）桂民二初字第7号民事判决第一项为联壮公司于本判决生效之日起十日内向桂建公司支付担保费用4500万元及违约金3200万元，合计7700万元，覃某权、覃某军、覃某超对该债务承担连带清偿责任；

四、变更广西壮族自治区高级人民法院（2015）桂民二初字第7号民事判决第四项为联壮公司于本判决生效之日起十日内向桂建公司支付后续担保费用（自2015年3月6日起按每月533万元计算至本判决生效之日止），泛宇公司和覃某权对该债务承担连带清偿责任；

五、尔海公司于本判决生效之日起十日内以其持有的柳州市某路6号国有土地使用权、持有的柳州市某路6号尔海南山御景相关物业等非住宅房产，为桂建公司办理抵押登记手续；

六、泛宇公司、覃某权、覃某军、覃某超在承担保证责任后，有权向联壮公司追偿；

七、驳回桂建公司的其他诉讼请求。

一审案件受理费1543820元，财产保全费5000元，合计1548820元，由桂建公司负担986942元，联壮公司、尔海公司、泛宇公司、覃某权、覃某军及覃某超共同负担561878元。二审案件受理费1084838元，由桂建公司负担588680元，联壮公司、尔海公司、泛宇公司、覃某权、覃某军及覃某超共同负担496158元。

## 四、裁判要旨

1. 合同当事人就同一笔逾期付款约定了违约金以及该违约金的利息，对违约金的利息是否应予保护，应结合违约金是否足以弥补守约方的损失以及违约方的过错程度等因素综合考量，如违约金足以弥补守约方的损失，则原则上对违约金利息不予支持。

2. 抵押担保合同虽未列明抵押物的具体名称和位置，但根据相关资料可以明确抵押物的范围，则不应适用《最高人民法院关于适用〈中华人民共和国担保法〉若干问题的解释》第五十六条的规定，以抵押合同对抵押财产约定不明为由认定抵押不成立，而应判令本应提供抵押物明细的抵押人继续履行办理抵押登记的义务。

（合议庭成员：钱小红、奚向阳、曹刚；案号：（2017）最高法民终52号；判决日期：2017年6月30日；案例编写人：钱小红、王智锋；案例审核人：张勇健）

006

# 《中华人民共和国合同法》第一百二十五条解释方法的适用规则

——乐新恩玛公司与日隆公司、乐新精密公司中外合资经营企业合同纠纷案

## 一、主要案情

乐新精密公司（LS）成立于1985年，初期从事塑胶业务，后进行TV套料代工，逐步发展到购买组装线自行组装加工，产品以外销为主，主要客户为恩玛公司。随着乐新精密公司与恩玛公司业务的不断深入合作，双方协商成立乐新恩玛公司（LE）。2010年7月20日，乐新恩玛公司各方股东基于良好盈利预期，签订《重组框架协议》，约定各方股权安排、外方借款、资产转移等事项，中方主要提供资金和平台，外方主要提供设备、技术以及客户资源等。《重组框架协议》还约定乐新恩玛公司向日隆公司支付转让费1150万美元，每年偿还总金额不超过乐新恩玛公司盈利总额的40%。后因外方管理团队经营不善，乐新恩玛公司出现严重亏损，双方经商议决定终止合作。因对上述框架协议有关条款理解产生争议，日隆公司向一审法院提起诉讼，请求判令乐新恩玛公司返还转让费1150万美元及其利息，并返还恩玛公司的有关设备、技术及其无形资产等。

一审法院认为，关于乐新恩玛公司向日隆公司给付1150万美元转让费是否以该公司盈利为条件，日隆公司、乐新恩玛公司、乐新精密公司对《重组框架协议》相关条文的理解存在争议。第一，乐新恩玛公司、乐新精密公司提交的证据直接证明了转让费的给付以乐新恩玛公司盈利为条件。争议条款明确规定：乐新恩玛公司将通过销售佣金（或其他适当方式）的方式支付日隆公司总额1150万美元的转让费。乐新恩玛公司每年偿还转让费总金额比例原则上不超过乐新恩玛公司每年盈利总额的40%。

日隆公司另一股东李某昌的妻子陈某贞电子邮件的内容清晰表明，外方同意在开始合作之初不收取费用，技术转让金通过利润分割的方式进行支付。该电子邮件虽不是来自李某昌本人，但从各方往来的数份电子邮件可以看出，陈某贞了解双方的合作过程，表达的显然是李某昌的真实意思。第二，从订约的背景、双方的履约过程考察，转让费的给付以乐新恩玛公司盈利为条件更符合各方当事人的真实意思。本案当事人均为有经验的商事主体，是在充分考虑己方利益的前提下，才与对方进行交易。在《重组框架协议》签订之前，乐新精密公司与恩玛公司已合作多年，并成立了中外合资企业乐新恩玛公司，各方均预期合资公司扩大规模重组以后，电视机制造、销售业务将会盈利并达到上市要求。基于上述预期，《重组框架协议》约定外方并不实际投入资金，日隆公司和外方团队应投入的资金全部向另一股东赖某民借款，并从将来分成的利润中逐年偿还。争议双方均履行了《重组框架协议》约定的部分事项，由于合资公司经营亏损，不能实现双方预先设定的目标，乐新恩玛公司向日隆公司给付转让费的条件没有成就，日隆公司该项诉讼请求不能成立。关于日隆公司是否有权请求乐新恩玛公司返还财产，一审法院认为日隆公司此项诉讼请求与支付转让费的诉求相互矛盾，同时其也无权主张应归属于恩玛公司所享有的财产返还请求权。关于乐新恩玛公司与乐新精密公司是否构成人格混同，一审法院认为两家公司的业务并不完全一致，而且各自独立核算，有独立的财务报表，财产并不混同，两家公司人格混同证据不足。综上所述，一审法院认为日隆公司的主张没有事实和法律依据，判决驳回日隆公司的诉讼请求。

日隆公司不服一审判决，上诉请求撤销一审判决，判令乐新恩玛公司返还转让费1150万美元及其利息，并返还恩玛公司的有关设备、技术及其无形资产等。

二审法院认为，2010年7月20日，乐新恩玛公司各股东及日隆公司签订《重组框架协议》，就乐新恩玛公司注册资本、股权结构、公司运营等事项进行了约定，该协议没有违反国家法律、行政法规的强制性规定，依法应认定有效。《重组框架协议》就日隆公司主张的转让费约定“乐新恩玛公司将通过销售佣金（或其他适当方式）的方式支付日隆公司总额1150万美元的转让费。乐新恩玛公司每年偿还转让费总金额比例原则上不超过乐新恩玛公司每年盈利总额的40%，日隆公司在每年回收的外债中拿出35%用来偿还赖某民借款，65%用来偿还日隆公司股东借款”的内容，对该约定内容如何理解，日隆公司与乐新恩玛公司产生歧义。根据《中华人民共和国合同法》第一百二十五条第一款“当事人对合同条款的理解有争议的，应当按照合同所使用的词句、合同的有关条款、合同的目的、交易习惯以及诚实信用原则，确定该条款的真实意思”的规定，首先，对合同条款的理解应从合同使用的词句即文义方面来探究当事人的内心真意。合同中已约定乐新恩玛公司须通过销售佣金或其他方式支付转让费1150万美元，合同条款中的乐新恩玛公司每年偿还转让费总金额比例原则上不超过乐新恩玛公司每年盈利总额的40%应是对乐新恩玛公司内部支付转让费的限制条件，所指应为如何支付问题，该条款中并无只有在乐新恩玛公司盈利的情况下才支付转让费的意思表示。其次，乐新恩玛公司签订《重组框架协议》的目的是对乐新恩玛公司股权结构进行重组以达到上市要求。在签订协议前，各方委托国浩律师事务所对乐新恩玛公司所做关于公司上市及股权重组方案的调查报告中，认为乐新恩玛公司的技术来源是恩玛公司，以国家鼓励的液晶行业技术进行无形资产的评估，评估作价为1150万美元，这说明乐新恩玛公司是以支付价款取得生产技术作为上市条件之一。恩玛公司与日隆公司的股东均为曾某逢和李某昌，因而各方在协议中约定乐新恩玛公司支付1150万美元给日隆公司购买与TV业务有关的有形资产和无形资产。再次，2012年10月10日，作为乐新恩玛公司董事长的李某伟出具《承诺书》给日隆公司股东方，承诺按协议内容返还日隆公司转让费，也进一步印证乐新恩玛公司须支付转让费给日隆公司。因此，乐新恩玛公司应当按照协议约定支付1150万美元的转让费给日隆公司，而非以乐新恩玛公司盈利作为支付条件。最后，日隆公司主张返还恩玛公司财产以及乐新恩玛公司和乐新精密公司人格混同等诉求依据不足。综上所述，二审法院认为日隆公司的上诉请求和理由部分成立，判决撤销一审判决，乐新恩玛公司须支付转让费人民币7072.5万元及利息给日隆公司。

乐新恩玛公司申请再审称，1. 乐新恩玛公司提交的三份新证据足以推翻二审判决。三份新证据及《重组框架协议》充分证明，乐新恩玛公司向日隆公司支付1150万美元是以乐新恩玛公司盈利作为支付条件，二审法院认定不以盈利为条件属认定事实错误。2. 二审法院认定《重组框架协议》中约定的1150万美元的性质系单纯转让行为而引起的转让费，属认定事实错误。(1) 双方在合作期间曾商议在乐新恩玛公司实现盈利的情况下，将乐新恩玛公司的部分利润支付给日隆公司，作为其在恩玛公司前期投入的补偿。(2) 二审法院认定1150万美元系转让费，却未查明转让的标的、转让费的计算依据、是否为附条件支付、支付的条件是否成就等事实。(3) 综合当事人提交的全部证据以及协议实际履行情况，可以证实乐新恩玛公司从未受让该协议中的转让标的。3. 根据专项审计报告，乐新恩玛公司及乐新精密公司TV事业部在合作期间为亏损状态，不存在可分配利润，按《重组框架协议》约定，乐新恩玛公司无须向日隆公司支付补偿款1150万美元。4. 二审判决适用法律错误。(1) 二审判决以“适用法律和处理欠妥”为由撤销一审判决无法律依据。(2) 二审法院未结合整个案件事实、合同目的、交易习惯等因素，认定支付转让费不以盈利为条件无任何事实和法律依据。(3) 二审法院认为《重组框架协议》对支付转让费的时间约定不明确，适用《中华人民共和国合同法》第六十二条的规定，认为日隆公司可以随时主张债权，属于适用法律错误。综上，依据《中华人民共和国民事诉讼法》第二百条第一项、第二项、第六项的规定，请求最高人民法院依法撤销（2016）粤民终1553号民事判决，驳回日隆公司的全部诉讼请求。

最高人民法院经审查，于2017年9月22日作出（2017）最高法民申

1408号民事裁定，提审本案。

## 二、裁判理由

本案的争议焦点为：乐新恩玛公司向日隆公司支付1150万美元转让费是否以乐新恩玛公司盈利为条件。

日隆公司、乐新恩玛公司与乐新精密公司对《重组框架协议》第5条应如何理解存在重大分歧。日隆公司认为，1150万美元转让费的支付不以乐新恩玛公司盈利为条件；乐新恩玛公司与乐新精密公司则认为，该条款的真实意思是支付1150万美元转让费应以乐新恩玛公司盈利为前提条件。对于这个问题，《中华人民共和国合同法》第一百二十五条第一款规定："当事人对合同条款的理解有争议的，应当按照合同所使用的词句、合同的有关条款、合同的目的、交易习惯以及诚实信用原则，确定该条款的真实意思。"

首先，以合同争议条款本身文义解释为基础。文义解释是以合同当事人的内在意愿为解释的原则，它关注的是合同条款所表达的当事人的内心想法。合同的条款由语言文字构成，解释合同必须先由词句的含义入手。本案中，《重组框架协议》第5条约定："乐新恩玛公司将通过销售佣金（或其他适当方式）的方式支付日隆公司总额1150万美元的转让费。乐新恩玛公司每年偿还转让费总金额比例原则上不超过乐新恩玛公司每年盈利总额的40%，日隆公司在每年回收的外债中拿出35%用来偿还赖某民先生的借款，65%用来偿还日隆公司股东借款，中外管理团队借款根据《乐新管理团队激励和约束机制》中相关条款约定逐年偿还。"从该条款文义出发，可以明确乐新恩玛公司须对日隆公司偿付1150万美元的转让费，支付方式为销售佣金（或其他适当方式），每年偿还总金额受限于乐新恩玛公司的盈利总额，即不超过盈利总额的40%。因此，仅从该条款本身文义理解，难以确定1150万美元转让费的支付需以乐新恩玛公司盈利为前提条件。

其次，结合合同文本通过体系解释确定合同真意。合同条款是合同整体的一部分，条款的各自含义以及相互之间的关联共同塑造着合同的整体意义。因此，合同解释不能仅仅依赖词句含义，还要与合同中的相关条款联系起来分析判断，才能较为准确地把握该条款的真实意思。本案中，除了第5条争议条款，《重组框架协议》其他条款还约定了各方在公司重组时的股权安排，日隆公司通过借款方式进行重组出资，以及双方部分资产转移使用。特别是第6条约定："根据第5条约定，原日隆公司同意转让后，则原日隆公司股东拥有的恩玛公司外销业务（包括全部的客户资源），原恩玛公司的检测设备、装配生产线、开发模具、购买的专利技术以及其他与TV业务有关的无形资产全部无偿转让给乐新恩玛公司使用。"该条款明确了日隆公司相关的设备、技术、客户资源等有形及无形资产无偿转让给乐新恩玛公司，并且在逻辑顺序上是依据第5条约定之后的结果，则日隆公司主张1150万美元属于技术转让费与此相冲突，并且在合同条款理解上产生歧义，同时也无其他证据证明其主张，法院对此不予支持。乐新恩玛公司主张，双方约定的1150万美元实际上是对于马来西亚恩玛公司前期投入和相关业务损失的一种补偿，并约定采用"转让费"的名义支付给日隆公司，还通过约定销售佣金以及其他适当支付方式来规避外汇管制。根据已经查明的事实，日隆公司与中方股东正是基于盈利预期才签订《重组框架协议》，约定上述补偿款项，并且决定从盈利总额中进行分配，之后才约定对相关有形和无形资产无偿转让。因此，结合合同整体和相关条款约定来看，乐新恩玛公司主张1150万美元补偿款须以盈利为支付条件具有一定合理性。

再次，借助双方在交易洽谈、履行中所体现的合同目的进行判断印证。当事人签订合同都是为达到一定的目的，合同中的各条款都是为达到合同目的而制定的。因此，对条款的解释还应当从符合合同目的的角度进行剖析，当条款表达意见含混不清或相互矛盾时，作出与合同目的协调一致的解释。本案中，乐新恩玛公司再审提交的第一、二、三组证据表明，日隆公司股东和恩玛公司股东李某昌的妻子陈某贞、父亲Peter Lee在李某昌知情并授意下与乐新恩玛公司法定代表人李某伟进行了多次邮件沟通，这些证据涉及对《重组框架协议》第5条争议条款的理解，与本案具有紧密联系。Peter Lee认为以银行贷款的方式融资导致“银行的利息费用也会算在乐新恩玛公司的损益表内，这样对于乐新恩玛公司的利润会有影响”，会“明显地降低了恩玛公司的利润并且导致以利润计算的转让费显得不公平”；陈某贞也提到“当初合作的时候，我方分文未取，同意技术转让金以利润分割的方式来分配”，选择这种分配方式是因为“我方对TV经营的利润非常有信心，所以才没有一开始就索取任何费用”。上述证据表明，合作之初双方对于发展前景非常乐观，认为乐新恩玛公司能够产生较高的利润，日隆公司才同意转让费以利润分割的方式进行，也即1150万美元转让费须以乐新恩玛公司的盈利为基础进行计算。通过对双方当事人在合同洽谈、履行期间的表现和反馈等行为进行合同目的解释，进一步印证了《重组框架协议》第5条约定1150万美元的真实含义，实则是基于良好盈利预期下对于盈利分配的一种补偿安排，应以乐新恩玛公司盈利为前提条件。

最后，通过交易习惯、诚实信用原则等进行价值衡量和利益平衡。《中华人民共和国合同法》第五条规定：“当事人应当遵循公平原则确定各方的权利和义务。”第六条规定：“当事人行使权利、履行义务应当遵循诚实信用原则。”由此可见，诚实信用原则（包括公平原则）是合同法的基本原则之一，贯穿合同从订立到终止的整个过程。诚实信用原则要求实事求是地考虑各种因素，认定争议条款或者发生歧义的词句的准确含义，并以公平原则平衡当事人之间的利益冲突。商业合作的本质是共担风险、共负盈亏，这是市场经济活动中的一项基本原则和商业惯例。日隆公司与中方基于良好的合作背景和盈利预期，依法合资设立乐新恩玛公司，是出于双方优势互补、共同发展的成熟考虑。在合作过程中，中方主要提供资金和平台，日隆公司主要提供外方客户、销售渠道以及有关设备技术等资源。在以日隆公司为代表的外方管理团队的经营下，乐新恩玛公司出现了巨额亏损，中方也遭受了严重损失，双方理应友好协商、共同承担。在此情形下，如果日隆公司还向乐新恩玛公司主张1150万美元的巨额转让费，对乐新恩玛公司明显不公，也与商业合作共担风险、共负盈亏的本质相悖，有违诚实信用原则和公平原则。因此，日隆公司主张1150万美元转让费应无条件支付的诉求于法无据，于理不合，法院不予支持。

综上所述，乐新恩玛公司向日隆公司支付1150万美元转让费应以乐新恩玛公司盈利为条件，现乐新恩玛公司并未盈利且双方合作已经终止，因此，其无须向日隆公司支付1150万美元转让费。一审判决认定事实清楚，适用法律正确；二审判决认定事实基本清楚，但适用法律错误。

## 三、裁判结论

依照《中华人民共和国民事诉讼法》第二百零七条第一款、第一百七十条第一款第二项和《中华人民共和国合同法》第五条、第六条、第一百二十五条第一款之规定，判决如下：

一、撤销广东省高级人民法院（2016）粤民终1553号民事判决；

二、维持广东省深圳市中级人民法院（2014）深中法涉外初字第111号民事判决。

一审案件受理费578905元，由日隆公司负担；二审案件受理费398905元，由日隆公司负担。

## 四、裁判要旨

人民法院在审理合同纠纷案件时，经常会碰到当事人对合同条款的理解发生争议的情况。合同的条款应当是双方当事人意思表示一致达成的协议，但在实践中因受到预见能力的制约以及语言文字多义性的影响，往往存在约定不够明确，语句含义模糊等情况。同时，当事人因为利益相互对立，对具体条款和用语也会在合同履行过程中产生不同理解和认识，这就需要法官在裁判中对合同的有关内容进行解释。因此，合同解释是法官行使自由裁量权的重要体现。如何进行合同解释，即如何确定合同解释的具体方法与适用规则，既是合同解释的核心问题，也是广大法官在审理案件中迫切需要的实践指引，具有重要的理论价值和现实意义。

《中华人民共和国合同法》第一百二十五条第一款对合同解释的基本原则或方法进行了规定，即在当事人对合同条款的理解有争议时，应当按照合同所使用的词句、合同的有关条款、合同的目的、交易习惯以及诚实信用原则，确定该条款的真实意思。上述方法也可归纳为文义解释、整体解释、目的解释、习惯解释和诚信解释。但如何适用上述方法，各级人民法院与广大法官在审判实践中既有共识也有偏差，具体适用规则和标准还需要进一步统一明确。

本案中，一、二审法院均适用了《中华人民共和国合同法》第一百二十五条第一款所规定的解释方法，但却得出了完全相反的结论。究其原因，是对合同解释的适用规则把握不当。最高人民法院提审后认为，合同解释的不同方法与规则运用，对探究当事人真实意思影响较大，这就需要法官对上述解释方法进行分析，了解其不同功能和价值，确定相互之间的逻辑运用关系，在实践中结合案情具体适用。即对争议条款的合同解释，应以合同所使用词句所表达的文义解释为基础，重点结合合同文本的相关条款，通过体系解释确定当事人的真实意思，并借助合同目的解释进行判断印证，同时还要以交易习惯、诚实信用原则、公平原则等认定争议条款或者发生歧义的词句的准确含义，平衡当事人之间的利益冲突，确保公平合理地确定合同内容。

（合议庭成员：钱小红、奚向阳、曹刚；案号：（2017）最高法民再370号；判决日期：2017年12月28日；案例编写人：钱小红、周恒宇；案例审核人：张勇健）

**007**

# 承诺函的内容符合法律关于保证规定的，应认定成立保证合同关系

## ——Z银行深圳分行与H省高速公路管理局、H省高速公路总公司合同纠纷案

## 一、主要案情

2006年3月9日，出让方H省宜章县政府与受让方该省宜连公司签订《特许合同》，该合同第一章总则中明确：1.1为加快该省交通基础设施建设，进一步完善国家高速公路网络，促进湖南省经济的发展，尽快修建该省境内宜章县城关镇至广东省连州市凤头岭高速公路，报请H省人民政府批准，并授权宜章县政府，通过特许经营方式，授予特许经营者依法投资、建设与经营、养护管理本项目的权利；1.3出让方同意受让方以特许经营权的方式依法投资、建设与经营、养护管理本项目。第三章项目概况：……第四章投资资金：4.1本项目投资、建设、经营、养护管理等费用均由受让方承担；4.2本项目投资估算总金额18.91亿元；4.4出让方有权监督、检查和敦促投资资金（特别是资本金）的到位情况。第五章特许经营权：5.2本合同授予受让方的特许经营权是独占的，专属于受让方。出让方保证不将特许经营权的任何部分或全部授予任何第三方，并保证不自行或通过其指定的机构行使特许经营权的任何部分或全部；5.3特许经营期：建设期为36个月，自本项目开工日起计算，收费经营期为30年，建设完成后，按省政府批准的开始收费之日起计算；5.5特许经营期届满后无偿移交。第十五章合同的生效和终止：15.6受让方提前终止本合同：15.6.1如果不是由于受让方违约或不可抗力所致，发生下述一种或几种情况，都视为出让方违约，出让方在收到受让方要求改正的书面通知后60天内仍未改正的，受让方有权提出索赔……15.6.2受让方按本合同本条第

1款规定提前终止本合同的，出让方收回本项目，并应同时承担以下义务：(1) 承担受让方为本项目的建设而发生的一切尚未清偿的负债；(2) 偿还受让方为本项目建设所投入的项目资本金及其利息；(3) 偿还受让方为本项目建设所投入资本金，从投入之日至终止之日期间的投资收益及资本金、从终止日至特许经营期届满之日期间的预期投资收益的合理部分。

2009年8月10日，H省高速公路管理局向Z银行深圳分行出具《承诺函》，内容为："宜连公司投资建设宜连高速公路项目……该公司自开工以来，尽管银行贷款没有及时到位，但是工程量完成了40%之多，支付的款项从未拖欠。经查实，到目前总共支付资本金8.2亿元之多，可见其投资诚信度。……为贯彻落实H省省委、省政府的招商引资政策，保护投资者利益，体现我局对该公司的信任和支持，我局承诺：贵行对宜连公司提供的项目贷款，若该公司出现没有按时履行其到期债务等违反《借款合同》约定的行为，或者存在危及银行贷款本息偿付的情形，出于保护投资商利益，保障贵行信贷资金安全的目的，我局承诺按《特许合同》第15.6条之规定全额回购宜连高速公路经营权，以确保化解银行贷款风险，我局所支付款项均先归还贵行贷款本息。"

2009年8月20日，J银行湖南分行与Z银行深圳分行作为贷款人，与借款人宜连公司签订《人民币资金银团贷款合同》，由J银行湖南分行与Z银行深圳分行共同向宜连公司发放贷款12亿元（其中J银行湖南分行发放8.4亿元、Z银行深圳分行发放3.6亿元），贷款期限为16年，自本合同约定的第一笔贷款提款日起至最后一笔贷款的还本日止；宜连公司同意将其合法享有的宜连高速公路项目的通行费收费权及其项下的全部收益作为贷款人对借款人所享有债权的质押担保，宜连公司控股股东华晖公司、兴和公司、天成公司及其实际控制人孙某提供全程不可撤销连带责任保证；借款人陈述和保证……2009年8月20日，Z银行深圳分行向宜连公司发放贷款2亿元。2009年9月21日，Z银行深圳分行又向宜连公司发放贷款1.6亿元。

贷款发放后，宜连公司未能按约偿还贷款本息，J银行湖南分行与Z银行深圳分行遂向一审法院提起诉讼，要求宜连公司偿还贷款本息，天成公司、华晖公司、兴和公司、孙某承担连带清偿责任。该案经湖南省高级人民法院审理于2014年8月8日作出（2014）湘高法民二初字第24号民事调解书，内容是：1. 宜连公司于2014年8月20日前向J银行湖南分行归还贷款本金833954313.65元及至2014年7月21日止的利息、罚息、复息32778858.17元，2014年7月22日之后的利息、罚息、复息按贷款合同约定计算至付清之日止；2. 宜连公司于2014年8月20日前向Z银行深圳分行归还贷款本金3.54亿元及至2014年7月21日止的利息、罚息、复息19401905.08元，2014年7月22日之后的利息、罚息、复息按贷款合同约定计算至付清之日止；3. J银行湖南分行与Z银行深圳分行对宜连公司享有的湖南宜章至广东连州高速公路宜章至凤头岭段高速公路项目的车辆通行费收费权及其项下全部收益享有质权。当宜连公司未履行上述第一项、第二项偿债义务时，J银行湖南分行与Z银行深圳分行有权依法处置宜连公司上述收费权及其项下的全部收益，并就处置价款优先受偿；4. 天成公司、华晖公司、兴和公司、孙某对宜连公司的上述债务承担连带清偿责任。

因宜连公司未履行调解书确定的义务，J银行湖南分行与Z银行深圳分行向一审法院申请强制执行。执行立案后，一审法院依法委托评估机构对宜连公司宜连（宜章至凤头岭段）高速公路收费权及其他全部资产在2015年3月31日的市场价值进行评估。评估公司于2015年10月8日作出湘湘信、湘艾普瑞、湘新资评字第20151001号评估报告，认定宜连公司委托评估的资产价值为197296万元，其中高速公路收费权为190637万元，其他资产含货币资金、应收债权、存货、其他设备等为6659万元。之后，一审法院委托拍卖公司对宜连公司的资产进行拍卖。拍卖公司进行登报公告，告知于2015年11月26日对宜连公司的资产进行公开拍卖，但因无人竞买，致拍卖标的物流拍，一审法院于2015年11月27日作出（2014）

湘高法执字第13－15号执行裁定，中止（2014）湘高法执字第13号案的执行。在本案一审审理期间，Z银行深圳分行以宜连公司资产长期难以处置，也未发现其他被执行人有可供执行的财产为由，申请终结执行。一审法院于2016年11月9日作出（2014）湘高法执字第13－16号执行裁定，终结一审法院（2014）湘高法民二初字第24号民事调解书第二项及第三项、第四项中Z银行深圳分行申请执行的本次执行程序。申请执行人发现被执行人有可供执行财产的，可以再次申请执行。

2016年3月10日，Z银行深圳分行向H省高速公路管理局发出《关于严格履行宜连高速经营权回购义务的函》，称："截至目前，贵局仍未就回购或参与竞买收费权出具确切的方案，案件久拖不决给银团及我行带来了极大的困扰和损失。望贵局按照向我行出具的《承诺函》，严格履行宜连高速公路经营权回购义务，否则我行将依法对贵局提起诉讼，追究贵局的法律及其他相关责任。"因H省高速公路管理局未能就宜连公司所欠债务予以处理，Z银行深圳分行遂向一审法院提起诉讼。

另查明，高速公路总公司与H省高速公路管理局系分别于1993年3月、1998年4月经H省人民政府和机构编制委员会批准成立的企业法人和事业单位法人，实行"两块牌子、一套班子、合署办公"，属H省交通运输厅归口管理，是全省高速公路建设与管理的机构，管理范围为高速公路项目建设、运营管理、经营开发和行业管理。在H省质量技术监督局颁发的76803657－X的组织机构代码证上，机构名称为H省高速公路管理局（高速公路总公司），机构类型为事业法人。2012年5月，吴某光被任命为H省高速公路管理局（高速公路总公司）局长（总经理）。2016年10月，谢某新被任命为H省高速公路管理局党委书记、局长。在H省高速公路管理局官网领导信息栏中，谢某新的职位是：H省高速公路管理局（总公司）局长（总经理）、党委书记；分工是：主持H省高速公路管理局（总公司）全面工作，分管财务工作，分管局（总公司）财务处。在H省高速公路管理局提交的新的事业单位法人证书上仍体现机构名称为：H省高速公路管理局（高速公路总公司）。

招商银行向湖南省高级人民法院提起诉讼，请求：1. 判令H省高速公路管理局赔偿因其未履行《承诺函》中按《特许合同》第15.6条之规定全额回购宜连高速公路经营权的承诺而给Z银行深圳分行造成的经济损失共计455122158.5元（包括本金3.54亿元、罚息90659541.87元、复息10462616.63元，暂计至2016年4月22日）；2. 判令高速公路总公司与H省高速公路管理局承担连带赔偿责任；3. 高速公路总公司与H省高速公路管理局承担本案案件受理费、保全费等全部费用。

湖南省高级人民法院于2016年12月22日作出（2016）湘民初15号民事判决：1. H省高速公路管理局在判决生效后30日内全额回购宜连高速公路经营权，并以回购款项支付Z银行深圳分行全部贷款本息（即455122158.5元及以3.54亿元为基数按《人民币资金银团贷款合同》的约定计算自2016年4月23日起至付清之日的利息、罚息、复息）；2. 如果H省高速公路管理局未按期履行判决第一项回购义务，则由其在判决生效后60日内直接向Z银行深圳分行清偿上述所有贷款本息；3. 高速公路总公司对前述H省高速公路管理局的义务承担连带清偿责任。

H省高速公路管理局、高速公路总公司不服湖南省高级人民法院作出的一审判决，向最高人民法院提起上诉。H省高速公路管理局上诉请求：1. 撤销（2016）湘民初15号民事判决，依法驳回Z银行深圳分行对H省高速公路管理局及高速公路总公司的全部诉讼请求；2. 由Z银行深圳分行承担本案一、二审全部诉讼费用。二审开庭时H省高速公路管理局变更诉讼请求，请求驳回Z银行深圳分行的诉讼请求，将本案发回重审。高速公路总公司上诉请求：1. 撤销（2016）湘民初15号民事判决，依法驳回Z银行深圳分行对H省高速公路管理局及高速公路总公司的全部诉讼请求；2. 由Z银行深圳分行承担本案一、二审全部诉讼费用。

最高人民法院于2017年5月8日立案后，依法组成合议庭，开庭进行了审理。

## 二、裁判理由

本案的争议焦点为：1.《承诺函》的性质及效力应如何认定；2. 一审判决认定H省高速公路管理局全额回购宜连高速公路经营权，并以回购款项支付Z银行深圳分行全部贷款本息是否正确；3. 一审判决认定高速公路总公司对H省高速公路管理局前述义务承担连带清偿责任是否正确。

（一）关于《承诺函》的性质及效力应如何认定的问题

二审庭审中，H省高速公路管理局及高速公路总公司提出，本案案由定性错误，导致事实认定错误，适用法律不当，本案应发回重审。最高人民法院认为，本案Z银行深圳分行的诉请基础为《承诺函》，其主张H省高速公路管理局与高速公路总公司应依据《承诺函》之承诺承担赔偿责任。虽双方对《承诺函》的性质存在争议，但H省高速公路管理局与Z银行深圳分行之间不存在行政管理关系，《承诺函》出具的目的亦非基于实施行政管理，并非行政机关作出的具体行政行为。故一审判决认定本案为平等主体之间的民事纠纷，且将案由定性为合同纠纷并无不当。

关于《承诺函》的性质。H省高速公路管理局与高速公路总公司上诉主张系安慰函，不具有法律效力。Z银行深圳分行认为属于单方允诺的民事法律行为，具有法律效力。对此法院认为，《承诺函》的性质应当结合文本名称、出具背景、约定内容等事实综合认定。首先，从《承诺函》的名称看，并未直接表述为“安慰函”。其次，综合《承诺函》出具的背景情况及双方当事人的陈述可知，《承诺函》签订于宜连高速公路项目开工建设之后、Z银行深圳分行作为贷款人之一与借款人宜连公司签订《人民币资金银团贷款合同》之前。其出具原因是保障Z银行深圳分行信贷资金安全，化解Z银行深圳分行贷款风险，实质目的则是确保宜连公司获得贷款。最后，从《承诺函》载明内容“若该公司（指宜连公司）出现没有按时履行其到期债务等违反借款合同约定的行为，或者存在危及银行贷款本息偿付的情形，出于保护投资商利益，保障贵行信贷资金安全的目的，我局承诺按《特许合同》第15.6条之规定全额回购宜连高速公路经营权，以确保化解银行贷款风险，我局所支付款项均先归还贵行贷款本息”分析，《承诺函》系针对特定的银行贷款出具，并已经清楚表明当宜连公司出现没有按时履行其到期债务等违反《借款合同》约定的行为，或者存在危及银行贷款本息偿付的情形时，H省高速公路管理局承诺以回购经营权的方式确保Z银行深圳分行的债权实现。依照《中华人民共和国担保法》第六条关于“本法所称保证，是指保证人和债权人约定，当债务人不履行债务时，保证人按照约定履行债务或者承担责任的行为”及《最高人民法院关于适用〈中华人民共和国担保法〉若干问题的解释》第二十二条第一款关于“第三人单方以书面形式向债权人出具担保书，债权人接受且未提出异议的，保证合同成立”的规定可知，保证人提供保证，目的是保证债权能够得到实现。本案中，H省高速公路管理局并非仅对宜连公司清偿债务承担道义上的义务或督促履行之责，其通过出具《承诺函》的形式为自身设定的代为清偿义务的意思表示具体明确，故《承诺函》具有保证担保性质。该《承诺函》被Z银行深圳分行接受，双方成立保证合同。综上，H省高速公路管理局、高速公路总公司上诉主张《承诺函》仅为道义上的安慰函，缺乏事实及法律依据，不能成立。

关于《承诺函》的效力。人民法院认为，根据《中华人民共和国担保法》第九条关于“学校、幼儿园、医院等以公益为目的的事业单位、社会团体不得为保证人”的规定，H省高速公路管理局作为该省基础设施高速公路的建设、管理事业单位，不得作为保证人。《承诺函》因违反法律强制性规定应认定无效。一审判决关于“H省高速公路管理局单方承诺为自己设定前述义务，没有违反法律法规的禁止性规定”的认定，认定事实及适用法律不当，法院予以纠正。

（二）关于一审判决认定H省高速公路管理局全额回购宜连高速公路经营权，并以回购款项支付Z银行深圳分行全部贷款本息是否正确的问题

法院认为，本案已查明，Z银行深圳分行共计向宜连公司发放贷款

3.6亿元，宜连公司在偿还600万元后，没有依约偿还剩余贷款本息。后Z银行深圳分行与J银行湖南分行提起诉讼向宜连公司主张权利，各方在法院主持下达成调解书。因宜连公司仍未按照调解书内容履行义务，Z银行深圳分行与J银行湖南分行向法院申请强制执行。现调解书的执行程序已经终结，Z银行深圳分行的债权仍未实现，损失客观存在。《最高人民法院关于适用〈中华人民共和国担保法〉若干问题的解释》第七条规定："主合同有效而担保合同无效，债权人无过错的，担保人与债务人对主合同债权人的经济损失，承担连带赔偿责任；债权人、担保人有过错的，担保人承担民事责任的部分，不应超过债务人不能清偿部分的二分之一。"本案中，如前所述，《承诺函》因违反法律强制性规定而无效。H省高速公路管理局作为出具人，明知自身不具备保证人资格仍出具《承诺函》，具有过错。而Z银行深圳分行作为专业的金融机构，明知H省高速公路管理局作为事业单位，不能成为保证人，其仍要求H省高速公路管理局出具《承诺函》，Z银行深圳分行亦存在过错。故综合本案成讼原因、当事人的实际损失及过错程度，人民法院酌定H省高速公路管理局对宜连公司不能偿还Z银行深圳分行的贷款本息455122158.5元及以3.54亿元为基数按《人民币资金银团贷款合同》的约定计算自2016年4月23日起至付清之日的利息、罚息、复息承担三分之一的赔偿责任。一审判决认定H省高速公路管理局应全额回购宜连高速公路经营权，并以回购款项支付Z银行深圳分行全部贷款本息，既超出了当事人诉请的范围，亦与查明事实不符，最高人民法院予以纠正。

（三）关于一审判决认定高速公路总公司应承担连带清偿责任是否正确的问题

法院认为，从主体上看，H省高速公路管理局为事业单位法人，高速公路总公司为企业法人，二者主体性质不同，均具有独立承担民事责任的能力。H省高速公路管理局作为事业单位行使管理职能的目的主要是为H省高速公路建设、管理、确保畅通提供保障。而高速公路总公司自身具有营业执照，系独立核算、自负盈亏的企业法人，经营范围主要为全省高速公路建设、养护、管理和沿线开发，从事投资经营活动。H省高速公路管理局与高速公路总公司虽为“一套班子、两块牌子”，两家单位领导班子成员既担任H省高速公路管理局的职务同时也担任高速公路总公司相应职务，但此种一人分任多职的行为并不为法律所禁止，不能仅以此作为H省高速公路管理局、高速公路总公司存在人员身份混同的依据。且Z银行深圳分行亦未提供有效证据证明H省高速公路管理局与高速公路总公司存在财务混同之情形。故一审判决关于高速公路总公司与H省高速公路管理局人员、机构、业务混同，高速公路总公司应承担连带清偿责任的认定，理据不足，法院亦予纠正。

## 三、裁判结论

一审判决认定事实及适用法律部分有误，二审法院予以纠正。H省高速公路管理局及高速公路总公司的上诉请求部分成立，对成立部分法院予以支持。依照《中华人民共和国担保法》第六条、第九条，《最高人民法院关于适用〈中华人民共和国担保法〉若干问题的解释》第七条、第二十二条，《中华人民共和国民事诉讼法》第一百七十条第一款第二项之规定，判决如下：

一、撤销湖南省高级人民法院（2016）湘民初15号民事判决；

二、H省高速公路管理局在本判决生效后三十日内对宜连公司不能偿还Z银行深圳分行的贷款本息455122158.5元及以3.54亿元为基数按《人民币资金银团贷款合同》的约定计算自2016年4月23日起至付清之日的利息、罚息、复息承担三分之一的赔偿责任；

三、驳回Z银行深圳分行其他诉讼请求。

如果未按本判决指定的期间履行给付金钱义务，应当依照《中华人民共和国民事诉讼法》第二百五十三条的规定，加倍支付迟延履行期间的债务利息。

## 四、裁判要旨

1. 承诺式书函是安慰函、单方允诺还是保证，不能一概而论，其性质和效果由其内容决定。当事人提供代为履行到期回购义务、流动性支持等类似承诺文件作为增信措施，其内容符合法律关于保证的规定的，人民法院应当认定当事人之间成立保证合同关系。本案H省高速公路管理局承诺以回购经营权的方式确保Z银行深圳分行的债权实现，符合《中华人民共和国担保法》第六条及《最高人民法院关于适用〈中华人民共和国担保法〉若干问题的解释》第二十二条关于保证的规定，构成保证担保。

2. 《中华人民共和国担保法》规定国家机关和公益法人不得为保证人。贯彻该禁止性规定的根本途径，通常在于追究国家机关和公益法人直接责任人员的行政责任和个人责任，不单纯实行损害赔偿予以救济。同时，在明知或应当知道法律已经明文禁止国家机关和公益法人做担保人的情况下，还与此类主体签订担保合同，所受损失理应由债权人负担，避免将损失向国家机关、公益法人进行转嫁，进而损害公共利益。因此，在《最高人民法院关于适用〈中华人民共和国担保法〉若干问题的解释》所规定的范围内依法确定国家机关和公益法人提供担保无效时的赔偿责任不应过大，依照上述司法解释第七条和第八条的规定，原则上一般不宜超过三分之一，在三分之一以下的，还可以再减少。

（合议庭成员：张颖新、钱小红、曹刚；案号：（2017）最高法民终353号；判决日期：2017年12月28日；案例编写人：张颖新、王鹏；案例审核人：张勇健）

**008**

# 先履行抗辩权的成立，须合同当事人互负债务且互负的债务有先后履行的顺序

——华唐甲公司与城投公司等项目转让合同纠纷案

## 一、主要案情

2013 年 3 月 11 日，城投公司与华唐甲公司签订《协议书》，主要内容为：第 2 条约定，华唐甲公司须在 2013 年 3 月 20 日交付 5000 万元出让金，如再逾期按每日万分之五支付违约金或由城投公司作违约处理；同时承担 5000 万元自 2013 年 1 月 13 日至 3 月 20 日的同期存款利率的利息。第 3 条约定，出让金余款 1.02 亿元务必在 2013 年 6 月 30 日前足额缴清，自 2013 年 1 月 13 日至交款日止按同期存款利率支付利息；如再逾期或未交足出让金和利息，另按每日千分之二支付滞纳金。上述协议还对双方的权利义务做了相应的约定。

2013 年 6 月 26 日，城投公司与华唐甲公司、华唐乙公司签订《关于保亭县 A 项目拍卖出让三方协议书》（以下简称《三方协议》），约定：为便于涉案项目的操作，华唐甲公司在保亭县注册全资项目公司即华唐乙公司全权受理经营涉案项目，由华唐乙公司代表华唐甲公司办理涉案项目交易未尽事宜，出让金余款和相关费用可由华唐乙公司支付，如华唐乙公司未代表华唐甲公司履行《协议书》中的责任和义务，城投公司按《协议书》追究华唐甲公司，华唐甲公司应无条件承担全部违约责任。

2013 年 7 月 29 日，城投公司与华唐甲公司签订《补充协议（一）》，主要内容为：第 1 条约定，华唐甲公司于 2013 年 5 月 10 日支付了 5000 万元出让金，城投公司原则上同意免除华唐甲公司原协议第 2 条的违约责任。第 2 条约定，原协议第 3 条改为：在城投公司办理国有土地使用证后

10日内，华唐甲公司必须无条件缴清项目拍卖出让金未缴部分1.02亿元，如华唐甲公司逾期未交足出让金，未交部分出让金按每日千分之二收取滞纳金。第3条约定，原协议条款继续有效。

2014年9月5日，基于城投公司于2014年4月21日已按《补充协议（一）》完成了自身项目规划、土地用途调整的办证义务，华唐甲公司未按约定在10日之内付清余款，双方签订了《补充协议（二）》，主要内容为：第1条约定，华唐甲公司在2014年9月30日前缴付涉案项目出让金5000万元；在2014年10月30日前缴付4400万元及滞纳金；《补充协议（一）》约定的华唐甲公司的违约责任不免除，继续适用至款项付清时止；此次月底的付款义务，华唐甲公司若再次违约，应另加处500万元违约金。第2条约定，原协议其他条款继续有效。

另查明，2012年5月10日，保亭县人民政府同意城投公司以拍卖方式出让的涉案项目，包括位于保亭县城东河西岸的48000平方米土地使用权（以下简称案涉土地）及地上一期五幢房产。涉案项目于2013年4月23日交付华唐甲公司后，华唐甲公司将项目交华唐乙公司接管，华唐乙公司于2013年5月开始出租一期五幢房产并收取租金。2013年9月29日，城投公司将原登记在其名下的一期五幢房产过户至华唐乙公司名下（证号分别为：保房权证保房字第2013××03、2013××04、2013××05、2013××06、2013××07号，建筑面积合计17608.62平方米）。2014年2月28日，城投公司取得涉案土地的《国有土地使用权证》[证号分别为：保国用（2014）第×1、×2、×8、×9号，面积合计46178.27平方米]，涉案土地至今仍登记在城投公司名下。

城投公司向海南省高级人民法院起诉请求：1. 华唐甲公司、华唐乙公司共同向城投公司支付拖欠的转让金9400万元；2. 华唐甲公司、华唐乙公司向城投公司支付逾期付款违约金（以9400万元为本金，从2014年5月2日起按每日千分之二计至判决限定履行之日，暂计至2016年1月15日止的违约金为11731万元）；3. 华唐甲公司、华唐乙公司向城投公司加付逾期付款违约金500万元；4. 本案诉讼费用由华唐甲公司、华唐乙公司承担。

一审法院作出（2016）琼民初12号民事判决：

1. 华唐甲公司、华唐乙公司应于判决发生法律效力之日起10日内支付尚欠的转让金9400万元给城投公司；2. 华唐甲公司、华唐乙公司应于判决发生法律效力之日起10日内支付逾期付款违约金（违约金的计算方法：自2014年5月2日起至判决限定履行之日止，以实际尚欠的转让金数额按照每日万分之五计付）给城投公司；3. 驳回城投公司的其他诉讼请求。

华唐甲公司上诉请求：1. 撤销海南省高级人民法院（2016）琼民初12号民事判决第二项，改判驳回城投公司第二项诉讼请求；2. 二审案件受理费由城投公司承担。

最高人民法院于2017年2月8日立案后，依法组成合议庭，开庭进行了审理。

## 二、裁判理由

本案的争议焦点为：原审判决判令华唐甲公司向城投公司支付逾期付款违约金是否正确。

（一）关于华唐甲公司是否享有先履行抗辩权问题

根据《中华人民共和国合同法》第六十七条的规定，当事人互负债务，有先后履行顺序，先履行一方未履行的，后履行一方有权拒绝其履行要求。先履行一方履行债务不符合约定的，后履行一方有权拒绝其相应的履行要求，可见先履行抗辩权的成立，须合同当事人互负债务，债务处于互为对待给付的地位，且互负的债务有先后履行的顺序。华唐甲公司上诉主张，根据相关会议纪要及《补充协议》的约定，城投公司应先履行将风情街项目的国有土地使用权证办理至华唐乙公司名下的先合同义务，随后华唐甲公司才向其支付未缴的拍卖出让金。法院认为，首先，2013年6月24日会议纪要载明，“五、关于项目拍卖出让金的问题。……在办理土地变性完成以后1个月内，办理国有土地使用证后10天内，项目单位必须无条件缴清项目拍卖出让金未缴部分。项目单位与县城投公司签订《分期付款补充协议》，在此之前因施工造成的利息和滞纳金不予计算”。2003年7月29日城投公司与华唐甲公司依据会议纪要的要求，签订《补充协议（一）》明确约定：“在甲方（城投公司）办理国有土地使用证后10天内，乙方必须无条件缴清项目拍卖出让金未缴部分1.02亿元……。”2014年9月5日《补充协议（二）》确认：“甲方于2014年4月21日已按《补充协议》完成了自身项目规划、土地用途调整的办证义务，满足了履行过户给乙方的所有条件。乙方应按《补充协议》约定履行其付款义务……。”分析前述文本载明的内容可知，案涉相关协议及会议纪要并未设定城投公司具有将国有土地使用证先行办理至华唐乙公司名下的合同义务。换言之，华唐甲公司主张本案存在先办证后付款的合同履行顺序缺乏合同依据。结合《补充协议（二）》的约定及合同实际履行情况，城投公司关于“办理国有土地使用证后10天内”是指将国有土地使用证办理至城投公司名下的解释更具有合理性。其次，二审法院查明，《拍卖公司竞买须知》第6条明确规定，“保亭县民族A项目及土地所有权办理……竞得人付清全部土地成交款后30日内申请办理资产和土地登记过户及移交手续”，故在华唐甲公司欠付转让金事实成立的情况下，其主张土地登记过户手续应由城投公司先行办至华唐乙公司名下且以享有先履行抗辩权为由拒付剩余转让金，与竞买须知约定内容明显不符，不能成立。最后，华唐甲公司在合同履行过程中从未向城投公司主张其享有先履行抗辩权，在一审诉讼过程中亦未以行使先履行抗辩权作为其不承担违约责任的抗辩理由。现二审阶段以此作为上诉理由主张拒付剩余转让款成立，有违诚实信用原则，法院不予支持。

（二）关于协议中滞纳金的约定是否为违约金性质问题

法院认为，双方在《协议书》及《补充协议（一）》中关于滞纳金的约定实为违约金性质。理由如下：

第一，根据《中华人民共和国合同法》的规定，当事人对合同条款的理解有争议的，应按照合同所使用的词句、合同的有关条款、合同的目的以及诚实信用原则来探究当事人真实的意思表示。本案中，虽然城投公司与华唐甲公司在《协议书》《补充协议（一）》中约定，“如再逾期或未交足出让金和利息，未交足部分土地款和利息另按每日千分之二支付滞纳金”，但分析本案实际履行事实可知，以上约定系在华唐甲公司多次延迟付款构成违约的情况下，双方经由协商形成的对华唐甲公司再逾期或未缴足出让金及利息所应承担法律责任的合意。就该法律责任性质，双方在其后签订的《补充协议（二）》中予以了明确，即《补充协议（二）》第1条第3项约定：“原《补充协议》乙方（华唐甲公司）的违约责任不免除，继续适用至款项付清时止。此次月底的付款义务，乙方（华唐甲公司）若再次违约，应另加处500万元违约金。”据此，原审判决认定“双方关于滞纳金的约定系对逾期付款违约行为承担违约责任方式进行的约定，实为违约金性质”，事实依据充分。华唐甲公司关于案涉协议中约定的滞纳金应视为对违约责任约定不明或未约定，原审判决不应直接认定合同双方约定了违约金的上诉主张，理据不足，法院不予支持。

第二，《中华人民共和国合同法》第一百一十四条第一款规定：“当事人可以约定一方违约时应当根据违约情况向对方支付一定数额的违约金，也可以约定因违约产生的损失赔偿额的计算方法。”双方关于“未交足部分土地款和利息另按每日千分之二支付滞纳金”的约定实际上明确了一方违约时应当根据违约情况向对方支付一定数额的违约金的计算方式，从原审判决的裁判结果看，其判令华唐甲公司按日万分之五的基准向城投公司支付的违约金数额实际远低于协议约定的华唐甲公司应承担的滞纳金数额，原审判决关于双方约定的滞纳金实为违约金性质的认定，实则有利于华唐甲公司，并无不当。

（三）关于违约金的起算时间应如何计算的问题

华唐甲公司上诉主张，根据2014年9月5日双方签订的《补充协议

（二）》第1条约定，华唐甲公司在2014年9月30日之前缴付保亭县民族A项目拍卖出让金5000万元；在2014年10月30日之前缴付保亭县民族A项目拍卖出让金4400万元，故原判决从2014年5月2日起计算违约金是错误的，应当从2014年9月30日或者2014年10月30日起计算。但《补充协议（二）》第3条第3项约定："原《补充协议》乙方（华唐甲公司）的违约责任不免除，继续适用至款项付清时止……。"即从2014年5月2日华唐甲公司逾期付款时起，至双方签订《补充协议（二）》载明的华唐甲公司承诺分期付款日期间的逾期付款违约责任并不免除。换言之，双方当事人的真实意思表示是通过《补充协议（二）》的签订，仅对欠付款项的支付时间进行延展，而就违约责任承担则明确约定此期间的违约责任不免除，继续适用至款项付清时止。故华唐甲公司关于违约金应当从2014年9月30日或者2014年10月30日起计算的上诉主张与协议约定相悖，法院不予支持。

（四）关于原审判决认定的违约金数额是否过高的问题

华唐甲公司上诉主张一审判决将违约金调整至日万分之五仍然过高，违反了《最高人民法院关于适用〈中华人民共和国合同法〉若干问题的解释（二）》第二十九条的规定。人民法院认为，根据《中华人民共和国合同法》及司法解释的规定，约定的违约金过分高于造成的损失的，当事人可以请求人民法院或者仲裁机构予以适当减少。华唐甲公司主张违约金过分高于造成的损失，应当提供证据予以证明。一审中华唐甲公司提供一份《租赁合同》证明华唐乙公司年租金收入为360万元，但该租金损失与华唐甲公司因其违约行为给城投公司所造成的实际损失及逾期利益损失之间并非同一关系。且2013年3月11日，华唐甲公司于其向保亭县人民政府及城投公司送交的《关于保亭民族A项目分期付款的申请》中亦承诺"如我公司没有按上述期限支付项目款，我司愿意承担每天万分之五的违约金或接受政府的处罚"。原审判决基于华唐甲公司多次逾期付款的事实，综合合同履行情况、当事人过错程度以及预期利益等因素，根据公平原则和诚实信用原则将违约金从日千分之二调减至日万分之五符合本案情况及公平原则，并无不当。华唐甲公司的该项上诉理由法院亦不予支持。

## 三、裁判结论

华唐甲公司的上诉请求不能成立，应予驳回；一审判决认定事实清楚，适用法律正确，应予维持。依照《中华人民共和国民事诉讼法》第一百七十条第一款第一项之规定，判决如下：

驳回上诉，维持原判。

## 四、裁判要旨

1.《中华人民共和国合同法》第六十七条规定："当事人互负债务，有先后履行顺序，先履行一方未履行的，后履行一方有权拒绝其履行要求。先履行一方履行债务不符合约定的，后履行一方有权拒绝其相应的履行要求。"由此可知，先履行抗辩权的成立，须合同当事人互负债务，债务处于互为对待给付的地位，且互负的债务有先后履行的顺序。

2. 当事人对合同条款的理解有争议的，应按照合同所使用的词句、合同的有关条款、合同的目的以及诚实信用原则来探究当事人真实的意思表示。关于本案《协议书》《补充协议（一）》中约定，"如再逾期或未缴足出让金和利息，未交足部分土地款和利息另按每日千分之二支付滞纳金"是滞纳金还是违约金，从本案履行事实可知，以上约定系在华唐甲公司多次延迟付款构成违约的情况下，双方经由协商形成的对华唐甲公司再逾期或未缴足出让金及利息所应承担法律责任的合意，双方关于滞纳金的约定系对逾期付款违约行为承担违约责任方式进行的约定，实为违约金性质。

（合议庭成员：张颖新、钱小红、王毓莹；案号：（2017）最高法民终50号；判决日期：2017年5月19日；案例编写人：张颖新、王鹏；案例审核人：张勇健）

**009**

## 最高额抵押担保的债权包括主债权及其利息、违约金、损害赔偿金但总计不得超过已登记的最高限额

——海口N银行与明光酒店公司、明光管理公司、吕甲等金融借款合同纠纷案

### 一、主要案情

2014年10月16日，海口N银行与明光酒店公司签订了《固定资产贷款合同》，主要内容为：合同约定贷款种类为固定资产贷款，贷款金额为人民币1.5亿元，贷款期限96个月，自2014年10月16日起至2022年10月16日止，贷款年利率为10.45%，其中包含年率2%诚信奖励金率和年率1%贡献奖励金率。还款方式为按月付息，分期还本，贷款发放后第42个月开始每6个月还本1000万元，余额6000万元到期结清。合同第3.1.1条约定贷款人向借款人承诺，若借款人每期都按本合同约定还本付息，无任何违约记录，则贷款人按年率2%给予借款人诚信奖励金。借款人当期违约的，当期的诚信奖励金为0。借款人违约次数达三次（含）以上或者贷款到期但未结清本息的，则整个贷款期间的诚信奖励金都为0。第3.1.2条约定，贷款人向借款人承诺，若借款人在贷款期间及以后积极向贷款人营销存款、中间业务等支持贷款人发展，贷款人将按年率1%给予借款人贡献奖励金。合同第10条系关于违约责任的约定。第10.4条约定，借款人到期不偿还本合同项下贷款本金及利息的，贷款人有权要求其限期清偿，借款人授权贷款人扣收借款人开立在本省农村信用社及其所有分支机构的所有账户中的资金以抵偿本合同项下的债务。同时对合同履行期届满后的逾期贷款从逾期之日起按本合同约定的贷款年利率上浮50%计收利息，对未支付的利息计收复利。第10.7条约定，借款人违反本合同第8条

规定，贷款人有权采取下列一项或多项措施。第10.7条项下共有5项内容，其中第10.7.3条约定，宣布本合同和海南农村信用社与借款人之间其他合同项下未偿还的贷款和其他融资款项立即到期，立即收回未偿还款项，不能收回的，贷款人有权按本合同第10.4条约定的上浮利率计收利息。同日，海口N银行与明光酒店公司签订《流动资金贷款合同》，合同约定贷款为流动资金贷款，贷款金额4000万元，贷款期限36个月，自2014年10月16日起至2017年10月16日止，贷款年利率为10.45%，其中包含诚信奖励金率和贡献奖励金率。还款方式，按月付息，分期还本，贷款发放后第6、12、18、24个月还本500万元，第30个月还本1000万元，余额1000万元到期结清。关于诚信奖励金、贡献奖励金、违约责任、费用等约定与《固定资产贷款合同》的约定一致。

2014年10月16日，海口N银行与明光酒店公司签订《最高额抵押合同》，以明光酒店公司名下位于海口市南海大道××号明光国际大厦第一层至第五层面积共19550.28平方米房产及其所占的面积共4063.57平方米的土地使用权为上述两笔贷款提供最高额抵押担保并办理了最高额抵押登记，最高额贷款余额1.9亿元，担保范围包括主合同项下全部借款本金、利息、复利、罚息、违约金、赔偿金、实现抵押权的费用和所有其他应付的费用。同日，海口N银行与明光酒店公司签订《最高额质押合同》以及《应收账款质押登记协议》，以明光酒店公司的经营收费权（包括但不限于租金收入、管理费收入等）提供最高额质押担保并在中国人民银行征信中心的应收账款质押登记公示系统办理了质押登记，最高额贷款余额1.9亿元，担保范围包括主合同项下全部借款本金、利息、复利、罚息、违约金、赔偿金、实现抵押权的费用和所有其他应付的费用。同日，海口N银行与明光管理公司签订《最高额质押合同》以及《应收账款质押登记协议》，以明光管理公司的经营收费权（包括但不限于客房收入、餐饮收入、服务费收入等）提供最高额质押担保并在中国人民银行征信中心的应收账款质押登记公示系统办理了质押登记，最高额贷款余额1.9亿元，担保范围包括主合同项下全部借款本金、利息、复利、罚息、违约金、赔偿金、实现抵押权的费用和所有其他应付的费用。同日，海口N银行与明光管理公司、明光餐饮公司签订《保证合同（法人）》，与吕甲、武某、吕乙、吕某桃签订《保证合同（自然人）》，由明光管理公司、明光餐饮公司、吕甲、武某、吕乙、吕某桃为上述借款提供连带责任保证担保，保证期间为“自主合同确定的借款到期日之次日起两年”，保证范围为“主合同项下的借款本金、利息、复利、罚息、违约金、赔偿金、实现抵押权的费用和所有其他应付费用”。明光管理公司、明光餐饮公司内部均出具了同意提供担保的股东会决议。

2014年11月27日，海口N银行已依约向明光酒店公司分别发放《固定资产贷款合同》项下贷款1.5亿元、《流动资金贷款合同》项下贷款4000万元。两份借款借据上所载还款方式为定期结息，分期还本。明光酒店公司从2014年12月21日起开始偿还借款利息，并从2015年8月21日起不能正常支付《流动资金贷款合同》项下利息、从2015年9月21日起不能正常支付《固定资产贷款合同》项下利息。根据《流动资金贷款合同》的约定，至本案起诉前，明光酒店公司应于2015年5月30日偿还借款本金500万元，于2015年11月30日偿还借款本金500万元，但明光酒店公司仅分别于2015年6月30日、7月1日偿还《流动资金贷款合同》项下借款本金495500元、504500元。2014年12月21日至2016年4月20日，明光酒店公司已偿还《流动资金贷款合同》项下借款本金100万元，支付《流动资金贷款合同》项下借款利息（含诚信奖励金和贡献奖励金）4848722.81元，支付《固定资产贷款合同》项下借款利息（含诚信奖励金和贡献奖励金）19758125.03元

海口N银行向海南省高级人民法院起诉请求：1. 判令海口N银行与明光酒店公司签订的《固定资产贷款合同》《流动资金贷款合同》于2016年4月7日到期，明光酒店公司立即偿还海口N银行借款本金人民币1.89亿元以及直至贷款实际偿清之日止的利息（截至2016年5月23日尚欠利

息（含罚息）7619291.41 元，本息合计 196619291.41 元，2016 年 5 月 24 日起的利息按合同约定的贷款年利率 15.675%计算至贷款实际付清之日止），自违约之日起对未支付的利息按年利率 15.675%计收复利至贷款实际付清之日止；2. 判令明光管理公司、明光餐饮公司、吕甲、武某、吕乙、吕某桃对上述债务承担连带清偿责任；3. 判令海口 N 银行对明光酒店公司名下位于海口市南海大道××号明光国际大厦第一层至第五层面积共 19550.28 平方米房产及其所占的面积共 4063.57 平方米的土地使用权享有优先受偿权；4. 判令海口 N 银行对明光酒店公司的经营收费权（包括但不限于租金收入、管理收费权收入等）享有优先受偿权；5. 判令海口 N 银行对明光管理公司的经营收费权（包括但不限于客房收入、餐饮收入等）享有优先受偿权；6. 本案有关的诉讼费、律师费等海口 N 银行为实现债权而实际发生的一切合理费用由明光酒店公司、明光管理公司、明光餐饮公司、吕甲、武某、吕乙、吕某桃承担。

海南省高级人民法院于 2016 年 10 月 28 日作出（2016）琼民初 24 号民事判决：1. 确认海口 N 银行与明光酒店公司签订的合同编号为海口 N 银行龙昆支行 2014 年固借（诚）字第 001 号《固定资产贷款合同》于 2016 年 6 月 15 日到期，限明光酒店公司于判决生效之日起 15 日内向海口 N 银行偿还借款本金 1.5 亿元以及至实际清偿日止的利息（截至 2016 年 6 月 15 日的利息 4929999.97 元；自 2016 年 6 月 16 日起至实际清偿日的利息，以实际欠款本金数额为基数，按照年利率 15.675%的标准计付；应支付而未付的利息按照年利率 15.675%的标准计收复利）；2. 确认海口 N 银行与明光酒店公司签订的合同编号为海口 N 银行龙昆支行 2014 年流借（诚）字第 002 号《流动资金贷款合同》于 2016 年 6 月 15 日到期，限明光酒店公司于判决生效之日起 15 日内向海口 N 银行偿还借款本金人民币 3900 万元以及至实际清偿日止的利息（截至 2016 年 6 月 15 日的利息 2012212.135 元；自 2016 年 6 月 16 日起至实际清偿日的利息，以实际欠款本金数额为基数，按照年利率 15.675%的标准计付；应支付而未付的利息按照年利率15.675%的标准计收复利）；3. 如明光酒店公司到期不履行判决第一项、第二项的还款义务，海口N银行有权对明光酒店公司名下位于海口市南海大道××号明光国际大厦第一层至第五层面积共19550.28平方米房产（房产证号：海房字第HK31××82、HK31××83、HK31××84、HK31××85、HK31××86号）及其所占的面积共4063.57平方米的土地使用权［土地证号：海口市国用（2011）第00××55、00××54、00××53、00××51、00××56号］折价或拍卖、变卖后的价款，在1.9亿元限额内优先受偿；4. 如明光酒店公司到期不履行判决第一项、第二项的还款义务，海口N银行有权对明光酒店公司的收益权（包括但不限于租金收入、管理费收入等），在1.9亿元限额内并在中国人民银行征信中心登记的期限内优先受偿；5. 海口N银行行使判决第三项、第四项的优先受偿权后仍不能全部清偿判决第一项、第二项债权的剩余部分，海口N银行有权对明光管理公司的收益权（包括但不限于客房收入、餐饮收入、服务费收入等），在1.9亿元限额内并在中国人民银行征信中心登记的期限内优先受偿，明光管理公司在承担清偿责任后，有权向明光酒店公司追偿；6. 海口N银行行使判决第三项、第四项的优先受偿权后仍不能全部清偿判决第一项、第二项债权的剩余部分，明光酒店公司、明光餐饮公司、吕甲、武某、吕乙、吕某桃承担连带清偿责任，明光管理公司、明光餐饮公司、吕甲、武某、吕乙、吕某桃承担连带保证责任后，有权向明光酒店公司追偿；7. 驳回海口N银行的其他诉讼请求。

明光酒店公司、海口N银行不服海南省高级人民法院作出的一审判决，向最高人民法院提起上诉。明光酒店公司上诉请求：1. 确认《固定资产贷款合同》《流动资金贷款合同》（统称《贷款合同》）中关于2%诚信奖励金及1%贡献奖励金的约定无效；2. 改判一审判决第一项“偿还借款本金1.5亿元”为“偿还借款本金14432.7811万元（应扣减已付诚信奖励金3781459.31元与贡献奖励金1890729.69元，合计5672189元）”，改判“按照年利率15.675%的标准计付，应支付而未支付的利息按照年利率15.675%的标准计收复利”为“按照年利率11.18%的标准计付，应支付而未支付的利息按照年利率11.18%的标准计收复利”；3. 改判一审判决第二项“偿还借款本金3900万元”为“偿还借款本金37608022.16元（应扣减已付诚信奖励金927985.23元与贡献奖励金463992.61元，合计1391977.84元）”，改判“按照年利率15.675%的标准计付，应支付而未支付的利息按照年利率15.675%的标准计收复利”为“按照年利率11.18%的标准计付，应支付而未支付的利息按照年利率11.18%的标准计收复利”，撤销“截至2016年6月15日的利息2012212.135元”的内容；4. 由海口N银行承担已付诚信奖励金与贡献奖励金合计金额7064166.84元应缴的一、二审诉讼费用。

海口N银行上诉请求：1. 撤销一审判决第三项、第四项、第五项、第六项、第七项；2. 改判第三项为海口N银行有权对明光酒店公司名下位于海口市南海大道××号明光国际大厦第一层至第五层面积共计19550.28平方米房产（房产证号：海房字第HK31××82、HK31××83、HK31××84、HK31××85、HK31××86号）及其所占的面积共计4063.57平方米的土地使用权［土地证号：海口市国用（2011）第00××55、00××54、00××53、00××51、00××56号］折价或者拍卖、变卖后的价款在一审判决第一项、第二项债务范围内享有优先受偿权；3. 改判第四项为海口N银行有权对明光酒店公司的收益权（包括但不限于租金收入、管理费收入等）在一审判决第一项、第二项债务范围内享有优先受偿权；4. 改判第五项为海口N银行有权对明光管理公司的收益权（包括但不限于客房收入、餐饮收入、服务费收入等）在一审判决第一项、第二项债务范围内享有优先受偿权；5. 改判第六项为明光管理公司、明光餐饮公司、吕甲、武某、吕乙、吕某桃对一审判决第一项、第二项债务承担连带清偿责任；6. 一审案件受理费、保全费，二审案件受理费均由明光酒店公司、明光管理公司、明光餐饮公司、吕甲、武某、吕乙、吕某桃共同承担。

最高人民法院于2017年4月6日立案后，依法组成合议庭，开庭进行了审理。

## 二、裁判理由

本案的争议焦点为：1.《贷款合同》中关于诚信奖励金及贡献奖励金的约定是否无效；2. 一审判决按照年利率15.675%标准计算逾期利息和复利是否正确；3. 一审判决关于海口N银行在1.9亿元限额内享有优先受偿权的认定是否正确；4. 一审判决关于海口N银行就明光管理公司收益权所享有的优先受偿顺序及各保证人承担连带保证责任顺序的认定是否正确。

（一）《贷款合同》中关于诚信奖励金及贡献奖励金的约定是否无效的问题

2014年10月16日，海口N银行与明光酒店公司签订的《固定资产贷款合同》《流动资金贷款合同》第3条“贷款年利率、诚信奖励金、贡献奖励金”第3.1条约定：“本合同项下的贷款年利率为10.45%，其中包含诚信奖励金率和贡献奖励金率。”第3.1.1条约定：“若借款人每期都按本合同约定还本付息，无任何违约记录，则贷款人按年率2%给予借款人诚信奖励金。”第3.1.2条约定：“若借款人在贷款期间及以后积极向贷款人营销存款、中间业务等支持贷款人发展，贷款人将按年率1%给予借款人贡献奖励金。”分析上述约定可知，双方当事人在《贷款合同》中明确约定贷款年利率为10.45%，当借款人符合贷款合同第3.1.1条和第3.1.2条约定的情形时，贷款人将以年率2%诚信奖励金、年率1%贡献奖励金方式给予借款人奖励。依照《中华人民共和国合同法》第二百零四条及《中国人民银行关于调整金融机构存、贷款利率的通知》第二条的规定，《贷款合同》约定的贷款年利率10.45%并未违反中国人民银行关于贷款利率上限管理的规定。同时，根据《最高人民法院关于适用〈中华人民共和国合同法〉若干问题的解释（一）》第四条的规定，合同法实施以后，人民法院确认合同无效，应当以全国人大及其常委会制定的法律和国务院制定的行政法规为依据，不得以地方性法规、行政规章为依据。而诚信奖励金、贡献奖励金是贷款人给予借款人的附条件奖励，系当事人真实意思表示，并未违反法律、行政法规的强制性规定，合法有效。明光酒店公司以《贷款合同》中诚信奖励金、贡献奖励金的约定违反了《中国银监会关于整治银行业金融机构不规范经营的通知》（银监发〔2012〕3号）的规定为由主张其无效，法院不予支持。

（二）关于一审判决按照年利率15.675%标准计算逾期利息和复利是否正确的问题

明光酒店公司上诉主张，《贷款合同》履行过程中虽出现明光酒店公司逾期归还贷款的情况，但经与海口N银行协商已达成延期还贷的意见，故其延期还贷行为不构成违约。法院认为，《最高人民法院关于适用〈中华人民共和国民事诉讼法〉的解释》第九十条第一款规定："当事人对自己提出的诉讼请求所依据的事实或者反驳对方诉讼请求所依据的事实，应当提供证据加以证明，但法律另有规定的除外。"本案中，明光酒店公司虽认为其延期还贷行为不构成违约，但就其主张的已与海口N银行达成延期还贷意见的事实未提供有效证据予以证明，且海口N银行对此不予认可。故明光酒店公司该项上诉主张缺乏事实依据，法院不予支持。又因《贷款合同》第10.4条约定："借款人到期不偿还本合同项下的贷款本金及利息的……对合同履行期届满后逾期贷款从逾期之日起按照本合同约定的贷款年利率上浮50%计收利息，对未支付的利息计收复利。"同时，《中国人民银行关于人民币贷款利率有关问题的通知》第三条规定："关于罚息利率问题。逾期贷款（借款人未按合同约定日期还款的借款）罚息利率由现行按日万分之二点一计收利息，改为在借款合同载明的贷款利率水平上加收30%—50%；……对逾期或未按合同约定用途使用借款的贷款，从逾期或未按合同约定用途使用贷款之日起，按罚息利率计收利息，直至清偿本息为止。对不能按时支付的利息，按罚息利率计收复利。"故一审判决按照上浮50%后的年利率15.675%标准计算逾期利息和复利具有事实及法律依据，法院予以维持。

（三）一审判决关于海口N银行在1.9亿元限额内享有优先受偿权的认定是否正确的问题

法院认为，最高额抵押是指抵押人与抵押权人协议，在最高债权额限度内，以抵押物对一定期间内连续发生的债权作担保。根据《中华人民共和国物权法》第二百零三条和担保法第五十九条的规定，最高额抵押权本质在于其所担保的债权为不特定债权，且具有最高限额。最高额抵押所担保债权的范围，可包括主债权及其利息、违约金、损害赔偿金等，但总计不得超过已登记的预定最高限额，超过部分，抵押权人不能行使抵押权。《最高人民法院关于适用〈中华人民共和国担保法〉若干问题的解释》第八十三条第二款亦明确规定："抵押权人实现最高额抵押权时，如果实际发生的债权余额高于最高限额的，以最高限额为限，超过部分不具有优先受偿的效力……。"

本案中，海口N银行和明光酒店公司、明光管理公司对最高债权额的理解存有分歧。海口N银行上诉主张，此债权即《贷款合同》约定的贷款本金1.9亿元，由本金产生的利息、复利、违约金等其他费用与本金相加即便超过最高额抵押登记的限额，海口N银行仍享有优先受偿权。明光酒店公司、明光管理公司则认为，此债权包括本金、利息、违约金、损害赔偿金等费用，所有费用总和不得超过已登记的预定最高限额。对此，法院认为，从海口N银行在海口市国土资源局办理的最高额抵押登记及在中国人民银行征信中心办理的质押登记看，最高债权限额均为1.9亿元。《最高额抵押合同》第4.1条虽约定抵押担保的范围包括主合同项下全部借款本金、利息、复利、罚息、违约金、赔偿金、实现抵押权的费用和所有其他应付的费用，但该担保范围内本金、利息、复利、罚息、违约金等合计已超过了登记的最高限额1.9亿元。若依此，将使抵押权所担保的债权突破最高债权额，事实上成为无限额。这与抵押人签订《最高额抵押合同》

的合同预期不符，亦与《中华人民共和国物权法》《中华人民共和国担保法》的立法本意相悖。同时，根据《中华人民共和国物权法》第二百二十二条第二款关于最高额质权的规定，最高额质权除适用本节有关规定外，参照物权法第十六章第二节最高额抵押权的规定。同理，海口N银行所享有的最高额质权也不应超过最高债权额1.9亿元。故一审判决第三项、第四项、第五项判令海口N银行在1.9亿元限额内享有优先受偿权，并无不当。海口N银行关于在登记的1.9亿元限额外行使优先受偿权的上诉请求，理据不足，人民法院不予支持。

（四）一审判决关于海口N银行就明光管理公司收益权所享有的优先受偿顺序及各保证人承担连带保证责任顺序的认定是否正确的问题

海口N银行上诉主张，依照《最高人民法院关于适用〈中华人民共和国担保法〉若干问题的解释》第七十五条第二款的规定及《保证合同》第1.4条、第8.3条的约定，海口N银行可以选择实现债权的顺序，一审判决适用法律错误。法院认为，一审判决依照《中华人民共和国物权法》第一百七十六条的规定判令海口N银行应优先就明光酒店公司自己提供的抵押及质押实现债权，适用法律正确，海口N银行的该项上诉主张不能成立。理由如下：

首先，本案之债权既有明光酒店公司的抵押、质押，又有明光管理公司的质押，还有明光管理公司、明光餐饮公司、吕甲、武某、吕乙、吕某桃的保证。依照《中华人民共和国物权法》第一百七十六条的规定，被担保的债权既有物的担保又有人的担保的，在没有约定或者约定不明确时，债务人自己提供物的担保的，债权人应当先就该物的担保实现债权。此时债务人的物的担保与第三人的人的担保在清偿顺序上并不具有平等性，债权人不享有选择权；当第三人提供物的担保的，债权人既可以就该物的担保实现债权，也可以要求保证人承担保证责任。可见第三人的物的担保与第三人的人的担保在清偿顺序上平等视之，债权人享有选择权。从《中华人民共和国物权法》第一百七十六条关于共同担保责任的立法本意看，债权人优先就债务人的物的担保实现债权，可以避免提供担保的第三人承担担保责任后向债务人的追偿及可能由此形成的不必要成本。故在本案债权既有明光酒店公司自己提供的物的担保又有第三人提供的物的担保情形下，海口N银行应先就明光酒店公司提供的物的担保实现债权。

其次，《中华人民共和国物权法》第一百九十四条第二款规定：“债务人以自己的财产设定抵押，抵押权人放弃该抵押权、抵押权顺位或者变更抵押权的，其他担保人在抵押权人丧失优先受偿权益的范围内免除担保责任，但其他担保人承诺仍然提供担保的除外。”这意味着，在债务人应先以自己提供的物的担保承担担保责任的情形下，抵押权人放弃债务人自己提供的物的担保，将使其他担保人丧失抵押权顺位利益，故其他担保人在抵押权人放弃优先受偿权益范围内免除担保责任。本案中，明光酒店公司是案涉债务承担者，在其自己提供了物的担保的情形下，若海口N银行不优先就该物的担保实现债权，却转而要求就第三人提供的物的担保或人的担保实现债权，有违公平原则。

最后，《保证合同》第1.4条约定：“如借款人未按主合同约定履行偿付借款本息和相应费用的义务，乙方可直接向甲方追索，甲方授权乙方可以使用甲方开立在本省农村信用社及其所有分支机构的所有账户中的资金以抵偿主合同项下的债务。”第8.3条约定：“主债务履行期届满，乙方债权全部或部分未受清偿的，有权要求甲方按照本合同承担担保责任。”上述约定是关于实现保证债权而非实现担保物权的约定，并未明确在明光酒店公司自己提供的物的担保与明光管理公司、明光餐饮公司、吕甲、武某、吕乙、吕某桃的保证并存时海口N银行实现债权的顺序。根据《中华人民共和国物权法》第一百七十六条的规定，在约定不明确的情形下，海口N银行仍应先就明光酒店公司提供的物的担保实现债权。一审判决适用法律并无不当。

## 三、裁判结论

海口N银行、明光酒店公司的上诉请求均不能成立，应予驳回；一审判决认定事实清楚，适用法律正确，应予维持。依照《中华人民共和国民事诉讼法》第一百七十条第一款第一项之规定，判决如下：

驳回上诉，维持原判。

## 四、裁判要旨

1. 最高额抵押权本质在于其所担保的债权为不特定债权，且具有最高限额。最高额抵押权所担保债权的范围，可包括主债权及其利息、违约金、损害赔偿金等，但总计不得超过已登记的预定最高限额，超过部分，抵押权人不能行使抵押权。

2. 被担保的债权既有债务人自己提供的物的担保，又有第三人提供的物的担保，在没有约定或者约定不明确时，债权人应先就债务人提供的物的担保实现债权，债权人不享有选择权。此可避免提供担保的第三人承担担保责任后向债务人的追偿及由此形成的不必要成本，符合公平与效率原则。

（合议庭成员：张颖新、钱小红、王毓莹；案号：（2017）最高法民终230号；判决日期：2017年12月20日；案例编写人：张颖新、王鹏；案例审核人：张勇健）

010

## 建设工程价款优先受偿权的行使期限，自发包人应当给付建设工程价款之日起算

——协和公司与汉华公司建设工程施工合同纠纷案

### 一、主要案情

2009年7月28日，协和公司与汉华公司签署《建设工程施工合同》，约定汉华公司将其“汉华国际商业城”项目发包给协和公司施工，合同价款约为1.2亿元。该合同对工程款支付进行了约定：……（5）竣工验收合格后且工程资料符合城建档案局的要求后30日内，付至已完计量金额的90%作为工程进度款；（6）承包人向发包人送交结算资料后，发包方与承包方相互配合，在2个月内审核完毕，双方签字认可后3日内，付至结算金额的97%，留3%作为质量保证金。发包方未按上述时间审核完毕，视为发包方认可承包人送交结算资料的结算金额，同意按该结算金额支付。

协和公司于2009年10月15日开工建设，2012年6月将工程交付给汉华公司使用。根据《建设工程竣工结算备案表》记载，工程竣工日期为2012年8月8日。根据协和公司提交的《建设工程竣工档案（预）验收申请表》，竣工时间为2012年10月18日。株洲市建设工程竣工结算备案机关出具的证明证实工程竣工验收时间为2014年10月18日。

2013年10月29日，协和公司向汉华公司提交了工程结算书，要求进行工程结算，结算金额为2.029亿元。此后双方就工程结算进行了长期的协商。2014年1月27日，协和公司作为乙方、汉华公司作为甲方签订了《竣工结算协议书》，约定：“本工程竣工结算书审核时间约定：甲、乙双方同意在2014年3月1日前由甲方代表通知乙方工程结算，乙方在两日内

到达甲方指定地点、由甲乙双方人员核对工程量，在2014年4月30日前将汉华国际商业城工程竣工结算完成。”之后，当事双方工作人员就结算有关事项进行了多次协商。2014年5月25日，当事双方工作人员和兴诚公司的莫某强参加了关于汉华国际商业城结算审计协调会议，该会议确认结算审核工作由兴诚公司承担，结算资料由施工方按国家规定提供全套完整的结算资料等事项。事后，兴诚公司要求协和公司尽快提供施工资料。

2014年10月10日，协和公司作为乙方，汉华公司作为甲方签订协议约定：1. 乙方为了配合甲方组织的审计事务所作出的汉华国际工程《竣工结算最终审计报告书》，甲乙双方派出的结算人员于2014年10月11日到甲方办公室配合甲方的审计工作，直到审计部门2014年11月13日出具《竣工结算最终审计报告书》为止。2. 甲方已付工程款1.4亿元（实际付款多少，以甲乙双方实际核对到账金额为准），余下款项待《竣工结算最终审计报告书》经甲乙双方签字盖章确认后，甲方应当在3个月内付清。乙方对本工程中结算款有优先受偿权……4. 本协议中的《竣工结算最终审计报告书》在2014年11月13日前必须完成，并且须经甲乙双方法定代表人签字盖章确认。2014年1月27日甲乙双方签订的《竣工结算协议书》自本协议生效后自行废止。

2014年10月11日，汉华公司出具了《承诺书》，认可汉华国际商业城项目的工程款和工程结算款，协和公司享有优先受偿权。

2014年10月23日，汉华公司、协和公司及审核单位公正公司在《建设工程结算审核定案表》盖章，该表显示：工程项目名称为汉华国际商业城，送审造价202906080.58元、最终审核造价为175163712.65元。2014年10月24日，当事双方签订《工程款结算协议书》，该协议约定工程中标及注册造价1.2亿元，工程结算造价17516万元，工程款已付16641万元，工程未付款875万元左右，协议余款支付确定日期为2015年1月27日。同日，汉华公司向协和公司出具了“欠条”，该“欠条”写明：2014年10月24日汉华公司与协和公司在《工程款结算协议书》中确认的工程结算款为17516万元，其中已付工程款为16641万元。事实上，汉华公司仅支付给协和公司工程款14200万元（具体以支付给协和公司到账金额为准），而在《工程款结算协议》中将已付工程款填写为16641万元，完全是汉华公司因竣工验收备案的需要而要求协和公司填写的，但《该工程款结算协议书》中的工程结算造价17516万元是经汉华公司核算后确认的。汉华公司于2015年1月27日之前将拖欠的上述工程款支付给协和公司，并且汉华公司拖欠协和公司的上述工程款，协和公司有优先受偿权。出具“欠条”后，汉华公司没有再支付工程款给协和公司。

2014年11月4日，建设工程造价管理站在《建设工程竣工结算备案表》加盖了公章，出具了同意备案的意见，该表记载合同价款为1.2亿元，承包方送审价款为202906080.58元，最终竣工结算价款为175163712.65元。2014年12月10日，备案机关在《建设工程竣工验收备案表》出具同意备案的意见，该工程的竣工验收备案文件已收讫，其中验收结论：竣工面积为105348平方米，工程造价为175000016元，工程质量为合格等。

在汉华公司出具“欠条”后，双方工作人员又在第三方兴诚公司的组织下，进行了多次审核协商工作。2014年11月5日，协和公司工作人员周某、汉华公司工作人员郑某强、兴诚公司的莫某强三方在《汉华国际商业城（部分）审定工程量》进行了签字。但后来协和公司没有派工作人员参与，第三方兴诚公司在资料不齐的情况下于2015年1月22日出具了汉华国际商业城正式的《工程造价咨询报告》，其审定的工程造价为142058143.39元，但协和公司对此不予认可。

2015年5月15日，协和公司以汉华公司为被告，向湖南省株洲市中级人民法院递交一份《民事起诉状》，请求判令汉华公司支付欠付工程款93089287.21万元，确认协和公司对“汉华国际商业城”建设工程折价或拍卖的价款享有优先受偿权。但因其无力交纳诉讼费，当时未被法院立案。后协和公司降低诉讼请求标的额并重新提交起诉状，一审法院于2015

年7月29日予以立案。

协和公司一审起诉请求：1. 判令汉华公司支付未付的工程款3316万元；2. 判令汉华公司支付质保金和定金的违约金共计2617432.79元；3. 判令汉华公司支付延期支付工程款、工程结算款的资金占用费，按中国人民银行同期贷款利率的4倍从2012年10月18日申请验收之日计算至实际偿清之日止；4. 判令汉华公司支付项目管理费23万元；5. 判令协和公司就汉华公司拖欠的工程款对汉华国际商业城建设工程折价或拍卖的价款享有优先受偿权；6. 判令汉华公司向建筑企业劳动保险基金管理办公室交纳劳保基金5180545元及利息；7. 判令汉华公司返还2014年1月3日协和公司开具的两张预收款收据。

一审法院作出（2015）株中法民四初字第42号判决：1. 汉华公司在判决生效后15日之内支付工程款29029152.56元给协和公司；2. 汉华公司在判决生效后15日之内支付以本金29029152.56元，按照月息2%的标准计算自2015年1月28日起至实际还款之日止的利息给协和公司；3. 汉华公司在判决生效后15日之内支付项目管理费23万元给协和公司；4. 驳回协和公司其他的诉讼请求。

协和公司、汉华公司均不服一审判决，向湖南省高级人民法院提起上诉。协和公司上诉请求：1. 撤销一审判决第二项，由汉华公司在判决生效后15日内支付以本金29029152.56元，按照月息2%计算自2012年10月18日起至实际还款日止的利息；2. 由汉华公司支付延期退还定金和质量保证金的违约金2617432.79元；3. 协和公司就“汉华国际商业城”建设工程折价或拍卖的价款享有优先受偿权。汉华公司上诉请求：请求撤销一审判决，依法改判。

二审法院作出（2017）湘民终12号民事判决：驳回上诉，维持原判。

协和公司不服二审判决，向最高人民法院申请再审。最高人民法院于2017年9月21日作出（2017）最高法民申2905号民事裁定，提审本案，提审后依法组成合议庭，开庭进行了审理。

## 二、裁判理由

本案的争议焦点为：协和公司对案涉工程主张优先受偿权是否已经超过6个月的保护期限。对此问题的判断，主要取决于两个方面的因素：一是优先受偿权保护期限的起算点；二是协和公司提出优先受偿权主张的时间。

（一）关于本案优先受偿权保护期限的起算点如何认定的问题

协和公司主张本案优先受偿权的保护期限应从双方结算协议约定的付款日之次日即2015年1月28日开始起算，而汉华公司则认为应当从建设工程竣工日2012年10月18日开始起算。最高人民法院认为，本案优先受偿权的保护期限应从2015年1月28日开始起算。理由是：首先，《中华人民共和国合同法》第二百八十六条规定："发包人未按照约定支付价款的，承包人可以催告发包人在合理期限内支付价款。发包人逾期不支付的，除按照建设工程的性质不宜折价、拍卖的以外，承包人可以与发包人协议将该工程折价，也可以申请人民法院将该工程依法拍卖。建设工程的价款就该工程折价或者拍卖的价款优先受偿。"根据该条规定可知，建设工程价款优先受偿的对象是工程折价或者拍卖价款，而工程须折价或者拍卖的前提是发包人逾期不支付工程价款。当发包人支付工程价款已届履行期时，承包人通过诉讼要求支付工程款才可能得到支持，并相应主张优先受偿权才有意义，故建设工程优先受偿权宜从发包人应付工程款期限届满之日起算。《中华人民共和国合同法》第二百八十六条规定承包人就未付工程款对所承建工程享有优先受偿权，系为保护承包人对工程价款的实际受偿，在认定该优先受偿权的行使期限时，应当尊重当事人之间关于支付工程价款期限的约定，优先受偿权行使期限的起算点，不应早于当事人之间约定的工程价款支付期限，以保证实现该优先权权能。《最高人民法院关于建设工程价款优先受偿权问题的批复》第四条规定："建设工程承包人行使优先权的期限为六个月，自建设工程竣工之日或者建设工程合同约定的竣工之日起计算。”此条规定宜理解为前述起算点与应付工程款的期限一致的情形。本案中，汉华公司在2014年10月24日办理竣工结算备案之日，向协和公司出具“欠条”，确认实际拖欠工程款3316万元，承诺于2015年1月27日之前完成支付，并在“欠条”中载明协和公司就拖欠的工程款享有优先受偿权。由此可见，虽然案涉工程已于2012年10月18日竣工，但双方实际办理竣工结算备案的时间是2014年10月24日，约定的付款时间是2015年1月27日之前。因此，本案优先受偿权宜从2015年1月28日起算，计算6个月至2015年7月27日止。其次，根据《最高人民法院关于适用〈中华人民共和国民事诉讼法〉的解释》第三百八十六条的规定，人民法院受理申请再审案件后，应当依照《中华人民共和国民事诉讼法》第二百条、第二百零一条、第二百零四条等规定，对当事人主张的再审事由进行审查。最高人民法院根据协和公司的申请提审本案后，亦应围绕协和公司申请再审的事由进行审理。二审判决认定，双方结算协议约定欠款于2015年1月27日之前付清，在该约定付款期限到达前，双方纠纷尚未发生，协和公司不行使建设工程优先受偿权合乎情理。这说明二审判决也认为本案优先受偿权应从2015年1月27日之后起算。当事人双方对二审判决有关优先受偿权起算点的认定未申请再审，故对于汉华公司在再审审理中提出的从2012年10月18日起算优先受偿权期限的抗辩主张，不予支持。

（二）关于协和公司提出优先受偿权主张的时间如何认定的问题

建设工程款优先受偿权的行使期限属于除斥期间，且承包人须在法定期限内通过诉讼的方式予以主张。二审判决认为，优先受偿权须向相对方提出，审判机关不是其权利的行使对象，属于对法律规定的错误理解，应予以纠正。原审查明，协和公司于2015年5月15日向一审法院提交起诉状，主张欠付工程款及优先受偿权。因协和公司无力缴纳诉讼费，其降低了诉讼请求标的额并重新提交起诉状后，一审法院于2015年7月29日予以立案。虽然本案一审的立案时间是2015年7月29日，但协和公司第一次提交起诉状的时间是2015年5月15日，在一审法院对协和公司第一次提交起诉状未作处理的情形下，应认定协和公司后面提交的起诉状是对之前起诉状的变更，其通过起诉主张权利的效力处于延续状态，故本案应认定协和公司提起优先受偿权主张的时间是2015年5月15日。该时间点未超过优先受偿权保护期限，协和公司主张就建设工程价款优先受偿，符合法律规定，应予支持。二审认定协和公司主张建设工程价款优先受偿权超过了6个月的保护期限，适用法律错误，判决结果不当，应予以纠正。

## 三、裁判结论

依照《中华人民共和国合同法》第二百八十六条，《中华人民共和国民事诉讼法》第二百零七条第一款、第一百七十条第一款第二项之规定，判决如下：

一、撤销湖南省高级人民法院（2017）湘民终12号民事判决；

二、维持湖南省株洲市中级人民法院（2015）株中法民四初字第42号民事判决第二项、第三项、第四项；

三、变更湖南省株洲市中级人民法院（2015）株中法民四初字第42号民事判决第一项为：汉华公司应在本判决生效后十五日之内支付协和公司工程款29029152.56元，协和公司就该工程款对“汉华国际商业城”建设工程折价或者拍卖的价款享有优先受偿权。

一审案件受理费343424元、保全费5000元，由汉华公司负担278740元，协和公司负担69684元。二审案件受理费343424元，由协和公司负担50000元，汉华公司负担293424元。

## 四、裁判要旨

1. 当支付期限届满时，承包人才可请求发包人支付工程价款并主张建设工程价款优先受偿权。人民法院应尊重当事人关于工程价款支付期限的约定，承包人行使建设工程价款优先受偿权的期限，应自发包人应当给付建设工程价款之日起算。[1] 承包人与发包人虽约定工程价款的支付期限，但又通过协商延迟付款期限的，应自最后约定的付款时间起算建设工程价款优先受偿权的行使期限。

2. 建设工程价款优先受偿权的行使期限属于除斥期间，承包人须在法定期限内通过诉讼方式予以主张。承包人向人民法院起诉主张优先受偿权但未缴纳诉讼费，其后重新提交起诉状进行立案的，后提交的起诉状是对之前起诉状的变更，承包人通过起诉主张权利的效力处于延续状态，承包人提起诉讼主张建设工程价款优先受偿权的时间，应以第一次提交起诉状的时间确定。

（合议庭成员：王毓莹、钱小红、陈宏宇；案号：（2017）最高法民再389号；判决日期：2017年12月22日；案例编写人：黄西武、李光琴；案例审核人：张勇健）

---

① 2019年2月1日起施行的《最高人民法院关于审理建设工程施工合同纠纷案件适用法律问题的解释（二）》第二十二条规定："承包人行使建设工程价款优先受偿权的期限为六个月，自发包人应当给付建设工程价款之日起算。"

**011**

# 双方已就合同约定的履行顺序进行调整并达成新的合意，应按照调整后的情况履行合同

——美好公司与中和公司、美好中和公司项目转让合同纠纷案

## 一、主要案情

2009年12月17日，美好公司、中和公司双方签订了《项目合作开发合同》，约定双方成立项目公司合作开发项目。合作开发方式为：中和公司将2000亩土地转让给该项目公司，并按每亩土地100万元定价，项目公司在支付前期2.4亿元土地款后，剩余土地款在开发过程中分期向中和公司支付，至土地款全部付清之后，中和公司对2000亩土地使用权保留所有权，美好公司、中和公司按在项目公司所占股权比例分配利润，中和公司负责将项目和开发地块过户到项目公司名下。

2012年9月12日，美好公司、中和公司双方签订《项目转让合同》，约定终止2009年12月17日签订的《项目合作开发合同》，中和公司把美好海岸项目604.5881亩土地（含现状、地下管网和地上建筑物，不含地上种植树木）以及中和公司拥有的美好中和公司49%的股份转让给美好公司。项目用地包括B3-4、B4-4、A4-2三个地块。转让价款共计6.143881亿元，其中项目用地、地下管网和地上建筑物作价6.045881亿元，股份转让款作价980万元。项目转让步骤：第一步：清算美好中和公司，结清美好公司、中和公司双方经营性欠款，并办理经营移交手续。第二步：中和公司转让其在项目公司的股份。第三步：项目土地过户到美好中和公司。具体步骤：1. 上述股份转让后5日内，美好公司、中和公司双方备齐由各方准备和提供的地号B3-4、地号B4-4土地及地上建筑物过户到美好中和公司名下的相关资料和手续；2. 资料和手续备齐后5日内，

双方共同前往税务部门，办理地号 B3－4、地号 B4－4 土地及地上建筑物过户的完税手续；3. 在税务完税手续取得后5日内，美好公司、中和公司双方前往国土部门，办理项目转让及产权变更手续；4. 在美好公司付清余下的转让款后5日内，美好公司、中和公司双方备齐由各方准备和提供的地号 A4－2 项目中的80亩土地及地上建筑物过户到美好中和公司名下的相关资料和手续，双方共同前往税务部门，办理地号 A4－2 项目土地以及地上建筑物过户的完税手续；5. 在税务完税手续取得后5日内，美好公司、中和公司双方前往国土部门，办理项目转让及产权变更手续。项目转让款的支付：1. 在本合同签订前，经美好公司、中和公司双方共同确认，美好公司已支付给中和公司项目转让款354018232.25元。2. 美好公司须在美好公司、中和公司完成本合同第3条第3项所述两个地块土地过户（以美好公司取得土地证时间为准）后6个月内完成该两宗地块转让款余款及股权转让款人民币180369867.75元的50%，计人民币90184933.88元；过户后12个月内支付完该两宗地块转让款余款及股权转让款计90184933.87元。3. 自美好公司取得本合同第3条所述 B3－4、B4－4 两宗地块土地证起18个月内付清余下项目转让款计人民币8000万元。4. 在美好公司完成本合同第3条所述 B3－4、B4－4 两宗地块土地款及股权转让款支付完毕后，中和公司应按美好公司合法提出的书面申请出具开发所需各类文件，并在地块3达到过户条件后5日内，美好公司、中和公司双方确定过户方式后5日内，准备齐全所需资料，到相关部门办理土地及地上建筑物的过户手续。5. 在美好公司支付完全部转让款之前，中和公司保留本合同项下未付完款的土地的使用权。合同第6条违约责任第2款约定：如果美好公司未能按约定的时间向中和公司支付项目转让款，每延期一日，美好公司应按未付款的日万分之五向中和公司支付滞纳金；如逾期超过6个月，应按未付款的日千分之三向中和公司支付滞纳金；逾期超过一年，中和公司有权单方解除合同。

2012年9月12日，美好公司、中和公司双方签订《项目转让补充合同》，约定美好公司优先使用地号B3－4地上建筑物进行抵押融资，中和公司配合提供相关手续及文件，如中和公司不配合则按双方签订《项目转让合同》第5条其他特别约定的第5款执行，合同还约定了融资担保等其他事项。

2012年9月12日，美好公司、中和公司及案外人保盈公司签订《三方协议》，约定三方同意中和公司与保盈公司签订的《土地使用权转让协议》约定转让的土地共计231.9063亩（指B4－4地块），在中和公司按《项目转让合同》约定收到项目转让费后，由中和公司过户至美好中和公司名下，并确认保盈公司向中和公司支付的土地款人民币7784.95万元，转为美好公司向中和公司支付的项目转让款，中和公司与保盈公司签订的《土地使用权转让协议》自美好公司与中和公司签订的《项目转让合同》生效之日自动解除，中和公司与保盈公司不承担法律责任，因中和公司原因导致《项目转让合同》不能履行的除外。

2012年11月5日，美好公司向中和公司发函称因公司融资需要，B3－4地块暂不能办理过户，须先向中和公司协调办理抵押贷款事宜，故向中和公司提出以B3－4地块作为抵押物，先行办理融资事宜，解决公司项目资金缺口问题。

2013年9月6日，美好公司向中和公司出具《工作协调函》，请中和公司出具办理B3－4、B4－4地块在建工程抵押登记所需相关文件，并在文件上盖公章、法人章或股东签字。

2013年9月13日，美好公司向中和公司出具《承诺函》，承诺在第一笔贷款到账后（约2013年9月23日）3个工作日内支付第一笔资金1000万元，在第二笔贷款到账后（约2013年11月30日）支付第二笔资金70184933.88元。

2013年9月13日，美好中和公司向中和公司出具说明，称于2012年12月3日收到2亿元抵押贷款资金。

2013年9月13日，中和公司向美好公司出具《催款函》，请美好公司尽快支付应付转让款80184933.88元。2013年，中和公司与北京银行A分行签订《抵押合同》，提供美好海岸项目一期、二期土地及地上在建工程，为美好中和公司贷款5000万元作担保。

2014年1月5日，美好公司向中和公司出具《承诺函》，承诺一期余款70184933.88元在华融资产S分公司贷款到账后（约2014年1月10日左右）7日内支付3500万元；在2014年2月28日前支付1500万元，在2014年3月31日前支付20184933.88元；二期余款90184933.87元在2014年7月31日前支付。

2014年1月6日，中和公司、美好中和公司与华融资产S分公司签订《抵押协议》，提供美好海岸一期、二期合计524亩土地使用权及其地上未售建筑物，为美好中和公司与华融资产S分公司签订的《债务重组协议》《财务顾问协议》的履行作担保。

2014年10月14日，中和公司向美好公司出具《关于要求付清项目转让余款和承担违约责任的函》，要求美好公司于2014年11月30日前付清项目转让余款143369767.75元，否则将按合同约定行使单方合同解除权，并要求美好公司承担违约责任，终止转让地号B4-4项目土地。

美好公司于2015年1月15日向中和公司出具《承诺函》载明，美好公司为向华融公司办理贷款展期业务，需要中和公司配合出具相关手续，特向中和公司承诺：1. 因美好公司违约，合同中约定的A4-2土地不再转让给我司，该A4-2土地由中和公司无偿收回；2. 在2016年1月31日向中和公司支付应付未付款项的50%；3. 若在2016年1月31日前未能支付以上款项，中和公司可无条件收回B4-4土地，并按原已签署的协议约定清算款项多退少补；4. 美好公司向中和公司支付以上款项后，双方应按约定承担相应税赋，不得拖欠；5. 余下的50%的款项须于2016年12月31日前付清。

2015年1月19日，中和公司、美好中和公司与华融资产S分公司、北京银行A分行签订《委托贷款借款合同之补充协议（二）》，约定委托借款本金余额为2亿元。

2015年3月13日，美好公司向中和公司出具《工作协调函》，请中和公司在其向华渝合伙企业、华融资产H分公司及北京银行A分行办理5000万元贷款（已还2000万元）展期时，继续提供B3－4、B4－4土地在建房屋及使用土地抵押担保的相关文件中盖章及签字，并出具相关资料。

2015年8月10日，中和公司向美好公司公证送达《通知函》，称A4－2土地已终止土地合作，因美好公司未付清B3－4、B4－4土地的项目转让款，通知美好公司终止B4－4地块的项目合作，解除B4－4土地合作的合同约定，美好公司还应向中和公司支付B3－4地块土地款及过户税费共计182632545.79元，美好公司在收到通知2日内应办理B3－4土地使用权过户变更手续，中和公司予以配合。2015年8月28日，美好公司向中和公司回函称，中和公司违约，未依约将土地过户，不履行相关配合义务。

华融资产S分公司于2017年10月16日向最高人民法院出具《关于同意B3－4、B4－4抵押土地过户的函》称，美好中和公司系其主债务人，土地过户至其名下，对于改善主债务人经营状况、尽快恢复偿债能力有积极意义，利于其债权及抵押权实现。因此，同意B3－4、B4－4土地从中和公司过户至美好中和公司名下，办理土地使用权变更登记后，美好中和公司应以其为抵押权人继续办理抵押登记手续。另，中和公司表示同意配合办理涉案B3－4土地过户手续。

经双方当事人确认，《项目转让合同》签订后至起诉时止，美好公司共向中和公司支付391018232.25元转让款。《项目转让补充合同》约定的抵押融资已经成功，以B3－4、B4－4两块地提供抵押担保为美好公司融资实际到位4.5亿元。

美好公司向海南省高级人民法院提起诉讼，请求：1. 判令中和公司履行《项目转让合同》中将转让的美好海岸项目用地，地号为："B3－4"

[尖峰国用（2011）第×8号]、“B4－4”[尖峰国用（2012）第0×1号]两宗地块土地合计524.5881亩及该项目地下管网、地上建筑物根据《项目转让合同》第2项及第3项约定的价款和步骤，在30日内完成依法变更登记手续，过户至美好中和公司名下的义务。2. 判令本案诉讼费用由中和公司承担。

海南省高级人民法院于2016年9月5日作出（2015）琼民一初字第56号民事判决：1. 限中和公司在判决生效之日起3个月内协助美好公司将地号“B3－4”[土地使用权证号为：尖峰国用（2011）第×8号]、地号“B4－4”[土地使用权证号为：尖峰国用（2012）第0×1号]的两宗土地过户至美好中和公司名下；2. 驳回美好公司的其他诉讼请求。案件受理费2664740.50元，由中和公司负担。

中和公司不服一审判决，向最高人民法院提起上诉，请求：依法撤销原判决，发回原审人民法院重审，或判决驳回美好公司的诉讼请求。

最高人民法院立案后，依法组成合议庭，开庭进行了审理。

## 二、裁判理由

本案的争议焦点为：1. 中和公司二审期间提交的美好公司于2015年1月15日向其出具的《承诺函》，作为证据应否被采纳；2. 原审法院判令中和公司限期协助美好公司将涉案B4－4土地过户至美好中和公司名下，是否具有充分的事实和法律依据。

（一）中和公司二审期间提交的美好公司于2015年1月15日向其出具的《承诺函》应否作为证据被采纳

《最高人民法院关于民事诉讼证据的若干规定》第四十三条规定：“当事人举证期限届满后提供的证据不是新的证据的，人民法院不予采纳。当事人经人民法院准许延期举证，但因客观原因未能在准许的期限内提供，且不审理该证据可能导致裁判明显不公的，其提供的证据可视为新的证据。”

《最高人民法院关于适用〈中华人民共和国民事诉讼法〉的解释》第一百零二条第一款、第二款规定："当事人因故意或者重大过失逾期提供的证据，人民法院不予采纳。但该证据与案件基本事实有关的，人民法院应当采纳，并依照民事诉讼法第六十五条、第一百一十五条第一款的规定予以训诫、罚款。当事人非因故意或者重大过失逾期提供的证据，人民法院应当采纳，并对当事人予以训诫。"

中和公司二审期间提交的美好公司于2015年1月15日向其出具的《承诺函》，从载明内容上看涉及本案基本事实的认定问题。现无证据证明中和公司系因故意或者重大过失而逾期提供前述证据，对于该证据不予审核认定可能导致本案裁判明显不公，故依法视为新证据予以采纳。对于中和公司逾期提供证据的行为，在此予以训诫。美好公司关于该证据不符合新证据要求，不应予以采纳的主张，不予支持。

（二）原审法院判令中和公司限期协助美好公司将涉案B4－4土地过户至美好中和公司名下，是否具有充分的事实和法律依据

《中华人民共和国合同法》第六十七条规定："当事人互负债务，有先后履行顺序，先履行一方未履行的，后履行一方有权拒绝其履行要求。先履行一方履行债务不符合约定的，后履行一方有权拒绝其相应的履行要求。"第七十七条第一款规定："当事人协商一致，可以变更合同。"

具体到本案，2012年9月12日《项目转让合同》签订后，双方并未严格按照合同条款约定进行实际履行。之后，应美好公司要求，中和公司将涉案土地抵押用作美好公司融资的担保，以解决项目运作资金问题。美好公司多次承诺融资成功后清偿所欠中和公司的转让款项。在2015年1月15日出具的《承诺函》中，美好公司承诺如在2016年1月31日前未向中和公司支付应付未付款项的50%，同意中和公司可无条件收回B4－4土地，并按原已签署的协议清算款项。由此可见，美好公司作出前述承诺以及中和公司配合办理涉案土地抵押的行为，表明双方已就《项目转让合同》约定的履行顺序进行调整并达成新的合意，故双方应当按照调整后的

约定情况履行合同。在其未按承诺如期支付应付未付款项的情况下，美好公司显然不能请求中和公司先行办理土地过户手续。

在合同约定已在实际履行过程中发生变化的情况下，原审法院没有考虑中和公司未办理土地过户手续系因配合美好公司抵押融资所致的客观事实，忽略美好公司为办理融资抵押而多次作出的清偿承诺，仍然依据《项目转让合同》原有约定认定当事人履行合同义务的顺序和条件，并认为合同约定的办理土地过户手续条件已经成就，在认定事实和适用法律上均有错误，依法应予纠正。

2015 年 8 月 10 日，中和公司在向美好公司公证送达的《通知函》中，要求美好公司办理 B3 –4 土地使用权过户变更手续，并承诺予以配合。在最高人民法院审理期间，中和公司也确认同意配合办理 B3 –4 土地使用权过户变更手续。相关抵押权人华融资产 S 分公司亦致函表示同意，故对原审判项中涉及 B3 –4 土地过户的问题不再变动。但对原审法院判令中和公司配合美好公司办理 B4 –4 土地过户手续的意见，依法予以纠正。鉴于中和公司已经同意配合办理 B3 –4 土地过户手续，对其上诉所提原审法院判令其协助过户存在错误的其他理由，已无必要再作评述。

需要指出的是，本案系因美好公司请求判令中和公司配合办理涉案土地过户手续引发的纠纷。中和公司虽在原审期间以涉案合同已经解除提出抗辩，但未就合同解除问题依法提起反诉，其请求径行确认涉案合同已经解除的上诉意见，依法不予审查。美好公司以利于配套规划和业主利益为由主张判决 B4 –4 土地使用权过户，亦缺乏合同依据。实际上，涉案合同是否解除以及 B4 –4 土地使用权归属的问题，并非处理本案争议必须作出裁判的事项。涉案合同解除与否及 B4 –4 土地使用权归属问题，当事人可以依法另行解决。

## 三、裁判结论

依照《中华人民共和国合同法》第六十七条、第七十七条，《中华人民共和国民事诉讼法》第一百七十条第一款第二项之规定，判决如下：

一、变更海南省高级人民法院（2015）琼民一初字第56号民事判决第一项为：限中和公司在本判决生效之日起三个月内协助美好公司将地号B3－4［土地使用权证号为：尖峰国用（2011）第×8号］一宗土地过户至美好公司名下；

二、维持海南省高级人民法院（2015）琼民一初字第56号民事判决第二项，即驳回美好公司的其他诉讼请求；

三、驳回中和公司的其他上诉请求。

四、二审案件受理费共2664740.5元，中和公司和美好公司各负担50%。

## 四、裁判要旨

《中华人民共和国合同法》第六十七条规定："当事人互负债务，有先后履行顺序，先履行一方未履行的，后履行一方有权拒绝其履行要求。先履行一方履行债务不符合约定的，后履行一方有权拒绝其相应的履行要求。"第七十七条第一款规定："当事人协商一致，可以变更合同。"本案双方当事人在《项目转让合同》中对履行顺序进行了约定，即先办理土地使用权过户手续，再支付项目转让款余款。但在合同签订后，双方并未严格按照合同约定条款实际履行，而是根据履行情况多次进行了变更。美好公司在《承诺函》中承诺，如在2016年1月31日前未向中和公司支付应付未付款项的50%，同意中和公司可无条件收回B4－4土地，并按原已签署的协议清算款项。由此可见，美好公司作出前述承诺以及中和公司配合办理涉案土地抵押的行为，表明双方已就《项目转让合同》约定的履行顺序进行调整并达成新的合意，故双方应当按照调整后的约定情况履行合同。在其未按承诺如期支付应付未付款项的情况下，美好公司显然不能请求中和公司先行办理土地过户手续。在合同约定已在实际履行过程中发生变化的情况下，原审法院没有考虑中和公司未办理土地过户手续系因配合美好公司抵押融资所致的客观事实，忽略美好公司为办理融资抵押而多次作出的清偿承诺，仍然依据《项目转让合同》原有约定认定当事人履行合同义务的顺序和条件，并认为合同约定的办理土地过户手续条件已经成就，在认定事实和适用法律上均有错误，依法应予纠正。

（合议庭成员：曹刚、张颖新、王毓莹；案号：（2017）最高法民终680号；判决日期：2017年12月22日；案例编写人：杨蕾；案例审核人：张勇健）

**012**

## 开发区管理委员会作为出让方与受让方订立的合同是否有效的认定

——云龙示范区管理委员会与金轮公司合同纠纷案

### 一、主要案情

2012年5月22日，云龙示范区管理委员会（以下简称云龙管委会）与金轮公司签订《金轮商住综合项目开发建设框架协议》（以下简称《框架协议》），约定项目选址暂定云龙示范区三搭桥村（最终以实际交地为准）。金轮公司取得土地严格按照国有土地使用权出让的法定程序进行，并由国土部门进行土地出让；项目用地按照项目规划要求、功能要求通过土地市场“招拍挂”取得，并在同等价格条件下优先取得。项目用地按购地价不低于80万元/亩供地，土地价格最终以市场“招拍挂”为准。签订协议后7日内金轮公司向云龙管委会支付50%购地款6000万元，并在竞得土地后1个月内向云龙管委会支付余款。云龙管委会应在协议签订后12个月内交地，如因其原因未按协议约定时间提供土地，应按已交土地款每天千分之一的标准向金轮公司支付违约金。2012年5月24日，金轮公司向云龙管委会支付6000万元。2013年6月4日，金轮公司、云龙管委会和某教育资产投资管理有限公司（以下简称教投公司）签订《金轮集团住宅开发建设三方意向协议》（以下简称《三方协议》），约定项目地址位于云龙示范区大丰村以及金轮公司需要通过“招拍挂”竞得土地等内容。

金轮公司有意参与挂牌竞拍地块情况：1. 2013年5月21日，金轮公司向云龙管委会发函说明其有意参与大丰村职教城潜龙湖地块挂牌竞买，请求云龙管委会批准设立外币保证金账户，允许其以外币参与土地竞买。2013年8月7日，金轮公司关联企业金轮国际创发公司亦向云龙管委会申请设立外币保证金账户，允许其以外币参与土地竞买。2013年12月31

日，株洲市国土局、云龙管委会国土建设部公告挂牌出让潜龙湖两宗地块，要求竞买人在规定时间提交竞买申请并支付保证金。2014年2月11日，长沙市宁乡碧桂园公司以起拍价竞得潜龙湖两宗地块。金轮公司未以自己或其关联公司名义缴纳保证金，亦未参加前述地块竞买。2. 2013年12月23日，金轮公司向云龙管委会发函称，由于云龙示范区目前的状况不太适合大量商业开发，且价格过高，又远高于当初补充协议的约定起价，该公司无意参与竞拍。金轮公司提出两点建议：或者修改云龙大道旁地块的规划条件，或者退还购地本金6000万元及每日千分之一的违约金。2014年2月11日，云龙管委会复函同意调整起拍价，规划条件以评审通过的最终结果为准。2014年4月，该地块挂牌公告时，规划条件已作修改。2014年5月28日，教投公司竞得上述地块。金轮公司未实际参与此次竞买。3. 2014年5月8日，株洲市国土局、云龙管委会国土建设部公告挂牌出让三搭桥社区地块。该地块由株洲市云龙发展投资公司以起始价竞得。金轮公司亦未实际参与竞买。

2014年5月31日，金轮公司致函云龙管委会，要求云龙管委会于2014年6月15日之前退还购地款6000万元，并按《框架协议》约定支付违约金2244万元。2014年6月24日，云龙示范区招商合作部向云龙管委会出具《关于金轮公司项目申请退还购地款的意见》，建议核算退还本金及利息，并及时支付到位，避免产生更多额外的资金成本。之后，金轮公司多次要求云龙管委会退还购地款，并支付违约金。2016年4月28日，云龙管委会复函，希望另行规划选址给金轮公司作为投资选择。2016年5月10日，金轮公司向云龙管委会出具《关于金轮房产申请退还购地款报告》，载明已于5月3日在招商合作部推荐下对云龙示范区几个项目进行了实地踏勘，但由于云龙示范区地块价格过高，面积过大，房地产市场不景气，以及公司武广项目正在建设急需资金，请求云龙管委会在2016年5月31日前退还“购地余款”及按协议支付违约金。2016年6月23日，云龙管委会复函，同意终止双方协议，退还“购地款”6000万元，已退还

3700万元，还将退还2300万元，不支付违约金和利息。至2016年7月15日，云龙管委会已陆续退还6000万元本金。金轮公司多次与云龙管委会协商违约金和损失赔偿事宜未果，故向湖南省高级人民法院提起诉讼，请求：1. 依法解除其与云龙管委会签订的《框架协议》；2. 判决云龙管委会向其支付违约金7326万元（按照合同约定的每天按千分之一计算至起诉之日）；3. 判决云龙管委会向其赔偿可得利益损失22808.16万元；4. 本案的诉讼费、律师费等费用全部由云龙管委会承担。

湖南省高级人民法院（2016）湘民初31号民事判决：1. 云龙管委会于判决生效后10日内向金轮公司支付违约金3730.7万元；2. 驳回金轮公司的其他诉讼请求。案件受理费1548500元，金轮公司负担1356791元，云龙管委会负担191709元。

云龙管委会上诉请求：依法撤销原审判决第一项，改判驳回金轮公司全部诉讼请求，由金轮公司承担本案一、二审诉讼费用。

最高人民法院受理后依法组成合议庭，于2017年6月28日公开开庭审理了本案。

## 二、裁判理由

本案的争议焦点为：1.《框架协议》的效力及其与《三方协议》的关系；2. 云龙管委会是否具有违反《框架协议》约定的行为；3. 涉案合同解除后的处理。

（一）《框架协议》的效力及其与《三方协议》的关系问题

2012年5月22日，云龙管委会、金轮公司签订《框架协议》约定，项目用地面积约150亩，选址暂定云龙示范区三搭桥村（最终以实际交地为准），金轮公司严格按照国有土地使用权出让的法定程序，通过“招拍挂”取得土地，并在同等价格条件下由金轮公司优先取得。项目用地按购地价不低于80万元/亩供地，土地价格最终以市场“招拍挂”为准，超出购地价格实得部分，双方按7∶3分成，云龙示范区以基础设施建设补贴或奖励的方式予以返回等。考察《框架协议》签订的背景和内容可以发现，签订《框架协议》属于云龙管委会落实招商引资政策而实施的行为，约定的主要内容为金轮公司同意在云龙示范区投资开发房地产项目，云龙管委会直接或间接给予一定政策优惠或经营便利等相关问题。《框架协议》中关于竞拍底价和溢价处理条款，虽然具有控制金轮公司投资成本的意图，但属云龙管委会在其职权范围内提供政策优惠的承诺，并未违反法律禁止性规定。况且，《框架协议》对于项目国有土地使用权取得方式已经明确约定，金轮公司须严格按照国有土地使用权出让法定程序，由国土部门进行土地出让，通过土地市场“招拍挂”方式取得项目土地。因此，云龙管委会关于《框架协议》违反国有土地出让相关规定应属无效的上诉理由，缺乏相应的事实和法律依据。

2013 年 6 月 4 日，云龙管委会、金轮公司及教投公司就金轮公司在云龙示范区开发建设住宅项目一事，签订《三方协议》约定，项目用地面积约 80 亩，地址位于云龙示范区大丰村，土地项目用地报批由教投公司完成，拆迁工作由云龙管委会完成，教投公司和云龙管委会自协议签订之日起 6 个月内完成土地报批、征地拆迁工作，并将该宗地在株洲市土地市场挂牌出让，金轮公司参与竞拍，具体起拍价以土地委员会确定为准，当起拍价不大于 110 万元/亩时，金轮公司有意以 110 万元/亩取得该宗土地的使用权，当起拍价高于 110 万元/亩时，金轮公司有选择参与或不参与竞拍的权利等。从两份协议的关系上看，签署《三方协议》是在《框架协议》没有得到实际履行的情况下，为继续推动招商引资，落实云龙管委会在《框架协议》所作承诺而达成的新协议。两份协议在合同主体、约定内容等方面虽有关联，但云龙管委会在《框架协议》中负担的履约义务并未因《三方协议》签署而被完全替代或免除。特别是在《三方协议》亦未成功履行的情况下，金轮公司依据《框架协议》相关约定向云龙管委会提出诉讼主张，符合法律规定。云龙管委会关于签署《三方协议》属于《框架协议》合同权利义务概括转让，《框架协议》中的履约义务应由教投公司承担的上诉主张，与事实不符。

（二）云龙管委会是否具有违反《框架协议》约定的行为

如前所述，本案系因招商引资活动引起的合同纠纷。在招商引资活动过程中，政府部门作为招商方向相关企业介绍开发计划并承诺提供相应的政策优惠，以吸引相关企业参与投资开发。政府部门就招商引资而签署的协议，意在明确相关企业参与投资开发而享有的政策优惠及便利待遇。但相关企业就具体项目投资时，一般仍须遵照相关程序具体进行。就本案而言，云龙管委会作为招商引资一方通过签署《框架协议》约定承担的主要义务，重点在于金轮公司选定具有开发意愿的地块后，及时针对相应地块组织“招拍挂”，推动相应地块土地使用权出让程序顺利完成。金轮公司作为投资一方履行《框架协议》的适当方式，在于及时选定具有开发意愿的地块后，要求云龙管委会针对其所选地块及时组织“招拍挂”，并在“招拍挂”程序中积极参与竞买，以便通过合法程序获得相应地块的开发经营权利。因此，如果金轮公司未按《框架协议》约定选定具有开发意愿的具体地块，并向云龙管委会提出组织“招拍挂”程序的要求，或其没有实际参与云龙管委会就相应地块组织的“招拍挂”程序，其不能仅基于《框架协议》向云龙管委会提出交地请求，亦无权追究云龙管委会未按框架协议提供土地的违约责任。

最高人民法院经审理查明，对于案涉《框架协议》暂定的三搭桥社区地块，金轮公司在挂牌出让时并未参与竞买。金轮公司虽又提出参与潜龙湖地块和云龙旁地块的竞买活动，并就参与潜龙湖地块竞买的外币保证金缴纳和云龙旁地块的起拍价格和规划条件等问题提出了具体要求。但在云龙管委会对其所提要求予以适当解决的情况下，金轮公司并未实际参与竞买相应地块。直至2016年5月3日，云龙管委会在已退回金轮公司3700万元购地款后，仍又安排金轮公司在云龙示范区范围内几个项目地块实地踏勘，但金轮公司终未选定。实际上，涉案《框架协议》对于项目地块位置仅作暂时约定，《三方协议》也只是从项目地块坐落的大致位置上作出了约定。双方对于项目地块位置始终持开放态度。因此，凡在示范区内金轮公司表达了竞买意愿，云龙管委会予以回应并组织“招拍挂”的地块，均应视为履行《框架协议》行为。因此，退一步讲，即便前述地块并非涉案合同最初约定的地块，亦不影响云龙管委会履约的客观事实。

另外，《框架协议》约定由云龙管委会提供经规划部门批准的项目地块蓝线图、用地范围地形图等相关资料，亦应在金轮公司表明开发意愿或选定项目地块后，才能具体对应提供。没有理由要求云龙管委会在其选定地块之前泛泛提供此类资料，也没有证据表明金轮公司未获土地系因云龙管委会拒绝提供前述此类资料所致。

由此可见，云龙管委会不仅始终积极安排金轮公司挑选可供开发的地块，对于金轮公司表达竞买意愿的相应地块，积极解决相应问题，并适时组织“招拍挂”程序。《框架协议》未能最终履行的主要原因在于金轮公司没有选定符合其商业利益的具体地块，并积极参与云龙管委会组织的“招拍挂”程序。金轮公司在未依约选定地块并积极参与“招拍挂”竞买的情况下，径行主张云龙管委会未按《框架协议》约定交付土地，缺乏事实和法律依据。一审法院关于云龙管委会未按协议约定履行交地构成违约的判决意见，认定事实和适用法律均有错误，依法应予纠正。

（三）涉案合同解除后的处理问题

根据《中华人民共和国合同法》第九十三条第一款的规定，当事人协商一致，可以解除合同。第九十七条规定，合同解除后，尚未履行的，终止履行；已经履行的，根据履行情况和合同性质，当事人可以要求恢复原状、采取其他补救措施、并有权要求赔偿损失。云龙管委会在协议解除前后已陆续退还金轮公司的全部购地款。对于协议解除前实际占用金轮公司资金造成的损失，云龙管委会应按中国人民银行同期存款利率计付赔偿；协议解除后未及时退还部分，则按中国人民银行同期贷款利率计付赔偿。具体计息情况如下：

自2012年5月24日至2014年8月1日，以本金6000万元按中国人民银行同期存款利率计息；

自2014年8月2日至2014年11月28日，以本金5000万元按中国人民银行同期存款利率计息；

自2014年11月29日至2015年2月15日，以本金4000万元按中国人民银行同期存款利率计息；

自2015年2月16日至2015年12月16日，以本金3000万元按中国人民银行同期存款利率计息；

自2015年12月17日至2015年12月19日，以本金2500万元按中国人民银行同期存款利率计息；

自2015年12月20日至2016年6月23日，以本金2300万元按中国人民银行同期存款利率计息；

自2016年6月24日至2016年7月15日，以本金2300万元按中国人民银行同期贷款利率计息。

另外，金轮公司基于《框架协议》向云龙管委会提出主张，其诉讼请求与教投公司无涉。教投公司并非框架协议当事人，与本案处理亦无法律上的利害关系，一审法院未追加其参加诉讼，并无不当。一审法院审理本案周期较短，但未影响当事人依法享有的诉讼权利，云龙管委会以此为由主张一审程序违法，没有法律依据。

## 三、裁判结论

依照《中华人民共和国合同法》第九十七条、《中华人民共和国民事诉讼法》第一百七十条第一款第二项之规定，判决如下：

一、维持湖南省高级人民法院（2016）湘民初31号民事判决第二项；

二、撤销湖南省高级人民法院（2016）湘民初31号民事判决第一项；

三、云龙管委会于判决生效后十日内向金轮公司支付依照本判决所附标准计算所得利息款；

四、驳回云龙管委会的其他上诉请求。

如果未按本判决指定期间履行金钱给付义务，应当依照《中华人民共和国民事诉讼法》第二百五十三条之规定，加倍支付迟延履行期间的债务利息。

一审案件受理费1548500元，由金轮公司负担1471075元，由云龙管委会负担77425元。二审案件受理费228335元，由金轮公司负担182668元，由云龙管委会负担45667元。

## 四、裁判要旨

1. 判断开发区管理委员会作为出让方与受让方订立的合同是否有效应考察合同签订的背景和内容。根据《最高人民法院关于审理涉及国有土地使用权合同纠纷案件适用法律问题的解释》第二条的规定，开发区管理委员会作为出让方与受让方订立的土地使用权出让合同，应当认定无效。但合同内容若属开发区管理委员会在其职权范围内提供政策优惠及便利待遇的承诺，且未违反法律禁止性规定的，应尊重当事人的真实意思表示，鼓励交易，维护市场秩序，不宜认定合同无效。

2. 一方当事人因自身原因导致合同目的不能实现，另一方当事人不构成违约。当事人之间基于真实意思表示签订合同，在不违反法律、法规强制性规定的情况下，应按合同约定履行各自的义务。本案中，云龙管委会一方积极履行合同义务，金轮公司未选定符合其商业利益的具体地块，未积极参与云龙管委会组织的“招拍挂”程序，系因自身原因导致未如约取得土地使用权。金轮公司以云龙管委会未按协议约定交付土地为由，主张云龙管委会构成违约，不应得到支持。

3. 如果合同没有约定，协议解除前实际占用资金造成的损失按中国人民银行同期存款利率计付赔偿，协议解除后未及时退还部分则按中国人民银行同期贷款利率计付赔偿。《中华人民共和国合同法》第九十七条规定了合同解除的效力，也即合同解除使合同关系回复到订约前的状态。合同解除前实际占用资金造成的损失可视为债权人无法进行存款获取利息收入等增值行为所造成的损失，因而按中国人民银行同期存款利率计付赔偿。合同解除后未及时退还部分的损失可视为债权人因急用该笔资金未得而不得不向第三人借款而必须支付利息，因而按中国人民银行同期贷款利率计付赔偿。

（合议庭成员：曹刚、奚向阳、张颖新；案号：（2017）最高法民终352号；判决日期：2017年8月9日；案例编写人：杨蕾；案例审核人：张勇健）

**013**

# 合同是否已经事实上解除，以及应否判决解除的判断

——大唐公司、王某孝与擎田公司、勤田公司、波涛公司、凌锋公司、王某锋股权转让合同纠纷案

## 一、主要案情

2010年6月24日，大唐公司、王某孝与擎田公司签订《合作协议》，主要约定：1. 鸿洲公司（大唐公司的全资子公司）将拟等值置换的椰海大道北侧靠近学院路处面积22194.8平方米土地使用权（容积率为2.5，可建设总面积为55487平方米），按楼面地价1180元/平方米作价65474660元转让给擎田公司开发，最终以市规划局批准的容积率计算实际可建设面积，多退少补……4. 付款方式：（1）当海口市仲裁委仲裁该宗土地权属归鸿洲公司，大唐公司、王某孝将股权全部过户给擎田公司的资料递交工商局3天内，擎田公司支付50%的土地款，即32737330元（抵减已支付的750万元，本次实际支付25237330元）。（2）在该宗土地由海口市国土资源局作出选址意见并报市规划局取得规划意见，由国土资源局作评估置换意见并报请市政府批准后3天内再支付25%土地款，即16368665元。（3）在新土地证办理到鸿洲公司名下3天内再付25%土地款，即16368665元。（4）上述土地证办理期限为协议生效后90天内，超出90天后每延迟一天，大唐公司、王某孝按擎田公司已付金额的万分之一支付违约金。如超过规定时间30天仍然没有办妥土地证，擎田公司有权单方终止本协议，大唐公司、王某孝一次性退还擎田公司已付款项并赔偿相应损失。在上述付款期限内擎田公司未按时履约付款，经大唐公司、王某孝书面催收，15天内仍未付款，大唐公司、王某孝有权单方终止本协议，办理股权回转至大唐公司、王某孝名下，擎田公司赔偿大唐公司、王

某孝相应损失。

2011年1月14日，鸿洲公司的股东由大唐公司、王某孝变更登记为擎田公司、王某元。

2011年7月1日，鸿洲公司经批准，名称变更为勤田公司。

2011年11月，大唐公司与擎田公司签订《补充协议》，约定：因征地环节迟缓而不能按时交地，大唐公司愿意在原建筑面积1180元/平方米的基础上，降低30元/平方米，最终的结算价为1150元/平方米。

2012年7月27日，大唐公司与擎田公司签订《补充协议（二）》，约定：鉴于大唐公司不能按时交付项目地块，双方同意延迟到2012年9月30日。如大唐公司届时还不能办出项目地块的土地证，则按以下条款执行：1. 如大唐公司在2012年9月30日前将项目地块的土地证交给擎田公司，双方继续按照原两份协议执行。2. 考虑到擎田公司实际支付土地款共计53237330元已有二年的事实，大唐公司同意在履行已签的两份协议基础上下浮土地价格30元/平方米（按规划部门批准的建筑面积计算），最终成交价为1120元/平方米。3. 如大唐公司不能按时交付项目土地证，双方另行协商解决。

2013年12月26日，市国土资源局向勤田公司发函，同意将位于椰海大道北侧16799.93平方米国有土地使用权等值置换给勤田公司；土地用途为城镇住宅用地。

2014年3月25日，勤田公司取得16799.93平方米城镇住宅用地的国有土地使用权证。

2014年5月15日，大唐公司由马某瑞通过南洋船运公司邮箱向邮箱zhoukeqing@126.com（周某勤是擎田公司股东之一）发送名为《关于股权转让款的催款函》邮件。

2014年7月1日，擎田公司另案起诉大唐公司，以大唐公司实际注入勤田公司的土地面积仅为16799.93平方米，不足《合作协议》约定的22194.8平方米，其依约只应支付47039804元转让款，而实际支付了

57888989.56元，多付了股权转让款10849185.56元为由，请求大唐公司退还多收的股权转让款；以大唐公司违反《合作协议》及其《补充协议》的约定，迟延交地、办证至勤田公司名下为由，请求大唐公司依约支付违约金；以《合作协议》及其《补充协议》对其提前多付给大唐公司转让款的计付利息有明确约定为由，请求大唐公司依约支付提前多收转让款的利息等。该案二审期间已中止诉讼。

2014年9月，勤田公司通过政府拍卖方式竞得案涉16799.93平方米土地旁另一块面积为5200平方米的土地使用权。

2015年8月3日，勤田公司将前述两块地合为一块办理了土地使用权证，并以该宗土地申报商品房建设项目。

大唐公司认可擎田公司至2012年8月已向其支付股权转让款53937330元。

大唐公司、王某孝向海南省高级人民法院提起本案诉讼，请求：1. 解除其与擎田公司签订的《合作协议》及其两份《补充协议》；2. 擎田公司将依据上述协议取得的勤田公司全部股权和16799.93平方米土地返还给大唐公司、王某孝；3. 如协议解除之后擎田公司不能对勤田公司全部股权和16799.93平方米土地进行返还，则按上述财产9500万元的市场价值予以补偿（擎田公司已付款项经双方核对后可以抵减）。

海南省高级人民法院于2016年6月21日作出（2016）琼民初5号民事判决：驳回大唐公司、王某孝的诉讼请求。

大唐公司、王某孝不服原审判决，向最高人民法院提起上诉，请求：撤销原审判决，改判支持其全部诉讼请求。

最高人民法院于2016年12月5日立案后，依法组成合议庭进行了审理。

## 二、裁判理由

本案的争议焦点为：1. 案涉《合作协议》及两份补充协议是否已经

在事实上解除；2. 案涉《合作协议》及两份补充协议依法是否应予解除；3. 原审法院以相关事实问题尚在另案争讼为由未予查明是否适当。

（一）关于案涉《合作协议》及两份补充协议是否已经解除的问题

《中华人民共和国合同法》第九十三条第二款规定："当事人可以约定一方解除合同的条件。解除合同的条件成就时，解除权人可以解除合同。"第九十六条第一款规定："当事人一方依照本法第九十三条第二款、第九十四条的规定主张解除合同的，应当通知对方。合同自通知到达对方时解除。对方有异议的，可以请求人民法院或者仲裁机构确认解除合同的效力。"案涉《补充协议（二）》第1条、第3条分别约定，如大唐公司在2012年9月30日前将项目地块的土地证交给上海勤田公司，双方继续按照原两份协议执行；如大唐公司不能按时交付项目土地证，双方另行协商解决。从《补充协议（二）》前述约定看，不能必然推断出合同双方已经达成如在约定日期不能交付项目地块土地证，《合作协议》及补充协议将终止执行的合意。况且，该《补充协议》在第5条明确约定，双方对于协议有关条款解释或履行发生争议，如协商解决不成，任何一方可向人民法院提起诉讼。可见，该《补充协议》并未约定一方当事人享有直接解除合同的权利。退一步讲，即便大唐公司、王某孝依据前述约定享有合同解除权，但其没有依法通知对方解除合同，亦不产生合同解除的效果。实际上，大唐公司、王某孝不仅没有依法通知对方当事人解除合同，而且在前述约定的日期之后仍继续履行合同并实际交付了土地。因此，大唐公司、王某孝关于案涉《合作协议》及《补充协议》因其未在约定日期交付土地证，已于2012年9月30日实际解除的上诉主张，与事实不符。

（二）关于案涉《合作协议》及两份补充协议依法是否应予解除的问题

根据《中华人民共和国合同法》第九十四条第四项的规定，当事人一方迟延履行债务或者有其他违约行为致使不能实现合同目的，当事人可以解除合同。大唐公司、王某孝与擎田公司于2010年6月24日签订的《合作协议》以及之后签订的两份补充协议在性质上属于股权转让协议，其中关于土地及其单价的内容实为股权让与对价计付基础和计付方式的约定。2011 年 1 月 14 日，鸿洲公司的股东已由大唐公司、王某孝变更登记为擎田公司、王某元。2013 年 12 月 26 日，市国土资源局向勤田公司发函称，将位于椰海大道北侧 16799.93 平方米国有土地使用权置换给勤田公司。2014 年 3 月 25 日，勤田公司取得椰海大道北侧 16799.93 平方米城镇住宅用地的国有土地使用权证。大唐公司认可，截至 2012 年 8 月其已收到擎田公司支付股权转让款 53937330 元。作为股权转让对价计付基础实际交付的土地虽与《合作协议》约定存在差异，但合同双方当事人在土地交付和接受时均未持异议。即使不考虑土地面积差异及补充协议约定的降低单价问题，大唐公司和王某孝认可实际收到的股权转让款，也已超过《合作协议》约定数额的 80%（53937330 元/65474660 元）。可见，案涉《合作协议》及《补充协议》约定的股权转让和对价支付等主要内容已经履行，合同目的已经基本实现。擎田公司基于实际交付的土地面积与《合作协议》约定存在差异而对受让股权应当支付的价金数额持有异议，未再按照协议约定的数额、时限继续支付，并另案提起诉讼请求人民法院予以裁决，均非影响合同目的实现的根本违约情形。大唐公司、王某孝以此为由主张擎田公司严重违约以致合同目的不能实现，并进而请求判决解除案涉合同，缺乏充分的事实和法律依据。

《最高人民法院关于适用〈中华人民共和国合同法〉若干问题的解释（二）》第二十六条规定："合同成立以后客观情况发生了当事人在订立合同时无法预见的、非不可抗力造成的不属于商业风险的重大变化，继续履行合同对于一方当事人明显不公平或者不能实现合同目的，当事人请求人民法院变更或者解除合同的，人民法院应当根据公平原则，并结合案件的实际情况确定是否变更或者解除。"如前所述，在案涉协议实际履行过程中，虽有置换土地面积减少等情况发生，但双方当事人其时已经选择继续履行合同。目前，合同约定的股权让与变更登记早已完成，实际交付的土地亦已登记至目标公司名下，股权转让对价亦有相应支付，合同目的已经基本实现。因实际交付土地与约定不同所导致价金数额方面的争议，擎田公司也已另行提起诉讼请求人民法院予以裁决，相关争议亦可根据当事人诉辩主张予以审理裁判。在此情况下，大唐公司、王某孝以因实际交付土地与约定不符、擎田公司对股权转让价金数额提出异议为由，主张案涉合同在履行过程中发生重大情势变化，并请求人民法院判决予以解除，不符合法律规定。

（三）关于原审法院以相关事实问题尚在另案争讼为由未予查明是否适当的问题

本案争议的核心是案涉《合作协议》及两份补充协议是否已经解除抑或应否解除的问题。基于原审法院已经查明的事实，足以认定大唐公司、王某孝关于解除合同的相关主张不能成立。至于实际交付土地与合同约定是否一致，相应的股权转让价金数额应当如何计付等，属于当事人履约是否适当以及应否承担违约责任的问题。原审法院以相关问题正在另案争讼为由未予审理，并无不当。人民法院裁定另案中止诉讼，亦不意味本案需要直接审理查明与前述争议相关的全部事实。大唐公司、王某孝以此为由主张原审判决认定事实不清，亦不予支持。

另外，原审法院综合案涉合同已基本履行、协议所涉股权又经转让，以及案涉土地已与新购土地合并进行开发等实际情况，根据公平原则认为案涉合同不应解除，意在讨论本案是否存在合同目的不能实现或者继续履行有违公平原则的情形。原审法院通过分析指出，大唐公司、王某孝基于对方违约或情势变更提出解除合同的主张，并不符合相关法律规定，而非因合同解除后无法恢复原状即判决驳回其解除合同的请求。所以，大唐公司、王某孝认为原审法院没有考虑其以折价赔偿方式处理合同解除问题的请求，并因顾及合同解除后无法恢复原状而判决驳回其诉讼请求，对原审法院的判决意见理解有误。其以此主张原审判决适用法律错误，依法不能成立。

## 三、裁判结论

依照《中华人民共和国民事诉讼法》第一百七十条第一款第一项之规定，判决如下：

驳回上诉，维持原判。

二审案件受理费369173.3元，由大唐公司、王某孝负担。

## 四、裁判要旨

判断合同是否已经事实上解除，应根据合同中是否约定了解除合同的条件以及条件是否成就，有解除权的一方是否已经通知对方解除合同，双方的履行行为等情况综合判断。

合同成立以后客观情况发生变化，当事人起诉请求解除合同，人民法院查明当事人已经根据变更后的情况实际履行合同主要义务，合同目的已经基本实现，继续履行亦不违反公平原则的，人民法院不应支持。

（合议庭成员：曹刚、奚向阳、陈宏宇；案号：（2016）最高法民终796号；判决日期：2017年2月27日；案例编写人：肖芳；案例审核人：张勇健）

014

# 建设工程施工合同当事人的认定及工程款结算问题

——兆通公司与金盛公司建设工程施工合同纠纷案

## 一、主要案情

2011年4月26日，市工程建设招标代理中心和兆通公司出具《中标通知书》，金盛公司中标案涉工程。

2011年5月17日，兆通公司与金盛公司签订《施工合同》，主要约定：兆通公司将案涉工程发包给金盛公司总承包施工，总建筑面积约29800.53平方米，工程总价款暂定38144409.6元；每幢楼主体封顶经验收合格10日内兆通公司支付该段工程款的60%，余款在工程竣工验收后一次性付清（工程质保金除外）；金盛公司在工程完工后及时整理竣工资料，绘制竣工图，并提交竣工验收报告申请验收，竣工验收合格后20天内向兆通公司提供两套完整的竣工资料，金盛公司不依约移交技术资料或逾期移交竣工验收资料超过1个月，应向兆通公司支付违约金100万元；结算单价为每平方米1280元，建筑面积按竣工后核准的面积为准。同日，兆通公司与金盛公司签订《工程质量保修书》。马某祥作为金盛公司法定代表人在《施工合同》和《工程质量保修书》上签字，并加盖金盛公司印章。经查，金盛公司法定代表人为李某。金盛公司于2011年5月15日出具《法人授权委托证明书》，授权马某祥为其签订案涉工程施工合同的代理人；2011年5月19日和6月12日，金盛公司两次出具《任命书》，载明任命马某祥为案涉工程项目部负责人。

合同签订后，金盛公司进场施工。在施工过程中，金盛公司向兆通公司出具由马某祥签名的《工程竣工承诺书》《收据条》《工程款支付申请表》等书面材料。2013年11月15日，案涉工程通过竣工验收。

2014年3月4日，双方签订《工程结算书》，结算工程款为2013327元。2014年3月14日，双方签订《工程结算书》对工程变更、签证、未做项目、面积差补款、签证运土方、安装签证等进行综合结算，工程结算款为37297323.32元，并在案涉工程结算书上注明“2、3、4号楼阳台面积待定”。双方均在结算书中签名盖章。

2014年5月8日，兆通公司向马某祥邮寄《联系函》，要求金盛公司提交完整的竣工验收资料及竣工验收报告，配合兆通公司完成案涉工程的验收及维修工作。

按施工设计，案涉工程各户型房屋都有一个入户花园和一个阳台，均为上方开放、下方使用落地金属栏杆。经海南省五指山市房产信息服务中心测绘，案涉工程实测实际建筑面积共计31258.99平方米，其中第2号、第3号和第4号楼房屋实测建筑面积中只计入户花园和阳台全部面积的一半。

经现场勘查查明：1号楼内各房屋阳台为外置阳台，并未封闭；2号楼至4号楼内各房屋均有一个入户花园和一个阳台，为落地铝合金窗全封闭，入户花园、阳台与客厅地面处同一水平面上。兆通公司直接发包给案外人施工的部分工程，至今未经竣工验收。小区由兆通公司管理，部分购房业主已经入住。

金盛公司于2014年9月15日向海南省第一中级人民法院提起诉讼，请求：1. 判令兆通公司支付工程款12518597.52元给金盛公司，并按银行同期贷款逾期利息计算利息，计息时间从2013年11月16日起计算到清偿之日止；2. 请求确认金盛公司对案涉工程享有建设工程价款优先受偿权。

兆通公司提出反诉，请求：1. 判令金盛公司移交全套完整竣工资料和验收报告并配合兆通公司办理工程竣工验收报备手续；2. 判令金盛公司支付工程逾期竣工违约金3641519.64元；3. 判令金盛公司支付工期延误违约金2985720元；4. 判令金盛公司支付没有移交竣工验收资料违约金100万元；5. 判令金盛公司支付桩基工程延误违约金1540159.16元。

海南省第一中级人民法院作出（2014）海南一中环民初字第10号民事判决：1. 兆通公司于判决生效之日起30日内向金盛公司支付工程款11340205.52元及利息（利息按中国人民银行同期一年流动资金贷款基准利率从2014年3月15日起计算至判决确定的履行期限之日止）；2. 金盛公司在11340205.52元工程款范围内对案涉工程享有建设工程价款优先受偿权；3. 金盛公司于判决生效之日起30日内将其承建的案涉工程全套完整的竣工资料和验收报告移交给兆通公司，并配合兆通公司办理工程竣工验收报备手续；4. 驳回兆通公司的其他反诉请求。

兆通公司不服海南省第一中级人民法院作出的一审判决，向海南省高级人民法院提起上诉。兆通公司上诉请求：1. 撤销一审判决第一项、第二项、第四项；2. 支持兆通公司一审提出的其他反诉请求。

海南省高级人民法院于2016年3月28日作出（2016）琼民终17号民事判决：驳回上诉，维持原判。

兆通公司向最高人民法院申请再审。最高人民法院于2016年12月27日作出（2016）最高法民申2500号民事裁定，提审本案。提审后，最高人民法院依法组成合议庭进行了审理。

## 二、裁判理由

本案的争议焦点为：1. 二审法院认定案涉建设工程施工合同无效的依据是否充分；2. 金盛公司主张工程价款优先受偿权是否超过法定期限；3. 案涉工程第2－4号楼阳台和入户花园按全面积计价是否适当；4. 兆通公司应否负担欠付工程款相应利息；5. 兆通公司一审反诉所提各项请求应否得到支持。

### （一）二审法院认定案涉建设工程施工合同无效的依据是否充分

2011年4月26日，市工程建设招标代理中心和兆通公司出具《中标通知书》，金盛公司中标案涉工程。2011年5月15日，金盛公司出具《法人授权委托证明书》，授权马某祥为其签订案涉工程施工合同的代理人。

2011 年 5 月 19 日和 6 月 12 日，金盛公司两次出具《任命书》，载明任命马某祥为案涉工程项目部负责人。在实际施工过程中，马某祥亦以前述授权任命文件为凭表明身份并组织安排建设施工事项，兆通公司亦以金盛公司为合同相对方实际履行案涉合同。本案一审期间，金盛公司明确表示其为案涉工程实际施工方，并没有进行转包。可见，一审法院认定金盛公司为案涉合同当事人，具有相应的事实和法律依据。二审法院仅以金盛公司与马某祥陈述及马某祥以个人名义办文等情形，即认定二者之间属于借用资质的挂靠关系，并进而以此否定案涉合同效力，证据不足，依法予以纠正。

（二）金盛公司主张工程价款优先受偿权是否超过法定期限

《中华人民共和国合同法》第二百八十六条规定："发包人未按照约定支付价款的，承包人可以催告发包人在合理期限内支付价款。发包人逾期不支付的，除按照建设工程的性质不宜折价、拍卖的以外，承包人可以与发包人协议将该工程折价，也可以申请人民法院将该工程依法拍卖。建设工程的价款就该工程折价或者拍卖的价款优先受偿。"《最高人民法院关于建设工程价款优先受偿权问题的批复》第四条规定："建设工程承包人行使优先权的期限为六个月，自建设工程竣工之日或者建设工程合同约定的竣工之日起计算。"案涉工程于 2013 年 11 月 15 日即已通过竣工验收，金盛公司行使建设工程价款优先受偿权的期限应为 2013 年 11 月 15 日至 2014 年 5 月 14 日。2014 年 3 月 14 日双方签订《工程决算书》。即使按照原审法院意见以工程价款结算之日起算，金盛公司行使优先受偿权的期限亦在 2014 年 9 月 13 日之前。金盛公司于 2014 年 9 月 15 日提起本案诉讼主张优先受偿权时，已超过 6 个月期限。因此，一审法院以工程价款决算日作为建设工程价款优先受偿权起算之日，并认定金盛公司主张权利未超过法定期间，认定事实和适用法律均有错误；二审法院以符合合同法立法目的和公平原则为由维持一审法院判决意见，亦缺乏事实和法律依据，依法予以纠正。

（三）案涉工程第2－4号楼阳台和入户花园按全面积计价是否适当

2005年7月1日实施的《建筑工程建筑面积计算规范》之2“术语”第2.0.16条规定，阳台为供使用者进行活动和晾晒衣物的建筑空间；该规范之3“计算建筑面积的规定”第3.0.18条规定，建筑物的阳台均应按其水平投影面积的二分之一计算。第3.0.11条规定，建筑物外有围护结构的落地橱窗、门斗、挑廊、走廊、檐廊，应按其围护结构外围水平面积计算。层高在2.2米及以上者应计算全面积；层高不足2.2米者应计算二分之一面积。有永久性顶盖无围护结构的应按其结构底板水平面积的二分之一计算。案涉工程第2号楼至第4号楼原设计户型中的阳台和入户花园均为上方开放、下方使用落地金属栏杆。实际施工过程中进行了变更调整。竣工验收的第2号楼至第4号楼各房屋中阳台和入户花园均以落地铝合金窗全封闭，阳台、入户花园与客厅地面处同一水平面，层高在2.2米以上。当事人在进行案涉工程价款结算及本案诉讼过程中，对于阳台等概念，均未严格对照前述《建筑工程建筑面积计算规范》的规定区分使用。因此，对于案涉争议的阳台或入户花园无法简单依照前述规范中的概念含义对应确定。在案涉合同没有明确约定的情况下，原审法院结合实际施工及现场勘验情况参照《建筑工程建筑面积计算规范》第3.0.11条的规定，认定阳台和入户花园部分应当按照全面积计算工程价款，并无明显不当。兆通公司依据相关规范中关于阳台的定义主张争议部分工程应按二分之一建筑面积计付价款，理据不足，不予采信。

（四）兆通公司应否负担欠付工程款相应利息

《最高人民法院关于审理建设工程施工合同纠纷案件适用法律问题的解释》第十七条规定：“当事人对欠付工程价款利息计付标准有约定的，按照约定处理；没有约定的，按照中国人民银行发布的同期同类贷款利率计息。”第十八条规定：“利息从应付工程价款之日计付。当事人对付款时间没有约定或者约定不明的，下列时间视为应付款时间：（一）建设工程已实际交付的，为交付之日；（二）建设工程没有交付的，为提交竣工结算文件之日；（三）建设工程未交付，工程价款也未结算的，为当事人起诉之日。”案涉工程于2013年11月15日通过竣工验收，并于2014年3月14日进行结算，工程亦已实际交付兆通公司，部分购房业主已经入住。原审法院以结算之日作为应付工程款之日并起算相应利息，金盛公司未持异议，亦不违反前述法律规定。在案涉工程已经竣工交付并办理结算的情况下，兆通公司仅以金盛公司未移交竣工验收资料为由，主张不负担欠付工程款相应利息，缺乏事实和法律依据，依法不予支持。

（五）兆通公司一审反诉所提各项请求应否得到支持

建设工程施工合同当事人在进行工程竣工结算时，应当依照合同约定就对方当事人履行合同是否符合约定进行审核并提出相应索赔，索赔事项及金额应在结算时一并核定处理。因此，除在结算时因存有争议而声明保留的项目外，《竣工结算报告》经各方审核确认后的结算意见，属于合同各方进行工程价款清结的最终依据。一方当事人在进行结算时没有提出相关索赔主张或声明保留，完成工程价款结算后又以对方之前存在违约行为提出索赔主张，依法不予支持。由此，在案涉合同未就工程价款结算时保留违约索赔权利作出专门约定的情况下，一、二审法院对于兆通公司一审反诉主张金盛公司逾期竣工、工期延误以及未移交竣工验收资料等违约索赔请求未予支持，符合法律规定。

## 三、裁判结论

依照《中华人民共和国民事诉讼法》第二百零七条第一款、第一百七十条第一款第二项，《最高人民法院关于建设工程价款优先受偿权问题的批复》第四条之规定，判决如下：

一、撤销海南省高级人民法院（2016）琼民终17号民事判决；

二、撤销海南省第一中级人民法院（2014）海南一中环民初字第10号民事判决第二项、第四项；

三、维持海南省第一中级人民法院（2014）海南一中环民初字第10

号民事判决第一项、第三项；

四、驳回金盛公司的其他诉讼请求；

五、驳回兆通公司的其他诉讼请求。

## 四、裁判要旨

1. 建设工程施工合同纠纷中，应综合全案证据认定合同当事人，不能仅以承包人与其项目负责人的陈述以及项目负责人以个人名义办文等情形，认定承包人与项目负责人属于借用资质的挂靠关系，并以此否定发包人与承包人之间的建设工程施工合同的效力。

2. 合同约定阳台或入户花园为开放空间，之后施工过程中变更调整为以落地铝合金窗全封闭。在合同没有明确约定的情况下，应根据实际施工及现场勘验情况，参照《建筑工程建筑面积计算规范》的规定，认定阳台和入户花园部分按照全面积计算工程价款。

3. 当事人对欠付工程价款利息计付标准有约定的，按照约定处理；没有约定的，按照中国人民银行发布的同期同类贷款利率计息。利息从应付工程价款之日计付。发包方仅以承包方未移交竣工验收资料为由，主张不支付利息，应不予支持。

4. 除在结算时因存有争议而声明保留的项目外，竣工结算报告经各方审核确认后的结算意见，属于合同各方进行工程价款清结的最终依据。一方当事人在进行结算时没有提出相关索赔主张或声明保留，完成工程价款结算后又以对方之前存在违约行为提出索赔主张，依法不予支持。

（合议庭成员：曹刚、奚向阳、陈宏宇；案号：（2017）最高法民再97号；判决日期：2017年4月27日；案例编写人：肖芳；案例审核人：张勇健）

015

## 守约方通过关联诉讼得到支持的部分损失，为合同违约金所涵盖的，应从判付的违约金中扣除

——天马河公司与冠华公司、冠城公司、潘某华合同纠纷案

### 一、主要案情

2009年12月25日，天马河公司、冠华公司及担保人冠城公司、潘某华签订《框架协议》，各方就冠华公司所属A镇项目用地及相关债务重组事宜，经充分协商达成如下一致意见：拟转让项目用地包括花国用（2004）第72××51号《国有土地使用权证》项下的201850.1平方米住宅用地及建筑物，花国用（2003）字第1103××21号《国有土地使用权证》项下66659.18平方米住宅用地及建筑物；本次项目用地转让及债务重组有关的债务包括华夏银行债务、社保中心债务、西海集团债务、寺右公司债务四笔债务；转让对价为天马河公司提供总额不超出13.3亿元的资金，用于本次债务的重组和项目用地的转让。《框架协议》还约定，冠华公司应在协议签订后20个工作日内，与相关债权人就偿还债务的金额达成一致，并协调执行法院和各债权人，促成冠华公司、天马河公司与各债权人达成代偿债务的协议。同时约定冠城公司、潘某华作为冠华公司的保证人，对冠华公司签订和履行本协议提供连带责任担保。

2009年12月26日，天马河公司、冠华公司及担保人冠城公司、潘某华又签订一份《框架协议之补充协议》，约定：天马河公司将与华夏银行、社保中心、西海集团签订《债务清偿协议》；并与寺右公司签订《债权转让协议》，通过代为履行清偿责任的方式取得对冠华公司及其关联公司的债权。

2010年4月16日，冠华公司与天马河公司签订了《关于社保中心债

务处理的备忘录》（以下简称《备忘录》），载明：根据双方签署的《框架协议》，冠华公司应负责与相关债权人就债务清偿事宜达成一致。经磋商，冠华公司已先行与社保中心达成协议，要求天马河公司参与签署及承诺在协议签订后20日内将9500万元的清偿款项汇入执行法院账户。

同日，社保中心、冠华公司、天马河公司及冠益公司、冠城公司、中冠公司签订了《债务偿还协议书》，约定：社保中心同意在法院确认收回借款本金9500万元后，先行解除对冠华公司名下位于A镇长岗岭地段27栋商住楼和二宗地的轮候查封。

2010年6月18日，社保中心向天马河公司出具《支付函》，并附有《解除查封申请书》。同年6月21日，天马河公司向社保中心支付了9500万元。

2010年10月27日，冠华公司向天马河公司发出《关于尽快履行贵我双方签订的〈框架协议〉的函》，该函件由天马河公司原法定代表人刘某荣签收。

2013年5月17日，天马河公司在代冠华公司偿还所欠社保中心债务之后，向广东省广州市中级人民法院起诉，请求判令冠华公司向天马河公司偿还代偿债务款项人民币9500万元及相应利息人民币1507.33万元。该院于2014年11月10日作出（2013）穗中法民二初字第25号民事判决，判决冠华公司在判决生效之日起10日内一次性向天马河公司偿还代偿债务款9500万元及利息。该判决书于2014年12月3日发生法律效力。

2014年9月2日，广州市中级人民法院作出（2011）穗中法执字第1408号执行裁定书，裁定将登记在寺右公司名下的位于A镇长岗岭地段［土地证号为1103××21，地号为011××63］的100亩（即66659.18平方米）土地使用权执行回转登记到冠华公司名下。广州铁路运输法院依据（2012）广铁中法执字第6－1号执行裁定书，于2014年9月16日查封上述地段至2016年9月16日止。

2014年9月19日，李某与冠华公司、中航里城公司达成执行和解协议；2014年10月21日，西海集团与冠华公司在执行过程中达成执行和解协议；2016年2月2日，冠华公司与寺右公司达成了《债权转让和解协议书》，并到法院确认和解。另外，案涉土地还因其他债务存在被广东省广州市从化区人民法院2015年2月6日作出（2008）从法执字第3530－8号执行裁定书，以及广州市中级人民法院作出（2008）穗中法执字第2634号、第2658号、第2659号执行裁定查封。

天马河公司一审向广州市中级人民法院起诉请求：1. 冠华公司向天马河公司支付违约金1.33亿元；2. 冠华公司继续履行《框架协议》及《框架协议之补充协议》的义务；3. 冠城公司、潘某华就冠华公司履行前述义务承担连带责任。广州市中级人民法院作出（2013）穗中法民五初字第30号民事判决：驳回天马河公司的全部诉讼请求。一审案件受理费706800元，由天马河公司负担。

天马河公司不服一审判决，向广东省高级人民法院上诉请求：1. 冠华公司向天马河公司支付违约金人民币1.33亿元；2. 冠华公司继续履行《框架协议》和《框架协议之补充协议》。广东省高级人民法院审理后作出（2014）粤高法民四终字第135号民事判决：1. 撤销广州中院（2013）穗中法民五初字第30号民事判决；2. 冠华公司于本判决发生法律效力之日起10日内向天马河公司支付违约金人民币1.33亿元；3. 驳回天马河公司的其他诉讼请求。本案一审案件受理费人民币706800元，由冠华公司负担424080元，由天马河公司负担282720元；二审案件受理费人民币706800元，由冠华公司负担424080元，由天马河公司负担282720元。

天马河公司不服广东省高级人民法院所作的二审判决，向最高人民法院申请再审请求：1. 撤销二审判决第三项；2. 改判冠华公司继续履行《框架协议》及《框架协议之补充协议》的义务；3. 改判潘某华、冠城公司就冠华公司履行前述义务承担连带责任；4. 改判由冠华公司、冠城公司、潘某华承担本案诉讼费用。

冠华公司、冠城公司、潘某华不服广东省高级人民法院所作的二审判决，向最高人民法院申请再审请求：撤销二审判决，维持一审判决。

最高人民法院于2016年9月23日作出（2016）最高法民申1822号民事裁定提审本案，并依法组成合议庭，于2017年4月21日公开开庭审理了本案。

## 二、裁判理由

本案的争议焦点为：1. 天马河公司和冠华公司谁违约；2.《框架协议》及《框架协议之补充协议》是否应当继续履行；3. 二审判决冠华公司向天马河公司支付违约金1.33亿元是否过高；4. 冠城公司、潘某华是否应对本案债务承担连带责任。

（一）关于天马河公司和冠华公司谁违约的问题

本案中，双方主张对方违约的依据主要涉及《框架协议》中有关当事人就债务偿还达成一致意见并签订代偿债务协议的约定，可见对上述约定的正确理解成为界定谁是本案违约方的关键。《框架协议》第5.1条约定，冠华公司应在签订协议后20个工作日内，与相关债权人就偿还债务的金额达成一致，并协调执行法院和各债权人，促成冠华公司、天马河公司按照协议约定的条件分别与各债权人达成代偿债务协议，可见，冠华公司应当首先与相关债权人就偿债金额达成一致。即在关于谁违约的举证责任分担上，如冠华公司能举证证明其已经完成与债权人就偿债金额达成一致的义务，则冠华公司不构成违约；如在冠华公司已经证明完成前述合同义务后，仍无法达成代偿债务协议，则天马河公司应就其为签订代偿债务协议积极履约负有举证责任，否则应承担举证不能的法律后果。本案中，天马河公司和冠华公司在《备忘录》中将冠华公司与债权人就债务清偿数额协商一致的期限从签订《框架协议》后的20个工作日延长至社保中心债务款项支付之日，但直至延长期限届满，也没有证据表明冠华公司已经完成前述合同义务，故应当认定冠华公司构成违约。由于缺乏与债权人就偿债金额达成一致的前提条件，冠华公司主张因天马河公司不配合导致无法签订代偿债务协议，天马河公司构成违约依据不足，法院不予采纳。至于冠华公司还主张天马河公司违反了《备忘录》第4条约定构成违约的问题，法院认为，双方虽然在第4条中就解除诉讼保全事宜约定由天马河公司作为担保人，通过提供等额现金担保的方式向广东高院解除查封，但在涉及诉讼的情况下，该条约定并未就提供现金担保的时间、步骤等具体操作事项进一步予以明确，冠华公司亦未提供证据证明其在此后的履约过程中向天马河公司提出过相应的主张，故冠华公司主张天马河公司违反该约定构成违约同样理据不足。

（二）关于《框架协议》及《框架协议之补充协议》是否应当继续履行的问题

归纳而言，天马河公司提出继续履行协议的内涵主要有两层意思：一是要求由天马河公司继续履行代偿义务；二是要求将涉案土地使用权过户至天马河公司名下。对上述请求能否继续履行的问题，法院分别认定如下：

关于天马河公司能否继续履行代偿义务的问题。根据《框架协议》的约定，与债权人就偿债金额达成一致意见是冠华公司的义务，也正是因为冠华公司没有履行该义务，法院认定冠华公司构成违约。虽然冠华公司在与天马河公司约定的期限内没有完成相应的协商义务，但之后在中航里城公司的参与下，冠华公司分别与李某、西海集团、寺右公司在执行程序中达成和解协议，由中航里城公司代为清偿有关债务并实际履行完毕，至此《框架协议》中涉及的重组债务已经清偿完毕。《框架协议》的履行应是以天马河公司代偿冠华公司相关债务为基础，以实现天马河公司受让冠华公司名下的涉案土地为最终目的，现协议中的债务已经由他人代偿完毕，天马河公司要求继续履行代偿义务的基础显然不复存在。人民法院认为，在天马河公司没有证据证明中航里城公司代冠华公司偿债的行为存在恶意损害天马河公司在《框架协议》中享有的合同权益时，无论中航里城公司基于何种身份为冠华公司代偿债务均不影响代偿债务本身的合法性。因相关债务既已消灭，天马河公司主张继续履行代偿义务，法院不予支持。

关于涉案土地使用权能否过户至天马河公司名下的问题。如前所述，《框架协议》履行的基础是天马河公司为冠华公司代偿债务，以实现天马河公司受让冠华公司名下涉案土地使用权的目的，现代偿债务的基础已经不复存在，土地使用权的转让自然无从实现。且涉案土地使用权正处于被多个法院基于生效裁判文书进行查封的状态，该土地使用权同样不具备转让过户的条件。故天马河公司主张要求涉案土地使用权转让亦不具有继续履行的可能，法院同样不予支持。

（三）关于二审判决冠华公司向天马河公司支付违约金1.33亿元是否过高的问题

首先，关于违约金的计算基数问题。《框架协议》第11条第1款约定，冠华公司不能在协议规定的期限内与债权人达成一致，或因不能履行规定的义务导致无法按约定方式和期限执行等情形，应向天马河公司支付违约金数额为协议总价款的10%。《框架协议》第3条则明确总的交易对价为13.3亿元，违约金数额即为13.3亿元×10%＝1.33亿元。冠华公司主张《框架协议之补充协议》中约定冠华公司还负有返还天马河公司2.8亿元的义务，故实际交易价款应为13.3亿元－2.8亿元＝10.5亿元。法院认为，双方在《补充协议》中约定的2.8亿元款项系涉案土地使用权转让完成后天马河公司将通过代偿债务等取得的针对冠华公司及其关联公司的债权等权利一并转让给冠华公司的转让价款，该价款并未包含在《框架协议》中约定的协议总价款项下，且该转让行为系在《框架协议》约定的债务代偿、土地转让等合同目的基本实现后，双方就后续事宜达成的交易安排，在《框架协议》约定的债务代偿等主要义务尚未全部履行的情况下，冠华公司主张协议实际交易价款应当扣除2.8亿元转让价款与合同约定不符，法院不予采纳。

其次，关于合同约定的违约金是否过高的问题。冠华公司主张另案生效判决判令冠华公司向天马河公司偿还代偿债务款9500万元及利息证明天马河公司的损失已经得到补偿，本案违约金过高应予调整。法院认为，根据《中华人民共和国合同法》第一百一十四条规定，人民法院对于当事人在合同中约定的违约金数额，只有在当事人请求调整，并确实低于或过分高于违约行为给当事人造成的损失时，才能进行调整。冠华公司主张违约金过高，亦当提供能够使最高人民法院对违约金约定的公平性产生怀疑的相关证据。《最高人民法院关于适用〈中华人民共和国合同法〉若干问题的解释（二）》第二十九条第一款规定："当事人主张约定的违约金过高请求予以适当减少的，人民法院应当以实际损失为基础，兼顾合同的履行情况、当事人的过错程度以及预期利益等综合因素，根据公平原则和诚实信用原则予以衡量，并作出裁决。"本案中，天马河公司履行《框架协议》及《框架协议之补充协议》并不是通过代偿债务以获取一定的利息为初衷，而是为了代偿债务后取得涉案的土地使用权，并通过项目公司开发土地以得到更大的经济利益，天马河公司支付的9500万元债务代偿款的资金占用损失亦即利息损失，显然并非该公司损失的全部。因冠华公司未能按照合同约定与债权人就债务清偿数额协商一致，致使案涉土地一直不具备转让条件，天马河公司的合同目的不能实现，其受让及开发土地的可得利益完全落空。故该可得利益客观存在，该利益损失亦为冠华公司在签订《框架协议》时所能预见。综上，鉴于冠华公司在本案构成根本违约，过错较大，且其违约行为导致天马河公司的交易机会丧失，可得利益落空，而冠华公司则在违约后另行引入案外人中航里城公司进行债务重组进而单方实现了合同目的，取得相应利益；同时考虑到合同中约定的违约金符合双方对土地大宗交易的高度审慎原则，也是当事人的真实意思表示，且近年来当地土地价值增长更是不争的事实，在冠华公司未能举证证明《框架协议》约定的违约金过分高于造成的损失的情况下，二审法院未支持冠华公司有关违约金过高的主张并无不当。

最后，关于本案违约金是否应当相应扣减的问题。违约金作为当事人事先约定的一方违约时应当向另一方支付的金钱或其他财产，其金额的确定与违约行为造成的损失密切相关，既包括当事人遭受的资金占用等实际损失，亦包含符合可预见性要求的可得利益损失。本案双方当事人在《框架协议》中约定的违约金亦当作上述理解。据原判决查明的事实，2014年11月10日，广州市中级人民法院作出（2013）穗中法民二初字第25号民事判决（以下简称25号判决），判令冠华公司在判决生效之日起10日内一次性向天马河公司偿还代偿债务款9500万元及利息。该25号判决已于2014年12月3日发生法律效力。双方当事人二审庭审确认，冠华公司尚未履行25号判决的还款义务，天马河公司亦未向法院申请强制执行。就涉案整体交易过程而言，天马河公司支付涉案9500万元代偿款系《框架协议》债务重组环节的组成部分，天马河公司支付该笔款项的目的并非获取利息收益，25号判决判令冠华公司向天马河公司偿还该笔款项的利息部分，亦非天马河公司支付9500万元代偿款的合同目的，而是合同无法履行或非正常履行后，冠华公司就其占用天马河公司的资金所造成的损失而应当向后者承担的赔偿责任，基于资金占用损失的特点，该部分赔偿数额以利息的方式计算。故该部分利息当作为天马河公司因冠华公司违约所遭受的全部损失的组成部分，并为双方当事人在《框架协议》中约定的违约金所涵盖。鉴于天马河公司在25号案中主张返还9500万元及利息的请求已经得到支持，该利息损失部分不得重复计算，故应在本案中将该部分利息进行扣除，即本案违约金的计算应以1.33亿元为基数，扣减25号判决中所支持的利息部分，亦即以9500万元为基数，按中国人民银行同期同类贷款利率自2010年6月19日起计至25号判决确定的代偿债务全部清偿之日止。

（四）关于冠城公司、潘某华应否对本案债务承担连带责任的问题

《框架协议》第13条明确约定冠城公司、潘某华作为冠华公司的保证人，对冠华公司签订和履行本协议提供连带责任担保。保证范围包括冠华公司因签订及履行协议所导致的一切义务及责任。根据上述合同约定，冠城公司、潘某华应当对本案债务承担连带责任。天马河公司在本案中一审

诉讼请求及二审上诉请求中均主张要求冠城公司、潘某华对冠华公司应负的义务承担连带责任，二审法院遗漏对该请求的审理，最高人民法院予以纠正。

## 三、裁判结论

依照《中华人民共和国合同法》第一百零七条、第一百一十条、第一百一十四条，《中华人民共和国担保法》第十八条，《中华人民共和国民事诉讼法》第二百零七条第一款、第一百七十条第一款第二项之规定，判决如下：

一、维持广东省高级人民法院（2014）粤高法民四终字第135号民事判决第一项；

二、撤销广东省高级人民法院（2014）粤高法民四终字第135号民事判决第三项；

三、变更广东省高级人民法院（2014）粤高法民四终字第135号民事判决第二项为：冠华公司于本判决发生法律效力之日起十日内向天马河公司支付违约金，违约金的计算以1.33亿元为基数，扣减以9500万元为基数计算的利息部分［该部分利息按中国人民银行同期同类贷款利率为标准，自2010年6月19日起计至（2013）穗中法民二初字第25号民事判决确定的代偿债务全部清偿之日止］；

四、冠城公司、潘某华对前述第一项、第三项判决冠华公司的义务承担连带责任；

五、驳回天马河公司其他诉讼请求。

如果未按本判决指定的期间履行给付金钱义务，应当依照《中华人民共和国民事诉讼法》第二百五十三条规定，加倍支付迟延履行期间的债务利息。

本案一审案件受理费706800元，由冠华公司、冠城公司、潘某华负担388740元，由天马河公司负担318060元；二审案件受理费人民币

706800元，由冠华公司、冠城公司、潘某华负担388740元，由天马河公司负担318060元。

## 四、裁判要旨

违约金作为当事人事先约定的一方违约时应当向另一方支付的金钱或其他财产，其金额的确定与违约行为造成的损失密切相关，既包括当事人遭受的资金占用等实际损失，亦包含符合可预见性要求的可得利益损失。违约金是否过高可结合交易的目的、标的金额、背景情况综合判断，在违约方未能举证证明违约金过分高于造成损失的情况下，不宜调整违约金数额。但守约方已通过关联诉讼得到弥补的部分损失应当视为其因违约方违约所遭受损失的组成部分，并为合同约定的违约金所涵盖，人民法院在判付的违约金中应当依法扣除。

（合议庭成员：陈宏宇、奚向阳、王毓莹；案号：(2016) 最高法民再406号；判决日期：2017年5月25日；案例编写人：陈宏宇、谢素恒；案例审核人：张勇健）

**016**

## 被执行人的债务人根据法院执行通知书的要求未向该被执行人履行债务的，不构成违约

——铜锣湾广场公司、平和公司与铜锣湾酒店公司房屋租赁合同纠纷案

### 一、主要案情

2005年4月12日，平和公司与铜锣湾广场公司签订《租赁合同》，约定将平和公司自有的铜锣湾广场物业出租给铜锣湾广场公司经营管理，出租期限为20年。铜锣湾广场中已对外销售的物业由铜锣湾广场公司负责与商铺业主分别签订返租合同，租金由铜锣湾广场公司从其经营收益中按约定支付给商铺业主。还约定，铜锣湾广场公司对铜锣湾广场大厦主体进行改造时，必须向平和公司提出申请并呈报相关方案，否则由此造成的损失由铜锣湾广场公司负责。2005年4月至11月，铜锣湾广场公司与案涉出租物中除平和房产自有物业外的6户小业主周某伊、王某、高某华、聂某秀、谢某纯、邹某斌分别签订了《商铺委托联营合同》，约定由周某伊等6人将所购商铺的经营权委托给铜锣湾广场公司处置。

2009年2月16日，李某、申某、陈某冬与平和公司签订《房屋租赁合同》。合同约定，平和公司将坐落在铜锣湾广场裙楼部分物业租赁给李某等三人使用，出租使用范围为一楼临建设路门面一个四楼整层及四楼平顶部分房产。平和公司同意从合同签订日起给予李某等三人5个月免租期，物业租赁时间从免租期满起自2009年7月18日起至2021年7月18日止，共计12年。平和公司于2009年3月15日前交付合同约定的所有物业。免租期结束的次日为计租起始日。合同签订后一个月内，李某等三人缴纳履约保证金20万元，同时向平和公司支付租金30万元，保证金可冲

抵最后一季部分的租金。

2009年3月25日，平和公司与李某签订一份《补充协议》，约定由于所租赁的物业位置有所调整，平和公司同意将给李某的免租期延长12天（即免租期到2009年7月30日止）。平和公司同意李某在每年缴纳的租赁费总额中免5000元。

2009年4月9日，湖南省常德市鼎城区人民法院在执行中国农业银行B市分行与平和公司借款抵押合同纠纷一案时，将李某等人所租赁的房屋予以查封，告知其在查封期间内不得转让、抵押、出租，亦不得进行装饰工程，应保持房屋的现状。此后，李某与平和公司又签订了一份《房屋租赁合同》。合同第3条约定，平和公司因欠李某人民币50万元，平和公司以本合同第1条约定范围的经营权提供保证担保。若平和公司在9个月内未偿还李某借款，则李某自2009年2月18日起可接管上述物业，开始承租上述物业。合同中其他内容与李某等人与平和公司2009年2月16日签订的租赁合同内容相同。合同签约日期书写为2008年5月16日。

铜锣湾广场公司认为平和公司早于2005年将案涉物业交给了铜锣湾广场公司经营，平和公司无权出租，遂提出异议。而后，铜锣湾广场公司与李某、平和公司协商变更房屋租赁合同的主体，由铜锣湾广场公司与李某就同一租赁物业签订了编号为A的《房屋租赁合同》。合同约定，铜锣湾广场公司将坐落在锣湾广场裙楼部分物业租赁给李某使用，出租使用范围为一楼临建设路门面一个四楼整层及四楼平顶部分房产。铜锣湾广场公司同意从2009年2月18日起给予李某5个半月免租期，物业租赁期限从免租期满起，自2009年8月1日起至2021年7月31日止，共计12年。铜锣湾广场公司于2009年2月18日前交付案涉租赁物。免租期结束的次日为计租起始日。自2009年2月18日起，平和公司所欠李某50万元转变为保证金20万元，30万元为租金，保证金可冲抵最后一季部分的租金。该份合同载明的签约日期为2008年4月16日。

2009年5月12日，李某向铜锣湾广场公司出具《申请报告》，要求对铜锣湾大厦四楼的部分窗户进行改造。铜锣湾广场公司的负责人签字表示要报请平和公司批示，平和公司的负责人签字表示同意。2010年10月28日，铜锣湾酒店公司为平和公司代缴租赁税费34999.87元。铜锣湾广场公司除认可平和公司所欠李某50万元个人借款抵作租金、保证金、代付部分租赁税费外，再未依据合同收到房屋租金，遂于2012年8月29日向李某发出《关于要求李某先生支付房屋租金的通知》，该通知载明了截至2012年7月31日所欠租金的数额，并要求在5天内支付，否则将解除双方的租赁合同。李某对此未作回应。

2012年12月15日，铜锣湾广场公司向仲裁委员会申请仲裁。2013年5月13日，仲裁委员会作出（2012）常仲裁字第145号裁决书，裁决：1.解除铜锣湾广场公司与铜锣湾酒店公司发起人李某签订的编号为A的《房屋租赁合同》。铜锣湾酒店公司在裁决书生效后10日内腾出所租房屋。2.铜锣湾酒店公司欠铜锣湾广场公司截至2012年12月25日前的租金为292.7187万元，扣除已付50万元，还应支付2427187元，此款在裁决生效后10日内履行。2012年12月26日以后至腾房之日止的租金双方按所签合同约定结算。结算中铜锣湾酒店公司代铜锣湾广场公司垫付的相关税费一并冲减。3.铜锣湾酒店公司向铜锣湾广场公司支付违约金94902元。裁决后，铜锣湾酒店公司不服，向常德市中级人民法院申请撤销仲裁裁决书，该院于2013年10月15日作出（2013）常民一撤字第12号民事裁定书，裁决撤销常德仲裁委员会（2012）常仲裁字第145号仲裁裁决书，案件受理费400元，由铜锣湾广场公司负担。铜锣湾广场公司遂起诉，提出前列诉讼请求。

本案所涉租赁物系李某等人根据合同约定的商业用途开办酒店所用。2009年10月16日，李某、陈某冬与汤某保签订《合作协议书》，约定双方共同投资铜锣湾大厦一楼、四楼及四楼平顶部分经营客房服务。同日，李某、陈某冬、汤某保向平和公司发出通知，告知其从此之后，铜锣湾酒店公司的租金结算由汤某保负责。平和公司对此未作回复。2009年12月9

日，李某、陈某冬、弈某阳、韩某豫四人共同出资注册登记成立了铜锣湾酒店公司。2010年6月23日、2010年7月14日、2011年3月28日、2012年5月2日常德市中级人民法院、常德市武陵区人民法院、津市市人民法院分别向李某、申某、陈某冬、铜锣湾酒店公司发出协助执行通知书，冻结、提取平和公司在铜锣湾酒店公司的租金收入，但并未实际冻结相关财产。

铜锣湾广场公司向一审法院起诉请求：1. 判决解除铜锣湾广场公司与铜锣湾酒店公司的租赁合同关系，并判决铜锣湾酒店公司立即腾房；2. 判决铜锣湾酒店公司向铜锣湾广场公司支付欠付的房屋租金（房屋占有使用费）3410250元、违约金80万元，诉讼费由铜锣湾酒店公司承担。一审法院判决：1. 解除铜锣湾广场公司与铜锣湾酒店公司发起人李某签订的编号为A的《房屋租赁合同》，铜锣湾酒店公司于判决生效之日起10日内腾出所承租的房屋；2. 铜锣湾酒店公司于判决生效之日起10日内向铜锣湾广场公司支付房屋租金3210250元，并支付违约金385085.42元。铜锣湾酒店公司垫付的相关税费可在上述款项中予以抵扣。案件受理费40482元，由铜锣湾广场公司负担5912.47元，由铜锣湾酒店公司负担34569.53元。

铜锣湾酒店公司不服一审判决，上诉请求：撤销一审判决，驳回铜锣湾广场公司诉讼请求并由其承担诉讼费。湖南省高级人民法院作出（2015）湘高法民一终字第57号民事判决，驳回上诉，维持原判。本案二审案件受理费40482元，由铜锣湾酒店公司负担。

铜锣湾酒店公司不服该院二审判决，向最高人民法院申请再审请求：撤销二审判决；驳回铜锣湾广场公司的全部诉讼请求。

最高人民法院于2017年8月31日作出（2017）最高法民申3528号民事裁定，提审本案。依法组成合议庭，于2017年11月28日公开开庭审理了本案。

## 二、裁判理由

本案的争议焦点为：1. 铜锣湾酒店公司与铜锣湾广场公司之间是否存

在房屋租赁关系；2. 铜锣湾酒店公司是否存在逾期交纳租金的违约行为。

（一）关于铜锣湾酒店公司与铜锣湾广场公司之间是否存在房屋租赁关系的问题

综合本案事实，铜锣湾酒店公司先后与平和公司、铜锣湾广场公司签订过租赁合同，各方当事人对案涉几份租赁合同的真实性均无异议，对铜锣湾酒店公司已经承租案涉租赁物亦无异议，存在争议的是实际履行哪一份合同的问题。虽然铜锣湾酒店公司在本案中提交了一系列代平和公司缴纳税费和履行生效执行裁定代付款的证据，但就直接向出租人支付租金而言，除铜锣湾酒店公司自认合同所涉及的“平和公司欠李某 50 万元”作为已付租金外，铜锣湾酒店公司并没有就租赁物支付过其他租金，因此本案无法直接从收取租金主体的角度判断谁是出租人。从 2009 年 5 月 12 日铜锣湾酒店公司向铜锣湾广场公司递交改装窗户的申请报告来看，这一行为完全符合了承租人向出租人主张权利的特征，结合平和公司与铜锣湾广场公司 2005 年 4 月 12 日签订的《租赁合同》约定平和公司将铜锣湾广场物业出租给铜锣湾广场公司经营管理，平和公司在本案诉讼中亦明确表示其不向铜锣湾酒店公司主张租金并对铜锣湾广场公司提起本案诉讼主张租金表示认可等事实，二审判决确认本案实际履行的是编号为 A 的《房屋租赁合同》，本案实际出租人为铜锣湾广场公司并无不当，法院予以维持。

（二）关于铜锣湾酒店公司是否存在逾期交纳租金之违约行为的问题

首先，《最高人民法院关于适用〈中华人民共和国民事诉讼法〉的解释》第五百零一条第一款规定：“人民法院执行被执行人对他人的到期债权，可以作出冻结债权的裁定，并通知该他人向申请执行人履行。”《最高人民法院关于人民法院执行工作若干问题的规定（试行）》第六十七条规定：“第三人收到人民法院要求其履行到期债务的通知后，擅自向被执行人履行，造成已向被执行人履行的财产不能追回的，除在已履行的财产范围内与被执行人承担连带清偿责任外，可以追究其妨害执行的责任。”据此，被执行人的债务人在收到人民法院协助执行通知书后即负有不得向其债权人即被执行人履行的义务，否则除在已履行的财产范围内与被执行人承担连带清偿责任外，人民法院亦可追究其妨害执行的责任。本案中，铜锣湾酒店公司自2010年6月23日起，先后收到有关法院作出的裁定及协助执行通知书，要求冻结并提取平和公司在该铜锣湾酒店公司享有的租金收益。虽然最高人民法院认定本案的实际出租人为铜锣湾广场公司，鉴于平和公司与铜锣湾广场公司之间亦存在租赁关系，在铜锣湾酒店公司只负有支付一次租金义务的情况下，法院限制其向平和公司支付并通知提取相应租金，铜锣湾酒店公司即负有依法协助法院执行生效裁判的义务。直至本案二审判决作出时，执行裁定及协助执行通知书仍然对铜锣湾酒店公司具有法律效力，故根据上述司法解释的规定，铜锣湾酒店公司履行支付租金的合同义务存在法律上的障碍，其未履行支付租金义务的行为不应认定为违约，铜锣湾广场公司主张铜锣湾酒店公司支付违约金不应得到支持。二审判决认定法院并未实际冻结或提取铜锣湾酒店公司的财产，铜锣湾酒店公司作为承租人仍然应当直接向出租人交纳租金否则即构成违约的观点，属于对上述规定的错误理解。至于铜锣湾酒店公司亦未依照人民法院协助执行通知书的要求在执行程序中交付租金的问题，属于执行法院与铜锣湾酒店公司之间执行法律关系的范畴，可由相关执行法院在执行程序中解决。

其次，铜锣湾广场公司对铜锣湾酒店公司享有租金收益的权利是双方存在租赁关系的应有之义。现有证据表明，铜锣湾酒店公司在被要求协助提取租金收益期间并未实际向法院全面履行相应提取租金的义务，导致铜锣湾广场公司、平和公司应当被涤除的债务依然存在。虽然铜锣湾酒店公司因履行人民法院的有关生效法律文书而未支付租金的行为不构成违约，但在其负有协助法院执行生效法律文书义务却未履行的情形下，并不能免除铜锣湾酒店公司本身负有的承担租金之义务。因铜锣湾酒店公司代平和公司付税费371864.87元及履行生效判决债务277189元，考虑平和公司、铜锣湾广场公司、铜锣湾酒店公司三者之间的租赁关系，铜锣湾酒店公司同样得就其履行的该部分义务向铜锣湾广场公司主张租金抵扣。故，最高人民法院确认截至2013年10月31日铜锣湾广场公司对铜锣湾酒店公司享有的租金债权为2561196.13元（3210250元－371864.87元－277189元）。该租金债权虽然有效存在，但由于执行法院已经向铜锣湾酒店公司发出协助执行通知书，根据上述司法解释的规定铜锣湾酒店公司依据合同约定向出租人支付租金存在法律上的障碍，故法院在本案中亦不能直接判决铜锣湾酒店公司向铜锣湾广场公司履行给付义务，该笔债权可由相关执行法院依法执行。

最后，津市市人民法院的（2011）津执字第20－12号执行裁定已经解除了案涉租赁物业中属于业主高某华、王某、周某伊等个人所有物业的租金收益扣留，该部分租金的给付问题可由铜锣湾广场公司在相关执行程序中另循途径解决。由于铜锣湾酒店公司欠付租金数额巨大，造成欠付原因多重，且各方当事人在再审中均认可铜锣湾酒店公司已经停止经营，案涉铜锣湾广场公司与铜锣湾酒店公司的租赁合同目的已然无法实现，合同应当解除。

## 三、裁判结论

依照《中华人民共和国民事诉讼法》第二百零七条第一款、第一百七十条第一款第二项，《最高人民法院关于适用〈中华人民共和国民事诉讼法〉的解释》第五百零一条第一款，《最高人民法院关于人民法院执行工作若干问题的规定（试行）》第六十一条、第六十七条之规定，判决如下：

一、撤销湖南省高级人民法院（2015）湘高法民一终字第57号民事判决及湖南省常德市中级人民法院（2013）常民一初字第21号民事判决；

二、解除铜锣湾广场公司与铜锣湾酒店公司发起人李某签订的编号为A的《房屋租赁合同》，铜锣湾酒店公司于本判决生效之日起十日内腾出所承租的房屋；

三、驳回铜锣湾广场公司的其他诉讼请求。

一审案件受理费40482元，由铜锣湾广场公司负担16192.8元，铜锣湾酒店公司负担24289.2元；二审案件受理费40482元，由铜锣湾广场公司负担16192.8元，铜锣湾酒店公司负担24289.2元。

本判决为终审判决。

## 四、裁判要旨

根据有关司法解释的规定，人民法院执行被执行人对他人的租金等到期债权，可以作出冻结债权的裁定，并通知承租人等该他人向申请执行人履行。承租人在收到人民法院协助执行通知书后即负有不得向出租人支付租金的义务，否则除在已履行的财产范围内与被执行人（出租人）承担连带清偿责任外，人民法院可追究其妨害执行的责任。故无论执行法院是否实际冻结或提取租金，承租人未向出租人交付租金的行为均不构成违约。出租人以执行法院并未实际冻结或提取租金为由主张承租人未依约交租构成违约的，人民法院不予支持。至于承租人未依照人民法院协助执行通知书的要求在执行程序中支付租金的问题，属于执行法院与承租人之间执行法律关系的范畴，可由相关执行法院在执行程序中解决。

（合议庭成员：陈宏宇、王毓莹、曹刚；案号：（2017）最高法民再343号；判决日期：2017年12月28日；案例编写人：陈宏宇、谢素恒；案例审核人：张勇健）

**017**

## 当事人约定股权转让款直接支付给目标公司并作为其对转让人的借款，在目标公司明确知悉的情形下，其与转让人之间成立借贷关系

——绿洲公司与锐鸿公司、海港城公司、绿创公司企业借贷纠纷案

### 一、主要案情

2015年2月9日，绿洲公司作为甲方，锐鸿公司作为乙方，海港城公司作为丙方签订《股权转让协议》。该协议前言部分载明，海港城公司作为项目公司现已开发了位于滨海大道北侧新港片区的A项目，分为两期，一期项目华府天地住宅已基本售罄、威斯汀酒店接近完工，二期住宅项目正处于方案设计调整阶段。《股权转让协议》约定：甲方将持有的海港城公司80%的股权（以下简称标的股权）全部转让给乙方，乙方收购标的股权的对价款为1.76亿元，另有甲方及其关联方截至2014年12月31日向海港城公司提供的股东借款1.99亿元，由乙方一并负责通过海港城公司向甲方支付，此次股权转让的总价款合计为3.75亿元；在本协议第5.1.5条约定事项达成之后的3个工作日内，开通以甲方名义开设、由甲乙双方共管的银行资金账户，乙方应当在共管账户开通后7个工作日内打入股权转让总价款的60%（2.25亿元，含之前支付的1000万元）作为股权过户资金保障，并出具付款指令；在乙方按照本协议第3.2条约定共管资金后30个工作日内，甲方未能完成股权过户手续，则每延迟一日，甲方应向乙方支付本协议约定的股权转让款项万分之三的违约金。逾期超过30日的，乙方有权解除本协议，除上述违约金外，甲方自乙方作出解除通知之日起将乙方根据本协议第3.1条、第3.2条向甲方支付的定金及共管

资金无条件退返乙方，由此造成乙方损失的，甲方负赔偿责任。

2015年11月8日，绿洲公司、海港城公司、锐鸿公司与上置公司及国升公司签订《备忘录》，约定：绿洲公司与锐鸿公司签署并盖章将绿洲公司持有的海港城公司80%股权转让给锐鸿公司的协议等一系列文件；在签署并盖章80%股权转让文件当日，锐鸿公司向由绿洲公司与锐鸿公司共同监管的银行账户汇入2.15亿元，其中1.31亿元用以支付海港城公司到期贷款和利息；在绿洲公司将其持有的海港城公司80%股权转让给锐鸿公司完成后的30日内，锐鸿公司向绿洲公司支付1.31亿元（受让绿洲公司将其持有的海港城公司80%股权转让对价款的一部分）。如延期付款，锐鸿公司须承担日万分之五的违约金。

2015年11月19日，海港城公司的股东由绿洲公司、国升公司变更为锐鸿公司、国升公司，其中锐鸿公司持股80%。

2015年11月20日，绿洲公司向锐鸿公司发出的《委托支付指令函》载明，根据《股权转让协议》的约定，绿洲公司持有的海港城公司80%的股权已于2015年11月18日与锐鸿公司在海口完成了股权变更手续，绿洲公司确认锐鸿公司已于2015年11月20日准备完毕部分股权转让款2.15亿元，并向绿洲公司发出支付通知。现因绿洲公司经营需要，特委托锐鸿公司将其中的1.3104亿元的股权转让款定向支付给海港城公司以下账户，支付后即视为锐鸿公司已按协议履行该部分股权转让款的付款义务。剩余股权转让款8396万元，绿洲公司将另行通知锐鸿公司具体支付方式。特出具此《委托支付指令函》。

2015年11月20日，锐鸿公司向绿洲公司发出的《承诺函》载明，绿洲公司于2015年11月20日向锐鸿公司出具了《委托支付指令函》（作为本承诺函的附件）：将根据绿洲公司与锐鸿公司于2015年2月9日签署的《股权转让协议》的约定，存放于双方监管的银行账户的部分股权转让款2.15亿元中的1.3104亿元先用于支付海港城公司到期银行债务本息。锐鸿公司承诺，上述1.3104亿元资金，将作为锐鸿公司控制的海港城公司向绿洲公司的借款，按2015年11月18日由上置公司、绿洲公司、国升公司、锐鸿公司、海港城公司签署的《备忘录》（作为本承诺函的附件）的约定，在绿洲公司将其持有的海港城公司80%股权转让给锐鸿公司的工商管理部门变更登记完成后的30日内，锐鸿公司向绿洲公司支付上述1.3104亿元资金。如延期付款，锐鸿公司将承担日万分之五的违约金。

2015年11月20日，锐鸿公司的81102010××××××××912账户向海港城公司在江苏银行上海宝山支行的182801××××××××252账户转账支付1.0104亿元，向海港城公司在中信银行海口分行营业部的75401101××××××××612账户转账支付3000万元。该两张银行结算凭证的附加信息及用途注明为还款及利息。

2015年11月26日，锐鸿公司通过811020101××××××××912账户向绿洲公司转账支付8396万元股权转让款。

2016年2月19日，海港城公司（注册资本为2.2亿元）以存续分立的方式，分立为海港城公司（存续公司，注册资本为1.2亿元）和绿创公司（新设公司，注册资本为1亿元）。

绿洲公司向一审法院起诉请求：1. 海港城公司支付拖欠的借款共计1.3104亿元；2. 海港城公司支付自2015年12月20日起至生效判决书指定的付款期限届满之日期间的逾期付款利息；3. 海港城公司承担案件受理费、财产保全费等在内的所有诉讼费用；4. 绿创公司对于上述第1项、第2项、第3项的诉讼请求承担连带清偿责任；5. 锐鸿公司支付自2015年12月20日起至生效判决书指定的付款期限届满之日期间的逾期付款违约金，暂计算至2016年1月31日的部分违约金金额为281.736万元（按照日万分之五计算）；6. 锐鸿公司对上述第1项、第2第、第3第、第4项的诉讼请求承担连带清偿责任。

锐鸿公司向一审法院提出反诉请求：1.《股权转让协议》项下的股权转让总价款3.75亿元应扣减6270.514518万元，并相应免除海港城公司对绿洲公司6270.514518万元的还款义务；2. 绿洲公司向锐鸿公司返还《股权转让协议》项下已支付的价款8396万元，并偿付实际占用期间的银行利息（按照中国人民银行一年期流动资金贷款利率计算，暂计至2016年10月16日为329.7179万元）；3. 绿洲公司按未披露债务及虚报资产超出《股权转让协议》股权转让总价款的金额1525.607785万元，支付海港城公司。

海南省高级人民法院于2017年1月3日作出（2016）琼民初30号民事判决，判决如下：1. 限锐鸿公司于本判决生效之日起15日内向绿洲公司支付股权转让款1.3104亿元及利息（利息自2015年12月20日起计算至实际清偿之日止，按中国人民银行公布的同期一年期一般流动资金贷款基准利率计算）；2.《股权转让协议》中的股权转让总价款扣减6270.514518万元；3. 驳回绿洲公司的其他诉讼请求；4. 驳回锐鸿公司的其他反诉请求。本诉案件受理费71.10868万元，财产保全申请费5000元，合计71.60868万元，由绿洲公司负担15071.82元，由锐鸿公司负担70.101498万元。反诉案件受理费15.950737万元，由绿洲公司负担。

绿洲公司不服海南省高级人民法院作出的一审判决，向最高人民法院上诉请求：1. 依法撤销一审判决，改判支持绿洲公司的全部诉讼请求，并驳回锐鸿公司提出的反诉或在审理后驳回其所有反诉请求；或者将本案发回一审法院重审。2. 依法判决三被上诉人共同承担本案全部诉讼费用。最高人民法院2017年5月24日立案受理后，依法组成合议庭，于2017年8月22日公开开庭审理了本案。

## 二、裁判理由

本案的争议焦点为：1. 本案纠纷的性质是什么；2. 锐鸿公司的起诉是否构成本案的反诉；3. 绿洲公司在本案中主张1.3104亿元款项应当由谁来支付；4. 锐鸿公司提出的在股权转让总价款中扣减6000多万元是否有依据，如扣减，应当如何进行扣减。

（一）关于本案纠纷的性质问题

人民法院审理民事案件应当依据当事人的诉讼请求以及查明的事实来

确定案件的民事法律关系性质。本案中，绿洲公司以企业借贷纠纷提起诉讼，请求海港城公司偿还欠付借款1.3104亿元及利息，锐鸿公司、绿创公司承担相应连带清偿责任，系围绕借贷关系主张权利。根据绿洲公司向锐鸿公司出具的2012年11月20日《委托支付指令函》，绿洲公司决定委托锐鸿公司将2.15亿元股权转让款中的1.3104亿元支付给海港城公司，支付后视为锐鸿公司已经履行该部分股权转让款的付款义务。在锐鸿公司此后向绿洲公司出具的《承诺函》中，锐鸿公司既确认收到了该《委托支付指令函》，同时亦承诺将该1.3104亿元作为锐鸿公司控制的海港城公司向绿洲公司的借款，并按照《备忘录》的约定，在完成相应的股权转让登记手续后30日内向绿洲公司支付上述款项。至此，在锐鸿公司根据绿洲公司的指示将该笔股权转让款打入海港城公司账户后，该部分股权款的支付义务已经履行，并随之产生绿洲公司与海港城公司之间的借款法律关系，锐鸿公司与绿洲公司对此已经达成共识。在绿洲公司并非基于与锐鸿公司的股权转让关系而是以借贷关系提出诉讼请求的前提下，一审判决认定本案为股权转让性质既不符合上述协议内容的实质，也不符合锐鸿公司本身主张的法律关系性质，应当予以纠正。二审法院认定本案为借款纠纷性质，因借款行为发生在非金融企业之间，应当确定案由为企业借贷纠纷。

（二）关于锐鸿公司的起诉是否构成本案的反诉问题

《最高人民法院关于适用〈中华人民共和国民事诉讼法〉的解释》第二百三十三条第二款规定："反诉与本诉的诉讼请求基于相同法律关系、诉讼请求之间具有因果关系，或者反诉与本诉的诉讼请求基于相同事实的，人民法院应当合并审理。"绿洲公司以借贷纠纷提起诉讼，本案亦符合企业借贷的特征，而锐鸿公司提出的反诉是因《股权转让协议》的履行产生的股权转让款支付争议，与本案既不属于同一法律关系，诉讼请求之间也不具有因果关系，也非基于相同事实，锐鸿公司的起诉不构成本案的反诉，不应合并审理，其可另行起诉。法院另行制作（2017）最高法民终

412号民事裁定书驳回锐鸿公司的反诉。

（三）关于绿洲公司在本案中主张1.3104亿元款项应当由谁来支付的问题

《最高人民法院关于审理民间借贷案件适用法律若干问题的规定》第十一条规定："法人之间、其他组织之间以及它们相互之间为生产、经营需要订立的民间借贷合同，除存在合同法第五十二条、本规定第十四条规定的情形外，当事人主张民间借贷合同有效的，人民法院应予支持。"本案为企业借款关系，该借款关系不存在违反法律有关规定的情形，根据上述司法解释的规定应当认定合法有效。结合签订在前的《备忘录》中有关绿洲公司将海港城公司80%股权完成与锐鸿公司交割时锐鸿公司应当向共管账户汇入2.15亿元，其中1.31亿元用以支付海港城公司到期贷款和利息的约定，海港城公司作为签订《备忘录》的一方当事人，对绿洲公司将股权转让款中的1.31亿元转付海港城公司使用显然是明知的，海港城公司亦承认实际收到了1.3104亿元款项，虽然海港城公司并非《委托支付指令函》和《承诺函》的主体，根据权利义务对等原则，海港城公司亦当对绿洲公司负有偿还欠款的义务，即海港城公司应当向绿洲公司归还借款1.3104亿元。至于绿洲公司主张海港城公司支付逾期付款利息问题，根据《最高人民法院关于审理民间借贷案件适用法律若干问题的规定》第二十九条第二款第一项"既未约定借期内的利率，也未约定逾期利率，出借人主张借款人自逾期还款之日起按照年利率6%支付资金占用期间利息的，人民法院应予支持"之规定，案涉《承诺函》未约定借期内的利率，也未就逾期利率作出约定，依照上述规定，海港城公司应以1.3104亿元为基数，自2015年12月20日起至实际清偿之日止，按照年利率6%向绿洲公司支付资金占用利息。

关于锐鸿公司、绿创公司应否对该笔债务承担连带责任的问题。从锐鸿公司在《承诺函》中的行文来看，锐鸿公司在承诺案涉1.3104亿元将作为其控股的海港城公司向绿洲公司的借款后，又表明将按照《备忘录》

中约定的付款条件向绿洲公司承担支付义务及逾期付款的违约责任。基于锐鸿公司的承诺人身份，绿洲公司有理由相信锐鸿公司有为该笔借款承担还款责任的意愿，故锐鸿公司应当对海港城公司的借款本息承担连带清偿责任。绿创公司作为海港城公司存续分立后的主体，依照《中华人民共和国公司法》的有关规定，亦应当对海港城公司的1.3104亿元借款本金及利息承担连带清偿责任。就绿洲公司向锐鸿公司主张的逾期付款违约金问题，因最高人民法院已对绿洲公司主张的逾期利息予以支持，在绿洲公司并未对逾期付款造成损失提供证据证明的情形下，法院认为对其主张逾期利息的支持足以弥补其损失，对绿洲公司主张的逾期付款违约金不予支持。

（四）关于锐鸿公司提出的在股权转让总价款中扣减6000多万元的问题

如前所述，锐鸿公司的起诉不构成反诉，是否扣减股权转让总价款问题亦是涵盖在反诉中的问题，不应在本案中处理，可由锐鸿公司另循途径解决，法院对此不予审理。

## 三、裁判结论

依照《中华人民共和国民事诉讼法》第一百七十条第一款第二项之规定，判决如下：

一、撤销海南省高级人民法院（2016）琼民初30号民事判决；

二、海港城公司于本判决生效之日起十五日内向绿洲公司偿还借款本金1.3104亿元及利息（利息自2015年12月20日起计至实际清偿之日止，以按照年利率6%计算）；

三、锐鸿公司、绿创公司对本判决第二项债务承担连带清偿责任；

四、驳回绿洲公司的其他诉讼请求。

如未按照本判决指定的期间履行给付金钱义务，应当依照《中华人民共和国民事诉讼法》第二百五十三条之规定，加倍支付迟延履行期间的债务利息。

一审案件受理费711086.8元，财产保全费5000元，合计716086.8元，由绿洲公司负担71608.68元，由海港城公司、锐鸿公司、绿创公司负担644478.12元；二审案件受理费1030101.54元，由绿洲公司负担103004.15元，由海港城公司、锐鸿公司、绿创公司负担927097.39元。

本判决为终审判决。

## 四、裁判要旨

股权转让人委托股权受让人将股权转让款直接支付给目标公司，股权转让双方达成共识同意将支付给目标公司的款项作为目标公司对股权转让人的借款。在目标公司对股权转让事项及股权转让款的支付方式明确知悉的情形下，根据权利义务对等及诚实信用原则，应当认定股权转让人对目标公司享有债权，二者之间成立借贷关系。股权转让人依据双方的借贷关系向目标公司主张还款，人民法院应予支持。

（合议庭成员：陈宏宇、王毓莹、曹刚；案号：（2017）最高法民终412号；判决日期：2017年12月27日；案例编写人：陈宏宇、谢素恒；案例审核人：张勇健）

# （二）公司、证券、保险、票据

018

## 公司经营管理发生严重困难的认定

——华城公司与刘某、韦某书、温某生、李某东、黄某良公司解散纠纷案

### 一、主要案情

华城公司于2002年3月7日成立。原股东为韩某贵和张某。该《公司章程》第46条约定，公司经营期限为10年，自营业执照签发之日起计算。第47条第1项约定，公司有下列情形之一的，可以解散：公司章程规定的经营期限届满或者公司章程规定解散的其他事由出现时。第48条约定，公司各股东一致同意延长经营期限时，应由股东会在经营期限届满前6个月作出决议，向公司登记机关申请变更登记。因股权变更，华城公司股东会于2006年3月5日作出《章程修正案》，修改股东姓名及出资比例为温某生出资517.64万元，占注册资本17.97%；韦某书出资639.41万元，占注册资本22.2%；黄某良出资611.06万元，占注册资本21.21%；刘某出资537.48万元，占注册资本18.67%；李某东出资574.41万元，占注册资本19.95%。2007年6月3日，华城公司就股东股份分红事宜召开股东会并作出《股东会决议》。刘某对该《股东会决议》提出反对意见，认为该决议确定的分红方案无依据，应按照工商登记的持

股比例进行分配。2009年1月17日，华城公司就工程款债务问题召开股东会，刘某未参加该次股东会议。该会议决议各股东分别再向公司出资共计22万元，其中刘某应出资4万元。2009年7月26日，华城公司召开临时股东会，会议决议内容为：1. 由各股东委派财务人员或亲属一人或本人参加审核公司财务、项目部收支情况。审核后各股东不得再就财务问题纠缠。审核自2009年8月1日开始，时间为10日。股东未派人参加，其他股东的审核结果有效。2. 审核后，涉及税金、房产办证等税费的支出，在公司款项不足部分，由各股东按股份比例现金出资，在公司办公室或财务通知后5日内支付。逾期由此产生的一切法律责任由未履行义务的股东承担。刘某参加此次股东会且未有异议。

2012年3月9日，华城公司以刘某未返还借款为由向广西壮族自治区南宁市青秀区人民法院起诉，要求刘某返还借款2847819元。广西壮族自治区南宁市青秀区人民法院作出（2012）青民二初字299号民事判决，判令刘某向华城公司返还借款2847819元。刘某不服提出上诉，广西壮族自治区南宁市中级人民法院作出（2013）南市民二终字第122号民事判决，驳回上诉，维持原判。刘某不服，向广西壮族自治区南宁市人民检察院申请监督。广西壮族自治区南宁市人民检察院提请广西壮族自治区人民检察院对该案进行抗诉。2014年6月20日，广西壮族自治区人民检察院作出桂检民监〔2014〕100号不支持监督申请决定，认定刘某的申请不符合监督条件。

2012年，刘某以华城公司未返还借款为由向广西壮族自治区南宁市青秀区人民法院起诉，要求华城公司返还借款227万元及利息。广西壮族自治区南宁市青秀区人民法院作出（2012）青民二初字第452号民事判决，驳回刘某的全部诉讼请求。刘某不服提起上诉，广西壮族自治区南宁市中级人民法院作出（2013）南市民二终字第103号民事判决，驳回上诉，维持原判。

2014年8月8日、11月26日，刘某以书面方式向华城公司分别就公司盈利分配方案及精简人员配置事项提议召开临时股东会。该两份书面提议通过邮政快递送达华城公司。

华城公司2007年至2011年年检报告书中记载的经营状况分别为：2007年全年净利润：－12147539.59元；2008年全年净利润：－9990434.31元；2009年全年净利润：27737996.74元；2010年全年净利润：－2157199.04元；2011年全年净利润：－1417156.85元。

2017年3月23日，华城公司召开股东临时会议，通过了新的《公司章程》，将公司营业期限定为长期，并在市工商行政管理局备案。华城公司目前使用的有效营业执照上载明的营业期限为长期。

于是，刘某向广西壮族自治区南宁市中级人民法院提起诉讼，请求：1. 判令解散华城公司；2. 本案诉讼费用由华城公司承担。

广西壮族自治区南宁市中级人民法院于2015年11月12日作出（2015）南市中民二初字第3号民事判决：解散华城公司。

华城公司不服广西壮族自治区南宁市中级人民法院作出的一审判决，向广西壮族自治区高级人民法院提起上诉，请求：1. 撤销一审判决，依法驳回刘某的诉讼请求；2. 本案上诉费用由刘某承担。

广西壮族自治区高级人民法院于2016年12月22日作出（2016）桂民终233号民事判决：驳回上诉，维持原判。

华城公司不服广西壮族自治区高级人民法院作出二审判决，向最高人民法院申请再审。最高人民法院于2017年8月23日作出（2017）最高法民申3261号民事裁定，裁定提审本案，并于2017年11月7日立案后，依法组成合议庭，开庭进行了审理。

## 二、裁判理由

本案的争议焦点为：华城公司是否符合法定解散条件应予解散。

《中华人民共和国公司法》第一百八十二条规定："公司经营管理发生严重困难，继续存续会使股东利益受到重大损失，通过其他途径不能解决的，持有公司全部股东表决权百分之十以上的股东，可以请求人民法院解散公司。”《最高人民法院关于适用〈中华人民共和国公司法〉若干问题的规定（二）》第一条规定：“单独或者合计持有公司全部股东表决权百分之十以上的股东，以下列事由之一提起解散公司诉讼，并符合公司法第一百八十二条规定的，人民法院应予受理：（一）公司持续两年以上无法召开股东会或者股东大会，公司经营管理发生严重困难的；（二）股东表决时无法达到法定或者公司章程规定的比例，持续两年以上不能做出有效的股东会或者股东大会决议，公司经营管理发生严重困难的；（三）公司董事长期冲突，且无法通过股东会或者股东大会解决，公司经营管理发生严重困难的；（四）经营管理发生其他严重困难，公司继续存续会使股东利益受到重大损失的情形。股东以知情权、利润分配请求权等权益受到损害，或者公司亏损、财产不足以偿还全部债务，以及公司被吊销企业法人营业执照未进行清算等为由，提起解散公司诉讼的，人民法院不予受理。”公司解散属于公司的生死存亡问题，关涉公司股东、债权人及员工等多方利益主体，关涉市场经济秩序的稳定和安宁。因此，人民法院对公司解散应慎重处理，应综合考虑公司的设立目的能否实现、公司运行障碍能否消除等因素。只有公司经营管理出现严重困难，严重损害股东利益，且穷尽其他途径不能解决的，才能判决解散公司。

就本案而言，第一，华城公司尚不存在公司经营管理发生严重困难的情形。判断“公司经营管理是否发生严重困难”，应从公司组织机构的运行状态等多方面进行综合分析，如股东会、董事会以及监事会等公司权力机构和管理机构是否无法正常运行，是否对公司事项无法作出有效决议，公司的一切事务是否处于瘫痪状态等。本案中，虽然华城公司自2009年召开股东会后未再召开股东会，也未召开董事会，但是根据合计持股60.12%的股东（温某生17.97%、韦某书22.2%、李某东19.95%）明确表示不同意解散公司的事实可知，即便持股18.67%的股东刘某不参加股东会，华城公司仍可以召开股东会并形成有效决议。这一推断也被华城公司2017年3月23日召开临时股东会并制定有效公司章程的事实所印证。刘某称其与黄某良的股权合计已经超过华城公司股份总额的三分之一，但刘某并无证据证明黄某良同意解散公司。截至诉讼时，黄某良虽未出庭并陈述意见，但其已经签收本案相关法律文书，无法认定其是否反对股东会作出的决议。未召开股东会并不等于无法召开股东会，更不等于股东会议机制失灵，刘某提出公司机制失灵的理由不成立。刘某主张其股东权利无法行使，投资设立公司的目的无法实现。法院认为，公司的法人性质及多数决的权力行使模式决定公司经营管理和发展方向必然不能遵循所有投资人的意志，会议制度的存在为所有参与者提供表达意见的机会，但是最终的结果仍应由多数决作出，除非有例外约定。刘某作为持股比例较低的股东，在会议机制仍能运转的前提下，若认为其意见不被采纳进而损害自己的利益，可采取退出公司等方式维护自己的权益，据此主张公司应当解散的理由不成立。刘某主张华城公司目前处于歇业状态，但其提交的证据不能予以证明。《企业信用信息公示报告》中显示华城公司的登记状态是存续，《开发资质查询结果》《建设工程规划许可查询结果》《预售许可情况查询结果》也不能证明华城公司处于歇业状态。刘某还主张华城公司是房地产开发公司，仅开发大地华城公司一个项目，该项目已经建设销售完毕，华城公司无存续必要。但在再审庭审中对于法院“公司现在经营情况怎样”的询问，华城公司回应称“部分公司车位未销售完毕，现在正在正常经营。主要原来的项目未销售完毕，现在无新的项目开发”，对此刘某并未提出充分的证据予以反驳。因此，华城公司并未陷入公司经营管理失灵无法正常运转的局面，公司经营管理并未发生严重困难。

第二，华城公司继续存续并不会使股东利益受到重大损失。前已述及，华城公司并不存在经营管理发生严重困难情形，在此前提下，公司继续存续是否会使“股东利益受到重大损失”应结合股东利益的救济方式进行综合分析。如果有其他途径对股东的利益予以救济，则不宜通过解散公司的方式进行。刘某主要因要求华城公司分红未果以及公司财务不公开等事项而与华城公司及其他股东产生矛盾，属于股东分红请求权、知情权纠纷。依照《中华人民共和国公司法》的规定，股东认为上述权利受到侵害的，可以诉请要求分配利润或提供账册查询，性质上不属于公司解散诉讼的受理事由。刘某主张华城公司财务状况异常混乱，存在内外账、会计账和出纳账常年不符、款项支付不明、财务凭证不齐等问题，但其提供的证据不足以认定该事实。刘某主张华城公司经营亏损，继续经营会严重损害股东利益。根据《中华人民共和国公司法》第一百八十二条和《最高人民法院关于适用〈中华人民共和国公司法〉若干问题的规定（二）》第一条的规定，公司经营亏损不属于法定解散事由，不予支持。在刘某尚未采取其他法律措施维护自己权利的情况下，就本案现有证据而言，尚不足以证实华城公司继续存续会使股东利益受到重大损失。

从本案诉讼来看，刘某与其他股东之间的矛盾的确难以调和，但股东之间的矛盾并非解散公司的法定事由，股东纠纷可采取内部解决方式（如知情权、分红请求权、股权退出机制）来解决。公司解散对于公司而言，是最严厉、最具破坏性的结果，若非万不得已，不宜选择解散公司的办法来解决股东之间的矛盾，以维护社会关系的稳定，保障债权人的利益。华城公司各股东之间应本着诚信原则和公平原则，化干戈为玉帛，求同存异，妥善处理好股东之间的矛盾。

## 三、裁判结论

依照《中华人民共和国民事诉讼法》第二百零七条第一款、第一百七十条第一款第二项，《最高人民法院关于适用〈中华人民共和国民事诉讼法〉的解释》第四百零七条第二款，《中华人民共和国公司法》第一百八十二条，《最高人民法院关于适用〈中华人民共和国公司法〉若干问题的规定（二）》第一条之规定，判决如下：

一、撤销广西壮族自治区高级人民法院（2016）桂民终233号民事判决；

二、撤销广西壮族自治区南宁市中级人民法院（2015）南市民二初字第3号民事判决；

三、驳回刘某的全部诉讼请求。

一审案件受理费100元，财产保全费5000元，合计5100元，由刘某负担；二审案件受理费100元，由刘某负担。

## 四、裁判要旨

1. 人民法院对公司解散应慎重处理，应综合考虑公司的设立目的能否实现、公司运行障碍能否消除等因素。只有公司经营管理出现严重困难，严重损害股东利益，且穷尽其他途径不能解决的，才能判决解散公司。

2. 判断“公司经营管理是否发生严重困难”，应从公司组织机构的运行状态等多方面进行综合分析，如股东会、董事会以及监事会等公司权力机构和管理机构是否无法正常运行，是否对公司事项无法作出有效决议，公司的一切事务是否处于瘫痪状态等。公司持续两年以上未召开股东会或股东大会，并不等同于无法召开股东会，只要存在能够召开股东会或股东大会且能够有效决议的条件，不应据此认定公司的经营管理发生严重困难。

（合议庭成员：钱小红、奚向阳、陈宏宇；案号：（2017）最高法民再373号；判决日期：2017年12月28日；案例编写人：钱小红、王智锋；案例审核人：张勇健）

# （三）管辖等程序问题

**019**

## 法院管辖条款的解释应符合公正与效率的价值取向，并便于当事人参与诉讼

——桂建公司与甲银行、联壮公司、恒泰公司、覃某权、朗某梅借款担保合同纠纷管辖权异议纠纷案

### 一、主要案情

桂建公司因不服广西壮族自治区高级人民法院作出的（2016）桂民初8号民事裁定，向最高人民法院提起上诉，请求依法撤销一审裁定，将本案移送至江西省高级人民法院审理。事实和理由：1. 本案甲银行起诉的依据是内容为信托借款合同法律关系的《信托贷款合同》《债权移交协议》等，一审裁定却依据内容为委托管理合同法律关系的《信托贷款委托管理合同》中的管辖条款，认定一审法院对本案有管辖权，故本案法律关系、案件事实认定及法律适用明显错误。依照《信托贷款委托管理合同》约定，甲银行是根据国信公司和联壮公司的委托，代为管理国信公司向联壮公司提供的贷款，国信公司向甲银行支付服务费，联壮公司配合甲银行管理贷款，各方之间为委托管理合同法律关系。任何一方违反该管理合同约定的义务，均适用该合同的管辖条款。本案中，甲银行在起诉状中明确主张是根据《信托贷款合同》《债权移交协议》等起诉联壮公司等人，说明

甲银行提起诉讼的基础是《信托贷款合同》《债权移交协议》，并非《信托贷款委托管理合同》，故本案不属于《信托贷款委托管理合同》项下的纠纷，不应适用该管理合同约定的管辖条款。退而言之，即使根据《信托贷款委托管理合同》约定，甲银行作为国信公司的代理人须代为向借款人追偿逾期贷款，仍应以被代理人的名义代为办理，而无权依据《信托贷款委托管理合同》直接以自己名义提起诉讼，向借款人追偿债权。甲银行以自己的名义直接提起本案诉讼追偿债权，显然并非依据《信托贷款委托管理合同》。2. 甲银行系依据其从国信公司受让的《信托贷款合同》项下权利提起诉讼，本案为借款合同纠纷，应以《信托贷款合同》中的管辖条款确定管辖法院。《信托贷款合同》约定，该合同争议由“贷款人住所地人民法院管辖”，国信公司系本案贷款人，该公司住所地在江西省南昌市，故江西省相关法院对本案具有管辖权。《最高人民法院关于适用〈中华人民共和国民事诉讼法〉的解释》第三十三条规定：“合同转让的，合同的管辖协议对合同受让人有效，但转让时受让人不知道有管辖协议，或者转让协议另有约定且原合同相对人同意的除外。”据此，甲银行受让案涉《信托贷款合同》项下权利后，该合同的管辖条款对甲银行继续有效，甲银行依据《信托贷款合同》等提起本案诉讼，应由江西省有管辖权法院管辖。本案诉讼标的达 16 亿余元，根据《最高人民法院关于调整高级人民法院和中级人民法院管辖第一审民商事案件标准的通知》的有关规定，本案应当移送江西省高级人民法院审理。

甲银行答辩称：1. 桂建公司提出管辖权异议的申请已超过期限。本案于 2016 年 5 月 13 日立案，桂建公司提交的管辖权异议是在 2016 年 8 月 16 日，超出了应在提交答辩状期间提出管辖权异议的期限。2. 依照《信托贷款委托管理合同》的约定，合同当事人有争议的可向原告所在地人民法院提起诉讼。甲银行、国信公司、联壮公司签订的《信托贷款委托管理合同》约定，“各方在履行本合同中发生的争议，可向原告所在地人民法院提起诉讼”，甲银行作为信托贷款资产的受托管理人，管理内容包括“通过仲裁、法律诉讼等手段代为向借款人（联壮公司）追缴逾期贷款”，故该银行向广西壮族自治区高级人民法院提起本案诉讼符合三方关于协议管辖的约定。3. 甲银行作为适格信托财产的受益人亦有权提起诉讼。甲银行与国信公司签订《债权移交协议》，约定将《联壮集团贷款合同》项下贷款形式债权的信托财产以原状形式返还给受益人，该行为属于剩余信托财产的转移行为，非合同转让行为，不适用《最高人民法院关于适用〈中华人民共和国民事诉讼法〉的解释》第三十三条的规定，受托人不需要通知联壮公司。4. 广西壮族自治区高级人民法院管辖本案符合《最高人民法院关于调整高级人民法院和中级人民法院管辖第一审民商事案件标准的通知》第一条的规定。综上，请求驳回桂建公司提出的管辖权异议。

## 二、裁判理由

本案的争议焦点为：1. 桂建公司提出管辖权异议是否已经超过期限；2. 一审法院是否具有管辖权，本案应否移送江西省高级人民法院审理。

（一）关于桂建公司提出管辖权异议是否已经超过期限的问题

根据《中华人民共和国民事诉讼法》第一百二十五条有关“人民法院应当在立案之日起五日内将起诉状副本发送被告，被告应当在收到之日起十五日内提出答辩状”以及第一百二十七条有关“人民法院受理案件后，当事人对管辖权有异议的，应当在提交答辩状期间提出”的规定，桂建公司于2016年8月2日收到起诉状副本，则应在提交答辩状期间内即截至2016年8月17日前提出管辖权异议。现桂建公司于2016年8月16日对本案提出管辖权异议，并未超过法律规定提出管辖权异议的期限。甲银行主张桂建公司提出管辖权异议超过期限不成立，法院不予支持。

（二）关于一审法院是否具有管辖权，本案应否移送江西省高级人民法院审理的问题

人民法院以当事人合同约定的协议管辖条款确定管辖法院时，如涉及多份合同均约定有协议管辖条款的，应当遵从当事人起诉时的合同选择。虽然

甲银行在本案起诉时提交的证据包含《信托贷款委托管理合同》，但从甲银行起诉的事实和理由来看，其在本案中诉请的依据并非《信托贷款委托管理合同》，而是《信托贷款合同》及《债权移交协议》。退一步讲，即使不考虑甲银行在起诉时的合同选择，在《债权移交协议》签订之后，甲银行已经取得了《信托贷款合同》项下一方当事人的地位，国信公司通过《信托贷款委托管理合同》委托甲银行管理案涉贷款的基础亦不复存在，故一审裁定以该委托管理合同中的管辖条款作为确定本案管辖法院的依据欠妥，法院予以纠正。尽管如此，在对《信托贷款合同》《债权移交协议》的管辖条款进行审查后，二审法院仍然认为一审法院对本案享有管辖权，理由如下：

甲银行基于《信托贷款合同》《债权移交协议》提起本案诉讼，实际上是通过债权转让形式取得《信托贷款合同》的债权人地位后向债务人追索债权。本案所涉贷款、债权转让合同约定的管辖条款系各方当事人的真实意思表示，不违反法律、行政法规的强制性规定，应认定合法有效。《信托贷款合同》中约定的管辖条款为：本合同履行中发生争议，若通过诉讼解决的，由贷款人住所地人民法院管辖。根据《最高人民法院关于适用〈中华人民共和国民事诉讼法〉的解释》第三十三条有关“合同转让的，合同的管辖协议对合同受让人有效”之规定，本案国信公司向甲银行转让债权后，甲银行理应受到《信托贷款合同》中管辖条款的约束，即本案纠纷亦应由贷款人住所地人民法院管辖。由于国信公司与甲银行之间存在债权转让的行为，在本案纠纷发生时，对案涉贷款合同管辖条款中的贷款人既可理解为《信托贷款合同》签订时的贷款人国信公司，亦可理解为债权转让后实际取得贷款人地位的柳州银行。在对案涉管辖条款中的贷款人可作两种理解的情况下，人民法院应当综合考虑民事诉讼地域管辖所应遵循的公正与效率、便利双方当事人诉讼、确定性与灵活性并重等原则对贷款人的含义进行解释。本案诉讼中，借款纠纷的双方当事人柳州银行和联壮公司，以及担保人桂建公司、恒泰公司、覃某权、朗某梅的住所地均位于广西壮族自治区；桂建公司提供抵押的房产也位于广西壮族自治区，联壮公司和恒泰公司提供质押的股权均为联壮化工公司的股权。由此可见，在国信公司将其在《信托贷款合同》项下的债权转让给柳州银行后，本案所涉及的各连接点均显示广西壮族自治区与本案纠纷具有更为密切的联系，将管辖条款中的贷款人解释为柳州银行，并进而确定本案由一审法院管辖，不仅符合公正与效率的价值取向，而且便于各方当事人参与诉讼。同时依据《最高人民法院关于适用〈中华人民共和国担保法〉若干问题的解释》第一百二十九条有关根据主合同确定主合同和担保合同纠纷管辖的规定，本案由一审法院管辖亦不损害作为担保人的桂建公司的管辖利益，故对桂建公司上诉要求将本案移送江西省高级人民法院审理的主张，法院不予支持。

## 三、裁判结论

依照《中华人民共和国民事诉讼法》第一百七十条第一款第一项、第一百七十一条，《最高人民法院关于适用〈中华人民共和国民事诉讼法〉的解释》第三百三十四条之规定，裁定如下：

驳回上诉，维持原裁定。

本裁定为终审裁定。

## 四、裁判要旨

人民法院以当事人合同约定的协议管辖条款确定管辖法院时，如涉及多份合同均约定有协议管辖条款的，应当遵从当事人起诉时的合同选择。在对合同管辖条款可作多种理解的情况下，人民法院应当综合考虑民事诉讼地域管辖所应遵循的公正与效率、便利双方当事人诉讼、确定性与灵活性并重等原则对相关概念进行解释，充分考虑合同涉及各连接点与诉讼地域的联系，从而准确恰当确定案件管辖法院。

（合议庭成员：陈宏宇、王毓莹、曹刚；案号：（2017）最高法民辖终112号；裁定日期：2017年4月24日；案例编写人：陈宏宇、谢素恒；案例审核人：张勇健）

# （四）执行异议之诉

**020**

## 买受人出租不动产构成对不动产的合法占有

——朱某阳与某建筑装饰工程公司第七分公司、世知公司第三人执行异议之诉案

### 一、主要案情

朱某阳向海南省第一中级人民法院诉请：1. 终止（2015）海南一中执字第115号裁定中与原告相关的强制执行，解除对世知度假酒店第五期B6号别墅（以下简称案涉房屋）的执行查封措施。2. 请求判决确认案涉房屋为朱某阳所有，并判决第三人世知公司为朱某阳办理上述房产的房产证、土地使用权证、契证；如第三人世知公司不能为朱某阳办理房屋权属证书，则请求判决第三人世知公司赔偿原告损失1700万元。3. 判决本案诉讼费由被告和第三人承担。

一审法院查明：2009年10月10日，朱某阳与世知公司签订《认购合同一》，约定由朱某阳向世知公司购买案涉房屋，面积暂定为510平方米，总价为800万元。同日，双方又签订《认购合同二》一份，约定由朱某阳向世知公司购买世知度假酒店改建四期一处房产，总价为200万元。同日，朱某阳向世知公司支付100万元，其中50万元为案涉房屋的部分款项，另50万元为改建四期房产的部分款项。2010年1月28日，朱某阳按

照两份《认购合同》的约定，与世知公司签订《商品房买卖合同》一份，约定由朱某阳向世知公司购买案涉房屋，面积为498.94平方米，总价为800万元。同日，朱某阳按约向世知公司支付750万元剩余款项，付完购买案涉房屋的全部购房款800万元。同日，世知公司将案涉房屋交付给朱某阳，并办理交付手续并签订《世知公司产权式别墅销售返租协议书》，约定朱某阳将购买的案涉房屋返租给世知公司，租赁期限为5年，即从2010年1月28日至2015年1月27日。2012年11月8日，朱某阳发函给世知公司要求其根据双方合同的约定办理房产证，并限世知公司于2012年11月31日前办理出房产证。2012年11月15日，世知公司回复并承诺在2013年12月31日前办理出房产证。2014年10月20日，朱某阳再次发函给世知公司要求其在2014年12月31日前办理出房产证。2014年10月29日，世知公司回函并承诺在2015年5月31日前办理出房产证。

另查明，某建筑装饰工程公司第七分公司（以下简称装饰七公司）因与世知公司发生装饰装修合同纠纷，于2013年10月向一审法院申请诉前财产保全，该院于10月29日作出诉前财产保全裁定，预查封世知公司名下世知度假酒店第五期A6号别墅和案涉房屋。装饰七公司提起诉讼后，经二审终审，海南省高级人民法院作出（2014）琼民一终字第56号民事判决，判令世知公司应向装饰七公司支付违约金2128500元和支付尚欠工程款7403451.16元，并承担相关诉讼费用。2015年5月25日，经装饰七公司申请，一审法院对该案立案执行。执行中，一审法院于2015年9月9日查封世知公司名下位于海南省陵水县共计185650.84平方米的土地使用权并于同年9月15日续行查封上述A6号别墅和案涉房屋。经一审法院向陵水县房产管理局调查，上述A6号别墅和案涉房屋尚未办理房屋所有权初始登记，暂时不具备办理房屋所有权初始登记条件，A6号别墅已销售，出售人于2011年11月22日网上提交至陵水县海南大集中式房产信息管理系统，案涉房屋没有销售记录。朱某阳于2016年4月7日向一审法院提出执行异议申请。一审法院作出（2016）琼96执异36号执行裁定，驳回其异议请求。朱某阳遂向一审法院提起本诉。

一审法院认为：该案属于案外人执行异议之诉。装饰七公司在提起诉讼前向一审法院申请采取保全措施，一审法院于2013年10月29日预查封世知公司名下的案涉房屋。在执行程序中，一审法院于2015年9月15日续行查封案涉房屋。经查，就案涉房屋朱某阳与世知公司于2009年10月10日签订两份《认购合同》，2010年1月28日，签订《商品房买卖合同》，并于同日付完购房款。2010年1月28日，世知公司将房屋交付给朱某阳，并办理交付手续。同日，朱某阳行使处分权将该房屋租赁给世知公司。朱某阳与世知公司约定由世知公司为朱某阳办理案涉房屋的土地使用权证和房产所有权证，因世知公司的原因，导致案涉房屋的土地使用权证和房产所有权证迟迟未能办理。朱某阳的诉请符合《最高人民法院关于人民法院办理执行异议和复议案件若干问题的规定》第二十八条的规定，根据该案的具体事实，可以确认案涉房屋的所有权归朱某阳，应不得执行该执行标的；至于朱某阳诉请要求世知公司为其办理案涉房屋的房产证、土地使用权证、契证和赔偿损失问题，不属于本案的审理范围。综上，一审法院依照《中华人民共和国物权法》第三十九条、《最高人民法院关于人民法院办理执行异议和复议案件若干问题的规定》第二十八条等规定，判决：1. 确认案涉房屋的所有权归朱某阳所有；2. 不得执行案涉房屋。

装饰七公司不服一审判决，向海南省高级人民法院提起上诉，请求撤销一审判决，依法改判，驳回被上诉人的诉讼请求或将本案发回重审。主要理由：1. 一审判决适用法律错误。本案应适用《最高人民法院关于人民法院办理执行异议和复议案件若干问题的规定》第二十九条，一审判决却错误适用该规定的第二十八条。上述司法解释第二十八条应适用于一般买受人、一般出让人提出执行异议的情形，第二十九条应适用于消费者买受人、房地产开发企业提出执行异议的情形。朱某阳作为消费者，世知公司作为房地产开发企业，显然符合第二十九条之规定。2. 一审判决认定事实不清。如认定朱某阳购买案涉房屋的购房款已全部支付属事实认定不清。

二审法院另查明，朱某阳与世知公司于2010年1月28日签订的《商品房买卖合同》第11条约定，商品房达到交付使用条件后，出卖人应当书面通知买受人办理交付手续。双方进行验收交接时，出卖人应当出示合同第8条规定的证明文件，并签署房屋交接单。第18条约定，买受人的房屋仅作旅游度假使用。

二审查明的其他案件事实与一审查明的一致，二审法院予以确认。

二审法院认为，当事人二审期间争议的主要问题是：1. 一审法院适用《最高人民法院关于人民法院办理执行异议和复议案件若干问题的规定》第二十八条审理本案是否属于适用法律错误；2. 朱某阳是否已全部支付了案涉房屋的购房款并合法占有所购房屋。

第一，关于一审法院适用《最高人民法院关于人民法院办理执行异议和复议案件若干问题的规定》第二十八条审理该案是否属于适用法律错误的问题。上述司法解释第二十八条是关于无过错不动产买受人物权期待权保护的规定，第二十九条规定是关于房屋消费者物权期待权保护的规定。该案中，朱某阳所购买的房屋仅作旅游度假使用，其并非属于为生活居住需要而购房的消费者。故一审法院适用《最高人民法院关于人民法院办理执行异议和复议案件若干问题的规定》第二十八条的规定审查朱某阳有无阻却执行的实体权利，适用法律并无不当。依照该司法解释第二十八条之规定，符合以下情形的，案外人的物权期待权与申请执行人的一般债权的实现发生冲突时，优先保护案外人的物权期待权：1. 在法院查封之前已签订合法有效的书面买卖合同；2. 在法院查封之前已合法占有该不动产；3. 已支付全部价款，或者已按照合同约定支付部分价款且将剩余价款按照人民法院的要求交付执行；4. 非因买受人自身原因未办理过户登记。当事人对于朱某阳在法院查封之前已签订合法有效的书面买卖合同及朱某阳对于未能办理房屋过户登记手续无过错没有争议，争议主要集中在朱某阳是否已全部支付了购房款并合法占有所购房屋的问题上。

第二，关于在查封之前朱某阳是否已合法占有案涉房屋的问题。《最高人民法院关于人民法院办理执行异议和复议案件若干问题的规定》第二十八条所规定的合法占有，是尚未依法办理所有权登记的买受人（案外人）对执行标的所采取的一种对外公示方式，即以公开、合法占有的形式公示其对于执行标的所享有的物权期待权，故这里的“占有”应理解成对不动产的管理和支配。就房屋而言，一般认为，拿到房屋的钥匙、办理物业入住手续，即应视为对房屋已经有事实上的管理和支配。本案中，由于朱某阳所购买的房屋只作为旅游度假使用，故朱某阳与世知公司之间是否具有正式的房屋交接手续，是认定朱某阳是否合法占有案涉房屋的标准。朱某阳在与世知公司签订《商品房买卖合同》后，同日又与其签订了《世知公司产权式别墅销售返租协议书》，即朱某阳在购买房屋的同时，又将所购买的房屋返租给世知公司。朱某阳认为其签订返租协议的行为是其行使房屋处分权的行为，等同于已经办理了房屋的交接手续，并提供了世知公司出具的未支付房屋租金的欠条。按照世知公司的说明，其向业主办理交房手续是给业主交付钥匙，并没有专门的交付手续，但在返租的情况下，可能连钥匙都不会给业主。按照双方签订的《商品房买卖合同》约定，房屋的交接先由世知公司书面通知朱某阳办理交付手续，双方验收合格后签署房屋交接单。但本案一、二审中双方均未向法院提供有关办理房屋交接的诸如交接通知、房屋交接单等证据。除上述返租协议及未付租金的欠条外，朱某阳和世知公司均未向法院提供双方交接案涉房屋的任何证据，也未向法院提供朱某阳曾在案涉房屋居住使用的任何证据。故现有证据不足以证明朱某阳已拿到案涉房屋的钥匙并办理房屋交接手续，从而通过对案涉房屋予以合法占有并对外公示其权利的事实。一审法院认定世知公司于2010年1月28日即签订购房合同的当日将案涉房屋交付给朱某阳，并办理了交付手续，没有事实依据，二审法院依法予以纠正。

第三，关于朱某阳是否已支付完全部购房款的问题。从朱某阳与世知公司提供的银行转账凭证来看，朱某阳于2009年向世知公司支付了100万元。对于2010年支付750万元的事实，朱某阳与世知公司也提交了相应的银行转账凭证。朱某阳在提交了世知公司向其出具的《收款收据》，该收据的出具时间为2010年1月28日，内容为收到朱某阳交来五期B6号别墅余款750万元，这与银行转账凭证的时间及金额一致。海南阳光税务师事务所出具的《土地增值税清算鉴证报告》所附房地产销售收入申报明细表中也列明朱某阳于2010年1月28日通过银行转账付清了全部购房款，与上述银行转账凭证的时间及金额互相印证。虽然朱某阳在汇款时将该笔汇款用途记载为“货款”，但该笔汇款从汇款时间、汇款金额、收款时间、收款金额均与世知公司出具的《收款收据》以及其纳税申报等证据互相印证，形成了较为完整的证据链，足以证明该笔汇款系朱某阳支付案涉房屋的750万元购房款。故一审判决认定朱某阳于签订买卖合同的当日即付完全部购房款，并无不当。

综上所述，朱某阳提供的证据不足以证明其物权期待权成立，一审法院认定朱某阳作为案涉房屋买受人符合《最高人民法院关于人民法院办理执行异议和复议案件若干问题的规定》第二十八条规定的情形，缺乏事实依据，依法应予纠正。依照《中华人民共和国民事诉讼法》第一百七十条第一款第二项、第一百七十五条之规定，判决撤销海南省第一中级人民法院（2016）琼96民初74号民事判决，驳回朱某阳的诉讼请求。

朱某阳不服二审判决，向最高人民法院申请再审称：1. 二审判决认定朱某阳在法院查封前没有合法占有该不动产，属事实认定错误。朱某阳于2010年1月28日与世知公司签订《世知公司产权式别墅销售返租协议书》，是基于自身意愿主动行使处分权，将案涉房屋出租给世知公司使用并收取租金。朱某阳根据与世知公司签署的《业主临时公约》按期缴纳物业服务费用，还在房屋的实际租赁期间多次行使管理权，不仅向承租人催讨租金，还多次书面催促世知公司协助办理房屋产权证。以上行为足以证明申请人已经对案涉房屋行使了处分权和管理权，应认定朱某阳在法院查封之前已经合法占有该不动产。2. 二审判决仅将朱某阳与世知公司之间是否有正式的房屋交接手续作为认定申请人是否合法占有案涉房屋的标准，属适用法律错误。根据《中华人民共和国物权法》第二百四十一条“基于合同关系等产生的占有，有关不动产或者动产的使用、收益、违约责任等，按照合同约定；合同没有约定或者约定不明确的，依照有关法律规定”和《最高人民法院关于审理商品房买卖合同纠纷案件适用法律若干问题的解释》第十一条第一款“对房屋的转移占有，视为房屋的交付使用，但当事人另有约定的除外”之规定，基于合同而产生的物的转移占有，应当根据当事人的约定，当事人没有约定的情况下适用有关法律规定。虽然朱某阳与世知公司之间的房屋买卖合同中约定了书面的房屋交接方式，但是双方事后又通过签订返租协议的方式进行了重新约定，朱某阳承担案涉房产的物业服务费，且世知公司认可涉案房屋已经交接完毕，二审法院局限于“房屋交接单”的形式，违反了民法意思自治原则，属适用法律错误。综上，请求撤销二审判决，维持一审判决。

最高人民法院立案审查后，裁定提审本案，依法组成合议庭，并开庭进行了审理。

## 二、裁判理由

本案的争议焦点为：朱某阳是否已经在法院查封案涉房屋之前就合法占有该不动产。

该案是因案外人在执行中，对登记在被执行人名下的不动产提出异议产生的纠纷，应当适用《最高人民法院关于人民法院办理执行异议和复议案件若干问题的规定》。按照该规定第二十八条，符合以下四个条件时，未登记在案外人名下的不动产也应排除执行：1. 在法院查封之前已签订合法有效的书面买卖合同；2. 在法院查封之前已合法占有该不动产；3. 已支付全部价款，或者已按照合同约定支付部分价款且将剩余价款按照人民法院的要求交付执行；4. 非因买受人自身原因未办理过户登记。根据原审查明、双方无异议的事实，朱某阳于签订案涉房产买卖合同的当日即付完全部购房款，并于2012年11月8日、2014年10月20日两次发函给世知公司催促办理案涉房产的房产证，世知公司均回函承诺办理，可见案涉房屋的土地使用权证和房产所有权证未如期办理是因世知公司的原因。

关于朱某阳是否已合法占有案涉房产的问题。在《商品房买卖合同》和《世知公司产权式别墅销售返租协议书》签订后，朱某阳将该房屋租赁给世知公司，并收取了部分租金，其后还多次催缴世知公司欠付的租金。朱某阳已经通过签订和履行销售返租协议的方式，行使了对案涉房屋使用和收益的权利，而使用、收益均是以对所购房屋有权占有为基础的。朱某阳将案涉房产出租的行为足以表明其已经占有该房产，而办理交付钥匙等交接手续并非认定合法占有房屋的唯一依据。二审法院以没有房屋交接通知、房屋交接单等证明办理房屋交接手续为由，认定案涉房产没有交付，是对占有的片面理解，系适用法律错误。朱某阳的再审申请理由成立，其已于法院查封之前合法占有案涉房产，符合《最高人民法院关于人民法院办理执行异议和复议案件若干问题的规定》第二十八条的规定。

## 三、裁判结论

朱某阳的再审请求成立。二审判决认定朱某阳诉讼请求不能成立，属适用法律错误，应予纠正。最高人民法院依照《中华人民共和国民事诉讼法》第二百零七条第一款、第一百七十条第一款第二项，《最高人民法院关于适用〈中华人民共和国民事诉讼法〉的解释》第四百零七条第二款，《最高人民法院关于人民法院办理执行异议和复议案件若干问题的规定》第二十八条之规定，判决如下：

一、撤销海南省高级人民法院（2016）琼民终278号民事判决；

二、维持海南省第一中级人民法院（2016）琼96民初74号民事判决。

一审案件受理费123800元、二审案件受理费123800元，均由装饰七公司承担。

## 四、裁判要旨

1. 案外人对登记在被执行人名下的不动产提出异议产生的纠纷，应当适用《最高人民法院关于人民法院办理执行异议和复议案件若干问题的规定》。案外人执行异议之诉是近几年逐步增多的民事纠纷案件。目前尚无专门的执行异议之诉司法解释，故适用上述规定。按照《最高人民法院关于人民法院办理执行异议和复议案件若干问题的规定》第二十八条的规定，同时符合以下四个条件的，未登记在案外人名下的不动产也应排除执行：在法院查封之前已签订合法有效的书面买卖合同；在法院查封之前已合法占有该不动产；已支付全部价款，或者已按照合同约定支付部分价款且将剩余价款按照人民法院的要求交付执行；非因买受人自身原因未办理过户登记。在审判实践中，对于是否“在法院查封之前已合法占有该不动产”争议较多，既涉及事实认定，又涉及法律适用。

2. 判断是否已合法占有，不能简单地仅以本人实际使用等作为依据。签署交接单、交付钥匙、装修和居住等，明显构成合法占有。但还存在其他合法占有方式，如以收取租金等行使收益权。买方与卖方签订租赁合同，将不动产租赁给卖方或者他人，即行使了对案涉房屋使用和收益的权利，而使用、收益均是以对所购房屋有权占有为基础的。

（合议庭成员：奚向阳、钱小红、曹刚；案号：（2016）最高法民终711号；判决日期：2017年10月30日；案例编写人：奚向阳。案例审核人：张勇健）

**021**

## 当事人对已经执行程序处理过的房产再次主张权利并提起执行异议之诉的，参照“一事不再理”之规定，应不予受理或驳回起诉

——保发公司与富新记公司、华贸公司、金岗乙公司等申请执行人执行异议之诉纠纷案

### 一、主要案情

1996年6月12日，原海南省海南中级人民法院（以下简称原海南中院）在办理申请执行人天宏公司与被执行人金岗甲公司执行案件中，作出（1994）海南法执字第13－2号民事裁定书，裁定查封了金岗甲公司在兴建的金岗大厦包括涉案房产在内的数层楼房，并于同年6月14日在《重庆日报》刊登了查封公告。后因重庆市高级人民法院与原海南中院对金岗大厦的执行产生争议，2004年5月31日，最高人民法院作出（1999）执协字第1－4号《关于金岗大厦执行案的协调处理意见》，要求原海南中院解除对金岗大厦的查封并交重庆市高级人民法院执行。原海南中院根据该意见将案件移交重庆市高级人民法院执行。2011年5月5日，重庆市高级人民法院以（1998）渝高法经执字第20－15号执行裁定书，载明：因该院已依法对金岗大厦执行处置完毕，裁定：解除（1998）渝高法经执字第20号裁定对金岗大厦附1楼车库、平街1层左半层、2层、5层、9层A、B、C、D、G、H座、11－18层、21－32层房屋的查封。同时又作出（1998）渝高法经执字第20－16号裁定书，认定该院在执行涉及金岗大厦系列执行案中，依法采取司法拍卖、变卖等执行措施对被执行人所有的金岗大厦部分房屋进行处置，李某伦等通过司法拍卖、变卖竞得相应房屋，并裁定：按本裁定附表所列将金岗大厦相应房屋过户给司法拍卖、变卖买受人。

2003年5月9日，海南省高级人民法院作出（1997）琼民初字第2－2号民事判决书，判决："一、确认保发公司与金岗甲公司、华贸公司于1993年3月18日签订的《投资协议书》无效；二、限金岗甲公司、华贸公司在该判决发生法律效力之日起10日内返还保发公司投资款人民币2750万元，并负责赔偿保发公司上述投资款的银行利息损失的90%……三、驳回保发公司的其他诉讼请求。"2003年11月3日，经保发公司申请，海南省高级人民法院立案执行。2005年7月27日，海南省高级人民法院作出（2003）琼执字第28－5号民事裁定，追加金岗乙公司为该执行案被执行人。2005年6月14日，保发公司以对金岗甲公司、华贸公司享有债权为由通过海南省高级人民法院向重庆市高级人民法院申请，请求在重庆市高级人民法院涉金岗大厦系列执行案件中参与分配。金岗大厦收支一览表载明金岗大厦系列执行案件的案款主要包括拍卖、变卖房产的款项、购房尾款、租金等。保发公司在此次参与分配中共计受偿2957360元，在2006年12月18日出具收据载明："今收到重庆市高级人民法院执行金岗大厦案款2957360元。"2008年1月9日，海南省高级人民法院以（2003）琼执字第28－13号民事裁定书，裁定：终结海南省高级人民法院（1997）琼民初字第2－2号民事判决书的本次执行，申请执行人如发现被执行人有可供执行财产，可向海南省高级人民法院申请恢复执行。

2006年12月20日，重庆市高级人民法院以（2006）渝高法执他字第164号民事裁定书，裁定：终结海南省高级人民法院作出的（1997）琼民初字第2－2号民事判决书的本次执行程序。2014年7月17日，重庆市高级人民法院以（2006）渝高法执他字第164－1号执行裁定书，裁定：撤销（2006）渝高法执他字第164号民事裁定。

2005年6月21日，重庆市高级人民法院向重庆市国土资源和房屋管理局去函，载明："为妥善解决金岗大厦的历史遗留问题，维护城市形象，待我院解除查封、抵押后，特需贵局确认金岗大厦房屋的产权（大证）并按我院通知办理相关单位及个人的房屋产权证照。"2005年9月7日，重庆市高级人民法院向重庆市人民政府发出《关于建议按“两证”遗留问题相关政策为“金岗大厦”产权人办理产权证照的函》（渝高法函〔2005〕39号），建议市人民政府妥善解决金岗大厦历史遗留问题，按照相关政策办理国有土地使用权证和房屋所有权证。该函载明：“我院受理执行金岗乙公司为被执行人的案件共15件，执行标的约计1.57亿元，金岗公司除拥有的‘金岗大厦’部分产权外，已无其他财产可供执行。我院依法对‘金岗大厦’面积约为1.98万平方米的房屋进行了查封，经司法拍卖、变卖，成交面积为1.45万平方米，尚存面积为0.53万平方米的房屋，拟采取以房抵债的方式解决。……四、金岗大厦在办理大证后，各新老购房户可持人民法院制作的民事裁定书和协助执行通知书或购房合同和付款凭证，在土地房屋管理部门交纳相关规费后办理房屋产权证照。”

另，1997年8月29日，富新记公司与金岗乙公司签订《商品房买卖合同》，约定：富新记公司自愿向金岗乙公司购买“金岗大厦”内公寓式住宅第28层G型（28层2号），建筑面积119平方米，每平方米人民币3270元，合计389130元。另外对付款方式及办法进行了约定：富新记公司在合同签订之日起，支付总房款的90%即35万元；余款待房产手续完善后，一次性付清。金岗乙公司在2014年8月4日出具付款证明，载明：1997年9月10日富新记公司支付给金岗乙公司360137元并开具了收款收据。涪陵电缆公司在2004年12月2日转款28993元至重庆市高级人民法院账户，重庆市高级人民法院在2004年12月15日出具28993元的案款收据，备注：金岗大厦房款。富新记公司一直实际占有涉案房产。

2004年6月28日，重庆市国土资源和房屋管理局给重庆市高级人民法院的《重庆市国土房管局关于涉及金岗大厦有关问题的复函》中载明，金岗乙公司于1993年办理《商品房屋登记注册证》（渝房93商字第0××4号）是当时同意其公开销售商品房的批准文书。另在重庆市高级人民法院执行卷宗中存有金岗大厦登记证号为重房（1997）预字第××号商品房预售许可证。

2013年8月27日，重庆市国土资源和房屋管理局对涉案房产所在的金岗大厦的房屋（建筑面积33175.44平方米）颁发了房地证2013字第3×××2号房屋产权证，登记权利人为金岗乙公司。之后，富新记公司向重庆市国土资源和房屋管理局申请办理涉案房产的房产证。在此期间，保发公司依据海南省高级人民法院（1997）琼民初字第2－2号民事判决书，以发现金岗乙公司有财产可供执行为由，向海南省高级人民法院申请恢复执行。海南省高级人民法院于2014年2月25日作出（2003）琼执字第28－20号执行裁定书，查封了登记在被执行人金岗乙公司名下位于金岗大厦的涉案房产。富新记公司对执行标的提出书面异议，请求解除对涉案房产的查封。经依法审查，于2015年10月21日作出（2014）琼执异字第14号执行裁定书，裁定中止对本案涉案房产的执行。保发公司不服该执行裁定，遂以富新记公司为被告，金岗甲公司、华贸公司及金岗乙公司为第三人提起本案申请执行人执行异议之诉。

海南省高级人民法院一审作出（2015）琼民一初字第46号民事判决：驳回保发公司的诉讼请求。案件受理费7136.95元，由保发公司负担。

保发公司不服海南省高级人民法院所作一审判决，上诉请求：1. 撤销一审法院（2015）琼民一初字第46号民事判决；2. 判令准许对涉案房产的执行；3. 一、二审诉讼费由富新记公司负担。

最高人民法院于2017年7月13日立案后，依法组成合议庭，开庭进行了审理。

## 二、裁判理由

**最高人民法院审理认为，本案涉案房产在重庆市高级人民法院金岗大厦系列执行案件中已经法院处理，保发公司再次申请执行涉案房产并提起执行异议之诉，属同一执行人就同一执行依据向同一被执行人就同一执行标的再次提出主张，参照《最高人民法院关于〈中华人民共和国民事诉讼法〉的解释》第二百四十七条的规定，应予驳回。**

首先，涉案房产在重庆市高级人民法院金岗大厦系列执行案件中已经法院处理。根据原审查明的事实，案涉房产所属的金岗大厦在1996年因天宏公司与金岗甲公司的债权债务纠纷而被原海南中院以（1994）海南法执字第13－2号民事裁定查封。后因重庆市高级人民法院与原海南中院对金岗大厦的执行产生争议，原海南中院依照最高人民法院（1999）执协字第1－4号《关于金岗大厦执行案的协调处理意见》，解除对金岗大厦的查封，并将案件委托重庆市高级人民法院执行。重庆市高级人民法院在金岗大厦系列案件执行过程中，采取了一系列包括拍卖、变卖金岗大厦房产以及向已购买金岗大厦房产的业主收取购房尾款等执行措施，并在执行完毕后将执行款项按比例分配给包括保发公司在内的债权人。本案富新记公司即按照重庆市高级人民法院的执行要求，将购房尾款缴交至该院财务部门，该院财务部门在收款收据上加盖财务专用章。且在金岗大厦收支一览表中载明，收取购房尾款2315285.95元。重庆市高级人民法院收取购房尾款的行为是具有法律效力的执行行为，保发公司仅以该案承办法官涉及违法犯罪以及收款收据上未加盖重庆市高级人民法院公章为由，否认该执行行为的合法性，不具有事实和法律依据。

其次，涉案房产所属的金岗大厦房产证（大证）虽然登记在金岗乙公司名下，但并非真正属于金岗乙公司的财产，而是为了将国有土地使用权证和房屋所有权证办理至包括被上诉人富新记公司在内的各真正权利人名下，以便妥善解决金岗大厦的历史遗留问题。根据原审查明的事实，重庆市高级人民法院于2005年6月21日向重庆市国土资源和房屋管理局去函，载明：待我院解除查封、抵押后，特需贵局确认金岗大厦房屋的产权（大证）并按我院通知办理相关单位及个人的房屋产权证照。2005年9月7日，重庆市高级人民法院向重庆市人民政府发出《关于建议按“两证”遗留问题相关政策为“金岗大厦”产权人办理产权证照的函》（渝高法函〔2005〕39号），建议重庆市人民政府妥善解决金岗大厦的历史遗留问题，按照相关政策办理国有土地使用权证和房屋所有权证。2011年5月5日，重庆市高级人民法院以（1998）渝高法经执字第20－15号执行裁定书，裁定解除金岗大厦附1楼车库、平街1层左半层、2层、5层、9层A、B、C、D、G、H座、11－18层、21－32层房屋的查封。同时又作出（1998）渝高法经执字第20－16号裁定，裁定按本裁定附表所列将金岗大厦相应房屋过户给司法拍卖、变卖买受人。可见，将案涉房产证（大证）办理到金岗乙公司名下，实系重庆市高级人民法院在金岗大厦系列执行案件中针对案涉房产所开展的执行工作之组成部分，仅仅是为了解决金岗大厦的历史遗留问题，涉案房产并非真正属于金岗大厦的财产。

最后，在重庆市高级人民法院金岗大厦系列执行案件中，保发公司已于2006年12月18日向重庆市高级人民法院出具收据，确认收到金岗大厦执行款2957360元，并向重庆市高级人民法院递交了同意此案终结执行的申请。保发公司在当时并未对重庆市高级人民法院金岗大厦系列执行案件中包括拍卖、变卖金岗大厦房产以及向已购买金岗大厦房产的业主收取购房尾款等执行措施提出异议。本案中，保发公司利用重庆市房产管理部门将金岗大厦产权证（大证）办理至金岗乙公司名下期间，以发现金岗乙公司有可供执行财产为由，申请恢复执行一审法院（1997）琼民初字第2－2号民事判决，并申请执行涉案房产进而提起执行异议之诉，系对已经处理完毕的涉案房产重复提起主张。

综上所述，保发公司的起诉不符合起诉的条件，应予以驳回。一审判决认定事实清楚，但适用法律错误，法院予以纠正。

## 三、裁判结论

依照《最高人民法院关于适用〈中华人民共和国民事诉讼法〉的解释》第三百三十条之规定，裁定如下：

一、撤销海南省高级人民法院（2015）琼民一初字第46号民事判决；

二、驳回保发公司的起诉。

一审案件受理费7136.95元，退还保发公司；保发公司预交的二审案件受理费7136.95元予以退还。

## 四、裁判要旨

1. 被执行人将其名下房产出售给买受人，买受人亦按执行法院要求将尾款交付执行并分配给申请执行人后，为便于将相应房屋最终过户至各买受人名下，暂将房产证（大证）登记在被执行人名下的做法，实系执行法院针对案涉房产所开展的执行工作之组成部分，而不应依据该房产证（大证）认定涉案房产属于被执行人的财产。

2. 申请执行人已经收到分配的执行款并向执行法院提交同意案件终结执行的申请后，以房产证（大证）登记在被执行人名下为由再次主张执行该房产并提起执行异议之诉的，属同一执行人就同一执行依据向同一被执行人就同一执行标的再次提出主张，参照《最高人民法院关于〈中华人民共和国民事诉讼法〉的解释》第二百四十七条的规定，应当驳回申请执行人提起的执行异议之诉。

（合议庭成员：张颖新、钱小红、陈宏宇；案号：（2017）最高法民终538号；裁定日期：2017年12月28日；案例编写人：陈宏宇、谢素恒；案例审核人：张勇健）

# （五）第三人撤销之诉

022

## 股东无权就公司为当事人的生效裁判提起第三人撤销之诉

——高某与三亚天通公司等第三人撤销之诉案

### 一、主要案情

2005年11月3日，高某和邹某金作为公司股东（发起人）发起成立博超公司，企业类型为有限责任公司，注册资金1000万元，高某、邹某金各出资500万元，出资比例各占50%，邹某金任该公司执行董事、法定代表人。2006年5月31日至2009年12月29日，天时公司向博超公司转账汇款15次共计3.88亿元，付款凭证记载用途均为投资款。

2012年3月31日，海南省海口市美兰区人民法院作出（2012）美行初字第1号和第2号行政判决，认为《博超公司章程修正案》属于虚假材料，判决撤销了海南省工商行政管理局分别于2009年10月22日、2010年5月31日为博超公司作出的工商变更登记和向博超公司重新核发《企业法人营业执照》的具体行政行为。海南省海口市中级人民法院于2012年7月10日作出（2012）海中法行终字第63号、第64号行政判决，判决：驳回上诉，维持原判。

2012年8月1日，天通公司以博超公司和南海岸公司为被告、天时公司为第三人向海南省高级人民法院起诉，请求判令：1. 碧海华云酒店

（现为天通酒店）房屋所有权（含房屋占用范围内的土地使用权）归天通公司所有；2. 博超公司和南海岸公司为天通公司办理天通酒店房屋及土地使用权的权属过户手续；3. 博超公司向天通公司移交酒店项目工程建设的全部工程资料以及结算资料；4. 博超公司向天通公司支付违约金720万元（暂时计算至起诉之日）；5. 本案的全部诉讼费用由博超公司、南海岸公司承担。海南省高级人民法院于2012年8月9日立案。在该案审理过程中，查明如下事实：2011年6月16日，博超公司作为甲方，南海岸公司作为乙方，天通公司作为丙方，天时公司作为丁方，四方共同签署了《协议书》，该《协议书》于签署之日生效。《协议书》对位于海坡开发区的碧海华云酒店（现为天通酒店）的现状、投资额及酒店产权确认、酒店产权过户手续的办理、工程结算及结算资料的移交、违约责任等方面均作了明确约定。2012年10月25日，海南省高级人民法院作出（2012）琼民一初字第3号民事判决（以下简称3号民事判决）：1. 确认碧海华云酒店（即天通酒店）的房屋所有权及土地使用权归天通公司所有；2. 博超公司、南海岸公司在本判决生效之日起30日内将碧海华云酒店（即天通酒店）的房屋所有权及土地使用权办理至天通公司名下；3. 博超公司在本判决生效之日起10日内将碧海华云酒店（即天通酒店）项目工程建设的全部工程资料及结算资料移交给天通公司；4. 博超公司在本判决生效之日起10日内向天通公司支付违约金人民币720万元。判决作出后，各方当事人均未提出上诉。

2012年8月28日，高某以博超公司经营管理发生严重困难，继续存续将会使股东利益遭受重大损失为由起诉请求解散公司。2013年9月12日，海南省海口市中级人民法院作出（2013）海中法民二初字第5号民事判决，判决解散博超公司。该判决查明事实部分载明："博超公司在依法设立后，承建了天通酒店项目，该酒店目前处于正常经营的状态。"博超公司不服该判决，提出上诉。在二审庭审中，高某述称：博超公司"实际上由高某出钱让邹某金负责管理"；博超公司述称："博超公司主要是邹某金的投资，日常经营委托了一个管理公司”“博超公司现在正常运营”“有许多凭证可以证明从2006年到2009年博超公司和其他单位以及高某本人的银行卡都有资金进出。”高某述称：“这些钱是还款。因为高某通过其他单位给博超公司注资很多，博超公司转出是因为还款”“农机公司是高某自己的公司，高某通过农机公司给博超公司打了很多钱。”关于经营天通酒店项目，博超公司述称：“该公司除了经营天通酒店之外没有其他经营项目。”高某述称：“因土地当时还在南海岸公司名下，开始是合作，后来博超公司买过来了。”2013年12月19日，海南高院就该案作出（2013）琼民二终字第35号民事判决，判决驳回上诉，维持原判。

2014年9月18日，海南省海口市中级人民法院指定天皓律师事务所担任博超公司管理人，负责博超公司的清算。2015年4月20日，博超公司管理人以天通公司、天时公司、南海岸公司为被告，向海南高院起诉请求：确认博超公司于2011年6月16日签订的《协议书》无效，将位于海南省三亚市海坡度假区15370.84平方米的土地使用权及29851.55平方米的地上建筑物返还过户登记至博超公司管理人名下（标的约4亿元）。经审理，海南高院认为博超公司尚未注销，博超公司管理人不是适格诉讼主体，遂于2015年6月29日作出（2015）琼民一初字第23号民事裁定，驳回了博超公司管理人的起诉。天时公司、天通公司在2015年5月收到该案诉讼文书后与博超公司管理人联系并向其提供了3号民事判决的复印件。高某遂据此向海南高院提起本案第三人撤销之诉。

因博超公司管理人以无法取得公司财务公章账目等资料无法开展后续清算工作为由申请终结清算程序，海南省海口市中级人民法院于2016年3月18日裁定终结了博超公司的清算程序。

另，南海岸公司成立于1997年4月22日，法定代表人为王某国，投资者为田某、庞某，二人认缴出资比例分别为98%和2%。天通公司成立于2009年7月16日，系天时公司指定为碧海华云酒店（即现天通酒店）建成后经营酒店的项目公司，法定代表人为董某军，投资者同样为田某、庞某，二人认缴出资比例分别为99.967%和0.033%。

南海岸公司于1997年5月16日取得证号为羊栏国用（1997）字第××号、面积7858.77平方米的国有土地使用权。博超公司于2006年7月5日取得位于南海岸公司土地南侧面积为7511.07平方米的土地及地上房屋产权。

另据黑龙江省兴隆林区人民检察院作出的黑兴林检反贪保〔2015〕2号取保候审执行通知书记载：犯罪嫌疑人高某因涉嫌单位行贿罪被取保候审，期限从2015年4月11日起算。该通知书所载高某的工作单位为哈尔滨市嘉禾公司。

2006年至2008年，农机公司受高某所在的北鸿公司委托向博超公司转账汇款4次，共计3200万元。往来凭证记载：2007年9月17日转账汇款400万元，银行摘要为货款；2007年11月1日转账汇款500万元，银行摘要为货款；2008年2月26日转账汇款300万元，银行摘要为货款；2008年4月3日转账汇款2000万元，银行摘要为还款。博超公司曾向农机公司转账汇款5次、代付汇款1次，共计6030万元，银行摘要为往来款。

高某向海南省高级人民法院提起诉讼，请求：撤销3号民事判决的全部内容，将位于海坡度假区15370.84平方米的土地使用权及29851.05平方米的地上建筑物返还过户登记至博超公司名下。

海南省高级人民法院于2016年8月23日作出（2015）琼民一初字第43号民事裁定：驳回高某的起诉。

高某不服一审裁定，向最高人民法院提起上诉。最高人民法院于2017年2月10日立案后，依法组成合议庭，开庭进行了审理。

## 二、裁判理由

本案的争议焦点为：高某是否具备提起第三人撤销之诉的诉讼主体资格。

第一，高某对3号民事判决案件的诉讼标的无独立请求权，不属于该案有独立请求权的第三人。有独立请求权的第三人，是指对当事人之间争议的诉讼标的，有权以独立的实体权利人的资格提出诉讼请求的主体。在3号民事判决一案中，天通公司基于其与博超公司、南海岸公司、天时公司四方订立的《协议书》提出各项诉讼请求，包括请求确认碧海华云酒店的房屋所有权（含房屋占用范围内的土地使用权）归天通公司所有、要求博超公司支付违约金等，海南省高级人民法院基于《协议书》的约定进行审理并作出判决。高某只是博超公司的股东之一，并不是《协议书》的合同当事人一方，其无权基于该协议约定提出诉讼请求。此外，对于《协议书》项下所交易的登记于博超公司名下的土地，高某主张其个人为竞买该土地支付了1694.5万元。即便高某的主张成立，但由于该土地已登记于博超公司名下，说明土地已转化为法人财产。根据《中华人民共和国公司法》的相关规定，法人的财产和股东的财产是相互独立的，虽然高某作为公司的股东享有资产收益的权利，但不能直接对法人财产主张实体权利。因此，高某不能以有独立请求权的第三人身份参加3号民事判决案件。

第二，高某不属于3号民事判决案件无独立请求权的第三人。无独立请求权的第三人，是指虽然对当事人双方的诉讼标的没有独立请求权，但案件处理结果同他有法律上的利害关系的主体。第三人同案件处理结果存在的法律上的利害关系，可能是直接的，也可能是间接的。本案中，3号民事判决只确认了博超公司应承担的法律义务，未判决高某承担民事责任，故高某与3号民事判决的处理结果并不存在直接的利害关系。关于是否存在间接利害关系的问题。通常来说，股东和公司之间系天然的利益共同体。公司股东对公司财产享有资产收益权，公司的对外交易活动、民事诉讼的胜败结果一般都会影响公司的资产情况，从而间接影响股东的收益权利。从这个角度看，股东与公司进行的民事诉讼的处理结果具有法律上的间接利害关系。但是，由于公司利益和股东利益具有一致性，公司对外活动应推定为股东整体意志的体现，公司在诉讼活动中的主张也应认定其代表股东的整体利益。因此，虽然公司诉讼的处理结果会间接影响到股东的利益，但股东的利益和意见已经在诉讼过程中由公司所代表和表达，则不应再追加股东作为第三人参加诉讼。本案中，虽然高某是博超公司的股东，但博超公司与南海岸公司、天时公司、天通公司的诉讼活动中，股东的意见已为博超公司所代表，则作为股东的高某不应再以无独立请求权的第三人身份参加该案诉讼。

不同股东之间的分歧所导致的利益冲突，属于公司内部法律关系，应由股东与股东之间、股东与公司之间依法处理。根据《中华人民共和国公司法》第二十条第一款、第二款的规定，公司股东应当遵守法律、行政法规和公司章程，依法行使股东权利，不得滥用股东权利损害公司或者其他股东的利益；不得滥用公司法人独立地位和股东有限责任损害公司债权人的利益。公司股东滥用股东权利给公司或者其他股东造成损失的，应当依法承担赔偿责任。”本案中，高某主张邹某金利用博超公司的名义转让博超公司的全部财产，未经股东会同意签订《协议书》，从而损害了股东高某的权益。根据前述分析，高某主张的事实涉及股东之间的内部法律关系，可以依法另行处理。

## 三、裁判结论

依照《中华人民共和国民事诉讼法》第一百七十条第一款第一项、第一百七十一条之规定，裁定：

驳回上诉，维持原裁定。

## 四、裁判要旨

公司利益和股东利益具有一致性，公司对外活动应推定为股东整体意志的体现。在公司与他人之间的诉讼中，股东的利益和意见已经在诉讼过程中由公司所代表和表达，不应再追加其为第三人参加诉讼，公司股东也无权提起第三人撤销之诉。至于股东之间的利益冲突，属于公司内部法律关系，应依照《中华人民共和国公司法》的有关规定处理。

（合议庭成员：王毓莹、曹刚、钱小红；案号：（2017）最高法民终63号；裁定日期：2017年6月22日；案例编写人：黄西武、李光琴；案例审核人：张勇健）

023

## 可排除一事不再理原则适用的“新的事实”之认定

——中惠A公司、中惠B公司与安能信达公司、李某国、博泰隆公司、中惠C公司股权转让纠纷案

### 一、主要案情

2007年3月9日，海南省海口市国土局（以下简称市国土局）同博泰隆公司签订了《国有土地使用权出让合同》，约定：由市国土局出让给博泰隆公司位于该市海滨旅游区西侧总面积为642351.28平方米的土地，并为博泰隆公司办理了《国有土地使用证》。

2007年7月19日，安能信达公司、李某国、中惠A公司于海口市签订了《博泰隆合作及股权转让协议》，约定：安能信达公司出让博泰隆公司0%的股权，李某国出让博泰隆公司60%的股权，受让方委托其在中国大陆注册的全资公司中惠C公司先行受让博泰隆公司60%的股权，再由中惠C公司将股权转让予受让方，双方同意60%股权的估值17921万元。依照上述合同的约定，李某国与中惠C公司签订了《股权转让协议书》，约定李某国将其持有的博泰隆公司60%的股权转让给中惠C公司。嗣后，中惠C公司分三次向李某国电汇共计17921万元，博泰隆公司亦办理了工商变更登记，变更后安能信达公司出资6000万元，占出资比例40%，中惠C公司出资9000万元，占出资比例60%。

2009年3月17日，经安能信达公司同意，中惠C公司同中惠B公司在海南省海口市签订《股权转让协议书》，将其持有的博泰隆公司60%的股权转让至中惠B公司名下，并办理了股权变更登记。

2009年12月8日至2009年12月31日，琼崖公证处就安能信达公司人员使用博泰隆公司公章及送达函件作出公证书。2010年2月1日，安能

信达公司在《海南日报》A10版上公告通知中惠B公司，要求中惠B公司自通知登报后3日内同其联系，协商解决相关事宜。同年2月16日，琼崖公证处出具（2010）琼崖证字第2300号公证书，证明李某国、安能信达公司委托该司工作人员同该公证处工作人员到海口市海府路邮政局向中惠A公司以特快专递邮寄《关于办理相关审批手续的函》，限15日内将依法办理博泰隆公司60%的股权转让至中惠A公司名下所需的材料报送海南省商务厅审批，并要求将博泰隆公司的营业执照、土地证等公司全部文件之原件交还给安能信达公司、李某国。

2010年3月17日，安能信达公司、李某国以中惠A公司无意于投资开发合作项目，导致合同目的落空，属根本性违约为由，诉至海南省高级人民法院，请求：1. 解除《博泰隆合作及股权转让协议》及两份《股权转让协议书》；2. 判令中惠B公司返还博泰隆公司60%股权给李某国，李某国返还17921万元给中惠A公司；3. 判令中惠A公司、中惠C公司、中惠B公司共同承担资金占用损失等。海南省高级人民法院于2012年9月18日作出（2010）琼民三初字第1号民事判决，判决：1. 解除《博泰隆合作及股权转让协议》及两份《股权转让协议书》；2. 博泰隆公司60%的股权返还给李某国，博泰隆公司的全部证照、文件、印鉴及账簿等完整返还给安能信达公司和李某国；3. 李某国返还中惠A公司17921万元。中惠B公司、中惠C公司、中惠A公司不服该一审判决，向最高人民法院提起上诉，最高人民法院经审理于2013年12月11日作出民四终字第1号判决：撤销（2010）琼民三初字第1号民事判决，驳回安能信达公司、李某国的诉讼请求。

民四终字第1号判决生效后，2014年11月11日，博泰隆公司分别在《海南日报》《新京报》发布《博泰隆公司关于召开2014年第一次临时股东会议的公告》，载明中惠B公司提议，博泰隆公司定于2014年11月28日召开2014年第一次临时股东会议。同日，中惠B公司向博泰隆公司发出《关于提议召开2014年第二次临时股东会议的函》，并于同年12月6

日在《海南日报》公布《博泰隆公司关于召开2014年第二次临时股东会议的公告》。同年12月29日召开2014年临时股东会。2015年1月14日，中惠B公司向安能信达公司发出《关于博泰隆公司股权解决方案的函》，称因双方无法就临时股东会的提议达成一致，博泰隆公司无法有效运转，要求共同商议解决方案。

另外，2015年5月5日，中惠B公司以博泰隆公司为被告、安能信达公司为第三人，向海口市中级人民法院提起解散博泰隆公司之诉，称在民四终字第1号判决生效后，由于公司股东长期冲突，公司治理陷入僵局，如公司继续存续将使股东权益受到重大损失，公司应予解散。海口市中级人民法院于2016年4月26日作出（2015）海中法民二初字第54号判决准许解散博泰隆公司。安能信达公司不服，于2016年7月8日向海南省高级人民法院提起上诉，海南省高级人民法院以该案审理须以本案审理结果为依据，遂裁定中止该案诉讼。

2016年2月1日，安能信达公司、李某国向海南省高级人民法院提起本案一审诉讼，起诉请求：1. 解除安能信达公司、李某国与中惠A公司签署的《博泰隆合作及股权转让协议》；2. 中惠海南公司将其代中惠A公司持有博泰隆公司60%的股权（股权账面价值17921万元）返还并登记至李某国名下；3. 中惠A公司、中惠B公司将“国际能源水城”项目的开发权以及博泰隆公司的公司印鉴、财务账册、公司全部证照、“国际能源水城”项目土地使用证等交还给安能信达公司、李某国；4. 中惠A公司向安能信达公司、李某国支付违约金1000万元；5. 本案诉讼费用由中惠A公司、中惠C公司共同承担。

海南省高级人民法院于2016年11月29日作出（2016）琼民初8号民事判决：1. 解除安能信达公司、李某国同中惠A公司签订的《博泰隆合作及股权转让协议》；2. 中惠A公司及中惠B公司于该判决生效之日起10日内将博泰隆公司60%股权（股权账面价值17921万元）返还并登记至李某国名下，博泰隆公司配合办理公司变更股权等相关手续；3. 中惠A公司及中惠B公司于该判决生效之日起10日内将其占有的“国际能源水城”项目的开发权及博泰隆公司的公司印鉴、财务账册、海口市国用（2007）第00××38号《国有土地使用权证》等公司全部证照交还给安能信达公司和李某国；4. 李某国于该判决生效之日起10日内返还中惠A公司17921万元及利息；5. 驳回安能信达公司、李某国的其他诉讼请求。

中惠A公司、中惠B公司不服海南省高级人民法院作出的本案一审判决，向最高人民法院提起上诉。上诉请求：1. 撤销一审判决第一项、第二项、第三项、第四项，改判驳回安能信达公司、李某国的诉讼请求；2. 本案一、二审全部诉讼费用由安能信达公司、李某国承担。

最高人民法院于2017年5月9日立案后，依法组成合议庭，开庭进行了审理。

最高人民法院二审另查明以下事实：2014年12月29日，博泰隆公司召开2014年临时股东会，因安能信达公司不同意中惠B公司将其持有的60%股权转让至中惠A公司名下，此次股东会未达成有效决议。安能信达公司于2014年12月29日出具书面意见，称：中惠B公司召集召开本次会议没有法律依据，安能信达公司不同意该会议审议事项第1项议题，理由如下：中惠A公司至今并未获得省级政府对这一投资的核准。民四终字第1号判决的主文中，也没有列明中惠A公司已经合法享有公司股东的权利，且该判决存在多处错误，安能信达公司已经就该案提起再审申请，该判决的理由不能成为执行依据。

## 二、裁判理由

本案的争议焦点为：1. 本案是否构成重复诉讼；2. 李某国是否享有本案适格的诉讼主体资格；3. 一审判决解除案涉《博泰隆合作及股权转让协议》及解除后的处理方式是否正确。

（一）关于本案是否构成重复诉讼问题

《中华人民共和国民事诉讼法》中的一事不再理原则，是指同一当事人就同一案件事实、同一诉讼标的不得重复提起诉讼。《最高人民法院关于适用〈中华人民共和国民事诉讼法〉的解释》第二百四十七条第一款规定：“当事人就已经提起诉讼的事项在诉讼过程中或者裁判生效后再次起诉，同时符合下列条件的，构成重复起诉：（一）后诉与前诉的当事人相同；（二）后诉与前诉的诉讼标的相同；（三）后诉与前诉的诉讼请求相同，或者后诉的诉讼请求实质上否定前诉裁判结果。”第二百四十八条规定：“裁判发生法律效力后，发生新的事实，当事人再次提起诉讼的，人民法院应当依法受理。”据此，考量案件是否构成重复起诉，应当从诉讼主体、诉讼标的、诉讼请求等主客观要件以及依据的事实等方面进行综合评判。只要不同时具备上述第二百四十七条第一款规定的主客观要件，则不属于重复起诉；即使要件符合，但基于新的事实起诉的，亦不属于重复起诉。

1. 关于本案是否具备重复诉讼主客观要件的问题

首先，关于诉讼当事人。本案当事人明显与民四终字第1号案中的当事人相同。其次，关于诉讼标的。如前所述，本案纠纷的实质仍为各方当事人基于《博泰隆合作及股权转让协议》形成的股权转让法律关系应否解除的问题，显然与民四终字第1号案中安能信达公司、李某国要求解除《博泰隆合作及股权转让协议》的诉讼标的相一致。最后，关于诉讼请求。本案的诉讼请求包括解除《博泰隆合作及股权转让协议》并返还股权，中惠公司方面将项目开发权、博泰隆公司的印鉴等相关证照交回以及支付违约金；民四终字第1号案中的诉讼请求主要是解除《博泰隆合作及股权转让协议》及两份《股权转让协议书》、返还股权并承担股权转让资金款占用损失。较之于前诉，本案并无解除两份《股权转让协议书》的请求，但基于当事人对案涉股权转让的安排，在《博泰隆合作及股权转让协议》解除的情况下，后续两份《股权转让协议书》当然亦无法实际履行。故民四终字第1号案与本案在具体诉讼请求的表述上虽有差异，但本质并无不同。本案实质上是安能信达公司、李某国在民四终字第1号案作出不支持其请求解除相关股权转让协议的裁判结果后，再次提出要求解除相关协议的诉讼请求。综合上述分析，本案诉讼符合《最高人民法院关于适用〈中华人民共和国民事诉讼法〉的解释》第二百四十七条规定的一事不再理的主客观要件。

2. 关于本案诉讼是否存在新事实的问题

所谓“新的事实”，应当为既判力基准时之后发生，未为生效判决所确认，不在诉讼系属中，亦不应受既判力拘束之事实。但并不能当然认定生效裁判后发生的所有事实均系可排除一事不再理原则适用的“新的事实”，人民法院对此仍应区分甄别。就安能信达公司、李某国主张的新事实，具体分析如下：

（1）关于博泰隆公司 60% 股权至今尚未转至中惠 A 公司名下的事实。《博泰隆合作及股权转让协议》开宗明义地表达了中惠 C 公司先行受让博泰隆公司 60% 的股权、再由中惠 C 公司将股权转让予中惠 A 公司的意思，但各方对中惠 A 公司最终直接持有博泰隆公司 60% 的股权，进而与安能信达公司实现合作的合同目的并无异议。基于此，民四终字第 1 号判决载明：中惠 A 公司应当立即将中惠 B 公司持有的博泰隆公司 60% 股权转让至自己名下，从而实现由中惠 A 公司与安能信达公司合作经营博泰隆公司的合同目的。该判决生效后，根据中惠 B 公司的提议，博泰隆公司先后于 2014 年 11 月 28 日、2014 年 12 月 29 日两次组织召集召开临时股东会议，安能信达公司第一次未出席会议，第二次出席会议则明确表示不同意中惠 B 公司将持有的博泰隆公司 60% 股权全部转至中惠 A 公司名下。至此，关于博泰隆公司 60% 股权转让至中惠 A 公司名下事宜，未能达成股东会决议。由于案涉股权系向现有股东以外的中惠 A 公司转让，根据《中华人民共和国公司法》第七十一条第二款有关“股东向股东以外的人转让股权，应当经其他股东过半数同意”之规定，安能信达公司作为持有博泰隆公司 40% 股权的股东，其同意中惠 B 公司向中惠 A 公司转让股权并放弃优先购买权，是案涉股权得以转至中惠 A 公司名下的前提。安能信达公司明确表示不同意转让，导致该前提丧失，构成阻却案涉股权转让的重大障碍。从安能信达公司出具的《关于博泰隆公司2014年第二次临时股东会会议审议事项第1项议题的书面意见》中陈述的不同意转让理由来看，其本质是对民四终字第1号判决认定案涉协议应当继续履行的否定。在民四终字第1号判决驳回安能信达公司、李某国有关解除案涉协议等诉讼请求的情况下，当事人本应按照判决的指引，秉持诚实信用原则，全面履行合同义务以实现合同目的，但安能信达公司基于对该生效判决的否定，作出不同意转让股权的意思表示，故意阻碍协议的后续履行，其行为已经构成违约。对安能信达公司一方而言，该违约行为自不得成为其再次提起本案合同解除之诉的新的事实。

（2）关于中惠B公司提起博泰隆公司解散之诉的事实。《中华人民共和国公司法》第一百八十二条规定："公司经营管理发生严重困难，继续存续会使股东利益受到重大损失，通过其他途径不能解决的，持有公司全部股东表决权百分之十以上的股东，可以请求人民法院解散公司。"中惠B公司于2015年5月5日以博泰隆公司为被告、安能信达公司为第三人，向海口市中级人民法院提起解散博泰隆公司之诉。

结合前述中惠B公司两次提议召开公司股东会均无法达成有效决议以及安能信达公司对涉及股权转让事宜不予配合的事实，从合同的角度来看，中惠B公司提出公司解散之诉不属于恶意阻止合同目的实现的违约行为。该公司解散之诉发生在民四终字第1号判决生效后，客观上确对《博泰隆合作及股权转让协议》的后续履行造成影响，但该诉实系中惠B公司、中惠A公司一方为维护自身权益，在公司法框架下行使法律所赋予股东权利之行为。守约方中惠B公司、中惠A公司合法寻求法律救济的事实亦不构成安能信达公司、李某国再次起诉本案的新事实。此外，新事实的认定亦具有相对性。在生效裁判驳回当事人诉求，并指引合同继续履行的情况下，一方当事人拒不履行合同义务，该不履行行为对违约方固不构成新的事实；但对守约方而言，并不排除该不履行行为可以构成其提起同一诉讼的新的事实。本案中，中惠 A 公司、中惠 B 公司不存在违约行为。安能信达公司阻却案涉股权转让的违约行为虽然不能成为其提起本案诉讼的新事实，但可构成中惠 A 公司提起合同解除之诉的新事实。中惠 B 公司、中惠 A 公司在解除案涉合同和提出公司解散之诉的救济途径之间选择了公司解散之诉的方式，人民法院应当予以尊重。中惠 B 公司、中惠 A 公司一方与安能信达公司、李某国一方之间的实体权利义务关系，亦当在另案公司解散之诉及后续的清算程序中认定。

（3）关于 2017 年石油大会会址变化的事实。《博泰隆合作及股权转让协议》虽涉及建设石油论坛会址等事项，但并未将该事项约定为合同目的；且该协议签订时，尚未确定 2017 年石油大会会址，海口市只是拟代表中国申办，2017 年石油大会不在海口举行，也应当是当事人在合同签订时可预见的风险。因此，2017 年石油论坛会址发生变化，并非导致《博泰隆合作及股权转让协议》合同目的无法实现的事由，故不属于安能信达公司、李某国再次起诉本案诉讼的新事实。

关于一审判决提及的博泰隆公司于 2009 年 6 月与戴德梁行签订《委托协议》属于中惠 A 公司违背协议约定，诚信应受到质疑的问题。人民法院注意到该协议签订时间早于民四终字第 1 号判决作出前，民四终字第 1 号判决在查明该事实的同时并未将此作为中惠 A 公司存在违约的依据，本案在对民四终字第 1 号判决生效后发生的新事实判断时，自不当再行对该行为作出评判。

综上，民四终字第 1 号案与本案诉讼当事人、诉讼标的相同，诉讼请求存在重叠，安能信达公司、李某国起诉本案所依据的事实理由不属于新事实，故本案诉讼有违一事不再理之原则，构成重复起诉，应当驳回起诉。

（二）关于李某国是否享有本案适格的诉讼主体资格问题以及本案一审判决解除案涉合同及解除后的处理方式是否正确问题

如前所述，本案构成重复起诉，则该问题均无审理的必要，法院无须再予评价。

## 三、裁判结论

依照《最高人民法院关于适用〈中华人民共和国民事诉讼法〉的解释》第三百三十条之规定，裁定如下：

一、撤销海南省高级人民法院（2016）琼民初8号民事判决；

二、驳回安能信达公司、李某国的起诉。

一审案件受理费987850元，退还安能信达公司、李某国；上诉人中惠A公司、中惠B公司预交的二审案件受理费987850元予以退还。安能信达公司、李某国预交的财产保全费5000元由其负担。

## 四、裁判要旨

1. 我国民事诉讼相关法律中的一事不再理原则，是指同一当事人就同一案件事实、同一诉讼标的不得重复提起诉讼。考量案件是否构成重复起诉，应当从诉讼主体、诉讼标的、诉讼请求等主客观要件以及依据的事实等方面进行综合评判。只要不同时具备上述第二百四十七条第一款规定的主客观要件，则不属于重复起诉；即使要件符合，但基于新的事实起诉的，亦不属于重复起诉。

2. 所谓“新的事实”，应当为既判力基准时之后发生，未为生效判决所确认，不在诉讼系属中，亦不应受既判力拘束之事实。但并不能当然认定生效裁判后发生的所有事实均系可排除一事不再理原则适用的“新的事实”。《最高人民法院关于适用〈中华人民共和国民事诉讼法〉的解释》第二百四十八条中“新的事实”的认定具有相对性。在生效裁判驳回违约一方当事人提出解除合同诉求，并指引合同继续履行的情况下，该方当事人拒不履行合同义务或故意阻碍合同的后续履行，其行为构成违约，此违约行为不得成为违约方再次提起合同解除之诉的新事实；但对守约方而言，并不排除该不履行行为可以构成其提起合同解除之诉的新事实。如守约方基于违约方的违约事实合法寻求公司解散等法律救济，该寻求救济之事实亦不构成违约方再次提起合同解除之诉的新事实。

（合议庭成员：陈宏宇、张颖新、王毓莹；案号：（2017）最高法民终361号；裁定日期：2017年9月28日；案例编写人：陈宏宇、谢素恒；案例审核人：张勇健）

# 最高人民法院第一巡回法庭典型民商事案件裁判观点与文书指导（第二部分）

# （一）物权纠纷

**001**

## 基于拆迁补偿协议享有的安置房请求权可以对抗安置房上的抵押权

——中国邮政A公司与中南公司、红岭公司、潘某、彭某、嘉能公司、X农商银行、某晚报集团借款合同纠纷案

### 一、主要案情

2009年1月21日，中南公司作为拆迁人（甲方）与中国邮政A公司作为被拆迁人（乙方）签订《拆迁补偿安置协议》约定："为确保长沙市经济全面快速协调发展，经长沙市人民政府决定〔长政函（2008）34号〕在中山路兴建长沙报业文化大厦，乙方所有房屋在拆建的规划红线范围内。根据《中华人民共和国合同法》及其他有关法律规定，拆迁双方当事人在平等、自愿协商一致的基础上就房屋拆迁补偿安置达成如下协议：第1条：乙方所有的位于长沙市中山路105号第001栋房屋在拆迁范围以内，该房屋合计建筑面积2997.21平方米，其中临街经营性门店建筑面积499.91平方米混合结构，住宅办公用房建筑面积1940.56平方米混合结构，无产权违章面积556.74平方米混合结构。第2条：甲方对乙方被拆迁房实行新建房屋面积补偿和其他货币补偿方式，甲方共计补偿乙方价值人民币1875万元，其中新建房屋临中山路一层门面300平方米估值1200万元，一层面积补偿价值最终以中介机构评估价值为准，互不找补。原乙方

房屋2层至5层面积补偿630万元，其他无产权房屋面积补偿45万元，房屋补偿共计675万元。新建房屋补偿面积甲方在2011年6月底以前建成交付乙方有效使用，货币补偿部分甲方在本合同签订后15天以内一次性支付乙方指定的银行账户。第3条：甲方对乙方被拆迁房屋面积补偿方式和其他货币补偿方式及过渡费搬迁费的支付。1. 拆迁还面部分：在2011年6月底以前甲方在中山路新建报业文化大厦房屋一楼偿还乙方层高约6米，临中山路门面宽度不低于20米，房屋产权面积不少于300平方米，房屋用途为商业，使用面积不低于510平方米（实际可为两层使用），并保证留有邮运车辆停车位（超过部分乙方按双方协商最优惠价格予以货币补偿）。”

2014年9月30日，红岭公司（委托人）与中南公司（借款人）及X农商银行（贷款人）签订了《委托贷款合同》，该合同第1条委托贷款金额约定：“贷款人接受委托人的委托，向借款人发放金额总计RMB40000万元（大写：人民币肆亿元）的委托贷款。上述委托贷款按委托人指示分次发放”；第2条委托贷款用途约定：“2.1 本合同项下贷款的用途仅限于朗盛大厦项目开发及企业流动资金周转。2.2 本合同项下贷款资金须定向使用，分次提款”；第3条委托贷款期限约定：“3.1 本合同项下的全部委托贷款期限为24个月，即自2014年10月29日起至2016年10月28日止。自放款之日起满12个月后，借款人可以提前部分或全额还款，但每次还款金额必须为1000万元的整数倍，利息的支付方式为：以24%/年的利率为标准，满一个月的按月计算；不满一个月的，按实际天数计算。借款人提前还款的，以提前还款金额为基数按24%/年的利率标准，向出借人支付5天利息作为提前还款违约金。本合同项下借款实际贷款金额和起止日期在本合同约定范围内以放款指令和借款借据为准。3.2……”；第7条利息及手续费约定：“7.1 本合同项下贷款适用的年利率为24%，贷款期限内前述利率固定不变。贷款的利息应按实际发生的天数在一年360天的基础上计算，按日计算……7.2 本合同项下贷款的结息方式为：按月结息。

结息日为每月的20日。如借款本金的最后一次偿还日不在结息日，则未付利息应利随本清；7.3借款人须于每一结息日的下一个银行工作日付息……”第12条违约事件约定：“12.1以下事件构成本合同项下的违约事件：（1）借款人或委托人未能适当或及时履行其在本合同项下的任何义务或承诺；（2）借款人或委托人未能按照本合同的规定支付本合同项下到期应付的任何款项；（3）借款人或委托人在本合同中所作的任何陈述或保证是不真实的或误导性的；（4）抵押人违反编号为NO.2014472的《抵押合同》项下任何义务的；12.2一旦借款人发生本合同中的任何一项违约事件或者第12.1条列明的合同/文件（如有）项下发生任何违约事件，贷款人有权按照委托人的书面指示采取以下一项或多项行动：（1）要求借款人限期纠正违约行为；（2）若借款人在限定期限内未纠正违约行为的，书面通知借款人并宣布尚未偿还的全部或任何委托贷款立即到期，借款人应立即向贷款人支付本合同项下任何未付的本金、利息、手续费和其他款项；（3）书面通知借款人，宣布停止或取消未发放的贷款；（4）行使法律及本合同赋予其的任何其他权利；12.3……。”

2014年10月29日，中南公司（抵押人）与X农商银行（抵押权人）签订了《最高额抵押权合同》，该合同约定：“为确保债务人中南公司与债权人（即抵押权人，下同）在一定期限内将要连续发生的债权得以实现，抵押人愿意在最高债权额限定内提供房地产抵押担保；抵押权人对抵押物进行了充分了解，同意抵押人用本合同第3条所列房屋为最高债权额设定担保”；第1条被担保的主债权种类和数额约定：“被担保的主债权种类为：贷款，被担保的最高债权额为：人民币肆亿元整”；第2条债权确定期间及履行债务期限约定：“连续发生最高债权额的期间为24个月，即从2014年10月29日起至2016年10月28日止。债务人履行债务的期限为24个月，即从2014年10月29日起至2016年10月28日止”；第3条抵押房产的基本情况约定：“房屋抵押时，房屋所占用的土地使用权同时抵押。以一处房屋设定抵押的，房屋基本情况如下：房屋坐落：长沙市芙蓉区蔡锷中路239号朗盛大厦；房屋所有权人：中南公司；抵押面积：64735.45平方米；国有土地使用证号：长国用（2013）第04×××2号、05×××8号。以多处房屋设定抵押的房屋基本情况见附件一《抵押房屋清单》；以在建建筑物设定抵押的，房屋基本情况见附件二《在建建筑物抵押清单》。”合同附件《在建工程抵押清单》显示：房屋坐落于芙蓉区蔡锷中路239号朗盛大厦；抵押范围为401至3035等1193套（详见《在建建筑物抵押清单》）；已建抵押部分面积为64735.45平方米；规划用途为车库、商业办公；主债权数额为4亿元……。2014年10月30日，X农商银行取得了编号为长房建芙蓉字第3140××××7号《在建工程抵押登记证明》，该登记证书显示抵押权人为X农商银行；抵押人为中南公司；在建工程坐落于长沙市芙蓉区蔡锷中路239号朗盛大厦；债权数额为4亿元；登记时间为2014年10月30日。

2014年9月23日，红岭公司（甲方，主合同债权人）与潘某（乙方，保证人1）、彭某（乙方，保证人2）签订了《保证担保合同》，约定：“为了保证甲方、X农商银行与中南公司（以下简称债务人）签订的《委托贷款合同》（以下简称主合同）借款本金为人民币肆亿元的履行，保证人1、保证人2（以下统称乙方）愿作为主合同债务人的保证人向甲方提供连带责任保证”；第1条保证担保的范围约定：“1.1担保范围包括：主合同项下债务人的全部债务，包含但不限于债权人所提供的借款本金、利息、罚息、违约赔偿金、其他有关费用，以及债权人实现债权的费用等（包括但不限于诉讼或仲裁费、财产保全或证据保全费、强制执行费、评估费、拍卖费、鉴定费、律师费、差旅费、调查取证费等），利息、罚息按主合同约定计算，并计算至债务还清之日止；1.2……”；第2条保证期间约定：“2.1保证期间为本合同生效之日起直至主合同项下约定的债务履行期限届满日后另加2年；2.2……”；第4条保证责任约定：“4.1乙方对保证范围内的全部债务（包括或有债务）本金、利息、复利、罚息和实现债权的费用等承担连带偿还责任。当债务人到期（含合同到期和提前到期）不履行还款义务或发生主合同约定的其他违约事件时，甲方即可向债务人求偿，也可直接向乙方求偿；4.2 本担保协议所设立的担保独立于债权人为被担保债务所取得的任何其他担保。无论债务人或第三人是否提供物的担保（抵押/质押），甲方均有权要求乙方承担保证责任，而无须先行处分担保物或其他任何担保，也无须首先向债务人或其他任何第三人采取任何其他救济措施；4.3……。”

2014年10月29日，X农商银行（甲方，质权人）与嘉能公司（乙方，出质人）签订了《股权质押合同》，约定：“为确保主合同（定义见下文）的履行，保障甲方债权的实现，乙方同意为债务人（定义见下文）在主合同项下的债务提供质押担保”；第1条定义约定：“除非本合同上下文另有解释或文义另有所指，下列词语或简称具有以下含义：1.1 本合同：指双方签署的《股权质押合同》及对该合同的任何有效修订和补充；1.2 主合同：指红岭公司作为委托人，甲方作为受托银行与债务人签署的编号为农商行（营业部）委借（2014）第09××01号的《委托贷款合同》及对该合同的任何有效修订和补充；1.3 债务人：指主合同项下需对甲方履行义务的中南公司；1.4……”；第2条主债权约定：“本合同项下被担保的债权（主债权）系指甲方根据主合同约定对债务人享有的要求债务人支付本金、利息及其他款项的权利”；第3条质押权利约定：“3.1 出质人以其持有的中南公司（标的公司）75%股权（质押权利或质押股权）向甲方提供质押担保，质押股权与标的公司的基本情况见本合同第16条‘质押权利清单’；3.2……”；第4条担保范围约定：“本合同的质押担保范围为：（1）债务人在主合同项下应向甲方履行的义务；（2）债务人未履行其在主合同项下的义务而给甲方造成的全部直接或间接损失；（3）债务人根据主合同之约定应向甲方支付的违约金、损害赔偿金、实现债权的费用和所有其他应付费用；（4）甲方为实现本合同项下权利或由于债务人违反主合同或乙方违反本合同而发生的所有费用、支出及损失，包括但不限于诉讼费、律师费、公证费、评估费、翻译费等”；第17条质押权利清单约定："本合同项下的质押权利清单如下：中南公司（标的公司）编号为43000000××××5的《企业法人营业执照》，标的公司于2004年11月24日取得湖南省工商行政管理局所颁发的《企业法人营业执照》，并已通过了2013年度的年检，标的公司的注册资本为4000万元，实收资本为4000万元。根据湖南省工商行政管理局于2014年9月1日出具的工商查询档案，以及标的公司的章程，出质人嘉能公司（乙方）持有标的公司75%股权，该等股权上未设定质押权利，乙方根据本合同将其持有的标的公司75%股权出质给X农商银行（甲方）。乙方将其持有标的公司75%股权（3000万股）出质给X农商银行（甲方）为4亿万元贷款作担保。"2014年10月30日，X农商银行及嘉能公司均取得湖南省工商行政管理局核发的编号为（湘）股质登记设字〔2014〕第4×9号《股权出质设立登记通知书》，内容记载为："根据申请，我局于二〇一四年十月三十日办理股权出质登记手续，质权自登记之日起设立，现将登记事项通知如下：质权登记编号：43000000××××5；出质股权所在公司：中南公司；出质股权数额：3000万元/万股；出质人：嘉能公司；质权人：X农商银行"。

上述4亿元委托贷款资金均首先由红岭公司通过其在某银行深圳分行营业部的账户（账号为400002301×××××3483）转入其在X农商银行开立的委托贷款账户（账号为800810500×××××8012），然后通过X农商银行的委托贷款程序转入中南公司在X农商银行开立的委托贷款账户（账号为800810500×××××0012）。

2015年1月12日，中南公司向红岭公司归还本金450万元；2015年4月2日，中南公司再次向红岭公司归还本金230万元。两次合计归还本金680万元。2014年10月29日，中南公司偿还利息2354667元；2014年11月21日，中南公司偿还利息4717333元；2014年12月12日，中南公司偿还利息800万元；2015年1月20日，中南公司偿还利息7892343元；2015年2月12日，中南公司偿还利息8173666.67元；2015年3月23日，中南公司偿还利息7448666.66元；2015年3月23日，中南公司偿还利息649

万元；2015年4月2日，中南公司偿还利息170万元。以上共计偿还利息46776676.33元。中南公司于2015年4月2日支付最后一次利息后，未再支付其他利息。

2015年7月27日，红岭公司向中南公司出具了《贷款提前到期通知书》，宣布委托贷款合同项下贷款于通知书发出之日起提前到期，要求中南公司立即偿还所有贷款本金及利息等相应费用。

朗盛大厦项目原名称为长沙报业文化大厦项目，2013年5月27日，中南公司取得编号为长国用（2013）第04××12号土地使用权证；2013年6月24日，中南公司取得编号为长国用（2013）第05××68号土地使用权证；2013年7月3日，中南公司取得《建设用地规划许可证》，用地单位为中南公司，用地项目名称为长沙报业文化大厦；2013年10月11日，中南公司取得《建设工程规划许可证》，建设单位为中南公司，建设项目名称为长沙报业文化大厦；2014年1月15日，中南公司取得《建筑工程施工许可证》，建设单位为中南公司，工程名称为长沙报业文化大厦建安工程；2014年3月18日，中南公司取得《商品房预售许可证》，售房单位为中南公司，项目名称为朗盛大厦。

于是，红岭公司向湖南省高级人民法院提起诉讼，请求：1. 判决中南公司向红岭公司偿还借款本金3.932亿元；2. 判决中南公司向红岭公司以未还借款本金为基数，按24%的年利率计算，支付所欠借款利息至其清偿欠款之日止，截至2015年6月21日，中南公司所欠利息数额为15975133.01元；3. 判决中南公司向红岭公司以未付金额为基数，按36%的年利率计算，支付逾期还款罚息至其清偿欠款之日止，截至2015年6月21日，中南公司所欠罚息数额为263480.68元；4. 判决潘某、彭某对中南公司前述第1项、第2项、第3项债务承担连带偿还责任；5. 判决红岭公司对中南公司提供抵押的位于湖南省长沙市芙蓉区蔡锷中路239号朗盛大厦的国有土地使用权［产权证号码：长国用（2013）第04××12号、长国用（2013）第05××68号］和401至3035等1193套在建房屋享有抵押权，有权就抵押物拍卖、变卖所得价款优先受偿；6. 判决红岭公司对嘉能公司持有的中南公司75%股权享有质权，有权就该股权的拍卖、变卖所得价款优先受偿；7. 判决由中南公司、嘉能公司、潘某和彭某共同负担全部诉讼费、保全费、担保费、律师代理费等实现债权的费用。

中国邮政A公司向湖南省高级人民法院提起诉讼，请求：1. 判决中南公司以朗盛大厦一楼114号门面及占用土地使用权设立的抵押权无效；2. 判决中南公司向中国邮政A公司交付朗盛大厦一楼114号门面；3. 确认朗盛大厦一楼114号门面归中国邮政A公司所有，并由中南公司办理房屋产权证及土地使用证；4. 诉讼费用由红岭公司、中南公司、嘉能公司、潘某、彭某承担。

某晚报集团向湖南省高级人民法院提出诉讼，请求：1. 判决中南公司以朗盛大厦设立的抵押权无效；2. 确认某晚报集团享有朗盛大厦3楼至8楼的所有权。

湖南省高级人民法院于2016年8月4日作出（2015）湘高法民二初字第24号民事判决：1. 中南公司自判决生效之日起10日内偿还红岭公司借款本金3.932亿元及相应利息（第一笔1.43亿元贷款利息：自2014年10月17日起至2015年1月12日止，以本金1.43亿元为基数，按年利率24%计算；自2015年1月13日起至2015年4月2日止，以本金1.385亿元为基数，按年利率24%计算；自2015年4月3日起至实际清偿之日止，以1.362亿元为基数，按年利率24%计算。第二笔4000万元贷款利息：自2014年10月20日起至实际清偿之日止，以4000万元为基数，按年利率24%计算。第三笔4000万元贷款利息：自2014年10月21日起至实际清偿之日止，以4000万元为基数，按年利率24%计算。第四笔3000万元贷款利息：自2014年10月22日起至实际清偿之日止，以3000万元为基数，按年利率24%计算。第五笔1700万元贷款利息：自2014年10月23日起至实际清偿之日止，以1700万元为基数，按年利率24%计算。第六笔5000万元贷款利息：自2014年11月3日起至实际清偿之日止，以5000

万元为基数，按年利率24%计算。第七笔5000万元贷款利息：自2014年11月10日起至实际清偿之日止，以5000万元为基数，按年利率24%计算。第八笔3000万元贷款利息：自2014年12月2日起至实际清偿之日止，以3000万元为基数，按年利率24%计算。中南公司应当支付的利息为上述八笔贷款利息总额扣减该公司已偿还的利息46776676.33元）。2. 红岭公司有权就中南公司位于长沙市芙蓉区蔡锷中路239号朗盛大厦共计64735.45平方米在建工程（《在建工程抵押登记证明》编号为长房建芙蓉字第3140×××7号）拍卖、变卖所得价款在本金4亿元及相应利息范围内优先受偿。3. 潘某、彭某对中南公司的上述第1项所述债务向红岭公司承担连带清偿责任，潘某、彭某在承担保证责任后，有权向中南公司追偿。4. 红岭公司就上述债权对嘉能公司持有的中南公司75%股权（《股权出质设立登记通知书》编号为（湘）股质登记设字〔2014〕第4×9号）拍卖、变卖所得价款优先受偿，嘉能公司在承担担保责任后，有权向中南公司追偿。5. 驳回红岭公司的其他诉讼请求。6. 驳回某晚报集团和中国邮政A公司的诉讼请求。

中国邮政A公司不服湖南省高级人民法院作出的一审判决，向最高人民法院提起上诉，请求：1. 撤销一审判决；2. 改判中南公司以朗盛大厦一楼114号门面设立的抵押权无效；3. 确认朗盛大厦一楼114号门面归中国邮政A公司所有；4. 本案上诉费由中南公司、红岭公司负担。

最高人民法院于2018年1月22日立案后，依法组成合议庭，开庭进行了审理。

## 二、裁判理由

本案的争议焦点为：中国邮政A公司对朗盛大厦一楼114号门面享有的权利是否优先于红岭公司的抵押权。

中国邮政A公司上诉主张，朗盛大厦一楼114号门面系用以折抵中南公司应当支付给中国邮政A公司的1200万元拆迁补偿款，即使红岭公司的抵押权有效，依据《最高人民法院关于建设工程价款优先受偿权问题的批复》的规定，其对朗盛大厦一楼114号门面的权利也优先于红岭公司的抵押权。根据查明的事实，2009年1月21日，中南公司作为拆迁人与中国邮政A公司作为被拆迁人签订《拆迁补偿安置协议》约定，中国邮政A公司所有的长沙市中山路105号第001栋房屋在拆迁范围以内，该房屋合计建筑面积2997.21平方米，其中临街经营性门面建筑面积499.91平方米混合结构，住宅办公用房建筑面积1940.56平方米混合结构，无产权违章面积556.74平方米混合结构。中南公司对中国邮政A公司被拆迁房实行新建房屋面积补偿和其他货币补偿方式，中南公司共计补偿中国邮政A公司价值人民币1875万元，其中新建房屋临中山路一层门面300平方米估值1200万元，一层面积补偿价值最终以中介机构评估价值为准，互不找补。2011年6月底以前中南公司在中山路新建报业文化大厦房屋一楼偿还中国邮政A公司层高约6米，临中山路门面宽度不低于20米，房屋产权面积不少于300平方米，房屋用途为商业，使用面积不低于510平方米（实际上可为两层使用），并保证留有邮运车辆停车位。从该协议约定的内容可知，虽然中国邮政A公司系与中南公司签订该协议，并非与政府相关部门签订拆迁安置补偿协议，但双方除约定部分货币补偿外，其他关于以房换房予以安置补偿的意思表示非常明确，且拆迁补偿安置房屋的位置、面积、用途明确、特定。《最高人民法院关于审理商品房买卖合同纠纷案件适用法律若干问题的解释》第七条第一款规定："拆迁人与被拆迁人按照所有权调换形式订立拆迁补偿安置协议，明确约定拆迁人以位置、用途特定的房屋对被拆迁人予以补偿安置，如果拆迁人将该补偿安置房屋另行出卖给第三人，被拆迁人请求优先取得补偿安置房屋的，应予支持。"该规定是对拆迁补偿安置协议与其他商品房买卖合同发生冲突时，对拆迁补偿安置协议的被拆迁人予以特别保护的规定。物权优于债权是处理权利冲突的基本原则，但在拆迁补偿安置中，以房换房的房屋产权调换是以被拆迁人牺牲原房屋的居住权为代价来满足城市建设等社会公共利益的需要，因此，对其基于拆迁补偿协议享有的安置房请求权，应给予适当的优先保护，即对被拆迁人享有的债权作为特种债权赋予其物权的优先效力。本案中，虽然红岭公司对朗盛大厦一楼114号门面享有的是抵押权而非买卖该房屋，但同样是对安置房的重复处理，而且抵押权人享有的是物的交换价值的权利。因此，中国邮政A公司就朗盛大厦一楼114号门面享有的补偿安置权优先于红岭公司享有的抵押权。一审判决未考虑中国邮政A公司依据《拆迁补偿安置协议》就朗盛大厦一楼114号门面所享有的权利，判令红岭公司就该门面享有优先受偿的权利不当，予以纠正。中国邮政A公司关于其对朗盛大厦一楼114号门面享有的权利优先于红岭公司的抵押权的上诉理由成立，予以支持。

## 三、裁判结论

依照《中华人民共和国民事诉讼法》第一百七十条第一款第二项、第三项之规定，判决如下：

一、维持湖南省高级人民法院（2015）湘高法民二初字第24号民事判决书第一项、第三项、第四项、第五项、第六项；

二、变更湖南省高级人民法院（2015）湘高法民二初字第24号民事判决书第二项为：红岭公司对中南公司位于湖南省长沙市芙蓉区蔡锷中路239号朗盛大厦共计64735.45平方米的在建工程（《在建工程抵押登记证明》编号为长房建芙蓉字第3140××××7号）享有抵押权，有权就该在建工程的拍卖、变卖所得价款在本金4亿元及相应利息范围内优先受偿，但不得对抗中国邮政A公司就朗盛大厦一楼114号门面享有的拆迁补偿安置权。

一审案件受理费2088996元，由中南公司、潘某、彭某、嘉能公司共同负担。二审案件受理费93800元，由中南公司、红岭公司共同负担。

## 四、裁判要旨

物权优于债权是处理权利冲突的基本原则，但在拆迁补偿安置中，房屋产权调换是以被拆迁人牺牲原房屋的居住权为代价来满足城市建设等社会公共利益的需要，对其基于拆迁补偿协议所享有的安置房请求权应作为特种债权赋予其物权的优先效力。当安置房请求权与安置房上设立的抵押权发生冲突时，安置房请求权作为特种债权可以对抗安置房上的抵押权。

（合议庭成员：钱小红、奚向阳、张颖新；案号：（2018）最高法民终112号；判决日期：2018年5月21日；案例编写人：钱小红、王智锋；案例审核人：张勇健）

002

## 让与担保的权利实现条件及清算方式

——奕之帆公司、侯某宾与兆邦基公司、康诺富公司、鲤鱼门公司、立兆公司合同纠纷案

### 一、主要案情

(一) 4.2《项目合作协议》的签订及履行情况

2014年4月2日，奕之帆公司、兆邦基公司、侯某宾、立兆公司签订《项目合作协议》。该协议约定，奕之帆公司向兆邦基公司转让其持有的鲤鱼门公司70%股权，股权转让款为700万元，投资补偿款为9.38亿元。该协议中涉及争议的30%股权的内容是：1. 奕之帆公司、侯某宾、立兆公司承诺负责处理黑建诉讼及相关查封问题，奕之帆公司承诺以其在鲤鱼门公司30%股权及对应的未分配权益，作为上述义务履行的担保。2. 兆邦基公司成为鲤鱼门公司股东后，如果奕之帆公司资金不足，兆邦基公司愿意向奕之帆公司提供融资借款，但奕之帆公司须将其持有的鲤鱼门公司30%的股权过户登记至兆邦基公司指定的公司或个人名下用于担保，奕之帆公司还清兆邦基公司的借款本息后，兆邦基公司将该30%的股权过户还给奕之帆公司。在兆邦基公司为奕之帆公司融资后，如奕之帆公司不能在约定的时间内归还兆邦基公司资金本息的，奕之帆公司同意以其在鲤鱼门公司中所占股权及对应的权益份额来抵偿。

2014年4月21日，奕之帆公司将鲤鱼门公司70%股权变更登记至兆邦基公司名下。

(二) 4.25《股权担保协议》的签订及履行情况

2014年4月25日，奕之帆公司、兆邦基公司、康诺富公司签订《股权担保协议》。该协议确认，1. 为确保奕之帆公司能够偿还债务，奕之帆

公司愿意将其持有的鲤鱼门公司30%股权以过户的方式抵押给康诺富公司。奕之帆公司与兆邦基公司共同确定将康诺富公司变更为二人有限公司，即兆邦基公司持有51%股权，奕之帆公司委派的股东罗某堂持有49%股权。2. 上述30%股权的实际所有人仍是奕之帆公司，仍由奕之帆公司享有、行使和承担项目公司该30%股权对应的股东权利和义务。该协议约定如奕之帆公司需要向兆邦基公司融资借款，则奕之帆公司应将其委派人员持有的康诺富公司的49%股权过户给兆邦基公司或兆邦基公司所指定的公司（或个人），用于融资借款的担保。该协议对债务清偿约定如下：最后结算时，如奕之帆公司完全履行了偿还和支付义务，则奕之帆公司可要求归还30%股权；如未能履行偿还和支付义务或由兆邦基公司代偿，兆邦基公司可要求以奕之帆公司在鲤鱼门公司中所占的30%股权所对应的权益份额（即依股权比例可分得的房地产物业）来抵偿，具体抵偿方式为评估所得的市场销售价格的90%。

（三）8.26《协议书》及《补充协议》的签订及履行情况

2014年8月26日，奕之帆公司、兆邦基公司、侯某宾、立兆公司与鲤鱼门公司共同签订《协议书》。该《协议书》约定：自本合同生效之日起，奕之帆公司放弃已过户到康诺富公司名下的鲤鱼门公司30%的股权。该30%的股权归兆邦基公司所有，并由兆邦基公司全权处置；自本合同生效之日起，奕之帆公司、侯某宾和立兆公司所负的上述债务由兆邦基公司和鲤鱼门公司在总额人民币4.06亿元范围内负责解决；人民币4.06亿元的用途具体分配如下：1. 1.2亿元用于彻底解决高某灿案件并解除对项目土地的查封。2. 5000万元用于处理建邦公司4600万元的账务。3. 8000万元用于清结潮商公司及其关联人员吴某群借款所产生的欠款尾数人民币8000万元。4. 1亿元用于偿还应由奕之帆公司承担的广州银行贷款本息。5. 5600万元用于偿还向许某珊借款5000万元的本金和利息。同时约定，除上述5项债务之外的鲤鱼门公司的债务仍由奕之帆公司负责清理和偿还，并由侯某宾和立兆公司承担连带保证责任。

2015年11月17日，奕之帆公司、兆邦基公司、信诺电讯公司、侯某宾与鲤鱼门公司共同签订《补充协议》。该《补充协议》对上述5项债务中的第（4）项、第（5）项已履行完毕。各方约定：1. 关于用于高某灿案件1.2亿元部分，以该案审理结束时实际发生的数额为准。2. 关于用于建邦公司债务的5000万元，已支付3300万元，余额（1700万元）在本协议签订之日起5日内支付。3. 关于用于清结潮商公司及其关联人员吴某群借款所产生的欠款尾数和处理。因已支付4000万元，余额因信诺电讯公司暂停支付的通知而未支付。该款项兆邦基公司应当在收到信诺电讯公司付款通知后再行支付。

2015年4月8日，康诺富公司以及兆邦基公司将其持有的鲤鱼门公司的股权质押给甲银行深圳红围支行、乙银行深圳华侨城支行。

2015年11月19日，建邦公司、鲤鱼门公司、信诺电讯公司、侯某宾、张某借款合同纠纷一案在广东省深圳市中级人民法院达成调解协议，并由法院制作《民事调解书》。张某为履行该调解书的内容，受兆邦基公司委托，于2015年11月27日向建邦公司转账支付1500万元，同时另行向信诺电讯公司转账支付200万元。

奕之帆公司与侯某宾向广东省高级人民法院起诉请求：1. 依法判决确认8.26《协议书》及《补充协议》无效；2. 依法判决解除4.25《股权担保协议》；3. 依法判令兆邦基公司、康诺富公司共同向奕之帆公司返还持有的鲤鱼门公司的30%股权，并办理完成工商登记手续；4. 依法判决确认奕之帆公司与侯某宾享有鲤鱼门公司项目权益的30%（上述第1项、第2项、第3项、第4项诉讼请求所对应的鲤鱼门公司的30%股权及相应的项目权益，现评估价值为70504.34万元）；5. 本案全部诉讼费用由兆邦基公司、康诺富公司与鲤鱼门公司承担。

广东省高级人民法院经审理作出（2016）粤民初52号民事判决，判决驳回奕之帆公司与侯某宾的全部诉讼请求。案件受理费3567017元，财产保全费5000元，由奕之帆公司与侯某宾负担。当事人不服一审判决，上诉至最高人民法院。

## 二、裁判理由

本案的争议焦点为：1. 案涉8.26《协议书》的性质与效力应如何认定；2. 案涉4.25《股权担保协议》是否符合解除条件。

（一）关于案涉8.26《协议书》的性质与效力应如何认定的问题

8.26《协议书》系本案当事人从事案涉交易过程中所签订的一份协议，认定该《协议书》的性质须在系统审查整个交易安排亦即先后签署的4份协议书的内容后判定。4.2《项目合作协议》主要涉及奕之帆公司将其持有的鲤鱼门公司70%的股权出让给兆邦基公司。奕之帆公司、侯某宾明确对其中黑建诉讼负责处理并承担责任，奕之帆公司亦承诺以其在鲤鱼门公司剩余的30%股权及对应的未分配权益，作为上述债务履行的担保。4.25《股权担保协议》开宗明义，为确保奕之帆公司能够承担债务偿还和后续资金的支付义务，该公司愿意将其持有的鲤鱼门公司30%股权以过户的方式抵押给奕之帆公司与兆邦基公司共同持股的康诺富公司。综合考虑奕之帆公司将30%股权过户给康诺富公司的目的并非出让股权，而是担保相关债务的履行，可认定4.25《股权担保协议》实质上系设立让与担保的协议。8.26《协议书》约定，奕之帆公司放弃已过户到康诺富公司名下的30%股权，该股权归兆邦基公司所有，同时上述5笔债务由兆邦基公司和鲤鱼门公司在总额4.06亿元范围内负责解决。此后的《补充协议》则进一步确认了兆邦基公司按照8.26《协议书》的约定在4.06亿元范围内履行上述五笔债务的具体情况。由此可见，8.26《协议书》与此前两份协议具有承继关系，是在4.25《股权担保协议》设立让与担保权利的基础上，就兆邦基公司作为让与担保权利人如何具体实现该权利的问题作出约定。奕之帆公司、侯某宾有关8.26《协议书》及前后四份协议实际上系关于30%股权让与担保的系列整体协议的主张成立，法院予以采纳。

奕之帆公司、侯某宾主张，8.26《协议书》具有让与担保的性质，并以该协议签订时尚有部分债务未届清偿期、案涉30%股权未依约评估清算等理由主张8.26《协议书》无效。法院认为，奕之帆公司、侯某宾的主张亦不能成立，具体理由如下：

首先，关于部分债务未届清偿期的问题。让与担保通常系在债务履行期届满之前签订协议并转移标的物所有权等权利，否则其就不成为一种担保方式，而只是一种债务履行方式。本案当事人在部分债务未届清偿期时签订4.25《股权担保协议》并办理过户登记以设立让与担保的权利，符合上述要求。让与担保的设立应在债务履行期届满之前，但就让与担保的实现问题，参照《中华人民共和国物权法》第一百七十条的规定则需要满足债务人不履行到期债务或者发生当事人约定的实现权利的情形等条件。4.25《股权担保协议》约定，在项目建设期间，如评估显示奕之帆公司对目标项目30%的权益不足以清偿相关债务并履行支付义务的，则奕之帆公司应向兆邦基公司转让其所持股权，并由后者代为清偿相应数额债务。由此可见，根据4.25《股权担保协议》的约定，奕之帆公司30%股权对应的权益不足以清偿相关债务，即成为兆邦基公司行使让与担保权利的约定条件。事实上，双方也是在该约定条件成就之时，签订的8.26《协议书》具体实现了案涉让与担保权利。故，奕之帆公司等对案外人两笔借款债务未到期的事实，并不妨碍奕之帆公司与兆邦基公司签订的具体实现让与担保权利之8.26《协议书》的效力。

其次，关于实现让与担保的清算问题。在让与担保的设定中，标的物的所有权通常已经转移于债权人。为保护债务人的利益，防止出现债权人取得标的物评价额（即标的物价值）与债权额之间差额等类似于流质、流押的情形，让与担保权利的实现应对当事人科以清算义务，本案当事人在4.25《股权担保协议》中亦明确约定了清算条款。虽然4.25《股权担保协议》要求以专业评估机构的评估结果为准，但根据此后签订的8.26《协议书》，当事人显然已经改变了原有约定，而就让与担保标的物价值4.06亿元达成合意。该4.06亿元的数额是协议各方共同商定的结果，体现了各方当事人的意思自治。故本案以各方合意的4.06亿元确定让与担保标的物的价值并无不当。

最后，关于债权数额的确定。8.26《协议书》明确兆邦基公司等需在总额4.06亿元范围内负责解决前述五笔债务，并就该五笔总计4.06亿元债务的具体数额作出分配，据此可认定让与担保标的物价值与债务总额已初步确定且数额等同。但考虑到奕之帆公司等对案外人的债务数额可能发生变化，当事人就此又约定了在对债务数额据实结算基础上的清算义务。如8.26《协议书》约定兆邦基公司和鲤鱼门公司据实与各债权人清结；《补充协议》则更为明确地约定，关于用于高某灿案件1.2亿元部分以该案审理结束时实际发生的数额为准，向债权人实际清偿的债务不足原定债务数额的余额部分归侯某宾所实际控制的信诺电讯公司（奕之帆公司的关联方）所有。事实上，就其中建邦公司的5000万元债务，兆邦基公司在向建邦公司支付4800万元清偿该笔债务后，相关案外人亦根据兆邦基公司的委托将200万元余额支付给信诺电讯公司。由此可见，本案中经当事人合意让与担保标的物价值已经确定，但因债务数额可能发生变化，当事人的清算义务主要体现在根据最终据实结算的债务数额，向让与担保义务人即奕之帆公司一方返还该债务数额与标的物价值之间的差额。案涉当事人不仅约定而且实际履行了清算义务，奕之帆公司等有关案涉让与担保未经清算的主张，法院不予支持。

（二）关于案涉4.25《股权担保协议》是否符合解除条件的问题

奕之帆公司、侯某宾以康诺富公司、兆邦基公司未经奕之帆公司同意将案涉30%股权质押为由，主张享有约定解除权。如前所述，8.26《协议书》并不存在无效事由。据一审判决查明的事实，康诺富公司与兆邦基公司将其所持有的鲤鱼门公司股权质押的行为，均发生在8.26《协议书》生效之后。且该《协议书》生效后，兆邦基公司已经实现了此前所约定的让与担保权利，奕之帆公司对案涉让与担保标的物即30%股权已经不再享有权利，兆邦基公司与康诺富公司将鲤鱼门公司股权质押的行为不构成违约。奕之帆公司与侯某宾亦不因此享有约定解除权。

奕之帆公司、侯某宾主张，8.26《协议书》非法处置30%股权致使其享有案涉30%股权的合同目的无法实现，鲤鱼门公司将作为其名下核心资产的土地使用权及在建项目对外抵押，致使奕之帆公司30%的项目权益严重受损，无法实现对30%股权进行清算的合同目的，故奕之帆公司、侯某宾享有法定解除权。如上所述，8.26《协议书》不存在非法处置30%股权的问题，奕之帆公司享有案涉30%股权之合同目的无法实现并非兆邦基公司的行为所致。鲤鱼门公司将其名下核心资产即土地使用权及在建项目对外抵押，系该公司正常经营范围内的事项，与奕之帆公司所称30%的项目权益受损并无联系。故，奕之帆公司与侯某宾有关其享有法定解除权的主张不能成立。

## 三、裁判结论

依照《中华人民共和国民事诉讼法》第一百七十条第一款第一项，《最高人民法院关于适用〈中华人民共和国民事诉讼法〉的解释》第三百三十四条之规定，判决如下：

驳回上诉，维持原判。

二审案件受理费3567017元，由奕之帆公司、侯某宾负担。

本判决为终审判决。

## 四、裁判要旨

1. 让与担保的设立应在债务履行期届满之前，但就让与担保的实现问题，参照《中华人民共和国物权法》第一百七十条的规定则需要满足债务人不履行到期债务或者发生当事人约定的实现权利的情形等条件。双方当事人在设立让与担保的合同中约定，如担保物的价值不足以覆盖相关债务，即使债务履行期尚未届满，债权人亦有权主张行使让与担保权利。该约定不违反法律行政法规的强制性规定，应当认定合法有效。

2. 为防止出现债权人取得标的物价值与债权额之间差额等类似于流质、流押之情形，让与担保权利的实现应对当事人科以清算义务。双方当事人就让与担保标的物价值达成的合意，可认定为确定标的物价值的有效方式。在让与担保标的物价值已经确定，但双方均预见债权数额有可能发生变化的情况下，当事人仍应在最终据实结算的债务数额基础上履行相应的清算义务。

（合议庭成员：陈宏宇、王毓莹、曹刚；案号：（2018）最高法民终751号；判决日期：2018年11月29日；案例编写人：陈宏宇、谢素恒；案例审核人：张勇健）

# （二）合同、无因管理、不当得利纠纷

**003**

## 各方当事人均非因自身原因导致对标的物实际价值产生错误认知但合同尚有继续履行可能时合同应否解除的认定

——天宏公司、正浩公司与A市非税局、金锤公司合同纠纷案

### 一、主要案情

江头煤矿原系A市地方国营企业，年生产能力设计为9万吨，1993年简易投产。

2005年7月，第一勘探队编制《白沙矿区江头井田江头煤矿保有资源储量核实报告》，载明：江头煤矿截至2004年12月的保有资源储量为485.61万吨，原地质报告累计探明资源储量为663.8万吨，本次报告核实的累探量为632.71万吨，累计采损量为147.1万吨，资源储量减少了31.09万吨。

2006年5月，四一七队编制《白沙矿区江头井田江头煤矿2005年度资源储量检测报告》，载明：截至2005年12月，江头煤矿保有资源储量为472.52万吨，累探量为626.62万吨，累计采损量154.1万吨，2005年度的采损量为7万吨。

2007年7月，楚湘公司编制《白沙矿区江头井田江头煤矿资源储量年报》，载明：截至2007年4月，江头煤矿煤炭保有资源储量为460.59万

吨，累探量627.17万吨，备案前采损量154.1万吨（指四一七队于2006年5月出具的检测报告），备案后采损量为11.5万吨。

2010年8月，楚湘公司编制江头煤矿2007年5月至2010年6月的《矿山储量年报》，载明：江头煤矿截至2010年6月底的资源保有量为411.7万吨，累探量为611.6万吨，备案前采损量165.6万吨（指楚湘公司于2007年7月编制的、截至2007年4月的备案年报），备案后采损量为34.3万吨，资源储量减少14.6万吨。

2011年4月20日，湖南省衡阳市中级人民法院（以下简称衡阳中院）将江头煤矿移交给A市非税局处置。2011年4月28日，A市人民政府向省国土资源厅发函，拟再次组织对江头煤矿资产、资源进行拍卖，并请省国土资源厅对该矿按遗留问题处理，同意该矿不再编制《资源储量核实报告》资料等，省国土资源厅复函同意。

2011年5月6日至6月16日，经评估，江头煤矿资产（仅限于房屋建筑物、办公设施、机器设备、采矿设施等，不含采矿权和土地价值）总价值为39776187.33元，四宗工业用地评估总价为1926.8万元，采矿权价值为2589.62万元。

2011年7月19日，正浩公司以3.35亿元竞得江头煤矿全部资产，并于同日与金锤公司签订《拍卖成交确认书》。2011年7月23日，正浩公司接管江头煤矿。2011年11月22日，天宏公司与A市非税局签订《整体出让合同》。

2012年5月，四一七队编制《白沙矿区江头井田江头煤矿资源储量核实报告》。载明：截至2012年3月，江头煤矿资源保有量为256.8万吨，累计探明储量582.5万吨，累计采损量325.7万吨。

天宏公司、正浩公司向湖南省高级人民法院提起诉讼，请求：1. 解除《拍卖成交确认书》和《整体出让合同》；2. A市非税局返还款项264904400元，赔偿款项支付之日起至款项实际返还之日止的利息损失（从付款之日起计算至2013年7月16日的利息为3150万元，2013年7月

17 日至实际返还日的利息按中国人民银行同期贷款利率标准继续计算）；3. A 市非税局赔偿整改投入资金 17633396 元及从支出之日起至赔偿之日止的利息（按中国人民银行同期贷款利率标准计算）；4. A 市非税局赔偿购买“北翼新井”损失 1480 万元及相应利息，赔偿整合聚鑫煤矿损失 4990 万元及相应利息；5. 金锤公司返还佣金 1675 万元及从付款之日起至返还之日止的利息（按中国人民银行同期贷款利率的标准计算）。

A 市非税局反诉请求：1. 天宏公司、正浩公司将双控账户内的 6175 万元交给 A 市非税局；2. 天宏公司、正浩公司承担本案反诉费用。

2016 年 10 月 11 日，湖南省高级人民法院作出（2013）湘高法民二初字第 17 号民事判决，准许 A 市非税局撤回反诉，驳回天宏公司、正浩公司的全部诉讼请求。天宏公司、正浩公司不服该判决，向最高人民法院提起上诉。最高人民法院于 2017 年 7 月 4 日立案后，依法组成合议庭，开庭进行了审理。

## 二、裁判理由

本案的争议焦点为：1. 案涉江头煤矿资产拍卖程序是否违法；2.《整体出让合同》应否解除。

（一）关于案涉江头煤矿资产拍卖程序是否违法的问题

第一，关于衡阳中院委托 A 市非税局组织拍卖程序是否违法的问题。案涉拍卖资产即江头煤矿，系因谢某根、谢某生等人涉黑案件被人民法院生效判决确定没收的资产，作为审理该涉黑案件的一审法院，衡阳中院有权对该项罚没资产依法予以处置。对于罚没资产的处置方式，根据《最高人民法院关于刑事裁判涉财产部分执行的若干规定》等规定，被执行财产需要变价的，人民法院应当依法采取拍卖、变卖等变价措施，其并未限制人民法院将罚没资产委托其他单位组织拍卖、变卖，人民法院有权根据执行工作需要决定对罚没资产的具体处置方式。并且，A 市非税局作为 A 市财政局管理的非税收入征收单位，非税收入征收管理是其主要工作职责之一。衡阳中院将案涉资产委托A市非税局组织拍卖，并非刑罚执行权的转移，不存在程序违法的情形。

第二，关于拍卖标的物是否超出人民法院生效判决确定的没收财产范围的问题。根据本案已查明的事实，谢某生于2005年9月30日以7500万元竞得江头煤矿包括采矿权在内的矿山整体资产，即彼时谢某生对江头煤矿包括采矿权在内的矿山整体资产享有权益。人民法院生效判决确定没收谢某生在江头煤矿的全部股权，该股权与谢某生对江头煤矿整体资产享有的权益相对应。A市非税局对江头煤矿包括采矿权在内的整体资产组织拍卖，未超出人民法院生效判决确定的没收财产的范围。

第三，关于A市非税局是否有权进行采矿权出让的问题。根据2011年11月22日A市非税局与天宏公司签订的《整体出让合同》记载，作为签约一方的A市非税局是江头煤矿处置小组成员单位（耒阳市人民政府、衡阳中院、A市监察局、A市国土局、A市煤炭局和A市财政局）的委托代表，《整体出让合同》中A市非税局所承担的责任和义务按职能范围由相应的小组成员单位承担。换言之，作为矿业权登记管理机关的A市国土局是江头煤矿处置小组的成员，有权订立上述合同。对此，天宏公司作为签约一方主体，应当知晓。此事实表明，A市非税局并非单独处置案涉江头煤矿采矿权，其是代表包括A市国土局在内的江头煤矿处置小组签订合同，以此将拍卖确定的江头煤矿采矿权予以出让，属有权处置。

第四，关于江头煤矿采矿权评估结果应否公开的问题。《矿业权评估管理办法（试行）》规定的矿业权评估报告和备案结果公示、公开制度，是国土资源行政主管部门基于规范矿业权价款评估工作、加强监管的行政管理需要而作出的规定。本案湖南省国土资源厅委托金佰利公司对江头煤矿采矿权进行评估的目的是公开拍卖该煤矿的需要，以使委托人能较为科学合理地确定拍卖保留价。作为委托人，A市非税局有权确定拍卖标的的保留价并要求拍卖人保密。一审判决认定评估结果无须向竞买人披露，竞买人可根据公开展示的拍卖标的的资料自行确定其价值，不违反相关规定。

综上，一审判决认定案涉江头煤矿资产拍卖程序合法，拍卖行为合法有效，并无不当。

（二）关于《整体出让合同》应否解除的问题

1. 关于江头煤矿的资源储量问题

第一，关于江头煤矿的资源储量、机器设备、证照等问题。根据本案查明的事实，对于江头煤矿的资源储量、机器设备、证照等情况，金锤公司在《拍卖手册》中作了较为充分的披露，明确拍卖资料中载明的411.7万吨资源储量的截止时间为2010年6月底。对于可以向竞买人提供的拍卖资料，金锤公司在《竞买须知》中作了详细罗列，作为竞买人的正浩公司可以从金锤公司处获得拍卖资料，并通过该资料了解拍卖标的相关情况。在此情形下，正浩公司应能知晓江头煤矿在拍卖时的现状。在参加拍卖前，正浩公司亦曾派人到江头煤矿现场进行查看，知悉江头煤矿此时正由专案组托管，处于正常生产经营状态。作为一种可消耗资源且正在进行生产作业，江头煤矿的资源储量消耗亦属正常，正浩公司应可知晓《拍卖手册》中所载江头煤矿资源储量与实际资源储量会存在差异。正浩公司对此并未提出异议，而是继续参与竞拍，表明其认可江头煤矿包括资源储量在内的资产现状。正浩公司与金锤公司签订《竞买合同》的行为亦可表明，其对拍卖标的已了解且认可其现状，愿意以江头煤矿现状受让。退一步来讲，即使如天宏公司和正浩公司所言，江头煤矿的资源储量存在不足情况，但在2011年11月22日《整体出让合同》签订前，正浩公司曾于同年11月20日向A市人民政府提交《关于尽快解决A市江头煤矿若干问题的请示》，认为江头煤矿存在标的物矿产资源储量严重不足的情况，经其在接管后初步估算，该煤矿的储量为277万吨左右，与公示储量相差巨大。该事实表明，在《整体出让合同》签订前，正浩公司已对江头煤矿的实际资源储量作了判断，已认识到如继续签订《整体出让合同》可能存在的巨大商业风险。此时，正浩公司可以自行决定是否继续与A市非税局签订《整体出让合同》，以规避此种商业风险。而从本案实际情况看，正浩公司选择继续进行交易，并由天宏公司与A市非税局签订《整体出让合同》，表明其对江头煤矿矿产资源储量的认可和接受。此系其对自身权利的自行处分，应予尊重和认可。此外，从本案查明的事实看，2005年7月第一勘探队的储量核实报告核实江头煤矿截至2004年12月的保有资源储量为485.61万吨，累探量为632.71万吨；2006年5月，四一七队检测报告载明截至2005年12月，江头煤矿保有资源储量为472.52万吨，累探量为626.62万吨；2007年7月楚湘公司2006年储量年报载明截至2007年4月，江头煤矿煤炭保有资源储量为460.59万吨，累探量为627.17万吨；2010年8月楚湘公司《矿山储量年报》载明截至2010年6月底，江头煤矿的资源保有量为411.7万吨，累探量为611.6万吨。上述报告、年报均经湖南省国土资源厅评审备案或复核通过，为合法有效文件。2012年5月，天宏公司、正浩公司接管下的江头煤矿委托四一七队对该煤矿资源储量进行核实，随后四一七队出具储量核实报告，载明截至2012年3月，江头煤矿资源保有量为256.8万吨，累计探明储量为582.5万吨。该报告亦经湖南省国土资源厅评审备案，为合法有效文件。相较于2010年8月楚湘公司《矿山储量年报》载明的411.7万吨保有资源储量，该报告核实的江头煤矿保有资源储量为256.8万吨，减少154.9万吨（411.7万吨-256.8万吨=154.9万吨），除因煤层厚薄等原因导致的累计探明储量减少的29.1万吨（611.6万吨-582.5万吨=29.1万吨）及原审已认定的37万吨正常采损量外，其余88.8万吨采损量是否真实存在及何时产生，是认定江头煤矿保有资源储量是否减少的关键。对于88.8万吨采损量是否真实存在，2012年5月四一七队储量核实报告已作出明确认定，即存在该部分采损量。因该报告已经湖南省国土资源厅审查备案，为合法有效文件，说明其已通过并获得湖南省国土资源主管部门的认定，故该报告关于88.8万吨采损量的核实结论应予认可。并且，从最高人民法院二审期间组织专家听证的情况看，天宏公司、正浩公司与A市非税局推荐的专家认可储量年报与储量核实报告不存在冲突，二者在本质上是一致的，双方观点的差别在于如何确定采损量的形成时间。因此，2012 年 5 月四一七队储量核实报告关于 88.8 万吨采损量的核实结论亦可予以认定。对于该 88.8 万吨采损量何时产生，一方面，2012 年 5 月四一七队储量核实报告在资源储量结算表中将其归为 2010 年备案后的采损量；另一方面，又在说明中将其归为 2010 年备案前的采损量，前后存在矛盾之处。从本案查明的事实看，江头煤矿的设计生产能力为 9 万吨/年，正浩公司接管该煤矿的时间是 2011 年 7 月 23 日，从正浩公司接管江头煤矿到 2012 年 5 月四一七队作出储量核实报告，其间仅间隔 10 个月，如将该 88.8 万吨采损量归为 2010 年备案后的采损量，则该期间内江头煤矿保有资源储量减少数量为 154.9 万吨，远超过该煤矿的年设计生产能力，显然有违本案实际。根据本案已查明的事实，结合以上储量报告、专家听证会等情况综合分析，天宏公司、正浩公司主张江头煤矿 88.8 万吨采损量产生于案涉江头煤矿资产拍卖之前，有事实依据，应予认可。

从本案查明的事实看，在 2011 年案涉江头煤矿资产拍卖时和《整体出让合同》签订时，天宏公司、正浩公司、A 市非税局和金锤公司等本案各方当事人均非因自身原因导致对拍卖标的物的实际价值产生错误认知，均未意识到作为拍卖标的物的江头煤矿实际资源储量与拍卖公告所载和合同约定不符，由此导致了不可归责于任何一方当事人的误解结果的出现。在天宏公司、正浩公司未提交有效证据证明 A 市非税局和金锤公司在拍卖、合同签订过程中存在故意的信息披露错误的情形下，不能因上述非因自身原因导致的误解认定 A 市非税局、金锤公司在拍卖、合同签订过程中存在欺诈行为。本案中，组织、参与案涉江头煤矿资产拍卖、签订《整体出让合同》等民事行为，系天宏公司、正浩公司、A 市非税局和金锤公司等本案各方当事人的真实意思表示，合同内容亦不违反法律、行政法规的效力性强制性规定，故《拍卖成交确认书》和《整体出让合同》的效力应予认可。根据《中华人民共和国合同法》第五十四条第一款的规定，因重大误解订立的合同或在订立合同时显失公平的合同，当事人一方有权请求人民法院或者仲裁机构变更或者撤销。本案中，天宏公司、正浩公司主张解除《拍卖成交确认书》和《整体出让合同》并返还相关款项，综合考虑当事人对江头煤矿资源储量认知情况、案涉合同履行情况等因素，从维护交易稳定和公平公正的角度出发，一审判决不予解除《拍卖成交确认书》和《整体出让合同》，应属妥当，但对天宏公司、正浩公司支付的合同价款数额应予适当调整。因本案当事人确定的江头煤矿转让方式为整体出让，包括了江头煤矿全部资产，即煤矿采矿权、土地及房屋、机器和设备设施等，出让价格也是按照江头煤矿的全部资产确定，而非单独依据煤炭资源储量确定，故本案不能仅根据江头煤矿保有资源储量减少比例对合同价款进行调整，而应先按照采矿权占总评估价值比例及总成交价确定采矿权在总成交价中的份额，再依此份额和江头煤矿保有资源储量减少比例确定A市非税局应返还合同借款的数额。根据本案查明的事实，江头煤矿房屋建筑物、构筑物、机器设备及车辆评估总价值为3977.618733万元，土地评估价值为1926.8万元，采矿权的评估价值为2589.62万元，采矿权价值占评估总价的30.49%（25896200元÷84940387.33元=30.49%），按此比例，拍卖总价款中采矿权份额为10214.15万元（33500万元×30.49%=102141500元）。因江头煤矿实际保有资源储量与《整体出让合同》载明的数据相比，减少88.8万吨，减少比例为21.57%（88.8万吨÷411.7万吨=21.57%），故价款支付数额应相应减少22031921.55元（102141500元×21.57%=22031921.55元）。该笔款项应由A市非税局向天宏公司返还。因本案各方当事人均非因自身原因导致对江头煤矿的实际资源储量和价值产生错误认知，故对天宏公司、正浩公司关于赔偿利息的诉讼请求，法院依法不予支持。

第二，关于储量核实报告的编制问题。法院认为，相关法律、行政法规并未规定在以拍卖方式出让人民法院生效判决确定的罚没矿业资产前应编制资源储量核实报告，且在案涉江头煤矿资产拍卖之前，A市人民政府曾专门向省国土资源主管部门即湖南省国土资源厅去函，请求湖南省国土资源厅同意在此次拍卖中不对案涉江头煤矿编制储量核实报告，而以储量年报代替，湖南省国土资源厅亦复函表示同意。故一审判决认定A市非税局在案涉资产拍卖过程中未编制江头煤矿储量核实报告是合法的，并无不妥。

2. 关于《整体出让合同》的履行问题

其一，关于金锤公司、A市非税局履行合同义务问题。首先，案涉拍卖资产即江头煤矿系因谢某根、谢某生等人涉黑案件被人民法院生效判决确定没收的资产，根据《整体出让合同》的约定，合同签订后的产权转让（含土地、房屋）、证照变更手续等，由天宏公司自行组织，A市非税局承担协助义务。其次，合同签订后，A市非税局已经协助天宏公司办理了《采矿许可证》《安全生产许可证》，履行了合同约定的协助义务。至于营业执照办理问题，应由天宏公司依合同约定自行负责，A市非税局加以协助，而非由A市非税局为天宏公司办理。最后，关于资产交割问题，在《整体拍卖合同》签订时，A市非税局与天宏公司、正浩公司对江头煤矿财产进行了交接，正浩公司也已于2011年7月23日接管江头煤矿，A市非税局已履行资产交付义务。

其二，关于合同目的能否实现的问题。首先，天宏公司、正浩公司所称非法井筒，即江头煤矿北翼新井，该井筒并不包含在江头煤矿拍卖资产范围之内。对于江头煤矿因证照过期等原因而需要整改等问题，正浩公司根据金锤公司提供的《采矿许可证》《安全生产许可证》等拍卖资料应可预期，该问题可通过办理相关证照、按规定进行整改等措施加以解决，不会导致天宏公司合同目的无法实现。其次，根据《整体出让合同》的约定，天宏公司买受的是江头煤矿全部资产，不承担原A市江头煤矿（国有）、谢某生接管及司法机关托管后生产经营所发生的任何债权债务。A市非税局已与天宏公司就江头煤矿债权债务如何处置达成一致意见，江头煤矿原有债权债务分别由A市非税局、司法机关指定的委托人负责清偿，此问题不会影响到天宏公司合同目的的实现。而且，根据本案二审查明的事实，A市非税局亦于2011年8月4日向衡阳中院执行局出具《关于江头煤矿拍卖款第一步分配资金拨付的函》，并于同日向衡阳中院执行局执行款专户转账支付165797312元，用于前期处置，支付股东股权、“两谢”案债务、利息及诉讼费等。最后，正浩公司于2011年7月23日接管了江头煤矿，A市非税局已履行资产交付义务。在《整体出让合同》签订后，A市非税局已经协助天宏公司办理了《采矿许可证》《安全生产许可证》，表明江头煤矿已具备采矿及安全生产条件，天宏公司可通过组织江头煤矿正常生产经营实现合同目的。

其三，关于收益分析等问题。在《拍卖手册》中，金锤公司、A市非税局对江头煤矿投资收益进行过数据分析，但亦注明该收益分析数据仅供参考，并非确定的必然收益。对于竞得江头煤矿后能获得多少预期收益，应由作为竞买人的正浩公司结合从拍卖方所获得的江头煤矿资料、煤炭市场行情等情况自行分析判断。且正浩公司作为从事商事活动的主体，对于该收益分析也应有客观、理性的判断，如判断错误，其应自行承担后果。因此，在未有充足证据证明的情况下，天宏公司、正浩公司主张江头煤矿的拍卖及《整体出让合同》显失公平，缺乏事实和法律依据，该主张不能成立。

## 三、裁判结论

依照《中华人民共和国合同法》第五十四条第一款，《中华人民共和国民事诉讼法》第一百七十条第一款第二项之规定，判决如下：

一、维持湖南省高级人民法院（2013）湘高法民二初字第17号民事判决第一项，即准许A市非税局撤回反诉；

二、撤销湖南省高级人民法院（2013）湘高法民二初字第17号民事判决第二项；

三、A市非税局于本判决书送达之日起三十日内向天宏公司返还合同价款22031921.55元；

四、驳回天宏公司、正浩公司的其他诉讼请求。

一审案件受理费2328225元，由天宏公司、正浩公司共同负担2198542.8675元，由A市非税局负担129682.1325元；一审反诉案件受理费175275元，减半收取87637.5元，由A市非税局负担。二审案件受理费2328225元，由天宏公司、正浩公司共同负担2198542.8675元，由A市非税局负担129682.1325元。

## 四、裁判要旨

1. 依法成立的合同，对当事人具有法律约束力。当事人应当按照约定履行自己的义务，不得擅自变更或者解除合同。除当事人协商一致解除合同的情形外，如当事人单方请求解除合同，必须符合法定条件，否则不能发生合同解除的法律效力。

2. 因合同解除关涉合同当事人、相关方重大利益及市场经济的健康稳定运行，在合同尚有继续履行的可能，且继续履行实际上更能保护当事人合法权益的情形下，当事人一般不宜采取合同解除这一极端方式来解决争议，人民法院一般也不宜轻易判决合同解除。

3. 如合同签订时，各方当事人均非因自身原因导致对标的物的实际价值产生错误认知，均未意识到标的物实际价值与合同约定不符，由此产生了不可归责于任何一方当事人的误解结果的出现，但合同尚有继续履行的可能性时，从维护交易稳定和交易安全的角度出发，人民法院一般不应判决解除合同。但基于公平公正原则，可综合考量合同履行情况、当事人损失情况等因素，酌情判决当事人一方返还部分合同价款，从而更好地维护各方当事人的合法权益。

（合议庭成员：张勇健、奚向阳、陈宏宇；案号：（2017）最高法民终502号；裁判日期：2018年6月30日；案例编写人：盛强；案例审核人：张勇健）

004

# 借款的债权人及债权人债权比例的确定

——德瑞特公司、曹某军与华天酒店集团合同纠纷案

## 一、主要案情

2013年1月16日，华天酒店集团（甲方）、华天实业集团（乙方）、德瑞特公司（丙方）、曹某军（丁方）签订一份《增资扩股协议》，主要内容如下：第1条项目对价、投资金额与股权比例。浩搏公司拥有金方大厦在建工程、土地使用权和相关权益。四方认同浩搏公司所持有的金方大厦建造成本为7亿元，即负债6.9亿元，所有者权益1000万元。除此之外的债权债务、或有负债、或有权益由丙、丁方负责。甲、乙两方收购浩搏公司62%股权的对价为4.34亿元，德瑞特公司持有浩搏公司38%股权的对价为2.66亿元。第2条浩搏公司债务清理、偿还、抵押物释放与或有债务、或有事项及其抵押担保责任。丙、丁两方承诺本协议签署后30个工作日内，负责将浩搏公司的债务清理完毕，与债权人签署债务清理、偿还和释放金方大厦抵押物等协议。甲、乙方承诺在丙、丁两方与债权人签订偿还债务和释放金方大厦抵押物协议时，为丙、丁方提供信用担保函。四方同意在甲、乙两方控股浩搏公司后，利用金方大厦向银行融资用于偿还浩搏公司因建造金方大厦所欠下的债务和金方大厦、华文楼的后续改造装修。银行贷款利息及担保费用由浩搏公司承担。四方同意在金方大厦装修完成后，对外出售部分房产用于偿还浩搏公司因建造金方大厦所欠下的债务，出售的房产面积、价格根据市场和债务情况由四方协商确定。为确保甲、乙两方控股浩搏公司后，消除浩搏公司或有债务、或有事项对甲、乙两方的影响，丙、丁两方承诺将其持有的浩搏公司38%的股权质押给甲方，作为当浩搏公司或有债务发生时可能造成对甲方控股浩搏公司后的损

失赔偿。第3条甲、乙两方控股股权的实现与股权对价款支付。甲、乙两方在协议生效后向浩搏公司出资1632万元用于增加注册资本金（原注册资本为1000万元），并向丙、丁两方出具未来支付全部股权对价款的承诺函。增资后完成股权变更登记。甲、乙两方控股收购浩搏公司62%股权的对价款为4.34亿元，在浩搏公司办理增资和股权变更的营业执照后15个工作日内，甲、乙两方向浩搏公司的债权人支付8368万元，用于偿还浩搏公司的债务（该8368万元含在甲、乙两方收购浩搏公司62%股权的对价款43400万元之内）作为本项目的启动资金。甲、乙两方对价款43400万元分三次支付给浩搏公司，全部用于浩搏公司偿还该公司因建造金方大厦所欠债务，专款专用。具体方式如下：第一次，合同签订后4个月内，四方同意以新合作的公司名义向银行贷款2亿元，根据需要甲、乙两方可提供担保；第二次，在第一次支付对价款4个月后，再支付2亿元；第三次，在第二次支付对价款4个月后的第一周内，再向浩搏公司支付对价余款3400万元。在支付完全部对价款之后的6个月内，四方同意以合作公司名义向银行融资，或以处置部分金方大厦物业用以支付完股权对价款2.66亿元。该笔资金同样用作因建造金方大厦所欠下的债务。第11条违约责任。本协议签订后，因任何一方违约导致合同不能履行或无法实现合同目的的，违约方应当向守约方支付500万元违约金。

2013年1月18日，上述四方又签订一份《增资扩股补充协议》，主要内容如下：第1条增资扩股前浩搏公司债务的处置。浩搏公司拥有金方大厦在建工程、土地使用权和相关权益。根据甲、乙、丙、丁四方认可的具有证券期货业务资格的天健会计师事务所提交的〔天健湘审（2012）758号〕审计报告，截至2012年8月31日，浩搏公司负债总额为839165185.2元。超过7亿元以上的债务，以及2012年8月31日后至正式增资扩股收购前发生的新债务及存在的或有债务，全部由丙、丁方承担并承担连带保证责任。第2条增资扩股后的债务处置。根据浩搏公司与各债权人的债务偿还约定，自浩搏公司实施增资扩股后，浩搏公司应按约定偿还各债权人的相关债务。前一句中所述的相关债务，按《增资扩股协议》的约定，浩搏公司自身应该承担人民币7亿元债务，在甲、乙两方控股浩搏公司后，由浩搏公司利用金方大厦向银行融资偿还，银行贷款利息由浩搏公司承担。鉴于银行融资存在困难，四方同意由甲、乙方向浩搏公司提供财务资助，由浩搏公司按年利率15%向甲、乙方支付资助费用，直到归还为止。超过7亿元以上的债务，全部由丙、丁方承担并承担连带保证责任。因丙、丁方无资金出资，甲、乙方同意先出资代丙、丁方偿还。丙、丁方同意除承担甲、乙方代其出资的本金外，还应承担该资金的13%/年的资金占用费，直到归还为止。该资金利息由丙、丁方直接支付给甲、乙方。四方同意在金方大厦装修完成后，对外出售部分房产用于偿还根据本协议约定的浩搏公司自身应该承担的人民币7亿元债务（丙、丁方同意出售的房产资金应先偿还甲、乙方代丙、丁方出资的本金以及由此而产生的利息）。第3条有关财务资助的事项。鉴于丙方目前的财务困境，由浩搏公司向丙方提供总金额为人民币1.5亿元（本金）的财务资助款用于偿还应由丙方偿还的与浩搏公司有关的其余所有债务。具体方式如下：1. 资助款的期限。(1) 由浩搏公司向丙方提供的财务资助款有效期为1年，自每笔款项实际支付之日起计算。如到期后未能及时偿还，丙方应向浩搏公司支付本金及财务资助费和利息的每日千分之二的滞纳金，直至全部偿还为止。(2) 在2013年3月20日之前由浩搏公司向丙方提供财务资助款人民币5000万元整。其中人民币2500万元整的财务资助利息从浩搏公司向丙方支付之日起按13%/年计算；剩余人民币2500万元整的财务资助利息从浩搏公司向丙方支付之日起按15%/年计算。(3) 在2013年7月31日之前，由浩搏公司向丙方提供财务资助款人民币5000万元整。其中人民币2500万元的资助款利息从浩搏公司向丙方支付之日起按13%/年计算；剩余2500万元资助款利息从浩搏公司向丙方支付之日起按15%/年计算。该笔财务资助的资金来源由浩搏公司对外销售金方大厦所得房款支付。如果丙方在销售金方大厦所得房款大于丙方所借款项，则丙方须优先偿还浩搏公司财务资助款及利息。（4）2013年12月31日前，由浩搏公司向丙方提供财务资助款人民币5000万元整。其中2500万元的资助款利息从浩搏公司向丙方支付之日起按13%/年计算；剩余2500万元的利息从浩搏公司向丙方支付之日起按15%/年计算。该笔资金来源由浩搏公司对外销售金方大厦所得房款支付。如果丙方在销售金方大厦所得房款大于丙方所借款项，则丙方须优先偿还浩搏公司财务资助款及利息。2. 以上财务资助款支付的前提条件为：（1）浩搏公司向丙、丁两方提供的财务资助款须只能用于应由丙、丁两方偿还的与浩搏公司有关的真实合法债务；（2）其财务资助款由甲、乙双方提供，存入浩搏公司账户，根据丙、丁两方提供支付指令，按照债务偿还协议规定的时间和金额向债权人支付……（4）在本协议成立之日起5个工作日内，丙、丁两方自愿将其合计持有的浩搏公司38%的股权质押给甲方，并在北京市工商局密云分局办理质押手续，以确保甲、乙两方及浩搏公司的合法权益；丙、丁两方为偿还甲、乙两方债务而对外转让所持有前述股权时，在同等条件下，甲、乙方有优先受让权，如甲、乙方不受让，丙、丁方应配合和支持。丙、丁两方满足上述（1）、（4）前提条件时，浩搏公司须按本协议提供第一笔财务资助；之后两笔财务资助丙、丁方须同时满足上述全部前提条件，否则甲、乙两方及浩搏公司有权不予提供上述财务资助，并有权提前收回上述款项，同时追究丙、丁两方的违约责任。违约金按甲、乙双方提供的财务资助金额的10%支付给甲、乙方。第11条违约责任。除有约定外，任何一方如有违约，违约方应向守约方支付违约金1000万元整，并承担由此造成的经济损失。

2013年3月29日，华天酒店集团与曹某军和德瑞特公司签订一份《股权质押合同》约定将曹某军、德瑞特公司共计享有的浩搏公司38%股权质押给华天酒店集团。同日，上述三方在工商局办理了上述股权的质押登记。

上述《增资扩股协议》和《增资扩股补充协议》签订前后，华天酒店集团履行合同义务的情况如下：

1. 对于《增资扩股协议》中所述的债务，华天酒店集团分别携德瑞特公司、浩搏公司与金方大厦相关债权人签订债务偿还协议，并随后将相应的偿债款项打入浩搏公司账户，再由浩搏公司向相应债权人支付相应款项：(1) 与北京住总公司分别于2012年12月26日、2013年5月27日签订《债务重组协议》和《〈债务重组协议〉补充协议》，并于2013年2月8日向该公司支付2300万元，2013年5月30日支付1000万元，2013年10月31日支付14312842.12元；(2) 与九鼎公司签订《债务偿还协议》并于2013年6月27日签订《〈债务偿还协议〉补充协议》，按照上述协议分别于2013年2月1日向该公司支付180万元，于2013年3月27日支付250万元，2013年12月25日支付2311826.39元；(3) 与郑某芳签订《债务重组协议》，并于2013年2月4日向郑某芳支付2286万元；(4) 与曾某柏于2012年12月25日签订《债务重组协议》，并于2013年1月24日向曾某柏支付800万元；(5) 与天赋天和公司于2013年1月24日签订《债务重组协议》，并于2013年2月8日向该公司支付3450万元，于2013年12月20日向该公司支付35928300元；(6) 与孙某江于2012年12月26日签订《债务重组协议》，并于2013年1月24日向孙某江支付570万元，2013年12月2日支付1330万元；(7) 与某农业集团公司签订《债务重组协议》和《债务重组协议之补充协议》，并分别于2013年3月19日、2013年5月29日向该公司支付1900万元和2000万元；(8) 与马某华签订《债务重组协议》，并于2013年2月7日向马某华支付900万元；(9) 与李某双于2012年12月26日签订《债务重组协议》，于2013年11月9日签订补充协议，并分别于2013年3月21日、2013年12月2日向李某双支付240万元和565万元；(10) 与浩然公司于2012年12月27日签订《协议书》，并分别于2013年1月31日和2013年3月29日向该公司支付1500万元和500万元；(11) 与某城乡建设公司于2012年12月25日签订《协议书》，并于2013年3月19日向该公司支付54938807.51元；(12) 与城建五建设公司先后签订7份债务重组协议，并分别于2013年2月5日、2013年5月

20日、2014年1月3日、2014年4月29日、2014年7月25日、2015年3月31日、2016年1月19日、2016年7月29日向该公司支付1500万元、3500万元、18654247元、15326666.7元、15565000元、180万元、1000万元、14851200元；（13）与王某华于2012年12月26日签订《债务重组协议》，并分别于2013年2月6日、2013年9月29日、2014年1月22日、2014年1月23日向王某华支付8800万元、6557万元、8900万元、8800万元；（14）与贵诚公司于2012年12月28日签订《买断型信贷资产转让合同》，并于2012年12月28日向该公司支付5010万元。以上款项共计812568889.72元。华天酒店集团代为偿还的7亿元以上债务为112568889.72元（812568889.72元－7亿元）。

2. 关于《增资扩股补充协议》中财务资助款项的支付，也是由华天酒店集团向浩搏公司打入相应款项，由浩搏公司与德瑞特公司和曹某军签订《财务资助协议》，再由浩搏公司以财务资助的名义，在德瑞特公司、曹某军授权下，支付给相关的债权人。具体情况如下：（1）2014年1月20日签订《财务资助协议》，向豪伟公司甲分公司支付552万元；（2）2014年1月20日签订《财务资助协议》，向城建五建设公司支付120万元；（3）2014年1月20日签订《财务资助协议》，向天宁消防公司支付179.4万元；（4）2014年1月20日签订《财务资助协议》，向腾宇辉公司支付210万元；（5）2014年1月20日签订《财务资助协议》，向普石公司支付31万元；（6）2016年签订《财务资助协议》，向徐某、李某、王某莲等共计支付345085.19元；（7）2014年7月18日签订《财务资助协议》，向首建监理公司支付140万元；（8）分别于2014年1月20日、2015年2月、10月、2016年1月15日签订《财务资助协议》，向陶某水支付500万元、40万元、61.6万元、92万元；（9）分别于2013年和2015年7月签订《财务资助协议》，向陈某梅支付2100万元和200万元；（10）2014年6月签订《财务资助协议》，向浩然公司支付50万元；（11）2016年签订《财务资助协议》，向青田公司支付5336598.44元。以上款项共计48441683.63元。

华天酒店集团履行完上述义务后，认为其对德瑞特公司和曹某军的债权已经超过偿还期限，遂多次向德瑞特公司和曹某军协商催要，由于德瑞特公司和曹某军至今尚未偿还，故起诉至湖南省高级人民法院。

湖南省高级人民法院作出（2017）湘民初12号民事判决：1. 由德瑞特公司和曹某军于判决生效后30日内向华天酒店集团支付112568889.72元及相应利息，利息计算至2017年3月28日为37250932.09元（利息清单详见附件），2017年3月28日以后的利息，以112568889.72元为本金，按照年利率13%计算至本金付清之日止；2. 由德瑞特公司和曹某军于判决生效后30日内向华天酒店集团支付48441683.63元及相应利息，利息计算至2017年3月28日为30257726.3元（利息清单详见附件），2017年3月28日以后的利息，以48441683.63元为本金，按照年利率24%计算至本金付清之日止；3. 对于上述本金及利息，华天酒店集团有权以德瑞特公司和曹某军分别享有的浩搏公司30.4%、7.6%的股权折价或者以拍卖、变卖该股权的价款优先受偿；4. 驳回华天酒店集团的其他诉讼请求。

德瑞特公司、曹某军不服湖南省高级人民法院作出的一审判决，向最高人民法院提起上诉。德瑞特公司、曹某军上诉请求：依法改判驳回华天酒店集团的诉讼请求或发回重审。

最高人民法院于2018年10月15日立案后，依法组成合议庭，并于2018年11月20日公开开庭进行了审理。

## 二、裁判理由

本案的争议焦点为：1. 华天酒店集团能否独立作为本案诉讼主体；2. 一审判决对于债权数额的认定是否正确；3. 华天酒店集团要求德瑞特公司和曹某军偿还代付款项及行使质押权的条件是否成就；4. 一审判决是否存在适用法律错误的情形。

（一）关于华天酒店集团能否独立作为本案诉讼主体

其一，德瑞特公司、曹某军主张华天酒店集团已将本案诉请债权转让给华顿公司，华天酒店集团已无权主张案涉债权。法院认为，《最高人民法院关于适用〈中华人民共和国民事诉讼法〉的解释》第二百四十九条第一款规定："在诉讼中，争议的民事权利义务转移的，不影响当事人的诉讼主体资格和诉讼地位。人民法院作出的发生法律效力的判决、裁定对受让人具有拘束力。"《华天酒店集团关于债权转让的进展公告》所载其转让债权的时间为2017年12月，而本案一审的立案时间为2017年4月，即便该公告所载内容属实，案涉债权在诉讼中转让不影响华天酒店集团的诉讼地位，也不应影响本案诉讼的进行。因此，华天酒店集团有权就案涉债权提起诉讼，对于德瑞特公司和曹某军的该项主张，法院不予支持。

其二，德瑞特公司、曹某军主张华天酒店集团和华天实业集团按比例向浩搏公司提供财务资助，华天酒店集团无权单独提起本案诉讼。法院认为，首先，《增资扩股协议》与《增资扩股补充协议》中未约定华天实业集团和华天酒店集团的债权份额，德瑞特公司和曹某军也未能提供证据证明其主张。其次，即便按照德瑞特公司与曹某军的主张，华天酒店集团和华天实业集团约定了双方向浩搏公司提供财务资助的比例，该约定也仅为双方的内部约定，并不具备对外效力。对于德瑞特公司和曹某军而言，华天酒店集团和华天实业集团的债权仍属于连带债权。《中华人民共和国民法通则》第八十七条规定："债权人或者债务人一方人数为二人以上的，依照法律的规定或者当事人的约定，享有连带权利的每个债权人，都有权要求债务人履行义务……。"因此，一审判决认定华天酒店集团有权单独向德瑞特公司和曹某军主张权利，并无不当。对于德瑞特公司和曹某军的该项主张，法院不予支持。

（二）关于一审判决对于债权数额的认定是否正确

其一，德瑞特公司、曹某军主张诉争债权始终为华天酒店集团对浩搏公司的债权，华天酒店集团与德瑞特公司、曹某军之间不存在债权债务关系。法院认为，《增资扩股补充协议》第1条载明："超过7亿元以上的债务，以及2012年8月31日后至增资扩股收购前发生的新债务及正式增资扩股收购日前存在的或有债务，全部由丙方（德瑞特公司）、丁方（曹某军）承担并承担连带担保责任。”可见，《增资扩股补充协议》已明确约定华天酒店集团代浩搏公司偿还债务后，浩搏公司对华天酒店集团的超过7亿元以上的债务，由德瑞特公司和曹某军承担。德瑞特公司、曹某军主张诉争债权始终为华天酒店集团对浩搏公司的债权，缺乏事实依据，法院不予支持。德瑞特公司、曹某军认为应先扣除华天酒店集团的股权对价4.34亿元，但根据《增资扩股协议》的约定，“收购公司62%股权的对价”均用于浩博公司偿还债务，而非向德瑞特公司和曹某军支付，该笔款项与本案诉争的超过7亿元以上的债务并无关联，故法院对其主张不予支持。根据本案查明的事实，华天酒店集团代为偿还7亿元以上的债务为112568889.72元，一审判决判令德瑞特公司和曹某军向华天酒店集团支付该笔款项的本金及利息，并无不当。

其二，德瑞特公司、曹某军主张《财务资助协议》下共计48441683.63元的款项的债权人是浩搏公司，一审判决错误认定华天酒店集团享有该债权。法院认为，《增资扩股补充协议》中明确约定：“第3条……有关财务资助的事项鉴于丙方（德瑞特公司）目前的财务困境，由浩搏公司向丙方提供总金额为人民币1.5亿元（本金）的财务资助款用于偿还应由丙方偿还的与浩搏公司有关的其余所有债务……（2）其财务资助款由甲（华天酒店集团）、乙（华天实业集团）提供，存入浩搏公司账户，根据丙（德瑞特公司）、丁（曹某军）两方提供支付指令，按照债务偿还协议规定的时间和金额向债权人支付……。”同时，多份《财务资助协议书》上载明出借人均为浩搏公司。虽然财务资助的款项来源为华天酒店集团支付，但这只构成华天酒店集团与浩搏公司之间的法律关系，并不能据此直接认定华天酒店集团为德瑞特公司与曹某军财务资助款的实际债权人。因此，德瑞特公司与曹某军主张其共计48441683.63元财务资助款项的债权人是浩搏公司，具有事实依据，法院予以支持。一审判决对此认定事实错误，应予纠正。

其三，德瑞特公司、曹某军主张华天酒店集团未按照《债务清偿协议》约定的付款时间付款，延期支付导致向债权人支付的违约赔偿应由华天酒店集团自行承担。法院认为，根据《最高人民法院关于民事诉讼证据的若干规定》第二条[①]的规定，当事人对自己提出的诉讼请求所依据的事实或者反驳对方诉讼请求所依据的事实有责任提供证据加以证明。没有证据或者证据不足以证明当事人的事实主张的，由负有举证责任的当事人承担不利后果。德瑞特公司、曹某军未能提交证据证明多付款项为华天酒店集团迟延支付产生的违约金，也未提供证据说明其主张的华天酒店集团多付给多个债权人共计 11351456. 78 元的数额是如何计算得出，故德瑞特公司、曹某军应对此承担举证不能的不利后果。一审判决对其该项主张不予支持，并无不当。

（三）关于华天酒店集团要求德瑞特公司和曹某军偿还代付款项及行使质押权的条件是否成就

其一，德瑞特公司、曹某军主张华天酒店集团未履行《增资扩股协议》的主要义务，致使金方大厦工程未能销售回款，还款条件不成就。法院认为，《增资扩股协议》并未约定金方大厦能够按时对外销售为华天酒店集团的义务。德瑞特公司与曹某军认为金方大厦未按时销售是华天酒店集团的责任，但未提供证据证明。《增资扩股协议》与《增资扩股补充协议》未约定德瑞特公司与曹某军对于 7 亿元以上债务的还款期限，华天酒店集团已经按约定履行了代为偿还 7 亿元以上债务的合同义务，根据《中华人民共和国合同法》第六十二条第四项的规定，华天酒店集团可以随时要求德瑞特公司与曹某军履行还款义务。因此，对于德瑞特公司和曹某军的该项主张，法院不予支持。一审判决认定华天酒店集团要求德瑞特公司和曹某军偿还代付款项的条件成就，并无不当。

其二，本案当事人签订了《股权质押合同》并进行了股权质押登记，

---

① 该司法解释于 2019 年 10 月 14 日根据最高人民法院审判委员会第 1777 次会议《关于修改〈关于民事诉讼证据的若干规定〉的决定》修正，并于 2020 年 5 月 1 日起施行。

华天酒店集团有权在其债权本金112568889.72元及利息的范围内，对德瑞特公司和曹某军享有的浩搏公司共计38%的股权行使质押权。一审判决认定华天酒店集团行使质押权的条件成就，并无不当。另外，如前所述，华天酒店集团不是德瑞特公司与曹某军财务资助款的实际债权人，在华天酒店集团未向浩搏公司主张相关权利的情况下，对其在财务资助款48441683.63元本金及利息的范围内的质押权，本案不作处理。

（四）关于一审判决是否存在适用法律错误的情形

《中华人民共和国担保法》第六十三条规定了动产质押的概念及质押权的行使方式。本案涉及股权质押，一审判决依照《中华人民共和国担保法》第八十一条的规定，就权利质押权的行使方式适用《中华人民共和国担保法》第六十三条的规定，并无不妥。德瑞特公司和曹某军关于一审判决适用法律错误的主张，不能成立。

## 三、裁判结论

依照《中华人民共和国民事诉讼法》第一百七十条第一款第二项之规定，判决如下：

一、维持湖南省高级人民法院（2017）湘民初12号民事判决第一项；

二、撤销湖南省高级人民法院（2017）湘民初12号民事判决第二项、第四项；

三、变更湖南省高级人民法院（2017）湘民初12号民事判决第三项为：对于上述第一项的本金及利息，华天酒店集团有权以德瑞特公司和曹某军分别享有的浩搏公司30.4%、7.6%的股权折价或者以拍卖、变卖该股权的价款优先受偿；

四、驳回华天酒店集团的其他诉讼请求。

如果未按本判决指定的期间履行给付金钱义务，应当依照《中华人民共和国民事诉讼法》第二百五十三条规定，加倍支付迟延履行期间的债务利息。

一审案件受理费1096400元，由华天酒店集团负担40万元，北京德瑞特经济发展公司和曹某军共同负担 696400 元；二审案件受理费 996400 元，由华天酒店集团负担 30 万元，德瑞特公司和曹某军共同负担 696400 元。

## 四、裁判要旨

1. 一般情况下，确认借款的债权人应以借款合同中的明确约定为准，即便借款款项的来源并非合同所载债权人，而是借款合同之外的第三人，即借款为合同之外的第三人支付，也只构成该第三人与合同所载债权人之间的法律关系，并不能据此直接认定该第三人为借款合同债务人的实际债权人。

2. 债权人为二人以上，且未在借款合同中明确约定债权比例时，根据《中华人民共和国民法通则》第八十七条“债权人或者债务人一方人数为二人以上的，依照法律的规定或者当事人的约定，享有连带权利的每个债权人，都有权要求债务人履行义务”之规定，即便多位债权人另私下约定了债权比例，该约定也仅为多位债权人的内部约定，并不具备对外效力。对于借款合同的债务人而言，借款合同债权人的债权仍属于连带债权。

（合议庭成员：张勇健、陈宏宇、曹刚；案号：（2018）最高法民终 1170 号；判决日期：2018 年 12 月 21 日；案例编写人：杨清惠；案例审核人：张勇健）

005

## 补充协议约定另行协商无果不影响基础合同权利义务认定

### ——擎田公司与大唐公司、勤田公司股权转让合同纠纷案

## 一、主要案情

2010年6月24日，大唐公司与擎田公司签订《合作协议》，约定将大唐公司全资公司鸿州公司（后更名为勤田公司）从深海公司获得的H市椰海大道北侧面积22194.8平方米土地使用权（该地块容积率为2.5，可建设总面积55487平方米），按楼面地价1180元/平方米，作价65474660元，转让给擎田公司开发，最终以H市规划局批准的容积率计算实际可建设面积，多退少补。因征地进程迟缓，大唐公司未能按时交地，双方陆续签订《补充协议》《补充协议（二）》，同意延迟办理土地证，并约定地价降至1120元/平方米。擎田公司向大唐公司累计支付转让款53937330元以及拆迁款、评估费、迁坟费、土地地价款若干。后因勤田公司实际获得的H市椰海大道北侧土地使用权面积仅为16799.93平方米，大唐公司认为系政府等值置换，并不违反《合作协议》约定。擎田公司遂向一审法院提起诉讼，请求判令大唐公司退还土地款项并支付违约金以及相应利息等。

一审法院认为，双方签订的《合作协议》《补充协议》《补充协议（二）》合法有效。关于大唐公司是否应当向擎田公司退款的问题。因政府置换土地，实际勤田公司取得的土地面积仅为16799.93平方米，因此，擎田公司应向大唐公司支付的款项为：16799.93平方米×2.5×1120元/平方米=47039804元。故大唐公司应向擎田公司退回多收款项。关于大唐公司是否应向擎田公司支付违约金的问题。根据《合作协议》约定，涉案土地的土地证办理期限为合同生效后90天内，超过90天后每延迟一天，大唐公司按擎田公司已付金额的万分之一向擎田公司支付违约金。同时大

唐公司与擎田公司签订了一份《补充协议（二）》约定：鉴于大唐公司不能按时向擎田公司交付项目地块，双方同意延迟到2012年9月30日。根据查明的事实，勤田公司2014年3月25日才取得H市椰海大道北侧16799.93平方米城镇住宅用地的国有土地使用权，已经违反合同约定，故根据上述合同约定，大唐公司应从2013年1月1日起向擎田公司支付违约金至2014年3月24日。关于大唐公司是否应向擎田公司支付利息的问题。因擎田公司于2011年11月3日提前向大唐公司支付了1000万元，根据《补充协议》约定，大唐公司同意在完全满足《合作协议》第4条第2款规定的条件之下，多付部分按年利率百分之三十支付利息。而直到2013年12月26日，H市国土局才批复同意将H市椰海大道北侧的土地置换给勤田公司，故大唐公司应向擎田公司支付1000万元自2011年11月3日至2013年12月25日的利息，而双方约定的年息30%已经超出法律的规定，故利率依法应调整为中国人民银行同期贷款利率的4倍。综上所述，一审法院认为擎田公司的主张具有事实和法律依据，判决支持其要求大唐公司退还土地款项并支付违约金以及相应利息等诉讼请求。

大唐公司不服一审判决，上诉请求撤销一审判决，发回重审或依法改判。

二审法院认为，1. 关于一审是否遗漏了当事人王某孝的问题。本案为股权转让合同纠纷，擎田公司起诉请求返还多收取的股权转让款，但根据查明的事实，王某孝当时亦为鸿洲公司的股东（持股10%），因此擎田公司请求大唐公司退还100%的款项、支付违约金和1000万元的利息不当，大唐公司仅需按其所持股份（90%）承担相应责任。擎田公司作为本案原告，并未起诉王某孝，故一审并未遗漏当事人，擎田公司可另行向王某孝主张其应承担的10%的责任。2. 关于大唐公司是否应退还擎田公司款项的问题。《合作协议》中约定是原来深海公司享有一块地的权益转让给勤田公司，土地的面积是22194.8平方米，拟等值置换至椰海大道北侧。而2013年政府同意置换后的土地面积不是22194.8平方米，而是16799.93

平方米。H市国土局的函中载明的是等值置换，即虽然两块土地的面积不同，但价值是相等的。《合作协议》中关于以建筑面积乘以单价只是股权转让的对价的计算方式，故以建筑面积乘以单价计算的数额是股权转让的对价。政府置换后的土地虽然面积减少了，容积率相同，但实际的单价比原土地高，勤田公司在置换后的土地上享有的权益和其受让深海公司的土地权益等值，且股权转让已经履行。故擎田公司主张关于大唐公司退还款项的理由不成立，应予以驳回。3. 关于大唐公司是否应支付擎田公司违约金的问题。依照《补充协议（二）》的约定，大唐公司不能按时交付土地证，双方应另行协商解决。本案审理过程中，双方均未提交针对大唐公司未按时交付土地证是否已另行协商以及协商后的具体内容的证据。故擎田公司主张大唐公司未按时交付土地证按擎田公司已付金额的万分之一承担违约金的依据不足。另外，双方对因政府原因没有在双方约定的时间内置换好土地是知晓的，擎田公司没有提交证据证明政府延迟置换土地是因大唐公司的行为所致。故大唐公司不应承担违约责任，对擎田公司的该项诉讼请求不予支持。4. 关于大唐公司是否应支付擎田公司1000万元利息的问题。因大唐公司只占勤田公司90%的股权，故大唐公司应支付1000万元自2011年11月3日至2013年12月25日的90%的利息，利息按中国人民银行公布的一年期流动资金贷款利率的四倍计算。综上所述，大唐公司的上诉请求部分成立，二审法院判决撤销一审判决，大唐公司向擎田公司支付本金1000万元的90%的利息，驳回擎田公司的其他诉讼请求。

擎田公司申请再审称，1. 二审判决错误认为大唐公司无须向擎田公司退还多支付的款项。(1) 擎田公司与大唐公司之间关于股权转让款根据实际所得土地可建设面积计取并多退少补的约定是非常明确的，“多退少补”的约定就是预见到了届时所置换的土地面积和实际可建设面积可能会有变化，所以双方作出了应对性的明确约定，即双方同意将根据实际的可建设面积调整股权转让款。现擎田公司实际所得土地使用权面积仅为16799.93平方米，远低于双方约定交付的土地面积，大唐公司理应将擎田公司多支付的款项向擎田公司退还。(2) 大唐公司与政府之间的合同约定与擎田公司无关。2. 二审判决错误认为大唐公司无须向擎田公司支付违约金。(1) 当事人双方就土地使用权证的办理期限有明确约定，二审判决擅自将大唐公司应当办理土地使用权证的时间起算点认定为政府发函同意土地置换的时间（2013年12月26日），明显违背了双方当事人的合意，无事实和法律依据，存在严重错误。(2) 擎田公司与大唐公司在两份补充协议中均没有就违约责任作出新的约定，就违约责任而言，应当以《合作协议》中的约定为准。3. 二审判决错误认为大唐公司只需按其所持股份（90%）承担相应责任。(1) 从系列协议和文件的签署来看，大唐公司的行为同时代表了大唐公司和王某孝。(2) 从系列协议文件的履行来看，擎田公司按照前述协议的约定或根据大唐公司的指示向相关主体支付股权转让款，并未单独向王某孝支付任何一笔款项，大唐公司和王某孝对此也从未提出任何异议。(3) 从本纠纷案的诉讼过程来看，在本案一审过程中，大唐公司和王某孝从未就王某孝未被列为被告和王某孝未参与庭审提出过任何异议。在本案系争股权转让事宜中，大唐公司与王某孝是一个“整体”，一审程序不存在遗漏当事人王某孝的瑕疵。至于大唐公司与王某孝之间的内部关系，应由其内部自行解决，与擎田公司无关。综上，依据《中华人民共和国民事诉讼法》第二百条第二项的规定，请求最高人民法院依法撤销海南省高级人民法院（2015）琼民一终字第56号民事判决，维持海南省海口市中级人民法院（2014）海中法民一初字第41号民事判决。

最高人民法院经审查，于2018年3月29日作出（2018）最高法民申253号民事裁定，提审本案。

## 二、裁判理由

本案的争议焦点为：1. 大唐公司与擎田公司的股权转让款是否需要多退；2. 大唐公司是否需要向擎田公司支付违约金；3. 大唐公司是否仅需要承担90%的相应责任。

（一）关于大唐公司与擎田公司的股权转让款是否需要多退的问题

《中华人民共和国合同法》第一百二十五条第一款规定："当事人对合同条款的理解有争议的，应当按照合同所使用的词句、合同的有关条款、合同的目的、交易习惯以及诚实信用原则，确定该条款的真实意思。"本案中，《合作协议》明确约定经充分协商，大唐公司、王某孝有意将勤田公司从深海公司所获得的土地权益转让给擎田公司，并将该宗权益拟等值置换为H市椰海大道北侧靠近学院路处面积22194.8平方米土地使用权，该地块容积率为2.5，可建设总面积55487平方米。擎田公司对此表示认可。双方还约定，上述可建设总面积按楼面地价1180元/平方米，作价65474660元，转让给擎田公司开发。最终以H市规划局批准的容积率计算实际可建设面积，多退少补。从上述合同条款文义来看，"等值置换"仅是最初确定待转土地来源的一种方式，《合作协议》已经进一步明确待转土地的地理位置、地块大小、容积率、可建设总面积、单价以及总价。应该说，双方对于待转土地权益的确定是非常清楚的。同时，双方还明确约定了"多退少补"条款，虽然有限定是因容积率变化调整，并未明确写明其他变化因素，但最终落脚点还是"计算实际可建设面积"。因此，综合词句文义、上下条款以及合同目的等解释，根据实际可建设面积的变化对股权转让对价进行相应调整，符合双方当事人的真实意思表示。事实上，最终政府审批置换给勤田公司的土地与《合作协议》约定的待转土地属于同一地块，但是置换土地面积和实际可建设面积均显著减少，明显不符合双方签订合同的初衷和本意，并且对擎田公司可期待利益影响较大，既违反了合同约定，也不符合诚实信用和公平原则，大唐公司理应对擎田公司的股权转让款多收部分予以退还。二审判决认定《合作协议》约定的股权转让款恒定，因政府等值置换土地而不需要多退少补，不符合事实和法律依据，应当予以纠正。一审法院认定擎田公司应向大唐公司支付的款项为16799.93平方米×2.5×1120元/平方米=47039804元，大唐公司应向擎田公司退回的款项为57878989.56元－47039804元=10839185.56元，法院予以确认。故擎田公司该项再审请求成立，法院予以支持。

（二）关于大唐公司是否需要向擎田公司支付违约金的问题

《中华人民共和国合同法》第一百一十四条第一款规定：“当事人可以约定一方违约时应当根据违约情况向对方支付一定数额的违约金，也可以约定因违约产生的损失赔偿额的计算方法。”该条第三款规定：“当事人就迟延履行约定违约金的，违约方支付违约金后，还应当履行债务。”本案中，《合作协议》明确约定：涉及有关土地事项均由大唐公司办理，擎田公司可参与办理。土地证办理期限为合同生效后90天内，超出90天后每延迟一天，甲方（大唐公司、王某孝）应按乙方（擎田公司）已付金额的万分之一向擎田公司支付违约金。后《补充协议（二）》进一步约定，鉴于大唐公司不能按时向擎田公司交付项目地块，双方同意延迟到2012年9月30日。如大唐公司在2012年9月30日前将项目地块的土地证交给擎田公司，双方继续按原两份协议执行。如大唐公司不能按时交付该项目土地证，双方另协商解决。由此可见，根据合同履行情况变化，双方在《合作协议》的基础上陆续签订了两份补充协议，并且在《补充协议（二）》中明确将土地证办理交付期限延长到2012年9月30日。虽然之后大唐公司仍未能按照新期限交付土地证，双方也未能进行有效协商，但有关权利义务仍应以《合作协议》为主，双方应继续履行。大唐公司因迟延履行合同义务，勤田公司直至2014年3月25日才取得相应土地证。按照《合作协议》约定，大唐公司理应支付相应违约金给擎田公司，起算时间从2012年10月1日计算至2014年3月24日（擎田公司在再审中表示，一审判决错误计算起算时间为2013年1月1日，但其可以接受少算部分）。二审判决认定因延迟交付土地证另行协商没有证据，擎田公司也未能提供证据证明延迟交付系由大唐公司所致，以及实际办证时间符合合同约定，所以大唐公司不需要支付违约金，不符合事实和法律依据，最高人民法院予以纠正。但一审法院认定大唐公司应向擎田公司支付的违约金为53937330元×443天×0.0001＝2389423.72元，未能充分考虑《补充协议》中关于大唐公司降低土地单价以弥补擎田公司损失的真实意思表示。综合考虑上述情况，最高人民法院酌定大唐公司应向擎田公司支付的违约金为180万元。擎田公司该项再审请求部分成立，法院予以支持。

（三）关于大唐公司是否仅需要承担90%的相应责任的问题

本案中，股权转让的目标公司——勤田公司的股东在《合作协议》签订时为大唐公司（占股90%）和王某孝（占股10%），但一审原告擎田公司并未将王某孝列为被告，一、二审法院也未将王某孝追加为被告或第三人，最高人民法院依据查明事实以及全案证据，足以确认大唐公司的行为可以视为同时代表了大唐公司和王某孝，二审法院认定大唐公司仅需要承担90%相应责任的处理不当。第一，《合作协议》由大唐公司、王某孝共同作为甲方与擎田公司作为乙方签署，双方之间的权利义务安排并未涉及甲方内部之间的关系，此后就同一股权转让事宜，大唐公司和擎田公司又分别代表甲方和乙方签署了《补充协议》和《补充协议（二）》，两份协议皆无王某孝的签署，王某孝也从未提出过异议；第二，擎田公司按照前述协议的约定或根据大唐公司的指示，向相关主体支付股权转让款，但并未单独向王某孝支付任何一笔款项，大唐公司和王某孝对此也从未提出任何异议；第三，在本案一审过程中，大唐公司和王某孝从未就王某孝未被列为被告和王某孝未参与庭审提出过任何异议；第四，其时王某孝为大唐公司的法定代表人，其应知股权转让合同的实际履行情况以及本案诉讼情况，但从未提出异议。综上，在本案股权转让事宜中，大唐公司与王某孝实为一个“整体”，大唐公司的行为可以视为同时代表了大唐公司和王某孝。擎田公司作为本案原告，并未起诉王某孝，故一审判决并未遗漏当事人。擎田公司该项再审请求成立，最高人民法院予以支持。

## 三、裁判结论

综上所述，擎田公司再审请求部分成立。一审判决认定事实清楚，适用法律基本正确；二审判决认定事实基本清楚，但适用法律错误。依照

《中华人民共和国合同法》第五条、第六条、第一百二十五条第一款，《中华人民共和国民事诉讼法》第二百零七条第一款、第一百七十条第一款第二项之规定，判决如下：

一、撤销海南省高级人民法院（2015）琼民一终字第56号民事判决；

二、维持海南省海口市中级人民法院（2014）海中法民一初字第41号民事判决第一项、第三项；

三、大唐公司于本判决生效之日起十日内向擎田公司支付违约金180万元；

四、驳回擎田公司的其他诉讼请求。

一、二审案件受理费各223113.28元共计446226.56元，由大唐公司负担40万元，擎田公司负担46226.56元。财产保全费5000元，由大唐公司负担。

## 四、裁判要旨

1.《中华人民共和国合同法》第一百二十五条第一款对合同解释的基本原则或方法进行了规定，即在当事人对合同条款的理解有争议时，应当按照合同所使用的词句、合同的有关条款、合同的目的、交易习惯以及诚实信用原则，确定该条款的真实意思。在具体适用上，一是以合同争议条款本身文义解释为基础，二是结合合同文本通过整体解释确定合同真意，三是借助双方在交易洽谈、履行中所体现的合同目的进行判断印证，四是通过交易习惯、诚实信用、公平原则等进行价值衡量和利益平衡。只有将争议事实置于较为完整的合同情境，在获取较为全面的意义基础上，综合价值判断进行考量和权衡，合同解释才能达到合情、合理、合法的效果。

2. 补充协议对基础合同进行部分变更，并约定某项合同义务若能履行，则继续按照基础合同执行；若未能履行，则双方另行协商解决。后实际未能履行，双方也未进行有效协商，则有关权利义务仍应以基础合同为主，双方应继续履行。具体到违约责任的判定上，法院可根据案件具体情况，充分考虑双方履约实际，在违约金额认定上予以适当调整。

3. 股权转让合同纠纷中，若转让股权部分由多名股东组成，但从有关协议签署、合同履行以及诉讼过程来看，其实际参与股东并非所转让股权全部股东。在其他股东明知且未提出异议的情况下，可将实际参与股东与其他股东视为一个整体，在权利义务和责任承担上予以一体处理。

（合议庭成员：钱小红、奚向阳、张颖新；案号：（2018）最高法民再169号；判决日期：2018年6月29日；案例编写人：钱小红、周恒宇；案例审核人：张勇健）

**006**

## 合作开发房地产合同当事人之间对内部责任的划分对承包人不具有约束力

——金诚贸易公司与何某华、景铭开发公司、景铭建筑公司拖欠工程款及商铺确权纠纷案

### 一、主要案情

1999年4月10日，鼎湖房地产公司与广东省肇庆市建设委员会签订《肇庆市城区天宁南路旧城改造项目承包合同》，由鼎湖房地产公司取得该开发权，天福广场项目在该旧城改造项目中。

1999年12月25日，鼎湖房地产公司与盛兴装饰公司签订《联营合资建房协议书》及《合资建房补充协议》，由盛兴装饰公司带资1500万元挂靠景铭建筑公司对天福广场土建工程承包施工。结算方式约定工程按广东省1998年建筑定额三类收费标准结算，合格工程直接费下浮5%，优良工程直接费下浮3%，发包单位与施工队或施工单位签订的《建筑工程施工承包合同》结算方式与本结算方式有抵触时，以本条结算方式为准。合同签订后，金诚贸易公司法定代表人李某球签名。

1999年12月25日，鼎湖房地产公司与景铭建筑公司签订《建筑工程施工承包合同》，该合同实际上为盛兴装饰公司挂靠景铭建筑公司签订。而实际上盛兴装饰公司并未带资1500万元进行施工。金诚贸易公司法定代表人李某球在该合同上签名。

1999年9月2日，由于鼎湖房地产公司不具备房地产开发的独立法人资质，由肇庆市建设委员会与景铭开发公司签订《肇庆市城区天宁南路旧城改造项目承包合同》。由景铭开发公司取代鼎湖房地产公司对天福广场的开发权。2000年5月30日，景铭开发公司与金诚贸易公司签订《合作

开发合同》，约定天福广场A区（6/D轴以南）4341.29平方米，天福广场B区（6/D轴以北）3134.91平方米，金诚贸易公司包干补偿前期费约3200万元给景铭开发公司后（景铭开发公司完成拆迁及三通一平），独立核算、自负盈亏、收益自享、风险自担、依法纳税，所有土建工程应以景铭建筑公司名义进行承建。

2000年6月22日，景铭开发公司与广州市建筑机械施工公司签订《建筑工程施工合同》，由广州市建筑机械施工公司负责天福广场桩基础工程（包括方桩制作、运输装卸、施压机械人工费、接桩复压）施工。2001年1月24日完工（未含挖桩头、横樑、承台等工程），双方签订《工程结算书》，确认天福广场桩基础工程款的结算总款为4812946.71元并执行完毕。

2000年7月18日，鼎湖房地产公司、景铭开发公司、景铭建筑公司签订《协议书》，约定由景铭开发公司负责天福广场建设经营权，清退盛兴装饰公司离场，由景铭建筑公司进场继续施工。在此之前签订的所有协议，由景铭开发公司、景铭建筑公司承接权利义务全面履行。工程结算按工程直接费下浮8%后（已施工桩基础结算按1999年12月25日签订的《建筑工程施工承包合同》规定进行结算），再按建筑三类收费计算作为工程最终总造价。第8条约定：A地块建设商品楼（施工图6/D轴以南）负责人：梁某彩；B地块建设商品楼（施工图6/D轴以北）负责人：李某球。金诚贸易公司法定代表人李某球在该协议上签名。

2000年7月25日，景铭建筑公司与何某华签订《承建协议书》，由何某华以景铭建筑公司第一施工队的名义承接天福广场所有室内、室外散水坡周边范围内土建工程（含排水管及化粪池等）；工程时间从进场即日算起15个月内完成，如因景铭建筑公司或发包方原因造成未能验收，不属何某华施工责任，不影响验收；工程造价结算及支付时间按景铭建筑公司与发包方签订的合同约定进行，如发包方未能依合同支付工程款造成延误及损失，何某华有权按三级工程定额全额结算并由景铭建筑公司赔偿何某华损失；景铭建筑公司提供的机械设备只给何某华在该工地使用，不得挪去别处。该协议书还约定了其他安全事项及守则。

上述协议签订后，天福广场土建工程由何某华代替盛兴装饰公司带资1500万元并以景铭建筑公司第一施工队名义进行施工。2003年12月19日，天宁南路改造工程指挥部召集景铭开发公司、金诚贸易公司召开天福广场交楼协调会。同年12月24日，天宁南路改造工程指挥部发出《关于天福广场交付使用工作方案的答复》。约2004年年初，天福广场A、B区住宅楼已交付景铭开发公司及金诚贸易公司使用并开始出售，商铺亦开始使用。

2004年1月27日，由于发包方的原因未能按工程进度款给付何某华，景铭开发公司与何某华签订《商品房购销合同》四份，将A区首层A7、A8、A10之一、A20、A33、A45、A4、A19、A22、A55、A63、A70、A27、A29、A62、A46、A47、A49、A50、A51、A53商铺以5834955元抵偿工程款给何某华。但至今尚未办理房产证。

2004年6月10日，天福广场土建工程由景铭开发公司、景铭建筑公司、何某华三方结算，总工程款为50839987.11元（含广州市建筑机械施工公司的桩基础工程）。其中6/D轴以南（二层以下）11805713.09元，6/D轴以北（二层以下）7934305.61元，A区商住楼（二层以上）9045934.2元，B区商住楼（二层以上）10763709.68元，C区商住楼（二层以上）9180642.22元，人防工程325547.9元，绿化工程249695.58元，续建工程429688.44元，道路、人行道工程1104750.39元。何某华以景铭建筑公司第一施工队名义已收到3973万元（含商铺抵偿工程款），尚欠工程款11109987.11元，经何某华多次追收未能实现。其间，景铭建筑公司与何某华口头协商，由何某华直接向发包方追收。2005年6月7日，何某华向广东省肇庆市中级人民法院提出诉讼，要求景铭开发公司、金诚贸易公司支付拖欠工程款及违约金，要求景铭开发公司办理抵偿工程款商铺权属领证手续。

2005年12月1日，经肇庆市中级人民法院审判委员会讨论决定，天福广场土建工程结算委托中介机构对A、B区各自工程进行鉴定。由于景铭开发公司对何某华起诉拖欠工程款数额无异议，承认原三方结算数额。景铭开发公司为了减轻鉴定费用支出，要求只对天福广场B区土建工程进行评估鉴定。2007年4月28日，中诚咨询公司作出《工程造价鉴定报告书》，结论为：1. 6/D轴以北二层以下（不含二层）金诚贸易公司应支付土建工程造价6094813.18元；2. 二层以上（含二层）的A、B、C区土建工程及土建工程应分摊承担的附属设施（含水电、道路、绿化等）、续建工程25651293.38元。按约定金诚贸易公司应分摊造价为25651293.38元×42.491%=10899491.07元。单项工程共四份：A. 地下消防水池及桩前土方大开挖，金诚贸易公司应分摊造价151226.57元。B. 工程量部分，金诚贸易公司应分摊造价57719.22元。C. 签证资料部分，金诚贸易公司应分摊造价521570.16元。D. 砼管排水工程，金诚贸易公司应分摊造价6712.79元。上列A、B、C、D项工程，A项工程属金诚贸易公司确认，B、C、D项工程金诚贸易公司有争议，由法院认定。

天福广场土建工程，何某华已收到景铭开发公司支付工程款2707万元（含广州市建筑机械施工公司打桩款项及商铺抵偿工程款），景铭开发公司没有异议。何某华已收到由景铭开发公司、景铭建筑公司转付的金诚贸易公司支付工程款14106580.09元。原三方结算工程款50839987.11元，减除已付工程款2707万元加上14106580.09元，尚欠工程款9663407.02元。合同履行期间，金诚贸易公司除将工程款支付给景铭开发公司外，亦直接支付了部分工程款给景铭建筑公司。金诚贸易公司提交了一份金诚贸易公司应支付景铭开发公司工程款的说明，确认其尚欠景铭开发公司工程款1305466.57元。对于何某华与景铭建筑公司的关系，景铭建筑公司称何某华挂靠在其名下。

2006年1月22日，肇庆市城区天宁路整治建设指挥部办公室出具《证明》，内容如下：金诚贸易公司：根据我办2004年1月1日《紧急通知》要求，“天福广场”客户未缴交的购房余款及契税必须交至指定的监控账户（开户行：广发北门支行，账号：1070045190××××××61）。据交款单据统计，属你司出售的客户至今缴交到该监控账户款项共636951元。该款已用于“天福广场”续建。金诚贸易公司提供的交款单载明：上述636951元分别在2004年1月至2005年1月分数次缴至上述账户，在现金交款单上注明用途为购房款或契税。各方当事人均未提供广东省肇庆市城区天宁路整治建设指挥部办公室关于636951元工程款具体用途的说明。

广东省高级人民法院（2003）粤高法民一终字第262号民事判决书认定景铭开发公司与金诚贸易公司签订的《合作开发合同》名为合作开发，实际上是景铭开发公司在收取3200万元转让款后，约定范围的项目开发建设盈亏便与其无关，实际履行中也并不以金诚贸易公司的名义对外开发，该转让仅仅是项目承包开发经营权，而非房地产项目本身。

关于天福广场工程的桩基础工程，2004年6月15日，广东省佛山市中级人民法院作出（2003）佛中法民一初字第60号民事判决：景铭开发公司应于判决生效后10日内向罗某坚支付2542946.71元及相应利息。罗某坚不服该判决，向广东省高级人民法院提起上诉，认为金诚贸易公司应对景铭开发公司拖欠的工程款承担连带清偿责任。2004年6月15日，广东省高级人民法院作出（2004）粤高法民一终字第212号民事判决：驳回上诉，维持原判。该判决认定，景铭开发公司与罗某坚双方确认天福广场桩基础工程结算款总数为4812946.71元，剩余债权为2542946.71元。金诚贸易公司没有参与景铭开发公司与广州市建筑机械施工有限公司签订的《建筑工程施工合同》及双方与罗某坚签订的《债权转让协议书》，金诚贸易公司与广州市建筑机械施工有限公司没有施工合同关系，与罗某坚也没有债权债务关系，金诚贸易公司不需承担债务。该判决生效后，罗某坚向广东省佛山市中级人民法院申请执行，现已执行完毕。

关于天福广场基建用水用电费、人防工程等费用，景铭开发公司提起诉讼，要求金诚贸易公司支付。2004年8月13日，广东省肇庆市中级人民法院作出（2004）肇中法民初字第10号民事判决：1. 金诚贸易公司于判决发生法律效力之日起10日内，将景铭开发公司为金诚贸易公司已代付的报建费用及水电、消防等配套设施的安装费用共3083096.67元付清给景铭开发公司；2. 景铭开发公司与相关部门签订合同而尚未支付的相关费用，应以景铭开发公司最后与相关部门进行结算为准，且该款不包括应由景铭开发公司承担的配电房及设备水总管的费用。该款在景铭开发公司付清给相关部门后，再按景铭开发公司承担57.509%、金诚贸易公司承担42.491%的责任分担。金诚贸易公司承担部分应在景铭开发公司代付款后3天内付清给景铭开发公司。该案已执行完毕。

于是，何某华向广东省肇庆市中级人民法院提起诉讼，请求：1. 判令景铭开发公司为何某华办理抵债商铺的确权及领证手续；2. 判令景铭开发公司、金诚贸易公司支付尚欠工程款1111万元和违约金约90万元；3. 判令确认何某华对承建房屋享有优先受偿权；4. 判令景铭开发公司、金诚贸易公司承担全部诉讼费用。

广东省肇庆市中级人民法院于2007年9月24日作出（2005）肇中法民初字第65号民事判决：1. 景铭开发公司以商铺A区首层A7、A8、A10之一、A20、A33、A45、A4、A19、A22、A55、A63、A70、A27、A29、A62、A46、A47、A49、A50、A51、A53抵偿工程款在判决生效之日起3个月内负责办理产权证给何某华；2. 景铭开发公司在判决生效之日起，支付工程款9663407.02元给何某华，并从2004年1月1日起按同期短期贷款利率计算支付利息；3. 驳回何某华对金诚贸易公司的诉讼请求。

何某华不服广东省肇庆市中级人民法院作出的一审判决，向广东省高级人民法院提起上诉，请求：1. 撤销一审判决第二项，改判由金诚贸易公司与景铭开发公司共同承担拖欠工程款及其利息；2. 撤销一审判决第三项；3. 判令确认何某华对承建房屋享有优先受偿权；4. 判令由金诚贸易公司承担一审发生的评估费234204.3元；5. 一、二审诉讼费及何某华因诉讼支出的费用由金诚贸易公司与景铭开发公司承担。

广东省高级人民法院于2008年4月17日作出（2007）粤高法民一终字第373号民事判决：1. 维持一审判决第一项、第三项；2. 变更一审判决第二项为景铭开发公司、金诚贸易公司在判决发生法律效力之日起10日内支付工程款9663407.02元及利息（利息以9663407.02元为基数，从2004年1月1日起至付清之日止，按同期短期贷款利率计算）给何某华；3. 驳回何某华的其他上诉请求。

金诚贸易公司不服广东省高级人民法院作出的二审判决，向最高人民法院申请再审。最高人民法院于2010年6月28日作出（2010）民申字第366号民事裁定，指令广东省高级人民法院再审本案。

广东省高级人民法院于2010年12月9日作出（2010）粤高法审监民再字第43号民事判决：维持二审判决。

金诚贸易公司不服广东省高级人民法院作出的再审判决，向最高人民法院申诉。

最高人民法院于2016年12月27日作出（2016）最高法民监50号民事裁定，裁定提审本案，并于2017年5月22日立案后，依法组成合议庭，开庭进行了审理。

## 二、裁判理由

本案的争议焦点为：金诚贸易公司是否应与景铭开发公司对何某华主张的债权承担连带责任。

《中华人民共和国民法通则》第八十七条规定："债权人或者债务人一方人数为二人以上的，依照法律的规定或者当事人的约定，享有连带权利的每个债权人，都有权要求债务人履行义务；负有连带义务的每个债务人，都负有清偿全部债务的义务，履行了义务的人，有权要求其他负有连带义务的人偿付他应当承担的份额。"依据本案查明的事实和相关法律规定，金诚贸易公司应与景铭开发公司对何某华主张的债权承担连带责任。

第一，景铭开发公司与金诚贸易公司签订的《合作开发合同》虽然约定景铭开发公司将位于肇庆市天宁南路，东至天宁南路，南至正东路以南49.5米，西至睦民南路，北至正东路的项目（即天福广场B区）的建设经营权交由金诚贸易公司负责建设经营管理，金诚贸易公司开发该项目实行独立核算，自负盈亏，收益自享，风险自担，依法纳税，但该约定系金诚贸易公司与景铭开发公司内部权利义务关系的约定，对合同关系以外的第三人并不能当然产生约束力，除非有证据证明该第三人明知其内部关系。

第二，鼎湖房地产公司、景铭开发公司、景铭建筑公司签订的《协议书》甲方为景铭开发公司，虽未明确表明金诚贸易公司为甲方，但金诚贸易公司的法定代表人李某球在《协议书》甲方“B地块负责人”处的签字应视为代表金诚贸易公司，且在庭审中金诚贸易公司认可李某球系代表其在《协议书》上签字。因此，金诚贸易公司应被视为与景铭开发公司共同作为“甲方”将天福广场土建工程发包给景铭建筑公司。

第三，《协议书》第8条约定“A地块建设商品楼（施工图6/D轴以南）负责人：梁某彩；B地块建设商品楼（施工图6/D轴以北）负责人：李某球”，该约定仅明确约定了天福广场A、B地块的不同负责人，并未明确约定天福广场A区和B区分别由景铭开发公司和金诚贸易公司建设经营，即未明确约定金诚贸易公司仅对天福广场B地块承担发包人责任。

第四，金诚贸易公司有实际履行施工合同的行为。根据查明的事实，金诚贸易公司曾直接支付部分工程款给景铭建筑公司，金诚贸易公司实际履行了发包人的义务。天福广场A区和B区住宅楼和商铺也均已交付景铭开发公司和金诚贸易公司销售和使用。

第五，如前所述，何某华作为实际施工人，依据其与景铭建筑公司签订的《承建协议书》实际承接天福广场土建工程，并无证据证明何某华事先知道天福广场A区和B区分别由景铭开发公司和金诚贸易公司建设经营并独立核算。

综上，金诚贸易公司应与景铭开发公司对何某华主张的债权承担连带责任。金诚贸易公司关于其不应对何某华主张的债权承担连带责任的申诉理由不成立，不予支持。

景铭开发公司、景铭建筑公司和何某华已就天福广场全部土建工程进行结算，总工程款50839987.11元（含广州市某建筑机械公司的桩基础工程款4812846.71元），景铭开发公司已支付工程款2707万元（含广州市建筑机械施工公司的桩基础工程款4812846.71元和商铺抵偿工程款5834955元），金诚贸易公司已支付工程款14106580.09元，尚欠9663407.02元。因此，景铭开发公司和金诚贸易公司应就尚欠的9663407.02元共同对何某华承担清偿责任。虽然金诚贸易公司未参加景铭开发公司、景铭建筑公司和何某华三方达成的结算，但景铭开发公司与金诚贸易公司为共同发包方，因此，景铭开发公司有权代表金诚贸易公司依据《协议书》的约定，与景铭建筑公司和实际施工人何某华对案涉工程款进行结算，该结算结果对金诚贸易公司有约束力。金诚贸易公司如对景铭开发公司代表其与承包人就案涉工程进行结算不服，可另循法律途径主张权利。

## 三、裁判结论

依照《中华人民共和国民事诉讼法》第二百零七条第一款、第一百七十条第一款第二项之规定，判决如下：

一、撤销广东省高级人民法院（2010）粤高法审监民再字第43号民事判决；

二、撤销广东省高级人民法院（2007）粤高法民一终字第373号民事判决第一项、第三项；

三、维持广东省高级人民法院（2007）粤高法民一终字第373号民事判决第二项；

四、肇庆市景铭开发公司将天福广场A区首层商铺A7、A8、A10之一、A20、A33、A45、A4、A19、A22、A55、A63、A70、A27、A29、

A62、A46、A47、A49、A50、A51、A53在判决生效之日起三个月内负责办理产权证给何某华；

五、驳回何某华的其他诉讼请求。

一审案件受理费64410元，诉讼保全费54920元，鉴定评估费234204.3元，合计353534.3元，由何某华负担53534.3元，景铭开发公司和金诚贸易公司负担30万元。二审案件受理费64410元由何某华负担32205元，金诚贸易公司负担32205元。

## 四、裁判要旨

合作开发房地产合同约定将整个建设项目分割成若干建设区域，分别由各方独立经营开发、自负盈亏，风险自担，该约定属于合作开发各方之间的内部约定，对合同关系以外的第三人承包方并不当然产生约束力，合作开发各方应就整个建设项目的工程欠款对承包方承担连带清偿责任，除非有证据证明承包方明知该内部关系仍签订建设工程施工合同。

（合议庭成员：钱小红、张颖新、陈宏宇；案号：（2017）最高法民再185号；判决日期：2018年6月29日；案例编写人：钱小红、王智锋；案例审核人：张勇健）

**007**

## “商品房买卖合同”性质的认定

### ——长通公司、汇通公司、汇通西安分公司与鹏跃公司项目转让合同纠纷案

### 一、主要案情

2014年1月，鹏跃公司（甲方）与长通公司（乙方）签订一份《项目转让协议书》，协议载明，长通公司拥有西安市雁塔区延保街道办事处西姜村中村改造项目改造权，长通公司同意成立项目公司通过挂牌方式将项目内部分土地使用权确权到项目公司名下，并同意通过出让项目公司100%股权的形式将该部分土地使用权转让给鹏跃公司，双方就本项目合作签订本协议。《项目转让协议书》鉴于部分第2条约定：“乙方同意成立项目公司通过挂牌方式将项目内部分土地使用权确权到项目公司（暂定名：长通卓越公司）名下，并同意通过出让项目公司100%股权的形式将该部分土地使用权（以下简称出让土地，编号：DK－3－1）转让给甲方。”协议约定的主要内容如下：协议第1.1条，出让土地位于陕西省西安市雁塔区南三环（绕城高速）北侧；东临东仪路；西临电子正街；北临规划路。第1.2条，出让土地现行的规划指标为：用地性质为商业、住宅用地；土地面积159.5亩至220亩，计容容积率为3.92－4.08；除幼儿园外无配套公建；建筑现无限高要求。第1.4条，双方确认，本次土地使用权出让的交易单价包干为630万元/亩（含甲方按照西安市城改政策规定须向国土部门实缴的土地出让金），实付乙方总价款的计算方式详见本协议第2.5条。第2.1条，乙方正在成立一家符合西安市城改政策要求的全资子公司（以下简称项目公司，目前名称审核已通过）。乙方确认，将确保出让土地挂牌至项目公司名下，出让土地后续涉及所核发的证照、权利

等都将由项目公司承接。项目公司名称：长通卓越公司，法定代表人：曾某剑，注册资本1000万元。第2.2条，乙方确认，其将负责实际交付出让土地、将出让土地摘牌至项目公司名下、完成出让地块内高压线埋地工程。第2.3条，甲方确认，其或其指定公司将承接项目公司100%股权，并按本协议约定向乙方支付约定款项及向政府部门交纳的应缴款项、负责项目建设全部资金投入。第2.4条，甲方确认，通过持股项目公司100%股权并实际获得出让土地使用权。在协议履行期间，甲方通过购买汇通物业（合计1.78万平方米，网上登记的预售均价为25000元/平方米），即签订《商品房买卖合同》行为（双方确认，《商品房买卖合同》签订价格为16854元/平方米，以确保网签合同的总额不低于3亿元），仅作为本协议的履约担保。在乙方正常履约的前提下，甲方持有该商业物业期间，不会向第三方转售或要求乙方实际交付物业。第2.5条约定："双方确认，甲方向乙方实付的总价款（不含乙方已支付的市政配套费）=630万元/亩×项目公司签订的国有土地使用权出让合同中载明的亩数（容积率在3.92－4.08范围内甲方均认可）－挂牌后项目公司按西安市城改政策规定须向国土部门实缴的土地出让金。"第3.1条，甲方应付款分三笔支付。第3.1.1条，第一笔款项：在协议签订的当日，双方按本协议第2.4条约定方式及价格签署《商品房买卖合同》的2个工作日内，甲方向共管账户（甲方留单位印鉴、乙方留曾某剑私人印鉴）内转入第一笔履约定金3亿元。待甲方款项实际到账后，双方将全部《商品房买卖合同》递交给西安市住房保障和房屋管理局。待乙方将全部《商品房买卖合同》备案（以网签预售登记备案载明日期为准）完成后，甲方解除第一笔履约定金的共管，并将此款支付到本协议约定账户或乙方指定账户。第3.1.2条，第二笔款项：（1）在西安市城改办确认项目公司为出让地块的改造主体且项目公司100%股权转至甲方名下后的10个工作日内，甲方向该共管账户内存入1亿元；在国土部门发布土地挂牌文件后的5个工作日内，甲方再向共管账户内存入2亿元，上述款项均视为履约定金……。第3.1.2（2）条约定："甲方确认，第二笔向乙方的付款为3亿元，在项目公司以本协议约定的建设用地面积、容积率指标等，实际获得挂牌土地（以项目公司同国土部门签订国有土地使用权出让合同载明时间为准）且高压线落地后的3个工作日内，甲方解除第二笔履约定金的共管，并将此款作为第二笔付款支付到协议约定账户或乙方指定账户。"第3.1.2（3）条约定："在该笔履约定金解付后的3个工作日内，甲方配合乙方签署递交给西安市住房保障和房屋管理局的即本协议第2.4条中已备案《商品房买卖合同》的撤销预售登记文件。"第4.1条规定："乙方负责2014年5月31日前完成土地挂牌的全部手续（以西安市国土部门出具的预挂牌确认文件载明时间为准）。但挂牌前，就挂牌文件载明的内容应获得甲方的书面同意。"第4.2条约定："乙方在项目公司成立的当日（以营业执照发放日期为准），乙方应将项目公司的全部资料（包括但不限于公章、证照等）交由甲方保管，并在不迟于次日的时限内，同甲方一并办理将项目公司100%股权抵押给甲方的抵押登记手续的递件。"第4.4条约定："待相关政府部门（西安市城改办）确认，项目公司成为出让土地的改造主体的次日，乙方应协助甲方解除项目公司的股权质押和办理向工商行政管理部门递交将项目公司100%股权过户至甲方的股权过户文件。"第6.3条："乙方承诺并保证，本项目下列工程可按相应进度完成：（1）乙方在本协议第3.1.1条约定内容递件后的2日内完成《商品房买卖合同》，即抵押物业预售合同的网上备案工作。（2）自甲方首笔履约定金3亿元付款至乙方账户的次日起5个工作日内，乙方将土地实际交付甲方，保证甲方可进场进行地勘。（3）乙方应在2013年2月28日前完成并达到交地标准（包括但不限于现有房屋拆迁、围墙圈建等），确保甲方可进场完成施工前准备。（4）乙方承诺出让地块内的高压线埋地工程完成的时间不迟于2014年5月31日。（5）乙方承诺出让土地的挂牌时间不迟于2014年5月31日。"第7.4条约定："乙方承诺，甲方实际进场的时间迟于2014年2月28日，则每迟延一日乙方按照共管资金3亿元的万分之一向甲方支付违约金……。"第7.5条约定：“乙方承诺，出让土地迟于约定挂牌时间（2014年5月31日）的，每迟延一日乙方按照甲方已付和共管款项的合计金额的万分之二向甲方支付违约金。”第7.6条约定：“乙方承诺，在约定的时间内未完成高压线埋地工程的（2014年5月31日），每迟延一日乙方按照甲方已付和共管款项合计金额的万分之一向甲方支付违约金。”第7.9条约定：“在本协议履行期间就协议第7.4条、第7.5条、第7.6条发生迟延履行超过30日时，甲方有权要求终止本协议履行。”此时，甲方可要求乙方返还所有已付款项（同时按约定双倍计算违约金至实际付款之日）。若乙方不能在甲方发出书面终止本协议的通知之日30日内全额还款（含违约金），则甲方可视为已将本协议第2.4条约定物业已全额付款，要求乙方交付，或转售第三人。

2014年1月22日，长通公司出具两份《付款说明》给鹏跃公司，要求鹏跃公司根据双方协议第2.4条及第3.1.1条约定的内容将甲银行西安新城支行共管账户中的3亿元资金转入汇通公司在甲银行西宁市西大街支行开设的630014857370×××19账号中。2014年1月22日、26日，鹏跃公司按照上述《付款说明》内容要求分两次将3亿元转入汇通公司银行账户。长通公司亦向鹏跃公司出具了收据，确认收到鹏跃公司交来协议第2.4条、第3.1.1条款项3亿元。与此同时，鹏跃公司与汇通A公司签订了40份《商品房买卖合同》，并办理了网签备案手续，所涉面积合计为17816.18平方米，合同总金额为300273898元。

2015年2月13日，鹏跃公司按照协议约定的通信地址以EMS向长通公司送达了《关于终止履行〈项目转让协议书〉的函》，认为长通公司存在包括但不限于以下方面的违约：1. 未能在2014年2月28日前达到交地标准并确保鹏跃公司可进场进行地勘；2. 未能在2014年5月31日前完成项目用地内高压线埋地工程；3. 未能在2014年5月31日前实现项目用地的出让挂牌；4. 项目用地可用于商品房开发建设的用地面积小于159.5亩。因此，长通公司已经构成根本性违约，根据《项目转让协议书》第7.9条的约定，鹏跃公司通知长通公司：终止《项目转让协议书》的履行，要求长通公司在收到该函5个工作日内全额返还鹏跃公司已付款项并承担相应违约责任。2015年6月29日，鹏跃公司再次以EMS向长通公司邮寄送达了《通知函》，要求双倍返还定金6亿元。同日，鹏跃公司以EMS向汇通A公司邮寄送达了《通知函》，要求其承担担保责任。同月30日，长通公司、汇通A公司分别签收上述EMS邮件。长通公司确认《项目转让协议书》已终止履行。

2007年10月9日，西安市城中村改造办公室以《关于对雁塔区西姜村城中村改造工作方案的批复》[市城改发〔2007〕16号]批复雁塔区城中村改造工作领导小组办公室，同意长通公司为西姜村城中村改造实施主体。2012年6月21日，西安市国土资源局以《关于雁塔区西姜村城中村改造项目用地预审的复函》[市国土函〔2012〕170号]对长通公司《关于西姜村城中村改造建设项目用地的预审申请》予以函复，同意项目用地预审并要求长通公司在依法办理建设用地征收手续得到批准前，不得擅自使用土地。2014年9月2日，西安市城中村改造办公室以《关于雁塔区西姜村城中村改造方案结转的批复》（市城改发〔2014〕239号）批复雁塔区城改办，同意西姜村城中村改造方案结转，改造主体为长通公司。鹏跃公司与长通公司均确认案涉土地至今没有挂牌出让。

长通公司由冬晟合伙企业、曾某剑、刘某军出资于2002年8月15日注册成立，法定代表人为曾某剑，注册资本15000万元。汇通公司由曾某剑、乔某清出资于1995年9月26日注册成立，法定代表人为曾某剑。汇通西安分公司于2007年8月17日注册成立，负责人为曾某剑。长通卓越公司由长通公司和曾某剑作为股东出资于2014年1月10日注册成立，法定代表人为曾某剑，注册资本1000万元。鹏跃公司和长通公司均确认长通卓越公司的股权并未转让给鹏跃公司。

于是，鹏跃公司向广东省高级人民法院提起诉讼，请求：1. 判令长通公司立刻返还鹏跃公司已支付的定金本金3亿元，并赔偿相应损失（损失赔偿按照中国人民银行公布的同期贷款利率计算，应计至本金和损失赔偿付清之日止；其中2.2亿元自2014年1月23日起计，0.8亿元自2014年1月27日起计，暂计至2015年7月31日，损失赔偿暂计为27136767元）；2. 适用双倍定金返还罚则，判令长通公司另行支付3亿元；3. 判令长通公司承担本案的全部诉讼费用；4. 判令汇通公司、汇通A公司对长通公司的上述债务，承担连带清偿责任；5. 鹏跃公司有权以拍卖、变卖等方式依法处分提供担保的40套房产的处分价款受偿。

广东省高级人民法院于2017年11月17日作出（2015）粤高法民一初字第3号民事判决：1. 长通公司于判决生效之日起10日内偿还鹏跃公司5.772亿元；2. 汇通公司、汇通西安分公司在担保房产价值范围内对长通公司上述第一项债务承担连带清偿责任；3. 驳回鹏跃公司其他诉讼请求。

长通公司、汇通公司和汇通西安分公司不服广东省高级人民法院作出的一审判决，向最高人民法院提起上诉，长通公司上诉请求：1. 撤销一审判决第一项，改判驳回鹏跃公司的全部诉讼请求；2. 由鹏跃公司承担一、二审案件受理费。汇通公司、汇通A公司上诉请求：1. 撤销一审判决第二项；2. 由鹏跃公司承担一、二审案件受理费。

最高人民法院于2018年5月7日立案后，依法组成合议庭，开庭进行了审理。

## 二、裁判理由

本案的争议焦点为：长通公司是否应偿还鹏跃公司5.772亿元。

该争议焦点具体包括：1. 鹏跃公司支付的3亿元是定金还是购房款；2.《项目转让协议书》的合同标的额是否为13.86亿元及计算合同标的额是否应扣除土地出让金。

（一）关于鹏跃公司支付的3亿元是定金还是购房款的问题

长通公司上诉主张，鹏跃公司支付的3亿元属于购房款，并非定金。法院认为，长通公司的该项上诉主张，依据不足。第一，《项目转让协议书》第3.1.1条约定："在协议签订的当日，双方按本协议第2.4条约定方式及价格签署《商品房买卖合同》的2个工作日内，甲方向共管账户（甲方留单位印鉴、乙方留曾某剑私人印鉴）内转入第一笔履约定金3亿元。待甲方款项实际到账后，双方将全部《商品房买卖合同》递交到西安市住房保障和房屋管理局。待乙方将全部《商品房买卖合同》备案（以网签预售登记备案载明日期为准）完成后，甲方解除第一笔履约定金的共管，并将此款支付到本协议约定账户或乙方指定账户。"可见，《项目转让协议书》明确约定了3亿元的性质为履约定金，该笔资金虽然先进入共管账户，但是之后需支付至协议约定的账户或长通公司指定的账户。第二，根据查明的事实，鹏跃公司依据长通公司于2014年1月22日出具的两份《付款说明》将共管账户中的3亿元汇给了汇通公司，长通公司向鹏跃公司出具了收据确认收到该3亿元。可见，鹏跃公司亦依据长通公司的指示支付了3亿元。第三，《项目转让协议书》第2.4条约定："甲方确认，通过持股项目公司100%股权并实际获得出让土地使用权。在协议履行期间，甲方通过购买汇通物业（合计1.78万平方米，网上登记的预售均价25000元/平方米），即签订《商品房买卖合同》行为（双方确认，《商品房买卖合同》签订价格为16854元/平方米，以确保网签合同的总额不低于3亿元），仅作为本协议的履约担保。在乙方正常履约的前提下，甲方持有该商业物业期间，不会向第三方转售或要求乙方实际交付物业。"可见，鹏跃公司与汇通A公司签订《商品房买卖合同》的目的并非真正买卖商品房，而是作为《项目转让协议书》的履约担保。《商品房买卖合同》签订价格为16854元/平方米，远低于网上登记的预售均价为25000元/平方米，只是为了确保网签合同的总额不低于3亿元，也可以印证其真实目的是提供担保而非买卖商品房。在长通公司正常履约的前提下，鹏跃公司持有该商业物业期间不会向第三方转售或要求长通公司实际交付物业。这也说明了鹏跃公司签订《商品房买卖合同》的目的不是实际取得商品房，而是督促长通公司正常履行《项目转让协议书》。第四，长通公司向鹏跃公司出具了收据确认收到该3亿元，汇通A公司并未向鹏跃公司出具收款收据和该3亿元对应的发票。长通公司开具收据的行为也印证了长通公司与汇通A公司之间并不存在真实的商品房买卖合同关系。第五，《项目转让协议书》第3.1.2（3）条约定："在该笔履约定金解付后的3个工作日内，甲方配合乙方签署递交到西安市住房保障和房屋管理局的即本协议第2.4条中已备案《商品房买卖合同》的撤销预售登记文件。"可见，《商品房买卖合同》最终是需要撤销的，这也进一步印证了签订《商品房买卖合同》的真实目的是提供担保。第六，长通公司、汇通公司和汇通A公司的法定代表人和实际控制人均为曾某剑。可知，汇通A公司签订《商品房买卖合同》的真实意思是为《项目转让协议书》的履行提供担保。综上，鹏跃公司与汇通A公司签订40份《商品房买卖合同》是汇通A公司为长通公司履行《项目转让协议书》项下的合同义务提供担保，担保人为汇通A公司，担保权人为鹏跃公司。因此，鹏跃公司支付的3亿元并非40份《商品房买卖合同》项下的购房款，而是因履行《项目转让协议书》而向长通公司支付的定金。

（二）关于《项目转让协议书》的合同标的额是否为13.86亿元及计算合同标的额是否应扣除土地出让金的问题

长通公司上诉主张《项目转让协议书》的合同标的额并未确定，一审判决认定合同标的额为13.86亿元错误，认定合同标的额时未扣除土地出让金错误。法院认为，一审判决认定《项目转让协议书》的合同标的额为13.86亿元，并据此判令长通公司偿还鹏跃公司5.772亿元，并无不当。首先，《项目转让协议书》第1.2条约定："出让土地现行的规划指标为：用地性质为商业、住宅用地；土地面积159.5亩至220亩，计容容积率为3.92至4.08；除幼儿园外无配套公建；建筑现无限高要求。"可见，220亩并未超过《项目转让协议书》约定的土地面积的最大值，亦未超过双方当事人的预期。其次，鹏跃公司于2015年2月13日向长通公司发出的《关于终止履行〈项目转让协议书〉的函》中认为"项目用地可用于商品房开发建设的用地面积小于159.5亩”，只是认为因项目用地面积小于《项目转让协议书》中约定的最小值159.5亩，长通公司构成违约，并未含有确定《项目转让协议书》合同标的额以159.5亩作为计算基础的意思表示。最后，鹏跃公司依约支付了3亿元定金，长通公司未履行合同义务，为本案中的违约方。综上，一审判决以土地面积220亩作为《项目转让协议书》合同标的额的计算基础，并无不公。

《项目转让协议书》第1.4条约定：“双方确认，本次土地使用权出让的交易单价包干为630万元/亩（含甲方按西安市城改政策规定须向国土部门实缴的土地出让金），实付乙方总价款的计算方式详见本协议第2.5条。”《项目转让协议书》第2.5条约定：“双方确认，甲方向乙方实付的总价款（不含乙方已付的市政配套费）=630万元/亩×项目公司签订的国有土地使用权出让合同中载明的亩数（容积率在3.92至4.08范围内甲方均认可）－挂牌后项目公司按西安市城改政策规定须向国土部门实缴的土地出让金。”可见，《项目转让协议书》第1.4条已经明确约定了案涉标的的包干价为630万元/亩。由鹏跃公司向国土部门缴纳土地出让金，仅是鹏跃公司与长通公司之间关于缴纳土地出让金的一种安排，并不能改变实质上应由长通公司缴纳土地出让金的真意。《项目转让协议书》的核心内容是长通公司将取得案涉土地使用权的项目公司100%的股权转让给鹏跃公司，故案涉土地使用权的土地出让金理应由长通公司缴纳，而鹏跃公司则支付受让股权的相应对价，即依据《项目转让协议书》第1.4条的约定为630万/亩×220亩=13.86亿元，故长通公司关于计算合同标的额应扣除土地出让金的上诉主张不能成立。综上，一审判决确认《项目转让协议书》的合同标的额为13.86亿元，并结合《中华人民共和国担保法》第九十一条规定确定鹏跃公司交付的定金为2.772亿元，并据此判令长通公司共偿还鹏跃公司5.772亿元，并无不当。

## 三、裁判结论

依照《中华人民共和国民事诉讼法》第一百七十条第一款第一项之规

定，判决如下：

驳回上诉，维持原判。

二审案件受理费合计4724283.83元，由长通公司负担3177483.83元，由汇通公司、汇通A公司负担1546800元。财产保全申请费5000元，由长通公司负担。

## 四、裁判要旨

合同当事人签订的商品房买卖合同是真实的买卖合同还是仅为主合同提供担保，应综合主合同和商品房买卖合同的内容及实际履行情况等进行判断，剖析合同当事人签订商品房买卖合同的真实意图，进而明确商品房买卖合同的性质。

（合议庭成员：钱小红、奚向阳、张颖新；案号：（2018）最高法民终431号；判决日期：2018年7月30日；案例编写人：钱小红、王智锋；案例审核人：张勇健）

008

# 主合同无效而导致担保合同无效时，担保人过错的认定

——中关村证券与恒业公司、华宇公司等借款合同纠纷案

## 一、主要案情

1998年3月24日至1999年6月29日，S证券公司朝阳营业部（以下简称朝阳营业部，中关村证券前身）与华宇公司共签订六份《投资（合作）合同书》，分别作如下约定：1. 1998年3月24日签订的《投资（合作）合同书》约定，朝阳营业部同意投资与华宇公司进行合作经营化工原料项目，朝阳营业部投资人民币500万元，投资期限自1998年3月24日至1998年12月24日，合作期满后，华宇公司无条件足额归还投资款；2. 1998年4月29日签订的《投资（合作）合同书》约定，朝阳营业部同意投资与华宇公司进行合作经营建材项目，朝阳营业部投资人民币500万元，投资期限自1998年4月29日至1999年1月29日，合作期满后，华宇公司无条件足额归还投资款；3. 1998年5月7日签订的《投资（合作）合同书》约定，朝阳营业部同意投资与华宇公司进行合作经营建材项目，朝阳营业部投资人民币500万元，投资期限自1998年5月7日至1999年2月7日，合作期满后，华宇公司无条件足额归还投资款；4. 1999年1月29日签订的《投资（合作）合同书》约定，朝阳营业部同意投资与华宇公司进行合作经营化工原料项目，朝阳营业部投资人民币600万元，投资期限自1999年1月29日至1999年10月29日，合作期满后，华宇公司无条件足额归还投资款；5. 1999年2月1日签订的《投资（合作）合同书》约定，朝阳营业部同意投资与华宇公司进行合作经营化工原料项目，朝阳营业部投资人民币500万元，投资期限自1999年2月1日至1999年11月1日，合作期满后，华宇公司无条件足额归还投资款；6. 1999年6

月29日签订的《投资（合作）合同书》约定，朝阳营业部同意投资与华宇公司进行合作经营化工原料项目，朝阳营业部投资人民币200万元，投资期限自1999年6月29日至2000年3月29日，合作期满后，华宇公司无条件足额归还投资款。

上述合同签订后，朝阳营业部将投资款付给华宇公司，总额共计人民币2800万元，华宇公司分别就上述款项出具了六份收款收据，均载明“收到证券公司朝阳营业部投资款”，并加盖“华宇财务专用章”，经手人盖章处写明“陈”或加盖陈某毅的印章。此后，朝阳营业部分别于2000年9月20日、2001年8月30日、2003年8月12日、2005年7月向华宇公司发出《催款通知书》，写明华宇公司尚欠投资款本金及相应利息，华宇公司在《催款通知书》回执上盖章确认欠款并承诺尽快还款。2002年10月30日，华宇公司向中关村证券出具一份《债务确认及还款计划书》，确认华宇公司在1998年3月24日至1999年6月29日向S证券公司所属机构借款2800万元，已经归还90万元，以绅宝小汽车一辆和房产一套共抵还125万元，两项合计归还欠款本金215万元，截至2002年10月30日尚欠本金人民币2585万元及利息，承诺在2002年剩下两个月内偿还部分现金，余下部分将积极争取在半年内尽快以现金或实物偿还。但截至2005年7月，华宇公司尚欠借款本金26188292元及相应利息。

中关村证券在庭审中称案涉款项是以转账支票方式支付，但因借款业务发生在1998年至1999年，当时仅保留了《收款收据》，并未保留相关转账及汇款凭证。提起案件诉讼的期间中关村证券已因管理混乱处于破产清算状态，相关财务资料保管不善，难以查询到当时的资料。中关村证券提供了部分银行账户，并称涉案款项未必经过该账户支付，且转账支票的可背书转让性，相关银行账户的最终收款人可能不是本案借款人，对中关村证券的全部财产支出进行审计核查也是不可能的。

2004年8月26日，恒业公司向中关村证券作出《承诺书》，自愿提供其拥有的位于广东省珠海市斗门区桥东永福二路边的土地及房产，其中土地共30889.6平方米，房产共11257.66平方米，作为华宇公司及金峰公司欠S证券公司投资款的抵押担保，并协助办理抵押登记手续。但上述土地与房产均未办理抵押登记手续。

2005年10月25日，林某群向中关村证券作出《承诺书》，承诺对金峰公司、华宇公司等九家企业所欠投资款负责清偿，并保证在承诺之日起二年内以实物或者现金还清全部欠款，如在上述期限内无法还清全部欠款，其本人愿对全部债务承担连带清偿责任。

2006年7月15日，中关村证券以华宇公司与恒业公司作为共同被告，向一审法院提起诉讼，请求判令华宇公司偿还投资款本金人民币26188292元及其利息125万元，并请求判令恒业公司对华宇公司的债务承担连带清偿责任。一审法院判决：驳回中关村证券的诉讼请求。案件受理费172741元，保全费5000元，合计17771元，由中关村证券负担。

中关村证券不服一审判决，向广东省高级人民法院上诉请求：1. 撤销一审判决；2. 改判华宇公司偿还中关村证券投资款本金人民币26188292元及利息；3. 改判陈某毅和江某銮对华宇公司承担股东清算责任，对华宇公司所欠中关村证券债务承担连带责任；4. 改判恒业公司、林某群对华宇公司所欠债务承担连带担保责任；5. 本案诉讼费由华宇公司、陈某毅、江某銮、恒业公司、林某群承担。

广东省高级人民法院判决：1. 撤销广东省珠海市中级人民法院（2013）珠中法民二重字第2号民事判决；2. 华宇公司应于判决生效之日起15日内向中关村证券偿还人民币26188292元；3. 恒业公司对华宇公司上述债务不能清偿部分承担三分之一的赔偿责任；4. 林某群对华宇公司上述债务不能清偿部分承担三分之一的赔偿责任；5. 驳回中关村证券的其他诉讼请求。

恒业公司不服广东省高级人民法院作出的二审判决，向最高人民法院申请再审。最高人民法院于2018年6月29日作出（2018）最高法民申254号民事裁定，提审本案。依法组成合议庭，开庭进行了审理。

## 二、裁判理由

本案的争议焦点为：恒业公司应否对案涉债务承担担保责任。

法院认为，本案原审已查明，在1998年3月24日至1999年6月29日，朝阳营业部与华宇公司先后签订6份《投资（合作）合同书》，上述合同第1条约定：朝阳营业部（甲方）同意投资与华宇公司（乙方）合作经营化工原料、建材等项目；第3条约定："……合作期满，甲方投资款于合作终止日全部收回，乙方无条件足额归还。……"2000年9月20日、2001年8月30日、2003年8月12日、2005年7月中关村证券向华宇公司发出《催款通知书》催讨投资款及利息，其中2005年7月的《催款通知书》载明"贵公司尚欠我部投资款本金人民币贰仟陆佰壹拾捌万捌仟贰佰玖拾贰元及利息款人民币（待结算）元。……"华宇公司在上述《催款通知书》盖章确认同意按期办理还款手续。分析上述合同约定及《催款通知书》可知，朝阳营业部与华宇公司签订的《投资（合作）合同书》虽约定投资合作经营化工原料、建材等项目，但亦约定合作期满华宇公司应无条件足额归还投资款。且其后的《催款通知书》《债务确认及还款计划书》亦体现中关村证券足额收回投资款的履行事实，而非双方共担风险。故《投资（合作）合同书》名为投资合作，实为借贷。本案再审期间，中关村证券、华宇公司亦认可双方之间是借贷关系。依照当时法律规定，企业间借贷行为违反了有关金融法规的强制性规定，原判决认定《投资（合作）合同书》为无效合同并无不当。

2004年8月26日，恒业公司向中关村证券出具《承诺书》，载明："截至2004年7月31日，债务人金峰公司及华宇公司共结欠中关村证券投资款人民币67888292元及利息。……为保证债务人按时还款，恒业公司以其所有的位于珠海市斗门区桥东永福二路边的土地及房产为上述债务人还款提供担保，并协助办理相关抵押登记手续。"上述土地及房产未办理抵押物登记手续。最高人民法院认为，根据物权区分原则，上述房地产未办理抵押登记手续，中关村证券不能因《承诺书》而就上述房地产享有优先受偿权，但《承诺书》中恒业公司为案涉债务进行担保的意思表示明确具体，担保合同成立。根据《中华人民共和国担保法》第五条关于“担保合同是主合同的从合同，主合同无效，担保合同无效”的规定，《承诺书》是《投资（合作）合同书》的从合同，《投资（合作）合同书》无效，《承诺书》亦无效。

根据《最高人民法院关于适用〈中华人民共和国担保法〉若干问题的解释》第八条关于“主合同无效而导致担保合同无效，担保人无过错的，担保人不承担民事责任；担保人有过错的，担保人承担民事责任的部分，不应超过债务人不能清偿部分的三分之一”的规定，主合同无效导致担保合同无效时，担保人无过错的，不承担民事责任。但担保人明知主合同无效仍为之提供担保，或者明知主合同无效仍促使主合同成立或为主合同的签订做中介等，应视为担保人有过错。担保人承担民事责任的部分，不应超过债务人不能清偿部分的三分之一。最高人民法院认为，从《投资（合作）合同书》与《承诺书》的订立时间来看，《投资（合作）合同书》签订于1998年3月24日至1999年6月29日，恒业公司出具《承诺书》的时间是2004年8月26日，《投资（合作）合同书》签订于《承诺书》之前，在没有相反证据证明的情况下，恒业公司出具《承诺书》以其所有土地及房产为案涉债务提供担保，不可能构成因成立在后的抵押担保关系的存在使中关村证券产生信赖，进而促使主合同成立的情形。同时中关村证券亦未提供证据证明恒业公司为《投资（合作）合同书》的成立进行居间活动。故恒业公司作为担保人，不存在促使主合同成立或为主合同的签订做中介的情形。从《投资（合作）合同书》与《承诺书》载明的内容看，朝阳营业部与华宇公司签订的《投资（合作）合同书》第3条存有“……甲乙双方共担风险”的表述，第5条进而约定：“为简化甲乙双方的利润分配和确定亏损责任，双方确定本项目经营所得利润，甲方得四成，乙方得六成，项目经营亏损时，甲方负四成责任，乙方负六成责任，经营过程中全部税金由乙方负责。”上述关于共担风险的意思表示与“乙方无条件足额归还”的约定内容相矛盾，且与《收款收据》载明的“投资款”事由及《催款通知书》关于“尚欠我部投资款”的表述不同一。在此情形下，从合同文本文意解释的角度理解，双方之间是投资合作法律关系还是借贷法律关系并非确切无异议。在《投资（合作）合同书》的性质及效力问题有待司法审查方能确定的情况下，不能苛责恒业公司于《承诺书》出具时即已准确预见《投资（合作）合同书》是实为借贷的无效合同，亦即不能由此当然推定恒业公司明知主合同无效而仍为之提供担保。故综合《投资（合作）合同书》的签订及履行情况、《承诺书》的出具背景及抵押物的登记情况分析，在中关村证券未提供有效证据证明担保人恒业公司存在《最高人民法院关于适用〈中华人民共和国担保法〉若干问题的解释》第八条所规定的过错情况下，原判决认定“……恒业公司在主合同为无效合同的情况下仍提供担保，具有过错，应承担相应的民事责任”适用法律不当，应予纠正。恒业公司关于其无过错不应承担民事责任的再审主张成立，法院予以支持。

## 三、裁判结论

依照《中华人民共和国民事诉讼法》第二百零七条第一款、第一百七十条第一款第二项之规定，判决如下：

一、维持广东省高级人民法院（2015）粤高法民二破终字第45号民事判决第一项、第二项、第四项；

二、撤销广东省高级人民法院（2015）粤高法民二破终字第45号民事判决第三项、第五项；

三、驳回中关村证券的其他诉讼请求。

一审案件受理费172741元，由中关村证券负担34548.2元，华宇公司、林某群共同负担138192.8元；二审案件受理费172741元，由中关村证券负担34548.2元，华宇公司、林某群共同负担138192.8元。

## 四、裁判要旨

根据《最高人民法院关于适用〈中华人民共和国担保法〉若干问题的解释》第八条关于“主合同无效而导致担保合同无效，担保人无过错的，担保人不承担民事责任；担保人有过错的，担保人承担民事责任的部分，不应超过债务人不能清偿部分的三分之一”的规定，在此情形下，担保人的责任为过错责任。所谓担保人的过错，通常指担保人明知主合同无效仍为之提供担保，或者明知主合同无效仍促使主合同成立或者为主合同的签订做中介等。在没有证据证明担保人存在明知主合同无效而为之提供担保、促使主合同成立或为合同签订做中介或其他显见的过错的，担保人不承担过错责任。

（合议庭成员：张颖新、钱小红、奚向阳；案号：（2018）最高法民再264号；判决日期：2018年11月30日；案例编写人：张颖新、王鹏；案例审核人：张勇健）

009

## 享有合同解除权的当事人在行使解除权解除合同后有权向违约方主张可得利益损失赔偿

——刘某新、刘某青与学海公司合同纠纷案

### 一、主要案情

2012年2月1日，学海公司通过招拍挂程序获得湖南省长沙市暮云镇工业园伊莱克斯大道以北、芙蓉南路以西的部分土地。

2012年8月4日，学海公司与童某军签订《开发项目内部承包协议》，约定：1. 甲方（学海公司）将位于湖南省长沙市暮云镇工业园伊莱克斯大道以北、芙蓉南路以西占地面积73820平方米的净地面积56449平方米一次性承包给乙方（童某军）进行房地产开发建设和商品房销售经营；2. 承包方式：乙方向甲方交付承包全部价款（现金）后，乙方拥有本地块的开发建设、房地产销售经营权，并采取独立投资承包、自主经营、自负盈亏、独立承担民事责任的承包方式进行房地产经营活动；3. 承包价款由三部分组成：（1）1亿元，其中包括8000万元的现金及2000万元等值的400个地下车位；（2）乙方无偿为甲方建设34300平方米毛坯商品房；（3）乙方无偿为甲方建设150个地下车位；4. 乙方在签订本承包协议后7个工作日内，向甲方第一次支付承包款4000万元，同时甲方用本项目土地在银行办理抵押贷款，甲方收到银行发放的贷款后，乙方向甲方出具借据，向甲方借款4000万元，并承担相应的借款利息和费用，按时归缴本息。此4000万元作为乙方第二次向甲方支付的承包款。承包协议还对车位、毛坯商品房的交付及房产开发等事宜进行了约定。协议签订后，童某军分多次向学海公司支付了共计4000万元的承包款，学海公司于2013年1月至2月以项目土地为抵押向银行贷款共计4000万元。就上述贷款，学海公司与童某军于2013年4月20日签订《补充协议》予以确认，约定：1. 该4000万元贷款作为乙方（童某军）第二次向甲方（学海公司）支付的承包款；2. 乙方应按月支付上述贷款的借款利息和费用，此贷款一年到期时，须甲方负责出面向银行申请续贷或从其他渠道组织资金，乙方保证用本项目销售款优先偿还此贷款本金（息）。

2014年2月21日，学海公司与童某军签订《开发项目内部承包协议补充协议书》，约定：1. 乙方（童某军）同意自2014年1月1日起甲方（学海公司）为乙方办理的银行贷款4000万元，按年利率的12%进行支付，甲方同意乙方自找银行进行贷款，用于归还原乙方4000万元借款；2. 从补充协议签订之日起，乙方同意在每月20日前支付所借贷款利息，逾期按每日千分之一违约金向甲方支付。该协议还对房产开发等事项进行了约定。

2015年8月24日，学海公司与刘某新、刘某青及童某军签订《暮云学海－优品汇项目建设承包人变更协议》，约定：1. 经乙方（童某军）本人与丙方（刘某新、刘某青）沟通，达成共识，并取得甲方（学海公司）认可，由丙方全面接受该项目后续承包建设工作。承包方式与原甲方与乙方签订的承包方式一致；2. 乙方在签订本协议前，应妥善彻底解决和项目有关的一切问题纠纷及债权、债务，并得到丙方认可，同时应将承包人变更事宜告知项目主体建设单位及项目各分项建设承包单位或个人，并得到对方的认可；3. 三方同意，从本协议生效之日起，原乙方承包暮云学海－优品汇项目涉及的权利、义务及承包建设过程中发生的债权、债务一并由丙方接受、承担，与甲方无关。后续承包协议生效后，丙方在承包建设活动中所产生的债权、债务等问题及相关法律责任由丙方承担与甲方无关。

因刘某新、刘某青接手该项目后未能及时妥善处理相关债务问题，造成项目建设主体北山公司向湖南省长沙市岳麓区人民法院起诉。为督促刘某新、刘某青及时妥善处理上述问题，2015年10月21日，学海公司与刘某新、刘某青签订《补充协议》，约定：1. 乙方（刘某新、刘某青）应在

2015年10月25日前与北山公司就法律问题进行充分沟通协商，并妥善处理北山公司在湖南省长沙市岳麓区人民法院的起诉等事宜。且在2015年10月25日前保证北山公司撤销对学海公司的诉讼。2. 乙方应在2015年11月5日前与北山公司、咸嘉公司就债权、债务等问题达成最终解决协议，并在2015年11月5日前向甲方（学海公司）递交双方认可的书面协议。3. 如乙方在以上规定时间内未能解决好与项目有关的一切债权、债务纠纷等问题，则乙方自愿放弃该项目承包权，同时甲方有权使用童某军支付给甲方的4000万元承包金，处理与项目有关且双方认可的一切债务。如果由于乙方原因给甲方造成经济损失和重大影响，甲方有权在解除协议的基础上，要求乙方赔偿一切经济损失。4. 由于童某军的违约和违法行为已经给甲方造成了很大的经济损失和重大的社会影响，作为承接人的乙方应认可甲方之立场和作为受害者之一的事实。乙方同意并配合甲方保留对童某军追究法律责任的权利。

《补充协议》签订后，刘某新、刘某青未能按时协调处理相关的债务问题。2015年10月27日，学海公司委托严明律师事务所向刘某新、刘某青发出《律师函》，通知刘某新、刘某青正式收回变更至刘某新、刘某青名下的暮云学海－优品汇项目建设承包权，并解除与其签订的相关协议。同月29日，刘某新、刘某青进行了签收，且未提出异议。

2015年11月4日，学海公司、刘某新、刘某青与咸嘉公司三方签订《建设工程补充协议》，约定：由于刘某新、刘某青资金不能到位，不能完成原项目的投资建设，刘某新、刘某青要求学海公司支付咸嘉公司工程款，并同意放弃该项目的承包权。

2016年11月20日，案涉土地使用权以股权转让方式被转让，价款为1.92亿元。

本案一审期间，学海公司、刘某新、刘某青共同申请对暮云学海－优品汇项目上的投资原值及现值进行鉴定评估，湖南省长沙市中级人民法院依法委托甲土地房地产估价有限公司湖南分公司进行了鉴定评估，评估结论：评估对象市场价值原值为14526518元，市场价值净值为13537719元。学海公司向湖南省长沙市中级人民法院提交了其单方委托湖南乙房地产评估有限公司出具的该公司2017第03－2001号《房地产咨询估价报告》，评估范围为案涉《开发项目内部承包协议》中童某军承诺交付学海公司的34300平方米毛坯房和150个地下车位的市场价值，估价结果总价为21882.46万元，刘某新、刘某青对该证据的真实性、合法性、关联性均无异议。湖南省长沙市中级人民法院向刘某新、刘某青释明是否提起反诉，并多次召集诉讼双方进行调解，但未果。

2016年1月19日，学海公司向湖南省长沙市中级人民法院提起诉讼，请求：1. 判令刘某新、刘某青立即支付学海公司代付的工程款1810万元、利息616.67万元，共计2426.67万元；2. 本案诉讼费用由刘某新、刘某青承担。2017年1月15日，学海公司申请变更诉讼请求为：1. 判令刘某新、刘某青向学海公司赔偿因合同解除给原告造成的损失7000万元；2. 本案诉讼费用由刘某新、刘某青承担。

2017年6月23日，湖南省长沙市中级人民法院作出（2016）湘01民初121号民事判决，判令：1. 刘某新、刘某青于判决生效之日起10日内向学海公司赔偿损失1400万元；2. 驳回学海公司的其他诉讼请求。学海公司、刘某新、刘某青均不服该判决，向湖南省高级人民法院提起上诉，该院于2017年12月26日作出（2017）湘民终474号民事判决：驳回上诉，维持原判。刘某新、刘某青不服该判决，向最高人民法院申请再审。最高人民法院于2018年5月3日立案后，依法组成合议庭进行了审查。

## 二、裁判理由

本案的争议焦点为：1. 原判决认定案涉《开发项目内部承包协议》解除方式为《中华人民共和国合同法》第九十三条第二款规定的约定解除是否正确；2. 学海公司要求刘某新、刘某青承担赔偿可得利益损失的诉讼请求应否得到支持。

（一）关于原判决认定案涉《开发项目内部承包协议》解除方式为《中华人民共和国合同法》第九十三条第二款规定的约定解除是否正确的问题

根据原审查明的事实，2015年8月24日，学海公司、童某军与刘某新、刘某青签订《暮云学海－优品汇项目建设承包人变更协议》，约定由刘某新、刘某青全面承接原由童某军承包的案涉项目相关权利和义务。2015年10月21日，学海公司与刘某新、刘某青在上述变更协议的基础上另行签订《补充协议》，对刘某新、刘某青应在规定时间内解决好与案涉项目有关的一切债权债务纠纷等问题作出约定，明确如果刘某新、刘某青未能在规定时间内解决好与案涉项目有关的一切债权债务纠纷等问题，刘某新、刘某青自愿放弃对案涉项目的承包权。如果由于刘某新、刘某青方面的原因给学海公司造成经济损失和重大影响，学海公司有权在解除协议的基础上，要求刘某新、刘某青赔偿一切经济损失。从上述协议签订后的履行情况看，刘某新、刘某青未能在规定时间内解决好协议约定的债权债务纠纷等问题，存在违约行为。此亦可以从学海公司、咸嘉公司与刘某新、刘某青签订的《建设工程补充协议》中关于因刘某新、刘某青方面的资金不能到位、不能完成案涉项目投资建设等约定得以佐证。关于《补充协议》内容问题，该协议第3条约定："刘某新、刘某青应在2015年10月25日前与北山公司就法律问题进行充分协商沟通，并妥善处理北山公司在长沙市岳麓区人民法院的起诉等事宜，且在2015年10月25日前保证北山公司撤销对学海公司的诉讼。"从该约定表述上看，应理解为刘某新、刘某青应保证北山公司于2015年10月25日前撤回对学海公司的诉讼，而非刘某新、刘某青所主张的其仅须有保证行为，至于北山公司是否撤回对学海公司的诉讼在所不问。刘某新、刘某青的此项申请再审主张有曲解文义之嫌，法院不予支持。2015年10月27日，学海公司委托律师向刘某新、刘某青发出《律师函》，通知刘某新、刘某青正式收回变更至其名下的案涉项目承包权，并解除与其签订的相关协议，刘某新、刘某青于同月

29日签收该《律师函》。虽然《建设工程补充协议》的签订时间晚于《律师函》的发出时间及刘某新、刘某青签收《律师函》的时间，但在刘某新、刘某青未提交有效证据证实其在收到《律师函》后曾明确提出异议，亦未请求人民法院或者仲裁机构确认解除合同的效力的情形下，原判决认定刘某新、刘某青同意学海公司介入以自有资金偿还咸嘉公司债务之行为，应视为刘某新、刘某青认可其无法在约定期限内解决案涉项目债务问题，故《补充协议》仍发生解除合同的效力，且案涉合同的解除方式为《中华人民共和国合同法》第九十三条第二款规定的约定解除，符合本案实际，无明显不当。

（二）关于学海公司要求刘某新、刘某青承担赔偿可得利益损失的诉讼请求应否得到支持的问题

第一，关于刘某新、刘某青是否存在违约行为的问题。刘某新、刘某青申请再审主张其不存在违约行为，不具有承担违约责任的事实基础。对此，法院认为，首先，从《建设工程补充协议》的约定看，刘某新、刘某青存在因自身资金紧张、不能完成案涉项目建设的行为。其次，根据《暮云学海－优品汇项目建设承包人变更协议》的约定，作为案涉项目承包权利义务的承接人，学海公司与童某军签订的《开发项目内部承包协议》等协议对刘某新、刘某青具有法律拘束力。而《开发项目内部承包协议》第6条第10款约定："学海公司、童某军同意用项目土地抵押贷款，所贷资金使用双方另行协商。"从该协议及相关补充协议内容看，双方当事人并未作出以案涉项目土地抵押所贷款项必须用于该项目的约定，刘某新、刘某青亦未提交有效证据证实学海公司曾作出此方面的承诺。况且，学海公司已将案涉项目贷款所得4000万元作为童某军支付的承包款。因而，刘某新、刘某青主张其因学海公司原因导致无法通过案涉土地项目对外融资，缺乏事实依据。最后，《开发项目内部承包协议》第6条第12款约定："在房产开发过程中，如果通过学海公司的努力减免的相关税费（以报建费为主）童某军应向学海公司支付减免部分的20%作为补偿。"该条

款只是约定如果通过学海公司的努力减免相关税费，该税费应如何分配的问题，从中不能得出学海公司已作出案涉项目必然发生巨额税费减免的承诺，刘某新、刘某青亦未提交有效证据证实学海公司曾作出此方面的承诺。刘某新、刘某青的该项申请再审主张缺乏事实依据，不能成立。从案涉协议履行情况看，刘某新、刘某青未能在规定时间内解决好《补充协议》约定的债权债务纠纷等问题，存在违约行为，原判决对此所作认定具有事实依据。

第二，关于刘某新、刘某青应否赔偿学海公司可得利益损失的问题。《中华人民共和国民法通则》第一百一十五条规定："合同的变更或者解除，不影响当事人要求赔偿损失的权利。"《中华人民共和国合同法》第九十七条规定："合同解除后，尚未履行的，终止履行；已经履行的，根据履行情况和合同性质，当事人可以要求恢复原状、采取其他补救措施，并有权要求赔偿损失。"《中华人民共和国合同法》第一百一十三条第一款规定："当事人一方不履行合同义务或者履行合同义务不符合约定，给对方造成损失的，损失赔偿额应当相当于因违约所造成的损失，包括合同履行后可以获得的利益，但不得超过违反合同一方订立合同时预见到或者应当预见到的因违反合同可能造成的损失。"从上述法律规定可知，当事人一方或双方存在违约行为是合同解除的原因之一，在出现合同约定或法律规定当事人可以行使解除权解除合同的违约行为的情况下，守约方实际上面临两种利益抉择，其一是选择继续履行合同，其二是选择解除合同。而合同解除后必然涉及恢复原状、采取其他补救措施、赔偿损失等问题。可得利益是合同履行后可以获得的利益，是对债务不履行的赔偿，法律规定可得利益的目的主要在于通过加重当事人的违约成本，以期遏制违约行为的发生，督促当事人诚信履约，保护守约方的信赖利益，并弥补守约方因对方违约而造成的实际损失。如在因违约方违约导致合同解除的情况下，将损害赔偿范围仅限定于守约方因对方违约而产生的损失，不将可得利益损失纳入其中，显然将会在一定程度上鼓励甚至纵容当事人违约行为的发生，亦不符合合同法关于赔偿可得利益损失的立法初衷。因而，可以并且应当将可得利益纳入合同解除后的损失赔偿范围，但应以不超过违约方在订立合同时能够预见或应当预见违反合同可能造成的损失为限。本案中，根据《开发项目内部承包协议》的约定，案涉项目承包价款包括三部分，其一为8000万元款项和价值2000万元的车位，其二为童某军无偿为学海公司建设的34300平方米的毛坯房，其三为童某军无偿为学海公司建设的150个地下车位。可见，如《开发项目内部承包协议》得以完全履行完毕，学海公司将可以获得上述收益。作为《开发项目内部承包协议》的当事人，童某军应可预见违反合同可能给学海公司造成的损失，而作为案涉项目承包权利义务承接人的刘某新、刘某青亦应承担由此产生的相应法律后果。故原判决判令刘某新、刘某青向学海公司支付可得利益损失，并无不当。

第三，关于刘某新、刘某青应赔偿学海公司可得利益损失的数额问题。如前所述，如《开发项目内部承包协议》得以完全履行，学海公司将可以获得该协议约定的收益。在《开发项目内部承包协议》未履行完毕，并因刘某新、刘某青违约而解除的情况下，学海公司的可得利益损失客观存在。刘某新、刘某青申请再审主张学海公司没有可得利益损失，有违客观事实。根据本案已查明的事实，在本案一审期间，学海公司向法院提交了其单方委托湖南乙房地产评估有限公司作出的关于案涉34300平方米毛坯房及150个地下车库价值的评估报告，评估结果为以上房产和车位总价为21882.46万元。刘某新、刘某青对该评估报告的三性均无异议。2016年11月20日，案涉土地使用权以股权转让方式被转让，价款为19200万元。原判决根据评估价格、合同约定的承包总价款、股权转让价格，并综合考虑因房地产市场变化所带来的不确定性等因素，酌情认定刘某新、刘某青应赔偿学海公司1400万元的可得利益损失，并无不妥。

## 三、裁判结论

依照《中华人民共和国民事诉讼法》第二百零四条第一款，《最高人

民法院关于适用〈中华人民共和国民事诉讼法〉的解释》第三百九十五条第二款之规定，裁定如下：

驳回刘某新、刘某青的再审申请。

## 四、裁判要旨

1. 可得利益是合同履行后可以获得的利益，是对债务不履行的赔偿，法律规定可得利益的目的主要在于通过加重当事人的违约成本，以期遏制违约行为的发生，督促当事人诚信履约，保护守约方的信赖利益，并弥补守约方因对方违约而造成的实际损失。

2. 享有合同解除权的当事人在行使解除权解除合同后，有权依照《中华人民共和国合同法》第一百一十三条等相关法律规定，向违约方主张可得利益损失赔偿，但赔偿范围应以不超过违约方在订立合同时能够预见或应当预见违反合同可能造成的损失为限。

（合议庭成员：张颖新、奚向阳、钱小红；案号：（2018）最高法民申2258号；裁判日期：2018年6月29日；案例编写人：张颖新、盛强；案例审核人：张勇健）

010

## 当时法律规定必须进行招标的工程项目未进行招标签订的建设工程施工合同，可依新的法规认定为有效

——中建三局与金胤公司等建设工程施工合同纠纷案

### 一、主要案情

建设单位金胤公司对位于广西壮族自治区南宁市青秀区的龙胤·凤凰城小区二期工程项目（其中主体工程为12号、14号、15号、16号、17号五栋）未经公开招投标，直接与中建三局进行议标，并于2009年10月10日签订《建设工程施工合同》。合同约定：金胤公司（甲方）将上述工程发包给中建三局（乙方）承建，工程范围包括龙胤·凤凰城二期施工图纸范围内的土建工程中建筑工程、装饰装修工程（含标准层电梯厅精装修工程）、桩基础工程；龙胤·凤凰城二期园林景观工程；建筑物用地红线范围内的室内、外给水、排水安装工程；施工图纸范围内的防雷安装工程；施工图纸范围内电气安装工程（含穿墙、板的预留洞）；设备基础工程、穿墙、板的洞口预留及预埋管工程；生活给水泵、地下室集水坑的排水泵工程；人工挖孔桩、桩承台及基础梁的土方工程由乙方负责，回填土由乙方负责土方挖、运、填、压。合同工期约定：开工日期暂定2009年11月15日，以甲方工地代表，总监理工程师签发的开工指令为实际开工之日，竣工日期暂定为2011年6月17日，合同总工期不超过580日历天。合同价款约定：工程总价款暂定140633025.5元，工程结算按甲方、乙方及监理单位确认的施工竣工图（含签证、变更）计量，按本合同专用条款第23条约定计算的工程价下浮13%（除养老保险费、规费、文明施工费、安全施工费、环境保护费、税金不下浮外），作为本工程最终结算价。铝合金门窗工程由乙方总包，甲方指定分包单位，给予乙方该部分造价的

5%配合费（不包含分包单位施工的水电费）。质保金约定：工程质量保修金在工程竣工验收合格之日起满二年后，乙方可书面向甲方提出申请，返还预留质量保修金余额的50%；满三年可再申请返保修金余额30%；满四年申请返还保修金余额的10%；满五年可返还剩余保修金额的全部。甲方接到乙方返还保修金的书面申请后，于14个工作日内会同乙方按合同约定的内容进行核实，如无异议，甲方应当在核实后14个工作日内将该返还的保修金返还给乙方，工程质量保修金不计利息等内容。

合同签订后，为合同履行需要，应中建三局申请，某银行东西湖支行于2010年2月4日开立以金胤公司为受益人、金额不超过人民币1000万元整的《建设工程履约保函》（编号201××1），保函约定："（一）我行承诺，如果工程承包人未能履行与贵方签订的上述合同时，我行将在收到贵方法定代表人或授权代理人签字并加盖贵方公章的书面索赔通知和付款凭证后15个银行工作日内，在保函金额内向贵方支付任何数额款项，无须贵方出具证明或陈述理由。……（四）本保函自开立之日起生效，有效期至2013年6月17日（日期）止。"

2009年11月18日，经金胤公司、中建三局甲分公司、城建咨询公司三方审批同意，金胤公司签发开工令，并由中建三局甲分公司进场施工。后经勘察单位、设计单位、施工单位、监理单位、建设单位五方查验，分别于2012年1月13日对12号、17号进行竣工验收；于2012年1月17日对15号、16号进行竣工验收；于2012年3月2日对14号进行竣工验收；于2012年3月31日对地下室进行竣工验收，整体工程竣工验收备案日期为2012年9月12日。工程竣工后，中建三局向金胤公司提交了竣工结算报告及结算资料。2013年3月11日，金胤公司出具《龙胤·凤凰城二期工程造价结算审核结果函》，审定工程造价为147904385.92元（不含铁艺栏杆、铝合金门窗、入户门、防火门分项工程造价），加上铁艺栏杆工程造价1373019.69元，铝合金门窗造价7850383.32元，总计金额为157127788.93元。在庭审中，双方确认中建三局所完成工程量的工程总价款为157127788.93元。双方对金胤公司已经支付的工程款为多少的问题存在争议。金胤公司认为其已经支付133792056.19元，中建三局仅认可收到工程款133492359.1元。

2014年4月28日，中建三局向一审法院提交《司法鉴定申请书》，申请：1. 依照《全国统一建筑安装工程工期定额》等规定对本案工程所需的定额工期进行鉴定；2. 对本案工程应顺延的工期天数进行鉴定。2014年10月23日，一审法院出具（2014）南市司鉴字第37号《评估委托书》，委托永拓公司广西分公司对中建三局申请事项进行鉴定。2015年4月7日，永拓公司广西分公司出具《工期鉴定意见书》，鉴定意见为：“1. 合理工期为1182天，实际施工工期为790天；2. 合理顺延确认工期为48.5天，无法确认的顺延工期事项已在‘鉴定过程’中说明。”

在一审庭审中，一审法院向金胤公司释明，如果法院认定其与中建三局签订的《建设工程施工合同》无效，其是否变更诉讼请求，金胤公司明确表示不变更。

金胤公司向广西壮族自治区南宁市中级人民法院起诉请求：1. 中建三局支付违约金35195860元，中建三局B分公司承担连带清偿责任；2. 建行A支行对违约金中的1000万元承担连带清偿责任；3. 金胤公司主张的违约金与中建三局反诉提出的欠付工程款等额抵销；4. 本案诉讼费由中建三局承担。

中建三局反诉请求：1. 金胤公司支付尚欠的工程余款23835101.91元（包含应返还的工程质保金4713833.67元，质保金为工程结算总额的3%）及利息1072827元（利息从2013年3月11日暂计至2013年12月31日）；2. 金胤公司承担本案诉讼费及相关费用。

一审法院判决：1. 驳回金胤公司所有的诉讼请求；2. 金胤公司支付中建三局工程款22677663.1元；3. 金胤公司支付中建三局工程款的利息（计算方法：以本金22677663.1元计，从2013年3月11日起至判决确定的履行期限最后一日止，按中国人民银行发布的同期同类贷款利率计息）。

本诉案件受理费217779元，由金胤公司负担；反诉案件受理费83170元，由金胤公司负担77000元，中建三局负担6170元；鉴定费85391元，由金胤公司负担。

二审法院判决：1. 撤销一审法院（2014）南市民一初字第2号民事判决；2. 中建三局支付金胤公司违约金23647732.23元；3. 金胤公司支付中建三局尚欠的工程款18906596.16元及利息（利息以本金18906596.16元为基数，从2013年3月11日起至还清之日止，按中国人民银行发布的同期同类贷款利率计算）；4. 金胤公司返还中建三局质保金3771066.94元及利息（利息以本金3771066.94元为基数，从2014年3月3日起至还清之日止，按中国人民银行发布的同期同类贷款利率计算）；5. 驳回金胤公司的其他诉讼请求。本案一审本诉案件受理费217779元，由金胤公司负担108889.5元，中建三局负担108889.5元；反诉案件受理费83170元，由金胤公司负担77000元，中建三局负担6170元；鉴定费85391元，由金胤公司负担42695.5元，中建三局负担42695.5元。二审案件受理费276453.05元，由金胤公司负担138226元，中建三局负担138227.05元。

中建三局申请再审称，请求：1. 撤销二审法院（2016）桂民终272号民事判决；2. 驳回金胤公司的全部诉讼请求并判令金胤公司向中建三局支付工程款23620429.83元及利息；3. 本案诉讼费用由金胤公司负担。最高人民法院于2017年12月26日作出（2017）最高法民申4901号民事裁定，提审本案。依法组成合议庭，开庭进行了审理。

## 二、裁判理由

本案的争议焦点为：1. 案涉《建设工程施工合同》的效力；2. 金胤公司主张的工期延误违约金应否支持。

（一）关于案涉《建设工程施工合同》的效力问题

法院认为，根据《中华人民共和国招标投标法》第三条及原《工程建设项目招标范围和规模标准规定》第三条第五项的规定，商品住宅属于必须进行招标的关系社会公共利益、公众安全的项目。原判决认定案涉项目不属于必须强制招标的工程项目范围的理由为案涉项目系金胤公司以自有资金建设，且采取自主招标方式已获南宁市国家发展和改革委员会批复同意。对此，法院认为，因南宁市国家发展和改革委员会在《关于“龙胤·凤凰城二期”房地产项目核准的批复》中明确：“由项目法人自主决定项目工程是否招投标以及选择何种招标方式”，且该市建设工程招标投标监督管理办公室已对案涉发承包关系进行审核，并在《发承包审核通知书》备案单位处加盖该市“建设工程招标投标监督管理办公室建设工程备案专用章”，体现了当地行政主管部门对案涉发承包关系的认许，故金胤公司邀请中建三局等公司参与项目投标，系依据行政主管部门的行政批复实施，案涉《建设工程施工合同》未经公开招投标程序而签订，不可简单归责于金胤公司。同时法院考虑到，2017 年 2 月 21 日，国务院办公厅《关于促进建筑业持续健康发展的意见》明确提出，“完善招标投标制度。加快修订《工程建设项目招标范围和规模标准规定》，缩小并严格界定必须进行招标的工程建设项目范围，放宽有关规模标准，防止工程建设项目实行招标‘一刀切’。在民间投资的房屋建筑工程中，探索由建设单位自主决定发包方式。”2018 年 3 月 27 日，国家发展和改革委员会关于《必须招标的工程项目规定》第四条规定，不属于该规定第二条、第三条规定情形的关系社会公共利益、公众安全的项目，必须招标的具体范围由国务院发展改革部门会同国务院有关部门按照确有必要、严格限定的原则制订，报国务院批准。其后 2018 年 6 月 6 日，国家发展和改革委员会颁布了《必须招标的基础设施和公用事业项目范围的规定》，进一步明确了不属于《必须招标的工程项目规定》第二条、第三条规定情形的大型基础设施、公用事业等关系社会公共利益、公众安全的项目范围，必须招标的具体范围不包括商品住宅。此情形下，案涉《建设工程施工合同》虽未经公开招投标程序而签订，但该行为的发生已不绝对地损害国家利益或者社会公共利益。参照《最高人民法院关于适用〈中华人民共和国合同法〉若干问题的解释（一）》第三条关于“人民法院确认合同效力时，对合同法实施以前成立的合同，适用当时的法律合同无效而适用合同法合同有效的，则适用合同法”的规定精神，从保护市场交易的安全稳定和诚实信用原则考虑，案涉《建设工程施工合同》现应认定有效。

中建三局还主张，《建设工程施工合同》中580日历天的工期条款因违反行政法规“不得任意压缩合理工期”的强制性规定而无效。对此，法院认为，一方面，定额工期通常依据施工规范、典型工程设计、施工企业的平均水平等多方面因素制定，虽具有合理性，但在实际技术专长、管理水平和施工经验存在差异的情况下，并不能完全准确地反映不同施工企业在不同工程项目的合理工期。另一方面，本案中，中建三局作为大型专业施工企业，基于对自身施工能力及市场等因素的综合考量，经与金胤公司平等协商，在《建设工程施工合同》中约定580日历天的工期条款，系对自身权利的处分，亦为其真实意思表示，在无其他相反证据证明的情况下，不能当然推定金胤公司迫使其压缩合理工期。中建三局的该项再审主张亦缺乏事实依据，不能成立，法院不予支持。

（二）关于金胤公司主张的工期违约金应否支持问题

根据《中华人民共和国合同法》第一百一十四条第二款的规定，当事人约定的违约金过分高于造成的损失的，当事人可以请求人民法院或者仲裁机关予以适当减少，以及根据《最高人民法院关于适用〈中华人民共和国合同法〉若干问题的解释（二）》第二十九条的规定，人民法院应当以实际损失为基础，兼顾合同的履行情况、当事人的过错程度以及预期利益等综合因素，根据公平原则和诚实信用原则予以衡量，并作出裁决。可知，违约金除具备一定的惩罚性外，主要功能在于填补损失。本案中，《建设工程施工合同》专用条款第35.5条约定：“因乙方（中建三局）原因造成工程停工、消极怠工，包括因乙方原因未能按本协议书第3条约定的工期要求完成约定的工作延误在30个日历天以内的，每一天乙方按工程结算总造价的万分之五向甲方（金胤公司）支付违约金；超过30个日历天的，自第31个日历天起，每一天乙方按工程结算总造价的千分之一向甲方支付违约金。”而本案已查明，中建三局共逾期竣工214天，扣除48.5天的合理顺延工期，其实际逾期165.5天。故中建三局应承担相应的违约责任。中建三局主张其不应承担违约金，缺乏事实和法律依据，且与合同约定不符，该项主张不能成立。但综合考量违约金的性质、合同履行情况、当事人的实际损失及过错程度等因素，并结合建筑行业是微利行业的特点，原判决认定违约金30日内每日按工程结算总造价的万分之五计算，30日外每日按工程结算总造价的千分之一计算，违约金总计达工程结算总造价的15.05%。每日千分之一的标准折合年利率达到36.5%，也超过人民法院保护的民间借贷法定利率。原判决关于违约金的认定过高，可予调整。根据公平原则与诚实信用原则，最高人民法院酌定违约金统一按照《建设工程施工合同》专用条款第35.5条约定的每日万分之五的标准计算，即工程结算总造价157127788.93元×0.0005/天×165.5天=13002324.53元。

## 三、裁判结论

依照《中华人民共和国民事诉讼法》第二百零七条第一款、第一百七十条第一款第二项之规定，判决如下：

一、维持广西壮族自治区高级人民法院（2016）桂民终272号民事判决第一项、第三项、第四项；

二、撤销广西壮族自治区高级人民法院（2016）桂民终272号民事判决第二项、第五项；

三、中建三局于本判决生效之日起十五日内支付金胤公司违约金13002324.53元；

四、驳回金胤公司的其他诉讼请求。

## 四、裁判要旨

1.《中华人民共和国招标投标法》第三条及原《工程建设项目招标范

围和规模标准规定》第三条第五项规定，商品住宅属于必须进行招标的关系社会公共利益、公众安全的项目。但根据2018年6月6日国家发展和改革委员会《必须招标的基础设施和公用事业项目范围的规定》，必须招标的具体范围已不包括商品住宅。在此情形下，案涉《建设工程施工合同》虽未经公开招投标程序而签订，但该行为的发生已不绝对地损害国家利益或者社会公共利益。参照《最高人民法院关于适用〈中华人民共和国合同法〉若干问题的解释（一）》第四条的规定，建设工程施工合同应认定有效。

2. 违约金除具备一定惩罚性外，主要功能还在于填补损失。建设工程施工合同纠纷中，违约金是否过分高于实际损失，除要考虑合同履行情况、当事人的实际损失及过错程度等因素外，还要结合建筑行业是微利行业的特点，尽量避免承包人因承担过高违约金导致“倒贴钱”的现象发生。案涉违约金每日千分之一的约定标准折合年利率达到36.5%，既远超建筑业的利润率，也超过司法解释保护的民间借贷法定利率。根据公平原则与诚实信用原则予以调整。

（合议庭成员：张颖新、钱小红、曹刚；案号：（2018）最高法民再163号；判决日期：2018年9月27日；案例编写人：张颖新、王鹏；案例审核人：张勇健）

**011**

# 效力性强制性规定的认定

——雅诚公司与上海康大公司、中山康大公司、柯某翔合同纠纷案

## 一、主要案情

本案争议土地位于广东省中山市三乡镇鸦岗村中心围，面积为332亩。根据广东省高级人民法院1998年10月2日作出的（1995）粤法经二上字第156号生效民事判决，包括上述地块在内的、国有土地使用证为中府国用出字第0025号共442亩土地的土地使用权由上海康大公司享有。

2009年9月18日，上海康大公司、中山康大公司作为甲方与雅诚公司签订《合作协议》约定，甲方拟通过司法拍卖程序转让标的土地的土地使用权，以清偿甲方现有债务。标的土地目前涉及多宗正在进行或尚未终结之诉讼。为使甲方顺利启动公开拍卖程序，乙方愿意为甲方启动土地使用权司法拍卖事宜提供资金、技术支持以及帮助，包括向甲方的债权人收购债权等，促使标的土地进行司法拍卖。协议对合作方式、合作资金、利益分成、资金支付方式、相关税费的支付、违约责任作出明确约定。同日，上海康大公司、中山康大公司向雅诚公司发出付款通知，指令付款给德冉公司。2009年9月24日，雅诚公司向德冉公司转账付款100万元。同日，上海康大公司、中山康大公司向雅诚公司出具确认函，确认雅诚公司汇入德冉公司的100万元已收到。德冉公司向雅诚公司开具收款收据，确认收到100万元。

2010年7月30日，上海康大公司、中山康大公司作为甲方与雅诚公司签订《合作协议之补充协议》，确认乙方已向甲方提供了100万元资金，同时将合作期限延长至2010年12月31日。该协议第15条约定，将《合

作协议》的利益分成条款修改为：如拍卖成交价不足2.49亿元的，乙方必须按此价款支付给甲方；如超出该价款的，超出2.49亿元以上的溢价收益全部归乙方所有。

2010年12月30日，雅诚公司、上海康大公司、中山康大公司签订《合作协议之补充协议二》，约定将合作期限延长至2011年6月30日。

2011年1月30日，雅诚公司与该镇甲集体资产资源经营管理公司签订《债权转让合同》，约定该集体资产资源经营管理公司原受让建设发展公司对上海康大公司的债权本金2592.4万元及其利息，整体作价3750万元再转让给雅诚公司。2011年2月18日，雅诚公司向该镇甲集体资产资源经营管理有限公司转账付款3750万元。

2011年，上海康大公司、中山康大公司作为甲方与雅诚公司签订《合作协议之补充协议三》确认：甲方的债权人之一建设发展公司将其对上海康大公司的债权本金2592.4万元及其利息转让给该镇甲集体资产资源经营管理公司，乙方为促成甲方在《合作协议》下的标的土地的拍卖，与中山市三乡镇集体资产资源经营管理公司签署了《债权转让协议》，以3750万元的价格购买了标的债权。该协议第1条约定，虽然标的债权已过诉讼时效，甲方知晓并认可原债权人建设发展公司将标的债权转让给该镇甲集体资产资源经营管理公司的事实；乙方基于《债权转让协议》对外支付的上述款项实质上为乙方向甲方提供的借款，乙方有权向甲方主张要求偿还该笔借款；上述内容必须以乙方或与乙方相关联的公司参与竞拍标的土地为前提，如乙方或乙方相关联的公司没有参与标的土地的竞拍或由此导致流拍，则新债权与甲方无关。第2条第1项约定，如在2011年6月30日前，标的土地未能启动司法拍卖程序或最终未能成功拍卖（包括但不限于第三人异议、流拍等情形），乙方有权要求甲方立即偿还其根据《债权转让协议》已支付的款项；第2项约定，如标的土地为与乙方无关联关系的其他第三方拍得，乙方有权要求甲方立即偿还其根据《债权转让协议》已支付的款项；第3项约定，如标的土地为乙方或乙方相关联的公司竞得，则甲方无须偿还上述款项。

雅诚公司、上海康大公司、中山康大公司签订的落款时间为2011年6月18日的《合作协议之补充协议四》，约定将合作期限延长至2011年12月31日，并确认标的土地已被中山中院裁定拍卖并委托拍卖公司发布联合拍卖公告进行拍卖，拍卖时间拟定于2011年9月15日。如最终未能成功拍卖，则合作协议自动失效。

2011年9月15日，广东省中山市中级人民法院委托拍卖公司对涉案土地使用权进行拍卖。雅诚公司的全资母公司雅建公司通过公开竞价以4.7432亿元的价格竞得土地使用权。

2011年10月13日，雅诚公司与上海康大公司签署《资金分配方案》约定，鉴于双方签订的《合作协议》《合作协议之补充协议》等文件，现经双方协商，《资金分配方案》如下：1. 成交总价为4.7432亿元。上海康大公司应得2.8220亿元，雅诚公司应得1.9212亿元。2. 应纳企业所得税为6358万元，其中雅诚公司承担70%即4450万元，上海康大公司承担30%即1908万元。3. 双方各自实际应得：雅诚公司为1.9212亿元－4450万元＝1.5亿元，上海康大公司为4.7432亿元－1.5亿元＝3.2432亿元(包含全部债务、税金、其他费用)。

上海康大公司成立于1992年9月16日，注册资金为1500万元，经济性质为国有企业（法人），出资人为上海康达集团和其他投资者，出资额分别为1020万元和480万元，2002年5月13日被吊销营业执照。中山康大公司成立于1993年9月9日，注册资金为5000万元，经济性质为集体所有制企业。根据一审法院（2004）粤高法民一终字第85号民事判决的事实认定，中山康大公司的主管部门为上海康大公司。

1998年7月20日，纺织公司向华申公司作出批复，同意上海康达集团（含康达子公司上海康大公司）全部产权转让给国泰物业公司。1998年7月24日，华申公司作为转让方与海南国泰物业公司签订《产权转让合同》，约定转让方将上海康达集团（含康达子公司上海康大公司）全部产权，以200万元的价格有偿转让给海南国泰物业公司。1998年8月11日，上海康达集团办理企业国有资产注销产权登记手续，注销原因为上海康达集团全部产权转让给海南国泰物业公司。

雅诚公司成立于2007年2月7日，投资者为雅建公司。雅建公司成立于2003年11月6日，系外商独资企业，投资者为STAND POWER INVESTMENTS LIMITED。

海南国泰物业公司的工商登记资料载明，该公司成立于1993年4月17日，企业类型为全民所有制，投资者为奥的斯公司。奥的斯公司工商登记资料记载，该公司成立于1990年12月11日，企业类型为有限责任公司，投资者为奥丽斯装潢公司与奥丽斯装饰公司。奥丽斯装潢公司工商登记资料记载，公司成立于1992年9月12日，企业类型为全民所有制，投资者为和平国旅。奥丽斯装饰公司工商登记资料记载，公司成立于1993年6月25日，企业类型为全民所有制，投资者为奥丽斯装潢公司。和平国旅工商登记资料记载，公司成立于1989年3月24日，企业类型为全民所有制，投资者为外事交流中心。

2014年3月17日，一审法院致函海南省侨务办征询：外事交流中心现状如何，海南省侨务办对该中心有无出资，该中心设立之时的投资人是谁。2014年3月21日，该省侨务办函复一审法院称：外事交流中心已于2005年撤销；外事交流中心于1990年10月4日由海南省机构编制委员会批准成立，为自筹经费事业单位，其各项经费从该中心有偿服务收费中自筹解决，其开办资金以从财政借款、分期还付方式解决。

2014年3月17日，一审法院致函海南省国有资产监督管理委员会征询：海南国泰物业公司是否办理了国有企业产权登记手续，海南国泰物业公司及奥的斯公司、外事交流中心、和平国旅、奥丽斯装潢公司是否为该公司办理了国有企业产权登记手续，如未办理上述登记手续，海南国泰物业公司的产权是否为国有，2014年3月31日，海南省国有资产监督管理委员会以〔2014〕71号函回复原审法院称：经查证海南国泰物业公司及奥的斯公司、和平国旅、奥丽斯装潢公司均未在该委办理国有企业产权登记，亦即这些公司不是海南省政府授权其监管的国有企业或其子企业；外事交流中心现已解散，故未能向其核实海南国泰物业公司的产权问题。

雅诚公司向一审法院提起诉讼请求：1. 依法撤销雅诚公司在重大误解的情况下签订的、内容显失公平的《资金分配方案》。2. 依法判令上海康大公司、中山康大公司立即向雅诚公司支付涉案合同结余款 2.2532 亿元，并返还借款 100 万元。以上两项共计 2.2632 亿元。3. 依法判令上海康大公司、中山康大公司以 2.2632 亿元为基数支付利息（按照中国人民银行同期贷款利率标准，自起诉之日计算至实际付清之日止）。4. 本案诉讼费、保全费由上海康大公司、中山康大公司承担。

一审法院依照《中华人民共和国合同法》第四十四条、国务院《国有资产评估管理办法》第三条、《全民所有制工业企业转换经营机制条例》第十五条的规定，判决：1. 上海康大公司、中山康大公司于判决发生法律效力之日起 10 日内向雅诚公司返还借款 100 万元及其利息（利息自 2009 年 9 月 24 日起按中国人民银行同期同类贷款利率计至实际付清之日止）、购买债权款 3750 万元及其利息（利息自 2011 年 2 月 18 日起按中国人民银行同期同类贷款利率计至实际付清之日止）。2. 驳回雅诚公司的其他诉讼请求。案件受理费 1173400 元，财产保全费 5000 元，共计 1178400 元，由雅诚公司负担 978072 元，上海康大公司、中山康大公司负担 200328 元。

雅诚公司不服提出上诉请求：撤销一审判决，改判支持雅诚公司一审全部诉讼请求，并由上海康大公司与中山康大公司负担本案诉讼费用和保全费用。

## 二、裁判理由

本案的争议焦点为：1. 涉案《合作协议》及其补充协议，以及《资金分配方案》的效力；2. 涉案《资金分配方案》是否存在重大误解或显失公平的情形；3. 本案如何裁判的问题。

（一）涉案《合作协议》及其补充协议的效力

根据工商登记资料显示，海南国泰物业公司及其投资者均为全民所有制企业。即便沿着投资开办关系逐层追溯，各层投资者及被投资企业工商登记资料均显示为全民所有制企业。即使追溯到外事交流中心，该中心也是经海南省机构编制委员会批准成立的自筹经费事业单位，中心开办资金系从财政借款并以分期还付方式解决，运营各项经费则从中心有偿服务收费中自筹解决。从该中心设立方式及核定的单位性质看，在没有相关政策文件明确作出相反界定的情况下，其从事有偿服务所获收益或资金积累亦应作为国有资产予以认定。奥的斯公司、奥丽斯装潢公司、奥丽斯装饰公司以及和平国旅于1999年1月向海南省工商行政管理局内资企业登记处出具的《关于海南省和平国际旅游实业总公司不能作为奥的斯公司主管单位的说明》《承诺书》《关于海南省和平国旅不再作为奥的斯公司主管单位的说明》等文件，虽对奥的斯公司注册登记、经营管理有关情况进行了说明，但前述文件仅为企业事后请求办理企业产权性质和隶属关系等工商信息变更登记时出具的材料。在企业产权性质和隶属关系等工商登记信息并未实际变更，所述情况属实与否亦未经过企业登记主管部门审核确认的情况下，前述材料显然不足以推翻现有工商档案的登记记载。海南省国有资产监督管理委员会〔2014〕71号函，仅表明海南国泰物业公司及奥的斯公司、和平国旅、奥丽斯装潢公司未在该委办理国有企业产权登记，并非海南省政府授权其监管的国有企业或其子企业。但该函并未对前述企业的所有权性质作出界定，也未直接否认前述企业的国有企业性质，所以并不足以推翻现有工商登记资料的记载情况。由此，一审法院认定海南国泰物业公司属于国有企业具有相应的证据支持。海南国泰物业公司受让上海康大公司后没有办理国有企业产权登记手续，但不能由此否认其受让企业因产权关系而决定的国有企业性质。一审法院综合前述情况认定上海康大公司为国有企业，符合本案实际情况。本案当事人关于一审判决认定上海康大公司企业性质错误的意见，依法不予采信。当事人如对前述企业工商登记档案记载的企业产权性质存有异议，依法应当通过其他方式另行解决。

《最高人民法院关于适用〈中华人民共和国合同法〉若干问题的解释（一）》第九条第一款规定："依照合同法第四十四条第二款的规定，法律、行政法规规定合同应当办理批准手续，或者办理批准、登记等手续才生效，在一审法庭辩论终结前当事人仍未办理批准手续的，或者仍未办理批准、登记等手续的，人民法院应当认定该合同未生效；法律、行政法规规定合同应当办理登记手续，但未规定登记后生效的，当事人未办理登记手续不影响合同的效力，合同标的物所有权及其他物权不能转移。"

国务院《国有资产评估管理办法》以及《全民所有制工业企业转换经营机制条例》关于国有企业重大资产转让必须进行评估并办理审批手续的规定，在性质上属于管理性规范而非效力性强制性规范。况且前述文件其实并没有相关资产转让合同须经政府主管部门批准后方才生效的具体规定。一审法院援引前述文件认定上海康大公司对外转让重大资产未经评估审批，涉案《合作协议》及其补充协议以及《资金分配方案》因欠缺国有资产转让合同生效要件而未生效，并进而判令上海康大公司和中山康大公司向雅诚公司返还借款与购买债权款及相应利息，适用法律错误，依法予以纠正。

（二）涉案《资金分配方案》是否存在重大误解或显失公平的情形

从雅诚公司与上海康大公司签订的《资金分配方案》记载情况看，《资金分配方案》是双方根据《合作协议》及系列补充协议相关约定基础上，又经协商确定的拍卖款分配方案。该方案关于双方负担企业所得税比例及相应数额的约定明确清晰，不存在容易引发误解的情形。《资金分配方案》约定各方应得款项比例和数额，总体上不存在有违公平之处。

（三）本案如何裁判的问题

雅诚公司在本案所提诉讼请求，实际上是以撤销《资金分配方案》为基础，主张直接依据《合作协议》及其补充协议约定重新计算分配款项数额并判令予以支付。但是在其关于撤销《资金分配方案》的主张不能支持的情况下，对雅诚公司以此为基础所提重新计付拍卖分配价款的请求，依法亦不能支持。当事人依法应当按照《资金分配方案》的约定继续履行，如因《资金分配方案》履行发生其他争议，依法可以另觅途径解决。

综上，雅诚公司上诉所述部分理由成立，依法予以采信。原审判决认定事实清楚，但适用法律存在错误，依法予以纠正。

## 三、裁判结论

依照《中华人民共和国合同法》第四十四条，《最高人民法院关于适用〈中华人民共和国合同法〉若干问题的解释（一）》第九条，《中华人民共和国民事诉讼法》第一百七十条第一款第二项之规定，判决如下：

一、撤销广东省高级人民法院（2015）粤高法民二重字第3号民事判决；

二、驳回雅诚公司全部诉讼请求。

本案一审案件受理费1173400元、财产保全费5000元，二审案件受理费1173400元，均由雅诚公司负担。

## 四、裁判要旨

判断某项规定属于效力性强制性规定还是管理性强制性规定的根本在于违反该规定的行为是否严重侵害国家、集体和社会公共利益，是否需要国家权力对当事人意思自治行为予以干预。第一，该规定是否明确规定了违反的后果是合同无效，如果规定了违反的后果是导致合同无效，该规定属于效力性强制性规定。第二，法律、行政法规虽然没有规定违反将导致合同无效，但违反该规定如使合同继续有效将损害国家利益和社会公共利益的，也应当认定该规定是效力性强制性规定。国务院《国有资产评估管理办法》以及《全民所有制工业企业转换经营机制条例》规定国有企业重大资产转让必须进行评估并办理审批手续，但没有规定国有企业相关资产转让合同须经政府主管部门批准后方才生效，未经评估审批对外转让国有重大资产也并不必然严重侵害国家、集体和社会公共利益。因此前述规定在性质上属于管理性规范而非效力性强制性规范。上海康大公司对外转让重大资产未经评估审批，不影响涉案《合作协议》及其补充协议以及《资金分配方案》的效力。

（合议庭成员：曹刚、王毓莹、陈宏宇；案号：（2018）最高法民终125号；判决日期：2018年5月29日；案例编写人：高燕竹、华雷；案例审核人：胡夏冰）

012

## 主动债权在超过诉讼时效之前已经符合法定抵销要件的，当事人可主张抵销

——源昌公司与悦信集团委托合同纠纷案

### 一、主要案情

2005年11月18日，悦信公司以承诺人的名义向源昌公司和侯某财出具《承诺函》，主要内容为：悦信公司受源昌公司及侯某财委托，负责办理源昌山庄项目南闽字第2××A号地块开发所需的部队手续，确认截至2005年4月13日，已经陆续收到贵司及阁下支付的委托费用2000万元；承诺于2006年1月28日之前完成委托事项，如不能在2006年1月28日之前完成委托事项的，悦信公司将于2006年2月18日前将全部委托费用2000万元全额退还源昌公司及侯某财。该《承诺函》落款上列明的承诺人为悦信公司，但未加盖悦信公司的公章，洪某松及见证人侯某财、黄某城、黄某三（由黄某城代签）在该函上签字。

2005年，源昌公司与悦信公司协商投资合作事宜，2005年8月15日，悦信公司向源昌公司账户汇入投资款2800万元，后源昌公司于2005年10月26日退还悦信公司投资款800万元。2011年11月29日，悦信公司以其汇到源昌公司账上的2000万元系投资入股源昌公司的投资款为由，向福建省高级人民法院起诉，请求判令源昌公司向悦信公司支付未分配投资权益款151402484元。2012年6月16日，福建省高级人民法院作出（2012）闽民初字第1号民事判决书，驳回了悦信公司的诉讼请求。2012年8月15日，悦信公司因不服该判决提起上诉，后在二审审理期间申请撤回上诉。

2014年6月26日，悦信公司向海南省海口市中级人民法院提起诉讼（案由为企业借贷纠纷），请求源昌公司返还2000万元款项及利息。2014

年12月26日，源昌公司提起反诉，请求：1. 确认源昌公司根据悦信公司出具的《承诺函》享有债权；2. 确认源昌公司有权根据法律规定及悦信公司出具的《承诺函》的约定将源昌公司的债权与债务抵销；3. 确认源昌公司与悦信公司的债权债务已互相抵销；4. 悦信公司承担全部诉讼费用。该院于2015年1月8日裁定不予受理源昌公司的反诉，源昌公司不服该裁定，提起上诉，海南省高级人民法院裁定驳回上诉，维持原裁定。之后，海南省海口市中级人民法院于2015年12月29日作出判决：1. 源昌公司向悦信公司支付2000万元及利息（利息计算方法：以2000万元为本金，以年利率7%为标准，自2011年11月29日起计算至该判决限定履行之日止）；2. 驳回悦信公司的其他诉讼请求。源昌公司不服该判决，上诉至海南省高级人民法院，2016年7月26日，海南省高级人民法院作出判决：驳回上诉，维持原判。

2014年12月31日，源昌公司向悦信公司发出《关于再次通知2000万元债权债务互相抵销的函》，称其将相关款项支付给悦信公司后，因悦信公司未完成委托事项又未另外退还委托费用，要求其对悦信公司享有的2000万元债权与悦信公司对其享有的2000万元款项相互抵销，抵销后，其对悦信公司不再负有债务。悦信公司否认收到该函。因悦信公司未偿还相关款项，源昌公司于2015年4月22日向厦门市中级人民法院提起本案诉讼，该院受理后，悦信公司提出管辖权异议，2015年7月15日，该院作出裁定驳回悦信公司对本案提出的管辖权异议。悦信公司不服该裁定上诉至福建省高级人民法院，该院于2015年12月4日作出（2015）闽民终字第1962号民事裁定书，裁定将本案移送海南省海口市中级人民法院处理。

源昌公司一审诉讼请求：1. 确认悦信公司未按其出具的承诺函在2006年1月28日之前以龙祥公司的名义取得某军区联勤部批转中国人民解放军总后勤部（2003）后营字第3××号文的全部手续及文件（原件）转交给源昌公司构成违约；2. 解除源昌公司、悦信公司之间的办理源昌山庄项目南闽字第2××A号地块开发所需部队手续的委托和2005年11月18日签订的《承诺函》；3. 确认源昌公司对悦信公司享有3400万元及违约金（其中2000万元从2005年4月13日起，1000万元从2005年4月14日起，400万元从2005年4月18日起，均按银行同期贷款利率4倍计算）的债权；4. 确认源昌公司有权将上述债权中的一部分用于等额抵销与原悦信公司之间的金钱债权债务；5. 悦信公司承担本案全部诉讼费用。

海南省海口市中级人民法院一审判决：解除源昌公司、悦信公司之间的办理源昌山庄项目南闽字第2××A号地块开发所需部队手续的委托和2005年11月18日双方签订的《承诺函》；确认源昌公司对悦信公司享有2000万元及违约金（以2000万元为本金，自2014年12月26日起至款项付清之日止，按中国人民银行规定的同期一年期贷款利率标准上浮30%计算）的债权；驳回源昌公司的其他诉讼请求。案件受理费261800元，由源昌公司负担96866元，悦信公司负担164934元。

源昌公司不服一审判决，上诉至海南省高级人民法院，请求：1. 改判一审判决第二项，确认源昌公司对悦信公司享有3400万元及违约金（其中2000万元从2005年4月13日起，1000万元从2005年4月14日起，400万元从2005年4月18日起，均按银行同期贷款利率的4倍计算）的债权；2. 判令悦信公司承担本案全部诉讼费用。悦信公司不服一审判决，上诉至海南省高级人民法院，请求：1. 依法撤销一审判决第一项、第二项，改判驳回源昌公司所有诉讼请求；2. 本案一、二审诉讼费用由源昌公司承担。

海南省高级人民法院二审判决：1. 撤销海南省海口市中级人民法院（2016）琼01民初152号民事判决；2. 驳回源昌公司的诉讼请求。一审案件受理费261800元，悦信公司预交的二审案件受理费164934元，源昌公司预交的二审案件受理费96866元，由源昌公司负担。

源昌公司不服海南省高级人民法院所作的二审判决，向最高人民法院申请再审，最高人民法院于2017年12月27日作出（2017）最高法民申

3368号民事裁定，提审本案，依法组成合议庭，公开开庭审理了本案。

## 二、裁判理由

本案的争议焦点为：1. 源昌公司对悦信公司的债权数额应如何认定；2. 源昌公司请求确认债权是否已超过诉讼时效；3. 源昌公司能否主张与悦信公司债务抵销。

（一）关于源昌公司对悦信公司的债权数额应如何认定的问题

源昌公司就其主张提供的银行转账凭证及汇款说明均显示，悦信公司于2005年4月11日至5月18日收到了源昌公司支付的1905万元。在款项汇出之后的2005年11月18日，悦信公司在《承诺函》中确认，其已陆续收到委托费用2000万元，并承诺如果不能在2006年1月28日前完成委托事项，则于2006年2月18日前将已收取的2000万元委托费用退还给源昌公司及侯某财。源昌公司亦在（2012）闽民初字第1号案及（2014）海中法民二初字第64号案诉讼过程中向法院提交的证据目录中表示，源昌公司通过侯某财、源昌城建公司、明发公司等账户汇款合计1905万元给悦信公司，连同源昌公司支付悦信公司的其他款项，合计共支付2000万元。悦信公司在收到源昌公司支付的2000万元委托费用后，没有完成委托事项，也没有依据《承诺函》退还2000万元委托费用，源昌公司确对悦信公司享有2000万元债权。

（二）关于源昌公司请求确认债权是否已超过诉讼时效的问题

如前所述，源昌公司与悦信公司实际上已经就委托事项如不能完成则悦信公司应在一定期限前退还有关委托费用事宜达成共识，故源昌公司在该期限于2006年2月18日届至时即有权向悦信公司主张权利，诉讼时效亦自此起算。源昌公司主张其在2014年6月26日悦信公司起诉源昌公司后才知道自己权利受到侵害，本案的诉讼时效应从其收到（2014）海中法民二初字第64号案悦信公司起诉状时起算，明显与诉讼时效制度中有关可以确定履行期限的，诉讼时效期间从履行期限届满之日起计算之规定相悖，源昌公司起诉本案确认债权已超过诉讼时效。

（三）关于源昌公司能否主张与悦信公司债务抵销的问题

虽然源昌公司对悦信公司享有的主动债权已超过诉讼时效，但对已经超过诉讼时效的主动债权是否能主张抵销，有赖于对以下问题的分析：一是源昌公司抵销权的形成；二是源昌公司抵销权的行使。

1. 关于源昌公司抵销权形成的问题

（1）就权利形成的积极条件而言，法定抵销权要求双方互负债务，双方债务均已到期，且标的物种类、品质相同。其中，双方债务均已到期之条件当作如下理解：第一，双方债务均已届至履行期即进入得为履行之状态。第二，双方债务各自从履行期届至，到诉讼时效期间届满的时间段，应当存在重合的部分。亦即就诉讼时效在先届满的债权而言，其诉讼时效届满之前，对方的债权当已届至履行期；就诉讼时效在后届满的债权而言，其履行期届至之时，对方债权诉讼时效期间尚未届满。在上述时间段的重合部分，双方债权均处于没有时效抗辩的可履行状态，“双方债务均已到期”之条件即已成就，即使此后抵销权行使之时主动债权已经超过诉讼时效，亦不影响该条件的成立。反之，上述时间段若无重合部分，即一方债权的诉讼时效期间届满时对方之债权尚未进入履行期，则在前债权可履行时，对方可以己方债权尚未进入履行期为由抗辩；在后债权可履行时，对方可以己方债权已过诉讼时效期间为由抗辩。如此，则双方债权并未同时处于无上述抗辩之可履行状态。故可以认定，在审查抵销权形成的积极条件时，当重点考察主动债权的诉讼时效，即主动债权的诉讼时效届满之前，被动债权进入履行期的，当认为满足双方债务均已到期之条件；反之则不得认定该条件已经成就。

本案中源昌公司与悦信公司互负金钱债务。就双方债务均已到期的问题，源昌公司因悦信公司未完成委托事项而对其享有2000万元的债权，2006年2月18日届至履行期；悦信公司对源昌公司享有的债权，依据海南省高级人民法院（2016）琼民终154号判决查明的事实，源昌公司按照

2005 年 11 月 18 日的《股东会议纪要》承诺退还悦信公司 2000 万元，因该纪要并未明确退还时间，故根据《中华人民共和国合同法》第六十二条第四项的规定，悦信公司可随时要求源昌公司退还。由此可认定，在源昌公司对悦信公司 2000 万元债权于 2006 年 2 月 18 日履行期届至，到 2008 年 2 月 17 日诉讼时效期间届满的时间内，悦信公司对源昌公司的 2000 万元债权亦处于可履行之状态，故双方债务均已到期。综上，源昌公司与悦信公司互负到期金钱债务，本案法定抵销权形成的积极条件已经成立。

就权利形成的消极条件而言，《中华人民共和国合同法》第九十九条第一款明确，依照法律规定或者按照合同性质不得抵销的除外。本案双方当事人因委托合同和借款合同互负金钱债务，双方债务并非依据法律规定或者按照合同性质不得抵销之债务。至于超出诉讼时效债权的抵销问题，当属权利形成积极条件中审查的内容，在此不再赘述。

综上，根据《中华人民共和国合同法》第九十九条第一款之规定，在源昌公司对悦信公司享有的 2000 万元委托费用债权之诉讼时效届满前，源昌公司与悦信公司即已互负到期金钱债务，具备法定抵销要件，源昌公司抵销权成立。

2. 关于源昌公司抵销权行使的问题

《中华人民共和国合同法》第九十九条第二款规定了法定抵销权的行使，即“当事人主张抵销的，应当通知对方。通知自到达对方时生效。抵销不得附条件或者附期限”。故可认定，通知仅系法定抵销权的行使方式，抵销权成立后当事人是否及时行使抵销权通知对方，并不影响抵销权的成立。抵销通知亦为单方意思表示，意思表示只要到达对方，无须其同意即可发生抵销的法律后果，作为形成权抵销权的行使不受诉讼时效限制。故而本案中双方互负的 2000 万元债务在（2012）闽民初字第 1 号案中源昌公司将债务抵销的举证证明目的告知悦信公司时即已抵销。此外，因抵销关系之双方均对对方承担债务，在某种程度上对己方之债权具有担保作用，故《中华人民共和国合同法》未对抵销权的行使设置除斥期间，而是规定抵销权人行使抵销权后，对方可以在一定期间内提出异议。但即使如此，抵销权的行使亦不应不合理地迟延。本案中，悦信公司与源昌公司在2005年年末几乎同时发生数额相同的金钱债务。在长达六年的时间里，双方均未提出相应主张。2011年悦信公司向福建省高级人民法院提起（2012）闽民初字第1号公司盈余分配之诉后，源昌公司随即在该案中提出债务抵销之主张，当属在合理期限内主张权利，自难谓其怠于行使抵销权。此外，从实体公平的角度看若以源昌公司诉讼时效届满为由认定其不能行使抵销权，不仅违背抵销权的立法意旨，且有悖于民法之公平原则。综上，源昌公司在另案诉讼中行使抵销权并无不当，双方债权已经抵销。

## 三、裁判结论

依照《中华人民共和国民法通则》第一百三十五条、第一百三十七条，《中华人民共和国合同法》第六十二条第四项、第九十九条，《中华人民共和国民事诉讼法》第二百零七条第一款、第一百七十条第一款第二项之规定，判决如下：

一、撤销海南省高级人民法院（2017）琼民终2号民事判决；

二、撤销海南省海口市中级人民法院（2016）琼01民初152号民事判决；

三、确认源昌公司与悦信公司互负的2000万元到期债务已抵销；

四、驳回源昌公司的其他诉讼请求。

本案一审案件受理费261800元，由源昌公司负担96866元，悦信公司负担164934元；二审案件受理费261800元，由源昌公司负担96866元，悦信公司负担164934元。

本判决为终审判决。

## 四、裁判要旨

1. 双方债务均已到期属于法定抵销权形成的积极条件之一。该条件不仅意味着双方债务均已届至履行期，同时还要求双方债务各自从履行期届至到诉讼时效期间届满的时间段，应当存在重合的部分。在上述时间段的重合部分，双方债权均处于没有时效等抗辩的可履行状态，“双方债务均已到期”之条件即为成就，即使此后抵销权行使之时主动债权已经超过诉讼时效，亦不影响该条件的成立。

2. 因被动债权诉讼时效的抗辩可由当事人自主放弃，故在审查抵销权形成的积极条件时，当重点考察主动债权的诉讼时效，即主动债权的诉讼时效届满之前，被动债权进入履行期的，当认为满足双方债务均已到期之条件；反之则不得认定该条件已经成就。

3. 抵销权的行使不同于抵销权的形成。作为形成权，抵销权的行使不受诉讼时效的限制。我国法律并未对法定抵销权的行使设置除斥期间。在法定抵销权已经有效成立的情况下，如抵销权的行使不存在不合理迟延之情形，综合实体公平及抵销权的担保功能等因素，人民法院应认可抵销的效力。

（合议庭成员：陈宏宇、钱小红、王毓莹；案号：（2018）最高法民再51号；判决日期：2018年5月29日；案例编写人：陈宏宇、谢素恒；案例审核人：张勇健）

**013**

## 委托贷款既非金融借款亦非民间借贷，在现行法律对其法律适用未作明确规定的情况下，可通过分析相关问题是更具有金融借款还是民间借贷的特点，进而确定可参照的规则

——D酒店与甲银行、紫瑞公司、太阳世纪公司、利贞公司借款合同纠纷案

### 一、主要案情

2011年10月18日，甲银行、D酒店及侯某雄签订了《委托贷款合同》（编号：7903201××××176），合同约定侯某雄委托甲银行向D酒店出借人民币壹亿贰仟万元整，借款利率为年利率24%（月利率为2%），借款期限为六个月，借款合同到期日为2012年4月25日；另根据该《委托贷款合同》的约定，如D酒店未能如约足额归还贷款本息的，对逾期贷款加收合同利率上的50%的罚息。为确保上述《委托贷款合同》中贷款债权的实现，甲银行又与利贞公司签订了《土地使用权抵押合同》（合同编号：YD790320112××××601，以下简称《抵押合同》），明确约定利贞公司以其名下位于梅州市梅江区江南彬芳大道1402 0××××292号宗地为前述《委托贷款合同》中D酒店的债务提供抵押担保，并办理了抵押登记。除上述土地使用权抵押担保外，紫瑞公司、太阳世纪公司、黄某、王某、李某分别向侯某雄出具了《借款担保承诺书》（计五份），均明确承诺为《委托贷款合同》中D酒店的债务提供连带责任保证担保。基于上述抵押担保和保证担保，2011年10月25日和26日，甲银行分3笔贷款向D酒店发放了1.2亿元贷款本金。目前，贷款已经到期，但D酒店一直未能如约归还贷款本息债务，并且各保证人也未能承担相应的担保责任，遂成本讼。

案涉借款2011年11月20日之前（含该日）的利息已清偿，之后贷款本息均未偿还。《委托贷款合同》第3.4.2条约定按月付息，付息日为每月20日；第10.2条约定在贷款期内借款人未依约按时支付贷款利息的，贷款人有权加收延付利息的罚息；第10.4条约定借款人未按约定归还贷款本息的，贷款人有权对逾期贷款加收合同利率上的50%的罚息。

甲银行向广东省深圳市中级人民法院提起诉讼，请求：1. 判令甲银行与D酒店和侯某雄所签订的《委托贷款合同》合法有效，D酒店应立即向甲银行偿还借款本金人民币1.2亿元以及相关借款利息及罚息（注：截至2012年6月6日的欠息数额为人民币16237208.73元，2012年6月6日以后的利息按照委托贷款合同的约定计收）。2. 判令甲银行对利贞公司所抵押的财产（位于梅州市梅江区江南彬芳大道14020××××292号宗地）享有抵押权利，甲银行有权以该抵押财产依法优先受偿本案借款债权。在甲银行依法处分抵押财产后，如果抵押财产不足以清偿甲银行在本案中的借款债权，则利贞公司应对甲银行在本案中未获清偿的债权承担连带偿还责任。3. 基于借款担保承诺，判令紫瑞公司、太阳世纪公司、黄某、王某、李某对D酒店在本案中借款债务向甲银行承担连带偿还责任。4. 判令D酒店、利贞公司、紫瑞公司、太阳世纪公司、黄某、王某、李某连带承担本案的全部诉讼费用。

广东省深圳市中级人民法院一审判决：1. 确认甲银行与D酒店及侯某雄所签订的《委托贷款合同》合法有效；2. D酒店应于该判决生效之日起十五日内向甲银行支付贷款本金人民币1.2亿元及其利息、罚息[2011年11月20日之前（包括该日）的利息已还清，贷款期内即从2011年11月21日至2012年4月25日（包括该日）按照贷款利率即年利率24%计算利息，之后按照贷款利率上浮50%计算罚息，《委托贷款合同》约定每月20日支付利息，从2011年12月21日（包括该日）起对延付的利息按照上述罚息利率计算复利]；3. 甲银行有权在上述第二项债权范围内就案涉抵押财产优先受偿，依法处分抵押财产后，抵押财产不足以清偿

D酒店第二项债务的，利贞公司应对未能清偿的债务承担连带清偿责任，利贞公司在承担担保责任后有权向D酒店追偿；4. 紫瑞公司、太阳世纪公司、黄某、王某、李某应对D酒店的上述第二项债务承担连带清偿责任，其清偿后有权向D酒店追偿。本案案件受理费人民币722986.04元，财产保全费人民币5000元，均由D酒店负担，本案其他被告承担连带责任。

D酒店提起上诉，请求：撤销一审判决第二项中有关利息和罚息的判决内容；对本案利息和罚息计算方式均改判为以不超过中国人民银行同期同档次贷款利率计算。利贞公司上诉请求：撤销一审判决第三项，驳回甲银行对利贞公司提出的相关诉讼请求。紫瑞公司上诉请求：改判一审判决第四判项为紫瑞公司无须对D酒店的债务承担连带清偿责任。太阳世纪公司上诉请求：改判一审判决第四判项为太阳世纪公司无须对D酒店的债务承担连带清偿责任。

广东省高级人民法院二审判决：驳回上诉，维持原判。

D酒店申请再审，请求：撤销原判决；撤销一审判决第二项，改判D酒店应于判决生效之日起15日内向甲银行支付贷款本金1.2亿元及总计不超过年利率24%的利息、罚息；甲银行承担本案全部诉讼费用。最高人民法院于2017年11月30日作出（2017）最高法民申4548号民事裁定，提审本案，并依法组成合议庭，开庭审理了本案。

## 二、裁判理由

本案的争议焦点为：1. 本案是否存在超诉请判决的情形；2. 案涉借款利息应当如何认定。

（一）关于本案是否存在超诉请判决的情形问题

D酒店主张，甲银行的诉讼请求不包括支付复利，而原判决认定D酒店应从2011年12月21日（包括该日）起对延付的利息按照罚息利率计算复利，超出甲银行的诉讼请求范围。法院认为，本案《委托贷款合同》

第 10.2 条约定：在贷款期内借款人未依约按时支付贷款利息的，贷款人有权加收延付利息的罚息；第 10.4 条约定：借款人未按约定归还贷款本息的，贷款人有权对逾期贷款加收合同利率上的 50% 的罚息。可见，《委托贷款合同》第 10.2 条、第 10.4 条实际上分别对“延付利息的罚息”即复利和“逾期贷款的罚息”即一般意义上的罚息作出了约定。虽然甲银行相关诉讼请求笼统表述为：“D 酒店应立即向甲银行偿还借款本金人民币 1.2 亿元以及相关借款利息及罚息（注：截至 2012 年 6 月 6 日的欠息数额为人民币 16237208.73 元，2012 年 6 月 6 日以后的利息按照委托贷款合同的约定计收）”，但就 2012 年 6 月 6 日以后的利息按照《委托贷款合同》约定计收之请求而言，其诉讼请求的罚息并未超出《委托贷款合同》第 10.2 条、第 10.4 条的范围。此外，案涉合同约定付息日为每月 20 日，双方亦均认可 2011 年 11 月 20 日前的利息已经清偿，根据合同第 10.2 条的约定，2011 年 12 月 20 日应付而未付的利息应当自次日起计收“延付利息的罚息”亦即复利。甲银行委托诉讼代理人在一审庭审中有关“逾期利息从 2011 年 12 月 21 日开始计息”的主张，亦与合同第 10.2 条计收复利的约定相吻合。综上，原判决将 D 酒店诉讼请求中的罚息理解为“逾期贷款的罚息”和“延付利息的罚息”，并据此作出裁判，不属于超出甲银行诉讼请求范围的情形。D 酒店提出本案存在超诉请判决的情形缺乏理据，法院不予支持。

（二）关于案涉借款利息应当如何认定的问题

根据《贷款通则》第七条第二款的规定，委托贷款系指由政府部门、企事业单位及个人等委托人提供资金，由贷款人（即受托人）根据委托人确定的贷款对象、用途、金额、期限、利率等代为发放、监督使用并协助收回的贷款。贷款人（受托人）只收取手续费，不承担贷款风险。同时，中国人民银行相关规定亦明确，委托贷款属于商业银行中间业务，不构成商业银行表内资产、表内负债，仅形成银行非利息收入。由此可见，委托贷款已经纳入国家金融监管范围，在该法律关系中贷款人是经国家金融监管部门批准设立的从事贷款业务的金融机构，其应履行代为发放、监督使用并协助收回贷款等职责，此与金融借款合同具有类似之处。但同时，委托贷款与民间借贷亦有相通之处。首先，金融机构虽系贷款人但实际上是以受托人身份与借款人发生借款关系，而非自主决定贷款事宜，有关贷款对象、用途、金额、期限、利率等借款合同主要权利义务的确定仍体现了委托人的意志。其次，从权利义务的实际承担来看，亦是委托人而非贷款人享有贷款利息收益等合同主要权利，并实际承担借款人不还款及逾期还款的风险。最后，与金融机构自营贷款中的资金系通过法定方式渠道筹集不同，委托贷款直接来源于委托人的自有资金，此与出借人以自有资金进行民间借贷别无二致。由此可见，委托贷款在不同的方面分别体现出金融借款与民间借贷的特点，在现行法律及司法解释对委托贷款未作明确规定的情况下，可通过分析相关问题是更具有金融借款还是民间借贷的特点，进而确定可参照的规则。现行法律及司法解释未对委托贷款的利率上限作出限制，鉴于委托贷款系由委托人而非作为贷款人的金融机构确定借款利率等合同主要条款并实际收取利息，同时考虑到委托贷款与民间借贷在资金来源相同的基础上亦可推定其资金成本大致等同，人民法院确定委托贷款合同的利率上限时当参照民间借贷的相关规则。

本案中，侯某雄委托甲银行向D酒店发放贷款，属于委托贷款法律关系。贷款人甲银行根据相关司法解释以原告身份提起本案诉讼，并不影响根据民间借贷的相关规则确定案涉委托贷款利率上限。案涉《委托贷款合同》签订于2011年10月18日，甲银行于2011年10月25日、26日向D酒店发放案涉1.2亿元贷款。2015年9月1日《最高人民法院关于审理民间借贷案件适用法律若干问题的规定》（以下简称《民间借贷规定》）施行时本案二审尚未审结，根据最高人民法院《关于认真学习贯彻适用〈最高人民法院关于审理民间借贷案件适用法律若干问题的规定〉的通知》第三条有关“本《规定》施行后，尚未审结的一审、二审、再审案件，适用《规定》施行前的司法解释进行审理，不适用本《规定》”的意见，本案不应参照《民间借贷规定》，而应参照案涉借款发生时有效的《最高人民法院关于人民法院审理借贷案件的若干意见》（以下简称《借贷案件意见》）[①]。《借贷案件意见》第六条规定，民间借贷利率不得超过银行同类贷款利率的四倍。该意见未对出借人是否可以就利息、罚息和复利同时主张及其限额进行限制，但《借贷案件意见》中“同类贷款利率的四倍”与《民间借贷规定》中“年利率24%”的标准均系人民法院在不同时期所确定的民间借贷利率的司法保护上限，具有相同的规范功能。考虑到《民间借贷规定》第二十八条、第三十条确立了利息、复利、罚息等费用并存时年利率24%为司法保护上限的规则，根据《最高人民法院关于适用〈中华人民共和国合同法〉若干问题的解释（二）》第二十九条的规定，对《民间借贷规定》施行前民间借贷中利息、罚息、复利等明显过高且当事人主张适当减少的，对同一时期的利息等费用之和以不超过银行同类贷款利率的四倍为宜，对超出该部分的不予保护。

原判决对甲银行主张的利息及罚息确定为：D酒店应支付贷款期内即从2011年11月21日至2012年4月25日（包括该日）按照年利率24%计算利息、之后按照贷款利息上浮50%即年利率36%计算罚息、自2011年12月21日（包括该日）起对延付的利息按照罚息利率即年利率36%计算复利。据此，本案同一时期的利息、罚息、复利之和已经超出银行同类贷款利率的四倍。2017年7月6日广东省深圳市中级人民法院作出的（2017）粤03执2000号执行裁定，以人民币807133353元为限查封D酒店等财产，虽不排除有执行中计算方面的原因，但与实体判决导致借贷双方利益明显失衡不无关联，原判决着实有违上述《民间借贷规定》的相关规定，应当予以调整。如上所述，本案同一时期的利息、罚息、复利之和已经超出司法保护上限即银行同类贷款利率的四倍，故对其分项处理不具有实质意义。综合考虑合同约定及履行情况，最高人民法院确定上述利息、罚息及复利之和以银行同期同类贷款利率的四倍计算，对超出部分不

① 现已失效。

予保护。D酒店再审请求调整案涉借款利息的主张成立，法院予以支持。

此外，关于D酒店主张将案外人向其收取的融资咨询服务费金额在本案利息范围内进行扣减的问题，法院认为，案外人就案涉贷款收取融资咨询服务费，与本案的委托贷款并非同一法律关系。且D酒店并不能证明侯某雄收取的利息与案外人收取融资咨询服务费均归属于同一主体。因此，对D酒店的该主张，法院不予支持。

## 三、裁判结论

依照《最高人民法院关于适用〈中华人民共和国合同法〉若干问题的解释（二）》第二十九条，《中华人民共和国民事诉讼法》第二百零七条第一款、第一百七十条第一款第二项之规定，判决如下：

一、撤销广东省高级人民法院（2015）粤高法民四终字第170号民事判决；

二、维持广东省深圳市中级人民法院（2012）深中法涉外初字第50号民事判决第一项、第三项、第四项；

三、变更广东省深圳市中级人民法院（2012）深中法涉外初字第50号民事判决第二项为：D酒店应于本判决生效之日起十五日内向甲银行深圳分行支付贷款本金人民币1.2亿元及其利息（利息以1.2亿元为基数，按中国人民银行同期同类贷款利率四倍计算，自2011年11月21日起至清偿之日止）；

四、驳回甲银行深圳分行其他诉讼请求。

如果本案履行义务人未按照本判决指定的期间履行给付金钱义务，应按照《中华人民共和国民事诉讼法》第二百五十三条的规定加倍支付迟延履行期间的债务利息。

本案一审案件受理费722986.04元，财产保全费5000元，由D酒店、紫瑞公司、太阳世纪公司、利贞公司、黄某、王某、李某共同负担509590.23元，由甲银行深圳分行负担218395.81元；二审案件受理费

842209.29元，由D酒店负担35766.98元，紫瑞公司、太阳世纪公司、利贞公司各负担240995.35元，浦东分行负担83456.27元。

本判决为终审判决。

## 四、裁判要旨

1. 委托贷款一方面已纳入国家金融监管范围，由金融机构作为贷款人并履行相应职责，另一方面又因其资金来源等特性与民间借贷存在相通之处，其在不同方面分别体现出金融借款与民间借贷的特点。在现行法律及司法解释对委托贷款未作明确规定的情况下，可通过分析委托贷款所涉及的相关问题是更具有金融借款还是民间借贷的特点，进而确定可参照的规则。鉴于委托贷款系根据委托人的意志确定贷款对象、金额、期限、利率等合同主要条款，且委托人享有贷款利息收益等合同主要权利，同时考虑到委托贷款与民间借贷在资金来源相同的基础上亦可推定其资金成本大致等同，人民法院确定委托贷款合同的利率上限时应当参照民间借贷的相关规则。

2. 《借贷案件意见》中“同类贷款利率的四倍”与《民间借贷规定》中“年利率24%”的标准均系人民法院在不同时期所确定的民间借贷利率的司法保护上限，具有相同的规范功能。考虑到《民间借贷规定》第二十八条、第三十条确立了利息、复利、罚息等费用并存时年利率24%为司法保护上限的规则，根据《最高人民法院关于适用〈中华人民共和国合同法〉若干问题的解释（二）》第二十九条的规定，对《民间借贷规定》施行前民间借贷中利息、罚息、复利等明显过高且当事人主张适当减少的，对同一时期的利息等费用之和以不超过银行同类贷款利率的四倍为宜，对超出该部分的不予保护。

（合议庭成员：陈宏宇、张颖新、王毓莹；案号：（2018）最高法民再54号；判决日期：2018年12月13日；案例编写人：陈宏宇、谢素恒；案例审核人：张勇健）

**014**

## 因发包人原因导致居民阻工影响工程进度，延误的工期应当扣除

——顺天公司与资阳商贸公司建设工程施工合同纠纷案

### 一、主要案情

2011年12月21日，资阳商贸公司作为发包人，与作为承包人的顺天公司签订《建设工程施工合同》，约定：1. 由顺天公司承包A大厦改扩建工程二期新建商住楼的基础、主体、室内外装饰、安装工程（水、电），该商住楼地下1层，地上23层；2. 合同开工时间为2012年2月1日，自开工日起算，总工期为13个月，主体工程竣工时间为10个月，合同工期总日历天数为400天，主体工程竣工310天；3. 双方约定除不可抗力因素外，不作工期调整等。合同签订后，资阳商贸公司又与顺天公司签订了两份《补充协议》，分别将A大厦改扩建工程二期新建商住楼1号、2号栋住宅公共过道，电梯前室地面砖施工以50万元的价格、A大厦改扩建工程二期新建商住楼1号、2号栋连廊土建部分以19万元的价格发包给顺天公司。该两份《补充协议》均约定，合同价款包括安全文明施工措施费、税费等相关一切费用，最终合同价款以社会审计机构审计的结果为准，但在本合同编制说明所包含工程范围内如审计结果超过本合同价款，超出费用则由承包人承担，同时均约定，本协议作为发包人、承包人双方所签订的原合同的补充，其施工工期、质量标准、工程款支付、发（承）包人双方职责、违约、索赔、争议、保修等均按原合同相关条款执行，未尽事宜亦参照原合同。

上述《建设工程施工合同》与《补充协议》签订后，顺天公司组织人员对A大厦改扩建工程二期新建商住楼项目进行施工建设。因A大厦改扩建工程二期新建商住楼1号楼用地与当地居民有所争议，2012年8月22

日下午起，当地居民阻止1号楼施工。2013年3月25日，资阳商贸公司与顺天公司签订《补充协议》，该协议约定，顺天公司负责万寿宫3号楼36户居民产权过户等其他补偿及安置过程中所发生的一切费用。万寿宫36户居民旧楼产权归顺天公司所有，如顺天公司推倒重建要对资阳商贸公司作出适当补偿。顺天公司自行承担在施工过程中造成的停工损失。顺天公司如未能完成1号、2号栋的加层建设及万寿宫36户居民的安置工作，顺天公司向资阳商贸公司承担500万元的经济补偿，同时万寿宫36户居民旧楼归资阳商贸公司所有。

资阳商贸公司与顺天公司签订上述《补充协议》后，顺天公司继续对A大厦改扩建工程二期新建商住楼项目进行施工建设，2014年3月17日，顺天公司对该工程现场签证及增补项目编制了工程预算书，预算造价为12259397.69元。后因案涉工程工期延误，顺天公司未能依约交付案涉工程项目，资阳商贸公司与顺天公司发生纠纷，双方未能协商解决，2015年10月22日，资阳商贸公司与华天公司签订《建设工程施工合同》，将顺天公司未完成的工程量及已完成需要整改部分工程量以6602572.27元的价格发包给华天公司。至2016年12月20日止，A大厦改扩建工程二期新建商住楼项目仍未完成工程竣工验收。庭审中，资阳商贸公司与顺天公司均认可A大厦改扩建二期新建商住楼1号、2号栋已于2015年1月1日实际交付使用。

在一审审理过程中，资阳商贸公司申请对A大厦改扩建工程二期项目工程未完成的工程量进行司法鉴定，顺天公司申请对A大厦改扩建工程二期项目工程现场签证及增补项目所对应的工程款及所耗工期进行司法鉴定。一审法院于2016年4月12日依法委托工程造价师事务所进行司法鉴定，2016年11月7日，工程造价师事务所作出益精造师〔2016〕造鉴字第×4号司法鉴定意见书，鉴定意见为：1. 根据“第一次资料”，A大厦改扩建工程二期新建商住楼项目工程未完成工程量的工程造价为4585548.74元；2. 根据“第二次资料”，A大厦改扩建工程二期新建商住楼项目工程未完成工程量的工程造价为8358721.5元。同日，工程造价师事务所作出益精造师〔2016〕造鉴字第××号司法鉴定意见书，鉴定意见为：1. 银城华天A大厦改扩建工程现场签证及增补项目所对应的工程造价为9463773.07元；2. 银城华天A大厦改扩建工程现场签证及增补项目所耗工期为88天。

另查明，2012年9月3日，益阳市住房和城乡建设局对A大厦改扩建工程（二期）1号、2号、地下室发放了建筑工程施工许可证。该证载明合同开工日期为2012年2月1日，合同竣工日期为2013年3月1日。因顺天公司承建的A大厦改扩建二期工程未取得施工许可证擅自施工，2013年4月2日，益阳市住房和城乡建设局向顺天公司送达了行政处罚告知书。

资阳商贸公司向湖南省益阳市中级人民法院一审起诉请求：1. 判令A大厦二期改扩建工程未完工部分的施工费用835872.15元从合同总价1.18亿元中予以扣除；2. 判令顺天公司按照工程总价0.02%每日向资阳商贸公司支付违约赔偿金2260.88万元（从2013年3月8日起暂计算至2015年10月21日止）。

湖南省益阳市中级人民法院一审判决：1. 确认A大厦二期改扩建工程顺天公司未完工部分的施工费用为4585548.74元，该费用从资阳商贸公司与顺天公司于2011年12月21日签订的《建设工程施工合同》总价1.18亿元（未包含A大厦改扩建工程二期新建商住楼1号、2号栋住宅公共过道，电梯前室地面砖施工工程、连廊土建工程以及变更、增补工程）中予以扣除；2. 顺天公司于判决生效之日起15日内支付资阳商贸公司违约金14763314.66元；3. 驳回资阳商贸公司的其他诉讼请求。案件受理费196638元，由资阳商贸公司负担74722元，顺天公司负担121916元；鉴定费229200元，由资阳商贸公司负担164600元，顺天公司负担64600元。

资阳商贸公司提起上诉，请求判令：1. 撤销一审判决第一项，依法改判A大厦二期改扩建工程未完工部分的施工费用8358721.5元从合同价款

1.18 亿元中予以扣除；2. 诉讼费用由顺天公司承担。顺天公司同时提起上诉，请求判令：1. 撤销一审判决第二项，依法改判顺天公司无须向资阳商贸公司支付违约金；2. 一、二审诉讼费由资阳商贸公司承担。

湖南省高级人民法院二审判决：驳回上诉，维持原判。

顺天公司不服原判决，向最高人民法院申请再审。请求：撤销原判决及一审判决第二项，驳回资阳商贸公司要求顺天公司支付延误工期违约金的诉讼请求，本案全部诉讼费用、鉴定费用等由资阳商贸公司承担。最高人民法院于2018 年9 月27 日作出（2018）最高法民申4019 号民事裁定，提审本案，依法组成合议庭，公开开庭进行了审理。

## 二、裁判理由

本案的争议焦点为：顺天公司是否存在工期延误的情形，如存在则工期延误违约金如何计算。

（一）关于开工日期的问题

法院认为，开工日期的确定要坚持实事求是的原则，以合同约定及施工许可证记载的日期为基础，综合工程的客观实际情况，以最接近实际进场施工的日期作为开工日期。本案双方签订的《建设工程施工合同》约定的开工日期为2012 年2 月1 日，顺天公司提交的经济技术签证资料也能够证明项目自2012 年2 月1 日已经开工，且顺天公司在本案诉讼中对其曾于该日期进场施工亦不否认。故虽然资阳商贸公司取得施工许可证日期为2012 年9 月3 日，但从上述情况看，2012 年2 月1 日应为最接近实际进场施工的日期。顺天公司主张未取得施工许可的施工行为不能视为法律意义上的开工，应以2012 年9 月3 日建设单位取得施工许可证的时间来确定本案的开工日期，该主张与客观事实不符，不应得到支持。至于案涉工程在未取得施工许可证前已经实际施工的问题，属于行政处罚范围，有关行政机关亦对该行为作出了相应的行政处罚决定，该事实不影响最高人民法院对实际开工日期的认定。

（二）关于阻工所耽误的工期及《补充协议》所对应的工程工期是否应当扣除的问题

首先，关于《补充协议》的效力问题。双方于2013年3月25日签订《补充协议》的目的实为顺天公司以负责完成案涉工程的加层建设（包含一切相关费用）以及万寿宫居民3号楼36户居民产权过户等其他补偿安置过程中发生的一切费用为对价，取得万寿宫36户居民旧楼产权。从该协议内容可见，顺天公司和资阳商贸公司对万寿宫36户居民旧楼产权作出了处分。即使认为资阳商贸公司并非该旧楼产权人，无权对该旧楼作出处分，参照《最高人民法院关于审理买卖合同纠纷案件适用法律问题的解释》第三条“当事人一方以出卖人在缔约时对标的物没有所有权或者处分权为由主张合同无效的，人民法院不予支持”的规定。因此，顺天公司提出《补充协议》无效的主张，法院不予支持。

其次，阻工耽误工期的扣除问题。本案中，双方当事人对于施工过程中存在万寿宫居民阻工的事实均无异议。顺天公司主张该事实构成情势变更，所耽误的工期应当顺延；资阳商贸公司则认为案涉《建设工程施工合同》仅约定“除不可抗力因素外，不作工期调整”，该事实不符合不可抗力，工期不应顺延。法院认为，发包人履行必要的协助义务是合同法诚实信用原则的基本要求，通常情况下发包人提供符合正常施工条件的场地亦是其应尽的基本义务。万寿宫居民阻工并非因顺天公司施工不当所致，而是因工程建设项目本身引起的。资阳商贸公司作为发包人，无论是在工程项目开工前还是项目建设过程中，均应妥善处理好施工现场与周围相邻环境的关系，确保施工正常进行。本案因周边居民阻工影响工程施工进度，造成的工期延误显然不可归责于顺天公司。《补充协议》虽有顺天公司“自行承担施工过程中的停工损失”的约定，但此处的停工损失应当指顺天公司因停工造成己方的损失，不应得出顺天公司自愿承担由此造成工期延误违约损失的意思表示。因此，对于万寿宫居民阻工造成的工期延误应当扣除。综合2013年9月3日的《工程联系单》、2013年3月25日的

《补充协议》来看，案涉工程系于2012年8月22日发生阻工，双方亦均认可在《补充协议》签订后一周之内即4月1日之前启动1号楼施工，故自2012年8月22日至2013年3月31日，实际发生阻工时间为222天。同时，根据《工程联系单》《补充协议》及当事人双方在再审庭审中的陈述，可认定万寿宫居民阻工主要影响1号楼的施工进展。综合考虑1号楼和2号楼主体结构和楼层相似，及该两栋楼一并于2015年1月1日交付使用等情况，基于公平原则，最高人民法院酌情认定因阻工应扣除的工期延误天数为111天（222天÷2＝111天）。

最后，关于《补充协议》所涉加层施工工期扣除的问题。双方均承认加层建设项目并不在案涉《建设工程施工合同》的施工范围内，该部分工程的工期也并不包含在案涉《建设工程施工合同》工期中。故顺天公司因加层项目施工产生的工期亦不存在扣除问题。

顺天公司另提出，资阳商贸公司存在未按照双方施工合同约定支付工程款的违约行为，应减轻顺天公司的责任。因本案系资阳商贸公司就顺天公司工期延误主张违约赔偿，顺天公司既未提出反诉，也未在一、二审中就此问题抗辩举证，同时也未在最高人民法院再审中提供证据证明，故对于该主张法院不予支持。

资阳商贸公司另主张，本案系顺天公司在与资阳商贸公司签订执行和解协议后又对原判决申请再审，故不应得到支持。《最高人民法院关于适用〈中华人民共和国民事诉讼法〉的解释》第四百零二条第三项规定："当事人达成和解协议且已履行完毕的，但当事人在和解协议中声明不放弃申请再审权利的除外。"据法院再审查明的事实，资阳商贸公司和顺天公司虽然签订了执行和解协议，但该协议明确约定顺天公司保留对本案申请再审的权利。根据上述司法解释的规定，最高人民法院应对顺天公司的再审申请进行审查。当事人签订执行和解协议的事实，并不影响本案的审查结果。

## 三、裁判结论

依照《中华人民共和国合同法》第一百零七条，《中华人民共和国民事诉讼法》第二百零七条第一款、第一百七十条第一款第二项之规定，判决如下：

一、撤销湖南省高级人民法院（2017）湘民终425号民事判决；

二、维持湖南省益阳市中级人民法院（2015）益法民一初字第21号民事判决第一项；

三、撤销湖南省益阳市中级人民法院（2015）益法民一初字第21号民事判决第三项；

四、变更湖南省益阳市中级人民法院（2015）益法民一初字第21号民事判决第二项为：湖南顺天公司于本判决生效之日起十五日内支付资阳商贸公司违约金11918300.9元；

五、驳回资阳商贸公司的其他诉讼请求。

如果未按本判决指定的期间履行给付金钱义务，应当依照《中华人民共和国民事诉讼法》第二百五十三条之规定，加倍支付迟延履行期间的债务利息。

一审案件受理费196638元，由资阳商贸公司负担94722元，顺天公司负担101916元；鉴定费229200元，由资阳商贸公司负担184600元，顺天公司负担44600元。二审案件受理费180691.05元，由资阳商贸公司负担100311.05元，由顺天公司负担80380元。

本判决为终审判决。

## 四、裁判要旨

1. 开工日期的确定要坚持实事求是的原则，以合同约定及施工许可证记载的日期为基础，综合工程的客观实际情况，以最接近实际进场施工的日期作为开工日期。至于建设工程在未取得施工许可证前已经实际施工的问题，属于行政管理的范围，不影响民事案件中对实际开工日期的认定。

2. 发包人履行必要的协助义务是合同法诚实信用原则的基本要求，通常情况下发包人提供符合正常施工条件的场地亦是其应尽的基本义务。发包人无论是在工程项目开工前还是在项目建设过程中，均应妥善处理好施工现场与周围相邻环境的关系，确保施工正常进行，若因发包人的原因导致周边居民阻工影响工程施工进度，造成的工期延误不可归责于施工人，因阻工耽误的工期应当扣除。

（合议庭成员：陈宏宇、王毓莹、曹刚；案号：（2018）最高法民再442号；判决日期：2018年12月21日；案例编写人：陈宏宇、谢素恒；案例审核人：张勇健）

# （三）公司、证券、保险、票据

015

## “对赌协议”一般应认定有效且“一个自然人只能投资设立一个有限责任公司”应是对初始设立行为的限定

——温某琳、联创投资公司等与平安投资公司股权转让合同纠纷案

### 一、主要案情

2012年8月2日，平安投资公司与温某琳、联创投资公司及联创煤炭公司共同签订编号为20120802的《投资协议》，约定：平安投资公司以现金增资的形式向联创煤炭公司投资4亿元，其中7593.98万元计入联创煤炭公司的注册资本，其余32406.02万元计入联创煤炭公司的资本公积，平安投资公司因此获得联创煤炭公司本次投资后20.2%的股权；温某琳、联创投资公司和联创煤炭公司保证在2015年6月30日之前实现联创煤炭公司上市，且上市时的估值不得低于19.8亿元；温某琳作为联创投资公司和联创煤炭公司的实际控制人，愿意为联创投资公司和联创煤炭公司在本协议项下的全部义务、责任、陈述与保证向平安投资公司承担连带保证责任；任何一方违反本协议或本协议项下任何陈述、保证或承诺导致守约方产生损失，应及时足额予以赔偿。《投资协议》第13条“股权处置”条款还约定如联创煤炭公司未能在2015年6月30日前实现上市，平安投资

公司有权发出书面通知要求联创投资公司收购平安投资公司持有的联创煤炭公司全部股权，联创投资公司应按要求予以收购。2012年8月15日，平安投资公司依约向联创煤炭公司支付了4亿元投资款，履行了《投资协议》约定的投资义务。2012年8月31日，联创煤炭公司经工商变更登记，注册资本由3亿元变更为37593.98万元，股东由联创投资公司持股100%变更为联创投资公司持股79.8%、平安投资公司持股20.2%。在签订上述《投资协议》的同时，为保证该协议的顺利履行和平安投资公司的投资权益，以平安投资公司为质权方、联创投资公司为出质方、联创煤炭公司作为见证方，三方还签订了一份《股权质押合同》，约定联创投资公司将其所持联创煤炭公司79.8%的股权及其派生权益质押给平安投资公司。2012年9月29日，上述股权质押在内蒙古某旗工商行政管理局办理了质押登记手续。

因联创煤炭公司未能在2015年6月30日之前上市，触发了《投资协议》第13条股权处置中的股权回购条款。2016年5月3日，平安投资公司与温某琳、联创投资公司、中誉控股公司、能源投资公司签订《股权回购协议》，约定：温某琳、联创投资公司同意按照投资协议的约定回购平安投资公司持有的联创煤炭公司全部股权；根据投资协议的约定，回购义务方应向平安投资公司支付的收购股权对价为2012年6月30日至2015年6月30日以年均投资回报率10%计算的平安投资公司投资本金和收益之和，再扣除联创煤炭公司已支付给平安投资公司的股利；由于回购义务方未按约定的时间（2015年9月30日）支付股权回购款，应自2015年9月30日起按照每日万分之三的利率加付利息；按照本协议签署之日（2016年5月3日）回购义务方支付全部股权转让款测算，回购义务方回购平安投资公司持有联创煤炭公司的股权对价为529524521.11元，回购义务方需在2016年10月31日前向平安投资公司支付2亿元，余款在2017年6月30日前付清，在回购义务方支付完毕回购款后平安投资公司应积极配合回购义务方进行股权转让，如回购方未能按期支付，则按逾期每日万分之三利率支付利息；中誉控股公司、能源投资公司作为温某琳的关联企业，愿意以各自的全部资产为温某琳、联创投资公司的回购义务承担连带担保保证；本协议发生的争议，如不能通过协商解决，则应向平安投资公司住所地有管辖权的人民法院提起诉讼，所有的诉讼费用及聘请律师费用应由败诉方承担。上述《股权回购协议》签订后，温某琳和联创投资公司未能按约向平安投资公司支付股权回购款，中誉控股公司和能源投资公司也未按约承担相关担保责任。

联创投资公司为温某琳、温某祥于2006年4月12日经工商登记设立的有限责任公司，温某琳持股20%、温某祥持股80%，于2008年5月7日经工商变更登记变更为温某琳持股100%。联创煤炭公司为联创投资公司于2008年5月30日经工商登记设立的一人有限责任公司，平安投资公司增资后，于2013年8月31日经工商变更登记，注册资本由原来的30000万元变更为37593.98万元，股东变更为联创投资公司持股79.8%、平安投资公司持股20.2%。

温某琳、联创投资公司、中誉控股公司、能源投资公司主张其曾于2017年6月30日以特快专递的形式向平安投资公司发出《关于解除〈股权回购协议〉的通知》，该通知称：由于煤炭市场长期处于低迷状态，温某琳一直无履行支付回购款的能力，同时温某琳、联创投资公司希望联创煤炭公司建立现代企业制度，优化股权结构，继续由贵公司以股东身份进行合作，决定不再回购联创煤炭公司20.2%股权，解除《股权回购协议》，相关的担保也一并取消。据此主张案涉的《股权回购协议》已经解除。

此外，平安投资公司为本案诉讼已支付了前期律师费50万元。

平安投资公司向广东省高级人民法院起诉请求：1. 判令温某琳、联创投资公司向平安投资公司支付股权回购款529524521.11元，并支付逾期付款利息；2. 判令中誉控股公司、能源投资公司对温某琳、联创投资公司应付的上述第1项股权回购款及应计逾期利息承担连带担保的付款责任；3.

确认平安投资公司对联创投资公司持有并质押给平安投资公司的联创煤炭公司79.8%股权及其派生权益享有质权，平安投资公司有权依法拍卖、变卖处置该股权及其派生权益，并对所得的价款享有优先受偿的权利；4. 判令四被告共同承担平安投资公司为本案诉讼聘请律师的费用50万元；5. 判令四被告共同承担本案的全部诉讼费用。

广东省高级人民法院作出（2017）粤民初42号民事判决：1. 温某琳、联创投资公司于本判决生效之日起10日内向平安投资公司支付股权回购款529524521.11元，并支付逾期付款利息；2. 温某琳、联创投资公司于本判决生效之日起10日内向平安投资公司赔偿律师费50万元；3. 平安投资公司对联创投资公司持有的联创煤炭公司79.8%股权享有质权；4. 中誉控股公司、能源投资公司对温某琳、联创投资公司应偿还给平安投资公司上述第1项、第2项债务，在平安投资公司先以联创投资公司提供的已质押股权实现债权后，不足清偿部分承担连带清偿责任。中誉控股公司、能源投资公司承担保证责任后有权向温某琳、联创投资公司追偿。

温某琳、联创投资公司、中誉控股公司、能源投资公司不服广东省高级人民法院一审判决，向最高人民法院提起上诉，请求撤销广东省高级人民法院（2017）粤民初42号民事判决，将本案发回重审。

最高人民法院于2018年11月9日立案后，依法组成合议庭进行了审理。

## 二、裁判理由

本案的争议焦点为：1. 平安投资公司支付的4亿元款项的性质；2. 案涉质押权之争议是否应由法院主管，平安投资公司是否有权行使质押权；3. 中誉控股公司应否承担担保责任；4. 案涉《股权回购协议》是否违反《中华人民共和国公司法》第五十八条之规定。

（一）关于平安投资公司支付的4亿元款项的性质问题

温某琳、联创投资公司、中誉控股公司、能源投资公司上诉称平安投资公司支付的4亿元款项应为借款，并非投资款，且一审法院未对平安投资公司款项的合法性、合规性进行审查，属认定事实不清。第一，平安投资公司与温某琳、联创投资公司、联创煤炭公司共同签订的《投资协议》对当事人各方依据投资关系形成的各自权利义务有明确约定，温某琳、联创投资公司作为具有民事行为能力的商事主体，理应对协议性质、收益及风险有充分认知和合理预判；其提出的平安投资公司所支付资金来源的合法性、合规性问题，因未提交任何证据加以证实，亦非属法院依职权应审查范围，故《投资协议》不存在违反法律、行政法规强制性规定的情形，属有效合同。第二，在一审程序中，温某琳、联创投资公司、中誉控股公司、能源投资公司对于平安投资公司已依约履行4亿元投资义务的事实表示承认，其在二审程序中提出与原承认事项不一致的主张，但未提供证据证明其承认行为是在受胁迫或重大误解情况下作出的，亦无证据证明平安投资公司支付的4亿元款项为借款。因此，温某琳、联创投资公司、中誉控股公司、能源投资公司的上述主张无事实及法律依据，法院不予支持。

（二）关于案涉质押权之争议是否应由法院主管，平安投资公司是否有权行使质押权

第一，行使质押权为平安投资公司的诉讼请求之一，针对该项诉请，温某琳、联创投资公司、中誉控股公司、能源投资公司均未在一审程序中对人民法院受理本案并就质押权行使问题做出的处理提出异议，应视为放弃仲裁条款，接受人民法院的管辖。一审法院受理本案并未违反相关法律规定。第二，根据法院查明的事实，为保证《投资协议》的顺利履行和平安投资公司的投资权益，以平安投资公司为质权方、联创投资公司为出质方、联创煤炭公司为见证方，三方签订了《股权质押合同》，约定联创投资公司将其所持联创煤炭公司79.8%股权及其派生权益质押给平安投资公司并依法办理了质押登记手续。该《股权质押合同》系基于双方当事人真实意思表示，且已办理质押登记，据此平安投资公司享有相应质押权。按照《股权质押合同》约定，在出质方即联创投资公司违反《投资协议》

的情况下，平安投资公司即可行使质押权。本案中，由于联创投资公司未按《投资协议》的约定收购股权，一审法院支持平安投资公司依约行使质押权并无不妥。

（三）关于中誉控股公司应否承担担保责任

中誉控股公司上诉主张其为股东温某琳提供担保需出具《股东会决议》后，担保责任才能成立生效。根据本案查明的事实，平安投资公司与温某琳、联创投资公司、中誉控股公司、能源投资公司签订了编号为20160401的《股权回购协议》，其第3条“声明与承诺”第1项明确约定：“各方拥有签署本协议和履行其项下义务的全部必要的权力和职权。各方对本协议的签署、交付和履行都得到了所有必要的合法授权。”据此，应可认定平安投资公司已经履行了相应的审查注意义务。中誉控股公司的上述主张不能成立。

（四）关于案涉《股权回购协议》是否违反《中华人民共和国公司法》第五十八条之规定

《中华人民共和国公司法》第五十八条规定：“一个自然人只能投资设立一个一人有限责任公司。该一人有限责任公司不能投资设立新的一人有限责任公司。”上述规定系针对公司设立行为，意在避免自然人利用设立一人公司的权利，滥用公司有限责任制度。本案中，温某琳、联创投资公司如依照《股权回购协议》受让平安投资公司持有联创煤炭公司的股权，虽可能导致联创投资公司、联创煤炭公司实际上均为温某琳的一人公司，但其并非基于原始设立行为，而是依法履行合同义务的结果，且可通过将联创投资公司或联创煤炭公司的部分股份转让给他人，或将上述两公司合并等方式加以调整，从而符合《中华人民共和国公司法》第五十八条的规定。因此，温某琳、联创投资公司、中誉控股公司、能源投资公司的该项主张没有法律依据，法院不予支持。

## 三、裁判结论

依照《中华人民共和国民事诉讼法》第一百七十条第一款第一项之规

定，判决如下：

驳回上诉，维持原判。

二审案件受理费2764222元，由温某琳、联创投资公司、中誉控股公司、能源投资公司负担。

## 四、裁判要旨

1. “对赌协议”的效力及履行。“对赌协议”一般是指投资人在投资时与被投资方及关联方约定用期权的形式对投资人未来利益进行保护，约定在相应预定条件达成或未达成的情况下，投资方有权依约重新调整自己的投资回报及其方式。2019年11月14日，最高人民法院发布的《全国法院民商事审判工作会议纪要》规定，实践中俗称的“对赌协议”，又称估值调整协议，是指投资方与融资方在达成股权性融资协议时，为解决交易双方对目标公司未来发展的不确定性、信息不对称以及代理成本而设计的包含了股权回购、金钱补偿等对未来目标公司的估值进行调整的协议。“对赌协议”使投资人的利益得到了最大的保护，看上去不用承担任何投资风险，但这正是在商业时代融资方得以快速获得大额投资应承担的代价。其根源在于目标公司未来盈利能力的不确定性，目的是尽可能实现投资交易的合理和公平。其中，投资方与目标公司的股东或实际控制人之间的“对赌协议”，在符合《中华人民共和国合同法》规定的基础上，因不会损害股东及债权人的利益，亦不会构成对公司资本维持原则的违反，故并不违背《中华人民共和国公司法》的强制性规定，应为有效并支持实际履行。上述观点，已经由《全国法院民商事审判工作会议纪要》所确定。而投资方与目标公司之间的“对赌协议”，实践中对此认识不一，《全国法院民商事审判工作会议纪要》对此亦作出了明确规定，在不存在法定无效事由的情况下，一方当事人仅以存在股权回购或者金钱约定为由，主张协议无效的，人民法院不予支持。与此同时，对于投资方提出的履行合同请求，人民法院应审查是否符合公司法关于“股东不得抽逃出资”或者股份回购的强制性规定。

2. 自然人一人有限责任公司的设立和限制。《中华人民共和国公司法》第五十七条规定："……本法所称一人有限责任公司，是指只有一个自然人股东或者一个法人股东的有限责任公司。"一人有限责任公司的股东以其出资为限对公司债务承担有限责任，公司以其全部资产对公司债务独立承担责任。根据股东的性质，可以分为自然人一人公司、法人一人公司和国有独资公司；根据产生方式可以分为初始一人公司和嗣后一人公司。一人有限责任公司具有股东唯一性、责任有限性的特征。在有限责任制度的保护下，大大降低了投资者的投资风险，同时因股东权利的绝对性，容易使公司财产有名无实，不利于对债权人的保护。《中华人民共和国公司法》第五十八条规定："一个自然人只能投资设立一个一人有限责任公司，该一人有限责任公司不能投资设立新的一人有限责任公司。"正是在当前社会征信体系尚不完善的情况下，对避免资信情况相对隐蔽的自然人利用设立一人公司的权利，滥用公司有限责任制度所作的限制。但本条针对的是公司设立行为，如非基于原始设立行为，而是在公司设立后由于股权转让等依法履行合同义务的情形导致全部股权归于一人，因在此情形下可以通过其他变通形式确保符合《中华人民共和国公司法》相关规定，且作为履行合同义务主体，亦不应据此限制性规定而获益并损害权利人合法权益，故不宜认定股权转让等原因行为违反《中华人民共和国公司法》第五十八条的相关规定。

（合议庭成员：张勇健、陈宏宇、王毓莹；案号：（2018）最高法民终1291号；判决日期：2018年12月27日；案例编写人：张鑫萌；案例审核人：张勇健）

# （四）侵权责任纠纷

**016**

## 申请保全错误赔偿责任应综合申请人主观过错、行为客观不法性等方面认定

——顾地公司与X国际银行诉中财产保全损害责任纠纷案

### 一、主要案情

2014年3月28日，顾地公司与X国际银行A分行签订《综合授信额度合同》（编号：GRZ13129），约定X国际银行A分行向顾地公司发放授信贷款5500万元，额度有效期限为2014年3月28日至2015年3月27日，贷款年利率为7.2%。伟雄集团以其坐落于广东省顺德市容桂镇卫红居委会环安路×号的房产及该房产相应的土地使用权为顾地公司所欠债务提供抵押担保，该房产建筑面积27792.90平方米，用途为工业，评估现值8026.03万元。伟雄集团、正野公司、CHAO QUN GRACE LIN（林某群）、CHAO MING LIN（林某明）、KEVIN HUA LIN（林某华）、AARON CHANG SHENG LIN（林某盛）为贷款的偿还提供全责连带保证。

2015年8月21日，X国际银行A分行以贷款本金35803200元及相应利息、罚息等仍未偿还为由，向广东省珠海市中级人民法院起诉顾地公司、伟雄集团、正野公司、CHAO QUN GRACE LIN、CHAO MING LIN、KEVIN HUA LIN、AARON CHANG SHENG LIN，请求：顾地公司偿还贷款35803200

元及相应利息、罚息、复利、实现债权的费用；判决处理伟雄公司提供的抵押物，以所得价款优先偿还上述债务；判决正野公司、CHAO QUN GRACE LIN、CHAO MING LIN、KEVIN HUA LIN、AARON CHANG SHENG LIN 承担连带保证，案号为（2015）珠中法民四初字第35号。X国际银行A分行在提起该案诉讼的同时，申请对顾地公司、伟雄集团的财产予以查封、扣押、冻结等诉讼保全，保全的金额以3700万元为限。X国际银行A分行提供了以下可供保全的财产情况：1. 顾地公司开户于下列银行账户的存款：（1）中国建设银行顺德桂洲支行（账户号码：440016673480530××××8）；（2）广东顺德农村商业银行容桂容奇支行（账户号码：166188000××××6）；（3）中国银行顺德容桂支行（账户号码：6782577××××7）；（4）中信银行佛山分行（账户号码：74470001826000××××1）；（5）九江银行广州分行营业部（账户号码：5870101001003××××3）；（6）南昌银行广州珠江新城支行（账户号码：0209000109××××7）；（7）中国工商银行佛山容桂支行（账户号码：20130129090245××××4）；（8）平安银行佛山容桂支行（账户号码：110068353××××2）；（9）交通银行佛山分行营业部（账户号码：4462670000120140××××1）；（10）招商银行佛山分行季华支行（账户号码：7579003157××××9）；（11）X国际银行A分行（账户号码：80171000000××××7）。2. 伟雄集团名下的位于顺德区容桂街道办事处卫红社区居民委员会环安路×号的房产（房地产权证号：006××××5）。3. 顾地公司持有的顾地科技公司的股票142146800股（证券代码：002694、证券名称：顾地科技）及其依照《顾地公司2014年度权益分派实施公告》应得的分红款。X国际银行A分行向珠海市中级人民法院出具《诉讼保全承诺函》，同意以自有资产担保对因保全错误所造成被保全人的财产损失承担赔偿责任。

珠海市中级人民法院于2015年8月26日作出（2015）珠中法民四初字第35号民事裁定：1. 冻结顾地公司开户于下列银行账户的存款：（1）中国建设银行顺德桂洲支行（账户号码：440016673480530××××8）；

（2）广东顺德农村商业银行容桂容奇支行（账户号码：166188000×××6）；（3）中国银行顺德容桂支行（账户号码：6782577××××7）；（4）中信银行佛山分行（账户号码：74470001826000××××1）；（5）九江银行广州分行营业部（账户号码：5870101001003××××3）；（6）南昌银行广州珠江新城支行（账户号码：0209000109××××7）；（7）中国工商银行佛山容桂支行（账户号码：20130129090245××××4）；（8）平安银行佛山容桂支行（账户号码：11006835 3××××2）；（9）交通银行佛山分行营业部（账户号码：4462670000120140××××1）；（10）招商银行佛山分行季华支行（账户号码：7579003157××××9）；（11）X国际银行A分行（账户号码：80171000000××××7）。2. 查封伟雄集团名下的位于顺德区容桂街道办事处卫红社区居民委员会环安路×号的房产（房地产权证号：006×××5）。3. 冻结顾地公司持有顾地科技公司的股票142146800股（证券代码：002694、证券名称：顾地科技）及其孳息（依照《顾地科技股份有限公司2014年度权益分派实施公告》应得的分红款）。上述财产的查封、冻结金额以3700万元为限。上述财产在查封、冻结期间，禁止转让、抵押或以其他方式处分。

前述银行账户实际冻结金额为264404.74元。根据顾地公司提交的广东南粤房地产与土地评估有限公司于2014年3月25日作出的《房地产抵押估价报告》[粤评房（佛）字第201403000107号]，伟雄集团名下的位于顺德区容桂街道办事处卫红社区居民委员会环安路×号建筑面积合计27792.9平方米、土地面积为7725.9平方米的工业房地产抵押价值估价为80413200元。根据顾地科技公司董事会于2015年8月13日发布的《顾地科技股份有限公司关于控股股东股权司法冻结的公告》，显示截至公告日顾地公司持有该公司股票142146800股，累计质押冻结142071420股。

2015年9月6日，顾地公司以X国际银行A分行过度行使权利且实际保全的财产金额已经远超过其诉讼请求、伟雄集团已提供了抵押担保为由向珠海市中级人民法院提出财产保全复议，请求：1. 撤销（2015）珠中法民四初字第35号民事裁定书第1项、第3项；2. 责令X国际银行A分行承担由于申请错误造成顾地公司的经济损失。2015年9月7日，案外人华兴银行B分行作为顾地公司持有的顾地科技公司960万股股票的质权人，以实际保全的财产金额已经远超过诉讼请求、伟雄集团已提供了抵押担保为由，向珠海市中级人民法院提出财产保全复议，请求解除对顾地公司持有的顾地科技公司142146800股股票中的9600000股及其孳息的冻结。2015年9月14日，X国际银行A分行向该院提交解封申请书，称鉴于顾地公司及案外人华兴银行B分行对（2015）珠中法民四初字第35号民事裁定书提出财产保全复议，决定请求解除对伟雄集团名下的位于顺德区容桂街道办事处卫红社区居民委员会环安路×号的房产的查封。珠海市中级人民法院于2015年9月16日作出（2015）珠中法民四初字第35号之一民事裁定，裁定解除对前述房产的查封后，对前述银行账户、股票及其孳息的冻结金额仍以3700万元为限。针对顾地公司、华兴银行B分行的财产保全复议申请，珠海市中级人民法院还于2015年9月17日分别作出（2015）珠中法民四初字第35号之二、之三民事裁定，认为前述银行账户、股票及其孳息的冻结金额未超过X国际银行A分行的诉讼请求金额，伟雄集团以前述房产作为《综合授信额度合同》项下授信业务所形成的一系列债务的抵押担保，并非《中华人民共和国民事诉讼法》第一百零四条中所规定的财产保全的被申请人在人民法院保全财产后提供财产保全担保的情形，裁定驳回顾地公司、案外人华兴银行B分行对（2015）珠中法民四初字第35号民事裁定书提出的财产保全复议。

在（2015）珠中法民四初字第35号案的审理过程中，案件当事人X国际银行A分行、顾地公司、伟雄集团、正野公司、CHAO QUN GRACE LIN（林某群）、CHAO MING LIN（林某明）、KEVIN HUA LIN（林某华）、AARON CHANG SHENG LIN（林某盛）以及案外担保人邱某娟、松本公司于2015年12月22日自愿达成和解协议。2015年12月25日，X国际银行A分行以达成和解协议为由向珠海市中级人民法院申请撤销对CHAO QUN

GRACE LIN、CHAO MING LIN、KEVIN HUA LIN、AARON CHANG SHENG LIN的起诉。据此，珠海市中级人民法院于2015年12月28日作出（2015）珠中法民四初字第35号民事调解书。2015年9月14日，X国际银行A分行向珠海市中级人民法院提交解封申请书，珠海市中级人民法院于2016年1月5日作出（2015）珠中法民四初字第35号之四民事裁定书，裁定解除对前述账户存款、股票及其孳息的冻结。

关于控股股东股权司法冻结的公告（第2015－068号）载明：2015年8月11日，公司收到中国证券登记结算有限责任公司深圳分公司下发的《股份冻结数据（2015年8月11日）》，广州市越秀区人民法院于2015年8月10日对公司控股股东顾地公司持有公司的首发前机构类限售股8052128股进行司法冻结，期限为2015年8月10日至2018年8月9日。截至本公告日，顾地公司持有本公司142146800股份，占公司总股本的41.13%，累计质押冻结142071420股，占公司总股本的41.11%，占其持有本公司股份的99.95%。本次司法冻结8052128股，占公司总股本的2.33%，占其持有本公司股份的5.66%。

关于控股股东股权司法冻结及司法轮候冻结的公告（第2015－079号）载明：顾地科技公司于2015年8月28日、8月31日分别收到中国证券登记结算有限责任公司深圳分公司下发的《股份冻结数据（2015年8月27日）》《司法轮候冻结数据（2015年8月27日）》《股份冻结数据（2015年8月28日）》《司法轮候冻结数据（2015年8月28日）》，知悉珠海市中级人民法院于2015年8月27日、8月28日对公司控股股东顾地公司持有公司的股份进行司法冻结及司法轮候冻结，一审法院于2015年8月28日对顾地公司持有公司的股份进行司法轮候冻结，具体如下：1. 司法冻结情况：（1）司法冻结机关：珠海市中级人民法院（2015珠中法执保字第72号），司法冻结数量：92094672股，冻结期限：2015年8月27日至2018年8月26日；（2）司法冻结机关：珠海市中级人民法院（2015珠法执字第72号），司法冻结数量：42000000股，冻结期限：2015年8月

28日至2018年8月26日。2. 司法轮候冻结情况：（1）司法轮候冻结机关：珠海市中级人民法院（2015珠法执字第72号），司法轮候冻结数量：8052128股，司法轮候冻结期限：36个月，委托日期：2015年8月27日；（2）司法轮候冻结机关：一审法院［（2015）粤高法立保字第20号］，司法轮候冻结数量：100146800股，司法轮候冻结期限：36个月，委托日期：2015年8月28日；（3）司法轮候冻结机关：一审法院［（2015）粤高法立保字第22号］，司法轮候冻结数量：100146800股，司法轮候冻结期限：36个月，委托日期：2015年8月28日。截至本公告日，顾地公司持有本公司142146800股，占公司总股本的41.13%，累计质押冻结142071420股，占公司总股本41.11%，占其持有本公司股本的99.95%；累计司法冻结142146800股，占公司总股本41.13%，占持有本公司股份100%；累计司法轮候冻结208345728股。

顾地公司向广东省高级人民提起诉讼，请求：1. X国际银行A分行向顾地公司赔偿经济损失共计521769686.57元，包括：投资补偿金及费用损失478296700元，罚息、违约金及复利损失43472986.57元；2. X国际银行A分行、X国际银行共同赔偿第1项请求的经济损失；3. X国际银行A分行和X国际银行在《中国证券报》《证券时报》《佛山日报》《珠江商报》、新浪网、搜狐网、网易网等公开媒体向顾地公司赔礼道歉，消除不良影响；4. 本案诉讼费由X国际银行A分行和X国际银行承担。

广东省高级人民法院于2017年8月21日作出（2016）粤民初18号民事判决，驳回顾地公司的诉讼请求。案件受理费2650649.08元由顾地公司负担。

顾地公司不服广东省高级人民法院作出的一审判决，向最高人民法院提起上诉。上诉请求：1. 撤销一审法院（2016）粤民初18号民事判决；2. 判令X国际银行A分行向顾地公司赔偿经济损失共计47829670元（按全部投资补偿金及费用损失的10%计算）；3. 判令X国际银行对X国际银行A分行上述赔偿责任承担连带责任；4. 判令X国际银行A分行、X国际银行在《中国证券报》《证券时报》《佛山日报》《珠江商报》、新浪网、搜狐网、网易网等公开媒体登报消除不良影响；5. 本案一、二审诉讼费由X国际银行A分行、X国际银行承担。

最高人民法院于2018年1月15日立案后，依法组成合议庭，开庭进行了审理。

## 二、裁判理由

本案的争议焦点为：X国际银行A分行、X国际银行应否承担申请保全错误赔偿责任。

（一）关于X国际银行A分行申请保全是否存在过错问题

法院认为，人民法院对于可能因当事人一方的行为或其他原因，使判决难以执行或者造成当事人其他损害的案件，根据对方当事人的申请，可以裁定对其财产进行保全。但申请有错误的，申请人应当赔偿被申请人因保全所遭受的损失。《中华人民共和国民事诉讼法》第一百零五条规定的申请保全错误赔偿责任为一般侵权责任。根据《中华人民共和国侵权责任法》第六条第一款关于“行为人因过错侵害他人民事权益，应当承担侵权责任”的规定，申请人承担损害责任在构成要件上须有过错。关于申请人过错的认定，应从当事人的主观过错、行为客观不法性等方面，结合案件事实综合判断。从主观方面看，申请人一般应尽到合理、谨慎的注意义务，达到一般合理人标准，无故意或重大过失。从客观方面看，申请人的财产保全申请应有基本的事实依据与法律依据，对其诉讼请求有相应的证据予以支持，不能有显而易见的不法性。根据本案已查明的事实，法院认为现有证据尚不能证明X国际银行A分行申请保全存在故意或重大过失的主观过错。

首先，X国际银行A分行向珠海市中级人民法院提交《诉讼保全申请书》载明，其请求事项为：“申请对被申请人一、二财产予以查封、扣押、冻结等诉讼保全。申请人此次申请保全的金额以人民币3700万元整为限。”同时，X 国际银行 A 分行向人民法院提交了其所了解到的被申请人的财产情况，即顾地公司开设的相关银行账户、伟雄集团位于顺德区容桂街道办事处卫红社区居民委员会环安路×号的房产和顾地公司持有的顾地科技公司的股票、分红款。而从 X 国际银行 A 分行与顾地公司、伟雄集团、正野公司等就金融借款合同纠纷所达成的《和解协议书》内容看，各方确认顾地公司尚欠 X 国际银行 A 分行贷款本金 3580 余万元及相应的利息、罚息及复利等。故 X 国际银行 A 分行请求在 3700 万元限额内对顾地公司等财产进行诉讼财产保全具有法律依据与正当性。X 国际银行 A 分行以保全金额 3700 万元为限提出申请，尽到了合理的注意义务，不构成恶意滥用财产保全权利的主观故意。

其次，本案诉讼财产保全源于 X 国际银行 A 分行的申请，人民法院经审查后裁定对顾地公司等被申请人的财产进行保全。2015 年 9 月 6 日，顾地公司向珠海市中级人民法院提出财产保全复议申请后，X 国际银行 A 分行同意解除对案涉房产的查封，仍保留股票及银行账户的相应查封措施。最高人民法院认为，X 国际银行 A 分行虽对伟雄集团提供的坐落于顺德区容桂街道办事处卫红社区居民委员会环安路×号房产享有抵押权，但根据《中华人民共和国民事诉讼法》第一百条、第一百零二条的相关规定，并不禁止抵押权人为实现债权而向人民法院申请财产保全，也不禁止查封抵押财产之外的其他与案件有关的财产。一审判决认为不动产的变现本身存在一定市场风险，且现行法律并未禁止享有抵押权的债权人申请财产保全的认定并无不当。

最后，从珠海市中级人民法院最终查封的财产种类及数额看，银行存款共计 26 余万元，股票共计 142146800 股，上述查封、冻结的金额以人民币 3700 万元为限。顾地公司上诉主张股票市值已达 12 亿余元，远超 X 国际银行 A 分行申请查封的 3700 万元，X 国际银行 A 分行滥用财产保全制度，存在明显主观恶意。最高人民法院认为，虽然案涉股票总价值远超出 3700 万元，但存在 99.95% 股份已经质押的客观事实，剩余可供支配的市值并不明确。且X国际银行A分行申请财产保全时虽提供了股票信息，但具体查封冻结范围系由受理人民法院依法审查并作出裁定。在X国际银行A分行申请财产保全明确保全金额以3700万元为限的情形下，顾地公司关于X国际银行A分行通过查封正处于转让交割关键时期的股票，以此向顾地公司施压实现不当意图存在主观恶意与过错的上诉主张，依据不足，最高人民法院不予支持。

（二）关于顾地公司主张的赔偿损失47829670元及在公开媒体登报消除不良影响是否成立的问题

承前所述，在不能认定X国际银行A分行的申请财产保全具有过错的情况下，其不应承担损害赔偿责任。且损害结果与侵权行为之间存在因果关系是行为人对该损害结果或不法事态负民事责任的必备条件之一。对于错误申请财产保全造成的损害赔偿，仅存在错误申请财产保全以及损害结果并不足以使申请人承担赔偿责任，顾地公司还应当证明错误申请财产保全与损害结果之间具有因果关系。最高人民法院认为，一审判决认定该因果关系不成立并无不当。从本案已查明的事实看，德力西公司、邢某亚、涌瑞公司与顾地公司股权转让纠纷所涉《民事起诉状》内容表明，相关当事人主张的违约事实发生于珠海市中级人民法院对顾地公司股票采取保全措施之前，上述受让人提起诉讼的理由并非案涉股票被珠海市中级人民法院查封。同时顾地公司也无其他充分证据证明其主张损失的产生与X国际银行A分行的财产保全申请有法律上的因果关系，故顾地公司关于X国际银行A分行、X国际银行赔偿其经济损失47829670元及在公开媒体消除不良影响的上诉请求均不能成立，法院不予支持。

## 三、裁判结论

顾地公司的上诉请求不能成立，应予驳回；一审判决认定事实清楚，适用法律正确，应予维持。依照《中华人民共和国民事诉讼法》第一百七十条第一款第一项之规定，判决如下：

驳回上诉，维持原判。

## 四、裁判要旨

《中华人民共和国民事诉讼法》第一百零五条规定的申请保全错误赔偿责任为一般侵权责任。申请人承担损害责任的前提是有过错。关于申请人过错的认定，应从当事人的主观过错、行为客观不法性等方面，结合案件事实综合判断。从主观方面看，申请人一般应尽到合理、谨慎的注意义务，达到一般合理人标准，无故意或重大过失。从客观方面看，申请人的财产保全申请应有基本的事实依据与法律依据，对其诉讼请求有相应的证据予以支持，不能有显而易见的不法性。

（合议庭成员：张颖新、钱小红、奚向阳；案号：（2018）最高法民终81号；判决日期：2018年6月29日；案例编写人：张颖新、王鹏；案例审核人：张勇健）

017

## 银行工作人员私刻公章签订合同进行犯罪，受害人主张银行承担赔偿责任的，人民法院应予受理

——招行A分行与工行B支行财产损害赔偿纠纷管辖权异议案

### 一、主要案情

2015年9月2日，工行B支行向湖北省应城市公安局报案称：犯罪嫌疑人陈某元伙同张某林伪造工行C分行和工行B支行公章，出具相关书面文件，从事非法活动，其行为已构成伪造印章罪。

2015年10月19日，招行A分行向湖北省应城市公安局提交一份《刑事报案书》举报犯罪嫌疑人融升公司、张某林，载明报案人招商银行佛山分行于2013年10月21日起息叙做了一笔信托受益权买入返售业务（即招行A分行以远期回购方工行B支行出具的远期回购信托受益权《承诺函》为前提，买入2亿元本金的信托受益权），业务审批编号为佛山第201××× 7号，该笔业务将于2015年10月19日到期。佛山分行在业务临近到期前组织回访核查，发现重大异常情况，借款人融升公司存在不能如期兑付风险，且融升公司明确声称已无法清偿全部本金2亿元及剩余利息。另外，远期回购行工行B支行否认业务真实性，故融升公司和张某林涉嫌共同实施骗取贷款犯罪。

2016年9月，湖北省应城市人民检察院以陈某元、殷某明、张某林、杨某、陈某军、孙某峰六名被告人涉嫌骗取贷款罪，以鄂应城检刑诉〔2016〕147号起诉书向湖北省应城市人民法院提起公诉。2017年，湖北省应城市人民检察院作出鄂应城检刑变诉〔2017〕1号变更起诉决定书，追加融升公司为被告人。

2017年8月28日，湖北省应城市人民法院作出168号刑事判决，查

明与本案相关的如下犯罪事实：2013年上半年，被告单位融升公司因投资建设“双氧水项目”急需资金，该公司法定代表人即被告人陈某元联系到被告人殷某明、汇银财富公司D分公司经理被告人孙海峰以及该公司投融资总监被告人杨某，要求其等帮助融升公司融资，陈某元还找到工行B支行的被告人张某林，被告人一伙商议好采取以工行B支行“兜底担保”的方式去取得贷款。在此期间，陈某元安排被告人陈某军私刻了工行B支行及行长杨某泰的印章；殷某明私刻了工行C分行的印章，伪造工行C分行的《授权书》《证明》《授信审批书》等文件，孙海峰还对融升公司贷款申请的尽职调查报告进行了虚增产值的修改，孙海峰将上述文件转发给杨某。2013年10月18日，陈某元安排陈某军及其公司的女清洁工，伙同张某林、杨某等人在工行B支行张某林所盗用的办公室内，向招行A分行来核保面签的职员出具了工行C分行《授权书》《证明》《授信审批书》，并使用虚假的工行B支行印章和该支行行长杨某泰的印章，出具伪造的工行B支行《承诺函》等证明文件，取得招行A分行的信任。随后，招行A分行通过粤财公司向被告单位融升公司发放了2亿元的信托贷款，时间为2013年10月21日至2015年10月19日。2015年12月3日，粤财公司向广州市中级人民法院提起民事诉讼，请求判令融升公司清偿信托贷款本金2亿元及利息、罚息、复利。2016年12月2日，广东省广州市中级人民法院作出2464号民事判决，判决融升公司在该判决书生效之日起10日内向粤财公司清偿借款本金2亿元、利息1166666.67元及罚息、复利。该判决书已发生法律效力。168号刑事判决根据相关法律规定，认为：1. 被告单位湖北融升公司以及六被告人具有骗取贷款的主观故意，在直接骗取招行A分行或粤财公司巨额资金侵害其对2亿元资金及利息的所有权的同时，还严重侵害了国家金融管理秩序，符合侵害了《中华人民共和国刑法》第一百七十五条之一的骗取贷款罪的客体。2. （1）粤财公司向融升公司发放的2亿元信托贷款并非该公司自有资金，其对2亿元信托贷款本息不享有所有权，粤财公司向融升公司发放的2亿元信托贷款资金来源于信托财产（实际上由招行A分行出资），粤财公司向融升公司发放的2亿元信托贷款本金及收取的利息，应属于信托财产，而不属于粤财公司固有财产。(2) 招行A分行作为信托计划受益人，有权要求粤财公司向其支付信托利益，即信托贷款本息。2464号民事判决关于融升公司向粤财公司清偿2亿元信托贷款本金及利息的判决无论在客观事实上还是在法律关系上都具有“通道性”（即融升公司通过粤财公司向招行A分行还本付息）与“阶段性”（即粤财公司收到融升公司的还款短暂过渡拥有后即按约定支付给招行A分行）的本质特征。粤财公司仍负有向招行A分行支付信托利益的义务，该2亿元信托贷款本金及利息最终仍属于招行A分行所有。(3) 融升公司与粤财公司签订《信托贷款合同》系融升公司骗取金融机构贷款的一个重要犯罪环节。融升公司与粤财公司签订《信托贷款合同》的目的是获得从金融机构骗取的贷款，至于《信托贷款合同》各方意思表示是否真实、各方加盖的印章是否真实均不能改变融升公司等被告人涉嫌骗取金融机构（招行A分行）贷款的犯罪事实。综上所述，广州中院2464号民事判决所涉标的与本案所查明赃款属同一款项，该民事判决书所述2亿元资金即为本案赃款。工行B支行的《承诺函》与本案造成的损失具有刑法上的因果关系。本案的受害人形式上为粤财公司，而实质上属招行A分行。3. 根据本案犯罪事实以及《中华人民共和国刑法》第三十六条、第六十四条之规定，本案的被告单位融升公司等被告人依法应当退赔的赃款就是2464号民事判决书所涉款项，两者实质上是同一款项，该款项的最终权利人均为招行A分行，融升公司等被告人负责退赔赃款不会导致融升公司分别向粤财公司和招行A分行支付2亿元贷款本金及利息的情形。因此，在刑事判决中依法明确由融升公司等被告人负责通过粤财公司向招行A分行退赔信托贷款本金2亿元及利息符合法律规定……最后判决如下：“……八、本案赃款人民币2亿元及利息应当予以追缴。鉴于广东省广州市中级人民法院2464号民事判决书已经发生法律效力，该民事判决书依法未能执行的部分，被告单位融升公司依法退赔给招行A分行……”

陈某元、张某林、杨某、陈某军、孙某峰因不服上述168号刑事判决，上诉到湖北省孝感市中级人民法院。湖北省孝感市中级人民法院于2017年11月24日作出（2017）鄂09刑终250号刑事裁定：驳回上诉，维持原判。

招行A分行向广东省佛山市中级人民法院起诉称，工行B支行违反《承诺函》的承诺，导致招行A分行产生巨额财产损失，故要求工行B支行承担相应的赔偿责任，请求判令工行B支行立即向招行A分行赔偿损失20112万元及利息损失（利息损失以2亿元为基数，按日万分之五计算，从2015年10月20日起计到工行B支行实际付清欠款之日止，现暂计至2017年7月19日为6350万元），并负担全部诉讼费用。工行B支行在提交答辩状期间对本案管辖权提出异议，认为本案为刑事案件，并非经济纠纷，且佛山市中级人民法院没有管辖权，请求驳回招行A分行的起诉，并将本案直接移送湖北省应城市公安、检察、审判机关依法处理。后该院一审作出（2017）粤06民初168号民事裁定，驳回工行B支行对本案管辖权提出的异议。

工行B支行不服一审裁定，向广东省高级人民法院提出上诉，请求：撤销一审裁定，驳回招行A分行的起诉，将本案直接移送湖北省应城市公安、检察、审判机关依刑事法律规定处理，或将本案作为民事案件移送湖北省高级人民法院管辖。

广东省高级人民法院二审作出（2017）粤民辖终855号民事裁定：撤销一审裁定，驳回招行A分行的起诉。

## 二、裁判理由

本案的争议焦点为：1. 本案是否属于人民法院受理民事诉讼的范围；2. 佛山市中级人民法院对本案是否享有管辖权。

### （一）关于本案是否属于人民法院受理民事诉讼范围的问题

招行A分行在本案中主张工行B支行违反《承诺函》承诺，导致其遭受损失，要求工行B支行就财产损害赔偿承担侵权责任。经查，招行A分行提出的2亿余元损失，与168号刑事判决中的被告人融升公司、陈某元、张某林等通过私刻工行C分行公章、伪造工行C分行的《授权书》《证明》《授信审批书》，使用虚假的工行B支行的公章及时任该支行行长杨某泰的私章、伪造工行B支行的《承诺函》等文件，骗取招行A分行通过粤财公司发放的信托贷款2亿元，确系同一笔款项。尽管如此，法院认为该刑事判决并不影响招行A分行提起本案诉讼，本案属于人民法院受理民事诉讼的范围。

第一，人民法院受理民事案件系处理平等主体之间的人身关系和财产关系。招行A分行提起本案诉讼，要求工行B支行就财产损害赔偿承担侵权责任，为请求人民法院处理平等主体之间的财产关系。第二，《最高人民法院关于在审理经济纠纷案件中涉及经济犯罪嫌疑若干问题的规定》第五条第二款规定："行为人私刻单位公章或者擅自使用单位公章、业务介绍信、盖有公章的空白合同书以签订经济合同的方法进行的犯罪行为，单位有明显过错，且该过错行为与被害人的经济损失之间具有因果关系的，单位对该犯罪行为所造成的经济损失，依法应当承担赔偿责任。"可见，被伪造公章的单位虽非犯罪主体，但如对伪造公章的犯罪行为存在明显过错且该过错行为与经济损失具有因果关系的，仍须承担赔偿责任。而应否承担责任属于实体审理范畴，不影响权利人提起民事诉讼主张权利。案涉落款为工行B支行的《承诺函》等材料系另案刑事被告人张某林即工行B支行工作人员伙同他人伪造，招行A分行主张工行B支行承担赔偿责任，符合前述规定中提起民事诉讼的原告主体资格，至于工行B支行是否应承担赔偿责任则应通过实体审理后认定。第三，工行B支行并非168号刑事案件的被告人，其与招行A分行之间不存在刑事法律关系中所涉及的追缴、退赔等情形。法律及司法解释针对被告人追缴、退赔所占有、处置的被害人财产之规定并不排斥本案作为民事案件予以受理。第四，虽然广州市中级人民法院2464号民事判决判令融升公司清偿粤财公司本金2亿元及利息、罚息、复利，168 号刑事案件判决前述判项未能执行的部分由融升公司退赔招行 A 分行，但该两个案件处理的并非工行 B 支行和招行 A 分行之间的民事权利义务关系，本案招行 A 分行的诉讼请求也没有实质上否定该两个案件的裁判结果，本案不存在重复处理。综上，法院认为本案属于人民法院受理民事诉讼的范围。

（二）关于佛山市中级人民法院对本案是否享有管辖权的问题

《中华人民共和国民事诉讼法》第二十八条规定：“因侵权行为提起的诉讼，由侵权行为地或者被告住所地人民法院管辖。”招行 A 分行在本案中主张其遭受的损失为工行 B 支行违反《承诺函》承诺所致，并明确要求工行 B 支行就财产损害赔偿承担侵权责任，故本案为招行 A 分行因侵权行为提起的诉讼，适用侵权行为地或被告住所地法院管辖原则。《最高人民法院关于适用〈中华人民共和国民事诉讼法〉的解释》第二十四条规定：“民事诉讼法第二十八条规定的侵权行为地，包括侵权行为实施地、侵权结果发生地。”招行 A 分行主张工行 B 支行违反《承诺函》造成其资金损失，一审法院将遭受直接损失的招行 A 分行所在地认定为侵权结果发生地，并无明显不当。招行 A 分行所在地为广东省佛山市南海区，一审法院佛山市中级人民法院作为侵权行为地人民法院，依法对本案享有管辖权。

## 三、裁判结论

依照《中华人民共和国民事诉讼法》第二百零七条第一款、第一百七十条第一款第二项、第一百七十一条之规定，裁定如下：

一、撤销广东省高级人民法院（2017）粤民辖终 855 号民事裁定；

二、维持广东省佛山市中级人民法院（2017）粤 06 民初 168 号民事裁定。

本裁定为终审裁定。

## 四、裁判要旨

行为人私刻单位公章或者擅自使用单位公章、业务介绍信、盖有公章的空白合同书，以签订经济合同的方法进行犯罪行为的，被伪造公章的单位虽非犯罪主体，但如对公章被伪造等事实的发生存在明显过错，且该过错与经济损失具有因果关系的，仍应承担赔偿责任。受害人具有对相关单位主张权利的主体资格，其提起民事诉讼主张赔偿的，人民法院应予受理。相关单位应否承担责任属实体审理范畴，其责任认定不影响案件受理。

（合议庭成员：陈宏宇、王毓莹、曹刚；案号：（2018）最高法民再313号；裁定日期：2018年11月15日；案例编写人：陈宏宇、谢素恒；案例审核人：张勇健）

# （五）执行异议之诉

018

## 消费者购房人主张执行异议之诉的法律适用

——恒冠公司与王某、尚源居公司案外人执行异议之诉纠纷案

### 一、主要案情

2014年4月14日，王某与尚源居公司签订《商品房预约合同》一份，约定王某向尚源居公司认购尚源居大厦2单元2××1号房，房屋总价款为535705元。合同签订当日，王某向尚源居公司支付购房款535705元。

王某名下登记有位于广西壮族自治区北海市公园路39号京都花园内一处房屋［房产证号：北房权证（2009）字第00×××5号］和位于北海市湖海路56号银祥公寓内一处房屋［房产证号：北房权证（2015）字第03×××4号］。

恒冠公司因工程进度款的支付问题与尚源居公司产生纠纷，后恒冠公司向该市仲裁委员会提起仲裁申请，市仲裁委员会受理该案后，于2015年9月21日委托北海市海城区人民法院对尚源居公司价值5511.12万元的财产进行保全，海城区人民法院于2015年9月22日向北海市房地产交易中心发文预查封包括案涉房屋在内的142套房产。2016年5月6日，市仲裁委员会作出北仲调字（2015）第186号调解书，明确：尚源居公司尚欠恒冠公司工程款本金3443万元，双方同意按照月利率2%计算逾期付款利

息，截至2016年4月15日，应付利息为1895.23万元，本息合计5338.23万元，因逾期支付，尚源居公司应以5338.23万元为本金，按照月利率2%计算，向恒冠公司支付利息，利息支付至付清全部款项为止。同日，市仲裁委员会作出北仲裁字（2015）第186号裁决书，裁决恒冠公司对尚源居公司应付的3443万元尚源大厦工程款享有优先受偿权。后因尚源居公司未履行上述生效法律文书确定的义务，恒冠公司向北海市中级人民法院申请强制执行。在该案执行过程中，王某以法院查封的案涉房屋系其合法购买为由，提出执行异议，北海中院经审查认为，因案外人王某名下已有其他用于居住的房屋，不符合《最高人民法院关于人民法院办理执行异议和复议案件若干问题的规定》（以下简称《执行异议和复议规定》）第二十九条要求异议人应符合“所购商品房系用于居住且买受人名下无其他用于居住的房屋”的条件，故异议理由不能成立，遂作出（2016）桂05执异136号执行裁定书，裁定驳回其异议请求。

王某向一审法院起诉请求：1. 撤销广西壮族自治区北海市中级人民法院（以下简称北海中院）（2016）桂05执异136号执行裁定，排除执行位于北海市西南大道以北、湖南路以东尚源大厦2单元2××1号房并解除对上述房屋的查封；2. 尚源居公司协助王某将位于北海市西南大道以北、湖南路以东尚源大厦2单元2501号房转移至王某名下，转移登记产生的费用按照法律规定各自承担；3. 恒冠公司承担本案诉讼费用。

一审法院判决：驳回王某的诉讼请求。

王某不服一审判决，上诉请求：1. 撤销一审判决；2. 改判支持其诉讼请求，即不得执行案涉房屋、确认案涉房屋的买卖合同有效、恒冠公司对案涉房屋享有的工程价款优先受偿权不得对抗王某、解除对案涉房屋的查封。

二审法院判决：撤销一审判决；本案不得执行尚源大厦2单元2501号商品房。

恒冠公司向最高人民法院再审请求：请求最高人民法院撤销二审判

决；改判驳回王某的诉讼请求；一、二审诉讼费由王某承担。最高人民法院于2018年10月17日作出（2018）最高法民申1993号民事裁定，提审本案，并依法组成合议庭，开庭审理了本案。

## 二、裁判理由

本案的争议焦点为：王某对案涉房屋是否享有排除强制执行的民事权益。

（一）对本案争议问题的判断如何适用法律

在我国现有民事法律的程序设计中，执行异议是执行异议之诉的前置程序，二者是相互衔接的。前者属于强制执行过程中的救济程序，后者属于民事诉讼的实体审理程序。《执行异议和复议规定》适用于执行异议和复议程序，基于执行阶段效率优先、兼顾公平的价值考量，该规定确立了以形式审查为主的原则的同时，还规定了实质审查为辅的部分条款。虽然执行异议之诉和执行异议程序性质上的差异决定了审查标准本应有不同，但鉴于二者均具有审查案外人对执行标的是否享有足以排除强制执行的民事权益的功能，故《执行异议和复议规定》中属于实质审查的条款，可以作为执行异议之诉案件审理的参照。《执行异议和复议规定》第二十八条、第二十九条均规定了在金钱债权执行中，不动产买受人对登记在被执行人名下的房屋提出异议时如何进行审查的规则，该两条即属于实质审查条款，可以作为本案执行异议之诉审理的参照。

《执行异议和复议规定》第二十九条规定："金钱债权执行中，买受人对登记在被执行的房地产开发企业名下的商品房提出异议，符合下列情形且其权利能够排除执行的，人民法院应予支持：（一）在人民法院查封之前已签订合法有效的书面买卖合同；（二）所购商品房系用于居住且买受人名下无其他用于居住的房屋；（三）支付的价款超过合同约定总价款的百分之五十。"该条规定基于对消费者生存权这一价值的维护，赋予消费者对买受房屋的物权期待权以排除执行的效力，即便申请执行人对该房屋享有建设工程价款优先受偿权、担保物权等权利，法律也应更优先保护消费者的物权期待权。《执行异议和复议规定》第二十八条亦规定了在金钱债权执行中，买受人对登记在被执行人名下的不动产提出异议，获得人民法院支持所要满足的四个要件，但该条规定仅能对抗对被执行人享有普通债权的债权人。从法律逻辑上看，房屋买受人若要排除普通债权的执行，既可以选择适用《执行异议和复议规定》第二十八条，也可以选择适用第二十九条，但房屋买受人若要排除建设工程价款优先受偿权、担保物权等权利的强制执行，则必须符合《执行异议和复议规定》第二十九条的规定。就本案而言，王某作为购房者，其对抗的是恒冠公司的建设工程价款优先受偿权，故本案应适用《执行异议和复议规定》第二十九条规定来判断王某对案涉房屋是否享有排除强制执行的民事权益。

2002年施行的《最高人民法院关于建设工程优先受偿权问题的批复》第二条规定："消费者交付购买商品房的全部或者大部分款项后，承包人就该商品房享有的工程价款优先受偿权不得对抗买受人。"虽然该条亦规定了购买房屋的消费者对抗享有工程价款优先受偿权的承包人的条件，但该条规定实质上已经融入2015年施行的《执行异议和复议规定》第二十九条规定的条款之中，且第二十九条又进一步细化规定了三个要件。在新的司法解释针对买受人对登记在被执行的房地产开发企业名下的商品房提出异议明确予以规定后，二审判决直接适用该批复进行裁判，属于适用法律不当。

（二）本案是否符合《执行异议和复议规定》第二十九条的情形

《执行异议和复议规定》第二十九条规定："金钱债权执行中，买受人对登记在被执行的房地产开发企业名下的商品房提出异议，符合下列情形且其权利能够排除执行的，人民法院应予支持：（一）在人民法院查封之前已签订合法有效的书面买卖合同；（二）所购商品房系用于居住且买受人名下无其他用于居住的房屋；（三）已支付的价款超过合同约定总价款的百分之五十。"第一，本案证据能够证明，双方在案涉房屋被查封之前已签订合法有效的书面买卖合同。结合原审查明的事实，《商品房预约合同》的真实性应予确认，《商品房预约合同》虽名为预约，但已符合本约的要件，应认定为商品房买卖合同。海城区法院查封案涉房屋的时间是2015年9月22日，而《商品房预约合同》的订立时间是2014年4月14日。可见，《商品房预约合同》订立在前，案涉房屋被查封在后。至于案涉房屋是否存在未经抵押权人同意转让而无效的问题。根据恒冠公司提交的《不动产登记档案查询结果证明》情况看，案涉商品房是先订立转让合同，后办理抵押，故《商品房预约合同》并不因所转让的商品房对外办理抵押而无效。即便先办理抵押再进行转让，商品房买卖合同也不因房屋转让未经抵押权人同意而无效，并不影响本案的审查认定。因此，恒冠公司提交的新证据《不动产登记档案查询结果证明》，并不足以推翻二审判决。第二，本案证据能够证明，王某已支付全部购房款。根据原审查明的事实，合同签订当日，王某向尚源居公司支付了购房款535705元，该金额和《商品房预约合同》约定的购房款一致，故原判决认定王某支付全部购房款并无不当。恒冠公司在法院再审中提交的证据不足以证明王某的付款行为系虚假的。恒冠公司主张王某以现金方式支付购房款不符合交易习惯，亦无事实依据，法院不予支持。购房发票不是佐证购房人支付购房款的必要证据，故本案不能以王某未提供购房发票为由否定其支付购房款的事实。

但是，本案并不符合《执行异议和复议规定》第二十九条第二项规定的情形。根据查明的事实，王某除购买的北海市尚源大厦内的4套房屋外，其名下另有2套房屋，即位于公园路39号京都花园4号楼B单元0××1号和湖海路56号银祥公寓4幢2单元7×2号的2套房屋。对于《执行异议和复议规定》第二十九条第二项规定中的“买受人名下无其他用于居住的房屋”，不应机械限于套数的理解。如原有住房不能满足现有家庭成员的居住要求，再购买房屋是为了对居住环境进行必要的改善，其仍属于满足生存权的合理消费范畴。但王某名下已有多套房屋，且其在再审庭审中自诉，尚源大厦其中2套用于居住，另外2套用于出租。故难以认定王某购买本案的2××1号房屋以及关联案件的房屋系基于对居住环境进行必要的改善，而非进行商业性投资。王某在再审中还称其已将原登记在名下的两套房屋出售，即使王某的该陈述属实，亦是二审判决作出之后新发生的事实，并不符合“买受人名下无其他用于居住的房屋”的情形。综上，本案虽符合《执行异议和复议规定》第二十九条第一项和第三项的情形，但不符合该规定第二项的情形，故王某对案涉房屋不享有足以排除强制执行的民事权益。

另，恒冠公司申请对《商品房预约合同》及购房款收据中加盖的尚源居公司公章的形成时间进行司法鉴定。恒冠公司在原审中并未提出鉴定申请，且本案不符合《执行异议和复议规定》第二十九条第二项规定的情形，亦无鉴定的必要性，法院依法不予准许。

## 三、裁判结论

依照《中华人民共和国民事诉讼法》第一百七十条第一款第二项、第二百零七条第一款，《执行异议和复议规定》第二十九条之规定，判决如下：

一、撤销广西壮族自治区高级人民法院（2017）桂民终215号民事判决；

二、维持广西壮族自治区北海市中级人民法院（2016）桂05民初138号民事判决。

一审案件受理费100元，由王某负担；二审案件受理费100元，由王某负担。

## 四、裁判要旨

1.《执行异议和复议规定》第二十九条基于对消费者生存权价值的维护，赋予了消费者对买受房屋的物权期待权以排除执行的效力。在执行异议之诉案件中，从法律逻辑上看，房屋买受人若要排除普通债权的执行，既可以选择适用《执行异议和复议规定》第二十八条，也可以选择适用第二十九条。但房屋买受人若要排除建设工程价款优先受偿权、担保物权等权利的强制执行，则必须符合《执行异议和复议规定》第二十九条的规定。

2.《执行异议和复议规定》第二十九条第二项规定中的“买受人名下无其他用于居住的房屋”，不应机械地仅限于套数的理解。如原有住房不能满足现有家庭成员的居住要求，再购买房屋是为了对居住环境进行必要的改善，其仍属于满足生存权的合理消费范畴。

（合议庭成员：陈宏宇、张颖新、钱小红；案号：（2018）最高法民再443号；判决日期：2018年12月26日；案例编写人：陈宏宇、谢素恒；案例审核人：张勇健）

# （六）第三人撤销之诉

019

## 《中华人民共和国民事诉讼法》第五十六条有关第三人撤销之诉的原告主体资格的理解

——谢某荣与刘某武、刘甲第三人撤销之诉纠纷案

### 一、主要案情

刘某武与彭某花（已故）共生育三子女，长子刘甲、长女刘乙、次子刘丙。2005年，刘某武与案外人刘某清等人合办宝坪矿选厂。2008年刘某武的妻子彭某花去世之前，该矿选厂由刘某武夫妻共同经营。刘甲2001年6月中专毕业，2002年9月至2004年7月在某财经政法大学接受成人教育，毕业后协助父母经营。刘丙1998年即辍学，其在矿选厂主要是协助管理资金。2006年3月15日，刘某武与妻子彭某花经人介绍，以刘甲的名义与湖南省郴州市人民检察院反贪污贿赂局签订《房屋买卖合同》并以刘甲的名义签字，以160万元的价格购买该局处理的郴州市北湖区某步行街天元茶楼（建筑面积683平方米）。刘某武第一次支付现金60万元，第二次通过其已故妻子的妹妹彭美华的账户（账号4367422980××××33305）转账100万元，同年3月28日，郴州市人民检察院反贪污贿赂局出具收到刘甲购房款160万元的收条；3月30日，开具了抬头为刘甲的不动产统一发票。该房屋的维修基金等费用均以刘甲的名义缴纳。上述交款

凭证及维修基金等发票原件均由刘某武持有。2006年5月16日，郴州市房产管理局为刘甲颁发了房屋所有权证（产权证号：郴房权证市测区字第000×××86号）。此后，案涉房屋由刘甲管理，后出租给他人使用。刘甲以该房产作抵押，另在农商银行贷款480万元。

2008年正月，刘某武之妻彭某花因病去世。2008年5月，刘某武与案外人文某娅结婚。刘某武的三子女对其再婚不理解，与刘某武、文某娅产生较大的矛盾分歧。2009年年初，宝坪矿选厂的矿石被分为五份，刘某武夫妻及三子女各一份，其中，刘某武原配彭某花的一份，由其子刘甲、刘丙继承。刘某武另分得谷田矿选厂。刘某武分得的矿石2009年在宝坪矿选厂选成精矿出售后，刘某武未再到该厂参与管理。长女刘乙分得的约1万吨矿石，则全部自行运走。自此，宝坪矿选厂由刘甲、刘丙负责经营。2013年12月26日，刘甲、刘丙与案外人蒋某辉、何某平签订转让协议，将宝坪矿选厂及厂内设备、矿石以458.8万元的价格全部转让。2014年4月28日，刘某武以宝坪矿选厂系其一手创办，其欠有600余万元外债，要由其子替其偿还为由，阻止蒋某辉外运矿石。2014年5月7日，刘某武再次到了宝坪矿选厂，蒋某辉知情后与黄沙坪派出所干警、刘丙和刘甲先后赶到现场，告知刘某武矿选厂已转让，第二天要转运矿石。为此，双方发生口头争执。2014年5月8日，刘某武雇佣三台后八轮货车到矿选厂拟拖运矿石，蒋某辉遂打电话要求刘丙负责处理，刘丙、刘甲到矿选厂后，刘丙及随同人员强行将刘某武控制，控制刘某武的过程中，致刘某武头顶部、双侧肩背部、前正中胸部等部位少许皮肤擦伤，左无名指中节指骨远端骨折，经郴州市平阳司法鉴定所鉴定为轻微伤，伤残等级为十级。桂阳县黄沙坪派出所（2014）330号报警案件登记表显示：刘某武2014年5月8日12时许报警，公安初查结果为刘某武与其子刘丙因争矿选厂产权发生纠纷。桂阳县黄沙坪派出所当日即对刘某武询问并制作了笔录，刘某武自述是被刘丙和蒋某辉带去的人弄伤的，刘丙也动了手，未涉及刘甲。2014年5月18日上午桂阳县黄沙坪派出所干警再次询问刘某武时，刘某武仅认为刘甲有辱骂言行，未作刘甲参与动手的陈述。2014年年底，刘某武以刘甲、刘丙为被告向湖南省桂阳县人民法院提起财产损害赔偿诉讼，后于2015年1月5日撤诉。

另查明：2013年1月20日至5月30日，谢某荣分7次陆续借给刘某武合计310万元。2014年9月25日，湖南省桂阳县人民法院作出（2014）桂阳法民初字第00865号民事调解书，确定刘某武应在2014年9月26日前一次性偿还谢某荣借款本金310万元。郴州市中级人民法院（2015）郴民一终字第1156号民事判决生效后，郴州市北湖区人民法院为执行谢某荣与刘某武民间借贷纠纷案，于2016年5月5日作出（2016）湘1002执531-1号执行裁定，查封了刘某武依据该判决享有的案涉房屋一半产权。2017年6月13日，永信房地产估价咨询有限公司受郴州市北湖区人民法院委托，评估案涉房屋的市场价值为914.9468万元。

谢某荣向湖南省高级人民法院起诉请求：1. 撤销湖南省高级人民法院（2017）湘民再56号民事调解书第二项即"郴州市北湖区兴旺步行街2栋2019房屋（产权证为郴房权证市测区字第00×××86号）系房屋所有权人刘甲所有"的内容；2. 维持郴州市中级人民法院（2015）郴民一终字第1156号民事判决。湖南省高级人民法院作出（2017）湘民撤1号民事判决：驳回谢某荣的诉讼请求。

谢某荣不服湖南省高级人民法院作出的一审判决，向最高人民法院提起上诉。谢某荣上诉请求：1. 撤销湖南省高级人民法院（2017）湘民撤1号《民事判决书》；2. 依法改判撤销湖南省高级人民法院（2017）湘民再56号民事调解书第二项"二、郴州市北湖路某步行街天元茶楼房屋，产权证为郴房权证市测区字第000×××86号系房屋所有权人刘甲所有"，维持郴州市中级人民法院（2015）郴民一终字第1156号民事判决；3. 依法判令刘某武和刘甲承担本案一、二审全部诉讼费用。

最高人民法院于2018年11月9日立案后，依法组成合议庭对本案进行了审理。

## 二、裁判理由

本案的争议焦点为：谢某荣是否具备提起撤销（2017）湘民再56号民事调解书的主体资格。

第三人撤销之诉是针对生效裁判提起的诉讼，一方面是为因故未能参加诉讼而没有获得程序保障、却可能受到生效裁判拘束的第三人提供救济途径，另一方面则是防止第三人的合法权益受到他人诉讼可能导致的侵害。鉴于生效裁判的既判力和法律稳定性，第三人撤销之诉在原告适格性问题上，应当严格遵守《中华人民共和国民事诉讼法》第五十六条之规定。《中华人民共和国民事诉讼法》第五十六条规定的第三人撤销之诉，是指对当事人双方的诉讼标的有独立请求权，或者虽然没有独立请求权，但案件处理结果同他有法律上的利害关系的第三人，因不能归责于本人的事由未参加诉讼，但有证据证明发生法律效力的判决、裁定、调解书的部分或者全部内容错误，损害其民事权益的，可以向作出该判决、裁定、调解书的人民法院提起诉讼，请求改变或者撤销原判决、裁定、调解书损害其民事权益的部分或者全部内容。据此，提起第三人撤销之诉的主体必须是原案诉讼中有独立请求权的第三人或者无独立请求权的第三人。

本案中，谢某荣所针对的原案之诉讼标的是刘某武与刘甲之间的赠与合同关系。原案法律关系发生的时间是2006年。谢某荣不是赠与合同关系中的一方当事人，其将款项借给刘某武并非基于对刘某武享有案涉房屋权益的依赖，其更非对案涉房屋享有优先权的债权人。谢某荣作为刘某武的普通债权人，对原案的诉讼标的无独立请求权，并非原案有独立请求权的第三人。进言之，原案的处理结果不会导致谢某荣承担法律义务或责任，谢某荣亦没有证据证明刘某武与刘甲存在恶意串通、虚假诉讼的情形。虽然谢某荣依据（2015）郴民一终字第1156号民事判决申请执行案涉房屋一半产权，原案的处理结果会影响刘某武的责任财产情况，进而影响到谢某荣债权的实现，但这种利害关系仅为事实上的利害关系，而非法律上的利害关系，谢某荣依旧享有对刘某武的债权，故谢某荣亦非原案无独立请求权的第三人。

综上所述，谢某荣不具备提起本案第三人撤销之诉的主体资格。湖南省高级人民法院在谢某荣无权提起本案第三人撤销之诉的情况下，仍对其诉讼请求进行审理，属适用法律不当，应予纠正。

## 三、裁判结论

依照《中华人民共和国民事诉讼法》第五十六条、第一百七十条第一款第二项，《最高人民法院关于适用〈中华人民共和国民事诉讼法〉的解释》第三百三十条之规定，裁定如下：

一、撤销湖南省高级人民法院（2017）湘民撤1号民事判决；

二、驳回谢某荣的起诉。

本裁定为终审裁定。

本案一审案件受理费11800元，二审案件受理费11800元，均退回谢某荣。

## 四、裁判要旨

第三人撤销之诉是针对生效裁判提起的诉讼，一方面是为因故未能参加诉讼而没有获得程序保障、却可能受到生效裁判拘束的第三人提供救济途径，另一方面则是防止第三人的合法权益受到他人诉讼可能导致的侵害。鉴于生效裁判的既判力和法律稳定性，第三人撤销之诉在原告适格性问题上，应当严格遵守《中华人民共和国民事诉讼法》第五十六条之规定。《中华人民共和国民事诉讼法》第五十六条规定的第三人撤销之诉，是指对当事人双方的诉讼标的有独立请求权，或者虽然没有独立请求权，但案件处理结果同他有法律上的利害关系的第三人，因不能归责于本人的事由未参加诉讼，但有证据证明发生法律效力的判决、裁定、调解书的部分或者全部内容错误，损害其民事权益的，可以向作出该判决、裁定、调解书的人民法院提起诉讼，请求改变或者撤销原判决、裁定、调解书损害其民事权益的部分或者全部内容。据此，提起第三人撤销之诉的主体必须是原案诉讼中有独立请求权的第三人或者无独立请求权的第三人。

（合议庭成员：张勇健、曹刚、张颖新；案号：（2018）最高法民终1292号；裁定日期：2018年12月21日；案例编写人：杨清惠；案例审核人：张勇健）

# （七）管辖等程序问题

020

## 刑民交叉案件的处理方式

——宁波银行A分行与民生银行B分行、河北银行合同纠纷案

### 一、主要案情

2015年7月7日，宁波银行A分行作为甲方（买入方）与河北银行作为乙方（卖出方）签订一份《商业承兑汇票转贴现合同》，约定宁波银行A分行同意对5份共计5亿元的商业承兑汇票办理贴现，转贴现日为2015年7月7日，转贴现利率为年利率4.57%。同日，民生银行B分行作为甲方（买入方）与宁波银行A分行作为乙方（卖出方）签订一份《商业承兑汇票转贴现合同》，约定民生银行B分行同意对5份共计5亿元的商业承兑汇票办理贴现，转贴现日为2015年7月7日，转贴现利率为年利率4.53%。两份《商业承兑汇票转贴现合同》除约定的年利率不同外，其他内容均相同。合同主要条款包括：托收合同项下的商业承兑汇票时，如遇承兑人拒绝付款，甲方将按《中华人民共和国票据法》和其他有关法律、法规及该合同的规定向乙方追索；乙方承诺，若承兑人无足额款项用于支付到期商业承兑汇票承兑金额，由乙方在票据到期日先行支付上述款项并划付甲方指定账户；乙方违反此约定，由乙方支付甲方上述商业承兑

汇票本金和该汇票金额自到期日或提示付款日起至清偿日止，按日万分之五计算的利息；任何一方违反该合同约定的义务给另一方造成损失的，违约方按违约期间所涉违约金额给予守约方每日万分之五的赔偿，并赔偿守约方由此而发生的一切实际损失，包括但不限于《中华人民共和国票据法》第七十条规定的费用，应涵盖律师费、公证费等追偿费用；甲方在其为乙方办理转贴现的每份商业承兑汇票项下对乙方具有追索权；甲方在收到有关拒绝付款证明和商业承兑汇票之日起3个工作日内，应向乙方发出书面追索通知；乙方应保证在收到甲方追索通知之次日起3个工作日内，将被拒绝付款的汇票金额及迟收利息（按汇票金额每日万分之五计算，自到期日或提示付款日起至清偿日止）足额划入甲方指定账户；如发生争议，双方依法向甲方所在地人民法院提起诉讼。

2015年7月7日，民生银行B分行依据其与宁波银行A分行签订的《商业承兑汇票转贴现合同》向宁波银行A分行支付488297500元。同日，宁波银行A分行依据其与河北银行签订的《商业承兑汇票转贴现合同》向河北银行支付488194166.65元。

前述《商业承兑汇票转贴现合同》所涉5份商业承兑汇票到期后均遭到拒付。拒付理由为：截至2016年1月7日，无法联系到单位负责人，余额不足。

2016年2月29日，民生银行B分行向宁波银行A分行公证邮寄送达《追索函》，该函的主要内容为：双方于2015年7月7日办理的商业承兑汇票转贴现业务，汇票到期后因汉康公司拒绝兑付，根据双方签订的《商业承兑汇票转贴现合同》第5条第4款约定，民生银行B分行向宁波银行A分行行使追索权，请宁波银行A分行收到材料后将全额票款5亿元及罚息划至民生银行B分行指定账户。

2016年3月4日，宁波银行A分行向民生银行B分行回函称已收到民生银行B分行的催收函，并表示因民生银行B分行至今未向宁波银行A分行提供拒绝付款证明和商业承兑汇票退票材料，故宁波银行A分行依法不向民生银行B分行划付票据款。

2016年4月13日，宁波银行A分行向民生银行B分行转账5000万元，同日，民生银行B分行向民生银行C分行转账5000万元。同日，汉康公司向民生银行C分行转账5000万元。民生银行B分行称宁波银行A分行向其支付的5000万元与汉康公司向民生银行C分行支付的5000万元，合计1亿元系归还票号为0010006×××177838的票据款项。

涉案4份商业承兑汇票票号分别为001000632217×××9、001000632217×××0、001000632217×××1、001000632217×××2。4份汇票票面金额分别为1亿元，总额为4亿元；付款人为汉康公司，收款人为汇众公司，付款行是民生银行D分行营业部；出票日期为2015年7月6日，汇票到期日为2016年1月6日。

民生银行B分行向海南省高级人民法院（以下简称原审法院）起诉请求：判令宁波银行A分行履行合同约定义务，向其先行支付承兑汇票款4亿元。

## 二、裁判理由

本案的争议焦点为：1. 关于本案是票据纠纷还是合同纠纷的问题；2. 关于宁波银行A分行是否应向民生银行B分行先行支付承兑汇票款4亿元的问题；3. 关于本案所涉的4亿元款项是否应由第三人河北银行直接向民生银行B分行支付的问题。

（一）关于本案是票据纠纷还是合同纠纷的问题

本案中，宁波银行A分行与河北银行签订《商业承兑汇票转贴现合同》，约定宁波银行A分行同意对合计面额5亿元的五份商业承兑汇票办理转贴现；民生银行B分行与宁波银行A分行签订《商业承兑汇票转贴现合同》约定，民生银行B分行同意对该五份商业承兑汇票办理转贴现。但宁波银行A分行与河北银行并未在票据上背书，三方之间并未构成票据关系。故本案不属于票据纠纷。民生银行B分行与宁波银行A分行签订的

《商业承兑汇票转贴现合同》，以及宁波银行A分行与河北银行签订的《商业承兑汇票转贴现合同》，是各方当事人真实意思表示，且未违反法律、行政法规的强制性规定，应为合法有效合同。《中华人民共和国合同法》第八条规定："依法成立的合同，对当事人具有法律约束力。当事人应当按照约定履行自己的义务，不得擅自变更或者解除合同。依法成立的合同，受法律保护。"本案涉及的票据宁波银行A分行并未背书，民生银行B分行依据其与宁波银行A分行签订的《商业承兑汇票转贴现合同》提起本案诉讼，请求宁波银行A分行依据该合同约定向其先行支付承兑汇票款4亿元，且原、被告均认可本案属于合同纠纷，故本案应为合同纠纷。

（二）关于宁波银行A分行是否应向民生银行B分行先行支付承兑汇票款4亿元的问题

民生银行B分行与宁波银行A分行签订的《商业承兑汇票转贴现合同》约定，宁波银行A分行承诺，若承兑人无足额款项用于支付到期商业承兑汇票承兑金额，由宁波银行A分行在票据到期日先行支付上述款项并划付民生银行B分行指定账户。双方签订的《商业承兑汇票转贴现合同》为合法有效合同，该合同对民生银行B分行及宁波银行A分行均有法律约束力，双方应依照合同约定履行各自的义务。现因承兑人无足额款项用于支付到期商业承兑汇票承兑金额，宁波银行A分行应按《商业承兑汇票转贴现合同》约定，在票据到期日先行支付4亿元款项给民生银行B分行。经民生银行B分行向宁波银行A分行追索，宁波银行A分行仍未支付该笔款项。根据《中华人民共和国合同法》第一百零七条"当事人一方不履行合同义务或者履行合同义务不符合约定的，应当承担继续履行、采取补救措施或者赔偿损失等违约责任"的规定，宁波银行A分行的行为违反了《商业承兑汇票转贴现合同》的约定，宁波银行A分行应向民生银行B分行先行支付承兑汇票款4亿元。民生银行B分行的诉讼请求事实依据和法律依据充分，予以支持。

（三）关于本案所涉的4亿元款项是否应由第三人河北银行直接向民生银行B分行支付的问题

从合同的相对性来说，本案审理的是民生银行B分行和宁波银行A分行之间的合同关系，河北银行并非该合同的当事人，宁波银行A分行与河北银行之间的关系涉及的是另外一份合同，与本案不属于同一个法律关系。宁波银行A分行与河北银行之间的纠纷应另案解决，不宜在本案中合并处理。民生银行B分行在本案中的诉讼请求是要求宁波银行A分行向其支付4亿元，其并未对河北银行提出支付4亿元的诉讼请求，本案追加河北银行作为第三人参加诉讼是基于宁波银行A分行的申请，目的是查清案件事实。河北银行在本案中的诉讼地位为无独立请求权第三人，不宜在本案中判决其向民生银行B分行承担责任。因此，不应在本案中判决河北银行向民生银行B分行支付款项。

原审法院于2016年10月28日作出（2016）琼民初29号民事判决：宁波银行A分行在判决生效之日起十日内向民生银行B分行支付商业承兑汇票金额共计4亿元。案件受理费2041800元，由宁波银行A分行负担。

宁波银行A分行不服，向最高人民法院提出上诉，请求：1. 依法改判驳回民生银行B分行诉讼请求；或改判河北银行向民生银行B分行支付4亿元款项；或依法撤销原判，发回重审。2. 本案一、二审诉讼费由被上诉人负担。理由如下：（1）原审法院对合同条款的理解与处理有误。原审法院判决的主要依据是《商业承兑汇票转贴现合同》第5条B款第4项的规定，但原审法院对该条款理解存在偏差，不利于维护持票人权益，对转贴现卖出方过于苛刻，显失公平。本案属于合同纠纷，但本项合同交易的商品是特殊的商业承兑汇票，交易的实质是票据权利。《商业承兑汇票转贴现合同》是对票据转让行为的合同形式确认，合同意义上的要求先行垫款权利对应的即票据权利中的追索权，两者从本质上是一致的。如将合同意义上的要求先行垫款权利单独认定，会造成持票人权利行使障碍，违反中国人民银行制式合同关于规范交易、保护持票人权利的基本目的。（2）原审法院对本案第三人的身份与裁判，存在错误。无独立请求权第三人制度的核心问题，是案件审理结果与其具有法律上的利害关系。就涉案交易而言，其与民生银行 B 分行、河北银行三方之间的两次交易是一个整体，互为目的与前提。原审法院仅截取其中一个法律关系，表面上符合合同相对性原则，实质上割裂了一个交易事实整体。河北银行作为与本案审理结果存在利害关系的第三人，当然可以判决其承担责任。所以，即使原审法院对前述合同先予垫款权利的理解正确，亦应判令河北银行直接向民生银行 B 分行支付票据项下 4 亿元款项；或在判令河北银行向其支付 4 亿元的同时，判令其再向民生银行 B 分行支付 4 亿元。（3）原审法院对部分重要案件事实未予查清。根据民生银行 B 分行与承兑人汉康公司等签署的《还款协议》，民生银行 B 分行已向出票人提示付款成功，票据权利归于民事欠款关系且已部分履行。原审法院对此未予认定，对《还款协议》已履行部分未予扣除，存在严重错误。

民生银行 B 分行答辩称：1. 其与宁波银行 A 分行的合同关系清晰明确，宁波银行 A 分行实际接收了民生银行 B 分行 5 亿元票款，纯属获利一方，理应负担相应的合同义务。2. 涉案票据关系缺失背书手续连接，其无法持票追索，仅能依据合同关系向交易前手主张合同权利。本案故属合同救济而非票据追索。3. 背书是票据责任的最终义务承诺，背书义务均在各自的合同中明确记载。宁波银行 A 分行与河北银行未按承诺背书，负有过错责任。如果仅让背书人承担票据以外责任，而未背书人逃避合同责任，将严重损害商事活动的对价原则和公平原则。4. 本案在第一次起诉立案后，宁波银行 A 分行一直向民生银行总行寻求友情解决，并主动偿还了部分款项。综上，原审判决认定事实清楚，适用法律正确，请求依法驳回宁波银行 A 分行的上诉，维持原审判决。

河北银行答辩称：1. 无论本案是合同法律关系还是票据法律关系，河北银行均无须向民生银行 B 分行付款。如为合同关系，河北银行不是民生银行 B 分行与宁波银行 A 分行之间合同的当事方。如为票据关系，河北银行既非票据出票人、承兑人和保证人，也未在票据上进行背书，民生银行B分行无权向其追索。即便从业务整体上分析，也应由与河北银行签订合同的鄂尔多斯农商行进行付款。2. 本案涉及的票据业务是民生银行B分行向出票企业提供融资，交易系由民生银行B分行组织安排，故票据兑付不能的风险应由民生银行B分行自行承担。涉案五张票据出票日均是2015年7月6日，交易对手间的转贴现合同签订时间均是2015年7月7日。票据不可能在同一天内经鄂尔多斯农商行、河北银行、宁波银行A分行流转到民生银行B分行。民生银行B分行的背书行为表明实际由其主导安排了该笔业务。原审法院对于民生银行B分行安排通道行开展业务的案件事实未予调查认定，判决存在重大瑕疵。3. 本案标的金额巨大且涉嫌犯罪。鄂尔多斯农商行已向公安机关报案，民生银行B分行职工姚某亦被逮捕，相关犯罪事实有赖公安机关进一步调查。按照《最高人民法院关于在审理经济纠纷案件中涉及经济犯罪嫌疑若干问题的规定》第十二条的规定，本案应当移送公安机关，或中止审理待该刑事侦查作出结论后再恢复审理并作出裁判。

法院经审理查明的事实除与原审查明一致外，另查明：

2017年3月8日，内蒙古自治区鄂尔多斯市公安局下属分局向法院发来《关于停止审理、执行涉及鄂尔多斯农村商业银行、河北银行、宁波银行A分行民事诉讼案件的函》（东公函〔2017〕68号）称，犯罪嫌疑人季某、孙某以空壳公司签发5亿元无资金保障能力的商业承兑汇票，经无真实交易的背书行为后，采取伪造银行公章、合同、买通银行工作人员等手段诈骗银行票据贴现款，已触犯《中华人民共和国刑法》第一百九十四条第一款之规定，涉嫌票据诈骗罪。该局已依法对鄂尔多斯农商行、河北银行、宁波银行A分行等银行被票据诈骗一案进行立案侦查。根据《最高人民法院关于在审理经济纠纷案件中涉及经济犯罪嫌疑若干问题的规定》第十二条之规定，请求最高人民法院暂予停止审理、执行民生银行B分行、宁波银行A分行、河北银行、鄂尔多斯农商行之间的相关民事诉讼案件，并将此类案件移送该局经济犯罪侦查大队进行侦查。

2017 年 12 月 21 日，内蒙古自治区鄂尔多斯市人民检察院作出鄂检公诉刑诉〔2017〕62 号《起诉书》，向内蒙古自治区鄂尔多斯市中级人民法院提起公诉认为，经依法审查查明季某、孙某、民生银行 B 分行、姚某等被告的犯罪事实，民生银行 B 分行、姚某明知季某、孙某签发无资金保证的商业承兑汇票而帮助其违规办理商业承兑汇票业务，其行为已触犯《中华人民共和国刑法》第一百九十四条第一项、第五项、第二百条、第二十五条第一款的规定，且犯罪事实清楚，证据确实充分，应当以票据诈骗罪追究其刑事责任。

审理期间，鉴于本案所涉商业承兑汇票贴现交易部分事实已由公安机关立案侦查，刑事侦查认定结论对于本案裁判具有重要影响，最高人民法院于 2017 年 5 月 11 日裁定本案中止诉讼。后经民生银行 B 分行申请，决定恢复诉讼。

《最高人民法院关于在审理经济纠纷案件中涉及经济犯罪嫌疑若干问题的规定》第十一条规定："人民法院作为经济纠纷受理的案件，经审理认为不属经济纠纷案件而有经济犯罪嫌疑的，应当裁定驳回起诉，将有关材料移送公安机关或检察机关。"

就本案而言，民生银行 B 分行与宁波银行 A 分行等单位之间发生的涉案票据转贴现行为，已被内蒙古自治区鄂尔多斯市人民检察院作为犯罪事实认定。内蒙古自治区鄂尔多斯市人民检察院已将本案原审原告民生银行 B 分行列为刑事案件被告并对其依法提起公诉。因此，本案显属具有经济犯罪嫌疑的案件，依法不应再作为民事纠纷案件继续审理。

## 三、裁判结论

依照《最高人民法院关于在审理经济纠纷案件中涉及经济犯罪嫌疑若干问题的规定》第十一条，《最高人民法院关于适用〈中华人民共和国民事诉讼法〉的解释》第三百三十条之规定，裁定如下：

一、撤销海南省高级人民法院（2016）琼民初29号民事判决；

二、驳回民生银行B分行的起诉；

三、海南省高级人民法院自接到本裁定之日起七日内将本案相关材料移送内蒙古自治区鄂尔多斯市人民检察院。

一审案件受理费2041800元，退还民生银行B分行；宁波银行A分行预交的二审案件受理费2041800元，予以退还。

## 四、裁判要旨

《最高人民法院关于在审理经济纠纷案件中涉及经济犯罪嫌疑若干问题的规定》第十一条规定："人民法院作为经济纠纷受理的案件，经审理认为不属经济纠纷案件而有经济犯罪嫌疑的，应当裁定驳回起诉，将有关材料移送公安机关或检察机关。"

刑事案件与民事案件涉及"同一事实"的，原则上应通过刑事诉讼方式解决。人民法院在审理民商事案件过程中，发现民商事案件涉及的事实同时涉及刑事犯罪的，应当及时将犯罪线索和有关材料移送侦查机关，侦查机关作出立案决定的，人民法院不宜继续审理，应当裁定驳回起诉。因立案侦查的事实与人民法院受理的事实存在关联，刑事诉讼程序对民事权益争议存在影响，人民法院应当将有关材料移送公安机关或检察机关处理。

（合议庭成员：曹刚、王毓莹、陈宏宇；案号：（2017）最高法民终64号；判决日期：2018年10月30日；案例编写人：江显和；案例审核人：张勇健）

# 最高人民法院第一巡回法庭典型民商事案件裁判观点与文书指导（第三部分）

# （一）合同、无因管理、不当得利纠纷

**001**

## 不当得利纠纷的举证责任

——樊某甲与史某八不当得利纠纷案

### 一、主要案情

1992年12月18日，远洋宾馆与樊某甲签订了《房屋转让合同》，约定樊某甲向远洋宾馆转购坐落于洛溪新城的12套房产（包括案涉房产6×2号房），总面积为927.06平方米，樊某甲愿意按每平方米2000元的单价转购，总价款为1854120元。因该房屋是洛溪地产开发建设，远洋宾馆已经向洛溪地产支付了80%的款项，尚余20%未付。因此，双方在合同中约定，樊某甲应一次性支付1633121.22元给远洋宾馆，其余20%购房款220998.78元由樊某甲直接付给洛溪地产。合同签订后，双方按合同履行完毕。洛溪地产将樊某甲所购的12套房产全部交付给樊某甲，并按樊某甲的要求将其中的6×2号房转到史某八名下，樊某甲向洛溪地产交纳了转名费5000元。樊某甲购买包括案涉房产6×2号在内的房产后，进行了装修，并一直由其管理使用。史某八从来没有使用过案涉房产。

樊某甲办理案涉房产的房产证共支付印花税等614元；支付案涉房产水电安装费2716元、电负荷费1650元、防盗闸门450元、管理基金388元。

史某八于2013年向广东省广州市番禺区人民法院提起物权保护之诉，

起诉樊某甲的弟弟樊某乙侵占案涉房产，要求停止侵害，搬离案涉房屋，并支付占用费6万元。该院经审理认为，史某八未能提供证据证明樊某乙为实际侵权人，其诉请不能得到支持，遂于2014年3月20日判决驳回了其诉讼请求。与此同时，樊某甲也向广州市番禺区人民法院提起诉讼，请求确认其本人系案涉房产6×2号房的真实权利人，要求判决案涉房屋6×2房归其所有，并将案涉房产6×2号房过户至其名下。该院经审理认为，樊某甲主张由其实际购买涉诉房产及支付购房款，其才是涉诉房产的真正权利人，但其提供的证据不足以证实涉诉房产的购房款由其支付。退一步来说，即使涉诉房产的购房款确由樊某甲支付，但在樊某甲并未能提供证据证实其与史某八曾就涉讼房产的物权归属进行过约定的情况下，也只是其双方的债权债务关系，并不能产生物权变动的效力。故对樊某甲要求确认其为涉讼房产的真实权利人并要求史某八协助办理过户手续的主张，不予支持。该院遂于2014年9月2日作出判决驳回樊某甲的诉讼请求。樊某甲不服向广州市中级人民法院提起上诉，广州市中级人民法院于2015年9月18日以同样理由判决驳回上诉，维持原判。

樊某甲于2017年6月8日向海南省海口市中级人民法院提起诉讼，请求判令：1. 史某八向樊某甲支付购房款155200元及利息302911元（利息从1992年12月18日起算，暂计至起诉之日，计算至实际付清之日止）；2. 史某八向樊某甲支付转名费5000元及利息9188元（利息从1993年12月9日起算，暂计至起诉之日，计算至实际付清之日止）；3. 史某八向樊某甲支付水电安装费2716元、电负荷费1650元、防盗闸门450元、管理基金388元合计共5204元及上述款项利息9698元（利息从1993年9月23日起算，暂计至起诉之日，计算至实际付清之日止）；4. 史某八向樊某甲支付办理房产证费、印花税、见证费、证书费合计614元及利息729元（利息从1998年10月13日起算，暂计至起诉之日，计算至实际付清之日止）；5. 史某八向樊某甲支付物业管理费11283元及利息7000元（利息从1999年起算，分别按年计算，暂计至起诉之日，计算至实际付清之日止）；

6. 史某八向樊某甲支付装修费5万元及利息55050元（利息从2000年1月1日起算，暂计至起诉之日，计算至实际付清之日止）；7. 史某八承担本案案件受理费、保全费等全部诉讼费用。

海南省海口市中级人民法院于2017年11月10日作出（2017）琼01民初435号民事判决：1. 限史某八在本判决生效之日起10日内将购房款155200元及其利息支付给樊某甲（利率按年利率6%计算，自1993年12月9日起计至付清之日止）；2. 限史某八在本判决生效之日起10日内将转名费、水电安装费等款项共计10368元及其利息支付给樊某甲（利率按年利率6%计算，自1993年12月9日起计至付清之日止）；3. 驳回樊某甲的其他诉讼请求。

史某八不服海南省海口市中级人民法院作出的一审判决，向海南省高级人民法院提起上诉，请求：撤销一审判决第一项、第二项，改判驳回樊某甲的全部诉讼请求，本案一、二审受理费及财产保全费由樊某甲承担。海南省高级人民法院于2018年3月12日作出（2018）琼民终77号民事判决：1. 撤销海口市中级人民法院（2017）琼01民初435号民事判决；2. 驳回樊某甲的诉讼请求。

樊某甲不服海南省高级人民法院作出的二审判决，向最高人民法院申请再审。最高人民法院于2018年12月21日作出（2018）最高法民申5157号民事裁定提审本案。最高人民法院依法组成合议庭，于2019年6月11日公开开庭审理了本案。

最高人民法院再审期间查明：关于案涉房产的购买过程及相关付款情况，一审法院查明，樊某甲按照其与远洋宾馆签订的《房屋转让合同》的约定，将包括案涉房产在内的12套房产的购房款分别支付给远洋宾馆和洛溪地产，并推定案涉房产系史某八从樊某甲处购得。二审法院认为，广州市番禺区人民法院（2013）穗番法民三初字第447号民事判决、广州市中级人民法院（2015）穗中法民五中字第2662号民事判决以及广东省高级人民法院（2016）粤民申2625号民事裁定，均认定樊某甲提供的证据不足以证实案涉房屋的购房款由其支付。但上述三份裁判文书均是针对物权确认纠纷作出的，同时均载明“即使案涉房屋的购房款确为樊某甲支付，但在樊某甲并未能提供证据证实其与史某八曾就案涉房屋的物权归属进行过约定的情况下，只能证明双方存在相应的债权债务关系”。即上述三份裁判文书认为，无论樊某甲是否支付了案涉房屋的购房款，均不足以改变案涉房屋登记在史某八名下的物权归属，但对于樊某甲与史某八之间是否存在债权债务关系未予定论，而该问题在本案中应作为重点问题进行审查。一审法院根据樊某甲提交的《银行进账单》《购房订金收据》《收楼通知书》等证据，认定其一并支付了包括案涉房屋在内的共计12套房屋的购房款。二审法院在无相反证据的情况下，即推翻一审已经查明的事实，认定樊某甲未能证明其已支付案涉房屋的购房款，同时亦未查明史某八从何处购得案涉房产，属认定事实不清。

此外，樊某甲在本案再审审查期间提交了远洋公司（现更名为颐和公司）盖章确认的《房屋转让合同》及《申请办理房屋转户手续的报告》，广州远洋发展有限公司在《房屋转让合同》下写明“情况属实，樊某甲已付款”并对两份文件的真实性予以确认盖章。《申请办理房屋转户手续的报告》所载内容显示广州远洋发展有限公司从洛溪地产处购买包括案涉房屋在内的共计12套房屋后，一并转售给樊某甲，并办理了更名转户手续。上述证据亦可印证一审查明的樊某甲支付了案涉房屋购房款的事实。因此，最高人民法院对于一审法院查明的樊某甲已支付案涉房屋购房款的事实予以确认。

## 二、裁判理由

本案的争议焦点为：1. 史某八是否应向樊某甲支付购房款及相关款项；2. 本案是否超过诉讼时效。

（一）关于史某八应否向樊某甲支付购房款及相关款项

首先，本案定性为不当得利纠纷正确。樊某甲在另案一直主张案涉房屋为其所有，但未获支持。广东省广州市番禺区人民法院（2013）穗番法民三初字第447号民事判决确认案涉房屋为史某八所有，在此前提下，樊某甲提起本案诉讼，请求判令史某八向其支付购房款以及相关费用。概言之，樊某甲认为史某八取得房屋所有权而未支付房款，故而构成不当得利。二审法院将本案定性为不当得利纠纷正确。

其次，本案的关键是史某八须举证证明支付了购房款。根据本案查明的事实，樊某甲已证明涉案房产为其向洛溪地产购买，而在该房产被认定为属史某八所有的情况下，樊某甲有理由请求史某八向其支付购房款。对此，史某八须举证证明其已经向樊某甲支付了购房款，方可形成有效抗辩，否则，樊某甲关于史某八未支付购房款而取得房屋产权构成不当得利的主张即成立。质言之，樊某甲支付了案涉房产的购房款，但未能取得该房产的所有权；与此对应，史某八取得了该房产的所有权，如不能证明已经支付了对价，其因此取得的利益正是樊某甲所遭受的损失，两者之间构成法律上的因果关系。由此可见，本案的关键在于，史某八能否证明其向樊某甲支付了购房款。二审法院认为，樊某甲未能提供证据证明史某八“无法律上的原因”取得案涉房屋的产权登记证书导致自身受损，应承担举证不能的不利后果，其举证责任分配不当，适用法律明显错误，应予纠正。

最后，现有证据不足以证明史某八向樊某甲支付了购房款。在本案再审庭审中，史某八认可本案存在两个房屋买卖合同关系：一是樊某甲从洛溪地产处购买案涉房屋；二是樊某甲将该房产转卖给史某八，并主张其已经支付了购房款。然而，从本案的审理情况看，虽然史某八在原审中提供了洛溪地产开具的发票，但洛溪地产在广东省广州市番禺区人民法院（2013）穗番法民三初字第447号案件出庭作证时，称其未收到过史某八的房款；且根据本案查明的事实，案涉房产的购房款为樊某甲向洛溪地产支付。史某八在本案原审及法院再审中又称，其将购房款以现金分两笔交给穆某强，并通过其委托李某法转交给樊某甲的弟弟樊某乙。此陈述与其在先前诉讼中所主张的支付房款的情形并不一致，且证人李某法所称转交钱款，既无收据，也无他人佐证，实有违常理，难以证明史某八之主张。综上，史某八不能证明其已实际向樊某甲支付了案涉房屋的购房款，应承担举证不能的后果，其应向樊某甲支付案涉房屋的购房款及利息，以及与购房相关的转名费、印花费、房产证费等樊某甲交纳的税金或费用。

（二）关于本案是否超过诉讼时效

《最高人民法院关于审理民事案件适用诉讼时效制度若干问题的规定》第八条规定："返还不当得利请求权的诉讼时效期间，从当事人一方知道或者应当知道不当得利事实及对方当事人之日起计算。"本案中，史某八于2013年以案涉房屋所有权人的身份起诉樊某甲的弟弟樊某乙后，樊某甲便起诉请求确认其为案涉房屋的所有权人，此时双方对于案涉房屋的所有权归属仍存有争议，直至广东省广州市中级人民法院于2015年9月18日作出生效判决后，案涉房屋才确定归史某八所有。因此，樊某甲知晓不当得利事实的时间应为该判决送达之日，其提起本案诉讼的时间为2017年6月8日，原审法院认定其起诉并未超过法律规定的诉讼时效，并无不当。史某八关于本案超过诉讼时效的主张无事实与法律依据，法院不予支持。

## 三、裁判结论

依照《中华人民共和国民事诉讼法》第二百零七条第一款、第一百七十条第一款第二项之规定，判决如下：

一、撤销海南省高级人民法院（2018）琼民终77号民事判决；

二、维持海南省海口市中级人民法院（2017）琼01民初435号民事判决。

一审案件受理费9918.77元，财产保全费3520元，共计13438.77元，由樊某甲负担4031.63元，由史某八负担9407.14元；二审案件受理费9918元，由史某八负担。

本判决为终审判决。

## 四、裁判要旨

1. 一方当事人主张案涉房屋为其所有或系仅挂名在另一方当事人名下，当另案判决已驳回其确认所有权的诉请时，其仍可提起不当得利之诉，请求判令另一方当事人向其支付购房款以及相关费用。

2. 在上述情况下，当提起不当得利之诉的一方当事人已证明案涉房产为其购买，而该房产被认定为属另一方当事人所有的情况下，其有理由请求另一方当事人支付购房款。对此，另一方当事人须举证证明其已经向提起不当得利之诉的当事人支付了购房款，方可形成有效抗辩，否则，提起不当得利之诉的当事人关于另一方当事人未支付购房款而取得房屋产权构成不当得利的主张即成立。

（合议庭成员：张勇健、江显和、张颖新；案号：（2019）最高法民再34号；判决日期：2019年7月15日；案例编写人：杨清惠；案例审核人：张勇健）

002

## 建设工程劳保统筹基金的缴纳与支付

### ——桔洲公司与正泰公司建设施工合同纠纷案

## 一、主要案情

2011年9月2日，桔洲公司（乙方）与正泰公司（甲方）签订《施工总承包合同》，约定正泰公司将涉案的攸州一品8号、9号、10号楼及9号、10号楼的地下室工程发包给桔洲公司施工。2011年11月29日，桔洲公司又通过招投标程序，中标正泰公司发包的攸州一品8号、9号、10号楼及9号、10号楼的地下室工程项目，并与正泰公司另行签订了《建设工程施工合同》用于备案。两份合同除在要求工程质量合格、工期为550天等内容上大致相同外，其余约定均不相同，主要不同之处在于：1. 具体承包范围约定。《施工总承包合同》约定攸州一品8号、9号、10号楼及9号、10号楼的地下室工程所需的全部项目，《建设工程施工合同》对承包范围仅约定建筑面积110319.22平方米，施工方需严格按照施工图纸施工，并未详细约定具体承包内容。2. 关于工程价格和结算的约定。《施工总承包合同》约定本合同工程为包工、包料、包工期、包质量、包安全文明施工费、包规费及税金的综合单价承包。建筑面积计算按照《湖南省2006年消耗定额建筑工程建筑面积计算规范》执行。……6. 开工和竣工时间约定。《施工总承包合同》约定甲方取得施工许可证且完成应具备的前期准备工作，乙方具备开工条件，并以监理开具合格的开工令起计算开工时间，以工程竣工验收为竣工时间，工程顺延必须经甲方和监理共同签字认可。力争在2011年的年底前完成地下室工作及8号楼的主体部分。《建设工程施工合同》约定550天工期，自2011年9月2日开工至2013年3月12日竣工验收。开工前3天，承包方向发包方发出开工通知书。

《施工总承包合同》签订后，桔洲公司将涉案工程交由该公司总经理兼股东周某进负责，并任命其为项目经理，周某进就涉案工程向桔洲公司出具了《工程施工承包承诺书》，承诺涉案工程2011年9月破土动工，2013年3月竣工验收。2011年9月，周某进组织涉案攸州一品项目8号楼开始动工，2011年12月左右开始对9号楼、10号楼进行施工。2014年1月10日，涉案攸州一品项目8号楼经五方验收合格并签字盖章，同年11月10日9号楼、10号楼经五方验收合格并签字盖章。2013年11月10日，周某进代表桔洲公司与正泰公司就8号楼进行了结算，在施工单位栏签字并加盖了桔洲公司印章。因双方公司的工程款未结清，2016年4月5日周某进代表桔洲公司诉至一审法院，要求正泰公司支付剩余工程款和劳保基金，以及延期付款的违约金。一审法院立案后，周某进及其妻子张某根据其出示的桔洲公司授权委托书，代表桔洲公司参加了本案部分诉讼程序。2017年7月6日，正泰公司以桔洲公司延期交房和延期提交备案资料为由提起反诉，要求桔洲公司承担延期违约责任和赔偿损失。

诉讼中，桔洲公司申请对涉案工程造价进行司法鉴定。2017年7月宏基公司依据桔洲公司申请作出新宏基株鉴字（2017）第001号工程造价鉴定报告（以下简称《001号鉴定报告》），得出结论：1. 涉案工程总造价为148386919元，其中攸州一品8号楼为15968520元、安装工程为11795248元；2. 劳保基金按工程总造价的3.5%计取总额为5193542元，按规定返还施工单位70%即返还金额为3635480元。上述两项合计152022399元。2017年10月19日，宏基公司就涉案工程造价鉴定出具补充鉴定意见稿，明确《001号鉴定报告》多算了部分工程款，合计应扣减6492523.72元。

另查明，本案三方无异议的正泰公司已付工程款为123149793元，有异议的已付款项目有31笔，共计10934582元。除上述已付款外，2011年至2012年，正泰公司根据攸县人民政府的攸政办发〔2011〕13号《关于印发攸县规范房地产开发行业行政审批和收费的实施方案（试行）的通知》，向攸县人民政府缴纳了攸州一品项目规费共计2716736.8元，根据该通知，当地房地产公司需就其开发的商品房工程统一缴纳规费、服务型收费和劳保基金项目，而这些费用2011年合计按18元/平方米收取。正泰公司主张2716736.8元规费系按照通知依法缴纳，涉案工程8号、9号、10号楼及地下室的劳保基金包含在内，故其无须再向桔洲公司支付劳保基金。

湖南省株洲市中级人民法院认为，涉案工程属于法定的必须招投标工程项目，桔洲公司与正泰公司在招投标前签订的《施工总承包合同》无效，《湖南省建设工程施工合同》因串标行为也属无效合同。在涉案工程总造价的确认上，虽然鉴定机构的鉴定意见认为按《建筑企业劳动保险基金统筹管理办法》规定，应返还施工单位桔洲公司劳保基金3635480元，但由于涉案两份施工合同均无效，且合同中双方并未约定涉案劳保基金的计算、缴纳以及返还等内容。此外，正泰公司已依照攸县攸政办发〔2011〕13号《关于印发攸县规范房地产开发行业行政审批和收费的实施方案（试行）的通知》，将涉案劳保基金按当地政府要求缴纳，而桔洲公司并未提供证据证实其公司为涉案工程施工人员实际缴纳社会保险；一审法院已向桔洲公司释明，要求其向攸县相关部门确认有关劳保基金返还的问题，但桔洲公司以无人办理为由未去攸县相关部门办理涉案工程劳保基金返还事宜。因此，一审法院认为仅凭鉴定意见不能证实正泰公司少缴了涉案工程劳保基金，更不能以此得出正泰公司需要向桔洲公司返还劳保基金，故对桔洲公司要求正泰公司支付劳保基金的诉讼请求，不予支持。基于正泰公司已缴纳劳保基金的事实，有关劳保基金返还问题，应由桔洲公司自行向相关部门办理，正泰公司给予相应配合，一审法院在本案中不予处理。

一审法院作出（2016）湘02民初36号民事判决：1. 正泰公司在判决生效后10日内向桔洲公司支付工程款3373553.56元，并按中国人民银行同期同类贷款利率从2017年6月27日起支付工程款利息至3373553.56元工程款付清之日止；2. 桔洲公司在判决生效后十日内赔偿正泰公司延期交房损失1091074元；3. 驳回桔洲公司其他诉讼请求；4. 驳回正泰公司其他反诉请求。

桔洲公司不服一审判决向湖南省高级人民法院提起上诉，请求改判。

二审法院另查明：2013 年 11 月 10 日，第三人周某进代表桔洲公司与正泰公司就涉案攸州一品项目 8 号楼进行了结算，确定 8 号楼土建、装修部分的结算造价为 11737435.01 元，第三人周某进在施工单位栏签字并加盖了其伪造的桔洲公司印章。

二审法院认为，没有证据表明桔洲公司与正泰公司约定涉案劳保基金的计算、缴纳以及返还等内容，且桔洲公司未提供已为涉案工程施工人员实际缴纳社会保险的证据，而正泰公司已经按攸政办发〔2011〕13 号《关于印发攸县规范房地产开发行业行政审批和收费的实施方案（试行）的通知》的规定缴纳了劳保基金。桔洲公司要求正泰公司支付劳保基金 3635480 元的上诉请求没有事实依据，不能成立。据此，判决：驳回上诉，维持原判。

桔洲公司不服，向最高人民法院申请再审。最高人民法院于 2019 年 1 月 14 日立案后，依法组成合议庭，进行了审查。

## 二、裁判理由

本案的争议焦点为：1. 正泰公司缴纳的劳保基金是否应当计入已付工程款；2. 关于周某进的代理权问题；3. 关于逾期付款利息应当如何计算的问题。

（一）正泰公司缴纳的劳保基金是否应当计入已付工程款

根据《住房和城乡建设部、财政部关于印发〈建筑安装工程费用项目组成〉的通知》（建标〔2013〕44 号）的相关规定，工程造价包含劳动保险费用。本案中，由于桔洲公司与正泰公司签订的两份承包合同均被认定为无效，亦无证据证明双方就涉案工程劳保基金的计算、缴纳以及返还等有约定或者桔洲公司已经向有关部门缴纳涉案劳保基金，故正泰公司作为建设单位，按照攸县攸政办发〔2011〕13 号通知要求向相关部门缴纳劳保基金，符合相关规定，应当计入已付工程款，并在结算时从欠付工程款中予以扣除。原判决将该款项从正泰公司未付工程款中予以扣除，并无不当。

（二）关于周某进的代理权问题

周某进委托正泰公司分别于2017年1月25日和6月21日向指定的案外人叶某、庄某等人账户汇入210万元。《中华人民共和国合同法》第四十九条规定："行为人没有代理权、超越代理权或者代理权终止后以被代理人名义订立合同，相对人有理由相信行为人有代理权的，该代理行为有效。"虽然周某进存在私刻桔洲公司公章的行为，但无证据证明正泰公司对此知情。即使周某进当时已不再具有相应的代理权，鉴于当时桔洲公司尚未向正泰公司明确告知撤销周某进在桔洲公司所任的总经理兼涉案项目经理职务，且周某进作为桔洲公司代表自工程施工以来一直与正泰公司开展业务往来，正泰公司有理由相信周某进有权代表桔洲公司从事上述行为，故应认定该行为对桔洲公司产生法律效力。因此，该210万元应当计入正泰公司的已付工程款。同理，2017年6月26日正泰公司以涉案10套房屋抵扣材料商工程款4561296元，亦是在周某进以桔洲公司名义要求下为之。至一审审理时，部分材料商已与正泰公司签订了购房协议。桔洲公司虽主张上述材料商身份未核实，正泰公司与周某进恶意串通，以房抵债行为虚假，但未提交证据予以证明。因此，应当认定该以房抵扣工程材料款的行为，对桔洲公司和正泰公司均发生效力。原判决将上述210万元和以房抵款所涉4561296元计入正泰公司已付工程款，并无不当。

（三）关于逾期付款利息应当如何计算的问题

《中华人民共和国合同法》第一百二十条规定："当事人双方都违反合同的，应当各自承担相应的责任。"根据本案查明的事实，涉案工程最后验收签字时间为2014年11月10日，正泰公司确实存在延期付款的事实。而桔洲公司实际施工时间也已超出双方原定工期550天，且桔洲公司与周某进之间的内部纠纷亦对双方公司迟延结算工程款造成了影响，可见双方对于延期付款均存在过错。故原判决综合考虑双方过错程度、建筑工程质保期一般规定和正泰公司已支付绝大部分工程款的事实，酌情确定正泰公司延期付款的利息起算时间为该公司支付最后一笔工程款的次日即2017

年6月27日，并无明显不当。

## 三、裁判结论

桔洲公司的再审申请不符合《中华人民共和国民事诉讼法》第二百条第二项、第六项规定的情形。依照《中华人民共和国民事诉讼法》第二百零四条第一款，《最高人民法院关于适用〈中华人民共和国民事诉讼法〉的解释》第三百九十五条第二款之规定，裁定如下：

驳回桔洲公司的再审申请。

## 四、裁判要旨

建筑产品价格基础是建筑安装工程预算造价，而工程劳保费是工程造价的构成部分。根据《住房和城乡建设部、财政部关于印发〈建筑安装工程费用项目组成〉的通知》（建标〔2013〕44号）相关规定，工程造价包含劳动保险费用。劳动保险费用系工程造价的一部分，此项费用应由建设单位承担。建筑行业实行劳保费用统筹管理，按建筑工程造价的一定比例统一向建设单位提取劳保基金。劳保统筹基金从建筑企业承担的建设工程项目投资中提取，并列入工程概预算。其收取方式系由统筹机构统一向建设单位收取。建设单位在与施工企业签订合同后，办理开工手续前，向归口管理的行业统筹管理机构预交劳保统筹基金。建设投资如有增减，竣工时按实际工程造价结算。

在承包合同均为无效，亦无证据证明双方就涉案劳保基金的计算、缴纳以及返还等有约定的情况下，若建设单位已按规定缴纳了劳保基金，且施工方未能证明缴纳过相关费用，劳保基金作为工程价款的一部分，应当在建设单位应付的工程款中予以扣除。

（合议庭成员：奚向阳、江显和、高燕竹；案号：（2019）最高法民申288号；判决日期：2019年2月28日；案例编写人：奚向阳、李光琴；案例审核人：张勇健）

003

# 合同解除情形下违约金条款的适用及可得利益损失的认定

——贵亨公司与临川公司建设工程施工合同纠纷案

## 一、主要案情

2011年11月1日，贵亨公司和临川公司签订《建设工程施工合同》，约定：贵亨公司将其开发的位于国际联谊大厦（美丽华居）工程发包给临川公司承建，工程内容为土建工程、安装工程；工期为计划开工日期：2011年11月1日（实际形式日期以《施工许可通知书》《开工报告》签批日期为准）；计划竣工日期：2013年3月31日，工期总日历天数16个月；合同价款为4500万元；合同价款与支付：合同价款采用调整价格合同方式确定；工程量确认：承包人向工程师提交已完工程量报告的时间：每月25日，按进度由工程师提交当月《已完工程量报告》一式二份，工程师应于收到承包人提交的《已完工程量报告》之日起7日内进行计量和确认；工程款（进度款）支付：本工程按施工进度及双方约定的付款时间分期付款，具体实施细节双方另行商定；违约：发包人未按合同约定支付工程款（进度款），施工无法进行，承包人可停止施工，由发包人赔偿承包人的损失，并承担违约责任，按所欠工程款额每日千分之一赔偿承包人，工期顺延；承包人每延一天，按合同总价款的千分之一向发包人支付违约金；合同解除（通用条款）：发包人、承包人协商一致，可以解除合同……有下列情形之一的，发包人承包人可以解除合同：1. 因不可抗力致使合同无法履行；2. 因一方（包括发包人原因造成工程停建或缓建）致使合同无法履行；一方要求解除合同的应以书面形式向对方发出解除合同的通知，并在发出通知前7天告知对方，通知到达对方时合同解除；对解除合同有争议的，请工程所在地建设主管部门调解，调解不成时，直接向工程所在地的人民法院起诉。

同日，双方签订《国际联谊大厦（美丽华居）〈建设工程施工合同〉补充协议》，约定合同工期重新确定为总日历天数16个月，开工日期以贵亨公司签发书面通知为准（即《开工通知书》）；合同价款按以下约定具体执行：1. 工程结算标准参照《海南省建筑工程综合定额》（2005年版）执行；2. 建筑材料及人工价格以海南省建设标准定额站发布的同期价格信息为准，无信息价格的双方协商，以贵亨公司确认为准；3. 结算工程量以实际发生的工程量为准；4. 所有误工工时、补贴不计，因贵亨公司的原因造成的误工除外；工程款（进度款）的支付方式和时间相应调整约定如下：1. 本工程主体结构施工至十二层钢筋混凝土楼面（顶面）后，贵亨公司15日内按照已完成工程量80%价款付给临川公司首期工程款以后每月25日前申报工程量，次月5日前按上月实际完成工程量80%价款付给临川公司；2. 主体工程封顶后30天内，贵亨公司将根据已实际发生的工程量，按照本合同约定付至80%；主体工程通过竣工验收合格后，贵亨公司应按照已发生的实际工程量，双方进行结算，并在决算通过30天内拨付工程款至97%，余留3%作为质量保证金；自本协议生效之日起，双方基于《建设工程施工合同》建立的权利义务按照本协议实际履行；特别约定：本合同生效后，临川公司应向贵亨公司交纳工程保证金300万元，贵亨公司收取的工程保证金应当于工程施工至6层楼面（顶面）时返还临川公司100万元，工程施工至12层楼面（顶面）时返还临川公司200万元。

同年11月29日，双方再签订一份《补充协议》约定：1. 合同约定以外工程其工程款应于完工后一次性支付；2. 其范围如下：污水沟工程和路口改造及相关签证；3. 除以上条款外，主合同其他条款不变。

2012年1月12日临川公司完成了污水沟工程和路口改造，临川公司为此编制工程进度表，申请支付工程款的数额为980693.73元，贵亨公司工作人员签字确认由预算部确定造价，后贵亨公司确定的造价为770751.43元。2012年3月5日，临川公司进场对美丽华居工程施工。

2012年8月1日临川公司申请贵亨公司支付主体结构12层的工程进度款，贵亨公司造价部审核的数额为17228021.22元。2012年11月1日、11月9日临川公司申请贵亨公司支付主体结构13层，主体结构14－17层、砌体7层以下，主体结构18－20层、砌体结构8－12层的工程进度款，贵亨公司造价部审核的数额为4537369.53元、3301842.36元、1044530.31元。2012年12月12日临川公司申请贵亨公司支付主体结构21－22层的工程进度款，贵亨公司造价部审核的数额为2227795.26元。2013年1月7日临川公司申请贵亨公司支付主体结构23－24层、砌体18－20层的工程进度款，贵亨公司造价部审核的数额为2233345.50元。

2012年8月16日，贵亨公司与临川公司签订《备忘录》约定：1. 前期工程款拖延问题处理：按合同从8月6日起支付违约金1‰；2. 租金问题：按误工时间（8月6日至8月16日）；3. 误工补贴，从8月6日开始至8月16日止，每人每天补200元（按现在现场实际人数），人数为100人计算；4. 从8月17日开始，3个月内完成主体工程，每月甲方按上月工程进度支付40%的进度款；5. 至于材料问题，从8月17日开始，钢筋当月信息第1个月补170元/吨，然后每超过1个月每吨补贴100元；混凝土每立方一次性补30元。以上内容作为双方的《建设工程施工合同》的补充条款。

2012年8月至2014年3月，临川公司向贵亨公司发出多份工作联系函（单）和误工签证，要求贵亨公司支付工程进度款，返还保证金并支付违约金，监理单位柏鑫公司在工作联系函（单）上盖章并注明按合同约定执行或与甲方协商解决，建设单位无盖章或签字；误工签证中监理单位盖章并注明与“甲方处理解决”“情况属实，价格按甲方审批意见执行”，建设单位大多也未盖章或签字。

2012年8月11日至2016年4月22日，双方认可已支付的工程款为18428400元，临川公司所完成的地基与基础工程、隐蔽工程、主体结构（地下1层、地上26层）、砌体结构（地下1层、地上26层）、地下防水工程、混凝土结构已经通过验收。

2015年9月16日，临川公司向贵亨公司发出一份《贵亨公司美丽华居工程违约赔偿目录》，提出了20项的赔偿；2015年10月9日，贵亨公司向临川公司发出一份《对〈贵亨公司美丽华居工程违约赔偿目录〉的回复》，对赔偿事宜一一回复。

2016年4月28日，贵亨公司和临川公司及监理单位柏鑫公司三方召开“美丽华居”项目结算问题会议。2016年5月6日，贵亨公司出具《美丽华居土建工程结算报告》，本次工程造价为30075339.43元。次日，临川公司的代表人席某元在结算报告上签署意见称，经双方结算美丽华居土建工程暂认定本工程造价，但拆架费计241066.33元及运输费31480元，此款不应在工程量中扣除，应该放到财务付款计算，误工鉴证费用276291元，贵亨公司未结算此款；双方未结算工程及违约金另有合约合同。据双方认可，上述的拆架费241066.30元和运输费用31480元已由贵亨公司支付。误工鉴证费用的276291.73元在结算数额中没有计入。

2012年9月18日至2014年3月5日期间，临川公司多次向贵亨公司和监理单位柏鑫公司发出《工作联系函》，要求贵亨公司支付工程进度款、工程款、误工损失和违约赔偿。

截至2012年8月29日，贵亨公司已支付工程进度款4570000元；截至2013年2月7日，贵亨公司已支付工程进度款14873400元；截至2014年6月19日，贵亨公司已支付工程进度款15048400元；截至2016年4月22日，贵亨公司支付18428400元。

在本案审理期间，临川公司要求对涉案项目停工期间的各项损失进行司法鉴定。经委托，中明智公司于2017年5月27日作出（2017）中明智价鉴字第011号工程造价鉴定意见书。鉴定结论为：1. 设备租金的损失数额为4283025.59元（包括争议金额127500元，该部分无误工鉴证但实际发生）。2. 人员工资为968529.22元（包括争议金额15000元，该部分无误工鉴证但实际发生）。中明智公司于2017年9月7日作出（2017）中明智价鉴字第011号（补）工程造价鉴定意见书。补充结论为：1. 设备租金增加1073211.02元。2. 贵亨公司强行进入工地后给临川公司造成的施工设备及材料损失数额为1949878.04元。

2017年10月24日海南省高级人民法院作出（2017）琼民终字281号民事判决，认为合同不能履行的主要原因系贵亨公司未按约定按期足额向临川公司支付工程进度款，未按约定向临川公司返还保证金，未支付前期违约金和赔偿停工损失所致，贵亨公司的上述行为已构成根本违约，从而确认临川公司与贵亨公司签订的《建设工程施工合同》及相关补充协议解除，并判决驳回贵亨公司要求临川公司支付工程逾期竣工的违约金的诉讼请求。贵亨公司认可临川公司的200万元保证金尚未退还。

临川公司向海南省海口市中级人民法院起诉请求：1. 判令贵亨公司立即向其支付拖欠的工程款14915255.60元（按完成工程量的100%支付）；2. 判令贵亨公司按所欠工程款额日千分之一赔偿拖欠工程款的资金损失15754210.17元（按年利率24%计算，从2012年8月6日起暂计至2017年9月30日，至贵亨公司付清之日止）；3. 判令贵亨公司赔偿临川公司停工期间材料及构件积压（包括木工模板、钢筋等）、机器设备租赁费、人员工资等损失共计7201432.80元（详见司法技术鉴定报告）；4. 判令贵亨公司赔偿其在美丽华居工程项目中未能完成施工部分的可得利润损失（包括25层主体至26层框架结构的土建、安装工程）216万元（参照《2005年海南省建筑工程综合定额标准》，以未施工合同金额的15%计算）；5. 判令其对贵亨公司开发的“美丽华居”工程折价或者拍卖的价款有优先受偿权；6. 贵亨公司承担本案诉讼费用。

一审法院作出（2016）琼01民初284号民事判决：1. 贵亨公司支付临川公司工程款11646939.43元并以此为基数，从2016年6月5日起按24%向临川公司支付违约金，直至付清为止；2. 贵亨公司支付临川公司逾期支付工程进度款的违约金：（1）合同外工程以770751.43元为基数，从2012年1月19日起至2012年8月11日止，按年利率24%支付违约金；

（2）其他工程进度款从2012年8月23日起应支付13782416.98元，从2012年11月11日起应支付6271369.51元，从2012年11月19日起应支付835624.25元，从2012年12月22日起应支付1782236.2元，从2013年1月17日起应支付1786676.4元，以上各期应支付的数额相加再减去在此之前已支付的款项后所得数额作为基数，按年利率24%分段计算支付违约金，直到2016年6月4日止；3. 贵亨公司退还临川公司200万元，并且从2012年8月1日起，按年利率24%支付逾期利息，直至付清为止；4. 贵亨公司赔偿临川公司各项停工损失7201432.85元。上述第一项至第四项判决确定的款项于判决生效后10日内履行完毕；5. 临川公司在工程款11646939.43元的范围内就贵亨公司开发的美丽华居工程折价或者拍卖的价款享有优先受偿权；6. 驳回临川公司的其他诉讼请求。

临川公司、贵亨公司均不服一审判决，向海南省高级人民法院提起上诉。临川公司上诉请求：1. 撤销一审判决第一项，改判贵亨公司除支付临川公司工程款11646939.43元，还应支付临川公司合同外施工的污水沟工程款770751.43元，并以上述应付款12417690.86为基数，从2016年6月5日起按24%向临川公司支付违约金，直至付清为止；2. 改判支持临川公司在一审起诉状中的第四项诉求，即判令贵亨公司应赔偿临川公司在美丽华居工程项目中未能完成施工部分的可得利润损失（包括25层主体至26层框架结构的土建、安装工程）2160000元（参照《2005年海南省建筑工程综合定额标准》，以未施工合同金额的15%计算）；3. 本案诉讼费用（含鉴定费用）由贵亨公司承担。贵亨公司上诉请求：1. 撤销一审判决；2. 将本案发回重审或者驳回临川公司的诉讼请求；3. 诉讼费由临川公司负担。

二审法院作出（2018）琼民终562号民事判决：1. 维持一审判决第六项；2. 变更一审判决第一项：限贵亨公司于判决发生法律效力之日起10日内向临川公司支付工程款12417090元利息（利息应以12417090元为基数，按中国人民银行发布的同期一年期一般流动资金贷款基准利率计算，从2016年6月5日起计算至付清为止）；3. 变更一审判决第二项为：限贵亨公司于本判决发生法律效力之日起10日内向临川公司支付工程进度款违约金，计算方法如下：以770751.43元为基数，按年24%的利率，从2012年1月19日计至2012年8月11日；以9212426.98元为基数，按年24%的利率，从2012年8月29日计至2013年2月5日；以4246970.16元为基数，按年24%的利率，从2013年2月6日计至2014年6月19日；以4071970.16元为基数，按年24%的利率，从2014年6月20日计至2016年4月22日；以691970.16元为基数，按年24%的利率，从2016年4月23日计至2016年6月4日；4. 变更一审判决第三项为：限贵亨公司于判决发生法律效力之日起10日内向临川公司返还工程保证金200万元（利息应以200万元为基数，按中国人民银行发布的同期一年期一般流动资金贷款基准利率计算，从2012年8月1日起计算至付清为止）；5. 变更一审判决第四项为：贵亨公司应支付临川公司各项停工损失6545232元；6. 变更一审判决第五项为：临川公司在12417090元范围内就贵亨公司开发的美丽华居工程折价或者拍卖的款项享有优先受偿权。

临川公司、贵亨公司均不服二审判决，向最高人民法院申请再审。最高人民法院于2019年2月14日立案后，依法组成合议庭进行了审查。

## 二、裁判理由

本案的争议焦点为：1.《备忘录》是否有效；2. 工程款及其利息、违约金应当如何确定；3. 贵亨公司是否应当赔偿临川公司可得利润损失；4. 本案司法鉴定是否合法。

（一）《备忘录》是否有效

贵亨公司与临川公司签订的《建设工程施工合同》及《备忘录》等补充协议，已被生效判决认定为有效且予以解除。贵亨公司主张上述合同无效却未提交证据予以证明，故其关于二审判决认定合同有效属认定事实错误的理由，不能成立。

（二）工程款及其利息、违约金应当如何确定

1. 关于工程款及其利息

原审中，贵亨公司与临川公司对于案涉工程结算价为 30075339 元以及贵亨公司已支付工程款 18428400 元均予以认可。临川公司主张合同外污水沟工程款 770751 元未计入工程造价，且贵亨公司在二审庭审中亦认可该款项未计入工程造价且未支付给临川公司，故二审法院认定贵亨公司应当支付给临川公司的工程款总造价为 30846090 元（30075339 元 + 770751 元），并无不当。因贵亨公司于 2016 年 3 月 15 日向临川公司发出《解除合同通知书》，《工程结算书》于 2016 年 5 月 6 日作出，贵亨公司应依约在工程结算书作出之日起 30 日内即 2016 年 6 月 5 日前向临川公司支付相应的工程款。但贵亨公司未能在此日期届满前支付，故二审判决认定该公司应以欠付工程款为本金，自 2016 年 6 月 5 日起，按照中国人民银行发布的同期一年期一般流动资金贷款基准利率支付利息至付清之日，并无不当。

2. 关于违约金的确定

《最高人民法院关于审理建设工程施工合同纠纷案件适用法律问题的解释》第十条第二款规定："因一方违约导致合同解除的，违约方应当赔偿因此而给对方造成的损失。"由于已有生效判决认定案涉合同及其补充协议已解除，且《工程结算书》于 2016 年 5 月 6 日作出，贵亨公司支付工程款的最后期限为 2016 年 6 月 5 日，故二审判决以 2016 年 6 月 5 日为时间界限，认定该日期之前的违约金以欠付工程款为基数，按照临川公司主张的 24% 年利率计算，该日期之后的违约金以欠付工程款为基数，按照中国人民银行发布的同期一年期一般流动资金贷款基准利率计算，并无不当。

（三）贵亨公司是否应当赔偿临川公司可得利润损失

临川公司主张贵亨公司应当赔偿其可得利润损失 216 万元（参照《2005 年海南省建筑工程综合定额标准》，以未施工合同金额的 15% 计

算）。贵亨公司对此不予认可。根据查明的事实，案涉“美丽华居”工程25层主体至26层框架工程并未实际施工，临川公司是按照《海南省建筑工程相关定额标准》的利润计算其可得利润数额，并不能涵盖建设工程施工中客观存在的工程成本、工程进度、建筑行业平均利润水平、市场风险以及工程质量等综合因素及其影响，故其主张的可得利润具有较大的不确定性。二审判决对其该项主张不予支持，亦无不当。

（四）司法鉴定是否合法

贵亨公司主张二审法院采信的司法鉴定违法，一审法院违反“中立原则”，破坏司法鉴定公正性。第一，对于贵亨公司与临川公司就涉案工程达成协议，认定工程结算价款为30075339元，未包括合同外污水沟工程款770751元，原审法院对该协议内容予以认定。第二，一审审理过程中，针对临川公司要求对涉案工程停工期间的各项损失进行司法鉴定的申请，一审法院依法委托具有资质的机构进行鉴定，又组织双方当事人对提交的鉴定意见进行质证，并要求鉴定机构对需要补充鉴定的事项进行补充鉴定，程序并无违法之处。虽然贵亨公司对鉴定依据的部分证据的真实性提出了异议，但并未提交证据予以证明。因此，贵亨公司关于鉴定程序违法等理由亦不能成立。

## 三、裁判结论

依照《中华人民共和国民事诉讼法》第二百零四条第一款，《最高人民法院关于适用〈中华人民共和国民事诉讼法〉的解释》第三百九十五条第二款之规定，裁定如下：

驳回贵亨公司的再审申请；

驳回临川公司的再审申请。

## 四、裁判要旨

1. 根据2009年7月最高人民法院印发的《关于当前形势下审理民商

事合同纠纷案件若干问题的指导意见》第八条有关“合同解除后，当事人主张违约金条款继续有效的，人民法院可以根据合同法第九十八条的规定，认定合同解除不影响违约金条款的效力”的规定，又根据《最高人民法院关于审理建设工程施工合同纠纷案件适用法律问题的解释》第十条第二款“因一方违约导致合同解除的，违约方应当赔偿因此而给对方造成的损失”的规定。可知，在建设工程合同双方作出工程结算书的情形下，人民法院综合具体案情，可判令欠付工程款在结算期限前按照违约金条款的约定计算利息，在结算期限后按照中国人民银行发布的同期一年期一般流动资金贷款基准利率计算利息，妥善平衡双方利益。

2. 建设工程未实际完工前，建设工程施工合同因发包方欠付工程款而解除，施工方请求发包方赔偿可得利益损失的，因工程施工中存在工程成本、工程进度、建筑行业平均利润水平、市场风险以及工程质量等因素影响，可得利益具有较大不确定性。施工方仅提交省建筑工程综合定额标准，不能证明其完成施工后必然能获取定额标准上载明的利润率。

（合议庭成员：奚向阳、高燕竹、杨蕾；案号：（2019）最高法民申1010号；判决日期：2019年5月10日；案例编写人：奚向阳、李光琴；案例审核人：张勇健）

**004**

# 发包人与承包人约定借用承包人银行账户走账情形下建设工程价款优先受偿权的认定

——美雅公司与长利兴公司、清远农商行建设工程施工合同纠纷案

## 一、主要案情

2009年12月10日至2011年4月15日，发包方长利兴公司与承包方美雅公司签订了四份《建设工程施工合同》，约定长利兴公司将其建设的沁园旅游服务中心房地产项目、沁园住宅区14号至30号楼房地产项目和沁园旅游服务中心酒店11号至12号楼房地产项目（以下简称案涉工程）发包给美雅公司承包。上述四份合同的标的额分别为2000万元、52198100元、12973300元、2118400元。

就案涉工程，市城建局共发出10份《建筑工程施工许可证》（其中8份日期为：2010年2月5日、二份为2011年4月20日，在该证中注明最早的合同开工日期为2010年3月1日，最迟的合同竣工日期为2011年10月29日）。经建设单位和监理单位批准，美雅公司依约进行工程施工，工程基本完工，尚未验收交付使用。

2013年9月28日，长利兴公司出具《关于沁园项目施工时段的证明》，载明："美雅建筑工程公司的沁园项目从2010年1月开始至2013年1月20日，一直处于施工中，2013年1月20日后开始停工。同年5月1日复工。复工后，对沁园项目的旅游服务中心A、B座地面进行全面铺设，对A、B座的水电、消防进行全面的改装；对沁园项目的别墅14号至30号楼进行重新搭设排栅，继续安装水、电等，一直施工到同年6月。无奈我司资金最终未能到位。只好于当年6月12日起再次停工。"就案涉工程

是否竣工的问题，2014 年 4 月 10 日，市城建局出具了《关于长利兴（沁园）旅游服务中心和别墅工程的证明》，载明：“长利兴公司建设、美雅公司施工的沁园服务中心酒店、沁园 14 号至 30 号住宅楼工程，尚未在我局办理竣工验收备案手续。”2013 年 3 月 19 日，长利兴公司沁园项目部编制的《土建工程结算审核书》以及 3 月 21 日、22 日长利兴公司与美雅公司确认的《工程结算确认单》载明，案涉工程（含土方工程）结算总额为 136147605.23 元。长利兴公司与美雅公司确认长利兴公司已支付案涉工程款 5982 万元。此外，2013 年 10 月 27 日，美雅公司作为总承包方就沁园别墅外墙防水工程，与作为分包方的广东禹神建设发展有限公司（承包方，以下简称禹神公司）进行结算，工程款为 319405.14 元，长利兴公司作为投资方对此予以确认。

案涉工程施工期间，长利兴公司为该工程向第三方申请了贷款。2010 年 2 月 7 日，长利兴公司与清城联社、清新联社、佛冈联社和英德联社签订了一份《社团贷款合同》：借款总金额 1.5 亿元；借款期限为 3 年，自 2010 年 2 月 7 日起至 2013 年 2 月 7 日止。2011 年 4 月 28 日，清城联社（抵押权人）与长利兴公司（抵押人）签订了一份《最高额抵押担保合同》，抵押财产为案涉在建工程。同年 8 月 17 日，上述当事人签订一份《最高额抵押担保合同》，实际上形成的债务的最高本金余额折合人民币 218728500 元，以本合同所约定的抵押物提供抵押担保。之后，清城联社、清新联社等向广东省清远市中级人民法院起诉，要求长利兴公司承担还款责任及对抵押物享有优先受偿权。2013 年 12 月 22 日，清远市中级人民法院分别作出（2013）清中法民二初字第 11 号、第 12 号民事判决，判令长利兴公司偿还借款本金 66931000.26 元、138043500 元及利息，清城联社、清新联社等对涉案的抵押物享有优先受偿权等。现该两案判决已生效，并已立案执行，案号为（2014）清中法执字第 44 号、第 45 号。

长利兴公司申请贷款后，在清远农商行开立的监管账号内申请划出贷款 7 笔，共计 116267000 元，均划入美雅公司账户，且大部分注明为工程款。2010年11月16日，长利兴公司通过广发银行A支行划款5000万元到美雅公司账户。同时，长利兴公司向美雅公司发出《划款通知书》，美雅公司按照《划款通知书》的指示，向长利兴公司指定的多个第三方账户多次划款，共计划出金额162315400元。

对于上述款项进入美雅公司账户后又划出的情况，长利兴公司于2013年3月18日出具了《证明》。该《证明》内容为：我公司于2010年2月11日至2011年9月1日，由农村信用合作联社转入美雅建筑工程公司账户的款项共12笔，金额计162315400元。建设单位在银行处的贷款当全额收回，建设单位项目工程款均没有支付给美雅公司，该项目所拖欠的工人工资、材料款以及所需缴纳的税金（包括施工方须缴纳的税金）由建设单位全部负责支付。由此引起处罚施工单位的行政、经济处罚及相关费用全由建设单位负责。美雅公司承认长利兴公司划入的款项为162315400元，但认为该款属走账性质，即长利兴公司只是借美雅公司的账户走账，长利兴公司实际上只支付了5982万元工程款，尚欠76327605.23元工程款。另外，还包括不在结算范围内的别墅外墙增加的防水工程319405.14元。

美雅公司承认除与长利兴公司有案涉工程项目外，双方没有其他的工程承发包关系，也没有借款关系。美雅公司另承认在案涉工程取得预售证后，长利兴公司已将该工程即沁园旅游服务中心酒店11号楼至12号楼出售，商铺、别墅仍未销售。清远农商行认为，美雅公司收到的包括走账款在内的工程款远远超过工程造价，其不应享有工程价款优先受偿权。长利兴公司与清远农商行签订借款合同后，其申请的贷款全部委托清远农商行直接汇入美雅公司的账户，金额为16626.7万元，还有部分是汇入某建筑工程有限公司（该公司是承接土方工程），汇款的用途为工程款，对于美雅公司又转出款项其并不知情。

2013年10月8日，美雅公司向广东省清远市中级人民法院提起诉讼，请求：1. 判令长利兴公司向美雅公司支付工程款76327605.23元；2. 判令长利兴公司自起诉之日起按照银行同期贷款利率向美雅公司支付利息直至全部清偿之日止；3. 判令长利兴公司向美雅公司支付御金街沁园别墅工程款319405.14元；4. 确认美雅公司对所建的沁园26000平方米商铺、沁园旅游服务中心酒店11号楼至12号楼工程、沁园住宅区14号楼至30号楼工程享有优先受偿权；5. 判令本案诉讼费用由长利兴公司承担。发回重审期间，美雅公司变更诉讼请求为：1. 判令长利兴公司向美雅公司支付工程款76647010.37元；2. 判令长利兴公司以76647010.37元为基数，从2013年3月22日（结算之日）起按照中国人民银行同期贷款利率计付利息给美雅公司直至全部款项付清之日止；3. 确认美雅公司对其承建的沁园26000平方米商铺、沁园旅游服务中心酒店11号楼至12号楼、沁园住宅区14号楼至30号楼等的房屋（包括商铺和住房）和在建工程拍卖、变卖所得的款项在上述工程款（即第1项和第2项诉讼请求）范围内享有优先受偿权；4. 判令本案诉讼费用由长利兴公司负担。2016年12月15日，清远市中级人民法院作出（2016）粤18民初4号民事判决，驳回美雅公司的诉讼请求。

美雅公司不服该判决，向广东省高级人民法院提起上诉，该院于2018年6月29日作出（2017）粤民终827号民事判决，判令：1. 撤销清远市中级人民法院（2016）粤18民初4号民事判决；2. 长利兴公司在判决发生法律效力之日起10天内向美雅公司支付工程款76647010.37元以及利息（其中，76327605.23元按照中国人民银行同期同类贷款利率支付上述工程款自2013年3月22日起至实际付款之日止计付利息；319405.14元按照中国人民银行同期同类贷款利率支付上述工程款自2013年10月28日起至实际付款之日止计付利息）；3. 驳回美雅公司其他诉讼请求。

美雅公司不服该判决，向最高人民法院申请再审。2018年12月28日，最高人民法院作出（2018）最高法民申5155号民事裁定，提审该案，并依法组成合议庭，开庭进行了审理。

## 二、裁判理由

本案的争议焦点为：1. 长利兴公司是否欠付美雅公司工程款；2. 美

雅公司是否享有建设工程价款优先受偿权。

（一）关于长利兴公司是否欠付美雅公司工程款的问题

根据原审已查明的事实，长利兴公司沁园项目部于2013年3月19日编制的《土建工程结算审核书》已确认案涉工程的结算总额（含土方工程）为136147605.23元。并且，长利兴公司与美雅公司双方已分别于2013年3月21日、22日就案涉工程进行结算并签署了《工程结算确认单》，共同确认案涉工程的结算总额（含土方工程）为136147605.23元。本案中，根据长利兴公司于2013年9月25日向美雅公司出具的《付款说明》以及美雅公司庭审自认，截至本案诉争之日，长利兴公司已向美雅公司支付案涉工程款5982万元。虽然本案原一、二审庭审过程中，长利兴公司与美雅公司均确认，长利兴公司尚欠美雅公司案涉工程款76327605.23元，且美雅公司申请再审亦主张，长利兴公司通过清远农商行划付至美雅公司的116267000元款项并非案涉工程款，而是双方之间另行约定的与案涉工程款性质相异的走账款，并且该款项转入美雅公司账户当日，美雅公司即按照长利兴公司的指示，将款项转付案外人，故除前述5982万元工程款外，美雅公司实际上并未收到其他工程款。对此，法院认为，第一，长利兴公司与美雅公司均确认，双方之间除案涉工程项目外，并无其他工程承包合同法律关系，因此，在本案尚无其他证据证明长利兴公司与美雅公司之间存在其他工程款支付法律关系的前提下，长利兴公司通过清远农商行监管账户划转至美雅公司账户的标注用途为工程款的款项只可能是案涉项目的工程款。第二，虽然美雅公司抗辩其并非清远农商行与长利兴公司相关借款合同法律关系的合同相对人，其按照长利兴公司的指示出借其账户走账并无过错。但根据原审已查明事实，由长利兴公司在清远农商行开立的专用监管账户划至美雅公司账户的相关转账凭证中，款项用途备注注明为工程款，美雅公司对该款项的性质及用途应是知悉的。最后，即使有少部分款项未注明工程款，但该部分款项系从长利兴公司账户直接转入美雅公司账户，在长利兴公司与美雅公司之间仅存在案涉工程且美雅公司未能提供有效反驳证据予以证明的情况下，亦不应影响长利兴公司付款性质为工程款且美雅公司明知的认定。综上，尽管美雅公司收到长利兴公司通过清远农商行监管账户划转的工程款后已按照长利兴公司的指示将相关款项转出，并未实际使用该工程款，因货币性质上属于特殊种类物，占有即所有，因此，自上述款项划付至美雅公司账户时起，长利兴公司即完成了工程款支付义务，美雅公司即对该等款项享有所有权，有权自行处置。综合考量清远农商行划付款项的形式审查义务履行情况、长利兴公司与美雅公司之间仅存在案涉项目建设工程施工合同法律关系以及美雅公司按照长利兴公司指示转付案涉工程款的过错程度等因素，在美雅公司总计收到的款项已经超过了其应当收取的工程款，案涉工程款已足额支付美雅公司的情况下，本案应认定长利兴公司并不欠付美雅公司工程款。故美雅公司关于前述款项系走账款而非工程款，长利兴公司应向其支付欠付工程款及利息的再审主张与查明事实不符，法院不予支持。二审判决关于本案长利兴公司尚欠美雅公司工程款76647010.37元的事实认定错误，法院予以纠正。

（二）关于美雅公司是否享有建设工程价款优先受偿权的问题

最高人民法院认为，建设工程价款优先受偿权是法律为维护社会公平正义，维护弱者生存权利和社会秩序而赋予债权人的一项民事权利。在工程价款优先受偿权与抵押权相冲突的情形下，应秉持公平原则与诚信原则，结合法律规定与具体案情，在平等保护各方利益的前提下，对建设工程价款优先受偿权予以审查。首先，《中华人民共和国合同法》第二百八十六条规定："发包人未按照约定支付价款的，承包人可以催告发包人在合理期限内支付价款。发包人逾期不支付的，除按照建设工程的性质不宜折价、拍卖的以外，承包人可以与发包人协议将该工程折价，也可以申请人民法院将该工程依法拍卖。建设工程的价款就该工程折价或者拍卖的价款优先受偿。"由此可知，发包人未按照合同约定支付工程价款，是承包人行使工程价款优先受偿权须具备的前提要件。如前所述，本案中，长利兴公司已足额支付美雅公司案涉工程款，因此美雅公司主张案涉工程价款优先受偿权，欠缺“发包人未按照约定支付价款”这一前提要件，其主张依法不能支持。其次，虽然《最高人民法院关于建设工程价款优先受偿权问题的批复》第一条作出规定，人民法院在审理房地产纠纷案件和办理执行案件中，应当依照《中华人民共和国合同法》第二百八十六条的规定，认定建筑工程的承包人的优先受偿权优于抵押权和其他债权。但是，《中华人民共和国合同法》第二百八十六条规定建设工程价款优先受偿权的立法目的，主要在于平衡承包人同发包人的其他债权人之间的关系，并非衡平承包人与发包人之间的关系。故在判断承包人是否有权依据合同法第二百八十六条主张建设工程价款优先受偿权时，不能仅依据承包人与发包人之间的意思表示。本案中，美雅公司作为承包人，依法有权处分自己的权利，但不得损害他人合法利益。美雅公司在明知由长利兴公司账户转入其账户内的款项实为长利兴公司向其支付的工程款的情形下，仍然按照长利兴公司的指示将其账户内已收到的相关款项又转付给案外人，美雅公司对其工程款债权不能顺利实现具有过错。若允许美雅公司将因自己过错而不能实现债权的损失转嫁给清远农商行承担，将有违公平原则。综上，美雅公司关于其应享有案涉工程价款优先受偿权的再审主张，不能成立。二审判决在未适用具体法律规则的情况下径行适用法律原则进行裁判，虽有失妥当，但其关于美雅公司请求对案涉工程价款享有优先受偿权的主张不予支持的认定正确，最高人民法院予以维持。

承前所述，美雅公司与长利兴公司之间因工程款而产生的债权债务关系已经消灭，美雅公司依其与长利兴公司的约定另行将其账户内的款项转付至长利兴公司指定的第三人，系在美雅公司与长利兴公司之间形成了新的法律关系。鉴于长利兴公司已于2013年3月18日出具《证明》，证明162315400元走账款在银行贷款当日其已全额收回，美雅公司并未实际使用相关款项。而且，长利兴公司与美雅公司在本案起诉前及原审中均确认，长利兴公司仍欠付美雅公司76327605.23元工程款。因此，法院认为，结合上述已查明事实，美雅公司与长利兴公司就上述款项的欠付确认，实质上为案涉工程款债权债务关系消灭后，双方基于走账约定，对新形成的法律关系项下的款项欠付事实的确认。考虑到尚未有证据证明上述款项欠付的确认存在法律应给予否定性评价的情形，且美雅公司与长利兴公司亦均未对二审判决主文第二项关于工程款支付的判项内容申请再审，故认定上述款项欠付的确认在长利兴公司与美雅公司双方之间具有法律约束力，较符合本案实际情况。从减少当事人诉累、实质化解本案纠纷的角度考量，最高人民法院对二审判决实体处理结果予以维持。

## 三、裁判结论

依照《中华人民共和国民事诉讼法》第二百零七条第一款、第一百七十条第一款第一项，《最高人民法院关于适用〈中华人民共和国民事诉讼法〉的解释》第三百三十四条之规定，判决如下：

维持广东省高级人民法院（2017）粤民终827号民事判决。

## 四、裁判要旨

1. 建设工程施工合同的发包人与承包人约定借用承包人银行账户走账，承包人收到通过银行监管账户划转的标注用途为工程款的款项后，依其与发包人的约定，又将款项支付给发包人或其指定的第三人的，相应款项性质应当认定为工程款。在此情形下，发包人与承包人将走账款约定为非工程款，实质上构成相应工程款债权债务关系消灭后，双方基于走账约定对新的债权债务关系的确认。在尚无证据证明存在法定无效情形下，发包人与承包人之间基于走账形成的新的债权债务关系可予以确认。

2. 《中华人民共和国合同法》第二百八十六条规定的建设工程价款优先受偿权的立法目的，主要在于平衡承包人同发包人的其他债权人之间的关系，故在判断承包人是否有权依据该法第二百八十六条主张建设工程价款优先受偿权时，不能仅依据承包人与发包人之间的意思表示。承包人虽依法有权处分自己的权利，但不得损害他人合法利益。在承包人对其工程款债权不能顺利实现具有过错的情形下，应秉持公平原则与诚信原则，结合法律规定与具体案情，在平等保护各方利益的前提下，对建设工程价款优先受偿权予以审查。

（合议庭成员：张颖新、奚向阳、杨蕾；案号：（2019）最高法民再57号；裁判日期：2019年6月28日；案例编写人：张颖新、耿利君；案例审核人：张勇健）

**005**

## 人民法院基于违约方预先交付的履约保证金等款项足以弥补因违约方违约给守约方造成的损失而明确违约方无须向守约方支付违约金情形下履约保证金应否返还的判断

——华视公司与广铁公司广告合同纠纷案

### 一、主要案情

2011年3月15日，甲方广铁公司与乙方华视公司签订《2011－2016年广铁电视广告代理合同》（以下简称《广告代理合同》），约定："一、定义条款。为明确和界定本合同出现的专门用语的含义，双方明确：1. 广州地铁电视：广州地铁电视，指本合同有效期内，甲方享有广告发布权、使用权的已开通的广州市地铁1－5号线、8号线、广佛线、珠江新城旅客自动运输系统（简称APM线）沿线站台、站厅和列车车厢内已安装及后续增加安装的电视媒体、广佛线站外LED大屏幕电视媒体（LED大屏幕仅限本合同约定的已安装完成的大屏幕）。……9. 日开机率：日开机率等于当日全部终端显示屏的正常服务时间总和/全部终端显示屏的运营规定当日服务时间总和×100%。……四、广告代理期限。1. 乙方代理期限为：2011年5月1日至2016年4月30日。……八、广告代理费用及支付方式……2. 乙方在代理期限内，各期的广告代理费用按月支付，乙方于每月的月初支付甲方当月的代理费。……4. 广州地铁电视墙以及广佛线站外LED的电费（含相应税费）由乙方按照供电方提供的实际数据支付给甲方。5. 乙方应向甲方如约支付广告代理费，如乙方无故逾期支付，乙方应按照逾期部分广告代理费的每日万分之三向甲方支付滞纳金。九、本合同的履约保证金。1. 为保证合同的履行，双方确定，本合同签订之日起5个工作日内，乙方须向甲方支付合同总额的10%作为履约保证金，即人民币5438万元整。合同履行过程中，如出现乙方应向甲方支付赔偿金、违约金、滞纳金时，乙方不得主张从保证金中抵扣。十、甲方的权利与义务。1. 甲方负责已经验收并移交的地铁电视、电视墙视频终端的日常维护，并承担相应的维护费用，保证其正常使用。……（2）地铁运营时间内的电视视频终端的日开机率不低于95%。站台/厅电视视频终端出现一般故障，甲方须在发现故障24小时内进行维修；如出现重大故障，甲方须在发现故障48小时之内进行维修。列车电视视频终端出现故障，甲方须尽快进行维修。3. 除本合同约定的不可抗力因素或本合同的约定外，甲方不得无故停止或中断乙方所代理的广告播放，如停止或中断播放连续超过5日，甲方应向乙方赔偿由此造成的直接经济损失。十一、乙方的权利与义务。1. 乙方有权对本合同规定范围内的地铁电视视频终端的使用情况，进行监督和定期或不定期检查，甲方人员有义务给予相应的配合。……十三、本合同的终止与解除及责任约定。出现以下情形，本合同予以终止或解除：……3. 如乙方延迟付款累计超过15日时，甲方有权单方终止或解除本合同，并可要求乙方支付已发生的广告代理费及滞纳金，且甲方有权不向乙方退还履约保证金……6. 因乙方原因（包括但不限于乙方破产、被吊销、终止经营等）导致提前终止本合同，乙方须提前6个月通知甲方，且乙方应向甲方支付广告代理费未付部分的20%作为违约金，履约保证金不予退还。因甲方原因导致提前终止合同，甲方应向乙方支付合同未履行部分广告代理费的20%作为违约金，履约保证金退还。十四、不可抗力的约定。以下情形属本合同所指的不可抗力：……2. 重大政治、经济、民生、文化体育事件发生，且政府或广州地铁要求的停止一切广告播放。合同附件中对各期广告代理费用及支付时间予以详细列明。”

2013年4月23日，华视公司、广铁公司签订《2011—2016年广州地铁电视广告代理合同补充协议》（以下简称《补充协议》），该协议第2条约定了对原合同第3条广告代理范围的修改。删除原合同条款中的“已安装完成的地铁电视LED大屏幕终端”的约定。该8组LED大屏幕终端，不再属于乙方的广告代理范围。原合同代理范围中的“广佛线户外8块LED大屏幕”，依照政府和有关广告管理部门的强制性要求，不得再播放广告。该《补充协议》将华视公司应支付的广告代理费总额调整为人民币505386660元，并对原合同附件中各期广告代理费用及支付时间予以相应修改。

2014年7月7日，华视公司向广铁公司出具《承诺函》，并向广铁公司承诺：若不能在2014年9月7日前支付缓付的广告代理费，贵司有权：“1. 根据《广告代理合同》第13条第4项的约定，单方面终止或解除广告代理合同。2. 根据《广告代理合同》第13条第6项的约定，我司向贵司承担合同未履行部分广告代理费的20%违约金责任。3. 根据《广告代理合同》第13条第4项的约定，我司向贵司承担因逾期支付广告代理费所产生的滞纳金。”

2014年7月9日，广铁公司向华视公司出具《关于7月7日承诺函的回复》，主要内容为：“贵公司《承诺函》的三项内容，本就是双方合同约定的内容，并未超出合同范围。贵公司承诺函没有体现贵公司所谓的诚意。故此，我公司只能回到合同层面去处理贵公司拖欠支付广告代理费的问题。”

2014年9月10日，华视公司最后一次付款给广铁公司。

2014年10月15日，广铁公司向华视公司出具《关于解除广告代理合同的通知》（以下简称《解除合同通知》），主要内容为：“根据贵我双方签订的《广告代理合同》及其补充协议第13条第3款的有关约定以及《中华人民共和国合同法》第九十三条的有关规定，在贵公司拖欠我公司广告代理费且拖欠累计超过15日的情形下，我公司决定并正式通知贵公司，自2014年11月1日起，我公司解除与贵公司的《广告代理合同》及其他相关补充协议。”

广铁公司确认合同实际履行至2014年10月31日，华视公司提出庭后核实再书面回复广州铁路运输中级法院，但至今未就该问题回复广州铁路运输中级法院。华视公司未按照合同约定逾期向广铁公司支付的2012年6月2014年7月的广告代理费金额、时间、逾期天数、滞纳金为：

| 应付款时间 | 实收款时间 | 逾期付款金额（元） | 逾期天数 | 滞纳金率 | 滞纳金（元） |
|---|---|---|---|---|---|
| 2012.06.07 | 2013.05.03 | 1362495 | 329 | 0.03% | 134478.26 |
| 2012.07.07 | 2013.05.03 | 908340 | 299 | 0.03% | 81478.1 |
| 2012.08.07 | 2013.05.03 | 908330 | 268 | 0.03% | 73029.73 |
| 2012.09.07 | 2013.05.03 | 908330 | 237 | 0.03% | 64582.26 |
| 2012.11.07 | 2013.05.03 | 2724990 | 176 | 0.03% | 143879.47 |
| 2012.12.07 | 2013.05.03 | 2724990 | 146 | 0.03% | 119354.56 |
| 2013.01.07 | 2013.01.11 | 8175000 | 4 | 0.03% | 9810 |
| 2013.02.07 | 2013.02.19 | 8174970 | 12 | 0.03% | 29429.89 |
| 2013.03.07 | 2013.03.25 | 8174970 | 18 | 0.03% | 44144.84 |
| 2013.04.07 | 2013.04.15 | 8175060 | 7 | 0.03% | 17163.63 |
| 2013.05.07 | 2013.05.09 | 8174970 | 2 | 0.03% | 4904.98 |
| 2013.06.07 | 2013.06.19 | 7357500 | 12 | 0.03% | 26487 |
| 2013.08.07 | 2013.08.16 | 6900000 | 9 | 0.03% | 18630 |
| 2013.10.07 | 2013.10.22 | 6905000 | 13 | 0.03% | 26929.5 |
| 2013.11.07 | 2013.11.11 | 6905000 | 4 | 0.03% | 8286 |
| 2013.12.07 | 2013.12.20 | 6905000 | 11 | 0.03% | 22786.5 |
| 2014.01.07 | 2014.01.16 | 6905060 | 9 | 0.03% | 18643.66 |
| 2014.02.07 | 2014.02.10 | 6904970 | 3 | 0.03% | 6214.47 |
| 2014.03.07 | 2014.03.20 | 6904970 | 13 | 0.03% | 26929.38 |
| 2014.04.07 | 2014.04.08 | 8175060 | 1 | 0.03% | 2452.52 |
| 2014.05.07 | 2014.05.21 | 8955000 | 14 | 0.03% | 37611 |
| 2014.06.07 | 2014.09.10 | 8955000 | 94 | 0.03% | 252531 |
| 2014.07.07 | 2014.09.10 | 1045000 | 64 | 0.03% | 20064 |
| 合计 | — | — | — | — | 1189820.75 |

华视公司从2013年6月起未按照合同约定向广铁公司支付的广告代理费数额为：

| 应付款日期 | 欠款金额（元） |
|---|---|
| 2013.06.07 | 817500 |
| 2013.07.07 | 817500 |
| 2013.08.07 | 1275000 |
| 2013.09.07 | 1270000 |
| 2013.10.07 | 1270000 |
| 2013.11.07 | 1270000 |
| 2013.12.07 | 1270000 |
| 2014.01.07 | 1270000 |
| 2014.02.07 | 1270000 |
| 2014.03.07 | 1270000 |
| 2014.07.07 | 7910000 |
| 2014.08.07 | 8955000 |
| 2014.09.07 | 8955000 |
| 2014.10.07 | 8955000 |
| 合计 | 46575000 |

华视公司向广州铁路运输中级法院提起诉讼，请求：1. 判令确认解除华视公司、广铁公司签订的《广告代理合同》（华视公司庭审确认请求解除的合同为《2011—2016年广州地铁电视广告代理合同》及《2011—2016年广州地铁电视广告代理合同补充协议》）；2. 判令广铁公司因单方面解除合同向华视公司支付违约金3223.8万元；3. 判令广铁公司因开机率不足的违约向华视公司支付赔偿金2392万元；4. 判令广铁公司因插播客流导流信息的违约而向华视公司支付赔偿金1905万元（华视公司庭审确认诉状中的1950万元为笔误）；5. 判令广铁公司返还华视公司履约保证金5438万元，并从2014年10月22日起至实际返还之日止按照同期贷款利率支付逾期返还的利息；6. 判令广铁公司承担本案诉讼费。2016年12月30日，广州铁路运输中级法院作出（2016）粤71民初1号民事判决，判令：1. 确认华视公司与广地公司签订的《广告代理合同》及《补充协议》解除；2. 驳回华视公司的其他诉讼请求。

华视公司不服该判决，向广东省高级人民法院提起上诉。该院于2018年6月26日作出（2017）粤民终518号民事判决，驳回上诉，维持原判。华视公司不服该判决，向最高人民法院申请再审。最高人民法院于2019年2月14日立案后，依法组成合议庭进行了审查。

## 二、裁判理由

本案的争议焦点为：1. 广铁公司是否构成违约，应否承担违约责任；2. 广铁公司应否向华视公司返还履约保证金及逾期利息；3. 原判决是否遗漏诉讼请求。

（一）关于广铁公司是否构成违约，应否承担违约责任的问题

根据华视公司的申请再审事由，其主张广铁公司构成违约，主要体现在地铁电视视频终端日开机率不足、音量过低或无声、早晚插播导流信息等方面。对此，最高人民法院认为，其一，关于开机率的问题。根据《广告代理合同》第10条第1款第2项的约定，地铁运营时间内的电视视频终端的日开机率不低于95%。对于何为日开机率，《广告代理合同》第1条第9款作了明确约定，即日开机率等于当日全部终端显示屏的正常服务时间总和/全部终端显示屏的运营规定当日服务时间总和×100%。根据上述约定，开机率的计算须基于全天对地铁全部终端显示屏工作情况的记录。对于开机率是否已达到《广告代理合同》约定的数值，广铁公司和华视公司持不同观点，并在原审期间分别提交了《广州地铁电视终端故障统计报告》和《广州地铁媒体巡查情况汇总表》等证据证实自己的主张。从《广州地铁电视终端故障统计报告》和《广州地铁媒体巡查情况汇总表》等证据所载内容看，广铁公司提交的《广州地铁电视终端故障统计报告》是在对地铁运行全线所有终端显示屏全天工作情况检测和巡查所得数据的基础上形成的。而华视公司提交的《广州地铁媒体巡查情况汇总表》仅是在对地铁运行线路个别站点、车厢终端显示屏某一时间段抽样巡查所得数据的基础上形成的。两者相较而言，广铁公司提交的《广州地铁电视终端

故障统计报告》在对开机率的统计和计算上更符合《广告代理合同》的约定，可以较为全面和准确地反映地铁全线全部终端显示屏全天工作情况。原判决据此认定广铁公司在开机率问题上不违反《广告代理合同》的约定，有事实依据。华视公司申请再审主张地铁电视视频终端日开机率不足，广铁公司存在违约，缺乏事实依据。其二，关于音量的问题。虽然华视公司申请再审主张地铁电视视频终端广告播放音量过低或无声，影响其合同目的的实现，广铁公司应承担相应违约责任，但鉴于双方当事人在《广告代理合同》及《补充协议》中并未对地铁电视视频终端广告播放音量问题作出约定，且华视公司亦未提交有效证据证明案涉地铁电视视频终端广告播放音量不符合规定标准，故原判决认定广铁公司在广告播放音量问题上不构成违约，并无不当。其三，关于插播导流信息的问题。从《广告代理合同》及《补充协议》约定内容看，双方当事人并未对是否允许广铁公司插播导流信息作出明确约定。根据《广告代理合同》第 5 条第 1 款、第 3 款和第 1 条第 6 款的约定，华视公司在一天内享有的硬性商业广告投放时间为 8 小时，该 8 小时是指在地铁一天的正常运营时段内，华视公司代理的地铁电视广告播放的各时间总和，而广铁公司对广告发布的具体时段有安排权。从上述约定内容看，双方当事人虽明确了华视公司代理的地铁电视广告在一天内的播放时长，但并未明确约定具体投放时间，且广铁公司对广告发布具体时段享有安排权。在此情形下，华视公司申请再审主张广铁公司在地铁运营早晚高峰时段插播导流信息构成违约，缺乏事实依据。并且，公众出行安全和地铁运行安全是地铁运营应予首要考虑的因素，特别是在地铁运营早晚高峰公众出行较为密集时段更是如此。本案中，在地铁运营早晚高峰时段插播导流信息，目的是尽快疏导旅客，确保旅客出行安全和地铁运行安全，系基于公众利益的考量，在《广告代理合同》及《补充协议》未明确约定华视公司代理的地铁电视广告具体投放时间的情况下，亦不能将该行为视为广铁公司的违约行为。其四，关于发布招商广告问题。根据《广告代理合同》第 13 条第 3 款的约定，在华视公司延迟付款累计超过15日的情况下，广铁公司有权终止或解除该合同。而根据原审已查明的事实，华视公司在履行《广告代理合同》及《补充协议》过程中，已出现延迟付款累计超过15日的违约行为，因此，广铁公司有权终止或解除《广告代理合同》及《补充协议》。在广铁公司已向华视公司出具《解除合同通知》，告知华视公司解除合同的情况下，广铁公司就案涉广告投放平台另行发布招商广告，并不构成违约。且华视公司在原审期间并未明确主张广铁公司在出具《解除合同通知》后发布招商广告的行为构成违约，应承担违约责任。华视公司在申请再审期间提出该项主张，缺乏事实和法律依据。综上，原判决认定广铁公司在履行《广告代理合同》及《补充协议》过程中不存在违约行为，不构成违约，有事实和法律依据。华视公司申请再审主张广铁公司存在违约行为，理据不足，不能成立。

（二）关于广铁公司应否向华视公司返还履约保证金及逾期利息的问题

法院认为，其一，《广告代理合同》是华视公司与广铁公司经协商后自愿签订的，体现了双方当事人的真实意思表示，且不违反法律、行政法规的强制性规定，应为合法有效合同，该合同约定条款对双方当事人具有法律上的约束力。《广告代理合同》第8条第5款约定：“如华视公司逾期付款累计超过15日的，广铁公司有权单方解除本合同，并可要求华视公司支付已发生的广告代理费及滞纳金，且广铁公司有权不向华视公司退还履约保证金。”该合同第13条第3款约定：“如华视公司延迟付款累计超过15日时，广铁公司有权单方终止或解除本合同并可要求华视公司支付已发生的广告代理费及滞纳金，且广铁公司有权不向华视公司退还履约保证金。”根据原审已查明的事实，华视公司在履行《广告代理合同》及《补充协议》过程中，已出现延迟付款累计超过15日的违约行为，广铁公司也已向华视公司出具《解除合同通知》，告知华视公司解除《广告代理合同》及《补充协议》。在此情形下，原判决未判令广铁公司向华视公司返还5438万元履约保证金及逾期利息，有合同依据。其二，本案与另案即广铁公司诉华视公司广告合同纠纷案［案号（2017）粤民终519号］，系因同一合同法律关系引起的纠纷，华视公司与广铁公司在两案中互为原告和被告关系。在广铁公司诉华视公司广告合同纠纷案中，广东省高级人民法院已对华视公司因其在履行《广告代理合同》过程中的违约行为所应承担的违约金和滞纳金予以核对，两笔款项总额为54126001.25元。具体到本案，广东省高级人民法院之所以在华视公司存在违约行为，依约应承担违约金和滞纳金的情况下判令其无须再向广铁公司支付该款项，实已充分考虑本案中广铁公司已收取且无须向华视公司返还5438万元履约保证金，该笔款项足以弥补因华视公司违约给广铁公司造成损失的实际情况。在此情形下，如本案再行判令广铁公司应向华视公司返还5438万元履约保证金及逾期利息，显然与本案实际情况相悖，亦有违公平原则。其三，华视公司申请再审还主张，原判决判令广铁公司有权不向其返还履约保证金且不支付逾期利息，实质上是将履约保证金作为定金处理，将定金罚则适用于履约保证金，属适用法律错误。法院认为，在当事人对履约保证金的性质存有争议时，人民法院应基于案件实际情况，结合当事人关于履约保证金的具体约定等因素，对该款项性质综合加以判断和认定。从本案原审审理情况看，原判决依据《广告代理合同》关于履约保证金的具体约定，认定广铁公司无须向华视公司返还5438万元履约保证金，并无明显不当，不属于《中华人民共和国民事诉讼法》第二百条第六项规定的应予再审的情形。华视公司的该项申请再审事由缺乏事实依据，不能成立。综上，原判决未支持华视公司关于请求广铁公司返还5438万元履约保证金及逾期利息的诉讼请求，显无不当。

（三）关于原判决是否遗漏诉讼请求的问题

法院认为，本案系华视公司认为广铁公司在履行《广告代理合同》过程中存在违约行为应承担违约责任而引起的纠纷，广铁公司在本案中并未提起反诉。华视公司作为本案主张广铁公司存在违约行为应承担违约责任的一方当事人，现又申请再审主张原判决遗漏其提出的违约金是否过高的主张，不能成立。同时，关于履约保证金的性质问题，该问题仅为华视公司诉讼请求能否成立的考量因素之一，本身并不属于华视公司的诉讼请求。在原判决已对华视公司提出的广铁公司应否向其返还5438万元履约保证金及逾期利息的诉讼请求进行审理，并明确认定广铁公司无须承担此项义务的情况下，华视公司申请再审主张原判决遗漏关于履约保证金性质的诉讼请求，缺乏事实依据，亦不能成立。

## 三、裁判结论

依照《中华人民共和国民事诉讼法》第二百零四条第一款，《最高人民法院关于适用〈中华人民共和国民事诉讼法〉的解释》第三百九十五条第二款之规定，裁定如下：

驳回华视公司的再审申请。

## 四、裁判要旨

1. 合同履行过程中，当事人是否存在违约行为及应否承担相应违约责任，应严格依照合同约定、违约事实、相关法律规定等加以综合判断。在违约方预先交付的履约保证金等款项足以弥补因其违约行为给守约方造成的损失，且人民法院基于此种判断已明确违约方无须向守约方支付违约金的情形下，人民法院可不再另行判令守约方向违约方返还履约保证金及逾期利息。

2. 履约保证金的性质仅为当事人诉讼请求能否成立的考量因素之一，本身并不属于诉讼请求的范畴。在当事人对履约保证金的性质存有争议时，人民法院可基于案件实际情况，并结合当事人关于履约保证金的具体约定等因素，对该款项性质综合加以判定。

（合议庭成员：张颖新、奚向阳、杨蕾；案号：（2019）最高法民申991号；裁判日期：2019年3月29日；案例编写人：张颖新、盛强；案例审核人：张勇健）

**006**

## 金钱债务关系中，金钱性质应首先以付款方的意思表示为判断标准

——中恒汇志公司与万和证券公司质押式证券回购纠纷案

### 一、主要案情

2016年11月22日，中恒汇志公司为甲方、万和证券公司为乙方签订编号为WZG-1-20161×××02-OIYWXY《业务协议》，对双方进行的股票质押式回购交易业务作出约定。协议载明：万和证券公司管理的集合资产管理计划或定向资产管理客户作为资金融出方，集合资产管理计划/定向资产管理计划名称为“万和证券川信2号定向资产管理计划”，委托人为四川信托有限公司（作为“四川信托-福鑫7号集合资金信托计划”的受托人）。协议的“特别声明”事项载明：若万和证券公司管理的集合资产管理计划或定向资产管理客户作为资金融出方的，乙方根据中国证券业协会、上海证券交易所、深圳证券交易所、中国证券登记结算有限责任公司等机构的规定及相关资产管理合同的约定，以管理人身份代表资金融出方签署本协议，相关法律后果均由集合资产管理计划或定向资产管理客户承担。协议第2条第6项载明：标的证券是指在交易所上市交易，经交易所认可及万和证券公司确定的可以用于股票质押回购交易的证券。协议第2条第7项载明：初始交易金额是指初始交易时中恒汇志公司向万和证券公司融入的资金金额。协议第2条第8项载明：购回金额是指在购回交易中，中恒汇志公司向万和证券公司购回标的证券的交易金额（不含相关交易费用）。协议第12条第1款第10项约定：中恒汇志公司违约时，万和证券公司有权处置相应质押标的证券并优先受偿，处置所得价款不足以清偿中恒汇志公司债务的，万和证券公司有权继续向中恒汇志公司追偿。协议第13条第6款约定：待购回期间，万和证券公司有权要求中恒汇志

公司在该情形发生或发现的下两个交易日提前购回：1. 根据清算结果中恒汇志公司的履行保障比例达到或低于最低履约保障比例且未新开一笔补充质押以使履约保障比例高于风险线的；2. 待购回期间，质押标的证券被作出终止上市决定的、涉及跨市场吸收合并的……。协议第14条第3款“履约保障措施”约定：1. 当T日收盘，中恒汇志公司的履约保障比例达到或低于预警线的，万和证券公司将通知中恒汇志公司，要求中恒汇志公司关注市场风险，中恒汇志公司应在3个交易日内做好履约准备。2. 当T日收盘，中恒汇志公司的履约保障比例达到或低于预警线的，万和证券公司将通知中恒汇志公司。中恒汇志公司应于2个交易日内补充质押股票、提前购回或补充相应保证金，确保按T+2日收盘价计算后履约保障比例高于风险履约保障比例。若中恒汇志公司未在上述约定的时间内采取履约保障措施的，且按T+2日收盘价计算后履约保障比例仍低于风险线的，视中恒汇志公司违约，万和证券公司有权于次一交易日起向中恒汇志公司收取违约金。3. 当T日收盘后，中恒汇志公司履约保障比例达到或低于最低线的，则认定为中恒汇志公司违约，万和证券公司有权按照本协议第17条第4款对中恒汇志公司违约进行流程处置。协议第17条第2款约定发生下列情形之一的，视为中恒汇志公司违约：1. 初始交易时，因中恒汇志公司证券账户标的证券余额不足或账户状态不正常导致交易无法申报、申报失败或质押失败的；2. 待回购期间，中恒汇志公司未按本协议约定支付利息的；3. 购回交易时，因中恒汇志公司资金账户余额不足或账户状态不正常导致交易无法申报、申报失败或资金交收失败的；4. T日收盘后，中恒汇志公司履约保障比例达到或低于风险线时，因中恒汇志公司原因未在其后二个交易日（T+2）10：00前完成提前回购、补充质押、补充保证金或采取其他履约保障措施以使收盘后履约保障比例高于风险线的，T日收盘后，中恒汇志公司的履约保障比例达到或低于风险线的；5. 其他万和证券公司按本协议约定要求中恒汇志公司提前回购而中恒汇志公司未提前回购的情形；6. 中恒汇志公司违反本协议下的义务和/或承诺的；7. 中恒汇志公司违反监管部门规定进行股票质押式回购交易的情形。发生本款第1项情形时，该笔初始交易作废，发生本款第2项至第7项情形的，按本条第3款、第4款的规定处理，同时，自违约情况发生的次日起，中恒汇志公司应每日向万和证券公司缴纳违约金，每日缴纳违约金＝当日未偿还本金×日违约金比率，日违约金比率为万分之五。协议第17条第3款约定：发生第2款第2项、第3项、第4项、第7项违约情形时，万和证券公司有权于次一交易日起按中恒汇志公司违约处置流程处理；发生本条第2款第5项违约情形时，除另有约定外，按中恒汇志公司违约处置流程处理。发生本条第2款第6项违约行为时，万和证券公司有权要求中恒汇志公司停止违约行为，中恒汇志公司应配合万和证券公司重新获得对保密信息的控制；同时，中恒汇志公司应赔偿万和证券公司遭受的全部损失并承担万和证券公司为实现该等赔偿所发生的一切费用。协议第17条第4款“甲方违约处置流程”第1项约定：标的证券为上海交易所标的证券，根据协议约定须处置质押标的证券的，对于流通股份，通过上海证券交易所交易系统进行处置，第7项约定：对于违约处置时仍处于限售期的有限售条件股份或由特殊原因导致无法处置时，万和证券公司有权按照以下任一方式处理：1. 等待解禁。待有限售条件股份解禁后，办理解除限售手续后，再另行申报违约处置；2. 通过司法途径，如场外司法拍卖等方式，处置有限售条件股份。

2016年11月22日，万和证券公司与中恒汇志公司就上述《业务协议》所约定的股票质押式回购业务，签订了两份具体的《万和证券股份有限公司股票质押式回购交易协议书》（以下简称《交易协议》）。其中WZG－1－20161×××02－OIYWXY－XYS01《交易协议》载明：融入方中恒汇志公司质押的股票为15306000股“中安消”股票，限售流通期限至2017年12月31日，股份基准日价格每股20.09元；初始交易日期2016年11月22日，回购交易日期2018年11月22日，回购期限730日，回购利率年利率7.69%，初始交易金额2.306亿元，回购交易金额266066280

元。WZG－1－20161××02－OIYWXY－XYS02《交易协议》载明：融入方中恒汇志公司质押的股票为25192000股“中安消”股票，限售流通期限至2018年1月23日，股份基准日价格每股20.09元；初始交易日期2016年11月22日，回购交易日期2018年11月22日，回购期限730日，回购利率年利率7.69%，初始交易金额37940万元，回购交易金额437751720元。上述二份《交易协议》约定的履约保障比例的风险线为120%、最低线为110%。同日，万和证券公司还与中恒汇志公司的控股股东及时任法定代表人涂某身签订了一份编号为WZG－1－20161××02－OIYWXY－BZ的《保证合同》，约定：涂某身为中恒汇志公司履行上述股票质押式回购交易业务协议所约定的全部支付义务提供连带责任保证；保证范围为主合同项下全部债务，包括但不限于全部回购价款、补充质押或交纳保证金、提前或延期回购补偿金、以及债务人因违反合同产生的违约金、赔偿金、债务人应向万和证券公司支付的其他款项（包括但不限于有关手续费、电讯费、杂费等）、万和证券公司为实现债权与担保权利而发生的费用（包括但不限于财产保全费、差旅费、执行费、评估费、拍卖费、公证费、送达费、公告费、律师费等）。上述协议签订后，万和证券公司于2016年11月22日支付了初始交易款项2.306亿元、3.794亿元，共6.1亿元给中恒汇志公司。中恒汇志公司也已将上述交易协议约定的15306000股、25192000股“中安消”股票（证券代码为600654）质押登记给了万和证券公司。

2016年12月12日，万和证券公司向中恒汇志公司在《业务协议》中指定的联系人赵某发出《风险提示通知书》，提示：中恒汇志公司截至2016年12月12日收盘二笔合约的最新履约保证比例为115.47%和115.51%，均已低于风险线120%，请中恒汇志公司关注履约保障比例的变化，做好补充质押、提前购回或补充保证金的准备。

2016年12月20日，中恒汇志公司向万和证券公司支付利息3598498.63元。

2017年3月20日，中恒汇志公司向万和证券公司支付利息

11566602.74 元。

2017 年 5 月 31 日，万和证券公司再次向中恒汇志公司指定的联系人赵某发出《风险提示通知书》，提示：中恒汇志公司截至 2017 年 5 月 31 日收盘二笔合约的最新履约保证比例为 108.27% 和 108.31%，均已低于最低线 110%，要求中恒汇志公司及时采取补充质押、提前购回或补充保证金及其他经融出方同意的履约保障措施提高履约保障比例。但中恒汇志公司收到风险提示后未能采取补充质押、提前购回或补充保证金等措施。

2017 年 8 月 14 日，万和证券公司提起本案诉讼。

万和证券公司向广东省高级人民法院起诉请求：1. 判令中恒汇志公司向万和证券公司提前偿还融资款 6.1 亿元及利息（截至 2017 年 6 月 20 日，利息暂为 11823638 元，利息按照年利率 7.69% 计算至款清之日止）。2. 判令中恒汇志公司支付违约金，截至 2017 年 6 月 20 日，违约金暂为 57035000 元，违约金以未偿还融资款为基数按照日万分之五计算至款清之日止。3. 判令万和证券公司对中恒汇志公司持有的中安消股份有限公司 40498000 股股票及其孳息享有质权，并对前述股票及其孳息拍卖、变卖所得价款优先受偿。4. 判令涂某身按照《保证合同》对上述债务承担连带保证担保责任。5. 判令中恒汇志公司、涂某身承担本案全部诉讼费用及万和证券公司为实现债权而实际发生的其他费用（包括但不限于财产保全费、差旅费、执行费、评估费、拍卖费、公证费、送达费、公告费、律师费等）。

广东省高级人民法院判决：1. 中恒汇志公司于判决生效之日起 10 日内向万和证券公司支付融资款本金 6.1 亿元及利息、违约金（利息以融资款本金 6.1 亿元为基数从 2016 年 11 月 22 日起按照年利率 7.69% 计算至 2016 年 12 月 14 日止，违约金以融资款本金 6.1 亿元为基数从 2016 年 12 月 15 日起按每日万分之五计算至清偿之日止。中恒汇志公司已于 2016 年 12 月 20 日偿付的 3598498.63 元、于 2017 年 3 月 20 日偿付的 11566602.74 元从中折抵）；2. 万和证券公司对中恒汇志公司质押给其的 40498000 股中安消股份有限公司股票（证券代码600654）及孳息享有质权，有权以该质押的财产折价或拍卖、变卖该质押的财产所得的价款优先受偿；3. 涂某身对中恒汇志公司第一判项的债务承担连带清偿责任。涂某身承担保证责任后有权向中恒汇志公司追偿；4. 驳回万和证券公司的其他诉讼请求。案件受理费3436093.19元，由中恒汇志公司、涂某身负担3092483.87元，万和证券公司负担343609.32元。

中恒汇志公司不服广东省高级人民法院作出的一审判决，向最高人民法院提起上诉，请求：1. 改判一审判决第一项，减少本金金额12337709.59元，即将中恒汇志公司已支付的两笔利息款在折抵一审判决认定的利息后，剩余金额折抵本金；违约金以折抵后的本金为基数计算；2. 本案诉讼费用由万和证券公司承担。

最高人民法院于2019年9月2日立案后，依法组成合议庭，开庭对本案进行了审理。

## 二、裁判理由

本案的争议焦点为：中恒汇志公司支付的15165101.37元中的12337709.59元是否应抵扣本金6.1亿元。

法院认为，第一，根据《业务协议》第6条第2款关于到期购回利息计算与支付方式约定："股票质押式回购交易按天计息，初始交易日当日开始计息，购回交易日当日不计息。待购回期间按季结息，每年3月、6月、9月、12月的20日为该笔交易上一季度结息日，若结息日为非交易日，实际结息日为原结息日的前一交易日。另行约定除外。甲方须在结息日将足额利息资金留存在资金账户内，由乙方划转收取。购回时剩余未付利息随本金一并收取。每日应付利息＝当日未偿还本金×购回价格÷365"，万和证券公司以利息名义分别于2016年12月20日、2017年3月20日扣划中恒汇志公司账户中的共计15165101.37元款项，具有合同依据。万和证券公司收取的利息并未超出《业务协议》约定的利息金额，中恒汇志公司不存在多付约定利息的情形。

第二，根据一审庭审笔录，中恒汇志公司与万和证券公司双方当庭均确认，中恒汇志公司已经付清2017年3月20日之前的利息。即中恒汇志公司分别于2016年12月20日、2017年3月20日支付的二笔合计15165101.37元的款项系为如期支付《业务协议》项下约定的融资利息，现中恒汇志公司上诉主张该二笔款项中的12337709.59元并非利息，而应抵扣6.1亿元融资款有违诚信原则。

第三，一审判决并未认定中恒汇志公司应当支付的利息期间为2016年11月22日至2016年12月14日。一审判决认定，万和证券公司于2016年11月22日将融资款6.1亿元划至中恒汇志公司账户，中恒汇志公司应从该日起按《业务协议》约定的年利率7.69%计付利息。此外，由于万和证券公司主张的计算利息以及违约金期间重合，一审法院认为自违约日2016年12月15日起按每日万分之五计收违约金已足以弥补万和证券公司资金被占用的损失，故不再支持从该日起按照协议约定的年利率7.69%计息。但此并非一审判决认可万和证券公司自2016年12月15日后没有利息损失，而是考虑到若同时支持万和证券公司关于违约金和剩余期限未支付利息的诉讼请求，将使中恒汇志公司承担过高的违约成本，故酌定以日万分之五的标准计算违约损失。按此标准计算的违约损失涵盖万和证券公司在中恒汇志公司正常履约情况下可以获得的利息，则自2016年12月15日起至2017年3月20日止已支付的利息亦包括在内。故中恒汇志公司上诉主张的金额为12337709.59元（即3598498.63元+11566602.74元-2827391.78元）的利息款，既然未超过中恒汇志公司按照协议应按时支付的利息金额，则应视为抵扣违约金中涵括的6.1亿元资金被占用损失，中恒汇志公司上诉主张存在多支付利息12337709.59元，应抵扣融资本金6.1亿元，没有事实依据。

第四，中恒汇志公司主张依据《最高人民法院关于适用〈中华人民共和国合同法〉若干问题的解释（二）》第二十一条认定其多支付利息的抵扣顺序。但在本案中，万和证券公司与中恒汇志公司之间既有明确的利息支付约定，又不存在超额支付利息的情形，不应适用上述司法解释处理本案。综上，因中恒汇志公司未按照《业务协议》的约定归还万和证券公司融资款本金6.1亿元，一审判决认定2016年11月22日至2016年12月14日属于正常履约期间，按照年利率7.69%计算利息；2016年12月15日至实际偿清日属于违约期间，按照每日万分之五的标准计算违约金，并将中恒汇志公司已支付的两笔合计15165101.37元的利息从中予以折抵，并无不当，法院予以维持。

## 三、裁判结论

依照《中华人民共和国民事诉讼法》第一百四十四条、第一百七十条第一款第一项之规定，判决如下：

驳回上诉，维持原判。

## 四、裁判要旨

在涉及金钱债务合同法律关系时，判断当事人在履行合同过程中所支付的每一笔金钱的具体性质，应严格遵循当事人的意思自治予以判断。如果当事人在支付案涉金钱时已经明确表示或者在相关付款凭证上载明该笔金钱的性质，如“利息、违约金、还本金”等，则除非另一方当事人提供足够充分且符合生活常识的反驳证据外，人民法院不宜作出与当事人先前意思表示不一致的认定。且仅当当事人对金钱性质有分歧，又缺乏可以判断案涉金钱属性的直接证据时，才能依据《最高人民法院关于适用〈中华人民共和国合同法〉若干问题的解释（二）》第二十一条规定，按照实现债权的有关费用、利息、主债务的顺序，具体认定案涉金钱的属性。

（合议庭成员：张颖新、江显和、黄西武；案号：（2019）最高法民终1599号；判决日期：2019年7月22日；案例编写人：张颖新、刘文慧；案例审核人：张勇健）

**007**

## 代理人以被代理人的名义变更被代理人与合同相对人签订的原合同内容的，应当取得被代理人的授权或追认

——叶某寨与联华公司等民间借贷纠纷案

### 一、主要案情

2013年2月，联华公司与叶某寨、明达意航公司签订《借款暨担保合同》，约定由联华公司向叶某寨提供2.5亿元借款，直接支付至由叶某寨实际控制的明达意航公司的银行账户，作为叶某寨实际控制的五家项目公司的工程应急支付款项。《借款暨担保合同》第2条“借款担保”约定：2.1赵某丹同意以其名下及其与叶某寨共同所有的全部财产对该笔借款提供担保，明达意航公司对该笔借款提供连带责任保证。2.2叶某寨同意以持有项目公司的40%的股权对该笔借款提供质押担保。第6条“其他约定”约定：叶某寨理解并同意，联华公司出借该笔借款，是基于联华公司有意参与项目公司的合作开发。2013年春节农历初十起一个月内，联华公司将对项目公司进行尽职调查，如联华公司对调查结果不满意，无论何种原因，则自决定不参与合作开发通知之日起一个月内叶某寨应将该笔借款一次性偿还给联华公司，否则每逾期一日，应按年息50%的标准按日向联华公司支付违约金。赵某丹在该合同中被列为担保人，但其并未签名确认。2013年2月7日，联华公司向明达意航公司银行账户支付2.5亿元。叶某寨向联华公司出具收条，承认收到上述借款。

2013年7月15日，叶某寨向联华公司出具《关于借款展期的相关说明》，承诺就案涉借款的还款作如下安排：1.2013年9月底归还5000万元；2.2013年10月底归还1.5亿元；3.2013年11月底归还5000万元并支付所有利息（按月息1.8%计息）。2014年2月19日，叶某寨再次向联

华公司出具《关于还款计划的承诺书》，承诺还款计划如下：于2014年4月底归还本金5000万元，5月底归还本金1亿元，6月底归还本金1亿元，并请求按年息24%计收利息。于2014年11月和12月分两次等额支付完所有利息（利息从2013年4月22日开始计算至本金还清之日止）。赵某丹在该《关于还款计划的承诺书》的担保人处签名确认。2014年7月31日，叶某寨、赵某丹第三次向联华公司出具《关于还款计划的商函》，承诺还款计划如下：1. 于2014年8月20日、9月15日、10月30日分别归还借款本金2000万元、2000万元、6000万元，合计1亿元；2. 于2015年1月20日、3月20日、4月20日分别归还借款本金5000万元，合计1.5亿元。2015年7月24日，众达律师事务所受联华公司委托向叶某寨、赵某丹与明达意航公司就案涉借款暨担保合同事宜发出《律师函》，要求叶某寨于该函发出后7日内一次性向联华公司偿还借款及有关的逾期还款违约金，赵某丹与明达意航公司对上述还款义务及责任承担连带保证责任。2016年4月27日，联华公司通过邮政速递EMS向叶某寨邮寄《催款函》，向赵某丹与明达意航公司分别邮寄《关于要求承担连带保证责任，清偿借款的函》，要求上述三方在收到函件后7个工作日内按照借款合同约定还款或承担连带保证责任。广东省东莞市东莞公证处就上述保全邮寄行为出具《公证书》。

2014年11月27日，明达意航公司分两次向联华公司银行账户转账100万元与200万元；2014年11月28日，明达意航公司向联华公司银行账户转账200万元；2015年2月4日，叶某寨向联华公司银行账户转账200万元。联华公司主张上述转账行为是叶某寨偿还案涉借款的利息，共700万元。

一审法院认为，本案涉及两个关键问题。

第一，关于叶某寨是否应当向联华公司偿还借款本金2.5亿元及利息的问题。联华公司与叶某寨签订的《借款暨担保合同》是当事人的真实意思表示，没有违反法律、行政法规的强制性规定，合法有效，各方当事人应当依约履行。联华公司提交的《付款回单》《收条》显示，联华公司已经按照上述合同的约定，向叶某寨支付了借款2.5亿元，联华公司的合同义务已经完整履行。叶某寨未按照合同约定按期返还借款本金与利息，应当承担违约责任。根据案涉《借款暨担保合同》的约定，自2013年春节农历初十起一个月内，联华公司将对叶某寨的项目公司进行尽职调查，如联华公司对调查结果不满意，无论何种原因，则自决定不参与合作开发通知发出之日起一个月内叶某寨应将案涉借款一次性偿还给联华公司，否则每逾期一日，应按年息50%的标准按日向联华公司支付违约金。2013年春节农历初十为2013年2月19日，联华公司并未提交何时向叶某寨发出决定不参与合作开发通知的证明。但叶某寨在《关于借款展期的相关说明》《关于还款计划的承诺书》《关于还款计划的商函》等向联华公司发出的文件中均承诺全额返还本金，在《关于还款计划的承诺书》中请求联华公司按年息24%计收利息，利息从2013年4月22日开始计算至本金还清之日止。叶某寨的上述承诺与联华公司在诉讼请求中所提出的利息起算时间与利率一致，可视为双方当事人已就该问题达成合意。《最高人民法院关于审理民间借贷案件适用法律若干问题的规定》第二十九条第一款规定："借贷双方对逾期利率有约定的，从其约定，但以不超过年利率24%为限。"第三十条规定："出借人与借款人既约定了逾期利率，又约定了违约金或者其他费用，出借人可以选择主张逾期利息、违约金或者其他费用，也可以一并主张，但总计超过年利率24%的部分，人民法院不予支持。"因此，联华公司关于叶某寨向其返还案涉借款本金2.5亿元，并自2013年4月22日起按年利率24%计算利息的请求，具有事实与法律依据，予以支持。联华公司自认叶某寨与明达意航公司已向其返还的利息700万元，应当在案涉利息总额中予以扣除。

第二，关于赵某丹与明达意航公司是否应当就叶某寨的上述债务承担连带清偿责任的问题。《中华人民共和国担保法》第十八条规定："当事人在保证合同中约定保证人与债务人对债务承担连带责任的，为连带责任保证。连带责任保证的债务人在主合同规定的债务履行期届满没有履行债务的，债权人可以要求债务人履行债务，也可以要求保证人在其保证范围内承担保证责任。”明达意航公司作为担保人签署了案涉《借款暨担保合同》，承诺就案涉借款提供连带责任保证。赵某丹作为担保人在《关于还款计划的承诺书》《关于还款计划的商函》上签名，与叶某寨一同向联华公司就返还借款本金及利息作出承诺，但未就保证方式进行明确。根据《中华人民共和国担保法》第十九条“当事人对保证方式没有约定或者约定不明确的，按照连带责任保证承担保证责任”的规定，赵某丹亦应当就案涉借款承担连带责任保证。《中华人民共和国担保法》第二十六条规定：“连带责任保证的保证人与债权人未约定保证期间的，债权人有权自主债务履行期届满之日起六个月内要求保证人承担保证责任……”叶某寨于2014年7月31日向联华公司发出《关于还款计划的商函》，2015年4月20日是其在该函中承诺的最后还款期。联华公司于2015年7月24日向赵某丹与明达意航公司发出要求承担连带保证责任的《律师函》，于2016年4月27日再次发出《关于要求承担连带保证责任，清偿贷款的函》，属于在保证期间内要求保证人承担保证责任的行为。因此，联华公司主张赵某丹与明达意航公司应当就叶某寨所负案涉债务承担连带清偿责任，具有事实与法律依据，予以支持。根据《中华人民共和国担保法》第三十一条的规定，赵某丹与明达意航公司对叶某寨的上述债务承担清偿责任后，有权向叶某寨追偿。

于是联华公司向一审法院起诉请求：1. 判令叶某寨、赵某丹、明达意航公司连带偿还联华公司借款本金2.5亿元；2. 判令叶某寨、赵某丹、明达意航公司连带偿还联华公司借款利息2.13亿元（利息以2.5亿元为本金，自2013年4月22日起按照叶某寨、赵某丹、明达意航公司承诺之年利率24%计算，直至债务清偿完毕之日止，暂计至2016年12月21日，扣除已还利息700万元）；3. 判令叶某寨、赵某丹、明达意航公司连带承担本案诉讼费用。

一审法院认为，联华公司主张叶某寨返还案涉借款本金及利息，赵某丹与明达意航公司承担连带清偿责任的诉讼请求具有事实与法律依据，予以支持。依照《中华人民共和国合同法》第二百零五条、第二百零六条，《中华人民共和国担保法》第十八条、第三十一条，《最高人民法院关于审理民间借贷案件适用法律若干问题的规定》第二十九条、第三十条规定，判决如下：1. 叶某寨应在判决生效之日起15日内向联华公司偿还借款本金2.5亿元及利息（利息按年利率24%计算，自2013年4月22日起计算至判决指定的履行期限内实际支付之日止，扣除已还利息700万元）；2. 赵某丹与明达意航公司对叶某寨的上述债务承担连带清偿责任；3. 赵某丹与明达意航公司对叶某寨的上述债务承担清偿责任后，有权向叶某寨追偿。如果未按判决指定的期间履行给付金钱义务，应当依照《中华人民共和国民事诉讼法》第二百五十三条规定，加倍支付迟延履行期间的债务利息。案件受理费2356800元，由叶某寨、赵某丹与明达意航公司负担。

叶某寨上诉请求：1. 撤销一审判决第一项，改判叶某寨向联华公司偿还借款本金2.43亿元并驳回联华公司要求支付利息的诉讼请求，或将本案发回重审；2. 诉讼费用由联华公司承担。

最高人民法院于2019年1月18日立案后，依法组成合议庭，开庭进行了审理。

## 二、裁判理由

本案的争议焦点为：1. 一审程序是否违法；2. 一审判决认定叶某寨应当向联华公司偿还借款的本金和利息数额是否正确。

（一）关于一审程序是否违法的问题

根据《中华人民共和国民事诉讼法》第九十二条第一款关于“受送达人下落不明，或者用本节规定的其他方式无法送达的，公告送达。自发出公告之日起，经过六十日，即视为送达”的规定，一审法院经向叶某寨、赵某丹自行向联华公司提供的载于案涉《借款暨担保协议》的双方商业往来所使用地址，以及明达意航公司商事登记公示的住所地邮寄相关法律文书被退回、无法送达之后，另行采取公告方式再次送达，符合《中华人民共和国民事诉讼法》第九十二条规定。故叶某寨、明达意航公司关于一审程序存在送达程序违法之上诉主张，无事实和法律依据，不予支持。叶某寨经一审法院合法传唤未到庭参加诉讼，应视为其放弃了参加一审庭审进行举证、质证等诉讼权利，故叶某寨主张一审公告送达程序违法导致其无法提出抗辩及无法提交重要证据等上诉理由，与查明事实不符，亦不能成立。

（二）关于一审判决认定叶某寨应当向联华公司偿还借款的本金和利息数额是否正确的问题

《中华人民共和国合同法》第四十八条第一款规定："行为人没有代理权、超越代理权或者代理权终止后以被代理人名义订立的合同，未经被代理人追认，对被代理人不发生效力，由行为人承担责任。"经审理查明，叶某寨二审提交的2016年11月8日《还款协议》第1条载明："截至本协议签订之日，甲（联华公司）、乙（叶某寨）双方确认：乙方已归还甲方借款本金700万元，剩余借款本金为2.43亿元；考虑到双方良好的合作关系及各方各自的现实困难，甲方同意免除现实已经产生和将来可能产生的全部利息。"第2条载明："乙方同意按照以下方案清偿借款：1．2017年12月31日前归还甲方借款本金人民币1300万元；2．2018年6月30日前归还甲方借款本金人民币3000万元；3．2018年12月31日前归还甲方借款本金人民币5000万元；4．2019年6月30日前归还甲方借款本金人民币5000万元；5．2019年12月31日前归还甲方剩余借款本金人民币5000万元；6．2020年12月31日前归还甲方剩余借款本金人民币5000万元。"法院认为，第一，该《还款协议》涉及对叶某寨还款本金数额的确认，以及已经产生和将来可能产生的全部利息的免除等合同重大事项变更。经查，《还款协议》"甲方（签字）"处无联华公司签章，仅有"李某勇"签名，而李某勇并非联华公司工作人员，也不存在因李某勇曾经参与联华公司与叶某寨的前期借款事宜或者其他情形，而使叶某寨对李某勇享有代表联华公司减轻或者免除其借款债务负担的合理信赖，且联华公司事后对该部分事宜也不予追认，故该《还款协议》在欠缺联华公司签章的情形下，不能代表联华公司的真实意思，李某勇以联华公司名义对前述借款债务减轻或者免除的处理属于越权代理，对联华公司不发生效力。

第二，叶某寨所举2016年3月16日《授权委托书》载明："兹委托人（联华公司）现依据法律之规定授权上述受托人（李某勇）为本委托人的代理人，代理合法追讨叶某寨、赵某丹、明达意航企业集团有限公司拖欠本委托人借款一事，并将所有追收回的款项（含本金、利息及违约金）直接汇入委托人指定的账户……受托人根据双方签订的《债务追收协议服务书》的有关约定执行受托事务。"联华公司辩称，《债务追收协议服务书》已经载明叶某寨需要偿还的欠款本金及利息，并没有授权李某勇可以变更欠款本金和利息。人民法院认为，在《授权委托书》明确载明李某勇应当根据《债务追收协议服务书》执行受托事务的情形下，叶某寨、赵某丹、明达意航公司未向李某勇提出查看《债务追收协议服务书》以确定联华公司委托授权范围，而是直接与李某勇签订《还款协议》，未尽到合理注意审查义务，存有重大过失，应当承担相应的不利后果。综上所述，叶某寨关于李某勇作为联华公司受托人与其签订《还款协议》成立并生效，并以《还款协议》为据主张叶某寨仅应向联华公司偿还借款本金2.43亿元且免除利息的上诉主张理据不足，法院不予支持。

## 三、裁判结论

依照《中华人民共和国民事诉讼法》第一百七十条第一款第一项之规定，判决：

驳回上诉，维持原判。

二审案件受理费949425元由叶某寨负担。

## 四、裁判要旨

代理人以被代理人的名义变更被代理人与相对人签订的原合同相关内容的，需要取得被代理人的合法授权。在仅有代理人签名，而该代理人既非被代理人的工作人员，也不存在因代理人曾经参与被代理人与相对人的前期合同事宜或者其他情形，而使相对人对代理人享有代表被代理人变更原合同相关内容授权的合理信赖的情形下，该变更后的合同无被代理人签章，且被代理人事后对该变更后的合同内容不予追认的，代理人行为属于越权代理，变更后的合同内容对被代理人不发生法律效力。

（合议庭成员：张颖新、高燕竹、杨蕾；案号：（2019）最高法民终121号；判决日期：2019年7月9日；案例编写人：张颖新、孙茜；案例审核人：张勇健）

**008**

## 容忍代理在股权转让代签行为中的认定

——宝玉公司、李某龙、千某花与志成公司、徐某、王某、李某宇股权转让纠纷案

### 一、主要案情

2016年8月22日，志成公司作为甲方与宝玉公司作为乙方签订《融资合作、增资扩股、调整出资比例、法人变更协议书》（以下简称《变更协议书》），双方协商以双方共同资产通过捆绑方式融资，实现增资扩股、法人变更、调整股东出资比例的方式最终将甲方的全部股权（百分之百）转让给乙方等事宜达成协议。该协议落款处盖有宝玉公司、志成公司的公章及双方股东王某、徐某、李某宇、李某龙、千某花的签名，其中徐某的签名由其丈夫马某国代签，王某、李某宇的签名由王某的丈夫陈某琦代签。2016年8月24日，志成公司在《三亚日报》上就资产重组发布债权债务公告。

2016年9月11日陈某琦给李某龙发送微信，通知解除于2016年8月22日签署的《变更协议书》，李某龙、千某花同意解除。

2016年11月26日，志成公司（甲方）与宝玉公司（乙方）签订另一份《融资合作、增资扩股、调整出资比例、法人变更协议书》（以下简称《协议书》），就甲方将两栋楼（连同甲方公司及股权）一并转让给乙方一事达成协议。《协议书》落款处盖有甲、乙双方的公章及双方股东徐某、王某、李某宇、李某龙、千某花的签名，其中徐某的签名由其丈夫马某国代签，王某、李某宇的签名由王某的丈夫陈某琦代签。

陈某琦于2016年11月26日向李某龙发送了一条短信，表明由于作为志成公司股东之一的李×宇，授权委托陈某琦参加志成公司与宝玉公司

2016年11月26日于三亚举行的签署内容为“融资合作、增资扩股、调整出资比例、法人变更协议书”的签字仪式，协议的内容李×宇全部看过并完全同意。委托人处落款为：李×宇、李某明，短信将“李某宇”写成“李×宇”。李某明出庭陈述上述短信是陈某琦发送给李某明后又要求李某明转发给陈某琦的。李某明与李某宇系父子关系。

2016年12月5日，志成公司出具收据，载明收到李某龙交来订金300万元，徐某在收款人一栏签名。2016年12月10日，志成公司出具收据，载明收到李某龙交来首付款300万元，徐某在收款人一栏签名。

2016年12月24日，宝玉公司向志成公司及其全体股东出具《承诺书》，载明：1. 由李某龙代表志成公司同____签署的“融资咨询服务协议”，由千某花、李某龙二人承担咨询服务费及引发相应纠纷的法律责任。2. 以志成公司法人代表徐某、股东李某宇、王某的名义，经李某龙介绍的金融机构贷款后，法人代表变更到李某龙或者千某花名下后，贷款所产生的本金和利息全部由李某龙（千某花）承担。3. 本承诺如与2016年11月26日签署的《协议书》条款有冲突，以本承诺为准。宝玉公司在该《承诺书》上盖章。

2017年5月27日，志成公司向宝玉公司发送《解除合同通知书》，称双方签订的《协议书》存在重大误解、以合法形式掩盖非法目的及显失公平等无效事由，因此志成公司以书面形式通知宝玉公司解除合同，志成公司返还宝玉公司已交付的600万元，宝玉公司如接收退回的600万元资金，并书面保证在合法守信前提下同意与志成公司继续协商，须3日内书面向志成公司出具说明，志成公司可就此重新协商。

宝玉公司、李某龙、千某花不同意解除《协议书》，向海南省高级人民法院起诉请求：1. 确认2016年11月26日签订的《协议书》合法有效；2. 判令志成公司、徐某、王某、李某宇继续履行《协议书》。

一审法院于2017年11月23日作出（2017）琼民初24号民事判决，确认2016年11月26日签订的《协议书》无效；驳回宝玉公司、李某龙、千某花的全部诉讼请求；驳回志成公司、徐某、王某、李某宇的其他反诉请求。宝玉公司、李某龙、千某花不服，向最高人民法院提起上诉，二审法院以本案的处理结果和马某国、陈某琦、李某明存在直接利害关系，有必要追加作为第三人参加本案诉讼为由，于 2018 年 9 月 29 日作出（2018）最高法民终 210 号民事裁定，将本案发回重审。

一审法院重审后认为，首先，涉案《协议书》所转让的志成公司的股权，分别由徐某、王某、李某宇持有，但《协议书》中徐某的签名由马某国代签，王某、李某宇的签名由陈某琦代签。马某国、陈某琦虽然分别是徐某、王某的丈夫，但是依照相关法律规定，夫妻关系的相互代理行为仅限于日常家事代理，股权作为一项特殊的财产权，除其具有的财产权益内容外，还具有与股东个人的社会属性及其特质、品格密不可分的人格权、身份权等内容。如无特别约定，对于自然人股东而言，股权仍属于商法规范内的私权范畴，其各项具体权能应由股东本人独立行使，不受他人干涉。宝玉公司、李某龙、千某花仅提供了陈某琦经手机短信发送给李某龙的《授权委托书》，拟证明陈某琦有代李某宇签字的权限。但是，该《授权委托书》系李某宇的父亲李某明而非李某宇发给陈某琦的，李某明不是志成公司的股东，本案中没有证据证明李某明为志成公司的实际投资人，也没有证据证明李某宇曾书面或口头委托李某明或陈某琦代为签署《协议书》，故李某明发给陈某琦的《授权委托书》不能视为李某宇授权陈某琦代为签署《协议书》。马某国、陈某琦并非志成公司的股东，本案中也没有证据证明徐某、王某、李某宇在处理志成公司日常事务的过程中形成了由马某国、陈某琦代签字的惯例。在宝玉公司、李某龙、千某花所提供的证据不足以证明徐某授权马某国以及王某、李某宇授权陈某琦签订《协议书》的情况下，其二人代徐某、王某、李某宇在《协议书》上签字的行为属于无权代理。徐某、王某、李某宇在诉讼中也明确表示拒绝追认马某国、陈某琦代签涉案协议的行为。因此，马某国代徐某、陈某琦代王某和李某宇签订《协议书》的行为，对徐某、王某、李某宇不发生效力，《协议书》不具备有效合同的形式要件。其次，公司法规定，公司在存续期间应保持一定规模的财产，股东出资、公司增资、减资、公司盈余分配等必须依照法定程序进行，股东不得抽逃或者变相抽逃公司财产。本案中，根据《协议书》的约定，受让方宝玉公司、李某龙、千某花应向转让方徐某、王某、李某宇支付股权转让款1.09亿元，《协议书》第4条第1款又约定，以志成公司名义，用志成公司的两栋楼和宝玉公司租赁的林地为抵押担保，贷款1.4亿元，全部贷款划入志成公司银行账户后，由志成公司按照徐某、王某、李某宇三人的出资比例将其中的1.09亿元进行分配，余款3100万元另行划转至宝玉公司。从上述约定可知，宝玉公司、李某龙、千某花取得志成公司100%股权所应支付的对价来源于志成公司以自己的资产作为抵押且以志成公司的名义所贷的款项，宝玉公司、李某龙、千某花不仅无须支付任何股权转让款就可取得志成公司100%股权，而且另外还获得3100万元贷款。虽然宝玉公司后来出具《承诺书》，承诺该笔银行贷款的债务由李某龙、千某花负担，但该《承诺书》为宝玉公司单方出具，不能代表李某龙和千某花的意思表示。本案发回重审后，宝玉公司、李某龙、千某花亦将第二项诉讼请求由“志成公司、徐某、王某、李某宇配合宝玉公司、李某龙、千某花办理金融机构抵押贷款手续，并接收股权转让款1.09亿元”变更为“接收宝玉公司、李某龙、千某花支付的股权转让款1.09亿元”，该变更实际上是拟将《协议书》中约定的以抵押贷款支付股权转让款的内容，变更为一次性支付现金，但这均为宝玉公司、李某龙、千某花的单方意思表示，没有证据证明宝玉公司、李某龙、千某花已就上述协议变更的内容与志成公司、徐某、王某、李某宇达成一致，志成公司、徐某、王某、李某宇亦明确拒绝接受宝玉公司、李某龙、千某花单方变更协议内容的请求，因此《协议书》内容没有发生变更。宝玉公司、李某龙、千某花以其已经出具《承诺书》，同意一次性付款为由主张涉案《协议书》不违反法律的强制性规定，应合法有效的理由不能成立，该院不予支持。一审法院于2018年12月29日作出（2018）琼民初

64号民事判决，判项与（2017）琼民初24号民事判决相同。

宝玉公司、李某龙、千某花不服，向最高人民法院提起上诉，请求依法撤销原审法院（2018）琼民初64号民事判决，改判支持其一审全部诉讼请求。

## 二、裁判理由

本案的争议焦点为：1. 双方于2016年11月26日签订的《协议书》是否有效；2. 志成公司及其三股东是否应承担延迟履行违约金。

（一）双方于2016年11月26日签订的《协议书》是否有效

1. 关于马某国、陈某琦代签行为如何认定的问题

公司股权属于公司法上的财产性权益，对其处分应由登记的股东本人或其授权的人行使。马某国和徐某、陈某琦和王某虽为夫妻关系，但在未得到股东徐某和王某授权之前，马某国和陈某琦转让徐某和王某名下的公司股权的行为仍属无权处分。上诉人主张马某国与徐某、陈某琦与王某系夫妻，案涉股权属于夫妻共有财产，没有法律依据，最高人民法院不予支持。同理，陈某琦处分李某宇的股份，必须获得李某宇的授权或追认。虽然陈某琦在代表李某宇签署《协议书》时取得了李某宇的父亲李某明的授权，但李某宇与李某明是独立民事主体，无证据证明李某明是涉案股权的实际所有人，亦无证据证明电子授权经过李某宇的认可，在李某宇对陈某琦的签字行为明确不予认可的情况下，陈某琦处分李某宇的股权行为属于无权代理。

《中华人民共和国民法总则》第一百七十二条规定："行为人没有代理权、超越代理权或者代理权终止后，仍然实施代理行为，相对人有理由相信行为人有代理权的，代理行为有效。"《中华人民共和国合同法》第四十九条规定："行为人没有代理权、超越代理权或者代理权终止后以被代理人名义订立合同，相对人有理由相信行为人有代理权的，该代理行为有效。"

本案中，虽然陈某琦、马某国的代签行为属于无权代理，但还应考察该行为是否构成表见代理。首先，陈某琦和王某、马某国和徐某系夫妻关系，虽然股权具有人身属性，但是夫妻作为特殊社会关系，在其中一方处置另一方所有且如此巨大的财产时，另一方完全不知情，不符合生活常理。李某宇与李某明是父子，李某明在明知股权属于李某宇且不知道协议书具体内容的情况下，未将电子授权内容告知李某宇即转发给陈某琦，同意陈某琦替李某宇代签字，亦不符合常理。其次，宝玉公司与志成公司在此之前还存在一份2016年8月22日签订的、名称相同的协议书，该协议书同样是由马某国代徐某签字，陈某琦代王某、李某宇签字，志成公司根据该协议书在《三亚日报》上发布债权债务公告。虽然该协议最终被终止履行，但志成公司股东对于与宝玉公司之间的股权转让应当知情和了解。再次，宝玉公司与志成公司在2016年11月26日重新签订《协议书》后，徐某于12月5日和10日代表志成公司接收宝玉公司支付的两笔300万元款项，并注明是订金和首付款。虽然徐某陈述其是在被陈某琦隐瞒、欺骗的情况下接收的款项，但该陈述系其单方意见，且陈某琦是否告知股东相关真实情况系志成公司内部管理、追责的问题，从宝玉公司、李某龙、千某花的角度看，系徐某等履行涉案《协议书》的行为。最后，结合陈某琦拥有志成公司公章，表明志成公司股东认可除法定代表人徐某外，陈某琦亦可代表志成公司对外洽谈，而涉案协议始终是李某龙与陈某琦商谈。在双方协商谈判长达半年的时间里，志成公司的三位股东从未对陈某琦出面商谈和前后两份协议书的代签字行为提出过异议。而且，根据原审查明，2017年5月27日志成公司向宝玉公司发送的《解除合同通知书》中，并未涉及陈某琦、马某国的代签行为，说明志成公司及其股东当时对代签行为亦是认可的。综合上述事实，宝玉公司、李某龙、千某花主张其有理由相信陈某琦、马某国有代理权，具有事实依据，法院予以采信。

2. 关于《协议书》的内容是否因违反法律法规强制性规定而无效的问题

根据原审法院查明，《协议书》第6条约定，宝玉公司负责办理公告手续（已经完成），负责融资的全部事宜，取得总产权证90个工作日之内金融机构或合伙人放款。

2016年12月24日，李某龙、千某花出具《承诺书》承诺银行贷款的债务由千某花、李某龙负担。宝玉公司在承诺书上盖章，李某龙、千某花签名确认。

从上述内容看，合同约定除贷款外，还可以采用合伙人放款的方式获得相应款项。不管合伙人具体指谁，现李某龙、千某花同意以自筹方式一次性支付股权转让款，该方式不违反公司法的强制性规定，而且既保障了志成公司三股东的权益，也未损害志成公司利益，同时使交易周期缩短，更利于交易目的实现。李某龙、千某花以严苛于合同约定的方式作出承诺、承担责任，更符合合同目的，应视为对合同内容关于支付方式的有效变更，并不违反法律法规的强制性规定。原审法院以《承诺书》未取得双方协商一致为由，认定《承诺书》不构成合同内容变更，认定事实与适用法律不当，应予纠正。

基于上述分析，陈某琦、马某国的代签行为构成表见代理，且《协议书》不违反法律法规强制性规定，故《协议书》合法有效，对徐某、王某、李某宇具有约束力，各方当事人应按照《协议书》约定严格履行。

（二）志成公司及其三股东是否应承担延迟履行违约金

《协议书》第5条甲方（志成公司）的责、权、义务对甲方有时间限制的条款为：1. 签署本协议50个工作日办结总产权证，费用甲方承担。……5. 甲方办完增资扩股及变更相关登记手续两日内，向乙方交房、交钥匙、交全部证照、全部印章、全部资料。《协议书》第6条乙方（宝玉公司）的责、权、义务对乙方有时间限制的条款为：1. 乙方负责办理公告手续（已经完成），负责融资的全部事宜，取得总产权证90个工作日之内金融机构或合伙人放款。《协议书》第7条违约责任第2项约定，按约定时间不能按期完成各自应办理的事项，每逾期一日处总协议价款的万分之一违约金支付给对方。根据原审查明的事实，宝玉公司并未完成放款事项，其自身亦存在违约，现其主张要求志成公司及其三股东承担延迟履行违约金，最高人民法院不予支持。

## 三、裁判结论

依照《中华人民共和国民法总则》第一百七十二条，《中华人民共和国合同法》第四十九条，《中华人民共和国民事诉讼法》第一百七十条第一款第二项之规定，判决如下：

一、撤销海南省高级人民法院（2018）琼民初64号民事判决；

二、确认志成公司与宝玉公司于2016年11月26日签署的《融资合作、增资扩股、调整出资比例、法人变更协议书》合法有效，继续履行［含：接收宝玉公司、李某龙、千某花支付的股权转让款1.09亿元（宝玉公司、李某龙、千某花在判决书生效之日起，90个工作日内支付）；徐某、李某宇、王某将所持志成公司股份全部转让至宝玉公司、李某龙、千某花名下或其指定人名下，并配合办理法定代表人工商变更登记；协议书约定的其他相关义务］；

三、驳回宝玉公司、李某龙、千某花其他上诉请求；

四、驳回志成公司、徐某、王某、李某宇的全部反诉请求。

## 四、裁判要旨

容忍代理源于德国法判例，是指被代理人放任他人作为其代理人出现，相对人依据诚实信用可以而且事实上已经认为该他人被授予代理权，在法律上应当将该他人视为享有代理权。这种有意容忍，足以让被代理人负相当于有权代理的责任。通说认为，《中华人民共和国民法通则》第六十六条第三款的规定即容忍代理：“本人知道他人以本人名义实施民事行为而不作否认表示的，视为同意。”其默示的意思表示应理解为对无权代理的事后追认，容忍代理行为的性质是有权代理。但2017年实施的《中华人民共和国民法总则》在“代理”一章中，已经删去了“沉默即同意”的规则，关于容忍代理不宜再参考适用《中华人民共和国民法通则》第六十六条的规定。容忍代理是表见代理的一种特殊情形，尽管立法已删去“沉默即同意”的规则，但“表见授权说”仍可证立，完全可以被纳入《中华人民共和国民法总则》第一百七十二条的规定。容忍代理符合表见代理的基本特征，两者的目的均是保护合同相对人的利益，并维护交易安全和秩序。因此，容忍代理应适用《中华人民共和国民法总则》第一百七十二条的规定。容忍代理须具备如下特殊构成要件：

1. 被代理人主观上存在对无权代理行为的有意容忍。我国立法对表见代理中被代理人主观上是否有过错的态度是不予过问，但如果该表见代理行为要认定为容忍代理，则应从两个方面审查被代理人的主观过错：一是被代理人知道行为人以自己的名义实施行为；二是被代理人放任该无权代理行为的实施。

2. 代理权外观来源于被代理人的容忍行为，而无须其他客观外观事实。即被代理人知道未被授予代理权的代理人的行为却未予以干预，虽然他是可以干预的。这种未加干预的主观态度彰显了容忍性代理的特殊表象。另外，这种未加干预不能被视为被代理人的授权，容忍性代理既不存在内部授权也不存在外部授权。

3. 相对人知道代理人长期以来的行为以及被代理人的容忍，如果相对人依据诚实信用原则并兼顾交易习惯，可以将被代理人的容忍态度理解为代理人具备了代理权，而且相对人事实上已经做了这样的理解。与普通表见代理相对人须善意、无过失的积极认知的标准不同，容忍代理对相对人主观善意的要求标准相对较低，因被代理人持容忍态度是拟制的相对人合理信赖之源，只要相对人凭诚实信用原则和交易习惯，知道代理人长期以来的行为，以及被代理人的容忍即可，无须审查相对人的主观过失。

具体判断是否构成容忍代理可结合如下因素综合考量：1. 日常生活的经验法则，如相对人有理由相信夫妻一方对另一方处置其巨额财产的行为应当知情；2. 考虑当事人之间从事交易活动所处之情事，包括先行交易、连续交易、交易习惯与惯例等；3. 具有授权外观的代理人是否长期、反复以被代理人名义从事民事活动，被代理人有条件制约却消极放任，未加干涉。

2017年《中华人民共和国民法总则》实施后，在“代理”一章中删去了“沉默即同意”的规定，但不能因此拒绝适用容忍代理制度，而间接否认容忍代理在平衡被代理人意思自由和相对人信赖利益、维护交易稳定中的法律价值。容忍代理作为表见代理的一种特殊形式，也并非无法可依。在司法实践中，应综合考虑案件的各种实际情况，根据《中华人民共和国民法总则》第一百七十二条和《中华人民共和国合同法》第四十九条关于表见代理的规定，依法准确适用容忍代理，以补充现有表见代理制度的漏洞和不足。

（合议庭成员：江显和、张颖新、高燕竹；案号：（2019）最高法民终424号；判决日期：2019年6月28日；案例编写人：江显和；案例审核人：张勇健）

009

## 仲裁条款对债权担保人或债务加入人的效力

——由山公司与深圳泓睿企业、广州泓睿公司、陈某与公司有关的纠纷案

### 一、主要案情

2017年10月12日，成长中心与由山公司签署《债权转让协议》，约定由山公司受让成长中心享有的对深圳泓睿企业、广州泓睿公司、陈某的股权回购款567506849元及逾期还款利息（逾期还款利息以3亿元投资款为基数，自2017年7月4日起以年利率24%计算至款项还清为止，暂计至2017年9月14日未偿还的逾期还款利息为1460万元），合计582106849元。

2015年3月，成长中心与网金公司、陈某、广州泓睿公司、吴某华、周某新、潘某斌、宁某军、池某凡、岳某寿签订《关于网金公司之增资认购及股权转让协议》，该协议第14.7.2条约定：若本协议引起的或与本协议相关的任何争议、争端或索赔或本协议的违反、终止或无效未能按第14.7.1条规定得到解决，则任何一方均可将该争议提交中国国际经济贸易仲裁委员会依照其届时有效的仲裁规则在深圳仲裁解决。第14.7.2条约定：仲裁裁决是终局的，对各方具有约束力。各方同意受裁决的约束并根据裁决行事。除非裁决另有规定，仲裁费用和仲裁裁决的执行费用（包括证人费和律师费）由败诉方承担。如果发生任何争议以及如果任何争议在仲裁之中，除争议事项外，各方应根据本协议继续行使各自其余的权利和履行各自其余的义务。

2015年3月，成长中心与网金公司、陈某、广州泓睿公司、吴某华、周某新、潘某斌、宁某军、池某凡、岳某寿签订《关于网金公司的增资认

购及股权转让协议之补充协议》，该协议第4.8.2条约定：若本协议引起的或与本协议相关的任何争议、争端或索赔或本协议的违反、终止或无效未能按第4.8.2条规定得到解决，则任何一方均可将该争议提交中国国际经济贸易仲裁委员会依照其届时有效的仲裁规则在深圳仲裁解决。第4.8.3条规定：仲裁裁决是终局的，对各方具有约束力。各方同意受裁决的约束并根据裁决行事。除非裁决另有规定，仲裁费用和仲裁裁决的执行费用（包括证人费和律师费）由败诉方承担。如果发生任何争议以及如果任何争议在仲裁之中，除争议事项外，各方应根据本协议继续行使各自其余的权利和履行各自其余的义务。

2015年7月，成长中心与钱端公司、陈某、马某、陈某锴、网发公司、广州泓睿公司签订《关于钱端公司之增资认购协议》，该协议第10.4条约定：如果就本协议的解释或执行发生争议，如果在一方向其他方送达要求开始协商的书面通知后60天内未能通过协商解决争议，任何一方均可将争议提交中国国际经济贸易仲裁委员会依照其届时有效的仲裁规则在北京仲裁解决。

2015年7月，成长中心与钱端公司、陈某、马某、陈某锴、网发公司、广州泓睿公司签订《关于钱端公司之增资认购协议之补充协议》，该协议第4.4条约定：如果就本协议的解释或执行发生争议，如果在一方向其他方送达要求开始协商的书面通知后60天内未能通过协商解决争议，任何一方均可将争议提交中国国际经济贸易仲裁委员会依照其届时有效的仲裁规则在北京仲裁解决。

2015年7月，成长中心与钱途公司、陈某、马某、陈某锴、网发公司、广州泓睿公司签订《关于钱途公司之增资认购协议》，该协议第10.4条约定：如果就本协议的解释或执行发生争议，如果在一方向其他方送达要求开始协商的书面通知后60天内未能通过协商解决争议，任何一方均可将争议提交中国国际经济贸易仲裁委员会依照其届时有效的仲裁规则在北京仲裁解决。

2015年7月，成长中心与钱途公司、陈某、马某、陈某锴、网发公司、广州泓睿公司签订《关于钱途公司之增资认购协议之补充协议》，该协议第4.4条约定：如果就本协议的解释或执行发生争议，如果在一方向其他方送达要求开始协商的书面通知后60天内未能通过协商解决争议，任何一方均可将争议提交中国国际经济贸易仲裁委员会依照其届时有效的仲裁规则在北京仲裁解决。

2017年7月4日，陈某向成长中心出具《关于股权回购义务之确认函》，承诺于确认函签署当日，以现金形式向成长中心支付股权回购总价款567506849元，回购成长中心所持目标公司的全部股权。

深圳泓睿企业与陈某就偿还股权回购款事宜向成长中心出具《承诺函》，主要内容为：1. 深圳泓睿企业和陈某对成长中心的欠款共同承担还款责任；2. 深圳泓睿企业和陈某承诺尽快处置深圳泓睿企业名下的房产，并且将处置标的房产所得款项优先用于偿还成长中心的欠款本金部分，即3亿元；3. 处置标的房产的款项应划入成长中心指定的账户中，且该账户由成长中心、深圳泓睿企业、陈某、银行以及标的房产的受让方共同监管，同时，交易标的房产时签署的《房屋买卖合同》中应明确注明标的房产的买卖款应划入上述监管账户中；4. 深圳泓睿企业、陈某将处置标的房产的款项不少于3亿元直接划入成长中心指定账户，该账户由成长中心、深圳泓睿企业、陈某、银行共同监管。《承诺函》中明确陈某于2017年8月2日向成长中心出具了该《承诺函》。

于是，由山公司向广东省高级人民法院提起诉讼，请求：1. 判令深圳泓睿企业偿还由山公司欠款567506849元及逾期还款利息（逾期还款利息以3亿元投资款为基数，自2017年7月4日起以年利率24%计算至款项还清为止，暂计至2017年9月14日的逾期还款利息为1460万元），合计582106849元；2. 判令深圳泓睿企业承担本案的全部诉讼费用；3. 判令广州泓睿公司对上述债务及诉讼费用承担无限连带清偿责任。

广东省高级人民法院于2018年12月26日作出（2017）粤民初80号

之二号民事裁定：驳回由山公司的起诉。

由山公司不服广东省高级人民法院作出的一审裁定，向最高人民法院提起上诉，请求：1. 撤销一审裁定；2. 指令由广东省高级人民法院继续审理本案；3. 判令本案一、二审诉讼费由三被上诉人承担。

最高人民法院于2019年6月3日立案后，依法组成合议庭，开庭进行了审理。

## 二、裁判理由

本案的争议焦点为：一审法院是否应对本案进行审理。

（一）关于由山公司对陈某的起诉

由山公司依据2015年3月成长中心与网金公司、陈某、广州泓睿公司、吴某华、周某新、潘某斌、宁某军、池某凡、岳某寿签订的《关于网金公司之增资认购及股权转让协议》《关于网金公司的增资认购及股权转让协议之补充协议》，2015年7月成长中心与钱端公司、陈某、马某、陈某锴、网发公司、广州泓睿公司签订的《关于钱端公司之增资认购协议》《关于钱端公司之增资认购协议之补充协议》，2015年7月成长中心与钱途公司、陈某、马某、陈某锴、网发公司、广州泓睿公司签订的《关于钱途公司之增资认购协议》《关于钱途公司之增资认购协议之补充协议》，起诉请求陈某承担回购股权的义务，支付相应的股权回购款。而《关于网金公司之增资认购及股权转让协议》第14.7.2条约定："若本协议引起的或与本协议相关的任何争议、争端或索赔或本协议的违反、终止或无效未能按第14.7.1条规定得到解决，则任何一方均可将该争议提交中国国际经济贸易仲裁委员会依照其届时有效的仲裁规则在深圳仲裁解决。"《关于钱端公司之增资认购协议》第10.4条约定："如果就本协议的解释或执行发生争议，如果在一方向其他方送达要求开始协商的书面通知后60天内未能通过协商解决争议，任何一方均可将争议提交中国国际经济贸易仲裁委员会依照其届时有效的仲裁规则在北京仲裁解决。"《关于钱途公司之增资认购协议》第10.4条约定："如果就本协议的解释或执行发生争议，如果在一方向其他方送达要求开始协商的书面通知后60天内未能通过协商解决争议，任何一方均可将争议提交中国国际经济贸易仲裁委员会依照其届时有效的仲裁规则在北京仲裁解决。"可见，成长中心与陈某之间就案涉纠纷的处理约定了仲裁条款。由山公司是以其受让了成长中心的案涉债权为由提起本案诉讼，根据《最高人民法院关于适用〈中华人民共和国仲裁法〉若干问题的解释》第九条"债权债务全部或者部分转让的，仲裁协议对受让人有效，但当事人另有约定、在受让债权债务时受让人明确反对或者不知有单独仲裁协议的除外"之规定，本案并无证据证实由山公司在受让债权时明确反对相关仲裁条款，故成长中心与陈某之间的仲裁协议对由山公司有效。《最高人民法院关于适用〈中华人民共和国民事诉讼法〉的解释》第二百一十六条规定："在人民法院首次开庭前，被告以有书面仲裁协议为由对受理民事案件提出异议的，人民法院应当进行审查。经审查符合下列情形之一的，人民法院应当裁定驳回起诉：（一）仲裁机构或者人民法院已经确认仲裁协议有效的；（二）当事人没有在仲裁庭首次开庭前对仲裁协议的效力提出异议的；（三）仲裁协议符合仲裁法第十六条规定且不具有仲裁法第十七条规定情形的。"成长中心与陈某之间的仲裁协议符合《中华人民共和国仲裁法》第十六条规定且不具有《中华人民共和国仲裁法》第十七条规定的情形，陈某在一审中亦以存在仲裁协议为由对广东省高级人民法院的受理提出了异议。因此，一审法院裁定驳回由山公司对陈某的起诉，并无不当。

（二）关于由山公司对广州泓睿公司的起诉

根据《关于网金公司之增资认购及股权转让协议》及其补充协议约定，若协议引起的或者与协议相关的任何争议、争端或索赔，应通过仲裁解决。根据《关于钱端公司之增资认购协议》及其补充协议、《关于钱途公司之增资认购协议》及其补充协议的约定，如果就协议的解释或执行发生争议，应通过仲裁解决。由山公司在本案中虽然系以广州泓睿公司是深圳泓睿企业的执行事务合伙人为由起诉请求广州泓睿公司对深圳泓睿企业的债务承担无限连带清偿责任。但深圳泓睿企业对由山公司债务的直接来源为《承诺函》，而《承诺函》是因6份协议产生的纠纷引起。因此，由山公司对深圳泓睿企业、广州泓睿公司提起的本案诉讼是因6份协议引起的纠纷。广州泓睿公司是6份协议的合同当事人，仲裁条款对由山公司与广州泓睿公司具有约束力。因此，一审法院裁定驳回由山公司对广州泓睿公司的起诉，并无不当。

（三）关于由山公司对深圳泓睿企业的起诉

由山公司依据深圳泓睿企业、陈某就偿还股权回购款事宜向成长中心出具的《承诺函》起诉请求深圳泓睿企业偿还股权回购款及相应利息。根据查明的事实，《承诺函》主要内容为深圳泓睿企业、陈某对陈某拖欠成长中心的567506849元欠款共同承担还款责任。深圳泓睿企业并非6份协议的当事人，不受成长中心与陈某之间仲裁协议的约束，《承诺函》亦未约定仲裁条款，因此就由山公司对深圳泓睿企业提起的诉讼，人民法院具有管辖权，应当受理。一审法院驳回由山公司对深圳泓睿企业的起诉不当，予以纠正。因由山公司与深圳泓睿企业之间纠纷的解决须以仲裁对6份协议所产生的由山公司与陈某、广州泓睿公司之间纠纷的解决为前提，一审法院受理由山公司对深圳泓睿企业的起诉后，可中止案件审理，并告知由山公司在指定期限内提起仲裁。

《中华人民共和国民事诉讼法》第二十一条第二款规定："对法人或者其他组织提起的民事诉讼，由被告住所地人民法院管辖。"本案原告由山公司的住所地在广东省广州市，被告深圳泓睿企业的住所地在广东省深圳市，本案应由被告深圳泓睿企业住所地人民法院管辖。根据《最高人民法院关于调整高级人民法院和中级人民法院管辖第一审民商事案件标准的通知》（法发〔2015〕7号）规定，广东省深圳市中级人民法院管辖当事人住所地均在广东省且诉讼标的额1亿元以上一审民商事案件。根据《最高人民法院关于调整高级人民法院和中级人民法院管辖第一审民事案件标准的通知》（法发〔2019〕14号）的规定，自2019年5月1日起，中级人民法院管辖第一审民事案件的诉讼标的额上限原则上为50亿元（人民币），高级人民法院管辖诉讼标的额50亿元（人民币）以上（包含本数）或者其他在本辖区有重大影响的第一审民事案件。本案诉讼标的额582106849元，高于1亿元且低于50亿元。因此，本案应由广东省深圳市中级人民法院管辖。

## 三、裁判结论

依照《中华人民共和国民事诉讼法》第一百七十一条，《最高人民法院关于适用〈中华人民共和国民事诉讼法〉的解释》第三百三十二条之规定，裁定如下：

一、变更广东省高级人民法院（2017）粤民初80号之二号民事裁定主文为：驳回由山公司对广州泓睿公司、陈某的起诉；

二、指令广东省深圳市中级人民法院审理由山公司对深圳泓睿企业的起诉。

## 四、裁判要旨

债权担保人或债务加入人并非主合同的当事人，主合同中的仲裁条款对其没有约束力。债权人向人民法院起诉担保人或债务加入人，只要符合《中华人民共和国民事诉讼法》第一百一十九条规定的起诉条件，人民法院即应立案受理。本案中，因由山公司与深圳泓睿企业之间纠纷的解决须以仲裁对6份协议所产生的由山公司与陈某、广州泓睿公司之间纠纷的解决为前提，人民法院应裁定中止审理，并指定一定的期限，告知债权人对主债务人提起仲裁或者以其他方式确定主债权额。

（合议庭成员：高燕竹、刘少阳、杨蕾；案号：（2019）最高法民终897号；判决日期：2019年7月31日；案例编写人：高燕竹、王智锋；案例审核人：胡夏冰）

010

## 最高额担保合同担保范围的确定

——永和公司、冠四海公司、斯壮公司、梁某、潘某洁与铁投公司、罗某、宋某仙买卖合同纠纷案

### 一、主要案情

2014年12月6日，铁投公司与永和公司就双方开展存货销售和代理采购业务签订了《存货销售及代理采购协议》（编号：005－2014－GTGX－094），主要约定：铁投公司向永和公司销售1.95万吨煤油及生物燃料油，永和公司向铁投公司提供抵押担保。铁投公司代理永和公司采购货物，与第三方签订《货物买卖合同》，代理期限24个月；铁投公司代理永和公司采购货物，对外支付方式可以分为国际信用证、国内信用证、银行承兑汇票三种，永和公司对应支付的保证金分别为单笔业务金额的10%、15%、20%，对外支付方式为国际信用证的，铁投公司代理费为每笔代理业务对应贸易合同总金额的千分之五，对外支付方式为国内信用证、银行承兑汇票的，铁投公司代理费为每笔代理业务对应《货物买卖合同》总金额的1%。双方应分别就每笔代理事宜签订单项委托协议或委托代理协议等书面文件，确定具体事宜，双方应当另行签订《最高额抵押担保合同》。永和公司应提供经铁投公司认可的足额抵押物为代理期限内永和公司代理铁投公司采购货物所产生债务及永和公司应付款提供最高额抵押担保；铁投公司出具书面货权转移指令前，货物所有权人为铁投公司。在代理期限内，铁投公司与永和公司或永和公司指定的第三方签订货物买卖合同时，如永和公司已办理完毕最高额抵押担保登记手续，且转移的货物价值累计不超过最高额抵押担保限额，则铁投公司可先行转移该票货物货权给永和公司，永和公司在每票货物信用证付汇或银行承兑汇票到期日前的5日

内，一次性付清该票货物剩余货款；永和公司委托铁投公司与永和公司指定的第三方接洽及商谈以大宗商品为主要产品的货物买卖事宜，永和公司确认货物买卖合同条款后，铁投公司以自身名义与第三方签订《货物买卖合同》；铁投公司与第三方签订的《货物买卖合同》中应当写明铁投公司与永和公司之间的委托代理关系，永和公司为实际购货人，在《货物买卖合同》中应当约定适用中国法律并直接约束永和公司（实际购货人）和第三方；永和公司为本协议约定的销售库存货物和代理业务提供抵押担保，担保物评估价值为21784万元，永和公司在以上两项业务中的信用额度合计不高于15248万元，在信用额度范围内，永和公司可以未付款提货或迟延回款。

2014年12月29日，铁投公司与永和公司依据上述《存货销售及代理采购协议》签订了《代理采购合同》（编号：005－2014－GTGX－118），主要约定：永和公司委托铁投公司以铁投公司名义向第三方采购油品；所代理采购货源由永和公司提供，永和公司自行对该供货商资信和产品质量、数量负责，并无条件按货物采购后的现状接受代购货物。永和公司认可购货协议所列全部条款，购货协议中买方的权利、义务、风险最终由永和公司承受；采购和销售合同名称如下：铁投公司向雄轩公司采购签订煤油馏分油，签订《煤油馏分油买卖合同》（编号：005－2014－GTGX－116），铁投公司与永和公司就代理采购货物，签订《煤油馏分油购销合同》（编号：005－2014－GTGX－117），铁投公司将煤油馏分油销售给永和公司，铁投公司代理收益在销售差价中实现；永和公司承担供货商不交付货物风险，承担供货商交付货物的品种、规格、数量、质量等与合同约定不符风险；铁投公司收到永和公司支付的履约保证金后与供货商签订、履行购货合同，并有权变更、中止、解除购货合同；款项支付、结算、运输按双方签署的货物买卖协议执行；供货商交付货物后，永和公司应自行验收货物的规格、数量、质量，若认为有交付货物不符合合同约定的，应按购货协议向供货商提出异议，若未向供货商提出异议的，视同铁投公司完成代理采购事项，永和公司应无条件支付货款并接收货物。

2014年12月29日，铁投公司与雄轩公司签订《煤油馏分油购销合同》（编号：005－2014－GTGX－116），约定：铁投公司向雄轩公司购买19250吨煤油馏分油，单价7830元/吨，总价150727500元。同日，双方签订《货物签收单》（编号：005－2014－GTGX－116）确认发货数量为19230.7692吨，实际签收数量19230.7692吨；双方签订《结算单》（编号：005－2014－GTGX－116）确认结算数量19230.7692吨，结算总额150576922.84元。次日，铁投公司通过转账方式支付150576922.84元给雄轩公司。

2014年12月30日，铁投公司与永和公司签订《煤油馏分油购销合同》（编号：005－2014－GTGX－117），约定：铁投公司向永和公司销售煤油馏分油19250吨，单价7840元/吨，总价15092万元；买卖双方应对货物进行验收确认，若货物符合合同约定的，买卖双方应共同签署结算单、货权转移确认单等文件，作为货物交付的有效凭证，双方当日完成对账盖章确认并办理结算（传真件有效），结算依据以货权转移确认单为准；永和公司在合同签订之日起3日内支付货款给铁投公司，铁投公司在收到永和公司全额结算货款的当日向永和公司办理货物货权转移手续；铁投公司在收到永和公司上述全额款项之日起15个工作日内开具税率为17%的全额合法增值税专用发票给永和公司；铁投公司应在2015年6月30日前在永和公司指定的交货地点即新港码头公司油库完成交货；担保另行签订担保合同约定；因永和公司原因逾期付款的，永和公司须按实际占用天数计算违约金支付给铁投公司（按年化13%计收），上述逾期违约金的支付不影响永和公司合同义务的履行，永和公司逾期付款超过180天的，铁投公司有权单方解除本合同，永和公司按实际逾期天数计算违约金支付给铁投公司（按年化18%计收）。

同日，双方签订《货物签收单》（编号：005－2014－GTGX－117），确认发货单位为铁投公司，收货单位为永和公司，交货地点为新港码头公司，发货数量19230.7692吨，实际签收数量为19230.7692吨，提货方式为货权转移、自提；双方签订《结算单》（编号：005－2014－GTGX－117）确认结算数量19230.7692吨，结算总额为150769230.53元。永和公司至今未支付该150769230.53元货款。

2014年12月6日，铁投公司与永和公司签订一份《代理采购合同》（编号：005－2014－GTGX－074），主要约定永和公司委托铁投公司以铁投公司名义向中源公司采购燃料油，铁投公司将采购货物销售给永和公司等。此后，铁投公司与中源公司签订《燃料油买卖合同》（编号：005－2014－GTGX－069），主要约定永和公司向铁投公司购买燃料油38600吨等。铁投公司与永和公司签订一份《燃料油买卖合同》（编号：005－2014－GTGX－070），主要约定永和公司向铁投公司购买燃料油38600吨等。

2014年12月6日，冠四海公司与铁投公司签订《最高额抵押合同》（编号：003－GTGX－2014－023）。同日，斯壮公司与铁投公司签订一份《最高额抵押合同》（编号：003－GTGX－2014－022）。上述两份合同均约定：抵押的目的是确保永和公司切实履行与铁投公司签署的《存货销售及代理采购协议》（编号：005－2014－GTGX－094）、《代理采购合同》（编号：005－2014－GTGX－074）、《煤油馏分油买卖合同》（编号：005－2014－GTGX－095）、《燃料油买卖合同》（编号：005－2014－GTGX－070），确保中源公司（以下简称“债务人”）切实履行与铁投公司签署的《燃料油买卖合同》（编号：005－2014－GTGX－069）（以上5份合同统称“主合同”）；担保的主债权为铁投公司自2014年12月3日至2016年12月2日（包括该期间的起始日和届满日），在约定的最高债权额限度内与债务人签订的一系列借款/买卖合同而享有的对债务人的债权，不论该债权在上述期间届满时是否已经到期，也不论该债权是否在最高额抵押担保设立前已经产生。抵押人提供抵押担保的范围为以下第2.2.2项和第2.2.3项，第2.2.2项为主合同项下债务人交付货物的义务、退还货款、支付违约金、损害赔偿金。第2.2.3项为主合同项下债务人支付货款、违约金、损害赔偿金。上述抵押均办理了抵押登记。

2014年12月6日，梁某与铁投公司签订一份《最高额保证合同》。同日，宋某仙与铁投公司签订一份《最高额保证合同》。2014年12月12日，罗某与铁投公司签订一份《最高额保证合同》。2014年12月，潘某洁与铁投公司签订一份《最高额保证合同》。上述4份合同均约定：保证的目的是确保永和公司切实履行与铁投公司签署的《存货销售及代理采购协议》（编号：005－2014－GTGX－094）、《代理采购合同》（005－2014－GTGX－074）、《煤油馏分油买卖合同》（005－2014－GTGX－095）、《燃料油买卖合同》（005－2014－GTGX－070），确保中源公司（以下简称债务人）切实履行与铁投公司签署的《燃料油买卖合同》（005－2014－GTGX－069）（以上5份合同统称为主合同）。担保的主债权为铁投公司自2014年12月3日至2016年12月2日（包括该期间的起始日和届满日），在（空白）万元的最高债权额限度内与债务人签订的一系列借款/买卖合同而享有的对债务人的债权，不论该债权在上述期间届满时是否已经到期，也不论该债权是否在最高额抵押担保设立前已经产生；保证方式为连带责任保证。保证人提供保证担保的范围为以下第1.2.2项和第1.2.3项，第1.2.2项为主合同项下债务人交付货物的义务、退还货款、支付违约金、损害赔偿金和乙方实现债权而发生的费用（包括但不限于催收费用、诉讼费或仲裁费、保全费、公告费、执行费、律师费、差旅费）以及其他所有主合同债务人的应付费用。第2.2.3项为主合同项下债务人支付货款、违约金、损害赔偿金和乙方实现债权而发生的费用（包括但不限于催收费用、诉讼费或仲裁费、保全费、公告费、执行费、律师费、差旅费）以及其他所有主合同债务人的应付费用。

于是，铁投公司向广西壮族自治区高级人民法院提起诉讼，请求：1. 判令永和公司支付铁投公司货款150769230.53元；2. 判令永和公司向铁投公司支付逾期付款违约金（自2014年12月29日起至实际返还之日止，按年利率18%计算，暂计至2016年8月31日为46135384.54元）；

3. 判令冠四海公司以登记编号为邕房他证字第46××28号、邕房他证字第46××29号、邕房他证字第46××30号、邕房他证字第46××31号、邕房他证字第46××32号、邕房他证字第46××33号《房屋他项权证》项下房产对永和公司的上述债务承担抵押担保责任，铁投公司有权以该财产折价或者以拍卖、变卖该财产所得价款优先受偿；4. 判令斯壮公司以登记编号为玉林市房他证玉房字第201400××30号《房屋他项权证》项下房产对永和公司的上述债务承担抵押担保责任，铁投公司有权以该财产折价或者以拍卖、变卖该财产所得价款优先受偿；5. 判令梁某、罗某、潘某洁、宋某仙对永和公司的上述债务承担连带清偿责任；6. 本案的诉讼费用由各被告承担。

广西壮族自治区高级人民法院于2018年5月30日作出（2016）桂民初31号民事判决：1. 永和公司向铁投公司支付货款150769230.53元；2. 永和公司向铁投公司支付逾期付款违约金（违约金的计算方式：以150769230.53元为基数，按中国人民银行同期同类贷款基准利率上浮30%，自2015年1月3日起计算至实际付清货款之日止）；3. 铁投公司对冠四海公司提供的抵押物（邕房他证字第46××28号、邕房他证字第46××29号、邕房他证字第46××30号、邕房他证字第46××31号、邕房他证字第46××32号、邕房他证字第46××33号《房屋他项权证》项下房产）在8142.6万元最高债权限额内享有优先受偿权、对斯壮公司提供的抵押物（玉林市房他证玉房字第201400××30号《房屋他项权证》项下房产）在13641万元最高债权限额内享有优先受偿权；4. 梁某、罗某、潘某洁、宋某仙对永和公司的上述货款及逾期付款违约金债务承担连带清偿责任。

永和公司、冠四海公司、斯壮公司、梁某、潘某洁不服广西壮族自治区高级人民法院作出的一审判决，向最高人民法院提起上诉，请求：1. 撤销一审判决，改判驳回铁投公司的诉讼请求；2. 本案一、二审诉讼费由铁投公司负担。

最高人民法院于2019年1月18日立案后，依法组成合议庭，开庭进行了审理。

## 二、裁判理由

本案的争议焦点为：冠四海公司、斯壮公司、梁某、罗某是否应对永和公司的债务承担相应的担保责任。

法院认为，冠四海公司、斯壮公司、梁某、罗某担保的不只是中源公司的债务，还包括永和公司对铁投公司的债务。

首先，永和公司与冠四海公司、斯壮公司分别签订的两份《最高额抵押合同》，与梁某、罗某分别签订的两份《最高额保证合同》均约定，系为确保永和公司切实履行其与铁投公司签订的《存货销售及代理采购协议》（编号：005－2014－GTGX－094）、《代理采购合同》（编号：005－2014－GTGX－074）、《煤油馏分油买卖合同》（编号：005－2014－GTGX－095）、《燃料油买卖合同》（编号：005－2014－GTGX－070），确保中源公司切实履行与铁投公司签署的《燃料油买卖合同》（编号：005－2014－GTGX－069），所担保的主债权为自2014年12月3日至2016年12月2日，铁投公司与债务人签订的一系列买卖合同而对债务人享有的债权。虽然该两份《最高额抵押合同》和两份《最高额保证合同》均约定了中源公司为债务人。但是，《最高额抵押合同》《最高额保证合同》在前言部分均明确约定签订担保合同的目的是确保永和公司切实履行其与铁投公司签订的《存货销售及代理采购协议》（编号：005－2014－GTGX－094）和确保中源公司切实履行与铁投公司签署的《燃料油买卖合同》（编号：005－2014－GTGX－069），而且明确约定了包括《存货销售及代理采购协议》（编号：005－2014－GTGX－094）在内的五份合同统称为“主合同”。还明确约定了担保的范围不仅是主合同项下债务人交付货物的义务、退还货款、支付违约金、损害赔偿金，还包括主合同项下债务人支付货款、违约金、损害赔偿金。中源公司作为《燃料油买卖合同》的出卖方，其并不负有支付货款的义务，而永和公司作为《存货销售及代理采购协议》项下委托铁投公司采购燃料油的委托方，对铁投公司为其垫付的货款，永和公司负有支付货款的义务。并且，其余四份合同并非全部与中源公司有关，如《煤油馏分油买卖合同》（编号：005－2014－GTGX－095）。因此，尽管《最高额抵押合同》《最高额保证合同》载明“中源公司为债务人”这一内容，但担保范围应包括永和公司的案涉未付货款。

其次，如前所述，《最高额抵押合同》《最高额保证合同》在前言部分均明确约定签订担保合同的目的是确保永和公司切实履行其与铁投公司签订的《存货销售及代理采购协议》（编号：005－2014－GTGX－094），可见，各担保人均知晓永和公司履行《存货销售及代理采购协议》（编号：005－2014－GTGX－094）在其担保范围之内。为永和公司案涉债务提供担保应为债务人、债权人和担保人的真实意思表示。

最后，《中华人民共和国物权法》第二百零三条第一款规定：“为担保债务的履行，债务人或者第三人对一定期间内将要连续发生的债权提供担保财产的，债务人不履行到期债务或者发生当事人约定的实现抵押权的情形，抵押权人有权在最高债权额限度内就该担保财产优先受偿。”《最高额抵押合同》《最高额保证合同》均明确约定，担保的主债权为铁投公司自2014年12月3日至2016年12月2日（包括该期间的起始日和届满日），在最高债权额限度内与债务人签订的一系列借款/买卖合同而享有的对债务人的债权，不论该债权在上述期间届满时是否已经到期，也不论该债权是否在最高额抵押担保设立前已经产生。因此，如果各担保人的担保范围仅限于担保中源公司履行《燃料油买卖合同》（编号：005－2014－GTGX－069），则该买卖合同一经签订，担保的金额即已确定，这与最高额抵押合同、最高额保证合同的性质不符，显然违背了合同当事人的真实意思表示。

一审判决系依据铁投公司与永和公司签订的《存货销售及代理采购协议》（编号：005－2014－GTGX－094）、《代理采购合同》（编号：005－

2014－GTGX－118）及《煤油馏分油购销合同》（编号：005－2014－GTGX－117），判令永和公司支付铁投公司货款150769230.53元及相应逾期付款违约金。而《煤油馏分油购销合同》（编号：005－2014－GTGX－117）系铁投公司依据《存货销售及代理采购协议》（编号：005－2014－GTGX－094）、《代理采购合同》（编号：005－2014－GTGX－118）与永和公司签订，且签订时间为2014年12月，在上述四份担保合同约定的主合同的签订期间内，故《煤油馏分油购销合同》（编号：005－2014－GTGX－117）属于上述四份担保合同约定的担保范围。综上，各担保人与铁投公司之间的担保合同均系当事人的真实意思表示，依法成立并合法有效，各担保人应根据各担保合同的约定承担相应的担保责任，一审判决判令由冠四海公司、斯壮公司、梁某、罗某对永和公司的债务承担相应的担保责任，于法有据。

## 三、裁判结论

依照《中华人民共和国民事诉讼法》第一百七十条第一款第一项之规定，判决如下：

驳回上诉，维持原判。

二审案件受理费1026323元，由永和公司、冠四海公司、斯壮公司、梁某、潘某洁共同负担。

## 四、裁判要旨

货物买方委托代理采购人垫付货款采购货物，双方签订总代理采购协议之后就单次采购分别签订《采购协议》，代理采购人分别与货物卖方甲、乙签订采购协议并采购了货物。担保人与代理采购人签订最高额担保合同为货物买方拖欠代理采购人的垫付货款提供担保，虽然最高额担保合同列明的主合同仅是总代理采购协议、代理采购人与货物卖方甲之间的采购协议，并未列明代理采购人与货物卖方乙之间的单笔采购协议，但是代理采购人与货物卖方乙之间的单笔采购协议系基于总代理采购协议而签订，且签订时间在最高额担保合同约定的担保范围内，故代理采购人与货物卖方乙之间的单笔采购协议属于最高额担保合同的担保范围，担保人应对该笔采购协议产生的债务承担担保责任。

（合议庭成员：高燕竹、江显和、杨蕾；案号：（2019）最高法民终124号；判决日期：2019年6月27日；案例编写人：高燕竹、王智锋；案例审核人：胡夏冰）

**011**

## 涉案土地存在历史遗留问题的情况下是否按约交付的认定

——金政公司与增城区国规局、朱村街道办建设用地使用权出让合同纠纷案

## 一、主要案情

2010年9月15日，原增城市国土资源和房屋管理局（2015年至2016年，因政府职能转变将土地和矿产资源管理等职责整合划入广州市增城区国土资源和规划局，以下简称增城区国规局）发布《增城市国有建设用地使用权挂牌出让公告》，公开挂牌出让位于增城市朱村街A村的两宗国有建设用地使用权。《增城市国有建设用地使用权挂牌出让须知》载明："一、出让地块的基本情况及规划指标要求……（十）土地现状：山地，有少量临建……三、开发建设要求……（四）土地移交：参与竞买人，视作已完全了解地块的一切情况，挂牌成交后按现状移交土地。移交土地后，对地表以下的人防、文物、电缆、通信设备、军事设施、供热、供水、供电、供气等隐蔽设施和地质情况造成竞得人施工困难或无法施工的，由竞得人自行解决，并承担全部开发经营风险。"

2010年11月5日，增城区国规局与金政公司签订《国有建设用地使用权出让合同》（以下简称《出让合同》），其中第6条约定：增城区国规局同意在2010年11月5日前将出让宗地交付给金政公司……（二）现状土地条件：视作受让人已完全了解地块的一切情况，按现状移交土地。移交土地后，对地表以下的人防、文物、电缆、通信设备、军事设施、供热、供水、供电、供气等隐蔽设施和地质情况造成受让人施工困难或无法施工的，由受让人自行解决，并承担全部开发经营风险。

2010年11月22日，金政公司支付涉案土地的出让价款9000万元。

2010年11月24日，金政公司支付涉案土地的出让价款8300万元。2010年12月3日，金政公司于竞拍涉案土地前已支付的保证金2200万元转作定金和土地出让价款。2010年12月10日，金政公司支付涉案土地的出让价款7800万元。第三期11700万元未在约定期限支付。

2011年5月27日，增城区国规局作出《催缴通知书》，通知金政公司尽快缴纳涉案土地第三期出让价款11700万元。同年5月30日，金政公司复函称涉案土地尚未交付受让人，要求增城区国规局尽快交付土地使用，在该局未将土地交付使用前暂缓支付最后一期土地出让价款11700万元。

2011年5月30日，金政公司向增城区国规局作出《关于请求协调解决朱村街A村地块问题的情况汇报》，提出项目在实施过程中遇到了村民阻挠施工、还有64座山坟尚未迁移、100多亩土地被村民重新种上青苗等问题，请求协调解决并尽快移交土地，并表示因土地不能交付使用，请求延缓开工竣工期限、暂缓支付最后一期土地出让金和教育补偿金。

2011年7月4日，金政公司作出《关于朱村街A村地块项目延期开工的请示》，称因涉案土地尚未交付使用，申请项目开工日期延期，开工日期从交付土地之日三个月后起计。朱村街道办在该请示上手书“情况属实，要求在交地之日进行土地平整，3个月内正式动工建设”并盖章确认。

2011年9月14日，朱村街道办印发的《推进金政房地产项目动工建设现场会会议纪要》载明：金政项目地块内仍存在农民问题，农民至今不愿交地，影响项目动工。会议明确，朱村街要切实负起属地责任，争取在10月中旬前解决好农民问题，将土地交给开发商。

2012年7月12日，增城区国规局与金政公司签订《补充协议》，主要内容为：“……二、现金政公司提出延期动工申请，朱村街道办也出具书面意见，说明该地块由于历史遗留问题至今仍未能交付给用地单位使用，导致不能按期动工。三、增城区国规局同意延期申请，将开工竣工期限相应由2011年7月4日开工、2012年11月4日竣工调整为2012年11月29

日之前动工、2014年3月29日之前竣工。”

2012年9月19日，增城区国规局作出《催缴通知书》。同年11月26日，金政公司复函称未能交付土地，将暂缓支付第三期土地出让款。2013年6月13日，增城区国规局作出《关于尽快履行出让合同的通知》，金政公司于2013年6月25日复函称：因土地尚未交付，第三期土地出让款暂缓支付。

2014年6月10日，金政公司作出《关于要求解决朱村街A村相关项目开发问题的请示》，称增城区国规局尚未交付涉案土地。由于该项目地块投资额较大，因延期交地对该项目造成了巨大的损失，并请求尽快交付土地。

2014年7月22日，增城区国规局作出《市国土房管局关于对要求解决朱村街A村项目开发问题的意见》，主要内容包括：1. 该局在公开出让涉案地块之前，属地朱村街道办曾于2010年8月23日函告该局，经过其与涉地南岗村的大力沟通和协商，涉及土地涉及的农民问题已基本解决。根据出让公告，参与竞价者，视为完全了解该地块的一切情况，挂牌成交后按现状移交土地。2. 为解决该地的原征地遗留问题，该局多次拨出经费专项用于该地的地上青苗、山坟、房屋和其他附着物的补偿及二次征地补偿。3. 请金政公司严格履行合同约定的动竣工期限。4. 金政公司提出政府未交付土地违约在先，要求减免出让金涉及的滞纳金，该局将会同属地朱村街道办核实情况，并依据有关法律法规进行处理。

2014年8月8日，朱村街道办向市国土房管局作出《关于金政公司项目用地的情况说明》。主要内容：金政公司依法取得的位于朱村街A村的两宗国有建设用地（占地476.097亩），该司取得土地后，一直未能开发建设，主要原因是该地块出让后仍存在很多历史遗留问题，导致朱村街道办无法交地。

2014年8月11日，增城区国规局、金政公司、朱村街道办签订《补充协议二》。主要内容为：“……二、金政公司须在本协议签订之日起15

日内缴清所欠土地出让价款。支付该笔土地使用款后增城区国规局须在受理申请后8个工作日内办妥建设用地批准书给金政公司。三、增城区国规局、朱村街道办须在2014年9月1日前解决地块历史遗留问题，确保金政公司在2014年9月1日前能进场施工。……五、对于违约责任问题存在的争议，增城区国规局、金政公司双方继续另行协商或者通过司法途径解决。”

2014年8月22日，金政公司支付涉案土地的出让价款8150万元。2014年9月5日，金政公司支付涉案土地的出让价款3550万元。金政公司支付涉案土地的出让价款共计39000万元。

2014年10月17日，朱村街道办发出《关于限期处理青苗的通告》，并于11月13日制订《朱村街淘金山花园项目清表行动工作方案》，目标任务为清除淘金山花园项目用地范围内鸭仔坟、洞园、山园（土名）约150亩的青苗。

2014年11月19日，朱村街道办作出《关于要求签订土地移交协议的函》，并草拟了《土地移交协议》，明确具体的土地移交时间、工作要求等事项，请金政公司审核及盖章确认等。

2014年11月23日，金政公司作出《关于朱村街要求签订土地移交协议的复函》，称该土地尚未达到移交的条件，该司暂时不接收土地，请朱村街道办将土地存在的上述问题基本理顺才可移送土地。

2015年11月4日，增城区国规局作出《关于金政公司位于朱村街A村的两地块交付情况的说明》，称直至2014年10月朱村街道办正式完成上述两地块的清表工作，并于2014年11月通过邮递方式将《土地移交协议》转交金政公司，但金政公司收件后拒绝签订该协议。综上，朱村街道办已于2014年11月将上述两地块交付给金政公司使用。

2015年11月13日，金政公司向增城区国规局申请办理涉案土地使用权初始登记。同年12月11日，该局作出《不予登记决定书》，认为因该司未依法足额缴纳土地有偿使用费和其他税费，该局决定不予登记。金政公司向广州市增城区人民政府申请行政复议，广州市增城区人民政府于2016年4月13日作出《行政复议决定书》，对不予登记的决定予以维持。

2016年4月13日，金政公司取得涉案土地上建设项目的《建设工程规划许可证》。

金政公司于2016年6月16日向广东省广州市中级人民法院提起诉讼，广东省广州市中级人民法院报请广东省高级人民法院提级管辖。广东省高级人民法院于2017年3月9日作出（2017）粤民辖26号民事裁定，同意本案由广东省高级人民法院管辖。金政公司请求：1. 判令增城区国规局及朱村街道办承担继续全面履行《国有建设用地使用权出让合同》及《补充协议二》的合同义务，立即履行解决朱村街A村地块上的遗留问题，确保金政公司能够顺利进场施工；2. 判令增城区国规局向金政公司承担违约损失，共计81641766.9元（暂计至2014年11月26日，2014年11月26日之后的损失按中国人民银行贷款利率计至确保金政公司能够实际进场施工之日止）；3. 判令金政公司无须向增城区国规局承担任何逾期付款责任；4. 判令增城区国规局承担因延迟交付土地导致金政公司多承担的城市基础设施配套费1684万元；5. 由增城区国规局承担本案所产生的一切费用。

增城区国规局反诉请求：1. 判令金政公司承担违约责任，自其违约之日起（即2015年7月19日）6个月内每天按成交价（合同成交价39000万元）的1‰支付违约金，即计至2016年1月19日止，共计7176万元（增城区国规局保留对金政公司违约之日起6个月以上部分违约金的追诉权利）；2. 判令解除增城区国规局与金政公司签订的《出让合同》；3. 本诉与反诉的诉讼费由金政公司负担。

广东省高级人民法院于2018年10月17日作出（2017）粤民初35号民事判决：1. 增城区国规局、朱村街道办继续履行《补充协议二》的合同义务，于判决生效之日起30日内解决朱村街A村地块历史遗留问题，确保金政公司能够进场施工；2. 驳回金政公司的其他诉讼请求；3. 驳回增城区国规局的反诉请求。

金政公司不服一审判决，向最高人民法院提起上诉。金政公司上诉请求：1. 判令撤销一审判决第二项并改判增城区国规局承担违约损失81641766.9元（暂计至2014年11月26日，2014年11月26日之后的损失按照中国人民银行贷款利率计至确保金政公司能够实际进场施工之日止）；2. 判令金政公司无须向增城区国规局承担任何逾期付款的责任；3. 判令增城区国规局向金政公司承担因迟延交付土地而导致金政公司多承担的城市基础设施配套费1684万元；4. 本案一、二审诉讼费由增城区国规局负担。

最高人民法院于2019年3月11日立案后，依法组成合议庭，开庭进行了审理。

## 二、裁判理由

本案的争议焦点为：1. 涉案土地是否已经按约交付，增城区国规局是否应向金政公司承担违约责任；2. 增城区国规局是否应承担金政公司多承担的基础设施配套费；3. 金政公司请求判令其无须承担任何逾期付款的责任是否应予支持。

（一）关于涉案土地是否已经按约交付，增城区国规局是否应向金政公司承担违约责任的问题

金政公司与增城区国规局于2010年11月5日签订的《出让合同》第6条约定："出让人同意在2010年11月5日前将出让宗地交付给受让人，出让人同意在交付土地时应达到本条第2项规定的土地条件：……（2）现状土地条件视作受让人已完全了解地块的一切情况，按现状移交土地。移交土地后，对地表以下的人防、文物、电缆、通信设备、军事设施、供热、供水、供电、供气等隐蔽设施和地质情况造成受让人施工困难或无法施工的，由受让人自行解决，并承担全部开发经营风险。"双方在《出让合同》中并未对涉案土地的现状作出明确约定，而是在竞买人参与竞买涉案土地的《增城市国有建设用地使用权挂牌出让须知》第1项（10）中载

明，土地现状：山地，有少量临建；在第3项载明，参与竞买人，视作已完全了解地块的一切情况，挂牌成交后按现状移交土地。由此可见，涉案土地约定的交付时间为2010年11月5日前，交付条件为按现状交付。

案涉合同签订后不久，金政公司即在涉案土地上委派少量保安看管土地，增城区国规局主张其已于2010年11月5日即合同签订当天将土地交付给金政公司。但是，金政公司取得涉案土地的目的是对土地进行开发建设。根据金政公司作出的《关于朱村街A村地块项目延期开工的请示》、增城区国规局与金政公司签订的《补充协议》、朱村街道办向市国土房管局作出的《关于金政公司项目用地的情况说明》、增城区国规局、金政公司、朱村街道办签订的《补充协议二》以及增城区国规局于2015年11月4日作出的《关于广州市金政公司位于朱村街A村的两地块交付情况的说明》等一系列证据，证明涉案土地存在历史遗留问题，从而导致金政公司无法进场施工，金政公司的合同目的无法实现。因此，增城区国规局并未按照合同约定在2010年11月5日前以实现合同目的需要的方式和条件向金政公司交付土地，应承担违约责任。

根据增城区国规局、金政公司、朱村街道办签订的《补充协议二》第3条的约定，增城区国规局、朱村街道办须在2014年9月1日前解决历史遗留问题，确保金政公司在2014年9月1日前能进场施工，并在职权范围内及时协助处理金政公司在施工、验收、交楼、确权环节中出现的问题。上述《补充协议二》签订后，增城区国规局协调朱村街道办对涉案土地上的历史遗留问题、地上建筑物及青苗等开展了清理工作。2014年10月17日，朱村街道办发出《关于限期处理青苗的通告》，并于2014年11月13日制订《朱村淘金山花园项目清表行动工作方案》。2014年11月19日，朱村街道办作出《关于要求签订土地移交协议的函》（朱街函〔2014〕261号），称其已于2014年11月7日组织力量，全面完成涉案地块用地范围内的地上建筑物拆除和青苗清表工作，并草拟了《土地移交协议》，明确具体的土地移交时间、工作要求等事项，请金政公司审核及盖章确认等。该

《土地移交协议》第1项载明，朱村街道办已于2014年11月7日完成该地块用地范围内的地上建筑物拆除和青苗清表工作，现于2014年11月18日全面将土地移交给金政公司开发建设。根据上述事实，法院认为，截至2014年11月19日，可认定涉案土地历史遗留问题已经基本解决，金政公司进场施工的条件已经基本具备。根据《中华人民共和国合同法》第一百一十二条“当事人一方不履行合同义务或者履行合同义务不符合约定的，在履行义务或者采取补救措施后，对方还有其他损失的，应当赔偿损失”的规定，金政公司主张增城区国规局应承担未按约定交付土地给其造成的资金占用利息损失，以其已经支付的土地出让价款39000万元、契税1170万元为本金，按照中国人民银行同期贷款利率计算具有事实和法律依据，法院予以支持。鉴于案涉土地历史遗留问题于2014年11月19日已经基本解决，金政公司进场施工的条件已经基本具备，金政公司主张2014年11月19日之后的资金占用利息损失，缺乏事实依据，法院不予支持。

（二）关于增城区国规局是否应承担金政公司多承担的基础设施配套费的问题

本案中，金政公司认可其主张的多承担的基础设施配套费并未实际发生，故金政公司该项上诉请求缺乏事实依据，法院不予支持。

（三）关于金政公司请求判令其无须承担任何逾期付款的责任是否应予支持的问题

金政公司请求判令其无须承担任何逾期付款的责任，该项诉讼请求没有实际给付的内容，逾期付款的金额及责任内容不明确、不具体，且增城区国规局并未请求金政公司承担逾期付款的责任，一审法院据此驳回金政公司的该项诉讼请求，并无不当。金政公司的该项上诉请求，缺乏依据，法院不予支持。

## 三、裁判结论

依照《中华人民共和国合同法》第一百一十二条，《中华人民共和国民事诉讼法》第一百七十条第一款第二项之规定，判决如下：

一、维持广东省高级人民法院（2017）粤民初35号民事判决第一项、第三项；

二、撤销广东省高级人民法院（2017）粤民初35号民事判决第二项；

三、增城区国规局在本判决生效之日起十日内向金政公司赔偿其支付的土地出让款和契税的利息损失（以2200万元为本金从2010年11月5日起、以9000万元为本金从2010年11月22日起、以8300万元为本金从2010年11月24日起、以7800万元为本金从2010年12月10日起、以1170万元为本金从2010年12月27日起、以8150万元为本金从2014年8月22日起、以3550万元为本金从2014年9月5日起，均按照中国人民银行同期贷款利率计算至2014年11月19日止），以81641766.9元为限；

四、驳回金政公司其他诉讼请求。

如果未按本判决指定的期限履行给付金钱义务，应当依照《中华人民共和国民事诉讼法》第二百五十三条之规定，加倍支付迟延履行期间的债务利息。

一审本诉案件受理费人民币2484209元，由金政公司负担1138771元，增城区国规局负担1345438元，反诉案件受理费人民币995900元，由增城区国规局负担。二审案件受理费人民币1119208.83元，由金政公司负担328685.18元，由增城区国规局负担790523.65元。

## 四、裁判要旨

1. 土地是否按约交付，属于事实认定问题。涉案合同约定按现状交付，但是并未对土地现状作出约定，也未对如何办理土地交接手续作出约定，在转让双方未办理土地交接手续的情况下，涉案土地是否按约交付，需要结合案件事实综合判断。

2. 《中华人民共和国合同法》第一百零七条规定：“当事人一方不履行合同义务或者履行合同义务不符合约定的，应当承担继续履行、采取补救措施或者赔偿损失等违约责任。”该处法律规定的当事人一方不履行合同义务或者履行合同义务不符合约定，是承担违约责任的前提。根据《中华人民共和国合同法》第一百一十二条“当事人一方不履行合同义务或者履行合同义务不符合约定的，在履行义务或者采取补救措施后，对方还有其他损失的，应当赔偿损失”的规定，结合本案事实情况，转让方虽然按照合同约定交付土地，但交付的土地存在历史遗留问题，导致受让方无法进场施工，致使本案的合同目的不能实现，受让方有权请求转让方承担违约责任，赔偿损失。

3. 一方当事人请求法院判令其无须承担逾期付款责任，因该项请求没有实际给付内容，逾期付款数额及责任内容不明确，且对方当事人并未请求其承担逾期付款责任，因此，该项请求缺乏理据，人民法院不应支持。

（合议庭成员：杨蕾、奚向阳、江显和；案号：（2019）最高法民终361号；判决日期：2019年6月28日；案例编写人：杨蕾、李娜；案例审核人：张勇健）

**012**

## 当事人一方通知对方要求解除合同，判断合同是否解除须具备合同解除的实质要件和程序要件

——绿地公司与锐鸿公司、国升公司和海港城公司股权转让纠纷案

### 一、主要案情

2015年10月15日，锐鸿公司、国升公司作为甲方（转让方），绿地公司作为乙方（受让方），海港城公司作为丙方（保证方）共同签订《股权转让框架合同》，在“鉴于”部分写明：海港城公司作为项目公司已经开发了位于A市滨海大道北侧新港片区的外滩中心项目，分为两期，一期项目接近完工，二期住宅项目正处于方案设计调整阶段。锐鸿公司已受让海港城公司80%的股权，国升公司持有海港城公司20%的股权。甲方决议：海港城公司拟分立出具有独立法人资格的项目公司，公司分立后二期地块土地证须过户到项目公司名下，公司分立后，本协议甲方将持有项目公司100%股权。甲方同意在甲方通过合法程序收购项目公司100%股权并取得该地块的开发权益后，按本协议约定转让给乙方或乙方指定主体，乙方同意受让该股权。第2条约定，甲方应保证项目公司注册资本不少于1亿元。第3条约定，本协议签订后90日内，甲方负责完成项目公司从海港城公司分立。本协议签订120日内，甲方需将海口市国用（2012）第00××11号《国有土地使用权证》过户至项目公司名下。本协议签订90日内，甲方取得项目公司100%股权。在本协议签订后120日内，甲方负责将项目公司100%股权转让并变更至乙方名下。第4条约定，股权转让费总额为6.8亿元，乙方在本协议签订后30个工作日内向甲方支付定金5000万元，该定金进入甲、乙双方共同设立的共管账户。一方未按本协议

履行导致另一方无法实现合同目的，适用定金罚则，对于另一方遭受的实际损失，违约方承担赔偿损失。如非乙方自身拖沓不积极等不作为因素，甲方未按本合同履行应尽义务的，甲方应向乙方双倍返还定金。如甲方无法按本协议约定时间及时取得项目公司100%股权及该地块全部权益或甲方虽已取得项目公司的股权及该地块的全部权益但未按时将项目公司的100%股权过户至乙方名下，国升公司对甲方违约责任承担连带责任。……合同还对股权转让款的具体支付、双方权利义务、违约责任等作了约定，在第7条违约责任部分对单方毁约作了如下约定：如因一方原因致使本协议目的无法实现，即任何一方中途擅自解除本协议、甲方拒不转让或者乙方拒不受让本协议项下股权的、任何一方在协议中表述不实造成本协议无法履行或难以履行等的，则适用定金罚则。但依法律规定或本协议约定享有单方解除权的除外。

合同签订后，绿地公司于2015年12月23日向国升公司账户支付定金3000万元，2016年1月8日又支付定金2000万元。

2017年3月22日，国升公司向绿地公司和绿地金控发送《关于解除〈股权转让框架合同〉的函》，内容为：国升公司于2017年3月10日发函要求解除《股权转让框架合同》，经双方协商，就解除合同达成一致，仅就赔偿数额存在一定分歧。因涉及诉讼，国升公司无法按合同约定将目标公司股权过户，为防止损失进一步扩大，不得已提出解除合同，国升公司愿意根据合同关于解除合同的约定执行定金罚则，双倍返还定金。对已实际发生的设计、工程、营销、行政管理费不予认可，定金罚则本身涵盖了违约赔偿责任，执行了定金罚则，就无权要求其他赔偿。2017年5月16日，绿地公司复函称，对双方已就解除合同达成一致表示否认。提出鉴于绿地公司已经支付5000万元定金，根据双倍罚则，商请国升公司于本函送达3个自然日内先行支付1亿元至绿地公司指定账户。剩余6亿元进入共管账户用于支付实际已发生的费用。

2017年7月5日，海港城公司、国升公司与案外人万向公司作为甲方，案外人上海廪溢、绿地金控作为乙方，绿地公司作为丙方，锐鸿公司作为丁方，共同签订一份《海口海港城项目备忘录》，在“鉴于”部分写明：《股权转让框架合同》等合同及相关文件签订以来，甲方未履行合同约定的应尽义务，致使合同签订近18个月以来久拖不决尚无实质性进展，项目公司未按原约定完成分立，进而导致丙方绿地公司无法按照《股权转让框架合同》获得涉案地块，目标地块使用权未实质转入丙方，上海廪溢、绿地金控在《海口项目框架协议》《财务顾问协议》及相关协议项下的权益随之也无法实现，同时给丙方造成严重经济损失和品牌损失。在此背景下，国升公司于2017年3月22日向绿地金控和绿地公司发函，要求单方面解除原《股权转让框架合同》。同时，甲方拟筹集资金用于弥补绿地公司损失、实现上海廪溢顺利退出以及支付绿地金控财务顾问费。该备忘录对有关解除《股权转让框架合同》各方的权利义务作了约定，在最后部分对备忘录的生效条件作了如下约定：本备忘录自各方签署，且甲方包含但不限于30日内履行完毕1亿元双倍定金返还款全部支付至丙方、60日内完成向丙方1亿元资金共管等应尽义务后生效。本备忘录仅仅作为对相关事宜的备忘说明，效力待定，在甲方完成所有应尽法定义务后，合同签署相关方必须针对原甲方、丙方等合同方签订的《股权转让协议》，另行商议签订正式的股权转让解除协议。

2017年7月5日，绿地公司向国升公司发送了《关于催付3000万元定金返还款的函》，内容为：依据备忘录约定，支付首笔定金返还款的条件已经符合，望国升公司7月8日前支付。7月6日，国升公司将3000万元支付给绿地公司。

2017年7月10日，绿地公司向国升公司发送《关于提请贵司支付海港城项目7000万元定金返还款的催告函》。8月4日，国升公司将7000万元支付给绿地公司。

锐鸿公司和国升公司于2016年2月18日成立绿创公司，锐鸿公司持股80%，国升公司持股20%，并以该公司名义进行了涉案项目的前期工作。

涉案土地项目尚未完成规划报建，绿地公司已经在该地块进行了项目前期准备的相关施工工作。上海市第一中级人民法院于2016年1月26日对涉案土地进行了查封，后又有多家法院对该地进行了轮候查封。

绿地公司向海南省高级人民法院起诉请求：1. 判令锐鸿公司、国升公司、海港城公司继续履行与绿地公司于2015年10月15日签订的《股权转让框架合同》，具体包括：（1）从海港城公司分立出具有独立法人资格的项目公司；（2）海港城公司将持有的海口市国用（2012）第00××11号《国有土地使用权证》过户至上述项目公司名下；（3）锐鸿公司、国升公司将持有的上述项目公司100%股权过户给绿地公司；2. 判令锐鸿公司、国升公司、海港城公司承担本案诉讼费用、保全费用。

海南省高级人民法院于2018年8月31日作出（2018）琼民初17号民事判决：1. 双方当事人应继续履行《股权转让框架合同》，锐鸿公司、国升公司于本判决生效之日起10日内分别将各自持有的绿创公司80%、20%的股权过户至绿地公司名下；2. 驳回绿地公司的其他诉讼请求。

绿地公司与锐鸿公司、国升公司均不服一审判决，向最高人民法院提起上诉。

绿地公司上诉请求：判令撤销一审判决第二项并改判海港城公司将涉案土地使用权过户至项目公司名下；一、二审诉讼费、保全费用由锐鸿公司、国升公司、海港城公司承担。

锐鸿公司上诉请求：判令撤销一审判决，改判驳回绿地公司的全部诉讼请求或将本案发回重审。

国升公司上诉请求：判令撤销一审判决第一项，改判驳回绿地公司全部诉讼请求。

最高人民法院于2019年1月18日立案后，依法组成合议庭，开庭进行了审理。

## 二、裁判理由

本案的争议焦点为：1. 涉案《股权转让框架合同》是否已经解除；2. 是否应判决海港城公司将涉案土地过户至项目公司名下；3. 一审判决是否超出诉争范围以及是否遗漏当事人，程序是否违法。

（一）关于涉案《股权转让框架合同》是否已经解除的问题

绿地公司与锐鸿公司、国升公司、海港城公司于2015年10月15日签订的《股权转让框架合同》是各方当事人的真实意思表示，未违反法律、行政法规的强制性规定，应认定合法有效。《股权转让框架合同》签订后，绿地公司支付了5000万元定金。锐鸿公司、国升公司虽然成立了项目公司用于项目操作，但是并未按照约定将涉案国有土地使用权证过户至项目公司名下，构成违约。锐鸿公司、国升公司作为违约方不能行使法定解除权，本案不符合《中华人民共和国合同法》第九十四条规定的法定解除的条件。《中华人民共和国合同法》第九十三条规定："当事人协商一致，可以解除合同。当事人可以约定一方解除合同的条件。解除合同的条件成就时，解除权人可以解除合同。"2017年7月5日，海港城公司、国升公司与案外人海南万向置业有限公司作为甲方、案外人上海廪溢、绿地金控作为乙方，绿地公司作为丙方，锐鸿公司作为丁方，共同签订一份《海口海港城项目备忘录》，就有关解除《股权转让框架合同》各方的权利义务作了约定。《海港城项目备忘录》最后部分约定："本备忘录自各方签署，且甲方包含但不限于30日内履行完毕1亿元双倍定金返还款全部支付至绿地公司、60日内完成向绿地公司1亿元资金共管等应尽义务后生效。本备忘录仅仅作为对相关事宜的备忘说明，效力待定，在完成所有应尽法定义务后，合同签署相关方必须针对原甲方、丙方等合同方签订的《股权转让协议》，另行商议签订正式的股权转让解除协议。"从上述备忘录的约定内容看，备忘录生效要具备两项条件：即甲方包含但不限于30日内履行完毕1亿元双倍定金返还款全部支付至绿地公司、60日内完成向绿地公司1

亿元资金共管等应尽义务。根据一审法院查明的事实，国升公司分别于2017年7月6日、7月10日支付给绿地公司3000万元、7000万元定金返还款。本案没有证据证明海港城公司、国升公司与案外人万向公司已完成向绿地公司1亿元资金共管等应尽义务。因此，关于上述备忘录约定的两项生效条件，国升公司仅完成其中一项。一审法院认定上述备忘录未生效，并无不当。上述备忘录约定“在完成所有应尽义务后，合同签署相关方必须针对国升公司、锐鸿公司、绿地公司等合同方另行商议签订正式的股权转让解除协议”，本案各方当事人并未签订正式的股权转让解除协议，未就解除《股权转让框架合同》达成一致。涉案《股权转让框架合同》未达到法定解除或约定解除的条件，一审法院认定《股权转让框架合同》没有解除并无不当。

锐鸿公司、国升公司主张涉案定金是解约定金，其已向绿地公司双倍返还定金，《股权转让框架合同》即解除。《中华人民共和国担保法》第八十九条规定：“当事人可以约定一方向对方给付定金作为债权的担保。债务人履行债务后，定金应当抵作价款或者收回。给付定金的一方不履行约定的债务的，无权要求返还定金；收受定金的一方不履行约定的债务的，应当双倍返还定金。”《最高人民法院关于适用〈中华人民共和国担保法〉若干问题的解释》第一百一十七条规定：“定金交付后，交付定金的一方可以按照合同的约定以丧失定金为代价而解除主合同，收受定金的一方可以双倍返还定金为代价而解除主合同。对解除主合同后责任的处理，适用《中华人民共和国合同法》的规定。”《中华人民共和国担保法》规定的是以违约定金作为原则型定金。解约定金须在合同中作出约定，否则应将其视为违约定金。《股权转让框架合同》第4条第2项有关定金的约定，一方未按本协议履行导致另一方无法实现合同目的的，适用定金罚则，对于另一方遭受的实际损失，违约方承担赔偿责任；如非绿地公司自身拖沓不积极等不作为因素，锐鸿公司、国升公司未按本合同履行应尽义务的（包括但不限于绿地公司未能如期取得项目公司100%股权、取得

《建设工程规划许可证》、配合办理外滩中心二期地块预售许可证），锐鸿公司、国升公司应向绿地公司双倍返还定金。从合同内容看，双方并未就收取定金一方双倍返还定金即可解除合同作出明确约定。锐鸿公司、国升公司主张本案定金的性质是解约定金，缺乏事实和法律依据。因此，法院对锐鸿公司、国升公司关于其已向绿地公司双倍返还定金、合同已实际解除的主张不予支持。

锐鸿公司、国升公司主张绿地公司未在收到解约通知后3个月内提起诉讼，涉案合同已实际解除。《最高人民法院关于适用〈中华人民共和国合同法〉若干问题的解释（二）》第二十四条规定了合同解除的异议期间，但该规定适用的前提是发出解除通知的一方解除合同需要符合《中华人民共和国合同法》第九十三条第二款、第九十四条规定的约定解除或法定解除的情形。本案国升公司发函解除合同不符合《中华人民共和国合同法》第九十三条第二款、第九十四条规定的情形。因此，锐鸿公司、国升公司关于绿地公司未在收到解约通知后3个月内提起诉讼、涉案合同已实际解除的主张不能成立，法院不予支持。

（二）关于是否应判决海港城公司将涉案土地过户至项目公司名下的问题

涉案土地使用权目前在海港城公司名下，已经被多家法院查封及轮候查封。根据《中华人民共和国城市房地产管理法》第三十八条第二项的相关规定，司法机关和行政机关依法裁定、决定查封的土地、房产不得转让。因此，海港城公司名下的土地使用权须在解除查封之后才能流转。一审法院未支持绿地公司关于将涉案土地过户至项目公司名下的诉讼请求，并无不当。绿地公司关于应将涉案土地过户至项目公司名下的上诉主张缺乏事实和法律依据，法院不予支持。

（三）关于一审判决是否超出诉争范围以及是否遗漏当事人，程序是否违法的问题

合同效力属于人民法院依职权审查的范围，不受当事人诉讼请求的限

制。一审判决认定《海港城项目备忘录》未生效，未超出本案诉争范围。碧桂园公司和本案当事人之间的关系与本案争议不属于同一法律关系，一审法院未追加碧桂园公司为第三人，不属于遗漏当事人，程序并不违法。锐鸿公司的该项上诉主张缺乏事实和法律依据，法院不予支持。

一审判决支持了绿地公司的部分诉讼请求，驳回了绿地公司其他诉讼请求，基于此决定诉讼费用由绿地公司负担1723400元，由锐鸿公司、国升公司共同负担1723400元，并无不当。

## 三、裁判结论

依照《中华人民共和国民事诉讼法》第一百七十条第一款第一项之规定，判决如下：

驳回上诉，维持原判。

二审案件受理费人民币3441801元，由绿地公司负担1147267元，锐鸿公司负担1147267元，国升公司负担1147267元。

## 四、裁判要旨

1. 当事人一方通知对方要求解除合同，判断合同是否解除须考察合同解除的实质要件和程序要件。《中华人民共和国合同法》第九十六条规定："当事人一方依照本法第九十三条第二款、第九十四条的规定主张解除合同的，应当通知对方。合同自通知到达对方时解除。对方有异议的，可以请求人民法院或者仲裁机构确认解除合同的效力……"可见，通知解除合同一方面须具备《中华人民共和国合同法》第九十三条规定的约定解除条件或者第九十四条规定的法定解除条件，这是判断合同是否解除的实质要件。另一方面通知对方解除合同，这是合同解除的程序要件。《最高人民法院关于适用〈中华人民共和国合同法〉若干问题的解释（二）》第二十四条规定："当事人对合同法第九十六条、第九十九条规定的合同解除或者债务抵销虽有异议，但在约定的异议期限届满后才提出异议并向人民法院起诉的，人民法院不予支持；当事人没有约定异议期间，在解除合同或者债务抵销通知到达之日起三个月以后才向人民法院起诉的，人民法院不予支持。”该条规定了非解除权人在异议期内没有行使异议权的法律后果，这是对《中华人民共和国合同法》第九十六条规定的适用作出的解释。对该条的准确理解是，只有享有法定或者约定解除权的当事人才能以通知方式解除合同。不享有解除权的一方向另一方发出解除通知，另一方即便未在异议期限内提起诉讼，也不发生解除合同的效果。人民法院在审理案件时，应当审查发出解除通知的一方是否享有约定的或者法定的解除权来决定合同是否解除，不能仅以受通知一方在约定或者法定的异议期限内未起诉这一事实就认定合同已经解除。

2.《最高人民法院关于适用〈中华人民共和国担保法〉若干问题的解释》第一百一十七条规定：“定金交付后，交付定金的一方可以按照合同的约定以丧失定金为代价而解除主合同，收受定金的一方可以双倍返还定金为代价而解除主合同。对解除主合同后责任的处理，适用《中华人民共和国合同法》的规定。”《中华人民共和国担保法》规定的是以违约定金作为原则型定金。解约定金须在合同中作出明确约定，否则应将其视为违约定金，当事人没有解约权。在双方未就收取定金一方双倍返还定金即可解除合同作出明确约定的情况下，收取定金一方双倍返还定金不应视为合同解除。

（合议庭成员：杨蕾、张颖新、江显和；案号：（2019）最高法民终120号；判决日期：2019年4月16日；案例编写人：杨蕾、李娜；案例审核人：张勇健）

# （二）公司、证券、保险、票据

**013**

## 股东代表诉讼的诉因范围

——陈某勇与万达公司、宏宇公司损害公司利益责任纠纷案

### 一、主要案情

陈某勇因与万达公司、原审第三人宏宇公司损害公司利益责任纠纷，向湖南省高级人民法院（以下简称原审法院）起诉请求：判决万达公司向宏宇公司支付违法分包的违约金7200万元（暂按南区项目工程施工合同总价36000万元的20%计算，要求按照司法审价确认南区项目工程造价的20%计算）；本案诉讼费用由万达公司负担。事实及理由：

宏宇公司系“宏宇新城·巴萨名门”南区项目（以下简称南区项目）的建设单位。经招标投标，南区项目由万达公司中标施工。2011年8月28日宏宇公司与万达公司签订《“宏宇新城·巴萨名门”（南区）建设工程施工合同》，约定工程总建筑面积302103.85平方米，价款暂定36000万元。合同专用条款第47条第12项特别约定：“本工程未经发包人同意不得分包，如承包人擅自分包，发包人有权要求承包人按分包工程总价的20%支付违约金。”之后万达公司违反合同约定，将工程分包给没有资质的陈某标、黄某平、张某灿、余某松等个人。按照合同约定，万达公司应当向宏宇公司支付违约金7200万元。因为万达公司的法定代表人周某成

系宏宇公司的股东之一，双方存在重大利益冲突，因此宏宇公司未提起诉讼追究万达公司的违约责任。《中华人民共和国公司法》第一百五十一条第一款规定："董事、高级管理人员有本法第一百四十九条规定的情形的，有限责任公司的股东、股份有限公司连续一百八十日以上单独或者合计持有公司百分之一以上股份的股东，可以书面请求监事会或者不设监事会的有限责任公司的监事向人民法院提起诉讼；监事有本法第一百四十九条规定的情形的，前述股东可以书面请求董事会或者不设董事会的有限责任公司的执行董事向人民法院提起诉讼。"第三款规定："他人侵犯公司合法权益，给公司造成损失的，本条第一款规定的股东可以依照前两款的规定向人民法院提起诉讼。"宏宇公司不设监事会、董事会，陈某勇于2014年12月16日向宏宇公司执行董事黄某飞、监事周某成分别发出书面函件，请求宏宇公司提起诉讼，追究万达公司违约责任，但执行董事黄某飞、监事周某成至今仍未对万达公司提起诉讼。根据《中华人民共和国公司法》第一百五十一条第二款"监事会、不设监事会的有限责任公司的监事，或者董事会、执行董事收到前款规定的股东书面请求后拒绝提起诉讼，或者自收到请求之日起三十日内未提起诉讼，或者情况紧急、不立即提起诉讼将会使公司利益受到难以弥补的损害的，前款规定的股东有权为了公司的利益以自己的名义直接向人民法院提起诉讼"之规定，为维护宏宇公司及其股东的合法权益，陈某勇提起本案诉讼。

原审法院经审查认为，第一，《中华人民共和国公司法》第一百五十一条规定的股东代表诉讼，是指在公司的合法权益受到董事、监事、高级管理人员或他人不法侵害，而公司怠于或不能行使诉权保护自己的利益时，符合法定条件的股东为维护公司的利益，依照法定程序以自己的名义代公司起诉不法侵害人，所得诉讼利益归于公司的一种制度。依照该条第三款规定，他人侵犯公司合法权益，给公司造成损失的，符合条件的股东有权提起诉讼。在本案中，陈某勇可以在符合第一百五十一条第一款、第二款的资格及程序条件下，就董事、监事、高级管理人员或他人损害公司权益的事由代表公司提起损害公司权益诉讼，但陈某勇在本案中是基于宏宇公司与万达公司之间的建设工程施工合同关系，要求追究万达公司的违约责任，系合同之诉，不属于《中华人民共和国公司法》第一百五十一条规定的股东代表诉讼。第二，《中华人民共和国公司法》第三条规定：“公司是企业法人，有独立的法人财产，享有法人财产权。公司以其全部财产对公司的债务承担责任……”本案中宏宇公司作为有民事行为能力的独立法人，与其他民事主体发生权利义务关系，并以其法人财产对外独立承担民事责任，均属于其独立从事生产经营活动的民事权利范围。根据合同相对性原则，宏宇公司与合同相对方万达公司之间就合同履行发生的争议，应由合同的双方当事人宏宇公司与万达公司依照法律法规的规定进行处理。陈某勇作为宏宇公司的股东，可以依照法律及公司章程的规定参与公司治理、监管公司运营，而不是通过股东代表诉讼的方式加以介入。综上所述，陈某勇并非涉案建设工程施工合同关系的当事人，与该合同的履行不具有直接的利害关系，其起诉不符合《中华人民共和国民事诉讼法》第一百一十九条第一项“原告是与本案有直接利害关系的公民、法人和其他组织”的起诉条件，亦不符合《中华人民共和国公司法》第一百五十一条第三款“他人侵犯公司合法权益，给公司造成损失的”事由，因此，陈某勇依照《中华人民共和国公司法》第一百五十一条提起诉讼，作为原告的主体不适格。因此，依照《中华人民共和国民事诉讼法》第一百一十九条、第一百五十四条第一款第三项，《最高人民法院关于适用〈中华人民共和国民事诉讼法〉的解释》第二百零八条第三款的规定，裁定驳回陈某勇的起诉。案件受理费401800元，退还陈某勇。

陈某勇不服原审裁定，向最高人民法院上诉称：1. 原审裁定认定《中华人民共和国公司法》第一百五十一条第三款不适用于合同之诉，适用法律错误。无论是文义表述还是司法实务，《中华人民共和国公司法》第一百五十一条第三款规定的股东代表诉讼皆未禁止合同之诉。同时，原审裁定与该院类案裁判规则相悖。2. 万达公司在履行与宏宇公司签订的合同时，存在重大违约行为，严重侵犯了宏宇公司的合法权益，给宏宇公司造成了重大损失。在宏宇公司怠于提起诉讼的情况下，陈某勇为避免宏宇公司的利益受到难以弥补的损害，有权依据《中华人民共和国公司法》第一百五十一条第三款的规定提起股东代表诉讼。宏宇公司与万达公司签订的《“宏宇新城·巴萨名门”（南区）建设工程施工合同》专用条款第47条第12项明确约定：“本工程未经发包人同意不得转分包，如承包人擅自分包，发包人有权要求承包人按分包合同总价的20%支付违约金。”而浙江省高级人民法院（2017）浙民终261号生效判决中，万达公司自认其将案涉项目分包给案外人陈某标施工。可见，万达公司在履行与宏宇公司签订的施工合同时，确实存在未经宏宇公司同意擅自分包工程的重大违约行为。陈某勇虽书面请求宏宇公司起诉追究万达公司的违约责任，但宏宇公司始终未依法提起诉讼。在此情况下，陈某勇可作为原告直接提起诉讼。综上，原审裁定事实认定和法律适用均有错误，请求：1. 撤销原审法院（2015）湘高法民一初字第6号民事裁定；2. 判令本案二审诉讼费用由万达公司承担。

万达公司口头答辩称：《中华人民共和国公司法》第一百五十一条第三款指向的是侵权，它以侵害事实的存在为构成要件。2011年最高人民法院关于民事案由的规定对损害公司利益责任纠纷统一归于侵权纠纷，此后案由虽有修改，但仍然以侵权作为上一级事由。该条即便是可以指向合同之诉，其涵摄的范围也只能限于合同违约和侵权的竞合情形。陈某勇主张的有关分包事项均是根据宏宇公司的股东指定或者要求进行，合同项下的行为并没有给宏宇公司造成实际的损失，没有损害后果，不存在《中华人民共和国公司法》第一百五十一条第三款确定侵害发生这个构成要件。另外，陈某勇主张违约金的诉请，该请求事项也不属于损害赔偿类的主张。综上，陈某勇的主张不符合《中华人民共和国公司法》第一百五十一条第三款构成要件，请求驳回其上诉。

## 二、裁判理由

本案的争议焦点为：陈某勇提起本案诉讼是否符合《中华人民共和国

公司法》第一百五十一条第三款的规定。

《中华人民共和国公司法》第一百五十一条第一款规定：“董事、高级管理人员有本法第一百四十九条规定的情形的，有限责任公司的股东、股份有限公司连续一百八十日以上单独或者合计持有公司百分之一以上股份的股东，可以书面请求监事会或者不设监事会的有限责任公司的监事向人民法院提起诉讼；监事有本法第一百四十九条规定的情形的，前述股东可以书面请求董事会或者不设董事会的有限责任公司的执行董事向人民法院提起诉讼。”

监事会、不设监事会的有限责任公司的监事，或者董事会、执行董事收到前款规定的股东书面请求后拒绝提起诉讼，或者自收到请求之日起30日内未提起诉讼，或者情况紧急、不立即提起诉讼将会使公司利益受到难以弥补的损害的，前款规定的股东有权为了公司的利益以自己的名义直接向人民法院提起诉讼。

他人侵犯公司合法权益，给公司造成损失的，本条第一款规定的股东可以依照前两款的规定向人民法院提起诉讼。

本案中，宏宇公司的公司类型为有限责任公司，陈某勇系其股东。因此，陈某勇在申请宏宇公司主张权利而宏宇公司不主张的情况下，有资格代表宏宇公司提起诉讼。关于股东代表诉讼的诉因范围问题，从条文文义看，上述规定并未排除合同之诉，不能当然认为股东代表诉讼的诉因仅限于侵权之诉。从股东代表诉讼制度的设立目的看，是解决对董事、高管人员的监督和制约问题，而非处理合同纠纷或侵权责任。同时，股东代表诉讼本就是在公司不起诉的情况下，股东代表公司主张权利，诉讼结果归于公司的诉讼方式，因此原审裁定以公司法人人格独立理论来否认股东代表诉讼，亦有不当。

## 三、裁判结论

原审裁定适用法律确有错误，法院予以纠正。依照《中华人民共和国民事诉讼法》第一百七十一条，《最高人民法院关于适用〈中华人民共和国民事诉讼法〉的解释》第三百三十二条之规定，裁定如下：

一、撤销湖南省高级人民法院（2015）湘高法民一初字第6号民事裁定；

二、本案指令湖南省高级人民法院审理。

## 四、裁判要旨

关于股东代表诉讼的诉因范围问题，《中华人民共和国公司法》第一百五十一条第三款表述为“他人侵犯公司合法权益”，该规定并未排除合同之诉，不能从字面意义上当然得出股东代表诉讼的诉因仅限于侵权之诉的结论。从股东代表诉讼制度的设立目的看，是解决对董事、高管人员的监督和制约问题，而非处理合同纠纷或侵权责任。因此，在股东因公司拒绝或者怠于行使诉权而向人民法院起诉时，人民法院应考虑到股东诉讼代表制度设立的目的，不管是合同、侵权或是其他行为，只要是他人侵犯公司合法权益给公司造成损失的，都可以提起股东代表诉讼。同时，股东代表诉讼的初衷就是在公司不起诉的情况下，股东代表公司主张权利，诉讼结果归于公司的诉讼方式，故不能简单以公司法人人格独立理论为由对股东代表诉讼进行否定。

（合议庭成员：江显和、刘少阳、高燕竹；案号：（2019）最高法民终597号；判决日期：2019年5月24日；案例编写人：江显和；案例审核人：张勇健）

014

# 实际控制人的行为效力及于公司目标、利益与实际控制人具有完全同一性的平台公司

——京安公司与宝恒公司、谢某、承彩公司合同纠纷案

## 一、主要案情

2012年9月9日，宝恒公司与谢某签订《融资担保协议书》，约定：宝恒公司拟向谢某融资与深圳合作方王某明通过联华公司收购市建公司的全部股份，谢某向宝恒公司提供资金5亿元，使用期限为谢某的资金到达联华公司账户之日起12个月。就谢某提供资金的形式及宝恒公司的还款担保，双方确认为：谢某提供的5亿元资金，由谢某通过其指定公司（谢某为实际控制人的恒慧投资公司、京安公司）以增资形式注入联华公司，再由联华公司收购市建公司。在增资完成后，谢某指定公司共计持有联华公司增资后90%股权。由于这仅是为还款担保而持有股权，谢某及其指定公司承诺无条件配合宝恒公司或其指定人对联华公司的经营管理和决策，不能阻碍或拖延，不参与和干涉联华公司的经营管理和决策，不享受利润分配也不承担经营风险。谢某提供的5亿元资金利息按同期人民银行贷款年利息收取（按照实际使用天数计收）。宝恒公司完成目标公司的收购交易后，应及时归还谢某资金的本息。如果不能及时归还本息，谢某有权处置增资所获得的联华公司90%股权，收回本息，宝恒公司应当无条件协助。宝恒公司归还谢某的5亿元资金及其利息后，谢某指定的公司应在30天内无条件将联华公司90%股权返还给宝恒公司，恢复到增资交易前宝恒公司单一股东持有联华公司100%股权的公司股权结构。

2012年11月1日，联华公司作出股东会决议，原股东宝恒公司及新增股东恒慧股权公司、京安公司一致同意联华公司的注册资本及实收资本

均增加4.5亿元，增资后宝恒公司出资5000万元占注册资本10%，恒慧股权公司出资1.5亿元占注册资本30%，京安公司出资3亿元占注册资本60%。决议落款处马某亮代表京安公司签名并加盖京安公司公章，皮某代表恒慧股权公司签名并加盖恒慧股权公司公章。

2012年11月1日，京安公司向联华公司的建设银行账号转账支付“投资款”3亿元，恒慧股权公司向联华公司转账支付“投资款”1.5亿元。同日，联华公司将4.5亿元转账到联华公司的工商银行账号。2012年11月2日，联华公司的注册资本及实收资本均由5000万元变更登记为5亿元，联华公司的股权结构变更登记为：京安公司持股60%，恒慧股权公司持股30%，宝恒公司持股10%。

2012年12月13日至2014年1月8日，市建公司分批陆续向华筑公司银行账户转账共计3.85亿元。2015年11月1日，市建公司出具《证明》记载：“我司受宝恒公司及常某委托，自2012年12月13日开始至2014年1月8日止累计向华筑公司支付3.85亿元。”同日，华筑公司出具一份《证明》记载：“谢某系我公司的实际控制人。按照谢某的安排，我司收到市建公司代宝恒公司向谢某偿还的借款3.85亿元。特此证明！”

2012年12月，联华公司分两次向卫运公司银行账户转账共计5000万元；2012年12月20日，宝恒公司向卫运公司银行账户转账8000万元。以上转账用途处均注明为往来款。2015年11月1日，联华公司出具《证明》，记载：“我司代宝恒公司向谢某偿还借款5000万元，并按谢某的要求将该款项汇付到谢某实际控制的公司——卫运公司的账户。”同日，卫运公司出具《证明》，记载：“谢某是我司的实际控制人。按照谢某的安排，我司收到联华公司代宝恒公司偿还的借款5000万元，收到宝恒公司向谢某偿还的借款8000万元。特此证明。”

2013年5月19日，宝恒公司与京安公司签订一份《股权名义持有协议》，约定京安公司实际控制人谢某根据《融资协议书》安排京安公司向宝恒公司贷款3亿元，该3亿元借款以增资方式注入联华公司并用于市建公司的股权收购，联华公司增资3亿元后京安公司名义持有联华公司60%股权，在3亿元借款及利息还清后1个月内，京安公司应将联华公司股权无条件返还给宝恒公司。该份《股权名义持有协议》上所列的京安公司法定代表人是马某亮，该份《股权名义持有协议》落款处加盖有京安公司公章，并由谢某以京安公司实际控制人身份签名。

2013年5月19日，谢某以恒慧股权公司实际控制人身份与宝恒公司签订一份《股权名义持有协议》，约定谢某根据《融资协议书》安排恒慧股权公司向宝恒公司贷款1.5亿元，该1.5亿元借款以增资方式注入联华公司并用于市建公司的股权收购，联华公司增资1.5亿元后恒慧股权公司名义持有联华公司30%股权，在1.5亿元借款及利息还清后1个月内，恒慧股权公司应将联华公司30%股权无条件返还给宝恒公司。该份《股权名义持有协议》落款处没有加盖恒慧股权公司公章，仅由谢某以恒慧股权公司实际控制人身份签名。

2013年10月18日上海市公安局经侦总队对赵某询问的笔录中，赵某称：我和谢某在大约十年前经人介绍认识进行合作。我与其他相关人员操作注册了融跃公司、恒慧投资公司、慧海投资公司、胜沃公司、鑫胜管理公司、鑫胜投资公司、恒慧股权公司、京安公司等，上述公司的注册资本金均为谢某安排人注入。我们没约定过资金的性质，上述公司也没有经营过什么业务，没有相应的经营收入，只是为谢某大体系中其他公司的融资业务提供服务。京安公司的经营运作均由谢某决策运作，我不参与经营。市建公司的收购项目也都是由谢某安排操作，我也没有参与。京安公司于2013年9月变更了法定代表人，由原来的马某亮变更为我本人，我这样做的原因是怕谢某利用京安公司做违法的事情。

2014年2月10日，京安公司与承彩公司签订《股权转让协议》，约定京安公司将其持有的联华公司60%股权以3亿元价格转让给承彩公司。

2014年3月10日，谢某与宝恒公司签订《还款协议》，约定谢某确认宝恒公司通过联华公司收购市建公司的并购交易，谢某给宝恒公司的5亿元资金及利息，宝恒公司及目标公司已于2014年3月10日全额偿付完毕，谢某同意立即解除股权担保，指定恒慧股权公司持有的联华公司30%股权、指定京安公司持有的联华公司60%股权应当在2014年4月10日前无条件返还给宝恒公司。

另查明，恒慧股权公司、京安公司向联华公司增资的4.5亿元均系谢某安排其实际控制的其他公司转账注入。

后几方因股权返还发生纠纷，宝恒公司向广东省深圳市中级人民法院提起诉讼，请求确认京安公司名义持有的联华公司60%的股权为宝恒公司所有；京安公司承担宝恒公司为本案诉讼所发生的费用及全部诉讼费用。

第三人承彩公司申请作为有独立请求权第三人参加诉讼。其诉请为确认承彩公司为联华公司股东，并持有联华公司60%的股权。

广东省深圳市中级人民法院于2017年7月14日作出（2016）粤03民初133号民事判决：确认京安公司持有的联华公司60%股权为宝恒公司所有；驳回宝恒公司的其他诉讼请求；驳回承彩公司的全部诉讼请求。

京安公司、承彩公司不服，向广东省高级人民法院提起上诉，请求撤销一审判决，发回重审或改判；由宝恒公司承担全部诉讼费用。

广东省高级人民法院于2018年7月2日作出（2018）粤民终149号民事判决：驳回上诉，维持原判。

京安公司仍不服，向最高人民法院申请再审，最高人民法院于2019年4月1日立案后，依法组成合议庭进行了审查。

## 二、裁判理由

本案的争议焦点为：1. 本案属股东资格确认纠纷还是合同纠纷；2. 京安公司持有的联华公司股权是否应确认给宝恒公司。

（一）关于本案属股东资格确认纠纷还是合同纠纷的问题

本案系宝恒公司依据《融资担保协议书》《股权名义持有协议》，请求确认京安公司因融资担保而登记在该公司名下联华公司60%股权为宝恒公司所有，纠纷本质上是宝恒公司与京安公司、谢某因合同履行而产生的纠纷，并非股东与股东之间，或者股东与公司之间就是否具备股东资格产生的纠纷，故原审法院认定根据本案纠纷系合同纠纷而非股东资格确认纠纷，于法有据，应予支持。

（二）关于京安公司持有的联华公司股权是否应确认给宝恒公司的问题

根据原审查明的事实，本案中，就公司设立目的而言，京安公司系谢某安排赵某为其设计金融方案而设立，注册资本金由谢某安排人员转入，该公司设立目的是谢某融资业务提供服务，并未经营其他业务，也没有任何经营收入；公司股权均系赵某根据谢某要求安排其招聘员工代持。就案涉合同履行而言，《融资担保协议书》由宝恒公司与谢某签订，后京安公司根据该协议约定向联华公司转账3亿元，出席联华公司有关增资决议的股东会等，均表明在谢某与宝恒公司、常某等形成交易合意后，京安公司是在谢某的实际支配下，与宝恒公司订立合同并持有联华公司60%股权；而赵某及代持京安公司股权的股东，并不是宝恒公司、常某真正的交易对象。虽然，京安公司曾更换公司印章与法定代表人，但案涉《融资担保协议书》《股权名义持有协议》均是在京安公司前述事项变更前订立。特别是，京安公司在与宝恒公司签订的《股权名义持有协议》中自认“京安公司实际控制人谢某根据《融资协议书》安排京安公司向宝恒公司贷款3亿元，该3亿元以增资方式注入联华公司……在3亿元借款及利息还清后1个月内，京安公司应将联华公司60%股权无条件返还给宝恒公司”，该内容进一步说明，在案涉合同履行过程中，谢某是京安公司的实际控制人。因此，原审法院并非仅据案涉询问笔录认定本案事实，而是综合分析赵某在公安机关的陈述，案涉公司的设立目的与登记变更，以及案涉协议的履行、资金的流转等情况后，认为京安公司向联华公司增资的3亿元实际上系谢某与宝恒公司间的借款且已还清；根据谢某与宝恒公司在《融资担保协议书》中关于“宝恒公司归还谢某的5亿元资金及其利息后，谢某指定的公司应在30天内无条件将联华公司90%股权返还给宝恒公司”的约定，确认京安公司持有的联华公司60%股权为宝恒公司所有，事实依据充分，处理意见亦无不当。至于京安公司时任法定代表人马某亮签订协议的行为是否取得京安公司授权的问题。《中华人民共和国民法总则》第六十一条第二款和第三款规定："法定代表人以法人名义从事的民事活动，其法律后果由法人承受。法人章程或者法人权力机构对法定代表人代表权的限制，不得对抗善意相对人。"因此，原审法院认为京安公司应承受前述协议法律后果，于法有据，应予支持。

《最高人民法院关于民事诉讼证据的若干规定》[①] 第六十五条、第七十六条和第七十七条规定，审判人员可以从与原件是否相符等方面，对作为单一证据的复印件进行审核认定；当事人对自己的主张，只有本人陈述而不能提出其他相关证据的，其主张人民法院不予支持；国家机关、社会团体依职权制作的公文书证的证明力一般大于其他书证。本案中，原审法院向江苏省连云港市公安局刑警支队调取的赵某的询问笔录，不是与原件无法核对的复印件证据，而是由国家机关依职权制作的，来源与形式均符合法律规定，且具有较高证明力的证据，原审法院予以采信，并无不当。而京安公司关于原审法院应当调取案涉询问笔录原件的主张，因没有法律依据，不予支持。京安公司提出案涉询问笔录内容真伪不明、可能被篡改、赵某可能被刑讯逼供而导致陈述不真实等主张，因该公司并未提供证据予以证明，不予支持。此外，根据案涉询问笔录，谢某系京安公司实际出资人、实际控制人，在案涉协议履行过程中，其利益与京安公司是一致的，因此，不存在谢某与宝恒公司串通损害京安公司的问题。原审法院亦认为京安公司在本案中的主张，与案涉协议的实际履行情况无法吻合。本案中，京安公司仅以不符常理为由主张谢某与宝恒公司串通、伪造案涉协议，没有事实和法律依据，不予支持。

## 三、裁判结论

京安公司的再审申请不符合《中华人民共和国民事诉讼法》第二百条

① 已被修改。

规定的情形。依照《中华人民共和国民事诉讼法》第二百零四条第一款，《最高人民法院关于适用〈中华人民共和国民事诉讼法〉的解释》第三百九十五条第二款之规定，裁定如下：

驳回京安公司的再审申请。

## 四、裁判要旨

《中华人民共和国公司法》第二百一十六条第三项规定："实际控制人，是指虽不是公司的股东，但通过投资关系、协议或者其他安排，能够实际支配公司行为的人。"相关法律并未对公司实际控制人的行为是否及于公司作出明确规定，但公司作为有独立人格的法人，与公司实际控制人的利益往往并不完全同一。在涉及其他中小股东或者债权人利益的情况下，要对实际控制人的行为进行规制，以维护弱势方利益。在司法实践中亦应谨慎适用揭开公司面纱制度，以维护公司人格的独立。

但对于设立目的即实际控制人相关业务提供服务的平台公司而言，其注册资本、股东、高管均系实际控制人安排，公司不经营其他业务，也没有其他任何经营收入，公司不存在独立的财产，故亦不存在其他股东和债权人权益问题，公司目标、利益与实际控制人具有完全同一性。在具体的商事交易行为中，公司全部交易资金为实际控制人转账注入，交易行为系按照实际控制人意思表示实施。在该种情况下，可不再囿于商事外观主义，以及公司发起设立和法人独立人格制度，在查明实际控制人的利益与公司利益具有同一性的情况下，认定实际控制人的行为效力及于公司，并不得因公司意思机关或者代表机关的变更而反言。

（合议庭成员：刘少阳、高燕竹、肖芳；案号：（2019）最高法民申1783号；判决日期：2019年5月10日；案例编写人：刘少阳、张安成；案例审核人：胡夏冰）

015

## 确定公司有关机关不存在提起诉讼的可能时股东可直接提起股东代表诉讼

——周某春与庄士公司、李某慰、彭某傑、汉业公司损害公司利益责任纠纷案

### 一、主要案情

汉业公司系2002年在湖南省工商行政管理局注册成立，注册资本为1000万元，股东为周某春、范某汉（两人系夫妻关系）。2004年经湖南省人民政府批准，汉业公司变更为有限责任公司（台港澳与境内合资），公司注册资本增加至人民币2500万元。其中周某春出资人民币250万元，持股比例10%；新时代公司出资人民币2250万元，持股比例90%。汉业公司《中外合资经营企业章程》第15条规定：董事会由5名董事组成，其中1名由周某春出任，新时代公司委派4名，董事长由新时代公司指定。汉业公司未设监事或监事会。2011年12月29日，汉业公司的法定代表人由范某汉变更为李某慰。汉业公司董事会由李某慰（董事长）、彭某傑、庄某农、李某心、周某春组成。另查明，庄士公司2004年至2017年财政年度业绩报告载明，李某心、彭某傑、李某慰系庄士公司董事，庄某农系庄士公司高层管理人员。

周某春认为汉业公司在经营管理过程中，董事长李某慰和董事彭某傑与庄士公司存在损害汉业公司利益的行为。向湖南省高级人民法院（以下简称一审法院）提出诉讼请求：1. 判令庄士公司、李某慰、彭某傑共同赔偿汉业公司人民币750.825万元，并赔偿自2005年10月8日起至赔偿款付清之日止的，按照同期银行贷款利率计算的利息损失（暂计算至2017年6月1日的利息损失为5702011.15元）。2. 判令庄士公司、李某慰、彭

某傑共同赔偿汉业公司经济损失32210138.92元及2012年7月16日起至庄士公司、李某慰、彭某傑实际付清赔偿款之日止，按照同期银行贷款利率计算的利息损失（暂计算至2017年6月1日的利息损失为9253525.55元）。3. 判令庄士公司、李某慰、彭某傑赔偿因低价折抵汉业公司资产，侵占汉业公司商业机会，而造成的经济损失5000万元（以上经济损失为暂估额，实际损失额以法院查明的给汉业公司造成的实际损失为准）。4. 判令案件诉讼费由庄士公司、李某慰、彭某傑承担。

一审法院认为，本案系周某春代表汉业公司提起的股东代表诉讼。根据《中华人民共和国公司法》第一百五十一条规定："董事、高级管理人员有本法第一百四十九条规定的情形的，有限责任公司的股东、股份有限公司连续一百八十日以上单独或者合计持有公司百分之一以上股份的股东，可以书面请求监事会或者不设监事会的有限责任公司的监事向人民法院提起诉讼；监事有本法第一百四十九条规定的情形的，前述股东可以书面请求董事会或者不设董事会的有限责任公司的执行董事向人民法院提起诉讼。监事会、不设监事会的有限责任公司的监事，或者董事会、执行董事收到前款规定的股东书面请求后拒绝提起诉讼，或者自收到请求之日起三十日内未提起诉讼，或者情况紧急、不立即提起诉讼将会使公司利益受到难以弥补的损害的，前款规定的股东有权为了公司的利益以自己的名义直接向人民法院提起诉讼。他人侵犯公司合法权益，给公司造成损失的，本条第一款规定的股东可以依照前两款的规定向人民法院提起诉讼。"本案中，周某春代表汉业公司提起诉讼，应先履行《中华人民共和国公司法》第一百五十一条有关股东代表诉讼的前置程序。周某春主张汉业公司任命周某科为汉业公司监事，为此，周某春向该院提交了2010年11月18日汉业公司的《董事会决议》，申请对该《董事会决议》进行鉴定，拟证明周某科为汉业公司监事。一审法院认为，湖南省长沙市中级人民法院0590号民事判决已对该《董事会决议》的真实性不予确认。一审法院已生效的（2017）湘民终636号民事判决对湖南省长沙市中级人民法院0590

号民事判决认定的事实也予以了认定，根据《最高人民法院关于适用〈中华人民共和国民事诉讼法〉的解释》第九十三条第一款第五项的规定，已为人民法院发生法律效力的裁判所确认的事实，当事人无须举证。故对周某春提出对2010年11月18日《董事会决议》进行鉴定的申请不予准许。周某春亦未提交其他证据证明周某科为汉业公司监事，故现有证据不能证明周某科系汉业公司的监事。因此，周某春主张书面向周某科请求提起本案诉讼被拒即履行了股东代表诉讼前置程序的理由不能成立。周某春还认为，本案由于汉业公司的董事和实际控制人不会自己起诉自己，在此时要求公司股东履行股东代表诉讼的前置程序没有可能，因此应允许股东直接提起股东代表诉讼。即使汉业公司不认可周某科的公司监事身份，也不妨碍周某春作为汉业公司股东为维护公司利益提起的股东代表诉讼。一审法院认为，汉业公司董事会共有董事5人即李某慰、李某心、彭某傑、庄某农、周某春，周某春作为本案一审原告起诉其中两名董事李某慰、彭某傑，董事会仍有可能形成多数表决意见来提起诉讼；更何况周某春不但起诉了汉业公司两名董事李某慰、彭某傑，还起诉了庄士公司，根据《中华人民共和国公司法》第一百五十一条第三款规定，周某春也可通过书面请求汉业公司董事会来提起诉讼，若董事会拒绝提起诉讼或30日内未提起诉讼，周某春方可提起本案股东代表诉讼。故对于周某春未履行上述前置程序而直接提起股东代表诉讼不予支持。一审法院以（2017）湘民初18号民事裁定（以下简称一审裁定）驳回周某春起诉。

周某春不服一审裁定提出上诉请求：依法撤销一审裁定，指令一审法院审理。最高人民法院于2019年9月10日立案后，依法组成合议庭，开庭进行了审理。

## 二、裁判理由

本案的争议焦点为：一审裁定驳回周某春的起诉是否正确。

《中华人民共和国公司法》第一百五十一条规定：“董事、高级管理人员有本法第一百四十九条规定的情形的，有限责任公司的股东、股份有限公司连续一百八十日以上单独或者合计持有公司百分之一以上股份的股东，可以书面请求监事会或者不设监事会的有限责任公司的监事向人民法院提起诉讼；监事有本法第一百四十九条规定的情形的，前述股东可以书面请求董事会或者不设董事会的有限责任公司的执行董事向人民法院提起诉讼。监事会、不设监事会的有限责任公司的监事，或者董事会、执行董事收到前款规定的股东书面请求后拒绝提起诉讼，或者自收到请求之日起三十日内未提起诉讼，或者情况紧急、不立即提起诉讼将会使公司利益受到难以弥补的损害的，前款规定的股东有权为了公司的利益以自己的名义直接向人民法院提起诉讼。他人侵犯公司合法权益，给公司造成损失的，本条第一款规定的股东可以依照前两款的规定向人民法院提起诉讼。”股东先书面请求公司有关机关向人民法院提起诉讼，是股东提起代表诉讼的前置程序。一般情况下，股东没有履行前置程序的，应当驳回起诉。但是，该项前置程序针对的是公司治理的一般情况，即在股东向公司有关机关提出书面申请之时，存在公司有关机关提起诉讼的可能性。如果不存在这种可能性，则不应当以原告未履行前置程序为由驳回起诉。具体到本案中，分析如下：其一，根据《中华人民共和国公司法》第一百五十一条的规定，董事、高级管理人员有公司法第一百四十九条规定的情形的，有限责任公司的股东可以书面请求监事会或者不设监事会的有限责任公司的监事向人民法院提起诉讼。本案中，李某慰、彭某傑为汉业公司董事，周某春以李某慰、彭某傑为被告提起股东代表诉讼，应当先书面请求汉业公司监事会或者监事提起诉讼。但是，在二审庭审询问中，汉业公司明确表示该公司没有工商登记的监事和监事会。周某春虽然主张周某科为汉业公司监事，但这一事实已为另案人民法院生效民事判决否定，汉业公司明确否认周某科为公司监事，周某春二审中提交的证据也不足以否定另案生效民事判决认定的事实。从以上事实来看，本案证据无法证明汉业公司设立了监事会或监事，周某春对该公司董事李某慰、彭某傑提起股东代表诉讼的前置程序客观上无法完成。其二，《中华人民共和国公司法》第一百五十一条第三款规定："他人侵犯公司合法权益，给公司造成损失的，本条第一款规定的股东可以依照前两款的规定向人民法院提起诉讼。"庄士公司不属于汉业公司董事、监事或者高级管理人员，因汉业公司未设监事会或者监事，周某春针对庄士公司提起代表诉讼的前置程序应当向汉业公司董事会提出，但是，根据查明的事实，汉业公司董事会由李某慰（董事长）、彭某傑、庄某农、李某心、周某春组成。除周某春外，汉业公司其他四名董事会成员均为庄士公司董事或高层管理人员，与庄士公司具有利害关系，基本不存在汉业公司董事会对庄士公司提起诉讼的可能性，再要求周某春完成对庄士公司提起股东代表诉讼的前置程序已无必要。本案系汉业公司股东周某春以庄士公司和李某慰、彭某傑为被告代表公司提起的损害公司利益责任纠纷诉讼，诉请三原审被告承担共同赔偿责任。综合以上情况，周某春主张可以不经股东代表诉讼前置程序直接提起本案诉讼的上诉理由成立。一审裁定驳回起诉不当，应予纠正。综上，周某春的上诉请求成立。

## 三、裁判结论

依照《中华人民共和国民事诉讼法》第一百七十一条，《最高人民法院关于适用〈中华人民共和国民事诉讼法〉的解释》第三百三十二条之规定，裁定如下：

一、撤销湖南省高级人民法院（2017）湘民初18号民事裁定；

二、本案指令湖南省高级人民法院审理。

## 四、裁判要旨

在能够证明公司有关机关基本不存在提起诉讼的可能性，由原告履行前置程序已无意义的情况下，不宜以股东未履行《中华人民共和国公司法》第一百五十一条规定的前置程序为由驳回起诉。本案系股东代表公司提起的损害公司利益责任纠纷诉讼，诉请三被告承担共同赔偿责任；两名被告为公司董事（一名为董事长），而公司未设立监事会或者监事；公司董事会五名董事成员中，除原告股东外，其余四名董事均为另一被告的董事或者高管人员，与另一被告存在重大利害关系。根据案件事实，基本可以确定不存在公司有关机关提起诉讼的可能性，因此不应当以股东未履行前置程序为由驳回起诉。

（合议庭成员：高燕竹、刘少阳、杨蕾；案号：（2019）最高法民终1679号；判决日期：2019年9月27日；案例编写人：高燕竹、华雷；案例审核人：胡夏冰）

# （三）侵权责任纠纷

**016**

## 第三人侵害债权赔偿责任的承担

——陈某华与中创公司、黄某强、顺誉公司、恒顺公司、林某明财产损害赔偿纠纷案

### 一、主要案情

中创公司法定代表人为黄某强。2010年11月3日至2014年12月18日，中创公司登记的股权结构为：顺誉公司持股比例为54%，黄某强持股比例为29%，黄某棠持股比例为17%。2014年12月19日，经工商行政管理部门核准，中创公司股权结构变更登记为：黄某强持股比例为83%；黄某棠持股比例为17%。顺誉公司法定代表人为庾某鸿。恒顺公司法定代表人为林某明。

广东省中山市第一人民法院于2014年10月15日作出的（2014）中一法民二初字第1044号黄某强与恒顺公司、顺誉公司股权转让纠纷一案的民事判决书部分反映：1. 中创公司拟参股某科技银行，参股资金为9.5亿元，占拟定股本的19%。中创公司已于2008年8月按参股资金3%的比例向某科技银行项目研究组缴纳开办费用2850万元。2. 2009年10月28日，甲方黄某强与乙方恒顺公司签订《中创公司股权转让协议书》，双方约定：黄某强将其持有的中创公司股权中的54%转让给恒顺公司，股权转

让金额为2850万元；恒顺公司支付第一期转让款1350万元后，在未办理工商股权变更登记之前即有条件享有中创公司54%股权的权利并承担54%的义务，包括享有中创公司因某科技银行项目所支出的前期现金2850万元的54%所有权。2010年11月3日，按照恒顺公司的指定，黄某强到工商行政管理部门办理了将中创公司54%的股份变更登记在顺誉公司名下的手续。顺誉公司分别于2010年11月8日、2011年2月18日作出《关于本公司不承担股东权利和义务的通知》《受委托持股通知书》，向中创公司及其股东明确：之前登记在中创公司名下由顺誉公司持有的54%股权实际上为恒顺公司所有，其权利和义务均由恒顺公司享有和承担，顺誉公司仅负有办理相关登记手续的义务。黄某强与恒顺公司于2011年4月28日签订《股权转让协议书补充协议》，也再次明确了恒顺公司才是顺誉公司名下持有的中创公司54%股权的实际权利人。3. 2012年10月16日，恒顺公司向中创公司、黄某强和黄某棠发出《关于请求中创公司退出科技银行项目的函》。2012年10月17日，中创公司向某科技银行项目研究组发出《关于申请退股科技银行项目并退回申报筹备期间费用的通知》，决定退出某科技银行项目并要求退回申报筹备期间的费用。4. 2012年10月18日，某科技银行项目研究组向中创公司发出《关于中创公司申请退股科技银行项目并退回申报筹备期间费用的回函》，经结算，中创公司共缴纳申报筹备期间费用2850万元，应承担申报筹备期间费用，退还预缴参股资金结余金额22797809.61元。5. 2012年11月26日，甲方黄某强与乙方恒顺公司签订《共同投资科技发展银行项目结算协议书》，双方对中创公司退出某科技银行项目进行了结算，甲、乙双方共同确认退出某科技银行所造成的损失为：（1）直接经济损失：①恒顺公司承担申报筹备期间费用为2419810.11元；②中创公司承担申报筹备期间费用为5702190.33元。其中恒顺公司占54%计3079182.78元，黄某强占46%计2623007.55元。③中创公司投资某科技银行项目期间筹建费2850万元的同期银行贷款利息。（2）乙方确认，造成投资某科技银行的各项经济损失是因为乙方（林某明）与他人之间的《投资合作协议》不能妥善处理所致，乙方应承担全部的责任。(3）乙方赔偿甲方因此所造成的全部经济损失（包括直接经济损失和间接经济损失）1000万元。（4）本《共同投资科技发展银行项目结算协议书》签订并生效3个工作日内，甲方负责将某科技银行研究组已退还给中创公司筹备款22797809.67元中属于乙方所占54%比例的款项12310817.22元中的2310817.22元一次性全部退还给乙方，另1000万元作为乙方向甲方的赔偿款不再退还给乙方。6. 2012年12月3日，中创公司向恒顺公司退还筹备款2310817.22元。

2012年7月23日，顺誉公司作为转让人，陈某华作为受让人，中创公司作为证明人，共同签订了一份《投资权益转让协议》，协议中约定：顺誉公司曾通过中创公司间接投资参股某科技银行项目，现顺誉公司将投资参股权益（前期筹备费用）结算后的款项转让给陈某华。将来某科技银行项目筹备款项清算后，顺誉公司将占中创公司54%股份对应之款项支付给陈某华指定的公司。中创公司、顺誉公司加盖公章，陈某华、庚某鸿、林某明、黄某强在协议上签名。

2012年9月14日，顺誉公司向中创公司发出《通知》，载明：顺誉公司法定代表人在未经该公司股东会同意的前提下擅自与陈某华签订了《投资权益转让协议书》，约定将该公司在某科技银行投资权益（前期筹办费用）转让给陈某华。现顺誉公司股东会已否决该协议书的效力，顺誉公司不同意将某科技银行投资权益转让给陈某华。顺誉公司通知并要求中创公司在某科技银行投资收益或者退股后，中创公司只能向顺誉公司分配，不能向其他第三人支付任何款项，如中创公司将顺誉公司应收款项支付给其他第三人，顺誉公司概不承认。顺誉公司在《通知》上加盖公章，庚某鸿在《通知》的法定代表人处签名确认。

2014年7月1日，陈某华作为甲方，林某明作为乙方，顺誉公司、恒顺公司作为丙方签订了《协议书》，协议中约定：乙方于2011年9月30日至2012年3月20日向甲方借款人民币7700万元。各方确认甲方已支付了前述借款，乙方至今仍拖欠甲方借款本金人民币7700万元。丙方同意作为共同债务人，与乙方共同清偿上述债务。因顺誉公司拥有中创公司54%的股权，中创公司曾投资参股某科技银行项目，且某科技银行清算后将退回投资参股权益。各方确认并同意某科技银行清算后将退回投资参股权益直接支付给甲方，若仍不足以清偿乙方之债务的，乙方、丙方仍需向甲方清偿完毕。若某科技银行没有按要求将上述投资参股权益支付给甲方或甲方收款存在障碍的，乙方及丙方应当继续清偿所拖欠之甲方借款及相应的利息。恒顺公司在协议上加盖公章，陈某华、林某明、庚某鸿在协议上签名。

2015年3月27日，庚某鸿出具《情况说明》载明：1. 顺誉公司确实通过了中创公司投资某科技银行项目，所应退还的预交参股资金属于并应直接退还给陈某华，他人无权处分，该事宜顺誉公司已经告知中创公司及黄某强，中创公司及黄某强未有异议。2. 2009年至2010年，顺誉公司累计转入中创公司款项达到2850万元。3. 陈某华至今一直不间断地向顺誉公司追问上述应退还款项进展，经顺誉公司向黄某强追问，黄某强一直表示该款项没有结算和退还。顺誉公司就此已经多次向陈某华承诺，如果某科技银行可以退还预交参股资金，该款项应直接退还陈某华指定账户，他人无权处分，该承诺至今有效。4. 顺誉公司从来没有授权林某明和黄某强处分上述款项，也没有授权恒顺公司和黄某强处分上述款项，其他任何人对该款项的处理均是非法的。《情况说明》的落款说明人是顺誉公司，但顺誉公司没有加盖公章，庚某鸿在《情况说明》的法定代表人处签名确认。

2015年4月2日，林某明出具《情况说明》载明：本人林某明曾向陈某华累计借款人民币7700万元，借款时本人承诺某科技银行项目能够获得很好的回报，并承诺即使项目不成功，我实际控制之顺誉公司通过中创公司投资某科技银行项目的权益（包括股权、出资款等）等均可以质押并转让给陈某华，陈某华相信我的说法和承诺后将款项支付给我。2012年

10月，某科技银行项目退还了参股资金结余2279280.67元，为达到不予支付该参股资金给陈某华并占有的目的，在陈某华于2012年至2014年多次向我与黄某强追讨该款项时，我们均说该款项尚未退还，但实际上并不属实。2012年11月，黄某强提议与我所控制的恒顺公司签订了一份《共同投资科技发展银行项目结算协议书》，在未告知陈某华的情况下对某科技银行项目参股资金结余22792809.67元进行了处理，其目的是黄某强不想支付该参股资金给陈某华并自己占有。事实上，《共同投资科技发展银行项目结算协议书》所述的事实以及黄某强所谓的损失根本不存在，黄某强是想通过该协议，通过虚假诉讼的方式占有该笔款项和顺誉公司权益。对于本人所存在的欺诈行为，本人深表歉意，对黄某强利用我签署的《共同投资科技发展银行项目结算协议书》侵占了本应支付给陈某华的某科技银行项目参股资金结余款的事实本人深感后悔，由于我和黄某强的行为导致陈某华遭受的损失，本人也深表后悔。最后林某明在说明人处签名确认。

陈某华向广东省东莞市中级人民法院提起诉讼，请求：1. 顺誉公司、中创公司、恒顺公司、黄某强共同向陈某华支付款项人民币12310817.22元及利息（利息以12316817.22元为本金，以中国人民银行同期贷款利率为利率标准，自起诉之日起计至款项支付完毕之日）；2. 顺誉公司、中创公司、恒顺公司、黄某强承担本案的全部诉讼费用。

广东省东莞市中级人民法院于2016年6月23日作出（2015）东中法民四初字第34号判决：限顺誉公司、中创公司、恒顺公司、黄某强于本判决生效之日起5日内连带赔偿陈某华经济损失人民币12310817.22元及利息（以12310817.22元为本金，从2015年5月20日起以中国人民银行规定的同期同类贷款基准利率为标准计至本判决确定的履行期限届满之日止，债务人于该指定期限届满前自动履行债务的，计至实际清偿之日止）。如果未按本判决指定的期间履行给付金钱义务，应当依照《中华人民共和国民事诉讼法》第二百五十三条之规定，加倍支付迟延履行期间的债务利息。一审案件受理费人民币 95664.9 元，由顺誉公司、中创公司、恒顺公司、黄某强承担。

中创公司、黄某强不服一审判决，向广东省高级人民法院提起上诉，请求：撤销广东省东莞市中级人民法院（2015）东中法民四初字第 34 号民事判决书的全部判决，依法改判并驳回陈某华针对中创公司、黄某强的全部诉讼请求。

广东省高级人民法院于2018 年4 月 19 日作出（2016）粤民终1900 号民事判决（以下简称二审判决）：变更广东省东莞市中级人民法院（2015）东中法民四初字第 34 号民事判决为：限顺誉公司、恒顺公司于本判决生效之日起5 日内连带赔偿陈某华经济损失人民币 12310817.22 元及利息（以 12310817.22 元为本金，从 2015 年 5 月 20 日起以中国人民银行规定的同期同类贷款基准利率为标准计至本判决确定的履行期限届满之日止，债务人于该指定期限届满前自动履行债务的，计至实际清偿之日止）。驳回陈某华的其他诉讼请求。

陈某华不服二审判决，向最高人民法院提起再审申请，认为二审法院认定事实不清，适用法律错误，请求再审。

最高人民法院于 2019 年 1 月 23 日立案后，依法组成合议庭，进行了审查。

## 二、裁判理由

本案的争议焦点为：中创公司、黄某强是否构成共同侵权，以及应否承担赔偿责任。

（一）关于中创公司、黄某强在《投资权益转让协议》中的地位问题

第一，中创公司、黄某强并非《投资权益转让协议》的当事人。该协议义务人为顺誉公司，中创公司为证明人，黄某强作为中创公司法定代表人签字确认。协议中没有约定、中创公司也没有承诺其直接向陈某华支付某科技银行项目结算款。因此，《投资权益转让协议》对于中创公司和黄

某强没有约束力。

第二，《投资权益转让协议》为陈某华与顺誉公司之间对某科技银行项目结算款所作安排，协议签订时债权数额不确定，义务主体也不明确，不构成债权转让协议。该协议约定顺誉公司将某科技银行项目结算款中顺誉公司占中创公司54%股份对应之款项转让给陈某华，仅为对未来可能发生的某科技银行项目结算款的安排。顺誉公司对某科技银行项目结算款所享有的权利为名义股东权利，并非对中创公司的债权。陈某华所享有的权利为请求顺誉公司将其在某科技银行项目中结算款支付给自己，并非顺誉公司对中创公司的债权。根据上述，再审申请人陈某华主张顺誉公司以《投资权益转让协议》将案涉债权转让至陈某华，中创公司和黄某强签字的行为说明债权转让通知已到达债务人中创公司，中创公司应向陈某华履行案涉债务，缺乏事实和法律依据。原审法院认定，中创公司、黄某强没有义务将顺誉公司通过中创公司间接投资某科技银行项目的结算款直接支付给陈某华，并无不当。

（二）关于中创公司、黄某强处分某科技银行项目结算款的行为是否构成侵权问题

第一，中创公司、黄某强没有过错。《投资权益转让协议》签订后，顺誉公司于2012年9月14日向中创公司及其股东发出《通知》，告知中创公司及其股东，顺誉公司股东会已否决《投资权益转让协议》的效力，顺誉公司不同意将某科技银行投资权益转让给陈某华，并要求中创公司只能向顺誉公司分配某科技银行投资收益，不能向其他第三人支付任何款项。陈某华提供的顺誉公司法定代表人庾某鸿2015年3月27日出具的《情况说明》，其内容属主观描述，缺乏其他证据的印证，亦无顺誉公司盖章确认，其不能推翻有庾某鸿签名、顺誉公司盖印的《通知》之客观效力。原审法院关于中创公司依据《通知》指示未向陈某华支付案涉款项，没有过错的认定，应属妥当。

第二，黄某强与恒顺公司解除股权转让关系，签订《结算协议书》的

行为合法有效。顺誉公司代恒顺公司持有中创公司股份，恒顺公司实际享有股东权利。顺誉公司持有的中创公司54%股权实际上归恒顺公司所有，顺誉公司为名义股东，恒顺公司为隐名股东。黄某强与恒顺公司签订结算协议书，实质上是双方为解除股权转让关系，进行结算的合同，为双方真实意思表示，没有违反法律、行政法规的强制性规定，已有生效判决认定其合法有效。恒顺公司通过与黄某强签订结算协议书，对某科技银行项目结算款中其享有权利的12310817.22元进行了处分，其中1000万元作为赔偿款给付黄某强。原审法院认定，黄某强履行结算协议书，不具有侵权的故意，并无不当。

根据上述，中创公司根据《结算协议书》，将某科技银行项目结算款中属于名义股东顺誉公司的12310817.22元中的2310817.22元转给了隐名股东恒顺公司，另1000万元基于恒顺公司与黄某强关于赔偿款的约定，支付给了黄某强，均属于履行结算协议书的行为，没有过错；没有证据表明黄某强与恒顺公司恶意串通损害陈某华的债权。原审法院关于中创公司和黄某强不构成共同侵权的认定，有事实依据和法律依据。

## 三、裁判结论

依照《中华人民共和国民事诉讼法》第二百零四条第一款，《最高人民法院关于适用〈中华人民共和国民事诉讼法〉的解释》第三百九十五条第二款之规定，裁定如下：

驳回陈某华的再审申请。

## 四、裁判要旨

1. 债权保护主要通过合同法等法律制度救济，如认定合同当事人以外的第三人承担侵权赔偿责任，应当从严把握。债权发生在特定的当事人之间，缺乏公示性。同时，债权作为一种基本的民事权利，其本身就具有第三人的不可侵害性。债权虽然不能对债权关系以外的第三人发生权利义务关系，但是债的不可侵害性使债权关系以外的其他所有人都负有不得侵犯债权的义务。第三人侵害债权，就违背了这种法定的不作为义务，构成侵权行为。

2. 侵害债权的侵权行为成立必须具备一般侵权行为的构成要件，同时，侵权行为须违反法律。合法存在的债权是构成债权侵权责任的前提条件。侵害债权的行为，必须是债的关系以外的第三人的违反法律的行为。此处的法律，应理解为关于任何公民、法人不得侵犯他人合法民事权利的强行法规定。侵害债权行为的主观要件，只能由故意构成，即明知债权的存在而故意侵害。侵害债权行为的后果必须造成债权人债权损害。债的关系之外的第三人承担侵害债权赔偿责任须以第三人存在过错为条件。

（合议庭成员：张勇健、高燕竹、杨蕾；案号：（2019）最高法民申611号；判决日期：2019年5月20日；案例编写人：宋娜；案例审核人：张勇健）

017

## 员工违规操作客户账户造成损失的，应认定期货公司疏于监管，须承担相应的过错赔偿责任

——李某华与德盛公司期货经纪合同纠纷案

### 一、主要案情

李某华在德盛公司开立商品期货和股指期货账户，从2010年8月至2014年5月，李某华的账户共发生2万多次交易记录。

2014年6月李某华对其中1万多次交易有异议，认为系德盛公司的工作人员私自登录其账户并进行交易等，给其造成巨额亏损，开始多次向中国证券监督管理委员会湖南监管局（以下简称证券湖南监管局）等部门进行信访、投诉举报。证券湖南监管局对李某华的投诉进行多次答复，其中2014年12月31日作出答复，部分内容如下："1. 2010年8月至2014年5月，你账户的成交量12666手，成交金额217.15亿元，合计缴纳手续费230.15万元。2. 交易记录中的IP地址和MAC地址是确定具体操作地址和操作人的有效途径。你的交易记录涉及恒生网上交易3.0、澎博闪电手、文华财经、掌上财富和柜台5种委托方式，由于德盛公司信息系统设计原因，IP地址记录方面只有通过恒生网上交易3.0、澎博闪电手方式下单的交易记录能够记录客户端的IP地址，而通过其网上委托产生的交易数据记录的IP地址为公司互联网出口或防火墙内网IP地址，未记录客户端的IP地址。2010年8月12日至2014年5月28日，你在德盛公司交易系统共有20963笔委托，其中10088笔记录的是德盛公司互联网出口的IP地址。4笔记录的是德盛公司防火墙内网地址，10863笔记录的是客户端IP地址，另有8笔柜台委托为公司风控强平。根据德盛公司互联网出口防火墙内网IP地址无法确定具体操作地址和操作人。3. 根据你提供的本人与

彭某（德盛公司长沙营业部的客户经理）的聊天记录及交易记录显示，2011年11月18日彭某在你账户中进行过平仓操作，该行为违反了中国证券监督管理委员会《期货从业人员管理办法》等规定，我局将依据相关规定作出严肃处理。”

2015年1月20日证券湖南监管局认为2011年11月彭某违规登录李某华的账户并代理李某华从事期货交易的行为违反了《期货从业人员管理办法》的规定，对彭某采取出具警示函的监管措施。2015年证券湖南监管局在期货公司分类评价中对德盛公司作扣0.5分的处理，德盛公司因此被评为C类CCC级。

双方一致认可该10000多交易记录所对应的直接损失为5066403.11元（不包括产生的佣金等）。在诉讼中，李某华称：因前期亏损太多，其不想再进行期货交易，德盛公司的副总刘某和业务经理彭某称可以通过期货交易帮李某华把钱赚回来。于是李某华将账户和密码告知刘某和彭某。

李某华向湖南省长沙市中级人民法院提起诉讼，请求：判令德盛公司赔偿其交易及佣金损失5066403.11元、利息损失1918932.93元；案件诉讼费用由德盛公司承担。

湖南省长沙市中级人民法院于2017年10月9日作出（2017）湘01民初37号民事判决：驳回李某华的诉讼请求。

李某华不服湖南省长沙市中级人民法院作出的一审判决，向湖南省高级人民法院提起上诉。李某华上诉请求：撤销（2017）湘01民初37号民事判决，改判支持李某华的全部诉讼请求。

湖南省高级人民法院于2018年3月12日作出（2017）湘民终726号民事判决：驳回上诉，维持原判。

李某华申请再审请求：撤销湖南省长沙市中级人民法院（2017）湘01民初37号民事判决及湖南省高级人民法院（2017）湘民终726号民事判决；德盛公司赔偿李某华期货交易及佣金损失5066403.11元及利息1918932.93元。

最高人民法院于2019年4月16日作出（2019）最高法民申996号民事裁定，提审本案。提审后，最高人民法院依法组成合议庭进行了审理。

## 二、裁判理由

本案的争议焦点为：1. 关于案涉争议1万多笔交易由谁操作；2. 关于德盛公司是否应对案涉争议1万多笔交易的损失承担责任，若应承担，如何确定责任范围。

（一）关于案涉争议1万多笔交易由谁操作

根据原审查明的事实，案涉争议1万多笔交易指令发出的IP地址均为德盛公司。2010年8月12日至2014年5月28日，李某华在德盛公司交易系统共有20963笔委托，其中10088笔记录的是德盛公司互联网出口的IP地址，4笔记录的是德盛公司防火墙内网地址，10863笔记录的是客户端IP地址，另有8笔柜台委托为公司风控强平。因德盛公司原因，致使案涉争议的1万多笔交易无法查清具体操作地址和操作人。由于德盛公司信息系统设计原因，IP地址记录方面只有通过恒生网上交易3.0、澎博闪电手方式下单的交易记录能够记录客户端的IP地址，而通过其网上委托产生的交易数据记录的IP地址为公司互联网出口或防火墙内网IP地址，未记录客户端的IP地址。《最高人民法院关于民事诉讼证据的若干规定》第二条规定："当事人对自己提出的诉讼请求所依据的事实或者反驳对方诉讼请求所依据的事实有责任提供证据加以证明。没有证据或者证据不足以证明当事人的事实主张的，由负有举证责任的当事人承担不利后果。"李某华主张案涉争议1万多笔交易由德盛公司员工操作，在德盛公司有员工曾操作李某华账户，且案涉争议1万多笔交易发出指令的IP地址均为德盛公司的情况下，德盛公司作为交易记录的持有者，其更有能力证明案涉争议的1万多笔交易的具体操作地址和操作人，应当对该1万多笔交易指令不是其员工操作承担举证证明责任，但德盛公司未能就此提供证据予以证明，应承担举证不能的不利后果。从原审查明的事实看，证券湖南监管局亦认定德盛公司员工有违规登录李某华的账户并代理李某华从事期货交易的事实，因德盛公司员工彭某违规登录李某华的账户并代理李某华从事期货交易，证券湖南监管局曾对彭某采取出具警示函的监管措施以及对德盛公司在期货公司分类评价中作扣分处理。综上，李某华关于案涉争议的1万多笔交易系由德盛公司员工操作的主张，法院予以确认。原审举证责任分配不当、认定事实错误，法院予以纠正。

（二）关于德盛公司是否应对案涉争议的1万多笔交易的损失承担责任，若应承担，如何确定责任范围

如前所述，案涉争议的1万多笔交易指令应认定为德盛公司员工操作。德盛公司对其员工负有监督管理职责，督导员工严格遵守法律法规及行业规则，禁止员工接受客户委托进行交易。本案案涉争议的交易有1万多笔，其指令发出的IP地址均为德盛公司，在无相反证据的情况下，应认定德盛公司员工违规接受李某华委托进行了操作，德盛公司对其员工未尽到监督管理职责，存在过错。根据本案查明的事实，证券湖南监管局曾认定德盛公司员工彭某违规登录李某华的账户并代理从事期货交易，并因此对德盛公司在期货公司分类评价中作扣分处理，此节事实亦印证了德盛公司对员工疏于管理，其对于员工违规操作客户账户应承担相应过错责任。从事实后果看，德盛公司已从其员工的违规行为中受益。德盛公司系期货公司，其从期货交易中收取一定的费用。如庭审中德盛公司所述，李某华在2010年8月至2014年5月的交易中交纳手续费230.15万元，其中德盛公司获得手续费净收入约为65.16万元。综上，德盛公司对于其员工疏于监管，其员工违规操作客户账户交易造成损失，德盛公司从中受益，其应当就案涉争议1万多笔交易对李某华造成的损失承担相应的过错赔偿责任。

关于德盛公司承担赔偿责任的范围，应同时考虑本案所涉事实中李某华的过错。根据《中华人民共和国侵权责任法》第二十六条的规定，被侵权人对损害的发生也有过错的，可以减轻侵权人的责任。本案李某华私下

将密码告知德盛公司员工，违规委托德盛公司员工代为期货交易，且其自2012年3月之后每日都有操作及每日对交易结算报告予以确认，其未能及时发现并制止德盛公司员工在其账户反常的频繁交易，对因此造成的损失亦有明显过错。

关于李某华主张德盛公司赔偿其交易及佣金损失，双方均认可案涉争议的1万多笔交易造成的损失为5066403.11元，对此，法院结合本案查明的事实及双方当事人的过错，酌定由德盛公司对因案涉1万多笔交易造成李某华的损失承担50%的责任，即2533202元，其余部分由李某华自行承担。

关于李某华主张的利息损失。法院认为，德盛公司应承担的赔偿责任，是基于其疏于对员工的管理造成损害而产生，而非其直接侵害李某华的利益所导致，在未经法院确定损害赔偿责任时，赔偿责任的履行期限并不确定，利息计算缺少起算时间的依据。因此，本案中李某华关于德盛公司承担利息损失1918932.93元的请求，缺乏事实依据，最高人民法院不予支持。

## 三、裁判结论

依照《中华人民共和国民事诉讼法》第二百零七条第一款、第一百七十条第一款第二项、第一百七十五条，《最高人民法院关于适用〈中华人民共和国民事诉讼法〉的解释》第四百零七条第二款之规定，判决如下：

一、撤销湖南省高级人民法院（2017）湘民终726号民事判决；

二、撤销湖南省长沙市中级人民法院（2017）湘01民初37号民事判决；

三、德盛公司于本判决生效之日起十日内支付李某华损失赔偿款2533202元；

四、驳回李某华的其他诉讼请求。

一审案件受理费60697元，由德盛公司负担22012元，由李某华负担

38685元；二审案件受理费60697元，由德盛公司负担22012元，由李某华负担38685元。

## 四、裁判要旨

1. 交易指令发出的IP地址为期货公司的，应认定其为期货公司员工操作，除非期货公司能够举示相反证据。

2. 员工违规操作客户账户造成损失的，应认定期货公司疏于监管，须承担相应的过错赔偿责任。

（合议庭成员：张勇健、高燕竹、江显和；案号：（2019）最高法民再228号；判决日期：2019年9月24日；案例编写人：梁东杰；案例审核人：张勇健）

**018**

## 房地产项目建设工地被侵占导致的将来房屋租金利益损失的认定

——名夏公司与中城公司、亚洲公司、峤华公司、闽泰公司、物资公司、国融公司财产损害赔偿纠纷案

### 一、主要案情

2007年3月18日，广东省深圳市国土资源和房产管理局与国融公司、通产公司签订深地合字（1993）0373号《深圳市土地使用权出让合同书》《补充协议书（四）》，约定，根据深地合字（1993）0373号《深圳市土地使用权出让合同书》及补充协议书规定，国融公司和通产公司取得宗地号H215－0008、面积2490.4平方米的土地使用权，规定建筑面积28600平方米，国融公司占75%，通产公司占25%，深圳市国土资源和房产管理局同意该地块建筑面积调整为33509.89平方米。

2011年8月9日，深圳市规划和国土资源委员会第一直属管理局与国融公司、名夏公司签订深地合字（1993）0373号《深圳市土地使用权出让合同书》第五补充协议书，约定H215－0008号地块受让方变更为国融公司和名夏公司，名夏公司承接通产公司在该宗地的全部权利、责任和义务。

2009年6月18日，深圳市罗湖区人民法院作出（2009）深罗法刑一初字第322号刑事判决，该判决查明，林某辉系中城公司董事长、亚洲公司总经理，潘某系闽泰公司保安员。林某辉等人负责的中城公司、亚洲公司与国融公司因东门大厦的开发问题发生纠纷。中城公司、亚洲公司收购了东门大厦除国融公司外的债权、物权、土地使用权，准备对东门大厦进行复建开发，因国融公司拥有东门大厦56%的土地使用权，其复建开发需要国融公司的合作，而国融公司拒绝合作。为使国融公司与其合作，2007

年3月，中城公司收购了中铁建工在承建港丰大厦过程中形成的对国融公司的债权（工程款）。同时，中城公司还派出人员以中铁建员工的名义驻守工地。

2007年9月13日，国融公司向中铁建工发出《限期交还施工场地的通知》，要求中铁建工交还施工场地。林某辉找来潘某等人入住工地，加强工地守护力量。2007年9月30日下午6时许，国融公司聘请特种犬护卫保安服务公司人员进入工地，准备接管施工场地。林某辉等人指示潘某等人驻守场地，并将国融公司的人员赶出工地。林某辉等人同意由中城公司出资，允许潘某雇用十几名社会闲杂人员到工地帮忙。林某辉同时指示张某某，让其从东莞雇用50多名民工赶到工地。之后，潘某带领所雇人员与国融公司人员发生冲突，将对方赶出工地，张某某带领雇用的民工以讨工资为名继续占据工地闹事。同年10月3日下午，国融公司人员又进入工地并安装监控设施，亚洲公司负责人王某指示潘某等人将对方赶出工地，对国融公司的办公室进行破坏，破坏了复合防盗门2扇、木门4扇，同时对该公司有关人员进行殴打，致保安员付某受轻微伤。此后至案发，国融公司在港丰大厦的员工被迫离开港丰大厦租用场地办公。潘某在林某辉等人指示下继续驻守工地，阻挠、刁难进出港丰大厦工地的国融公司员工及到港丰大厦进行业务活动的有关人员，阻挠港丰大厦的复工，给国融公司造成重大损失。林某辉、潘某等人的上述行为造成国融公司直接经济损失168791.32元。该判决认为林某辉、潘某构成聚众扰乱社会秩序罪，二人均被判处有期徒刑。林某辉在该案中辩称其行为是为保护公司资产被迫实施的维权行为，是合法的职务行为，且该行为系中城公司的单位行为。潘某在该案中供述其在东门大厦工地工作，负责保安。该判决已发生法律效力。

受深圳市公安局刑事侦查局委托，广深司法会计鉴定所于2008年6月13日出具司法会计鉴定意见书，该鉴定意见书称，据深圳市公安局刑事侦查局关于邵某炳等人聚众扰乱社会秩序案的综合报告，2007年9月30

日，潘某等人到港丰大厦2楼将国融公司员工和保安员赶出港丰大厦，之后派人员强占港丰大厦工地大门长达4个多月（至2008年2月中旬），阻拦国融公司及其合作伙伴进入港丰大厦，致使国融公司正常经营活动无法开展，应深圳市公安局刑事侦查局要求，需要对潘某等人聚众扰乱行为给国融公司造成的经济损失进行评估鉴定。该鉴定意见认定：1. 2007年10月1日至2008年2月15日，国融公司的固定费用损失共553412.05元，其中员工工资为352902.1元，员工福利费为8261.43元，办公费为25737.88元，通信费为24707.2元，汽车费用为141803.44元；2. 2007年10月1日至2008年2月15日，房地产市场价格变动对港丰大厦销售收入影响金额预计为114984600元；3. 港丰大厦第2－5层商业部分和一体化地下商业部分在2007年10月至2008年2月15日的租金预计为4542650.78元；4. 2007年10月1日至2008年2月15日，国融公司的利息损失无法判断。

物资公司2007年7月10日向中国建设银行深圳分行发函称，其是东门大厦最大业主，占东门大厦房产权益的35.27%，国融公司在东门大厦无任何房产权益，如国融公司以其在东门大厦中权益不少于56%为由向该行申请贷款，是严重违背事实和捏造事实的。峤华公司于2007年7月11日致函中国建设银行深圳福田支行，称其是东门大厦业主，占13.49%的房产权益。亚洲公司于2007年7月9日致函中国建设银行深圳福田支行，称其占有东门大厦房产权益的18.35%，国融公司在东门大厦没有任何权益。

2007年6月12日，峤华公司向法院申请诉前财产保全，要求扣押国融公司名下动产与不动产，价值以人民币1100万元为限，惠某华和翁某莲分别提供房地产为峤华公司担保。2007年6月14日，法院冻结国融公司存款、股权，查封、扣押被申请人其他可供执行的财产。2009年3月24日法院作出判决，驳回了峤华公司的全部诉讼请求。该判决已发生法律效力。

2009年8月19日，国融公司向深圳市罗湖区人民法院提起诉讼，要求峤华公司赔偿：1. 因错误查封给其造成的经济损失7476227.5元及利息；2. 已经支付的担保费2967000元；3. 依约还要支付的担保费2967000元。深圳市罗湖区人民法院判决峤华公司赔偿国融公司33779.8元，驳回了国融公司过高部分的诉讼请求。国融公司不服，提起上诉，深圳市中级人民法院改判峤华公司赔偿国融公司64821元，驳回了国融公司其他诉讼请求。该判决已发生法律效力。

2009年3月4日，就中铁建工与国融公司、通产公司关于港丰大厦的建设工程施工合同纠纷一案，深圳市中级人民法院作出（2007）深中法民五初字第119号民事判决，该判决查明，港丰大厦工程全面停工时间土建为2004年8月1日、给排水安装为2004年8月15日；主要施工设备调出时间为2004年4月28日；2004年3月8日调出5人、2004年8月30日调出3人，之后又陆续调走相关人员，工地现留守人员仅12人，安全网、脚手架撤出时间为2006年6月21日。

另，港丰大厦所在区域2007年的房屋指导租金为住宅（有电梯）35元/月/平方米，办公（高层）为40元/月/平方米，商业首层为300元/月/平方米，首层以上为150元/月/平方米。2008年的租金标准与2007年持平。

名夏公司与国融公司向深圳市中级人民法院提起诉讼，请求：1. 中城公司、亚洲公司、峤华公司、闽泰公司、物资公司向名夏公司、国融公司赔偿因侵权导致港丰大厦停工而引起的建设银行借款利息损失4606551元；2. 赔偿因侵权导致港丰大厦延期竣工导致的房屋租金（使用费）损失25815450.6元；3. 赔偿直接经济损失168791.32元；4. 赔偿因破坏银行贷款而导致额外发生的财务顾问费、担保费2200万元，并赔偿已经发生但尚未支付以及将来还须向他人支付的全部担保费、财务顾问费；5. 5名被告承担本案诉讼费、评估费等相关费用。

广东省深圳市中级人民法院于2014年5月21日作出（2013）深中法

房初字第2号民事判决：1. 中城公司、亚洲公司、闽泰公司于判决生效之日起10日内连带赔偿国融公司168791.32元；2. 驳回国融公司的其他诉讼请求；3. 驳回名夏公司的全部诉讼请求。

名夏公司不服一审判决，向广东省高级人民法院提起上诉，请求：1. 撤销一审判决，改判支持名夏公司的全部诉讼请求；2. 5名被上诉人承担本案全部诉讼费用。

广东省高级人民法院于2018年6月7日作出（2015）粤高法民终字第15号民事判决：驳回上诉，维持原判。

名夏公司不服二审判决，向最高人民法院申请再审。最高人民法院于2019年2月14日立案后，依法组成合议庭进行了审查。

## 二、裁判理由

本案的争议焦点为：1. 原审判决是否滥用“一事不再理”原则；2. 物资公司、中城公司、亚洲公司、峤华公司以及闽泰公司的行为是否对名夏公司构成侵权；3. 名夏公司主张的租金即可得利益损失是否应当得到支持。

（一）原审判决是否滥用“一事不再理”原则

根据本案查明的事实，关于峤华公司错误申请财产保全行为造成的损失问题，已经生效判决处理，国融公司在本案中就该问题再次提出赔偿请求，原审法院适用“一事不再理”原则并无不当。

（二）物资公司、中城公司、亚洲公司、峤华公司以及闽泰公司的行为是否对名夏公司构成侵权

名夏公司主张峤华公司向法院申请保全，致使国融公司财产被采取查封措施，物资公司、亚洲公司、峤华公司又虚构事实致函银行，损害国融公司信誉，导致国融公司未获得银行贷款并造成损失，构成侵权，但名夏公司并未提交充分证据证明上述公司的行为与国融公司未获贷款导致损失之间存在因果关系。根据本案查明的事实，国融公司未获银行贷款的原因

在于其不符合银行规定的发放贷款的条件。此外，国融公司与名夏公司属于两个独立的民事主体。名夏公司并非案涉贷款的申请人，亦非案涉财产保全行为的相对人，故该公司并非其所主张的侵权行为的相对人。因此，名夏公司关于上述公司对其构成侵权的理由，不能成立。

（三）名夏公司主张的租金即可得利益损失是否应当得到支持

名夏公司主张中城公司、亚洲公司和闽泰公司非法强占工地长达数月，导致案涉工程停工和迟延交工，进而导致该公司后续房屋租金即可得利益的损失。根据查明的事实，案涉工程项目施工期间，中铁建工与国融公司、通产公司就港丰大厦建设及工程款支付问题产生纠纷及诉讼，案涉工程项目因此停工。事实上，即使没有中城公司、亚洲公司和闽泰公司非法强占案涉项目工地的事实，该工程竣工时间也会受到工程施工方是否按计划建设、工程款是否按时支付、建设环境、政府行政管理等主客观条件影响；同时，即使工程能够按时竣工验收并交付使用，该大厦所有商铺、商务公寓及单身公寓等场所是否能够立即并全部出租，亦未可知。因此，国融公司在本案中所主张的房屋租金即可得利益，具有较大的不确定性，亦不符合法律关于侵权损失赔偿的相关规定。原审判决未支持名夏公司关于赔偿其房屋租金即可得利益损失的请求，并无明显不当。

## 三、裁判结论

依照《中华人民共和国民事诉讼法》第二百零四条第一款，《最高人民法院关于适用〈中华人民共和国民事诉讼法〉的解释》第三百九十五条第二款之规定，裁定如下：

驳回深圳市名夏公司的再审申请。

## 四、裁判要旨

主张损害赔偿的当事人，应当证明损失和损失与侵权之间的因果关系。本案建设工地被侵占前已因工程款支付问题而停工，由于房屋从建设到最终出租受到建设进度、工程款支付、建设环境、政府管理、市场因素等主客观条件影响，房屋租金利益具有较大不确定性。名夏公司未能证明损失的金额，未能证明损失是因对方侵权造成的，故对其就房屋租金利益提出的侵权损害赔偿请求，人民法院不予支持。

（合议庭成员：奚向阳、高燕竹、杨蕾；案号：（2019）最高法民申1006号；判决日期：2019年5月10日；案例编写人：奚向阳、李光琴；案例审核人：张勇健）

019

# 财产保全损害赔偿的归责原则

——润德公司与诚基公司因申请诉前财产保全损害责任纠纷案

## 一、主要案情

2010年5月28日，润德投资公司与诚基公司签订《协议》，约定润德投资公司拟向诚基公司转让乐东公司66%的股权，诚基公司在2010年5月28日前向润德投资公司支付订金1000万元。由于双方未履行《协议》，为此，2010年10月10日，润德投资公司与诚基公司、润德公司三方签订《还款协议书》。第1条约定诚基公司向润德投资公司支付股权转让款订金1000万元，后因故该协议未履行，润德投资公司与诚基公司经协商，同意解除该协议，将该1000万元款项转为借款，由润德投资公司返还给诚基公司。第3条约定润德公司同意以其公司在南京源鼎公司持有的20%股份作为还款担保；润德公司承诺在归还1000万元借款之前，对该股份不得进行任何处分。第4条约定，合同生效日为财富公司根据2010年10月17日签订的关于六合项目合作协议向润德公司支付400万元股权转让款之日。由于润德投资公司未向诚基公司支付1000万元，诚基公司于2012年11月13日向江苏省南京市中级人民法院申请诉前财产保全，请求冻结润德公司持有的源鼎公司20%的股权，江苏省南京市中级人民法院受理后，认为诚基公司的申请符合法律规定，于2012年11月13日作出裁定，冻结了润德公司的上述股权。之后，诚基公司于同年11月20日向北京市怀柔区人民法院提起诉讼，请求判令润德公司与润德投资公司向其返还借款人民币1000万元和利息人民币140万元，北京市怀柔区人民法院经审理后判决驳回诚基公司的诉讼请求。诚基公司不服提起上诉。经北京市第二中级人民法院二审审理改判驳回诚基公司的起诉。同时，该案在北京市怀柔区人民法院庭审过程中，润德公司要求置换抵押物，但诚基公司未予答复。

2012年9月4日，润德公司与美达公司签订了一份《股权转让协议书》约定润德公司将持有的源鼎公司20%的股权全部转让给美达公司，转让金额为人民币9000万元，并于2012年12月31日前完成股权变更登记。但是由于江苏省南京市中级人民法院对润德公司占有的源鼎公司20%的股权进行保全，以致润德公司无法将该股权过户到美达公司的名下，为此构成违约。2013年10月24日，美达公司向上海国际经济贸易仲裁委员会提出仲裁申请，请求裁决润德公司向其支付违约金人民币1800万元。上海国际经济贸易仲裁委员会于2014年3月11日作出〔2014〕沪贸仲裁字第055号裁决书，裁决润德公司向美达公司给付违约金人民币1440万元，并承担仲裁费人民币14.84万元。润德公司认为由于诚基公司的错误保全而直接导致其对美达公司违约，并造成其经济损失1454.84万元，为此向法院提起诉讼。

2013年3月15日润京公司与美达公司签订《借款协议》约定，美达公司向润京公司借款3500万元用于经营周转使用，该款润京公司通过平安银行汇入美达公司的账户。由于上海国际经济贸易仲裁委员会于2014年3月11日作出〔2014〕沪贸仲裁字第055号裁决书，裁决润德公司向美达公司给付违约金人民币1440万元，并承担仲裁费人民币14.84万元，润德公司与美达公司、润京公司于2014年5月16日签订《和解协议》，约定美达公司借润京公司的款项与润德公司应支付给美达公司的违约金，予以抵销。

2015年5月21日诚基公司向法院申请，要求对润德公司提交的签署时间为2014年5月16日的《和解协议》的盖章时间进行司法鉴定。2016年3月14日海南省三亚市中级人民法院技术室根据《最高人民法院司法行政装备管理局〈关于对外委托文件制作制成时间鉴定有关事项的通知〉》和《海南省人民法院对外委托工作实施细则（试行）》的规定，对诚基公司的申请作出不予对外委托的决定，将诚基公司的申请材料退回。

润德公司向一审法院起诉请求：1. 判令诚基公司赔偿润德公司经济损失人民币1500万元；2. 判令诚基公司支付1500万元为基数从2014年5月16日到判决生效之日止的银行贷款利息；3. 本案诉讼费用由诚基公司负担。

一审法院作出（2014）三亚民一初字第34号民事判决：润德公司请求诚基公司因其申请保全过错造成的损失承担赔偿责任的理由成立，应予支持。诚基公司辩驳在本案中不予承担赔偿责任，理由不成立，不予采纳。法院依照《中华人民共和国合同法》第四十五条，《中华人民共和国民事诉讼法》第一百零五条规定，判决诚基公司应于该判决生效之日起30日内向润德公司支付因其保全过错造成的损失14548400元及利息（该利息按一年期贷款利率从2014年5月16日起算至判决生效之日止）。案件受理费109090元，由诚基公司负担。

诚基公司不服一审判决，向海南省高级人民法院提起上诉，请求：1. 撤销一审判决；2. 查清事实改判驳回润德公司诉讼请求（或者发回重审）；3. 一、二审案件受理费由润德公司负担。

二审法院审理查明：诚基公司请求判决润德公司与润德投资公司向其返还借款1000万元及利息140万元，经北京市第二中级人民法院二审，以《还款协议书》缺乏润德投资公司的意思表示，依法不能成立，诚基公司主张存在借款合同关系不能成立，作出（2013）二中民终字第10800号民事裁定书，驳回诚基公司的起诉。

北京市怀柔区人民法院在2013年3月11日上午08：30民二庭庭审笔录中记录润德公司答辩时称“我们请求以其他财产进行抵押，把这个20%股权解除担保。原告作出恶意行为来抵押我方的股权转让”。

诚基公司向江苏省南京市中级人民法院提交的诉前财产保全申请书中请求事项：1. 请求裁定查封的保全金额为1150万元。2. 请求裁定查封保全被申请人在源鼎公司中持有的20%的股份（保全股权价值不超过1150万元）。江苏省南京市中级人民法院作出（2012）宁商诉保字第2号民事裁定书，裁定：“查封（冻结）被申请人润德公司价值人民币1150万元的财产。”“如不服本裁定，可以向最高人民法院申请复议一次，复议期间不停止本裁定的执行。”查封、扣押财产清单载明：“冻结润德公司持有的源鼎公司20%、价值以1150万元为限的股权。”（2012）宁商诉保字第2号送达给南京市六合区工商行政管理局的协助执行通知书中请求协助执行事项：“冻结被申请人润德公司持有的南京源鼎公司20%、价值以人民币1150万元为限的股权……。”

美达公司分别于2013年1月9日、2013年2月18日、2013年3月10日向润德公司发出《催办函》，催办润德公司办理股权工商变更登记，要求润德公司抓紧采取一切可行的措施令股权能够解冻。

2010年9月13日，润德公司与案外人吴某林签订《股权转让协议》，受让案外人吴某林在源鼎公司中所持有的1200万元股权，2010年9月15日的源鼎公司《公司变更登记申请书》中载明：润德公司1200万元占30%。2010年10月28日，润德公司与案外人财富公司签订《股权转让协议》，转让润德公司在源鼎公司中所持有的400万元股权，2010年11月1日的源鼎公司《公司变更登记申请事项》中载明：润德公司800万元占20%。2011年1月29日，润德公司与案外人财富公司签订《股权转让协议》，受让案外人财富公司在源鼎公司中所持有的400万元股权；同日润德公司与案外人吴某林签订《股权转让协议》，受让案外人吴某林在源鼎公司中所持有的200万元股权，2011年1月30日的源鼎公司《公司变更登记申请事项》中载明：润德公司1400万元占35%。2013年4月8日润德公司与案外人吴某林签订《股权转让协议》，受让案外人吴某林在源鼎公司中所持有的960万元股权，2013年4月8日的源鼎公司《有限责任公司变更登记申请书》中载明：润德公司2360万元占59%。2013年5月7日润德公司与案外人赛特公司签订《股权转让协议》，受让案外人赛特公司在源鼎公司中所持有的440万元股权，2013年5月8日的源鼎公司《有限责任公司变更登记申请书》中载明：润德公司2800万元占70%。

2010年10月28日源鼎公司第五次股东会决议记载：……2. 同意赛特公司将其持有的占源鼎公司注册资金40%的股权（计1600万元），以总价款1600万元分别转让给财富公司与吴某林，具体份额为：将占注册资金30%股权（计1200万元），以总价款1200万元转让给财富公司；将占注册资金10%股权（计400万元），以总价款400万元转让给吴某林。同意润德公司将其持有的源鼎公司注册资金10%的股权（计400万元），以总价款400万元转让给财富公司。2011年1月29日源鼎公司的股东会决议记载：……同意财富公司将其持有的占源鼎公司注册资金40%的股权（计1600万元），以总价款1600万元分别转让给宏安达公司与润德公司，具体份额为：将占注册资金30%股权（计1200万元）以总价款1200万元转让给宏安达公司；将占注册资本10%股权（计400万元）以总价款400万元转让给润德公司。吴某林将其持有的占源鼎公司注册资金5%的股权（计200万元），以总价款200万元转让给润德公司。……2013年5月6日源鼎公司股东会决议记载：1. 同意赛特公司将其持有的源鼎公司注册资金11%的股权（计440万元），以总价款440万元转让给股东润德公司。2. 变更后股东出资情况：润德公司出资2800万元，占70%，宏安达公司出资1200万元，占30%。

二审法院作出（2017）民终263号民事判决：1. 撤销一审法院（2014）三亚民一初字第34号民事判决；2. 驳回润德公司的诉讼请求。一、二审案件受理费各109090元共218180元，由润德公司负担。

润德公司不服二审判决，向最高人民法院申请再审，请求：1. 判令撤销二审法院（2017）琼民终263号民事判决，依法驳回诚基公司的上诉，维持一审判决；2. 判令诚基公司承担本案一、二、再审的全部诉讼费用。

最高人民法院于2018年6月29日作出（2018）最高法民申1650号民事裁定，提审本案。并依法组成合议庭，开庭审理了本案。法院另查明：

《还款协议书》抬头载明：甲方润德投资公司，乙方诚基公司，丙方润德公司。该协议书第2条约定：甲方承诺在两年内向乙方结清上述借款，该借款的年利息为7%，自合同生效日起算。第4条约定：合同生效日为财富公司根据2010年10月17日签订的关于六合项目合作协议向丙方支付400万元股权转让款之日。第5条约定：本协议经甲、乙、丙三方签字盖章后立即发生法律效力，本协议一式三份，协议各方各执一份。该协议落款处，甲方润德投资公司由葛某涛在法定代表人处签名，乙方诚基公司签字并盖章，丙方润德公司由葛某涛签字，并加盖公章。

诚基公司申请诉前财产保全、江苏省南京市中级人民法院裁定保全后，明确释明润德公司如不服该裁定，可申请复议，润德公司未申请复议；润德公司未正式提交置换被冻结股权的书面申请，也没有提供具体置换财产。2013年10月22日，江苏省南京市中级人民法院裁定解除对润德公司的财产保全措施。

2014年8月28日，诚基公司向北京市怀柔区人民法院提起诉讼，请求根据2010年5月28日签订的《协议》，判令润德投资公司返还诚基公司订金1000万元，支付逾期付款赔偿金3234400元，葛某涛承担连带责任。北京市怀柔区人民法院经审理，判决润德投资公司返还诚基公司订金1000万元并支付逾期付款利息；驳回诚基公司其他诉讼请求。诚基公司、润德投资公司均不服，提起上诉。北京市第三中级人民法院经审理，作出2015年三中民（商）终字第01964号民事判决，判决驳回上诉，维持原判。其中关于《协议》签订主体、葛某涛身份的问题，该院认为：2010年5月28日，葛某涛代表润德投资公司与诚基公司签订了《协议》，虽然该《协议》未加盖润德投资公司的公章，但诚基公司主张其系相信葛某涛能够代表润德投资公司故而签订的该协议，而润德投资公司亦认可该协议，并认可收到诚基公司支付的股权转让订金人民币1000万元，故葛某涛该行为应视为润德投资公司的行为，应由润德投资公司承担合同的权利义务。葛某涛个人并非该合同主体。

## 二、裁判理由

本案的争议焦点为：1. 关于诚基公司申请诉前财产保全是否存在错误

的问题；2. 关于诚基公司申请诉前财产保全是否给润德公司造成损失的问题。

（一）关于诚基公司申请诉前财产保全是否存在错误的问题

《中华人民共和国民事诉讼法》第一百零五条规定：“申请有错误的，申请人应当赔偿被申请人因保全所遭受的损失。”财产保全损害赔偿的性质属于侵权损害赔偿，对于“申请有错误”的判断，应当以行为人是否存在过错作为判断侵权行为的依据。对于诉前财产保全错误的认定，不仅要看申请保全人的诉讼请求最终是否得到支持，还要看其是否存在故意或重大过失，否则将影响保全制度功能的正常发挥。

本案中，诚基公司对润德投资公司享有1000万元债权是真实的，其基于该1000万元真实的权利，依据《还款协议书》提起诉讼并申请诉前财产保全，主观上并无过错。《还款协议书》虽然被北京市第二中级人民法院生效判决认定缺乏润德投资公司的意思表示，依法不成立，但是该结论是法院审理的结果，非诚基公司申请保全时可以预见。对比《协议》与《还款协议书》，两份协议均由葛某涛代表润德投资公司签订，均没有加盖润德投资公司公章，而在诉讼过程中润德投资公司对《协议》是认可的。诚基公司基于相同的合同形式，认为《还款协议书》亦成立并生效，并无明显过错。

润德公司再审主张《还款协议书》第4条约定的生效条件未成就，《还款协议书》未生效。从再审查明的事实看，《还款协议书》存在两条涉及“合同”或“协议”生效的条款。综合分析《还款协议书》约定的内容，应以第5条来判断该协议书是否已经成立并生效。润德公司主张第4条为《还款协议书》约定的生效条件，其证据不足，法院不予采信。

《还款协议书》系由润德公司法定代表人葛某涛签署，其不仅作为润德投资公司的代表在《还款协议书》上签名，同时亦以润德公司的法定代表人身份签名，并加盖了润德公司公章。诚基公司有理由相信润德公司对涉案款项提供担保的意思表示是真实的。在此前提下诚基公司申请诉前财产保全，并无明显过错。而润德公司违反在《还款协议书》中的承诺，在涉案1000万元未归还之前即将20%股份转让给美达公司，其行为有违诚信原则。

（二）关于诚基公司申请诉前财产保全是否给润德公司造成损失的问题

根据二审法院查明的事实，2010年10月28日至2013年5月6日，从润德公司与案外人的几次股权转让交易看，每1%股的转让价均约为40万元。诚基公司向江苏省南京市中级人民法院提交的诉前财产保全申请书中的请求事项为：1. 请求裁定查封的保全金额为1150万元。2. 请求裁定查封保全被申请人在源鼎公司中持有的20%的股份（保全股权价值不超过1150万元）。而从江苏省南京市中级人民法院的保全裁定，以及查封、抵押财产清单和协助执行通知书载明的内容看，均显示查封、冻结的为润德公司持有的源鼎公司20%、价值以人民币1150万元为限的股权。润德公司主张诚基公司保全20%股权超出1150万元范围，缺乏证据证明，最高人民法院不予采信。

根据本案查明的事实，江苏省南京市中级人民法院裁定保全后，润德公司并未申请复议，默认保全对其权利的限制；况且，在美达公司提起仲裁之前，润德公司已占有源鼎公司70%股权；而此前江苏省南京市中级人民法院亦已裁定解除涉案保全措施，润德公司有能力向美达公司履行而不履行，其对损害事实的产生有重大过错。所以润德公司主张因诚基公司的错误保全而致使其不能向美达公司履约，证据不足，法院不予采信。

关于置换担保物的问题，润德公司二审答辩称诚基公司不同意解封或进行担保置换，其虽未在再审理由中再次阐述，但最高人民法院在再审庭审中亦对该问题进行了核实，润德公司表示对二审法院的事实认定没有异议。经二审法院查明，在北京市怀柔区法院的庭审笔录的记载中未见法院释明的内容及诚基公司发表的意见，润德公司亦没有提交法院进行释明以及诚基公司不同意置换担保物的相关证据材料。根据上述事实以及法院再审查明的事实，润德公司怠于行使自己的权利，未向法院提交置换保全财产的申请书，也未采取其他任何具体措施防止损失产生及扩大，对因此可能造成的损失，不能归责于诚基公司。

基于上述分析，诚基公司为保障自己的权利，提起诉讼并申请诉前财产保全，在主观上并无故意或重大过失。故即便润德公司有损失，也无须诚基公司承担。

## 三、裁判结论

依照《中华人民共和国民事诉讼法》第二百零七条第一款、第一百七十条第一款第一项之规定，判决如下：

维持海南省高级人民法院（2017）琼民终263号民事判决。

## 四、裁判要旨

《中华人民共和国民事诉讼法》第一百零五条规定：“申请有错误的，申请人应当赔偿被申请人因保全所遭受的损失。”财产保全损害赔偿的性质属于侵权损害赔偿，对于“申请有错误”的判断，应当以行为人是否存在过错作为判断侵权行为的依据。即因财产保全引起的损害赔偿纠纷，应适用《中华人民共和国侵权责任法》规定的过错责任归责原则。因此，对于诉前财产保全错误的认定，不仅要看申请保全人的诉讼请求最终是否得到支持，还要从主观因素角度考虑申请人在申请采取保全措施时，是否存在故意或重大过失，是否尽到了合理审慎的注意义务，否则将会影响保全制度功能的正常发挥。

（合议庭成员：江显和、高燕竹、杨蕾；案号：（2018）最高法民再365号；判决日期：2019年3月13日；案例编写人：江显和；案例审核人：张勇健）

# （四）执行异议之诉

**020**

## 公司实际控制人伪造股东会决议与设定抵押的效力问题

——陈某忠与梁某、辉弘公司案外人执行异议之诉案

### 一、主要案情

2013年1月12日，梁某与辉弘公司签订《房屋买卖合同》，约定梁某以200万元的价格购买位于海南省三亚市B大街建材广场A栋28号房屋。合同签订后，辉弘公司于2013年2月23日将涉案房屋交付给梁某，并于2013年6月5日出具收据，注明收到梁某交来房款123.5万元。但双方并未办理房屋所有权变更登记手续。

2013年4月16日，陈某忠与辉弘公司签订《借款合同》，约定陈某忠借给辉弘公司500万元，借款期限为2013年4月16日至2013年6月15日，辉弘公司如在还款期限届满未还款，除支付合同利息外，逾期违约金按合同金额每日千分之五的标准支付，对于因此产生的律师费、诉讼费等各项费用均由辉弘公司承担。同日，陈某忠与辉弘公司签订《抵押借款合同》，约定辉弘公司以建材广场A栋25、26、27、28号铺面作为抵押物向陈某忠借款50万元，在抵押期间经陈某忠同意，辉弘公司转让抵押物所得价款优先清偿所担保的陈某忠的债权。借款期限届满借款人如若未能清偿债务，陈某忠有权以抵押物折价或者以拍卖、变卖抵押物所得价款优先

受偿。还约定在借款合同履行期限届满后，若辉弘公司无力偿还借款，陈某忠有权不通知辉弘公司而自行处理房屋。在《借款合同》与《抵押借款合同》签订后，2013年4月17日，陈某忠向辉弘公司的实际控制人庄某磊账户汇入477.5万元，辉弘公司也向陈某忠出具收到借款500万元的收据。2013年4月2日，辉弘公司将涉案房产办理抵押登记手续。2016年12月28日，三亚市城郊人民法院作出（2015）城刑初字第272号刑事判决，认定涉案房屋的抵押登记是庄某磊以伪造股东签字作出《公司股东会决议》的方式欺骗房产登记部门所取得的，辉弘公司并未召开过股东大会。庄某磊以虚假抵押登记将所借款项据为已有，构成职务侵占罪，被判处有期徒刑七年六个月。

因辉弘公司未依约偿还借款，陈某忠向海南省三亚市中级人民法院提起诉讼。海南省三亚市中级人民法院于2016年1月7日作出（2015）三亚民一重字第3号民事判决，由辉弘公司向陈某忠偿还借款本金477.5万元及利息。判决生效后，陈某忠向法院申请强制执行。海南省三亚市中级人民法院于2016年4月19日作出（2016）琼02执17号执行裁定，查封、拍卖建材广场A栋25、26、27、28号铺面。梁某提出执行异议。海南省三亚市中级人民法院于2016年8月5日作出（2016）琼02执异38号执行裁定，驳回梁某的执行异议。梁某不服，向海南省三亚市中级人民法院提起诉讼，请求：1. 判令不得对位于A市B大街建材广场A栋第28号房屋（证号：三土房〔2013〕字第01××9号）执行，并撤销海南省三亚市中级人民法院（2016）琼02执异38号执行裁定；2. 确认梁某与辉弘公司签订的《房屋买卖合同》合法有效；3. 确认位于A市B大街建材广场A栋第28号房屋归梁某所有；4. 辉弘公司将位于A市B大街建材广场A栋第28号房屋过户登记至梁某名下；5. 确认辉弘公司与陈某忠于2013年4月16日签订的《抵押借款合同》中约定的对位于A市B大街建材广场A栋第28号房屋的抵押担保条款无效，并判令辉弘公司对该房屋设定的抵押登记予以撤销；6. 诉讼费用由辉弘公司负担。

海南省三亚市中级人民法院于2017年12月30日作出（2016）琼02民初93号判决：驳回梁某的诉讼请求。

梁某不服一审判决，向海南省高级人民法院提起上诉，请求：1. 撤销一审判决，改判支持梁某的诉讼请求；2. 本案一、二审全部诉讼费用由陈某忠、辉弘公司负担。

海南省高级人民法院二审认为：1. 辉弘公司与梁某签订《房屋买卖合同》并将涉案房屋交付给梁某使用在前，陈某忠与辉弘公司签订《抵押借款合同》在后，且梁某已支付大部分房款，即使认定《抵押借款合同》对涉案房屋设立抵押的条款有效，也不能对抗善意买受人梁某。2. 在权利保护顺位上，已经支付全部或大部分购房款项的购房人的权益优于工程价款优先受偿权，而工程价款优先受偿权优于抵押权。3. 涉案房屋的抵押登记是庄某磊以伪造股东签字作出《公司股东会决议》的方式欺骗房产登记部门所取得的，庄某磊已被追究刑事责任，故该抵押登记行为应当认定为无效。据此，陈某忠因抵押登记行为无效而不能依法享有对涉案房屋主张拍卖并优先受偿之权利。

海南省高级人民法院于2018年9月6日作出（2018）琼民终512号民事判决：1. 撤销一审判决；2. 停止对A市B大街建材广场A栋第28号房屋的执行。

二审判决生效后，陈某忠向最高人民法院申请再审。

最高人民法院立案后，依法组成合议庭进行了审查。

## 二、裁判理由

本案的争议焦点为：1. 案涉抵押行为是否有效；2. 梁某对案涉房屋所享有的权益是否可以排除执行。

### （一）案涉抵押行为的效力

辉弘公司以其名下房屋为债务提供抵押担保属公司提供担保行为。公司提供担保分为公司为他人提供担保和为自身债务提供担保两种情形。

对于公司为他人提供担保，《中华人民共和国公司法》第十六条规定了公司对外提供担保的内部决策程序以及公司为关联方提供担保的特殊规则。公司法定代表人未经授权擅自为他人提供担保的，构成越权代表，人民法院应当根据《中华人民共和国合同法》第五十条关于法定代表人越权代表的规定，区分订立合同时债权人是否善意分别认定合同效力：债权人是善意的，合同有效；反之，合同无效。例如，债权人已对公司机关决议的内容和程序尽到合理的形式审查义务，不知道或者不应当知道法定代表人超越权限订立担保合同的，应认定为善意。这种审查可以包括决议内容是否与担保内容存在差异，同意决议的人数及签字人员符合公司章程的规定，等等。在债权人履行了前述的审查义务后，即应认定担保合同合法有效。公司以机关决议系法定代表人伪造或者变造、决议程序违法、签章（名）不实、担保金额超过法定限额等事由抗辩债权人非善意的，一般不予支持。

对于公司为自身债务提供担保的情形下债权人应承担的审查义务，目前法律及相关司法解释均未予明确规定。由于公司为自身债务提供担保并不会危及公司的资产安全，举重以明轻，公司为自身债务提供担保，债权人的审查义务不应高于公司对外担保的情形。

本案中，陈某忠依约向辉弘公司支付了借款，辉弘公司以该公司名下的涉案房屋为上述借款提供抵押担保，并办理了抵押登记。虽然本案辉弘公司并未实际召开股东会，存在由庄某磊伪造其他股东签字作出股东会决议的行为，但辉弘公司在再审审查中认可《抵押借款合同》上辉弘公司印章的真实性，且根据海南省三亚市城郊人民法院（2015）城刑初字第272号刑事判决查明的事实，倪某明当时为辉弘公司法定代表人，庄某磊是辉弘公司的实际管理者，2013年4月16日，庄某磊通知倪某明到场，辉弘公司与陈某忠签订了《抵押借款合同》，并办理公证手续，倪某明亦在《公司股东会决议》上签名，案涉房产也办理了抵押登记。《公司股东会决议》中存在的伪造签名情形通常须经过鉴定机关的鉴定方能识别，一般自然人主体通常不具备识别的技术和能力，如若将此全部归属于担保债权人的审查义务范围，未免过于严苛。陈某忠在接受辉弘公司为其提供担保的过程中，已尽到合理的审查义务，本案也无充分证据证明陈某忠与辉弘公司具有恶意串通等损害梁某利益导致抵押无效的行为。二审判决以辉弘公司未召开股东会、股东会决议系伪造股东签字作出为由认定抵押行为无效不当。

（二）梁某对涉案房屋所享有的权益是否可以排除陈某忠对涉案房屋的执行

《最高人民法院关于建设工程价款优先受偿权问题的批复》第一条规定："人民法院在审理房地产纠纷案件和办理执行案件中，应当依照《中华人民共和国合同法》第二百八十六条的规定，认定建筑工程的承包人的优先受偿权优于抵押权和其他债权。"第二条规定："消费者交付购买商品房的全部或者大部分款项后，承包人就该商品房享有的工程价款优先受偿权不得对抗买受人。"《最高人民法院关于人民法院办理执行异议和复议案件若干问题的规定》第二十九条规定："金钱债权执行中，买受人对登记在被执行的房地产开发企业名下的商品房提出异议，符合下列情形且其权利能够排除执行的，人民法院应予支持：（一）在人民法院查封之前已签订合法有效的书面买卖合同；（二）所购商品房系用于居住且买受人名下无其他用于居住的房屋；（三）已支付的价款超过合同约定总价款的百分之五十。"结合上述规定来看，执行案件中的权利排序为，消费者买受人的物权期待权优先于建设工程价款优先受偿权，建设工程价款优先受偿权优先于抵押权，抵押权优先于一般债权。故购房消费者的物权期待权与抵押权人的抵押权出现冲突时，人民法院应优先保护支付了大部分购房款的购房消费者的利益。

关于前述"购房消费者"的身份认定问题，《最高人民法院关于人民法院办理执行异议和复议案件若干问题的规定》第二十九条规定的"所购商品房系用于居住"要件，应作为认定消费者的表征或者特点。在具体案件中，应当综合案情判断购房者是否为消费者，对于“用于居住”应做从宽理解。例如，近年兴起的商住两用房，因其宜居宜商，使用方式灵活，已为越来越多的群体所选择。考虑到不能排除购房者购买商住两用房用于居住、生活，不应轻易否定商住两用房所具有的居住功能，以保护支付了全部或者大部分购房款的购房人的合法权益。

本案中，当事人提交的土地房屋权证载明案涉房产用途为“商业、住宅”，与梁某所称购买该房屋为商住两用的陈述相互印证，原审认定梁某系购买房屋的消费者，并无不当。此外，梁某支付的购房款虽只有30万元系转账支付，但辉弘公司的倪某明于2013年1月12日出具收据收到梁某交纳的购房款40万元，辉弘公司的庄某磊于2013年2月26日、3月5日、6月5日、7月4日分别出具收据收到梁某交纳的购房款现金3万元、10万元、70万元、5000元，并于2018年6月5日出具盖有辉弘公司印章的收据，注明收到梁某交来房款123.5万元。且辉弘公司在一审时对相关购房款收据的真实性亦无异议。陈某忠虽然否认梁某已经实际支付了123.5万元购房款，但未能提交相反证据予以证明。另，梁某原审中提交了《房屋移交手续》和物业管理费、水电费等证据，证明辉弘公司已将涉案房屋交付给梁某占有使用。依照《最高人民法院关于建设工程价款优先受偿权问题的批复》（法释〔2002〕16号）及参照《最高人民法院关于人民法院办理执行异议和复议案件若干问题的规定》第二十九条的相关规定，在审理涉及消费者购买商品房的案件中，应当对消费者购买商品房的权益予以优先保护，故二审法院认为梁某作为购买房屋的消费者所享有的权益可以排除陈某忠对涉案房屋的执行，并无不当。无论陈某忠的抵押权效力如何，均不影响梁某对涉案房屋所享有的权益可以排除陈某忠对涉案房屋执行的认定。

## 三、裁判结论

依照《中华人民共和国民事诉讼法》第二百零四条第一款，《最高人

民法院关于适用〈中华人民共和国民事诉讼法〉的解释》第三百九十五条第二款之规定，裁定如下：

驳回陈某忠的再审申请。

## 四、裁判要旨

1. 公司的实际控制人伪造公司股东的签字作出股东会决议，为该公司的债务提供抵押担保，并办理了抵押登记，抵押权人能够证明已经尽到合理审查义务，且不具有其他导致抵押无效情形的，应认定抵押行为有效。

2.《最高人民法院关于人民法院办理执行异议和复议案件若干问题的规定》第二十九条规定的“所购商品房系用于居住”要件，应作为认定消费者的表征或者特点。在具体案件中，应当综合案情判断购房者是否为消费者，对于“用于居住”可适当从宽把握。考虑到不能排除购房者购买商住两用房用于居住、生活，不应轻易否定商住两用房所具有的居住功能，以保护支付了全部或者大部分购房款的购房人的合法权益。

（合议庭成员：高燕竹、奚向阳、张颖新；案号：（2019）最高法民申484号；判决日期：2019年5月17日；案例编写人：高燕竹、王晶晶；案例审核人：胡夏冰）

# （五）第三人撤销之诉

**021**

## 第三人撤销之诉的起诉条件

——陈某第三人撤销之诉案

### 一、主要案情

2014年1月22日，汉京公司与志达公司（合伙企业）、吴某文、洪某南签订《合作协议》，约定由吴某文、汉京公司按照35%比65%的比例，通过受让志达公司合伙份额的方式共同开发志达公司名下项目物业，其中约定汉京公司（或指定方）受让志达公司65%的股权，如志达公司未经汉京公司同意将项目物业在协议签订后新设定质押、抵押等权利负担，汉京公司可以选择解除协议。之后汉京公司支付了合同约定的款项，但志达公司又将项目物业为其子公司提供担保，导致项目物业被查封。《合作协议》签订后，陈某与汉京公司签订《协议书》约定作为合作一方参与开发案涉项目，并与吴某文、洪某南签订《股权转让协议书》，实际取得志达公司65%的合伙份额，成为志达公司合伙人。后因项目物业被查封，《合作协议》无法继续履行，汉京公司向广东省深圳市中级人民法院提起诉讼，提出解除《合作协议》，并由汉京公司承担违约责任，吴某文等人承担连带清偿责任的诉讼请求。在该案一审中，陈某与洪某南、吴某臻签订书面决议，确定洪某南为志达公司主要负责人参加诉讼，并委托陈某蕊、袁某作为诉讼代理人参加诉讼。深圳中院认为志达公司违反合同约定将项目物业为其子公司提供担保，造成项目物业被查封，合作受阻，汉京公司有权解除合同，遂作出（2015）深中法房初字10号民事判决：1. 解除汉京公司与吴某文、吴某臻、志达公司、洪某南签订的《合作协议》《补充协议》《拆迁补偿协议》《补充协议（一）》及《关于G01018－11地块代缴协议》；2. 志达公司自判决生效之日起10日内退还汉京公司支付的项目投资款20438.7053万元；3. 志达公司自判决生效之日起10日内赔偿汉京公司违约金2000万元；4. 吴某文、吴某臻对志达公司的以上责任承担连带责任；5. 驳回汉京公司的其他诉讼请求。汉京公司提起上诉。二审期间，陈某申请以独立请求权第三人身份参加诉讼，广东省高级人民法院未予准许。广东省高级人民法院于2018年9月4日作出（2017）粤民终630号民事判决：1. 维持深圳市中级人民法院（2015）深中法房初字10号民事判决第一项、第二项、第三项、第五项；2. 变更深圳市中级人民法院（2015）深中法房初字10号民事判决第四项为吴某文、吴某臻、洪某南对志达公司的以上责任承担连带责任。陈某遂向广东省高级人民法院提起第三人撤销之诉，请求撤销该院所作上述判决。

广东高院于2019年3月25日作出（2019）粤民初43号民事裁定，对陈某的起诉，不予受理。

陈某上诉请求：撤销广东省高级人民法院（2019）粤民初43号民事裁定，裁定由该院立案审理本案。

最高人民法院于2019年5月6日立案后，依法组成合议庭进行了审理。

## 二、裁判理由

本案的争议焦点为：陈某起诉是否符合第三人撤销之诉的起诉条件。

《中华人民共和国民事诉讼法》第五十六条规定：“对当事人双方的诉讼标的，第三人认为有独立请求权的，有权提起诉讼。对当事人双方的诉讼标的，第三人虽然没有独立请求权，但案件处理结果同他有法律上的利害关系的，可以申请参加诉讼……因不能归责于本人的事由未参加诉讼，但有证据证明发生法律效力的判决、裁定、调解书的部分或者全部内容错误，损害其民事权益的，可以自知道或者应当知道其民事权益受到损害之日起六个月内，向作出该判决、裁定、调解书的人民法院提起诉讼……”《最高人民法院关于适用〈中华人民共和国民事诉讼法〉的解释》第二百九十二条规定：“第三人对已经发生法律效力的判决、裁定、调解书提起撤销之诉的……并应当提供存在下列情形的证据材料：（一）因不能归责于本人的事由未参加诉讼；（二）发生法律效力的判决、裁定、调解书的全部或者部分内容错误；（三）发生法律效力的判决、裁定、调解书内容错误损害其民事权益。”依照上述规定，第三人撤销之诉的起诉条件包括：1. 原告属于《中华人民共和国民事诉讼法》第五十六条规定的有独立请求权的第三人或者无独立请求权的第三人；2. 该第三人因不能归责于本人的事由未参加诉讼；3. 有证据证明发生法律效力的判决、裁定、调解书内容错误，且该错误内容损害其民事权益。经审查，同时符合上述起诉条件的，人民法院应予立案，不符合上述起诉条件的，人民法院应当裁定不予受理。

第一，关于陈某是否属于前案第三人的问题。

陈某主张其作为志达公司的合伙人对前案诉讼标的享有独立请求权的理由不能成立，但因其与汉京公司签订有合伙协议，且实际取得项目合作份额，故陈某与该案处理结果有法律上的利害关系，可以参加该案诉讼。

1. 陈某主张其作为志达公司的合伙人必须参加前案诉讼的理由不成立。前案审理的是汉京公司与志达公司、吴某文、洪某南等人基于《合作协议》产生的合同关系，志达公司是独立的民事主体和民事诉讼主体，可以在诉讼中以自己的名义主张权利、承担义务，陈某作为志达公司的合伙人，对该案诉讼标的不享有独立请求权。况且，经查，在前案审理过程中，陈某与志达公司其他合伙人洪某南、吴某臻已经签订书面决议，确定洪某南为志达公司主要负责人参加诉讼，并委托陈某蕊、袁某作为诉讼代理人参加诉讼。因此，陈某作为志达公司合伙人的诉讼权利，在前案诉讼中已经得到保障，其以自己为志达公司的合伙人，要求参加前案诉讼的理由不能成立。

2. 陈某主张其与前案处理结果存在法律上的利害关系，应当参加前案诉讼的理由成立。陈某在诉讼中提交了其于 2014 年 2 月 17 日与汉京公司签订的《协议书》，2014 年 4 月 28 日与吴某文、洪某南签订的《股权转让协议书》，志达公司商业登记资料等证据，主张与汉京公司共同投资志达工业园城市更新项目，其已实际取得志达公司 65% 的合伙份额。在前案诉讼中，汉京公司认可与陈某合作按 9∶1 的比例作为共同一方参与案涉项目，且志达公司、吴某文等人认可合伙份额实际转移至陈某名下的事实，只是提出陈某是代汉京公司持有合伙份额。《中华人民共和国合同法》第九十七条规定：“合同解除后，尚未履行的，终止履行；已经履行的，根据履行情况和合同性质，当事人可以要求恢复原状、采取其他补救措施，并有权要求赔偿损失。”据此，前案判决解除汉京公司与志达公司、吴某文、洪某南等人的合作关系，必然涉及已转让合伙份额的返还问题，而已转让份额已登记在陈某名下，故该案与陈某具有法律上的利害关系，陈某属于前案有资格参加诉讼的第三人。

第二，关于陈某是否因不能归责于本人的事由未参加前案诉讼的问题。

《最高人民法院关于适用〈中华人民共和国民事诉讼法〉的解释》第八十一条规定：“根据民事诉讼法第五十六条的规定，有独立请求权的第三人有权向人民法院提出诉讼请求和事实、理由，成为当事人；无独立请求权的第三人，可以申请或者由人民法院通知参加诉讼。第一审程序中未参加诉讼的第三人，申请参加第二审程序的，人民法院可以准许。”第二百九十五条规定：“民事诉讼法第五十六条第三款规定的因不能归责于本人的事由未参加诉讼，是指没有被列为生效判决、裁定、调解书当事人，且无过错或者无明显过错的情形。包括：（一）不知道诉讼而未参加的；（二）申请参加未获准许的；（三）知道诉讼，但因客观原因无法参加的；（四）因其他不能归责于本人的事由未参加诉讼的。”在前案中，陈某虽然知道一审诉讼而未申请参加，但其可以在二审程序中申请参加诉讼，现陈某申请参加前案二审程序未获准许，应当认定为因不能归责于本人的事由未参加诉讼的情形。

第三，关于是否有证据证明前案判决内容错误，且该错误内容损害陈某民事权益的问题。

《最高人民法院关于适用〈中华人民共和国民事诉讼法〉的解释》第二百九十六条规定：“民事诉讼法第五十六条第三款规定的判决、裁定、调解书的部分或者全部内容，是指判决、裁定的主文，调解书中处理当事人民事权利义务的结果。”经询问，陈某主张前案判决错误体现为不应判决解除志达公司、吴某文、汉京公司、洪某南签订的《合作协议》。根据前案查明的事实，《合作协议》明确约定，如志达公司未经汉京公司同意将项目物业在协议签订后新设定质押、抵押等权利负担的，汉京公司可以选择解除协议。之后，汉京公司支付了合同约定的款项，但志达公司又将项目物业为其子公司提供担保，造成项目物业被查封，合作协议无法继续履行。经询问陈某，项目物业至今未解除查封。根据现有证据，在志达公司违反合同约定将项目物业为子公司提供担保，导致项目物业被查封的情况下，前案判决解除《合作协议》并无错误。现陈某未提供初步证据证明前案在认定事实或适用法律上存在错误，且导致判决结果存在错误，其提起第三人撤销之诉并不符合《最高人民法院关于适用〈中华人民共和国民事诉讼法〉的解释》第二百九十二条第三项规定的起诉条件。

综上，陈某虽与前案处理结果存在法律上的利害关系，且非因本人原因未参加前案诉讼，但其未提供证据证明前案判决内容错误，因此本案不符合第三人撤销之诉的起诉条件。一审虽说理存在瑕疵，但裁定结果正确。

## 三、裁判结论

依照《中华人民共和国民事诉讼法》第一百七十条第一款第一项、第一百七十一条，《最高人民法院关于适用〈中华人民共和国民事诉讼法〉的解释》第三百三十四条之规定，裁定如下：

驳回上诉，维持原裁定。

## 四、裁判要旨

第三人提起撤销之诉，必须同时具备以下起诉条件：1. 原告属于民事诉讼法第五十六条规定的有独立请求权的第三人或者无独立请求权的第三人；2. 该第三人因不能归责于本人的事由未参加诉讼；3. 有证据证明发生法律效力的判决、裁定、调解书内容错误，且该错误内容损害其民事权益。

原告虽不是合同相对人，但其已依照合同约定实际取得财产，前案判决解除合同必然涉及财产返还问题，此时原告与前案处理结果具有法律上的利害关系，原告属于前案有资格参加诉讼的第三人，具备对前案提起第三人撤销之诉的原告资格。

原告未参加前案一审诉讼，在二审中申请参加诉讼未获准许的，属于民事诉讼法第五十六条第三款规定的因不能归责于本人的事由未参加诉讼的情形。

第三人提起撤销之诉，应当提供初步证据证明前案在认定事实或适用法律上存在错误，且导致判决结果存在错误。原告不能对此提供初步证据的，不符合第三人撤销之诉的起诉条件。

（合议庭成员：肖芳、高燕竹、杨蕾；案号：（2019）最高法民终751号；判决日期：2019年7月12日；案例编写人：肖芳；案例审核人：张勇健）

# （六）管辖等程序问题

022

## 民办非企业单位举办者的股东能否以该单位利益受损为由提起股东代表诉讼

——南博公司与 LEI Lie Ying Limited、劳瑞德公司损害公司利益责任纠纷案

### 一、主要案情

LEI Lie Ying Limited、南博公司及几位案外自然人为猎鹰实业公司股东，LEI Lie Ying Limited 占股66.7%。涉外经济学院为猎鹰实业公司全资举办的民办学校。LEI Lie Ying Limited 和劳瑞德公司同为 LEI Lie Ying China 控股公司。2014年，涉外经济学院与劳瑞德公司签订了《独家技术支持与咨询服务协议》，约定劳瑞德公司向涉外经济学院提供教育咨询服务，涉外经济学院向劳瑞德公司支付"服务费""工作人员工资"等共计1.3亿元。

南博公司于2017年向湖南省高级人民法院（以下简称一审法院）提起诉讼，请求：1. 判令 LEI Lie Ying Limited、劳瑞德公司就共同侵犯涉外经济学院的1.35亿元质权利益而造成的损失予以赔偿；2. 判令 LEI Lie Ying Limited、劳瑞德公司滥用股东权利，为违规套取涉外经济学院资金而让涉外经济学院与劳瑞德公司签订的所谓《独家技术支持与咨询服务协

议》无效；3. 判令 LEI Lie Ying Limited、劳瑞德公司因共同违规以支付“服务费”“工作人员工资”的名义从涉外经济学院套取资金 1.3 亿元（具体以证据查实的为准，暂定 1.3 亿元）而造成的损失予以赔偿；4. 判令 LEI Lie Ying Limited、劳瑞德公司承担本案的诉讼费用；5. 判令涉外经济学院承担本案的律师代理费用。

一审法院认为，涉外经济学院是民办非企业单位，举办者系猎鹰实业公司，南博公司系猎鹰实业公司的股东，而非涉外经济学院的股东，南博公司无权依据《中华人民共和国公司法》第一百五十一条的规定代表涉外经济学院提出股东代表诉讼，其与本案没有直接利害关系，其提起本案诉讼，应认定其诉讼主体不适格。该院遂于 2018 年 10 月 30 日作出裁定驳回南博公司的起诉。

南博公司不服一审法院作出的裁定，向最高人民法院提起上诉，请求：1. 依法撤销湖南省高级人民法院 2018 年 10 月 30 日作出的编号为（2017）湘民初 43 号民事裁定书；2. 裁定指令湖南省高级人民法院进行实体审理；3. 裁定诉讼费由被上诉人负担。

最高人民法院于 2019 年 4 月 22 日对本案进行了调查询问。经过阅卷、调查和询问当事人，本案双方当事人没有提出新的事实、证据或理由，法院二审查明的事实与一审查明事实一致，经合议庭一致意见，本案不开庭审理。

## 二、裁判理由

本案的争议焦点为：南博公司是否系本案的适格原告。

本案系南博公司主张猎鹰实业公司全资举办的涉外经济学院的权益，受到 LEI Lie Ying Limited 及其关联公司劳瑞德公司的侵害而提起的诉讼。第一，《中华人民共和国民事诉讼法》第一百一十九条第一项规定：“原告是与本案有直接利害关系的公民、法人和其他组织。”本案中，涉外经济学院由猎鹰实业公司全资举办，南博公司作为猎鹰实业公司的股东，虽然涉外经济学院的利益受损可能间接影响其利益，但并不构成法律上的直接利害关系。第二，根据《中华人民共和国公司法》第一百五十一条第二款的规定，股东有权为了公司的利益以自己的名义直接向人民法院提起诉讼。涉外经济学院系民办非企业单位，如参照适用《中华人民共和国公司法》及相关司法解释的规定，以涉外经济学院利益受损为由提起股东代表诉讼的适格主体应为其举办者，即猎鹰实业公司。而在本案中，南博公司与 LEI Lie Ying Limited 均为猎鹰实业公司的股东，而非涉外经济学院的举办者，故南博公司无权依据《中华人民共和国公司法》第一百五十一条的规定代表涉外经济学院提起股东代表诉讼。因此，一审法院以南博公司作为本案原告的主体身份不适格为由，裁定驳回其起诉，并无不当。如南博公司认为猎鹰实业公司作为涉外经济学院的举办者，对于其股东 LEI Lie Ying Limited 的相关行为导致猎鹰实业公司遭受损失，进而致使南博公司遭受损失，其未采取措施而存在过错，可以猎鹰实业公司股东的身份，依照《中华人民共和国公司法》等法律法规及相关司法解释的有关规定，依法向猎鹰实业公司主张权利。

## 三、裁判结论

依照《中华人民共和国民事诉讼法》第一百七十条第一款第一项、第一百七十一条之规定，裁定如下：

驳回上诉，维持原裁定。

本裁定为终审裁定。

## 四、裁判要旨

1. 根据《中华人民共和国民事诉讼法》第一百一十九条第一项的规定，原告是与案件有直接利害关系的公民、法人和其他组织。当事人控股的公司全资举办的民办非企业单位的利益受损，虽然可能间接影响其利益，但并不构成法律上的直接利害关系。

2. 根据《中华人民共和国公司法》第一百五十一条第二款有关“股东有权为了公司的利益以自己的名义直接向人民法院提起诉讼”的规定，民办非企业单位如参照适用《中华人民共和国公司法》及相关司法解释的规定，以该民办非企业单位利益受损为由提起股东代表诉讼的适格主体应为其举办者，至于其举办者的股东无权依据《中华人民共和国公司法》第一百五十一条的规定代表民办非企业单位提起股东代表诉讼。如其举办者的股东认为民办非企业单位的举办者，对于其他股东的相关行为公司遭受损失，进而致使其自身遭受损失，其未采取措施而存在过错，可以举办者股东的身份，依照《中华人民共和国公司法》等法律法规及相关司法解释的有关规定，依法向举办者主张权利。

（合议庭成员：张勇健、奚向阳、肖芳；案号：（2019）最高法民终521号；裁定日期：2019年6月10日；案例编写人：杨清惠；案例审核人：张勇健）

023

## 新旧管辖标准规定如何适用

——侯某芳与中投证券、李某英质押式证券回购纠纷管辖权异议案

### 一、主要案情

中投证券与侯某芳、李某英发生质押式证券回购纠纷，争议标的额为547501095.69元，中投证券于2018年9月30日向广东省高级人民法院（简称原审法院）提起诉讼。在诉讼期间，侯某芳提出管辖权异议，主张依据《中华人民共和国民事诉讼法》第二十一条之规定，本案应当由侯某芳的住所地有管辖权的法院即河南省高级人民法院管辖。中投证券与侯某芳签署的《中投证券股票质押式回购交易业务协议》（以下简称《协议》）第72条明确约定，双方发生的争议提交中投证券所在地有管辖权的人民法院处理。中投证券所在地为广东省深圳市。原审法院于2019年3月1日作出（2018）粤民初138号之一民事裁定，驳回了侯某芳的管辖权异议。

侯某芳不服，向法院提起上诉。侯某芳上诉称：《中华人民共和国民事诉讼法》第二十一条第一款规定："对公民提起的民事诉讼，由被告住所地人民法院管辖；被告住所地与经常居住地不一致的，由经常居住地人民法院管辖。"侯某芳的住所地为河南省新郑市，故本案的管辖法院应为河南省高级人民法院。

中投证券答辩称：1. 原审法院认定本案管辖法院为原审法院非河南省高级人民法院正确，侯某芳的上诉理由不成立。首先，双方签署的《协议》第72条明确约定，双方发生的争议提交中投证券所在地有管辖权的人民法院处理，中投证券所在地为广东省深圳市，因此原审法院对本案有管辖权。其次，《中华人民共和国民事诉讼法》第三十四条规定："合同或

者其他财产权益纠纷的当事人可以书面协议选择被告住所地、合同履行地、合同签订地、原告住所地、标的物所在地等与争议有实际联系的地点的人民法院管辖，但不得违反本法对级别管辖和专属管辖的规定。”最后，本案争议标的额为547501095.69元，依法属于原审法院的管辖范围。原审法院对本案有管辖权。2. 侯某芳适用法律错误，双方之间存在管辖协议，应适用管辖协议确定管辖法院，并非依据《中华人民共和国民事诉讼法》第二十一条确定。《最高人民法院关于适用〈中华人民共和国民事诉讼法〉的解释》第三十条第一款规定：“根据管辖协议，起诉时能够确定管辖法院的，从其约定；不能确定的，依照民事诉讼法的相关规定确定管辖。”本案中，双方签署的《协议》第72条明确约定管辖法院为中投证券所在地有管辖权的人民法院，根据以上法律规定，应当依据双方约定而非适用《中华人民共和国民事诉讼法》第二十一条确定管辖法院。

## 二、裁判理由

本案的争议焦点为：1. 关于原审裁定是否存在错误的问题；2. 关于如何确定本案有管辖权的法院的问题。

（一）关于原审裁定是否存在错误的问题

《中华人民共和国民事诉讼法》第三十四条规定：“合同或者其他财产权益纠纷的当事人可以书面协议选择被告住所地、合同履行地、合同签订地、原告住所地、标的物所在地等与争议有实际联系的地点的人民法院管辖，但不得违反本法对级别管辖和专属管辖的规定。”《最高人民法院关于适用〈中华人民共和国民事诉讼法〉的解释》第三十条第一款规定：“根据管辖协议，起诉时能够确定管辖法院的，从其约定；不能确定的，依照民事诉讼法的相关规定确定管辖。”

本案中，当事人在案涉《协议》第72条约定：“在本协议执行中发生的争议以及与本协议相关的任何争议，双方可以友好协商，自行解决，也可提请中国证券业协会证券纠纷调解中心或中国证券业协会派出机构进行调解。调解不成的，甲乙双方（甲方侯某芳、乙方中投证券）同意采取以下第____种争议处理方式：1. 通过华南国际经济贸易仲裁委员会仲裁；2. 移交乙方所在地有管辖权的人民法院处理。若甲方未选择争议处理方式，将按照上述第2项进行处理。”该条款属双方真实意思表示，合法有效。依照前述法律规定，合法有效的管辖协议的效力应优先于一般地域管辖规定。故本案应依据管辖协议确定管辖法院。本案中投证券的住所地为广东省深圳市，故本案应由深圳市对应的人民法院管辖。中投证券起诉时主张的金额为547501095.69元，达到了《最高人民法院关于调整高级人民法院和中级人民法院管辖第一审民商事案件标准的通知》（法发〔2015〕7号，以下简称法发〔2015〕7号《通知》）规定的原审法院的级别管辖标准。原审裁定驳回侯某芳的管辖权异议，认定事实清楚，适用法律正确。侯某芳上诉主张将本案移送至河南省高级人民法院审理，不符合法律规定，法院不予支持。

（二）关于如何确定本案有管辖权的法院的问题

在本案二审审理期间，法院发布了《最高人民法院关于调整高级人民法院和中级人民法院管辖第一审民事案件标准的通知》（以下简称法发〔2019〕14号《通知》），自2019年5月1日起实施。该通知没有对未审结案件如何适用新旧标准作出明确规定。按照“实体从旧，程序从新”的基本原则，本案关于管辖权的问题应依照最新的规定办理。根据该通知，高级人民法院管辖诉讼标的额50亿元（人民币）以上（包含本数）或其他在本辖区有重大影响的第一审民事案件。中级人民法院管辖第一审民事案件的诉讼标的额上限原则上为50亿元（人民币），诉讼标的额下限继续按照法发〔2015〕7号《通知》等文件执行。法发〔2015〕7号《通知》规定，当事人一方住所地不在受理法院所处省级行政辖区的第一审民商事案件，广东省所辖中级人民法院管辖诉讼标的额5000万元以上一审民商事案件。结合中投证券起诉时主张的金额，本案应由中级人民法院管辖。根据双方协议管辖条款的约定，本案有管辖权的法院为广东省深圳市中级人民法院。

## 三、裁判结论

依照《中华人民共和国民事诉讼法》第一百七十一条之规定，裁定如下：

一、撤销广东省高级人民法院（2018）粤民初138号之一民事裁定；

二、本案由广东省深圳市中级人民法院管辖。

本裁定为终审裁定。

## 四、裁判要旨

1. 如果双方当事人之间就合同或者其他财产权益纠纷签订有管辖协议，且该协议系双方当事人真实意思表示的体现，不违背法律、行政法规强制性规定，协议选择的管辖法院在被告住所地、合同履行地、合同签订地、原告住所地、标的物所在地等与争议有实际联系的地点的人民法院范围之内，又不违反民事诉讼法对级别管辖和专属管辖的规定，则该管辖协议合法有效。合法有效的管辖协议效力优先于一般地域管辖，人民法院应当依据管辖协议确定管辖法院。

2. 2019年5月1日，最高人民法院发布了法发〔2019〕14号《通知》，将中级人民法院管辖第一审民事案件的诉讼标的额上限原则上调整为50亿元，诉讼标的额下限的确定继续按照法发〔2015〕7号《通知》等文件执行。由于该通知没有对未审结案件如何适用新旧标准作出明确规定，导致司法实践中出现争议。法发〔2019〕14号《通知》是程序性规定，而不是实体性规定，在新旧管辖标准规定的衔接上，应当遵循“实体从旧，程序从新”的基本法理。对于第一审民商事案件，如果在立案时依据的是旧的管辖标准，案件在审理过程中，当事人提起管辖权异议，在处理管辖权异议纠纷时，新的管辖标准已经发布，而所涉案件与新的管辖标准不符，则应适用新的管辖标准对所涉案件的管辖法院予以调整。

在司法实践中，人民法院均以立案时间点作为区分适用新旧管辖标准的基准时点，即以起诉时为准，不因确定管辖的因素在诉讼过程中发生变化而受影响，这通常被称为管辖恒定原则。但这一原则的适用前提是受诉法院的管辖权已经确定，如果一方当事人提出管辖权异议，说明该法院是否具有管辖权处于待定状态，并未最终确定，此时按照“实体从旧，程序从新”的基本原则，适用法发〔2019〕14号《通知》的规定，与管辖恒定原则并不冲突，也有利于及时贯彻最高人民法院对民事案件管辖标准调整的最新精神。因此，2019年5月1日之后，依据法发〔2015〕7号《通知》等旧的管辖标准立案但未审结的民事案件，如果当事人提起管辖权异议，而所涉案件又与新的管辖标准不符，应当适用法发〔2019〕14号《通知》对所涉案件的管辖法院进行调整。

（合议庭成员：江显和、张颖新、肖芳；案号：（2019）最高法民辖终264号；判决日期：2019年6月25日；案例编写人：江显和；案例审核人：张勇健）

**024**

## 当事人为完成相关交易而订立的若干合同中已有合同效力被生效判决认定，再次提起诉讼旨在推翻生效判决已予认定的交易，有违一事不再理之诉讼规则

——中色公司与东泰嘉华公司确认合同无效纠纷案

### 一、主要案情

2009年7月，王某东成立了东泰嘉华公司，同年9月，中色公司与东泰嘉华公司签订《项目合作框架协议》，东泰嘉华公司以3000万价款在中色公司投入文国用（2000）字第W030××14号《国有土地使用证》项下的土地上进行合作项目开发。协议签订后，王某东与周某顺签订了项目转让协议，以转让东泰嘉华公司股权的形式，作价1.9亿元转让了该项目。双方约定王某东提供中色公司的股东有色海南公司的批复手续，保证在项目投资额达到25%后一个月内通过拍卖将土地过户到东泰嘉华公司名下，且保证手续、程序合法有效。2012年项目投资达到25%之后，王某东与中色公司委托拍卖，东泰嘉华公司以5000万元参与竞拍取得土地，王某东提供了相关批复，中色公司与东泰嘉华公司签订了《土地使用权转让合同书》并向国土局申请办理了过户。中色公司与东泰嘉华公司在履行《土地使用权转让合同书》的过程中，因涉嫌伪造印章，已被文昌市公安局于2018年5月11日出具文公（刑）立字（2018）0520号立案告知书以伪造印章案立案侦查。

上述《项目合作框架协议》、王某东与周某顺签订的项目转让协议均曾被诉请要求确认无效，两份协议已存在另外两个案件的生效判决。

中色公司于2018年向海南省高级人民法院提起诉讼，请求：1. 依法确认中色公司与东泰嘉华公司于2012年7月24日签订的《土地使用权转

让合同书》无效；2. 依法确认中色公司于2012年9月将文国用（2000）字第W030××14号《国有土地使用证》项下的土地转让给东泰嘉华公司的行为无效；3. 依法判令东泰嘉华公司将文国用（2000）字第W030××14号《国有土地使用证》项下的土地恢复登记至中色公司名下；4. 本案诉讼费由东泰嘉华公司承担。

一审法院认为，由于本案所涉纠纷有经济犯罪嫌疑，公安机关已经立案，根据《最高人民法院关于在审理经济纠纷案件中涉及经济犯罪嫌疑若干问题的规定》第十一条的规定，本案应驳回中色公司的起诉，有关材料移送公安机关。该院遂作出裁定驳回中色公司的起诉。

中色公司不服一审法院作出的裁定，向最高人民法院提起上诉，请求依法撤销一审裁定，指令一审法院对本案进行实体审理。

最高人民法院于2019年4月22日立案，依法组成合议庭审理了本案。

## 二、裁判理由

本案的争议焦点为：一审法院裁定驳回起诉是否正确。

虽然中色公司与东泰嘉华公司在履行《土地使用权转让合同书》的过程中，因涉嫌伪造印章，已被文昌市公安局于2018年5月11日出具文公（刑）立字（2018）0520号立案告知书以伪造印章案立案侦查，但涉嫌犯罪的行为与《土地使用权转让合同书》的签订及其效力问题不属于同一法律事实，一审法院以本案涉嫌经济犯罪为由裁定驳回起诉，理由确有不妥。然而，经审查，本案《土地使用权转让合同书》属当事人为完成相关土地使用权交易而订立的若干合同之一份，其所涉土地使用权交易之效力，已经相关生效判决予以认定，中色公司针对该合同书提起诉讼，旨在推翻生效判决已予认定的土地使用权交易，难脱滥用诉讼权利之嫌，且对于该份合同书的审查必然涉及对于其所相关的、已经生效判决认定的土地使用权交易以及其他相关合同的审查，有违一事不再理之诉讼规则。故一审裁定驳回中色公司的起诉，结果正确，根据《最高人民法院关于适用

〈中华人民共和国民事诉讼法〉的解释》第三百三十四条之规定，应予维持。若中色公司认为本案《土地使用权转让合同书》在先前所涉土地使用权交易的相关诉讼中未予出现，且该份合同足以改变相关生效裁判，其可以此份合同作为新证据材料请求对相关生效裁判重新审查。

## 三、裁判结论

依照《中华人民共和国民事诉讼法》第一百七十条第一款第一项、第一百七十一条之规定，裁定如下：

驳回上诉，维持原裁定。

本裁定为终审裁定。

## 四、裁判要旨

《最高人民法院关于在审理经济纠纷案件中涉及经济犯罪嫌疑若干问题的规定》第十条规定："人民法院在审理经济纠纷案件中，发现与本案有牵连，但与本案不是同一法律关系的经济犯罪嫌疑线索、材料，应将犯罪嫌疑线索、材料移送有关公安机关或检察机关查处，经济纠纷案件继续审理。"据此，涉嫌犯罪的行为与案涉合同的签订及其效力问题不属于同一法律事实时，法院不应以本案涉嫌经济犯罪为由裁定驳回起诉，但若案涉合同属当事人为完成相关交易而订立的若干合同之一份，其交易之效力已经相关生效判决予以认定，再次提起诉讼旨在推翻生效判决已予认定的交易时，难脱滥用诉讼权利之嫌，且有违一事不再理之诉讼规则，法院应裁定驳回起诉。

（合议庭成员：张勇健、张颖新、刘少阳；案号：（2019）最高法民终626号；裁定日期：2019年7月4日；案例编写人：杨清惠；案例审核人：张勇健）

**025**

## 举证责任分配及再审新证据的认定

### ——恒昊公司与东风联社、东风一社租赁合同纠纷案

## 一、主要案情

东风联社是地号为05016103B0××××01的集体土地的所有权人，东风一社是东风联社的下属经济社。2005年7月19日，东风一社（甲方）与乙方恒昊公司签订了一份《场地租赁合同》，约定甲方将其辖内位于A大道南1468号场地租赁给乙方经营使用，甲方场地上现在所有的水电设施、厂房商铺等一切建筑物及设施均由乙方投资，乙方以此为本合同保证金资本；在使用期内甲方同意乙方出租；等等。此前，东风一社与恒昊公司还于2005年1月1日签订了一份《补充协议》，约定经东风一社、卫仕家具公司同意，恒昊公司自即日起承租A大道南1468号场地，并承担卫仕家具公司所欠1268184.90元租金的还款责任。上述合同签订后，东风一社按约将上述场地交给恒昊公司使用。

2002年4月30日、2004年9月8日，卫仕家具公司（甲方）与宝利捷（乙方）分别签订了《场地（铺位）租赁合同》《场地租赁合同》和《补充协议》，内容均约定甲方同意将坐落于A大道南1468号的相关场地出租给乙方经营。

2005年1月1日，恒昊公司（甲方）与广州宝利捷（乙方）签订了一份《场地租赁合同》，约定甲方同意将其属下位于A大道南1468号约18000平方米场地租赁给乙方经营。

2005年9月28日，恒昊公司（甲方）分别与广州宝利捷、广东宝利捷旧机动车交易市场管理有限公司（乙方）签订了内容相似的两份《场地租赁合同》，约定甲方同意将其属下位于A大道南1468号约1万平方米场

地租赁给乙方经营。

上述合同均将“所涉场地未到规划局报临建手续，属不合法临时商铺，因该原因而拆除租赁的场地，导致合同无法履行”作为合同自动解除事由。

东风联社、东风一社向广东省广州市海珠区人民法院起诉请求：1. 确认东风一社与恒昊公司签订的《场地租赁合同》无效及确认东风一社与恒昊公司签订的《补充协议》中有关该场地租赁关系的内容部分无效；2. 判令恒昊公司立即撤出涉案场地，并将该场地的经营租赁权返还给东风一社、东风联社；3. 恒昊公司承担本案诉讼费用。

一审法院以案涉《场地租赁合同》和《补充协议》违反了《中华人民共和国土地管理法》第六十三条有关“农民集体所有的土地的使用权不得出让、转让或者出租用于非农业建设”① 的强制性规定为由，判决合同无效；恒昊公司撤出所使用的 A 大道南 1468 号场地，并将该场地交还给东风联社管理。

恒昊公司不服一审法院判决，向广州市中级人民法院提起上诉。二审法院所查明的事实与一审法院所查明的事实一致。另查明：二审中，恒昊公司提供了海珠区房管局发出的穗租登 5004××89 号《房屋租赁证》，该证载明 A 大道南 1468 号砖木结构 1 万平方米房屋符合经营性用房出租标准。海珠执法分局于 2012 年 1 月发出《责令限期改正通知书》给东风联社，载明 A 大道南 1468 号的建筑物是违法建筑。

二审法院认为，一审法院根据《中华人民共和国土地管理法》第六十三条的规定判决案涉《场地租赁合同》无效和《补充协议》中关于场地租赁关系的内容无效并无不当。恒昊公司提供的《房屋租赁证》只能证明房管部门同意东风联社出租案涉土地上 10000 平方米的房屋，有效期至 2009 年 12 月 20 日，期满后房管部门并未再发出上述房屋的《房屋租赁证》，且海珠房管局亦已责令东风联社拆除上述房屋，即行政主管部门对

① 该规定现被《中华人民共和国土地管理法》（2019 年修正）所废止。

上述房屋进行了处理，故恒昊公司要求驳回东风联社及东风一社的起诉理由不成立。另，并无证据显示案涉土地为集体建设用地或相关部门同意东风联社、东风一社将案涉土地出租给恒昊公司，故恒昊公司主张东风一社与其签订的《场地租赁合同》有效缺乏依据，不予支持。二审判决驳回上诉，维持原判。

恒昊公司不服，向广东省高级人民法院申请再审，广东省高级人民法院以相同理由裁定驳回恒昊公司的再审申请。恒昊公司向广东省广州市人民检察院提出监督申请，广东省广州市人民检察院审查认为，该案不符合《中华人民共和国民事诉讼法》第二百零八条规定的监督条件，作出穗检民不字〔2013〕120号决定书，决定不支持恒昊公司的监督申请。恒昊公司不服，向广东省人民检察院申请复查。广东省人民检察院审查认为该决定书正确，予以维持。

恒昊公司向最高人民法院申诉，要求撤销一、二审民事判决，改判驳回东风联社、东风一社的全部诉讼请求，并判令东风联社、东风一社承担相应的诉讼费用及赔偿损失。理由如下：

1. 原判决分配举证责任不当。原判决认定案涉土地的所有权人是东风联社，在土地所有权证记载有建设用地的情形下，以没有证据显示案涉土地为建设用地，将案涉土地定性为农用地，把举证责任推给恒昊公司，颠倒了民事举证责任。

2. 原判决适用法律错误。本案租赁合同涉及的标的是土地，属于土地租赁合同纠纷。土地上的房屋、商铺、水电等配套设施均为恒昊公司投资所有，其所有权属于恒昊公司，地上房屋、商铺不存在租赁的说法。《最高人民法院关于审理城镇房屋租赁合同纠纷案件具体应用法律若干问题的解释》调整的对象是地上建筑物而不是土地，不应适用于本案。

3. 有新证据足以推翻原审认定的基本事实。海珠区房管局出具的穗国房海告字〔2015〕50号信访事项告知函（以下简称《50号告知函》）证明：05016103B0××××01地块的权属人为东风一社，案涉土地位于该地块上的建设用地范围内，案涉土地所有权证上的记载确认了案涉土地已于2008年11月6日登记为集体建设用地。

4. 本案中东风联社、东风一社虚构事实故意隐瞒土地性质的关键证据，恶意提起诉讼侵害恒昊公司的合法权益。

法院另查明，2015年9月23日，海珠区房管局出具《50号告知函》，该函证实A大道南1468号宝利捷二手车市场位于地号为05016103B0×××01地块的建设用地范围内。A大道南1468号宝利捷二手车市场土地利用现状地类为“城市”。

## 二、裁判理由

本案的争议焦点为：1. 原审法院举证责任分配是否有误；2.《50号告知函》是否可以作为新证据推翻原审判决认定的基本事实；3. 地上建筑物的性质；4. 恒昊公司请求应否得到支持。

（一）原审法院举证责任分配是否有误

《中华人民共和国民事诉讼法》第六十四条第一款规定：“当事人对自己提出的主张，有责任提供证据。”《最高人民法院关于适用〈中华人民共和国民事诉讼法〉的解释》第九十一条第一项规定：“主张法律关系存在的当事人，应当对产生该法律关系的基本事实承担举证证明责任。”

根据原审法院查明，案涉土地证载明有三种性质的土地，包括农用地、未利用地和建设用地。东风一社、东风联社主张案涉土地属于农用地，案涉合同因违反《中华人民共和国土地管理法》第六十三条而无效，对此应承担举证证明责任。根据原审法院查明的事实，东风一社、东风联社自1995年以来一直将案涉土地出租经营收益，至本案起诉前从未主张合同因违反《中华人民共和国土地管理法》第六十三条强制性规定而无效。恒昊公司依据案涉土地所有权证的记载抗辩提出案涉土地是建设用地，而案涉土地证上确实记载有建设用地2.5661公顷足以覆盖案涉土地，作为原告方和土地证权利人的东风一社、东风联社应承担进一步证明案涉土地是农用地而不是建设用地的举证责任。原审法院未要求东风一社、东风联社对此予以举证，而笼统认为案涉土地为农民集体所有土地，未合理排除案涉土地属于建设用地的可能，就进而认定案涉合同无效，举证责任分配确有不当，法院予以纠正。

（二）《50号告知函》是否可以作为新证据推翻原审判决认定的基本事实

《最高人民法院关于民事诉讼证据的若干规定》第四十四条规定，《中华人民共和国民事诉讼法》第一百七十九条[①]第一款第一项规定的“新的证据”，是指原审庭审结束后新发现的证据。

根据法院查明的事实，原审判决于2012年4月26日作出，《50号告知函》于2015年9月23日出具，且其记载的内容是早已存在且与案件有关联的事实，《50号告知函》属于新证据。根据该函载明内容，明确案涉场地2.4667公顷全部在建设用地上，土地利用现状地类为“城市”。故原审判决认定案涉土地为农民集体所有土地，案涉合同因违反《中华人民共和国土地管理法》第六十三条而无效，确有不当，法院予以纠正。

（三）地上建筑物的性质及对本案的影响

根据二审期间海珠房管局给东风联社发出的《责令限期改正通知书》，以及恒昊公司与广州宝利捷签订的《场地租赁合同》等，案涉地上建筑物属于违章建筑。

根据《最高人民法院关于审理城镇房屋租赁合同纠纷案件具体应用法律若干问题的解释》第二条及第三条第一款之规定，如果案涉《场地租赁合同》包括地上建筑物，则因地上建筑物属于违章建筑，案涉租赁合同应为无效。

关于案涉《场地租赁合同》是否包括地上建筑物的问题，恒昊公司主张案涉合同仅涉及土地，东风一社、东风联社则主张包括土地和地上建筑物。虽然从常理来讲，恒昊公司租赁案涉场地之前已经有广州天河寺右物

① 对应2012年《中华人民共和国民事诉讼法》修订后第二百条。

业开发公司、卫仕家具公司在此经营，恒昊公司将案涉土地租赁给广州宝利捷经营也不可能仅是空地，租赁合同应该包括土地和地上建筑物。但是，从《场地租赁合同》名称和内容分析，该合同标的物仅指土地，不包括地上建筑物，具体理由如下：首先，《场地租赁合同》中约定将面积2万平方米场地租赁给恒昊公司经营使用，对租赁面积未区分土地面积与地上建筑物面积各是多少。而根据《50号告知函》的表述看，案涉场地仅土地即占有2.4667公顷，即24667平方米。土地面积已经完全涵盖了合同约定面积。其次，在《场地租赁合同》中约定，如有3个月不交租金，甲方（东风一社）有权单方面终止合同，并收回场地及一切建筑物和水电设施。由此可以看出，该合同中的“场地”与“建筑物”是并列概念，“场地”并不包括“建筑物”。最后，合同约定场地上现在所有的建筑物及设施均由乙方（恒昊公司）投资，乙方以此为本合同保证金资本。从该约定可以证明，地上建筑物及设施是恒昊公司履行案涉合同的保证资本，并不是租赁合同指向的标的物。东风一社主张案涉《场地租赁合同》包括地上建筑物，进而主张案涉《场地租赁合同》无效，与合同约定不符，法院不予支持。

综上，恒昊公司与东风一社签订的《场地租赁合同》不包括地上建筑物，合同所涉土地均在建设用地上，《场地租赁合同》系双方真实意思表示，不违反法律法规强制性规定，《场地租赁合同》合法有效。原审法院认定《场地租赁合同》违反《中华人民共和国土地管理法》第六十三条规定而无效，认定事实与适用法律均有错误，法院予以纠正。

东风一社、东风联社第二项关于要求恒昊公司撤出场地、交还经营权的诉讼请求，是基于第一项确认案涉合同无效的主张提出的，最高人民法院已经认定案涉《场地租赁合同》有效，故对东风一社、东风联社的该项诉请，亦不予支持。

（四）恒昊公司请求按有效合同补偿其9年6个月的租赁期限，或赔偿其经营损失是否应予支持

《最高人民法院关于适用〈中华人民共和国民事诉讼法〉的解释》第

四百零五条第一款规定，人民法院审理再审案件应当围绕再审请求进行。当事人的再审请求超出原审诉讼请求的，不予审理；符合另案诉讼条件的，告知当事人可以另行起诉。

因本案系东风一社、东风联社提起诉讼，请求确认案涉合同无效，恒昊公司在原审中未提起反诉，也未提起另诉。现恒昊公司再审请求东风一社按有效合同补偿其9年6个月的租赁期限，或赔偿其经营损失132101558.4元，超出原审诉讼请求。该再审请求不属于本案审理范围，法院不予审理，恒昊公司可以另行起诉。

## 三、裁判结论

依照《最高人民法院关于民事诉讼证据的若干规定》第四十四条，《最高人民法院关于审理城镇房屋租赁合同纠纷案件具体应用法律若干问题的解释》第二条、第三条第一款，《中华人民共和国民事诉讼法》第六十四条第一款、第一百七十条第一款第二项、第二百零七条第一款，《最高人民法院关于适用〈中华人民共和国民事诉讼法〉的解释》第九十一条第一项、第四百零五条第一款之规定，判决如下：

一、撤销广东省广州市海珠区人民法院（2011）穗海法民三初字第1747号民事判决；

二、撤销广东省广州市中级人民法院（2012）穗中法民五终字第115号民事判决；

三、驳回广州市东风联社、东风一社的诉讼请求；

四、驳回广州市恒昊公司其他再审请求。

## 四、裁判要旨

1.《最高人民法院关于适用〈中华人民共和国民事诉讼法〉的解释》第九十一条确立了举证责任分配的一般规则，主要内容为凡主张权利存在的当事人应当就权利发生要件存在的事实负举证责任，否认权利存在的当事人应当就权利妨碍要件、权利消灭要件以及权利限制要件存在的事实负举证责任。法官在审理过程中应当对民事实体法规范进行类型化识别，判断规范的性质究竟是权利发生规范、权利消灭规范、权利妨碍规范抑或权利限制规范，以此为基础确定举证责任的分配，而非由法官依据自己的自由心证予以分配。在合同效力的评价上，否定合同效力的民事法律规范是对立规范，主张合同效力为无效、可撤销或者效力待定实质上是在妨碍、限制权利发生的效果或者使已经发生的权利归于消灭，由提出主张的当事人就相应法律要件的存在负举证责任。以民事法律规范是效力性强制性规范为由否定合同的效力，应当由主张无效的当事人承担举证责任。

2. 适用《最高人民法院关于审理城镇房屋租赁合同纠纷案件具体应用法律若干问题的解释》第二条及第三条第一款判定租赁合同无效的前提是租赁合同的标的物是城市、镇规划区内的房屋，如果租赁物是土地则不属于该司法解释的调整范围。在认定关于土地及地上建筑物的租赁合同的标的物究竟仅为土地抑或地上建筑物，还是两者均包含在内时，应当结合租赁合同的名称、租赁合同条款所使用的具体语词表述、租赁合同对双方投资经营的权利义务分配情况等因素实施综合考量。如果可以明确区分土地和地上建筑物，而租赁合同仅涉及土地，并未将地上建筑物涵盖在内时，即使地上建筑物被行政机关认定为违章建筑，亦不能根据《最高人民法院关于审理城镇房屋租赁合同纠纷案件具体应用法律若干问题的解释》第二条、第三条第一款判定租赁合同无效。

（合议庭成员：江显和、高燕竹、杨蕾；案号：（2018）最高法民再465号；判决日期：2019年5月28日；案例编写人：江显和；案例审核人：张勇健）

**026**

## 具有一定牵连关系的民刑交叉案件民事、刑事应分别受理

——纳斯特公司与永恒诚公司、进出口银行A分行、李某荣等借款合同纠纷案

### 一、主要案情

纳斯特公司受让案涉债权后，以主债务人永恒诚公司及五位担保人进出口银行A分行、李某荣等为被告向广东省高级人民法院提起借款合同纠纷诉讼，请求：1. 判令永恒诚公司向纳斯特公司偿还信托贷款本金3亿元，利息14255342.85元［含季度利息5152000元（自2016年12月26日起至2017年3月20日）和罚息885万元及复利253342.85元）（自2017年3月21日起暂计至2017年5月18日）］；2. 判令永恒诚公司偿还纳斯特公司贷款本金3亿元自2017年5月19日起至实际还款日的利息（包括罚息及复利），按照《信托贷款合同》的约定计算；3. 判令永恒诚公司赔偿纳斯特公司律师费损失70万元；4. 判令中鸿公司、李某荣、进出口银行A分行、欧某、中鸿酒店对永恒诚公司的上述第1项、第2项、第3项债务承担连带清偿责任；5. 判令进出口银行A分行向纳斯特公司支付约定损失赔偿金885万元（自2017年3月21日起暂计至2017年5月18日）；6. 判令进出口银行A分行向纳斯特公司支付自2017年5月19日起至实际还款日的约定损失赔偿金，按照《承诺函》的约定计算；7. 判令6名被告承担纳斯特公司为实现本案债权所发生的全部费用，包括但不限于案件受理费、保全费、差旅费等。

因河北省保定市人民检察院已就永恒诚公司贷款以及盖有进出口银行A分行字样印章的《承诺函》所涉相关问题，对永恒诚公司、李某荣等人向河北省保定市中级人民法院提起公诉。广东省高级人民法院认为，由于

检察机关已经就永恒诚公司贷款以及案涉《承诺函》相关问题提出公诉，依照《最高人民法院关于在审理经济纠纷案件中涉及经济犯罪嫌疑若干问题的规定》第十一条“人民法院作为经济纠纷受理的案件，经审理认为不属经济纠纷案件而有经济犯罪嫌疑的，应当裁定驳回起诉，将有关材料移送公安机关或检察机关”的规定，借款人永恒诚公司以及担保人李某荣、欧某、中鸿酒店、进出口银行A分行的担保行为中有关经办人员已涉嫌经济犯罪，故作驳回起诉处理，待该刑事案件有定论后，纳斯特公司可依据相关事实依法再提起诉讼主张权利。故于2017年7月14日作出（2017）粤民初45号之二号民事裁定，裁定驳回纳斯特公司的起诉。

纳斯特公司不服，向最高人民法院提起上诉，请求依法裁定撤销一审裁定，指令广东省高级人民法院对本案进行实体审理。

最高人民法院于2019年4月1日立案后，依法组成合议庭进行了审理。

## 二、裁判理由

本案的争议焦点为：人民法院是否应立案受理纳斯特公司起诉的问题。

据河北省保定市中级人民法院（2018）冀06刑初83号刑事判决，本案与有关刑事案件系因同一法律事实分别产生的民事法律关系和刑事法律关系，但二者并非完全重合。就法律关系而言，本案存在出借人与借款人之间的借款关系以及出借人与第三方的担保关系两种法律关系，借款人与部分担保人涉嫌犯罪或者被生效裁判认定为有罪，并不涉及其他担保人的担保法律关系。就法律责任主体而言，本案责任主体与刑事案件的责任主体并不完全一致，本案中仅有部分被上诉人系刑事案件被告，被上诉人中鸿公司与进出口银行A分行并非刑事案件被告。本案部分法律事实虽与刑事案件产生交叉，但并非完全重合。《最高人民法院关于审理民间借贷案件适用法律若干问题的规定》第八条规定：“借款人涉嫌犯罪或者生效判决认定其有罪，出借人起诉请求担保人承担民事责任的，人民法院应予受理。”本着提升诉讼效率、减轻当事人诉累的原则，应当允许当事人通过民事诉讼对其私权利进行救济，因此，纳斯特公司的上诉理由成立，予以支持。

## 三、裁判结论

依照《中华人民共和国民事诉讼法》第一百七十一条，《最高人民法院关于适用〈中华人民共和国民事诉讼法〉的解释》第三百三十二条之规定，裁定如下：

一、撤销广东省高级人民法院（2017）粤民初45号之二民事裁定；

二、本案指令广东省高级人民法院审理。

## 四、裁判要旨

民刑交叉民事案件的审理中，适用《最高人民法院关于在审理经济纠纷案件中涉及经济犯罪嫌疑若干问题的规定》第十一条的规定，须有十分严格的条件限制。该条仅适用于同一法律主体因相同法律事实产生的刑事法律关系，且该纠纷虽作为民商事案件立案，但法律关系的实质为刑事法律关系，而非民商事法律关系。此时民商事案件应裁定驳回起诉，将全案移送公安机关或检察机关。

如民刑交叉案件并未完全同一，如当事人主体不同、法律事实不同或产生的法律关系不同，仅仅因两案之间具有一定的牵连关系而形成民刑交叉，此时因民事诉讼与刑事诉讼在价值取向、诉讼目的、诉讼原则、证据认定标准、责任构成要件等方面均存在较大的差异，刑事法律关系与民商事法律关系、刑事责任与民事责任是完全异质的两种法律关系和法律责任，两者不能相互替代，因此，一般而言，应遵循分别受理、分别审理原则。

（合议庭成员：刘少阳、张颖新、江显和；案号：（2018）最高法民辖终25号；判决日期：2019年5月16日；案例编写人：刘少阳、张安成；案例审核人：胡夏冰）

027

## 不合格账户解除集中中止交易或卖出限制手续办理过程中证券公司负有前置审核义务

——张某良与中信证券A营业部、赛格公司管理人及赖某琼一般取回权纠纷案

### 一、主要案情

赛格公司是经中国人民银行、海南省经济合作厅批准，于1989年8月20日在海南省工商行政管理局注册成立的非银行类金融机构，经营期间下属有北京、上海、深圳、武汉、海口、天津、南昌7家证券营业部。

2001年11月6日，由于赛格公司严重违规经营，中国人民银行发布《公告》：“鉴于赛格公司严重违规经营，为了维护金融秩序稳定，保护债权人的合法权益，根据《中华人民共和国中国人民银行法》和中国人民银行的有关规定，决定对赛格公司实施停业整顿，自公告之日起停止该公司有关金融业务。该公司下属的独立法人实业公司照常经营，经中国证监会同意，在该公司停业整顿期间，公司下属的证券交易营业部由中信公司托管，证券交易营业部照常经营。”中信公司对赛格公司7家证券营业部托管后，将各营业部逐步停业整顿，并分别将客户整体打包至中信公司和万国证券两家证券公司的营业部托管，其中天津、深圳、武汉3家证券营业部转托管日为2001年12月21日，全部转至中信公司。海口、南昌证券营业部转托管日为2001年12月21日，全部转至万国证券。北京、上海营业部转托管日分别为2002年6月7日、2002年10月11日，全部转至中信公司。

2005年6月20日，赛格公司向海南省第一中级人民法院申请破产还债。该院经逐级请示，于2005年12月30日依法受理赛格公司申请破产还

债一案。2006年9月25日，海南省第一中级人民法院裁定宣告赛格公司破产还债，并依法指定了破产清算管理人即赛格公司管理人。

赛格公司管理人在依法履职追收赛格公司的资产时，发现原赛格公司A证券营业部有以张某良名开设的证券交易账户，张某良账户后有赖某琼一个次账户。由于张某良账户在原赛格公司A证券营业部经营期间，曾以透支交易形式进行股票买卖，赛格公司管理人认为透支交易的资金来源均为原赛格公司的资产，遂于2015年4月24日以张某良、赖某琼为被告，中信证券A营业部为第三人向海南省第一中级人民法院提起对外追收债权诉讼。海南省第一中级人民法院经审理后作出判决，由张某良向赛格公司管理人偿还欠款本金200万元及相应的利息。张某良不服，向海南省高级人民法院提起上诉，该院经审理后于2016年6月16日作出终审判决，驳回上诉，维持原判。张某良仍不服终审判决，向最高人民法院提出再审申请，最高人民法院经审查后于2017年3月21日裁定驳回了张某良的再审申请。

2016年8月5日，赖某琼出具《声明书》，主要内容为："本人名下008524×××6深圳A股股东账户是当时为了配合张某良股票投资开设的辅助账户（当时俗称拖拉机子账户），该账户里面的股票或者资金权益全部属于主账户张某良所有。"

案涉60061×××6证券资金账户和000044×××6、005470×××2深圳A股股东账户，户名均为张某良。008524×××6深圳A股股东账户的户名为赖某琼，系张某良账户下的次账户。上述账户均为原赛格公司A证券营业部的客户账户，被转至中信证券A营业部托管后，均因账户不规范而已按规定被冻结至今。

张某良向海南省第一中级人民法院提起诉讼，请求：1. 确认由中信证券A营业部托管的登记在张某良名下的名为赖某琼的深圳A股008524×××6股东账户中的全部资产属于张某良所有；2. 判令中信证券A营业部、赛格公司管理人对中信证券A营业部处托管的60061×××6资产账户和000044×××6、005470×××2、008524×××6（以赖某琼的名义开设）深圳A股股东账户解除查封、冻结等全部限制，以使张某良可自由交易及存取；3.本案全部诉讼费用由中信证券A营业部、赛格公司管理人承担。2017年4月20日，该院作出（2017）琼96民初27号民事判决，驳回张某良的诉讼请求。张某良不服该判决，向海南省高级人民法院提起上诉，该院于2017年10月23日作出（2017）琼民终286号民事裁定，撤销一审判决，驳回张某良的起诉。张某良不服该裁定，向最高人民法院申请再审。2018年3月30日，最高人民法院作出（2018）最高法民申434号民事裁定，提审本案，并依法组成合议庭，开庭进行了审理。

## 二、裁判理由

本案的争议焦点为：原裁定驳回张某良的起诉是否正确。

第一，在20世纪末21世纪初，我国证券市场发展并不十分规范和完善，且未强制实行证券账户实名制。该时期内，借用他人身份证件开立证券账户并进行股票交易操作的行为较多存在，以致“拖拉机账户”等账户类型并不鲜见，并因此产生了大量权属争议等纠纷，此亦为中国证监会推进证券账户实名制和客户交易结算资金第三方存管等证券账户规范化操作的重要原因。为进一步推进证券市场基础制度改革，全面推进客户交易结算资金第三方存管，中国证监会于2007年8月7日印发了《关于做好证券公司客户交易结算资金第三方存管有关账户规范工作的通知》（证监发〔2007〕110号），明确要求全国各地证券监督管理部门、上海和深圳证券交易所、中国证券登记结算有限责任公司（以下简称中登公司）全面做好账户规范这一推进客户交易结算资金第三方存管的重要配套工作。根据上述有关账户规范工作文件的相关规定，从2008年8月1日起，不合格账户持有人确认账户资产或申请使用账户，应首先由不合格账户持有人凭有效法律文书等证明文件，向原证券公司提出申请，办理账户规范手续。对于可以通过补齐资料或修改账户信息规范为合格账户的，由原证券公司按原账户资料修改流程办理投资者账户修改手续，并由原证券公司向投资者出具加盖该公司印章的不合格账户解除集中中止交易审核同意书，同意该账户持有人向中登公司申请解除账户集中中止交易，恢复正常交易功能。对于不可以通过补齐资料或修改账户信息规范为合格账户的，在原证券公司核实投资者资产权属后，由原证券公司向投资者出具加盖该公司印章的不合格账户解除卖出限制审核同意书，同意持有不合格账户的投资者向中登公司申请解除该账户证券卖出限制，承诺在投资者清空证券后及时办理该账户注销手续。在原证券公司审核同意并报当地证监局备案后，再由账户持有人持书面申请材料向中登公司申请办理解除集中中止交易或卖出限制手续。对于休眠深市A股账户，投资者也可向原证券公司申请办理激活手续。由此可见，虽然不合格账户解除集中中止交易或卖出限制手续的最终审核决定权在中登公司，但在此过程中，证券公司负有前置审核义务，对此，中信证券A营业部在本案庭审过程中亦明确予以认可。换言之，不合格账户持有人能否进一步向中登公司申请解除账户集中中止交易或卖出限制手续，有赖于证券公司的审核。至于中登公司最终能否对账户持有人提出的解除账户集中中止交易或卖出限制手续予以审核同意，并不影响证券公司审核义务的履行。在此情形下，张某良将中信证券A营业部和赛格公司管理人列为本案被告，显无不当。原裁定认为中信证券A营业部和赛格公司管理人不是解除案涉账户相关限制措施的义务人，故其并非本案的适格被告，存有不当，法院予以纠正。

第二，根据《中华人民共和国民事诉讼法》第五十六条第二款和《最高人民法院关于适用〈中华人民共和国民事诉讼法〉的解释》第八十二条的相关规定，人民法院判决承担民事责任的第三人，有当事人的诉讼权利义务。被判决承担民事责任的无独立请求权第三人，有权提起上诉。本案中，张某良请求人民法院确认由中信证券A营业部托管的登记在张某良名下的名为赖某琼的深圳A股008524×××6股东账户中的全部资产属于张某良所有。该项诉讼请求涉及深圳A股008524×××6股东账户中全部资产的归属问题，从性质上讲，属于财产权属确认纠纷。根据本案原审已查明的事实，深圳A股008524×××6股东账户登记在赖某琼名下，而未登记在中信证券A营业部或赛格公司管理人名下。虽然赛格公司管理人是人民法院指定的原赛格公司的破产管理人，并根据《中华人民共和国企业破产法》等相关法律规定，履行决定原赛格公司内部管理事务、管理和处分原赛格公司财产等职责，深圳A股008524×××6股东账户也开立于原赛格公司武汉证券营业部，而中信证券A营业部亦根据中国人民银行的要求，依法托管了原赛格公司武汉证券营业部，并根据中国证监会和中登公司的规定要求，对深圳A股008524×××6股东账户采取了另库存放、中止交易等限制性措施，但中信证券A营业部和赛格公司管理人本身与张某良之间就深圳A股008524×××6股东账户中的全部资产归属并无争议。在此情形下，如张某良仅将中信证券A营业部和赛格公司管理人列为本案被告，则可能存在因被告不适格而应驳回其起诉的问题。但在张某良提起本案诉讼时，已将赖某琼列为本案第三人，赖某琼也出具《声明书》，明确表示其名下的深圳A股008524×××6股东账户是当时为了配合张某良股票投资开设的辅助账户、该账户内的股票或者资金权益全部属于主账户张某良所有，且人民法院实际亦可依法判决作为本案第三人的赖某琼承担民事责任的情况下，无论是从中国证监会和中登公司规定要求解决不合格账户规范问题的实际需要出发，还是从尽快彻底解决案涉不合格账户这一历史遗留问题出发，原裁定简单以中信证券A营业部和赛格公司管理人并非本案适格被告为由，驳回张某良的起诉，同样存有不当，法院亦予以纠正。

## 三、裁判结论

依照《中华人民共和国民事诉讼法》第一百七十条第一款第二项、第一百七十一条、第二百零七条第一款之规定，裁定如下：

一、撤销海南省高级人民法院（2017）琼民终286号民事裁定；

二、指令海南省高级人民法院对本案进行审理。

## 四、裁判要旨

1. 在办理不合格账户解除集中中止交易或卖出限制手续过程中，证券公司负有前置审核义务。换言之，不合格账户持有人能否进一步向相关部门申请解除账户集中中止交易或卖出限制手续，有赖于证券公司的审核。至于相关部门最终能否对账户持有人提出的解除账户集中中止交易或卖出限制手续予以审核同意，并不影响证券公司审核义务的履行。

2. 在原告起诉的被告主体不适格，但原告同时申请人民法院追加第三人参加诉讼，人民法院经审查亦决定通知第三人参加诉讼的情形下，鉴于人民法院实际可依法判决第三人承担民事责任，该第三人享有当事人的诉讼权利义务，故从妥善化解矛盾纠纷角度出发，人民法院不宜简单以被告不适格为由，径行裁定驳回原告的起诉。

（合议庭成员：张颖新、奚向阳、杨蕾；案号：（2019）最高法民再24号；裁判日期：2019年3月29日；案例编写人：张颖新、盛强；案例审核人：张勇健）

# （七）重复起诉问题

028

## 重复起诉的认定

——周某与工艺品厂破产债权确认纠纷案

### 一、主要案情

工艺品厂向桂林工行借款，并以其位于临桂县庙岭镇321国道南侧43400平方米划拨工业用地提供抵押担保。2003年4月17日，工艺品厂宣告破产。经清算组确认，桂林工行抵押债权金额为7031328.5元。2005年8月8日，桂林工行将债权转让给长城资产公司。工艺品厂进入破产程序后，案涉宗地拍卖所得358万元，扣除拍卖佣金、他人的房屋建筑所得后，剩余价款为300.2万元。《拍卖成交确认书》中确认拍卖价款不含土地出让金。2006年7月，长城资产公司收到清算组作出的（2006）清字第1号《关于优先清偿房地产抵押债权的函》。该函已告知长城资产公司拍卖款扣除土地出让金后，抵押土地使用权的优先受偿额为936181.13元。长城资产公司不服，于2009年6月向一审法院提起诉讼，请求判令：1. 工艺品厂拍卖临桂县庙岭镇321国道南侧的43400平方米土地使用权的行为无效，要求重新拍卖；2. 长城资产公司对该抵押土地享有优先受偿权，其拍卖所得价款全部偿还长城资产公司债权。一审法院于2009年10月14日作出（2009）桂市民初字第281号民事裁定，驳回长城资产公司起诉。

长城资产公司不服提起上诉，二审法院于2010年7月6日作出（2010）桂立民终字第7号民事裁定，驳回上诉，维持原裁定。

2012年12月5日，长城资产公司将本案抵押债权转让给周某和张某。2013年在张某将其份额转让给周某之后，周某多次向清算组主张债权。2016年3月26日，清算组作出（2016）总厂清字第1号《关于清偿抵押权的决定》，重申抵押土地的拍卖价款在扣除土地出让金后，余款936181.13元才作为优先受偿额偿付周某。周某认为减少了其优先受偿额，向广西壮族自治区桂林市中级人民法院起诉请求：1. 确认周某对工艺品厂土地使用权拍卖所得300.2万元享有优先受偿权。

广西壮族自治区桂林市中级人民法院于2017年11月17日作出（2017）桂03民初66号民事判决：确认周某对工艺品厂土地使用权拍卖所得享有抵押权的债权数额为300.2万元。

工艺品厂不服广西壮族自治区桂林市中级人民法院作出的一审判决，向广西壮族自治区高级人民法院提起上诉。工艺品厂上诉请求：撤销一审判决，改判对周某的诉讼请求不予受理或驳回起诉。

广西壮族自治区高级人民法院认为，长城资产公司在前案的请求是确认清算组拍卖上述抵柙土地使用权的行为无效，并要求重新拍卖，所得价款全部用于偿还债权，而周某在本案的诉讼请求是确认其对抵押土地使用权拍卖所得300.2万元全部享有优先受偿权，两案诉讼请求不同，周某提起本案诉讼不属于重复起诉，但周某起诉已经超过诉讼时效，且其实体权利不应支持。广西壮族自治区高级人民法院于2018年5月20日作出（2018）桂民终1号民事判决：1. 撤销广西壮族自治区桂林市中级人民法院（2017）桂03民初66号民事判决；2. 驳回周某的起诉。

周某申请再审请求：撤销原裁定，依照审判监督程序再审本案，并确认周某对案涉宗地拍卖所得300.2万元享有优先受偿权。

最高人民法院于2019年3月11日立案后，依法组成合议庭进行了审查。

## 二、裁判理由

本案的争议焦点为：是否构成重复起诉的问题。

法院经审查认为，原裁定认定周某提起本案诉讼不构成重复起诉错误，但裁定驳回起诉，结果并无错误。《最高人民法院关于适用〈中华人民共和国民事诉讼法〉的解释》第二百四十七条规定：“当事人就已经提起诉讼的事项在诉讼过程中或者裁判生效后再次起诉，同时符合下列条件的，构成重复起诉：（一）后诉与前诉的当事人相同；（二）后诉与前诉的诉讼标的相同；（三）后诉与前诉的诉讼请求相同，或者后诉的诉讼请求实质上否定前诉裁判结果。当事人重复起诉的，裁定不予受理；已经受理的，裁定驳回起诉，但法律、司法解释另有规定的除外。”根据本案查明的事实，本案最初债权人为桂林工行，债务人为工艺品厂，之后工艺品厂宣告破产，桂林工行也将债权转让给了长城资产公司。工艺品厂宣告破产后，桂林工行和长城资产公司先后依法参加了工艺品厂的破产程序。2006年7月，工艺品厂清算组函告长城资产公司案涉土地使用权拍卖所得300.2万元，扣除土地出让金后，抵押土地使用权的优先受偿额为936181.13元，长城资产公司认为拍卖该地块的程序和款项分配不合法，已经向广西壮族自治区桂林市中级人民法院提起诉讼，该院于2009年10月14日作出（2009）桂市民初字第281号民事裁定，驳回长城资产公司起诉，长城资产公司不服上诉，二审法院于2010年7月6日作出（2010）桂立民终字第7号民事裁定，维持原裁定。从该案与本案的关联性来看，构成重复起诉。一是后诉与前诉的当事人相同。《最高人民法院关于适用〈中华人民共和国民事诉讼法〉的解释》第二百四十七条第一款规定的当事人包括直接参加诉讼当事人、诉讼担当人，以及当事人的继受人等，前案与本案原告虽分别为长城资产公司和周某，但周某是长城资产公司的权利继受人，理应受前诉裁定既判力约束，两案属于当事人相同的情形。二是后诉与前诉的诉讼标的相同。根据通常理解，诉讼标的是当事人在实体法上的权利义务或者法律关系。工艺品厂破产清算组（2016）总厂清字第1号《关于清偿抵押债权的决定》并未改变（2006）清字第1号《关于优先清偿房地产抵押债权的函》中关于优先受偿金额为936181.13元的决定，只是因周某受让债权之后反复主张权利，工艺品厂破产清算组对之前函件内容予以重申，该决定并非新的处理决定，周某主张其是基于新的决定提起诉讼的理由不能成立。无论是长城资产公司提起的前案诉讼，还是周某提起的本案诉讼，均是作为桂林工行的债权继受人，针对其与工艺品厂之前的借款、抵押法律关系提起的诉讼，两者诉讼标的相同。三是后诉的诉讼请求包含在前诉的诉讼请求之中。长城资产公司提起的诉讼中，诉讼请求包括两项：一是请求确认拍卖行为无效，要求重新拍卖；二是要求拍卖所得价款全部偿还其债权。本案中，周某提起的诉讼请求为确认其对案涉宗地使用权拍卖所得300.2万元享有优先受偿权，与前诉第二项诉讼请求相同。综上，从本案与前案的关联性来看，可以认定本案符合《最高人民法院关于适用〈中华人民共和国民事诉讼法〉的解释》第二百四十七条第一款规定的重复起诉的条件，且并不存在法律、司法解释规定可以另行起诉的情况，因此本案应当依照该条第二款的规定，裁定驳回周某的起诉。《最高人民法院关于适用〈中华人民共和国民事诉讼法〉的解释》第三百九十条规定："有下列情形之一，导致判决、裁定结果错误的，应当认定为民事诉讼法第二百条第六项规定的原判决、裁定适用法律确有错误：（一）适用的法律与案件性质明显不符的；（二）确定民事责任明显违背当事人约定或者法律规定的；（三）适用已经失效或者尚未施行的法律的；（四）违反法律溯及力规定的；（五）违反法律适用规则的；（六）明显违背立法原意的。"原裁定适用法律有误，但裁定结果正确，周某主张本案应当再审的理由不成立。

## 三、裁判结论

依照《中华人民共和国民事诉讼法》第二百零四条第一款，《最高人

民法院关于适用〈中华人民共和国民事诉讼法〉的解释》第三百九十五条第二款之规定，裁定如下：

驳回周某的再审申请。

## 四、裁判要旨

当事人就已经提起诉讼的事项在诉讼过程中或者裁判生效后再次起诉，同时符合下列条件的，构成重复起诉：后诉与前诉的当事人相同；后诉与前诉的诉讼标的相同；后诉与前诉的诉讼请求相同，或者后诉的诉讼请求实质上否定前诉裁定结果。

后诉当事人是前诉直接参加诉讼的当事人、诉讼担当人、权利义务继受人等情形，均应认定后诉与前诉诉讼当事人相同。

诉讼请求相同应当根据当事人请求的内容进行判断，虽文字表述不同，但内容一致，或前诉诉讼请求实质上包含后诉诉讼请求的，应认定后诉与前诉诉讼请求相同。

（合议庭成员：肖芳、张颖新、杨蕾；案号：（2019）最高法民申1607号；判决日期：2019年5月21日；案例编写人：肖芳；案例审核人：张勇健）

# 后 记

人民法院受理的各类案件是经济社会发展的“晴雨表”、是社情民意的“风向标”，是服务党和国家决策、推进国家治理现代化的重要参考。最高人民法院第一巡回法庭地处改革开放前沿——广东省深圳市，近年来，受理并妥善办理了一批具有典型性和指导意义的民商事案件。把这些案例研究好、总结好、宣传好，对于充分发挥司法案例推进法治、实现公正和教育公民示范作用具有重要意义。本书选取了2017年至2019年第一巡回法庭审理的部分具有指导参考价值的典型民商事案例，按照一定体例编写后汇编成辑。2020年恰逢第一巡回法庭成立5周年，谨以此书为第一巡回法庭献礼。

全书共收集71篇民商事案例。案例编写工作由第一巡回法庭部分原有及现有民事审判团队负责完成，其中张勇健团队编写11篇，张颖新团队编写12篇，江显和团队编写6篇，刘少阳团队编写2篇，黄西武团队编写2篇，高燕竹团队编写5篇，杨蕾团队编写4篇，肖芳团队编写4篇，奚向阳团队编写4篇，钱小红团队编写9篇，陈宏宇团队编写12篇。第一巡回法庭分党组成员、副庭长胡夏冰负责文稿审核工作；第一巡回法庭分党组副书记、副庭长胡仕浩负责全书统稿；最高人民法院审判委员会专职委员、第一巡回法庭分党组书记、庭长裴显鼎最终审定全部书稿。

本书从立项到正式出版历经8个月有余，相关作者在承担繁重审判工作任务的同时，加班加点，尽心竭力完成了写作任务。书中的疏漏和不足在所难免，敬请广大读者批评指正。最后，感谢中国法制出版社总编辑刘时山先生，陈兴和谢雯编辑为本书的出版所做的大量工作。

最高人民法院第一巡回法庭

2020 年 6 月

**图书在版编目（CIP）数据**

最高人民法院第一巡回法庭典型民商事案件裁判观点与文书指导．第1卷／最高人民法院第一巡回法庭编著．—北京：中国法制出版社，2020.8

（最高人民法院第一巡回法庭案例指导丛书）

ISBN 978－7－5216－1219－6

Ⅰ．①最…　Ⅱ．①最…　Ⅲ．①最高法院－民事诉讼－审判－案例－汇编－中国　Ⅳ．①D925.118.25

中国版本图书馆CIP数据核字（2020）第145780号

策划编辑：陈兴（cx_legal@163.com）
责任编辑：谢雯　孙静　　　　封面设计：李宁

**最高人民法院第一巡回法庭典型民商事案件裁判观点与文书指导（第1卷）**

ZUIGAO RENMIN FAYUAN DIYI XUNHUI FATING DIANXING MINSHANGSHI ANJIAN CAIPAN GUANDIAN YU WENSHU ZHIDAO（DI 1 JUAN）

编著／最高人民法院第一巡回法庭
经销／新华书店
印刷／三河市国英印务有限公司
开本／730毫米×1030毫米　16开　　　　印张／38　字数／442千
版次／2020年8月第1版　　　　2020年8月第1次印刷

中国法制出版社出版
书号 ISBN 978－7－5216－1219－6　　　　定价：169.00元

北京西单横二条2号
邮政编码 100031　　　　传真：010－66031119
**网址：http：//www.zgfzs.com**　　　　**编辑部电话：010－66070046**
**市场营销部电话：010－66033393**　　　　**邮购部电话：010－66033288**

（如有印装质量问题，请与本社印务部联系调换。电话：010－66032926）